Jost Schneider
Sozialgeschichte des Lesens

Jost Schneider

Sozialgeschichte des Lesens

Zur historischen Entwicklung
und sozialen Differenzierung der
literarischen Kommunikation
in Deutschland

Walter de Gruyter · Berlin · New York

♾ Gedruckt auf säurefreiem Papier,
das die US-ANSI-Norm über Haltbarkeit erfüllt.

ISBN 3-11-017816-8

Bibliografische Information Der Deutschen Bibliothek

Die Deutsche Bibliothek verzeichnet diese Publikation in der DeutschenNationalbibliografie; detaillierte bibliografische Daten sind im Internet über http://dnb.ddb.de abrufbar.

Printed in Germany
Einbandabbildung: Pieter Janssens, Dame im Wohnzimmer
(Foto: Bildarchiv Foto Marburg)
Einbandgestaltung: Christopher Schneider, Berlin

Inhalt

0. Einleitung

Eine moderne Literaturgeschichte kann sich nicht damit begnügen, drei- oder vierhundert kanonische Werke durch gezielte Interpretationen in eine zusammenhängende gedankliche Entwicklungslinie zu zwingen und diese ideale stetige Linie als Geschichte auszugeben. Vielmehr muss sie der Pluralität und Vielgestaltigkeit des Phänomens Literatur gerecht werden, d. h. die verschiedenen Rezipienten- und Produzentengruppen mit ihrer jeweils charakteristischen literarischen Kultur zu beschreiben versuchen. Die folgende Darstellung gliedert die deutsche Literaturgeschichte demgemäß nach gesellschaftsgeschichtlichen Zeitaltern und innerhalb dieser Zeitalter nach den einzelnen sozialen Schichten, denen die am Prozess der literarischen Kommunikation Beteiligten angehören. Die traditionellen Epochenbezeichnungen der Germanistik ('Aufklärung', 'Romantik', 'Realismus' etc.) erscheinen aus dieser Perspektive als unzureichend, da sie jeweils nur eng begrenzte Ausschnitte aus dem literarischen Leben abbilden und auch in ihrer Kombination die Gesamtgeschichte der literarischen Kommunikation in Deutschland nicht abdecken und widerspiegeln können.

Ohnehin waren diese Epochenbezeichnungen in den Anfängen der deutschen Literaturgeschichtsschreibung unbekannt. Den Pionieren dieser Fachdisziplin wie z. B. Daniel Georg Morhof, Christoph Daniel Ebeling oder August Küttner ging es zunächst um die Sichtung und Sortierung des Materials. Im Sinne einer *thesaurierenden* Geschichtsschreibung liefern ihre im 17. und 18. Jahrhundert verfassten Werke katalogartige Bibliographien mit literaturkritischen Kurzkommentaren, die sich an den Wertmaßstäben des Gelehrtenstandes und des Adels orientieren. Die Entdeckung des historischen Sinnes im späten 18. Jahrhundert setzt dieser einseitigen Bewertungspraxis ein Ende, bereitet aber gleichzeitig den Boden für eine *teleologische* Literaturgeschichtsschreibung, die auf gezielter Textauswahl und -interpretation basiert und die in geschichtsmetaphysische 'große Erzählungen' (Lyotard) einmündet, in denen es um die Entwicklung des Geistes, die Entstehung der deutschen Nation, die Emanzipation der Arbeiterklasse oder ähnliche geschichtliche Prozesse geht. Epochenbegriffe bezeichnen demgemäß in den Werken von Theodor Heinsius, Ludwig Wachler, Hermann Hettner und anderen Literaturhistorikern des 19. Jahrhunderts notwendige Durchgangsstadien auf dem Weg zu einem feststehenden Geschichtsziel (vgl. Weimar 1989). Die *kanonorientierte* Literaturgeschichtsschreibung des 20. Jahrhunderts hat sich zwar um eine Entideologi-

sierung dieser Epochenbegriffe bemüht, das Verfahren der gezielten Textauswahl und -interpretation jedoch beibehalten. Begründet wird dies oft mit der
Vorstellung, dass 'die' Literatur ein autonomes System sei, das nur seiner
eigenen, inneren Entwicklungsdynamik folge. Literarische Werke, die mit
dieser Entwicklungsdynamik (angeblich) nicht Schritt halten können, werden
ignoriert. So entstehen logisch stimmige, aber extrem selektive Geschichtsdarstellungen, in denen nur einige wenige Promille der tatsächlichen literarischen
Produktion erfasst und beschrieben werden. De facto handelt es sich bei solchen Literaturgeschichten um chronologisch sortierte Sammlungen von Standardinterpretationen kanonisierter literarischer Werke, Sammlungen, denen
man ihren literaturpädagogischen Nutzwert zwar nicht absprechen kann, die
aber an den Realitäten der literarischen Kommunikation vorbeigehen.

Die vorliegende Darstellung basiert demgegenüber auf der Vorstellung,
dass die geschichtliche Entwicklung *sämtlicher* literarischer Kulturen in
Deutschland den Gegenstand einer deutschen Literaturgeschichte bilden muss.
*Als 'literarische Kultur' wird dabei eine institutionalisierte, epochen- und
schichtenspezifische Praxis der literarischen Kommunikation definiert.* Was
literarische von nicht-literarischer Kommunikation unterscheidet, wird weiter
unten erläutert. Hier seien zunächst die übrigen Bestandteile dieser Definition
kurz erklärt.

Das Attribut 'schichtenspezifisch' rekurriert auf das literatursoziologische
Faktum, dass die einzelnen Bildungs- und Gesellschaftsschichten ihre jeweils
eigenen Mediennutzungsgewohnheiten und Lektüreanforderungen aufweisen.
Wo die Mauern zwischen den verschiedenen Schichten sehr hoch sind, wie
z. B. in der Ständegesellschaft der Frühen Neuzeit, ist dies evident; die größtenteils   analphabetischen,   besitzlosen   Landarbeiter   des   16.   und
17. Jahrhunderts waren von der Teilhabe an der bei Hof oder im Gelehrten-
stand üblichen Form der literarischen Kommunikation schlechterdings ausgeschlossen. Gesellschaften mit höherer sozialer Mobilität wie z. B. die der
Weimarer Republik oder die der Bundesrepublik sind demgegenüber auch in
kultureller Hinsicht durchlässiger. Die Massenmedien scheinen heute jedermann zu erreichen. Und Bibliotheken, Museen und andere Kulturinstitutionen
stehen im Prinzip allen offen. Doch der Schein trügt. Zwischen den verschiedenen Bildungs- und Gesellschaftsschichten gibt es in puncto Kulturteilhabe
auch heute noch 'feine Unterschiede' (Bourdieu 1987), deren Nichtbeachtung
bei den Rezipienten zu Ansehensverlust oder Ausgrenzung und bei Verlagen
und Buchhändlern zu ökonomischen Einbußen führen kann. Jedenfalls ist es
kein Zufall, wenn für bestimmte Bücher schwerpunktmäßig in der *Zeit* oder in
der *Neuen Zürcher Zeitung*, für bestimmte andere Bücher hingegen schwerpunktmäßig in der Boulevardpresse geworben wird.

Das System der Bildungs- und Gesellschaftsschichten unterliegt allerdings
historischem Wandel. Der Gelehrte des 16. Jahrhunderts darf nicht ohne weite-

res mit dem Intellektuellen des 20. Jahrhunderts gleichgesetzt werden. Und auch der Bauer des 19. Jahrhunderts war mit einer anderen Lebenssituation konfrontiert als der des 15. oder gar der des 5. Jahrhunderts. Eine Gesamtgeschichte der literarischen Kommunikation muss deshalb epochenspezifische Formen der literarischen Kommunikation voneinander zu unterscheiden erlauben. Allerdings lässt sich nicht abstreiten, dass über die Datierung gesellschaftsgeschichtlicher Umbrüche in der Historiographie keine Einigkeit besteht. Unstrittig ist aber immerhin, dass sich aus der germanischen Stammesgesellschaft die mittelalterliche Ständegesellschaft, aus dieser die Klassengesellschaft des bürgerlichen Zeitalters und aus dieser die demokratische Gesellschaft der Gegenwart entwickelte. Dabei ist mit Asynchronien zu rechnen. So sind z. B. nicht alle Stände *gleichzeitig* entstanden und später auch nicht *gleichzeitig* zu Klassen transformiert worden. An der Grundstruktur der gesellschaftsgeschichtlichen Entwicklung ändert dies jedoch wenig. Bei der Lektüre der nachfolgenden Darstellung ist nur immer im Auge zu behalten, dass die Entstehung und das Vergehen gesellschaftlicher Schichten und Schichtensysteme langwierige Prozesse sind, die sich über viele Jahrzehnte oder gar über Jahrhunderte erstrecken können und die sich in der einen Region langsamer vollziehen als in der anderen.

Das Attribut 'institutionalisiert' in der oben vorgestellten Definition soll verdeutlichen, dass nicht die individuelle, sondern die typische, nach anerkannten Regeln und Gebräuchen ausgeführte Kommunikationspraxis Gegenstand der Darstellung sein soll. Das Individuum verfügt über einen Spielraum des Verhaltens, dessen Größe wiederum epochen- und schichtenspezifisch ist und der ihm die Freiheit gewährt, sich in der einen oder anderen Hinsicht nicht so zu verhalten, wie Sitte und Konvention es erfordern. Diese Freiheit kann im Bekleidungsstil, in der Wohnungseinrichtung, im Ernährungsverhalten, in der Partnerwahl, in den Mediennutzungsgewohnheiten und in einigen ähnlichen Bereichen ausgelebt werden. Doch nicht überall zugleich. Es wird registriert, wenn sich jemand einen Verstoß gegen derartige Konventionen erlaubt. Und es wird sanktioniert, wenn sich derartige Verstöße häufen. Das gilt auch für die epochen- und schichtenspezifischen Mediennutzungsgewohnheiten. Diskursanalyse und Kultursoziologie haben sich deshalb darum bemüht, möglichst differenziert zu beschreiben, welche Verstöße gegen die Ordnung im Bereich der Kultur wie festgestellt und geahndet werden. Denn tatsächlich gibt es innerhalb bestimmter Bildungs- und Gesellschaftsschichten sehr klare Vorstellungen davon, 'was sich gehört' und was nicht. In der pluralisierten Gegenwartsgesellschaft ist die Spannbreite der Konventionen dabei sehr groß; in der einen Schicht kann höchst erwünscht sein, was in der anderen als verpönt gilt. Doch die Konventionalität der Kommunikationspraxis insgesamt bleibt davon unberührt. Gegenstand der folgenden Untersuchungen ist also immer das Typische, das, was innerhalb einer bestimmten Schicht und Epoche als selbstverständlich und alltäglich gilt und von den Angehörigen der gleichen Schicht nicht negativ 'registriert' oder gar sanktioniert wird. Dabei ist zu beachten, dass auch die Unkonventionalität zur Konvention erhoben werden kann.

Im Hinblick auf die oben gelieferte Definition bleibt nun noch zu erklären, worin der Unterschied zwischen literarischer und nicht-literarischer Kommunikation liegt. Das erste Kapitel meiner *Einführung in die moderne Literaturwissenschaft* enthält eine ausführliche Erörterung dieser Frage (Schneider 2000, S. 9-20). Hier an dieser Stelle können nur die Hauptergebnisse dieses Kapitels zusammengefasst werden. Dazu gehört an erster Stelle, dass es der Bildungselite des 19. Jahrhunderts gelang, den Begriff 'Literatur' für jene Texte zu reservieren, die ihren eigenen ästhetischen Konzepten, ihren Lektüreanforderungen und ihren Mediennutzungsgewohnheiten entgegenkamen. Diese Monopolisierung des Begriffs geht jedoch nicht mit einer Monopolisierung der Sache einher. Literarische Kommunikation gab und gibt es in sämtlichen Bevölkerungsschichten. Die Literaturgeschichtsschreibung tut deshalb gut daran, nicht diese oder jene schichtenspezifische ästhetische Norm zu verabsolutieren, sondern mit einem weitgefassten Literaturbegriff zu arbeiten, der Texte sehr unterschiedlichen Niveaus zu berücksichtigen erlaubt. *Als literarischen Text definiere ich eine Abfolge von Laut- oder Schriftzeichen, die fixiert und/oder sprachkünstlerisch gestaltet und/oder ihrem Inhalt nach fiktional ist.* Die einzelnen Glieder dieser Definition seien kurz erläutert:

Das Kriterium der 'sprachkünstlerischen Gestaltung' besagt,

dass literarische Texte im Unterschied zu nicht-literarischen einen spezifischen, an besonderem Wohlklang, unkonventioneller Wortwahl, freiem Satzbau oder anderen Elementen festzumachenden Stil aufweisen. Wie dieser Stil im einzelnen beschrieben werden kann, ist allerdings in der Stilistik als der für solche Fragestellungen zuständigen Wissenschaftsdisziplin umstritten. Grundsätzlich können wir jedoch festhalten, dass hierbei meistens auf die besondere sprachgestalterische *Komplexität* und/oder auf die stilistische *Neuartigkeit* eines Textes rekurriert wird.
Folgende Erkennungsmerkmale werden in vielen Fällen genannt:
– Häufung und bewusste Verwendung rhetorischer Kunstmittel ('geschmückte Sprache')
– Abweichung von der Alltags- und Standardsprache (Sprechen nach eigenen, neugeschaffenen Regeln der Wortbildung, der Interpunktion, der Satzgliedstellung etc.)
– Vernachlässigung oder Einschränkung der Kommunikationsfunktion von Sprache (Konzentration auf Klangwirkung oder Schriftbild; Unverständlichkeit bzw. Schwerverständlichkeit durch erlesenes Vokabular oder verzwickte Syntax; Inkohärenz etc.)
– gehäufte Verwendung angeblich literaturspezifischer Ausdrucksmittel (Reime, episches Präteritum etc.).

(s. Schneider 2000, S. 11)

Das Merkmal der 'Fiktionalität' rekurriert darauf, dass literarische Texte größtenteils erfunden bzw. aus Erfundenem und Nicht-Erfundenem zusammengesetzt sind (Iser 1991). Die genaue Festlegung der Grenze zwischen Erfundenem und Nicht-Erfundenem bereitet kognitionspsychologisch und erkenntnistheoretisch große Schwierigkeiten, von denen in der alltäglichen Praxis der literarischen Kommunikation jedoch wenig zu bemerken ist, weil das Individuum im Verlauf seiner Sozialisation einen epochen- und schichtenspezifischen Wirklichkeitsbegriff verinnerlicht, der ihm (subjektive, wissenschaftlich erschütterbare) Gewissheit hinsichtlich der Grenze zwischen Erfundenem und Nichterfundenem verleiht (Berthold 1993). Offenkundig phantastische Handlungselemente, aber auch ein unrealistisch hohes Maß an Innenweltdarstellung sowie an Detailfülle bei Objektbeschreibungen fungieren als wirkungsvolle Fiktionalitätsindikatoren (vgl. Schneider, S. 12f.).

'Fixierung' als das dritte der Indizien für das Vorliegen eines literarischen Textes meint die (relativ) dauerhafte Speicherung. Die manchmal als Synonym für 'Literatur' benutzte Bezeichnung 'Schrifttum' verweist auf die ursprüngliche Vorrangigkeit dieses Kriteriums, das in früheren Jahrhunderten zur Abgrenzung von den schriftlosen Völkern, denen man keine literarische Kultur zugestehen wollte, verwendet wurde. Solche Distinktionsgesten sind inzwischen obsolet. Auch die *oral poetry* der Naturvölker gilt heute als Literatur. Neben der Speicherung in Buchform, auf CD-ROM oder ähnlichen Medien muss auch das zuverlässige Auswendiglernen als eine mögliche Form der Fixierung aufgefasst werden.

Die Kombination der drei genannten Merkmale ergibt einen sieben Teilmengen umfassenden Literaturbegriff:

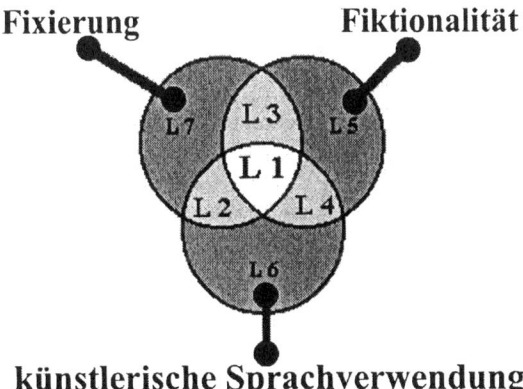

L 1 (Fixierung und künstlerische Sprachverwendung und Fiktionalität)
Zu dieser Schnittmenge, die oben im Dreikreisschema die Zentralposition besetzt,
gehören Texte wie z. B. Goethes *Wahlverwandtschaften*, Thomas Manns *Zauberberg* oder Hugo von Hofmannsthals *Elektra*. So gut wie jeder Interpret wird diese
Werke als literarisch bezeichnen; zu den Gegenständen der Literaturwissenschaft
wurden sie von jeher hinzugerechnet. Wenn die zuverlässige Abspeicherung im
Gedächtnis (zuverlässiges Auswendiglernen) – wie oben vorgeschlagen – als Fixierung aufgefasst wird, ist darüber hinaus auch der größte Teil der 'Oral poetry', die
seit den 80er Jahren stärker erforscht wird, dieser Gruppe zuzurechnen.

L 2 (Fixierung und künstlerische Sprachverwendung, aber keine Fiktionalität)
In diese Schnittmenge gehören Textgattungen wie z. B. der Brief, das Tagebuch,
die Autobiographie, der Reisebericht, die (feuilletonistische) Glosse oder der Essay.
Als Beispiele wären etwa Goethes Briefwechsel mit Schiller, Hebbels Tagebücher
oder Alexander von Humboldts Reisebeschreibungen zu nennen. Texte dieser
Gruppe werden häufig als 'halbliterarisch' bezeichnet, in Werkausgaben sind sie
aber in den allermeisten Fällen mit enthalten.

L 3 (Fixierung und Fiktionalität, aber keine künstlerische Sprachverwendung)
In diese Schnittmenge gehört vor allem der größte Teil der sogenannten 'Trivialliteratur'. Die sprachliche Gestaltung von Texten dieses Typs wird im allgemeinen für
nicht-komplex und für nicht-innovativ gehalten. Als Beispiele wären etwa Groschenhefte, Schlagertexte oder Stücke für das Volkstheater zu nennen.

L 4 (Fiktionalität und künstlerische Sprachverwendung, aber keine Fixierung)
Zu dieser Schnittmenge gehören vor allem bestimmte Formen der sogenannten
'Alltagserzählungen', also z. B. spontan improvisierte Gute-Nacht-Geschichten
oder gleichnishaft-didaktische Erzählungen, sofern sie ad hoc erfunden und nicht
weitgehend aus der Erinnerung geschöpft sind. Die literaturwissenschaftliche Analyse von Texten dieses Typs setzt schwierige empirische Vorarbeiten voraus und ist
erst seit den 1980er Jahren in Gang gesetzt worden. Manche Formen der für das
Internet geschriebenen Literatur können tendenziell dieser Gruppe zugeordnet werden.

L 5 (Fiktionalität, aber keine künstlerische Sprachverwendung und keine Fixierung)
Hierzu gehören ebenfalls in erster Linie bestimmte Formen der 'Alltagserzählung',
und zwar beispielsweise prahlerische 'Lügen'- und Phantasiegeschichten von Jugendlichen (Weiterspinnen von Filmhandlungen, von Comicgeschichten u. ä.) oder
monologische bzw. selbstgesprächartige, detailliert ausgemalte Rachephantasien.
Texte dieses Typs haben die Literaturwissenschaft bisher kaum beschäftigt.

L 6 (Künstlerische Sprachverwendung, aber keine Fiktionalität und keine Fixierung)
In diese Teilmenge gehören z. B. Stegreifansprachen im feierlich-gehobenen Stil,
Diskussionsbeiträge in geschliffener Sprache oder Wortspiele in der Alltagskommunikation. Texte (bzw. Textpassagen) dieses Typs sind nur von denjenigen Literaturwissenschaftlern stärker beachtet worden, die das stark rhetorisch überformte
Sprechen für eine wesentliche Grundlage des literarischen Sprechens halten.

L 7 (Fixierung, aber keine Fiktionalität und keine künstlerische Sprachverwendung
Hierzu zählen z. B. Telefonbücher, Gebrauchsanweisungen und Kochrezepte, aber
auch – sofern man sie nicht der Kategorie L 2 zuordnen kann – die sogenannte
'aleatorische Dichtung' (Zufallsdichtung), die im Dadaismus, Futurismus und Surrealismus stärker verbreitet war und die heute v. a. in der mit Zufallsgeneratoren er-
zeugten Computerlyrik eine Wiederbelebung erfährt. Texte dieses Typs finden (verstärkt seit den 60er Jahren) bei denjenigen Literaturwissenschaftlern Interesse, die
aufgrund bestimmter sprachtheoretischer Vorannahmen das Lesen für eine sehr aktive, überwiegend kreative Tätigkeit halten. Auch in der Assyriologie, der Hethito-
logie und anderen relativ quellenarmen Philologien wird häufig ein großzügiger
Literaturbegriff verwendet, der Texte der Kategorie L 7 mit einschließt.

Die Hierarchie dieser sieben Kategorien korreliert nicht – um es ausdrücklich zu
unterstreichen – mit Qualität, sondern nur mit *Literarizität*. Texte der Kategorie L 1
sind also nicht besser, sondern nur literarischer als solche der Kategorie L 4 oder
L 7, d. h. sie werden von einer im Vergleich größeren Anzahl von Rezipienten für
literarische Texte gehalten und als solche behandelt.

(vgl. Schneider 2000, S. 14-17)

In der nachfolgenden Darstellung sollen hauptsächlich die Teilmengen L 1 bis
L 4 berücksichtigt werden, d. h. solche Texte, die mindestens zwei der drei
genannten Kriterien erfüllen. Damit soll der kleinste gemeinsame Nenner der
konkurrierenden aktuellen Literarizitätskonzepte abgebildet werden. Keine
Berücksichtigung finden dabei allerdings jene rein normativen Definitionen,
die einem literarischen Werk gedankliche Tiefe, stilistische Virtuosität, ästhetische Autonomie, pädagogischen Wert oder andere löbliche Eigenschaften
abverlangen. Die Bezeichnung 'Literatur' ist innerhalb der wissenschaftlichen
Literaturgeschichtsschreibung kein Ehrentitel, sondern ein wertfreier Arbeits-
begriff, der die Praxis der literarischen Kommunikation innerhalb sämtlicher
Schichten und Epochen zu erfassen versucht. Dabei spielt es vom wissenschaftlichen Standpunkt aus für die Untersuchungs*methodik* keine Rolle, dass
solche Ehrentitel innerhalb bestimmter Bildungsschichten stark verbreitet sind.
Als Untersuchungs*gegenstand* verdient dieses Phänomen hingegen durchaus
Beachtung, da eine Gesamtgeschichte der literarischen Kommunikation sämtliche Aspekte der Produktion, Distribution und Rezeption von Literatur be-
rücksichtigen muss. Im Hinblick auf die Selbst- und Fremdwahrnehmung der
verschiedenen Bildungsschichten ist es aufschlussreich, wo welche normativen
Literaturkonzepte verteidigt, zurückgewiesen oder auch mit Gleichgültigkeit
aufgenommen werden.
  Der Begriff 'Kommunikation' verdient in diesem Zusammenhang genauere
Beachtung. Im Sinne der von Siegfried J. Schmidt konzipierten empirischen
Literaturwissenschaft soll er im Folgenden nicht nur die professionelle, in der
Terminologie Bourdieus 'legitime' Form des Umgangs mit Literatur bezeich-
nen, sondern sämtliche Arten der 'falschen' oder 'richtigen', unsachgemäßen

oder sachgemäßen, verachtens- oder ehrenwerten, ephemeren oder dauerhaften Interaktion mit und über Literatur (vgl. Schmidt 1980). Während sich aller-dings Schmidt – wie übrigens auch Bourdieu und Luhmann – darauf konzen-triert, die Ausdifferenzierung und institutionelle Etablierung der 'anerkannten' Literatur als eines autonomen Systems zu beschreiben, sollen hier nachfolgend *auch* die nicht anerkannten, nicht autonomen Erscheinungsformen von Literatur und literarischer Kommunikation berücksichtigt werden.

Die Entscheidung für eine solche Vorgehensweise verdankt sich *nicht* weltanschaulichen, politischen oder ethischen Ambitionen hinsichtlich der 'Rehabilitation' – angeblich oder tatsächlich – verkannter Autoren und Werke. Stattdessen geht es um die Erprobung einer funktionsanalytisch orientierten Literaturgeschichtsschreibung, die auf der Basis eines weitgefassten und wert-freien Literaturbegriffs nach den Entstehungsbedingungen, den Erscheinungs-formen und den Wirkungen von literarischer Kommunikation fragt. Dabei sollen sowohl die geistigen als auch die seelischen und körperlichen Rezep-tionseffekte mit ins Kalkül gezogen werden. Zu den geistigen Effekten gehört z. B. die Vermehrung des Weltwissens, die Gewinnung reflexiver Distanz, die Schulung der Denkfähigkeit, die 'ästhetische Erziehung des Menschen' im Sinne von Schiller, der Erwerb literarischer Bildung oder auch die Selbstironi-sierung und die historische Selbstrelativierung. Zu den wichtigsten seelischen Rezeptionseffekten zählen die identifikatorische Durcharbeitung emotionaler Konflikte, die Internalisation von Rangordnungen und Rollenkonzepten, die Verfeinerung des Gefühlslebens (Herzensbildung), die Integration in bzw. die Abgrenzung von Gruppen und Parteien sowie die Übernahme situationsspezi-fischer Verhaltensmuster. Was schließlich die körperlichen Wirkungen betrifft, so ist an die Abfuhr von Triebimpulsen, an die Zivilisierung im Sinne von Norbert Elias, an die Einhaltung elaborierter Scham- und Peinlichkeitsstan-dards oder auch an eine Einübung in die Sublimation zu denken.

Die meisten dieser Effekte finden in der bisherigen Literaturgeschichts-schreibung wenig Beachtung. Es liegt jedoch auf der Hand, dass in der Litera-turrezeption bestimmter Bildungs- und Gesellschaftsschichten typischerweise bestimmte Wirkungen dominieren, während andere vernachlässigt werden oder sogar unerwünscht sind und tabuisiert werden. Vorausgreifend sei hier schon vermerkt, dass sich im literarhistorischen Längsschnitt vier Haupttypen von literarischer Kommunikation identifizieren lassen, die in den verschiede-nen Zeitaltern zwar ihre Gestalt verändern, deren kommunikative Hauptfunk-tionen jedoch weitgehend bestehen bleiben. Dabei handelt es sich um die *Kompensationskultur* der Unterschichten sowie die *Unterhaltungskultur* der Mittelschichten, die beide hauptsächlich auf seelische und körperliche Wir-kungen abzielen. Ferner wäre die *gelehrte Kultur* der Gebildeten zu nennen, in der die geistigen Effekte dominieren. Und viertens ist die *Repräsentationskul-tur* der gesellschaftlichen Führungseliten zu erwähnen, in der überwiegend die

seelischen und die geistigen Kommunikationsfunktionen im Vordergrund
stehen. Mit Überschneidungen und Wechselwirkungen zwischen diesen vier
Haupttypen ist zu rechnen. Dennoch ist es außerordentlich wichtig, diese vier
Haupttypen als solche wahrzunehmen, anzuerkennen und auf ihre spezifische
Leistung hin zu befragen. Die Repräsentations-, die Unterhaltungs-, die Kom-
pensations- und die gelehrte Kultur hatten und haben ihren jeweils eigenen
Wert für die Zivilisations-, Mentalitäts- und Bildungsgeschichte. Es führt zu
groben Verzerrungen und Fehlurteilen, wenn man z. B. Groschenhefte auf ihre
geistigen Effekte oder philosophische Romane auf ihre körperlichen Wirkungen hin befragt und bewertet. Ein Mindestmaß an Geist, an Gefühl und an
Körperlichkeit lässt sich zwar in jedem literarischen Werk nachweisen. Doch
funktionsgeschichtlich relevant ist in erster Linie das, was im konkreten, spezifischen Gebrauchszusammenhang nachweislich dominiert.

Um die spezifische literarische Kultur der einzelnen Gesellschaftsschichten
zu definieren und zu analysieren, wurden hauptsächlich ihre Lebensumstände,
ihre Bildungsvoraussetzungen, ihr Freizeitverhalten, ihre Mediennutzungsgewohnheiten und ihre Lektüreanforderungen in den Blick genommen. Zur Veranschaulichung der benutzten Arbeitsmethode seien hier einige der dabei gestellten Fragen aufgelistet.

- Welchen Schulabschluss erreichten die Angehörigen dieser Schicht im
  Durchschnitt?
- Beherrschten sie die Hochsprache oder sogar Fremdsprachen?
- Wie hoch war die Alphabetisierungsquote innerhalb dieser Schicht?
- Welche und wieviele Bücher finden sich in ihren Nachlässen?
- Welchen Anteil hatte das Kulturbudget an ihrem Haushaltseinkommen?
- Hatten sie freien Zugang zu Theatern, Bibliotheken und ähnlichen Institu-
  tionen?
- Welchen Stellenwert besaß die literarische Kommunikation im Ge-
  samtspektrum ihrer Freizeitaktivitäten?
- Welche Medien benutzten sie wie häufig?
- Unter den Rezipienten welcher Literaturgattungen waren sie überrepräsen-
  tiert?

Nicht bei jeder Gesellschaftsschicht konnten diese Fragen bis auf Punkt und
Komma beantwortet werden. Insgesamt reichte das vorhandene Datenmaterial
jedoch aus, um eine plastische Vorstellung von der Lebenssituation und von
den Rahmenbedingungen, Erscheinungsformen und Wirkungen der literarischen Kommunikation in allen zu behandelnden Schichten zu gewinnen. Dabei
zeigt sich auch, dass sich der Umfang einer derartigen Kommunikationsgeschichte nicht an der Fülle des überlieferten Materials orientieren kann. Dieser
Umfang ergibt sich vielmehr aus dem Differenzierungsgrad des soziologischen
Rasters, das der Unterscheidung in Bildungs- und Gesellschaftsschichten zu-

grunde liegt. Dass jede derartige Gruppe immerfort in Untergruppen aufgeteilt werden kann, bis man schließlich auf der Ebene des einzelnen Rezipienten mit seinen kleineren oder größeren Abweichungen vom Durchschnitt angelangt ist, steht außer Frage. Der Ehrgeiz der vorliegenden Studie beschränkt sich darauf, alle epochen- und schichtenspezifischen Formen der literarischen Kommunikation zu erfassen, die im oben dargelegten Sinn als institutionalisierte und damit als eigenständige literarische Kultur gelten können. Eine genauere Ausdifferenzierung dieses gesellschaftsgeschichtlichen Rasters nach Regionen, Konfessionen, Geschlechtern, Alterskohorten, Berufsgruppen usw. ist durchaus wünschenswert. Und auch die detailliertere Einbeziehung anderer Künste und Medien würde das hier gezeichnete Bild gewiss abrunden.

Welche Detailliertheit eine solche kultursoziologisch und funktionsanalytisch orientierte Gesamtkulturgeschichte annehmen sollte, ist eine offene Frage. Denn auf der einen Seite wird jedem Abiturienten und erst recht jedem Hochschullehrer der philologischen Fakultät selbstverständlich abverlangt, Übersicht über den Gesamtverlauf der Literaturgeschichte zu besitzen. Und im Zuge der Ersetzung traditioneller Geistes- durch moderne Kultur- und Medienwissenschaften wird diese Forderung sogar auf die Kommunikationsgeschichte aller Schichten, Epochen und Kontinente ausgedehnt. Auf der anderen Seite wird jedoch – horribile dictu – in Rezensionen zu derartigen Überblicksdarstellungen regelmäßig getadelt, dass eine solche Unternehmung beim heute erreichten Grad der wissenschaftlichen Spezialisierung auf Chuzpe oder Hybris schließen lasse, in das Zeitalter der großen Erzählungen (Lyotard) zurückführe oder in beklagenswerten Universaldilettantismus einmünde. Mit solchen Einwänden ist jeder Versuch einer Überblicksdarstellung schnell vom Tisch zu fegen. Nicht jedoch das zu lösende wissenschaftliche Problem. Denn in der Literaturgeschichte wie im einzelnen Text ist das Ganze stets nur aus dem Einzelnen und das Einzelne stets nur aus dem Ganzen zu verstehen. Dass unsere Vorstellung vom Ganzen wie auch vom Einzelnen immer eine Konstruktion bleibt, kann nicht darüber hinweg täuschen, dass es stabile und wacklige Konstruktionen gibt. Als Wissenschaftler muss der Verfasser des vorliegenden Buches zugleich befürchten und hoffen, dass künftige Konstruktionen stabiler als die hier vorgestellten sein werden. Dabei meint 'Stabilität' in erster Linie die Vereinbarkeit mit empirisch gesicherten Antworten auf die oben aufgelisteten Fragen.

Im Unterschied zur kanonorientierten Literaturgeschichtsschreibung müsste eine funktionsanalytisch und kultursoziologisch fundierte Kommunikationsgeschichte eigentlich sämtliche Publikationen berücksichtigen, die den Teilmengen L 1 bis L 4 zuzuordnen sind. Und darüber hinaus könnte sie sogar die Sichtweise aller Schichten auf jedes dieser Werke zu erfassen versuchen. Denn im Prinzip kann selbstverständlich jedes Werk in jeder Schicht rezipiert werden. Da die Gesamtzahl aller selbstständigen deutschsprachigen literarischen Publikationen mindestens im sechsstelligen Bereich liegt (vgl. Wittmann 1991), ist ein solches Vorgehen nicht möglich. Dazu kommt noch, dass eine Gesamtgeschichte der literarischen Kommunikation die Bedeutung der fremdsprachigen und der ins Deutsche übersetzten Literatur nicht ignorieren darf. Dass die Gelehrten des feudalistischen Zeitalters überwiegend lateinische Texte und das Kleinbürgertum des bürgerlichen Zeitalters zu einem Großteil übersetzte französische und englische Bestseller rezipierte, bedarf hier der Erklärung und Berücksichtigung. Kommunikationsgeschichte ist deshalb zugleich mehr und weniger als kanonorientierte Literaturgeschichte. Sie liefert keine detaillierten Werkinterpretationen, sondern eröffnet Einblicke in Strukturen. Wenn hier im Folgenden auch Beispieltexte und -autoren vorgestellt werden, dient dies lediglich der Exemplifizierung und der Veranschaulichung. Dass viele literarische Werke in mehreren Bildungs- und Gesellschaftsschichten Verbreitung finden, bestätigt nur die heute allgemein akzeptierte These von der Offenheit, Ambivalenz und Mehrfachcodierung des Kunstwerks. Das ändert aber nichts daran, dass die einzelnen Schichten unterschiedliche Mediennutzungsgewohnheiten und Lektüreanforderungen aufweisen und dass die besagte Offenheit durchaus ihre Grenzen hat. Lektoren und Literaturagenten können davon leben, dass sie Texte zielgenau 'ihrem' Publikum zuführen.

Die meisten Menschen finden Löwen ästhetischer als Spinnen. Für den Biologen ist dies, zumindest im Rahmen seiner Berufstätigkeit, ohne Belang. Vor seinem wissenschaftlichen Auge sind alle Gattungen und Arten gleich. So auch für den Kommunikationshistoriker. Das von Literaturkritikern und Literaturpädagogen herausgearbeitete Qualitätsgefälle zwischen wertvollen und wertlosen Texten darf höchstens ein *Gegenstand* seiner Darstellung werden, aber niemals die Auswahl der Gegenstände oder die Methodik der Analyse beeinflussen. Alle literarischen Kulturen werden deshalb im Folgenden *in ihrer Eigenschaft als wissenschaftliche Gegenstände* prinzipiell für gleichrangig erachtet. Die Abfolge der Kapitel orientiert sich nicht an einer ästhetischen oder gesellschaftlichen Rangordnung, sondern am prozentualen Anteil der Schichten an der Gesamtbevölkerung. Die aus funktionsgeschichtlicher Perspektive sinnlose Grenze zwischen Mediävistik und Neugermanistik wird ignoriert; da der Verfasser dieses Buches Neuphilologe ist, werden das Stammeszeitalter und das Mittelalter jedoch mit etwas größerer Vorsicht und Zurückhaltung behandelt. Die allfällige Frage nach dem Standort des Verfassers ist mit der Bezugnahme auf Kultursoziologie (Bourdieu), Kommunikationsgeschichte (Schmidt) und Funktionsanalyse (Bonfadelli; Groeben; Schön) nur teilweise beantwortet. Sich in die innere Logik der ganz verschiedenartigen literarischen Kulturen hineinzudenken und ihre spezifische Leistung wahrzunehmen und sachlich zu beurteilen, ist in gewissem Sinne eine schwierigere Aufgabe als die Analyse eines anspruchsvollen Textes von Hölderlin oder Celan. Die historische und soziologische Relativierung oder Ironisierung des eigenen Habitus kostet Überwindung und bindet Arbeitsenergien, die typischerweise in die Perfektionierung habituskonformer Fähigkeiten und Fertigkeiten investiert werden. Dafür eröffnet die funktionsanalytische Literaturgeschichtsschreibung eine Fülle neuartiger Fragestellungen und lenkt das Forschungsinteresse auf weitgehend marginalisierte, wenn nicht sogar völlig skotomisierte Gattungen und Textkorpora. Für die *germanistische* Literaturwissenschaft bedeutet die besagte Wende, dass ihr Gegenstand sämtliche literarischen Kulturen umfasst, die sich in den von den Gegebenheiten deutscher Ereignisgeschichte geprägten Gesellschaftsstrukturen entwickeln konnten. Der Buchtitel 'Literarische Kommunikation in Deutschland' meint demnach die literarischen Kulturen aller Schichten, die es jemals in Deutschland und seinen staatlichen Vorgängergebilden gegeben hat, seien sie nun deutschsprachig oder nicht.

Deutsche Literaturgeschichte, die sich in diesem Sinne als kultursoziologische und funktionsanalytische Kommunikationsgeschichte versteht, ist ein noch relativ junges, aber keineswegs absolut neuartiges Unternehmen. Der aus fachgeschichtlicher Perspektive wichtigste Ahnherr eines solchen Projektes dürfte der Schriftsteller und Literaturkritiker Robert Prutz sein, der im zweiten Band seiner Studie über *Die deutsche Literatur der Gegenwart* schon 1859 die Forderung nach einer Literaturgeschichte vom Standpunkt des Lesers aus erhob:

> „Es wäre ein interessantes Unternehmen, würde aber freilich eine größere Kenntniß des Publicums und mehr Berührung mit den verschiedenartigsten Klassen desselben erfordern, als unsern Schriftstellern, geschweige denn unsern Gelehrten gemeiniglich zu Gebote steht, statt der herkömmlichen gelehrten oder ästhetischen Literaturgeschichte einmal eine Historie der Literatur zu schreiben vom bloßen Standpunkt des Lesers aus: das heißt also eine Literaturgeschichte, wo nach gut oder schlecht, gelungen oder misslungen, gar keine Frage wäre, sondern wo es sich allein darum handelte, welche Schriftsteller, in welchen Kreisen, welcher Ausdehnung und mit welchem Beifall sie gelesen werden. Leicht würde eine solche Arbeit gewiß nicht sein und noch weniger dankbar, insofern man dabei auf die Anerkennung der Schriftsteller selbst rechnen wollte: denn so wenig es uns einfällt, dem Resultat einer solchen Untersuchung durch einseitige Behauptungen vorgreifen zu wollen, so scheint uns doch allerdings dies festzustehen, daß dabei viele sehr glänzende Namen sich merklich verfinstern und dafür andere auftauchen würden, die das Ohr des Literaturhistorikers bis dahin noch niemals vernommen."

(Prutz 1859, S. 73f.)

Prutz schrieb diese Zeilen, als erstmals in der deutschen Kulturgeschichte die Alphabetisierungsquote dermaßen nach oben schnellte, dass die Teilhabe an schriftlicher literarischer Kommunikation zu einem Spezifikum auch der Mittel- und Unterschichtenkultur wurde. Die ins Deutsche übersetzten Romanbestseller von Scott, Cooper, Dumas und Sue beherrschten das Angebot der

Buchhandlungen und Leihbüchereien. Und auch deutsche Unterhaltungsschriftsteller erzielten höchste Auflagen und gewannen damit bedeutenden
Einfluss. Prutz hat in der Folge punktuelle Beiträge zur Realisierung des in den
zitierten Zeilen entworfenen Projektes, aber noch keine kommunikationsge-
schichtliche Gesamtdarstellung der deutschen Literatur geliefert. Gleichwohl
verdient das aus liberaler Gesinnung verfasste Oeuvre des staatlich verfolgten
Prutz mehr Respekt und Beachtung, als ihm die Wissenschafts- und Literaturgeschichte bisher zuteil werden ließ (vgl. Langenbucher 1976; Weimar 1989,
S. 322-345). Ähnliches gilt für den Literaturwissenschaftler Levin Ludwig
Schücking, dessen 1923 publizierte *Soziologie der Literarischen Geschmacks-
bildung* zwar zunächst breite Resonanz fand, mit Ausnahme einer kurzen Wie-
derentdeckungsphase in den 60er Jahren jedoch letztlich ohne größeren Nach-
hall blieb (vgl. Hermand 1994, S. 92 u. 151).

Harald Weinrichs Plädoyer *Für eine Literaturgeschichte des Lesers* (1967)
und Gunter E. Grimms Buch *Rezeptionsgeschichte. Grundlegung einer Theorie* (1977) konnten nicht verhindern, dass sich die germanistische Rezeptions-
forschung unter dem Einfluss der Schriften von Hans Robert Jauß und Wolfgang Iser fast vollständig von der Empirie abwandte und stattdessen theoretische Probleme der Leseforschung in den Mittelpunkt ihres Interesses rückte.
Daran hat sich seither wenig geändert. Unser aktuelles Wissen über schichtenspezifische Formen der literarischen Kommunikation verdanken wir zu einem
großen Teil nicht der Germanistik, sondern der historischen Soziologie, der
Kulturhistoriographie und der Lebensstilforschung (vgl. Andringa 1997). Moderne Sozialgeschichten der deutschen Literatur greifen deshalb zu Recht auf
Methoden und Einsichten dieser und anderer Nachbardisziplinen zurück. Den
wichtigsten neueren Erzeugnissen dieser interdisziplinär orientierten Form
germanistischer Literaturgeschichtsschreibung, den mehrbändigen Überblicksdarstellungen, die Rolf Grimminger (München 1980ff.) und Horst Albert Glaser (Reinbek 1980ff.) herausgegeben haben, ist der Einfluss der empirischen
Rezeptionssoziologie, der Buchwissenschaft und der Leseforschung deutlich
anzumerken, wenngleich die Fixierung auf den hergebrachten Werkkanon
grundsätzlich erhalten bleibt.

In diesem Zusammenhang ist auch auf Peter Uwe Hohendahls Studie *Literarische Kultur im Zeitalter des Liberalismus 1830-1870* (München 1985)
hinzuweisen, der die vorliegende Arbeit wichtige Anregungen verdankt. In der
Auseinandersetzung mit der Rezeptionstheorie, dem Interaktionismus, dem
Neomarxismus und der Frankfurter Schule, besonders aber mit Walter Benjamin und Peter Bürger entwickelt Hohendahl ein Konzept von Literaturgeschichte als Institutionsgeschichte, dem die folgenden Ausführungen in methodologischer Hinsicht teilweise verpflichtet sind (vgl. ebd., S. 14-51). Unter
Bezugnahme auf den Habitusbegriff Bourdieus wird allerdings Hohendahls
Warnung davor, den Institutionsbegriff „schichtenspezifisch aufzulösen" (ebd.,

S. 48), nachfolgend ignoriert. Bei einem Vergleich zwischen den verschiedenen Formen von literarischer Kommunikation bleibt kein Raum für die eine
und einzige Institution Literatur, die „bestimmt, welche Textsorten zugelassen
sind und welchen Rang sie haben", und die außerdem „die Normen und Konventionen für die Rezeption und damit auch den Kreis der legitimen Rezipienten determiniert" (ebd., S. 305). Stattdessen wird nachfolgend jede literarische
Kultur als eine eigene Institution aufgefasst, die solche Normen und Konventionen *im Hinblick auf ein bestimmtes Publikumssegment* definiert und hierar-
chisiert. Für die folgende Darstellung spielt es also keine Rolle, dass „die
Lektüre einer bestimmten gesellschaftlichen Gruppe meist divers und nicht auf
bestimmte Gattungen und Textsorten festzulegen [ist]" und dass „bestimmte
literarische Formen nicht notwendig einer einzelnen sozialen Schicht oder
Gruppe zuzurechnen [sind]" (Hohendahl 1985, S. 305). Werden den sozialen
Schichten hier bestimmte Gattungen zugeordnet, so heißt dies, dass die Mitglieder dieser Schicht unter den Rezipienten dieser Gattung klar überrepräsentiert waren. Dass darüber hinaus auch Angehörige anderer Schichten unter
diesen Rezipienten zu finden oder sogar ebenfalls überrepräsentiert sind,
spiegelt v. a. die – im Verlauf der deutschen Geschichte zunehmende –
Durchlässigkeit der Gesellschaft wider. Vielleicht hat sich der eine oder andere
Landarbeiter des 15. Jahrhunderts einige Grundkenntnisse des Lateinischen
angeeignet. Gleichwohl war die *gewohnheitsmäßige* Lektüre lateinischer Bücher nur für die Geistlichen und Gelehrten dieses Zeitalters charakteristisch.
Unter den Lesern lateinischer Werke sind also die (in aller Regel nicht alphabetisierten) Landarbeiter klar unterrepräsentiert, die Gelehrten dagegen
eindeutig überrepräsentiert. Zwar müssen also „Lesergruppierungen", wie
Hohendahl richtig bemerkt, „nicht notwendig mit gesellschaftlichen identisch"
sein (ebd., S. 305), aber auch hier liegt die Lösung des Problems in einer Um-
kehrung der Untersuchungsperspektive. Frage ich „Wer hat im 19. Jahrhundert
Kolportageromane gelesen?", erhalte ich eine unklarere Antwort als auf die
Frage „Welche Gesellschaftsschichten waren unter den Rezipienten der Kolportageromane des 19. Jahrhunderts überrepräsentiert?".

Die Beantwortung derartiger Fragen erfordert kein mathematisches Spezi-
alwissen, wohl aber die Bereitschaft, Leser- und Besucherstatistiken mit den
Ergebnissen der Schichtensoziologie abzugleichen. Dies sei an einem simplen
Rechenexempel verdeutlicht: Man setze den Fall, dass die Zuschauer einer
Theateraufführung zu jeweils einem Drittel den Gesellschaftsschichten A, B
und C angehören. Darf man daraus schließen, dass die besagte Aufführung in
allen drei Schichten auf die gleiche Resonanz stößt? Nur wenn A, B und C
gleich groß sind. Wenn man dagegen weiß, dass z. B. A einen Anteil von
70 %, B einen Anteil von 25 % und C einen Anteil von 5 % an der Gesamtbevölkerung besitzt, ergibt sich ein völlig anderes Bild. Die Angehörigen der
Gesellschaftsschicht A sind in diesem Falle stark unterrepräsentiert, die der

Schicht B leicht überrepräsentiert und die der Schicht C ganz extrem überrepräsentiert. Oder anders gesagt: Irgendetwas an dieser Theateraufführung scheint die C-ler in besonderem Maße anzuziehen. Und irgendetwas scheint die A-ler deutlich abzuschrecken. Mitnichten besagt jedenfalls die Gleichverteilung der Schichten innerhalb des Publikums, dass die besagte Theateraufführung 'überall auf Resonanz stößt', 'alle Schichten der Bevölkerung erreicht', 'vom Hilfsarbeiter bis zum Bankdirektor jedermann anspricht' oder wie sonst die Floskeln lauten, mit deren Hilfe Kulturveranstaltungen vermarktet und Kultursubventionen legitimiert werden. Solche Vermarktungs- und Legitimationsstrategien können (am Rande) selbst zu einem Gegenstand der Literaturgeschichtsschreibung werden, dürfen aber niemals den Literaturbegriff und das Literaturverständnis einer wissenschaftlichen Literaturgeschichtsschreibung beeinflussen.

Nach Peter Uwe Hohendahl ist hier zuletzt noch Peter Nusser zu erwähnen, dessen Buch *Deutsche Literatur im Mittelalter* (1992) auf den ersten Blick ganz ähnlich strukturiert ist wie die vorliegende Studie. Nusser unterscheidet im Wesentlichen zwischen Geistlichen, Adeligen und Bürgern, denen er jeweils eine spezifische 'Lebensform' und eine dieser Lebensform entsprechende Literatur zuordnet. Dieser Ansatz ist im Prinzip innovativ und zielführend. Drei Einwände lassen sich jedoch gegen Nussers Art der Durchführung seines Programms erheben. Erstens berücksichtigt er nicht die moderne Leseforschung und Rezipientensoziologie, sondern greift auf die obsolete Kategorie der 'Lebensform' zurück, die Wilhelm Flitner in seinem Buch *Europäische Gesittung* (1961) benutzte, um in konservativ-moralistischer Weise auf „kranke Zustände" hinzuweisen, die von „Pluralismus" und „europäischen Libertäten" verursacht worden seien (Flitner 1961, S. 16f., 514ff.; dazu Nusser 1992, S. XII). Zweitens wird ausgerechnet die größte Bevölkerungsschicht, die der Bauern und Landarbeiter, nahezu vollständig ausgeklammert. Und drittens ergeben sich Spannungen und Widersprüche daraus, dass Nusser zu ängstlich an der hergebrachten Kanonorientierung der germanistischen Literaturgeschichtsschreibung festhält, obwohl sein Strukturierungsprinzip eigentlich diesen Kanon sprengt. Er ist offensichtlich bemüht, das Autoren- und Werkregister seines Buches nicht allzu sehr von dem der etablierten Literaturgeschichten abweichen zu lassen. Dadurch schwächt er die Innovationskraft seines eigenen Ansatzes ab und provoziert unpassende Vergleiche mit traditionellen, kanonorientierten Literaturgeschichten. Abgesehen von diesen Mängeln erreicht Nusser jedoch eine anschauliche gesellschaftsgeschichtliche Rekontextualisierung der mittelalterlichen Literatur, ohne dabei in soziologischen Determinismus zu verfallen. Einen solchen Determinismus wird freilich bei Nusser wie auch in der vorliegenden Arbeit wittern, wer den substanzialistischen Kunstbegriff und die Autonomieästhetik der Bildungseliten des 19. und 20. Jahrhunderts in ahistorischer Weise verabsolutiert und jede

Einbeziehung gesellschaftsgeschichtlicher Hintergrundinformationen als reduktionistisch empfindet. Gewiss kann man den Literaturbegriff dermaßen verengen und zurechtstutzen, dass bei literarhistorischen Laien der Eindruck entsteht, 'die' Literatur folge nur ihrer eigenen Entwicklungslogik und sei ein autonomes System. Demgegenüber sei hier noch einmal betont, dass die Autonomisierung 'der' Literatur zwar mit zu den Gegenständen der Literaturgeschichtsschreibung gehört, innerhalb einer Gesamtgeschichte der literarischen Kommunikation jedoch nur eine von vielen Spielarten des Umgangs mit literarischen Texten darstellt. Eine moderne Literaturgeschichte kann und darf sich nicht damit begnügen, drei- oder vierhundert kanonische Werke durch gezielte Interpretationen in eine zusammenhängende gedankliche Entwicklungslinie zu zwingen und diese ideale stetige Linie als Geschichte auszugeben.

Viele wichtige Anregungen und Hinweise habe ich von Gabriele Kapp (Essen), Britta Scheideler (Osnabrück), Christoph Hojer (Köln) und besonders von Norbert M. Schmitz (Kiel) erhalten. Für wertvolle Unterstützung bei der Materialbeschaffung und bei der Manuskripterstellung bin ich Stephanie Fernholz, Ines Knippschild, Axel Gierke und Mirko Wenzel sowie vor allem Carmen Dreier und Thorsten Meier zu großem Dank verpflichtet.

1. Literarische Kommunikation im Stammeszeitalter (ca. 4. Jh. v. Chr. bis 8. Jh. n. Chr.)

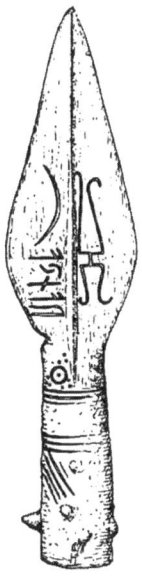

Abb. 1: Silbertauschierte Eisenlanze aus Müncheberg mit der Runeninschrift 'Ranja'

Die germanische Runenschrift war kein Medium der Alltagskommunikation, sondern ein für religiös-magische Gebrauchszusammenhänge benutztes Zeichensystem. 'Ranja' ist vermutlich der Name der Waffe und nicht der ihres Besitzers.

a) Gesellschaftsgeschichtliche Rahmenbedingungen

Viele Monographien, die einen Überblick über die deutsche Literaturgeschichte liefern, setzen mit ihrer Darstellung erst im 8. Jahrhundert ein. Das wird damit begründet, dass erst aus dieser Zeit schriftliche Zeugnisse vorliegen. So plausibel diese Begründung klingt, so problematisch ist sie, was den ihr zugrundeliegenden Kulturbegriff betrifft. Denn erstens hat es schon lange vor dem 8. Jahrhundert eine reichhaltige mündliche Literaturtradition gegeben, die zwar nur indirekt zu erschließen ist, die aber gleichwohl das Interesse der Wissenschaften verdient. Zweitens existieren in Gestalt der Runen und des Gotischen zwei Schriftsysteme, die schon lange vor dem 8. Jahrhundert wichtige, wenn auch nur spärlich überlieferte Zeugnisse der frühesten literarischen Kultur hervorgebracht haben. Drittens schließlich und vor allem kann dieses späte Einsetzen der Darstellung im 8. Jahrhundert zu einer – meistens gewiss unbeabsichtigten – Geschichtsschönung führen.

Denn ein Blick auf die kulturgeschichtliche Entwicklung von den Anfängen bis zum 8. Jahrhundert lässt wenig Schmeichelhaftes zutage treten. Wie die frühen Funde von Mauer, Neandertal oder Exloo belegen, war der spätere deutsche Siedlungsraum von ur- und frühgeschichtlichen Zeiten an kontinuierlich bewohnt. Doch während am Euphrat und am Nil, am Indus, in Peru und in China erste Hochkulturen entstehen, verharren die hiesigen Glockenbecher- und Urnenfelderkulturen auf einem sehr niedrigen Entwicklungsniveau. Auch die griechische und die römische Kultur gelangen bis in die Spätantike hinein nur in sehr beschränktem Ausmaß über die Rhein- und Donaugrenze hinaus. Und dem Vordringen des Christentums setzen die ab ca. 400 v. Chr. als solche identifizierbaren germanischen Stämme bis in das Frühmittelalter hinein starke Widerstände entgegen. Erst die iroschottischen Missionare des späten 6. Jahrhunderts und ihre angelsächsischen Nachfolger können – nach den früheren, aber erfolgloseren Bekehrungsbewegungen aus dem Südosten – in den Siedlungsgebieten östlich des Rheins Fuß fassen, Klöster gründen und die kulturellen Errungenschaften des Christentums verbreiten. Alles in allem kommt man nicht umhin, den Germanen im Vergleich mit ihren westlichen und südlichen Nachbarn bis an die Schwelle zum Hochmittelalter sowohl wirtschaftliche, technologische und politisch-administrative als auch kulturelle Rückständigkeit zu attestieren. Aus dem Blickwinkel der Römer, aber auch der Westfranken war Germanien bis zu diesem Zeitpunkt ein 'Entwicklungsland'.

Ist dies aber nicht nur eine Frage des Standpunkts? Beweisen nicht die Fürstengräber von Leuna, Haßleben und Grabow, dass die Germanen ihre eigene

Hochkultur besaßen? Zeigen nicht die gallorömischen Helme, Fibeln und Glasvasen, dass es einen regen kulturellen Austausch über Rhein, Donau und Limes hinweg gegeben hat? Ja und nein. Gewiss gab es eine kleine Schicht kulturell interessierter Germanen, die von den Römern im Austausch gegen Vieh und Getreide nicht nur Gegenstände des alltäglichen Gebrauchs, sondern auch kunstvoll verzierte Gläser, Keramiken und Schmuckstücke einhandelten. Aber diese Art des Austauschs beschränkte sich weitgehend auf bewegliche Gegenstände. Von einer vollgültigen Nachahmung römischer Lebensweise kann keine Rede sein.

Das zeigt sich besonders deutlich am Niedergang der grenznahen römischen Städte wie Xanten, Trier oder Köln. Zwar wurden diese Orte nach dem Rückzug der Römer weiterbesiedelt, aber die meisten steinernen Bauten zerfielen allmählich. Der Betrieb von Bädern, Bibliotheken und sonstigen öffentlichen Einrichtungen wurde eingestellt. Auch Wasserleitungen, befestigte Straßen, Brücken und Befestigungsanlagen wurden nicht mehr instandgehalten. Einwohnerzahlen und Lebensstandard sanken drastisch ab. Auf den Trümmern der Städte wurden hölzerne Bauten und Fachwerkhäuser errichtet. Handel und Verkehr gingen zurück.

Frühere Jahrhunderte haben diesen Vorgang nach moralischen Maßstäben beurteilt. Seit der Aufklärung hat sich dann ein Kulturrelativismus entwickelt, der bis zur Leugnung jedweden Unterschieds zwischen Hoch- und Nachzüglerkulturen gesteigert werden konnte. Ja es fanden sich sogar Stimmen, die der autochthonen Volkskultur der Germanen den Vorzug vor der für dekadent erklärten Kultur der Römer geben wollten. In der Romantik, z. B. bei Arnim, Görres und Eichendorff, trifft man immer wieder auf derartige Überlegungen. Und im Nationalsozialismus wird dann endgültig ernst mit der Umwertung der Werte gemacht. In der Einleitung seiner berüchtigten *Geschichte der deutschen Literatur* (19. Aufl. Berlin u. Hamburg 1943) schreibt der ein Jahr zuvor mit dem goldenen Parteiabzeichen der NSDAP dekorierte Adolf Bartels:

„Alle Germanen bergen die schroffsten Gegensätze in ihrer Seele, solche, wie sie nur eine riesenhafte Natur und weiter ein vom Kampf erfülltes Leben entwickeln kann: neben einer gewaltigen, ja schrankenlosen Phantasie steht der schärfste, die Wirklichkeit der Dinge unbarmherzig durchdringende Verstand, neben ungemessener Willenskraft eine seltene Gemütsweichheit, neben wilder Leidenschaftlichkeit ein streng gerechter, ja, die höchsten sittlichen Forderungen erhebender Sinn, neben derbstem Realismus die Sehnsucht nach Schönheit und die edelste freiwillige Askese. So treten sie den Mittelmeervölkern, die, mochten sie zunächst auch arischer Herkunft sein, unter dem Einfluß eines milderen Himmels längst das Ideal einer harmonisch ausgeglichenen Kultur geschaffen und zum Teil verwirklicht hatten, nun aber auch schon an deren Entartung oder an zu starker Mischung mit weniger edlem Blute zugrunde zu gehen drohten, entgegen als die Bringer neuer Natur- und Lebenskraft und weiterhin einer neuen Kultur, die männlicher, freier und dabei seelischer und sittlicher war als die alte, mehr eine Kultur des Gehalts sozusagen als der Form, niemals gleichmäßig, immer von starken Gegensätzen erfüllt, kampfdurchtobt, scheinbar oft unterbrochen, aber zuletzt doch reich, groß und mächtig, durch die Fülle der verschiedenartigsten Individuen, der großen Persönlichkeiten, die, der kaum je aussetzenden Volkstriebkraft entsprossen, in ihr emporkamen."

(Bartels 1943, S. 1)

In den Deutschen der Gegenwart sieht Bartels natürlich die legitimen Erben dieser angeblich superioren germanischen Kultur, denn „das alte germanische Blut ist stärker als alles andere in uns" (ebd., S. 4). Die kulturelle Isolation und Rückständigkeit der Germanen wird auf diese Weise zu einem Ausdruck von Eigenständigkeit und Unabhängigkeit umgedeutet. Den 'entarteten Mittelmeervölkern' treten die freien Germanen mit ihrer angeblich gehaltvollen, energiegeladenen Kultur entgegen. Es überrascht nicht, dass nach den zwölf Schreckensjahren des 'Tausendjährigen Reichs' ein Buch des Beifalls sicher sein konnte, das ganz im Gegensatz zu derartigem Germanenkult die Bedeutung der antiken Kultur für das Mittelalter hervorhob. Dieses Buch wurde 1948 von dem Romanistikprofessor Ernst Robert Curtius veröffentlicht und trug den Titel *Europäische Literatur und lateinisches Mittelalter*. In seinem Vorwort zur zweiten Auflage dieses Werkes schreibt Curtius im Jahre 1953:

„Mein Buch ist nicht aus rein wissenschaftlichen Zwecken erwachsen, sondern aus Sorge für die Bewahrung der westlichen Kultur. Es macht den Versuch, die Einheit dieser Tradition in Raum und Zeit mit neuen Methoden zu beleuchten. Im geistigen Chaos der Gegenwart ist es nötig, aber auch möglich geworden, diese Einheit zu demonstrieren. Das kann aber nur von einem universalen Standpunkt aus geschehen. Diesen gewährt die Latinität. Das Latein ist die Bildungssprache der dreizehn Jahrhunderte gewesen, die zwischen Virgil und Dante liegen. Ohne diesen lateinischen Hintergrund sind die volkssprachlichen Literaturen des Mittelalters unverständlich."

(Curtius 1978, S. 9)

Die Germanen, resümiert Curtius lapidar, brachten „keinen neuen Gedanken mit" (ebd., S. 34), ließen sich vielmehr weitgehend romanisieren und latinisieren. Die Germanisten und andere Neuphilologen wären deshalb seiner Meinung nach gut beraten, Griechisch und Latein zu studieren und auch in methodologischer Hinsicht „in die Schule der alten Philologie zu gehen" (ebd., S. 386). An die Stelle geistesgeschichtlicher Spekulationen sollten formgeschichtliche Untersuchungen treten, die das Fortwirken der antiken Rhetorik erweisen und die Kontinuität der literarischen Tradition von der Antike bis ins späte Mittelalter hervortreten lassen würden.

Die nach dem Holocaust zweifellos berechtigte 'Sorge für die Bewahrung der westlichen Kultur' ist in Angelegenheiten der Wissenschaft kein ganz unproblematischer Arbeitsimpetus. Tritt noch genügend Angst vor dem 'geistigen Chaos der Gegenwart' hinzu, kann der philologische Humanismus leicht einen klassizistischen, wenn nicht gar anti-modernistischen Einschlag bekommen. Die von Curtius geäußerte Kontinuitätsthese ist deshalb aus heutiger Sicht noch einmal sachlich zu hinterfragen und zu überprüfen. Und dabei zeigt sich mehr und mehr, dass verallgemeinernde Aussagen über die Kultur ganzer Völker und Epochen in die Irre führen oder zumindest der kultursoziologischen Differenzierung bedürfen. Denn zwar gab es auch schon bei den Germanen eine schmale Schicht von Priestern und Vornehmen, die über genügend intellektuelle und materielle Ressourcen verfügten, um sich mit der lateinischen Literatur der Antike zu beschäftigen. Aber neben diesen Wenigen stehen die Vielen, die aufgrund ihrer Lebensverhältnisse von jeder Teilhabe an fremdsprachiger und generell an schriftlicher literarischer Kommunikation ausgeschlossen waren und noch auf Jahrhunderte hinaus ausgeschlossen blieben. In einer Gesamtgeschichte der literarischen Kommunikation, wie sie hier angestrebt wird, darf aber weder die eine noch die andere Erscheinungsform von literarischer Kultur skotomisiert werden. Es erscheint deshalb sinnvoll, der nachfolgenden Darstellung der überlieferten literarischen Texte eine kurzgefasste Beschreibung der verschiedenen gesellschaftlichen Schichten und ihrer jeweiligen Bildungsideale, Mediennutzungsgewohnheiten und Lebensumstände voranzustellen.

Man tut gut daran, sich bei der Rekonstruktion dieser Gegebenheiten nicht nur auf literarische Quellen zu stützen, sondern zunächst die gesicherten archäologischen Befunde in Augenschein zu nehmen. Imma Kilian vom Römisch-Germanischen Zentralmuseum in Mainz fasst ihre diesbezüglichen Erkenntnisse in ihrem Beitrag zum 1998 publizierten zweiten Band der *Geschichte des Wohnens* mit den folgenden Worten zusammen:

„Vom Wohnen im frühen Mittelalter kennen wir eher die Außenseite, die Architekturformen, die Hauskonstruktion und die Bautechniken. Einigermaßen abgesichert sind auch Aussagen über Rangabstufung und Funktion der Bautypen. Massiv aus Stein gebaut wurden außer Kirchen allein Residenzen, Pfalzen und Höfe der Könige oder deren höchster Würdenträger. Nur in solchen Bauten gab es, getrennt von den Repräsentationsräumen, einen Wohntrakt und darin eigene Zimmer für Aufenthalt, Schlafen, Essen, Kochen und andere Tätigkeiten. Alle anderen Behausungen waren ebenerdige Pfostenbauten aus Holz mit Flechtwänden, weich gedecktem Dach und offenem Dachstuhl. Durch die Unterbringung des Viehs in separaten Ställen haben vornehme Herren die Wohnqualität ihres Hauses verbessert. Aber auch deren 'Hallen' waren Mehrzweckräume, in denen geschlafen, am offenen Herd gekocht, Gäste bewirtet und Versammlungen abgehalten wurden. Auf dem Land lebten Mensch und Tier im Wohnstallhaus unter einem Dach. Mittelpunkt des Wohnens war die offene Herdstelle, um die herum sich alle häuslichen Tätigkeiten abspielten."

(Kilian 1998, S. 82)

Kilians Ausführungen beziehen sich auf die Zeit vom 5. bis zum 10. nachchristlichen Jahrhundert, also auf die letzte Phase des hier thematisierten Stammeszeitalters und die Frühphase des feudalistischen Zeitalters. Über die davorliegenden Jahrhunderte informiert anschaulich der Artikel von Helmut Luley in Band 1 der *Geschichte des Wohnens* (s. Luley 1999). Danach dominierte – wie nicht anders zu erwarten – das ganze Stammeszeitalter hindurch im Siedlungsraum des späteren Deutschland das hölzerne Einraumhaus. Steinbauten, gepflasterte Straßen und Städte waren im größten Teil dieses Raumes unbekannt. Allenfalls bildeten mehrere dieser Wohnstallhäuser gemeinsam einen Weiler, der durch einfache Wälle, Gräben oder Zäune gegen Tiere und Angreifer gesichert wurde. Ein Anzeichen höherer Kultur war es bereits, wenn der Stallbereich vom Wohnraum baulich abgetrennt blieb. Nur bei den höchstgestellten Persönlichkeiten darf man mit verziertem Mobiliar, festen Fußböden und einer Unterteilung des Hauses in mehrere Zimmer mit verschiedenen Funktionen rechnen.

Zu den alltäglichen Lebensproblemen der Bewohner solcher Einraumhäuser gehörten der Kampf gegen die Unbilden des Wetters und der Jahreszeiten, die Abwehr von Feinden und wilden Tieren, die Pflege von Kranken und Verwundeten, die Herstellung von Textilien, die Beschaffung und Lagerung von Nahrungsmitteln, die Verfertigung einfacher Werkzeuge und Gerätschaften, die Versorgung des Viehs, die Aufzucht der Kinder und ähnliche praktische Tätigkeiten, die vor allem Kraft, Robustheit, Ausdauer und handwerkliche Geschicklichkeit erforderten. Man züchtete Rinder, Schweine und Schafe, baute Gerste, Hafer, Weizen, Erbsen und Bohnen an. Schmiede produzierten relativ hochwertige Eisenwaren, und auch die Schreinerarbeiten der Germanen erreichten ein hohes handwerkliches Niveau. Die wichtigsten Ausfuhrgüter scheinen Fleisch, Getreide, Felle und Sklaven gewesen zu sein. In den Grenzgebieten wurden auch Geldgeschäfte abgewickelt, während im Kernbereich des germanischen Siedlungsraums Tauschhandel und Naturalienwirtschaft an der Tagesordnung waren.

Diesen Siedlungsraum genau einzugrenzen, ist allerdings ein schwieriges Unterfangen. Vom heutigen Holland bis in das westliche Russland scheint ursprünglich die gesamte nordeuropäische Tiefebene von jenen Völkern besiedelt worden zu sein, die von den Römern unter der vereinfachenden Bezeichnung *germani* subsumiert wurden, ohne dass sie sich selbst als ethnische, politische oder kulturelle Einheit verstanden hätten. Die Grenze zum Römischen Reich hin lässt sich relativ klar identifizieren, während im Osten eine diffuse Übergangszone existierte, in der sich Goten und Wandalen auf schwer zu rekonstruierende Weise mit Balten, Wenden und Dakern vermischten. Phasen des Nomaden- oder Halbnomadentums sowie natürlich die große Völkerwanderung des dritten bis sechsten Jahrhunderts taten ein Übriges, um die Stammes- und Volksidentitäten immer wieder zu verwischen. Dabei steht jedoch der ethnischen Diskontinuität eine bemerkenswerte kulturelle Kontinuität gegenüber. Ob die germanischen Stämme genealogisch in direkter Linie von den prähistorischen Siedlern abstammen, deren Spuren man bei Erkelenz, Düren, Jülich usw. findet (Luley 1999), ist keineswegs ausgemacht. Doch in puncto Baustil, Lebensweise, Wirtschaftsform und Gesellschaftsstruktur beweisen die frühen Bewohner des späteren Deutschland erstaunliches Beharrungsvermögen. Gewiss erwirbt man Metallgegenstände und Keramiken von den technologisch höher entwickelten Kelten. Und natürlich schmücken sich die Vornehmen und Wohlhabenden mit diversen römischen Glas- und Silbergefäßen oder Pferdegeschirren. Doch an Wasserleitungen, Fußbodenheizungen, Thermen, Theatern, Bibliotheken, Brücken oder Parkanlagen besteht bis in das Hochmittelalter hinein kein oder fast kein Interesse. Offenbar fehlten die wirtschaftlichen, technologischen, politischen, gesellschaftlichen und vielleicht auch geistig-seelischen Voraussetzungen, um derartige Errungenschaften der Römer und anderer Kulturen nachzuahmen.

Nicht weniger Beharrlichkeit zeigten die Germanen im militärischen Bereich. Jahrhundertelang kämpften sie ohne Helm und Rüstung gegen die gepanzerte Römerarmee. Erst ganz allmählich wurden Wurfspieße und Holzschilde durch Wurfäxte, Bogen und Langschwerter verdrängt (s. Todd 2000, S. 39-47). Und dennoch blieben sie letzten Endes Sieger über die ihnen in ansonsten fast jeder Hinsicht weit überlegenen Römer. Das hängt freilich auch damit zusammen, dass viele von ihnen als Verbündete, Überläufer oder Söldner das römische Heer von innen kennen lernten und z. T. sogar hohe Positionen in der Heeresführung erlangten. So war z. B. Hermann der Cherusker, der Sieger über Varus in der wichtigen Schlacht am Teutoburger Wald (9. n. Chr.), in Rom erzogen worden und zum römischen Offizier aufgestiegen. Dass er sich im Kampf zwischen Varus und den Cheruskern auf die Seite seiner germanischen Ahnen und Verwandten schlug, war eine seltene Ausnahme. In aller Regel scheinen germanische Soldaten, die Karriere im römischen Heer machten, kein großes Heimweh nach Germanien entwickelt zu haben (s. ebd., S. 58-60).

Bezeichnend für die kulturelle Entwicklung der Germanen ist auch der Umstand, dass keiner der drei Impulse zur Etablierung einer eigenen Schriftkultur aufgegriffen und weitergetragen wurde. Erstens ist hier natürlich wieder an die Begegnung mit den Römern zu denken, die längst eine reiche Literaturtradition, Bibliotheken und sogar einen florierenden Buchhandel besaßen, als Caesars Truppen im 1. Jahrhundert vor Christus Gallien eroberten und an der Rheingrenze Stellung bezogen (vgl. Wittmann 1991, S. 11f.). Nur in den unmittelbaren Grenzregionen kam es jedoch offenbar zu einem gewissen kulturellen Austausch; das germanische Hinterland blieb davon weitestgehend unberührt (vgl. Todd 2000, S. 135-137). Zweitens ist auf die Runenschrift hinzuweisen, die auf das 2. Jahrhundert nach Christus zu datieren ist und die besonders im Ostseeraum zu einer gewissen Verbreitung gelangt. Auffällig ist daran jedoch, dass dieses eigenständige germanische Schriftsystem fast nur für magische Formeln und Weiheinschriften benutzt wurde, wie sie auf Schreinen, Grabsteinen, Waffen oder Münzen zu finden sind (s. Simek 2003, S. 200, 222). Geschäftsbriefe, Gesetzessammlungen, Geschichtsdarstellungen und generell längere zusammenhängende Texte sind uns nicht überliefert. Die Potentiale der Runenschrift blieben weitgehend ungenutzt. Drittens und letztens ist an die singuläre Tat des Weihbischofs Wulfila zu erinnern, der im 4. Jahrhundert nach Christus die Bibel ins Gotische übersetzte und zu diesem Zweck ein eigenes gotisches Alphabet erfand. Auch dieses bemerkenswerte Experiment verlief jedoch im Sande. Obwohl die Goten schon lange vor dem Einsetzen der iroschottischen Mission (teilweise) christianisiert waren, gab es offenbar nur äußerst geringen Bedarf an schriftlicher Kommunikation, so dass innerhalb des späteren deutschen Siedlungsraumes Wulfilas Tat in Vergessenheit geriet, als die Goten im Zuge der Völkerwanderung mitsamt ihrer Schriftkultur nach Spanien zogen. Die germanische Kultur blieb bis in das 8. Jahrhundert hinein schriftlos bzw. – wenn wir von den drei genannten Ausnahmen absehen – so gut wie schriftlos.

Das hat zur Folge, dass sich eine Geschichte der Germanen bis heute hauptsächlich auf archäologische Befunde sowie auf Beschreibungen von schriftkundigen Nichtgermanen stützen muss. Dabei sind die einschlägigen Texte von Cäsar, Tacitus und Ptolemaios mit Vorsicht zu benutzen (s. Todd 2000, S. 9-15). Denn sie spiegeln unverkennbar die Verachtung, das Entsetzen und die Faszination wider, die ein kultivierter Bürger Roms bei der Begegnung mit den so rückständigen wie unbezwingbaren Barbaren jenseits des Rheins und der Donau unausweichlich empfinden musste. Andererseits besteht jedoch auch keine Veranlassung, die Werke von Cäsar, Tacitus und Ptolemaios als reine Propagandaschriften oder gar als Phantastereien abzutun. Viele ihrer Beschreibungen decken sich mit den archäologischen Befunden. Insgesamt liegt genug Material vor, um die literarische Kultur der Germanen zumindest ansatzweise zu beschreiben.

b) Literarische Kommunikation in den epochentypischen Gesell-
schaftsschichten

Die soziale Schichtung der germanischen Stämme lässt sich anhand von Sied-
lungsspuren, Grabbeigaben und römischen Berichten rekonstruieren. Dabei
ergibt sich das Bild einer archaischen Gesellschaft, in der anfangs – mit Bourdieu zu reden – die Position des Individuums im sozialen Raum primär durch
sein körperliches Kapital determiniert wird. Zu diesem körperlichen Kapital
zählen neben der schieren Muskelkraft auch die Ausdauer, die Schmerzunemp-
findlichkeit, das aufmerksame Spähen- und Horchenkönnen, die Krank-
heitsunanfälligkeit, die Geschicklichkeit, der Mut und ähnliche Eigenschaften,
die in einer von Gewalt und äußeren Gefahren geprägten Umwelt das Überleben ermöglichen. Wer schwach, ängstlich, krank oder alt war, bedurfte starker
Verbündeter, um sich gegen Feinde zur Wehr zu setzen; von staatlichen Einrichtungen im engeren Sinne lässt sich bis in das 8. Jahrhundert hinein kaum
sprechen (vgl. Prinz 2003, S. 286f.). Diese Verbündeten mussten also durch
persönliche Bindungen und Verwandtschaftsbeziehungen gewonnen werden.
Daraus lassen sich hierarchische Strukturen ableiten, die sich in den archäologischen Befunden widerspiegeln. So waren die Wohnstallhäuser im Allgemeinen etwa gleich groß, aber an prominenter Position gab es innerhalb der germanischen Weiler oftmals ein größeres, besser ausgestattetes Haus, das man
als Herren- oder Häuptlingshaus interpretiert. Ähnlich das Bild bei den Gräbern. In der großen Mehrzahl aller Fälle findet man einfache Reihengräber,
aber es gibt auch aufwändigere Grabstätten mit kostbaren Waffen, römischen
Gläsern und Silbersachen, Pferdeskeletten und anderen Spezifika, die auf eine
superiore gesellschaftliche Stellung des Bestatteten schließen lassen. Somit
lässt sich grundsätzlich von einer Zweiteilung der Bevölkerung ausgehen. Auf
der einen Seite stehen die zahlreichen Bauern, die in kleineren Häusern wohn-
en und in einfachen Gräbern bestattet werden. Auf der anderen Seite finden
sich die wenigen Anführer, die man auch als Häuptlinge, Vornehme, Adelige,
Fürsten oder Kriegsherren bezeichnet und die ihre Vormachtstellung offenbar
der Tatsache verdankten, dass sie eine Gruppe bewaffneter Gefolgsleute um
sich scharen und dauerhaft an sich binden konnten.

Dieser grundsätzliche Befund kann – wie gleich zu zeigen sein wird – noch
stärker ausdifferenziert werden. Aber zunächst sei hier darauf verwiesen, dass
die soziale Mobilität innerhalb der germanischen Stämme vermutlich größer
war als in der feudalistischen Ständegesellschaft des Mittelalters. Wer von
Natur aus schwächlicher Konstitution, fehlsichtig, schwerhörig oder sonstwie

körperlich beeinträchtigt war, konnte sich natürlich nur schwer unter Kriegern behaupten. Aber Muskeln lassen sich trainieren. Und vor allem musste umgekehrt auch der mächtigste Häuptling jederzeit damit rechnen, einer damals nicht heilbaren Krankheit oder einer Verschwörung konkurrierender Krieger zum Opfer zu fallen. Herrschaft war und blieb unter diesen Voraussetzungen labil. Starb ein Häuptling, musste die gesellschaftliche Rangordnung neu ausgefochten werden, wobei es leicht zu Überraschungen kommen konnte. Einer Sippe oder einem Clan über mehrere Generationen hinweg die Vormacht zu sichern, gelang nur selten. So ist der Umstand zu erklären, dass die oben beschriebenen Vermögensunterschiede vergleichsweise gering blieben. Man lebte im Häuptlingshaus etwas besser, aber nicht erheblich besser als in den Häusern der Bauern.

Das wirkte sich auch auf die Kultur aus. Man musste nicht lesen können oder eine fremde Sprache beherrschen, um an der literarischen Kommunikation der Häuptlinge und Priester teilzuhaben. Allenfalls das magisch-religiöse Geheimwissen, das den Priester vor den anderen Stammesangehörigen auszeichnete, stellte eine Art von 'Bildungsbarriere' dar. Aber die Gesänge der Krieger waren vermutlich im ganzen Weiler zu hören und zu verstehen. Und die Spruchweisheiten der Bauern dürften auch dem Häuptling nicht unbekannt gewesen sein. Dennoch macht es allerdings einen gewaltigen Unterschied, ob man als Krieger ein Kriegslied singt oder als Bauer ein Kriegslied hört. Die allgemeine Zugänglichkeit der meisten germanischen Literaturgattungen darf nicht als Indiz dafür interpretiert werden, dass diese Gattungen zum kulturellen Allgemeingut sämtlicher Angehörigen eines Stammes gehörten. Selbst wenn es keinerlei Bildungsbarrieren innerhalb einer Gesellschaft gibt, können doch soziale Schranken sehr wirksam dafür sorgen, dass die Angehörigen einer bestimmten sozialen Schicht nur in der Pflege einer bestimmten Form von literarischer Kultur ihre Pflicht erkennen oder sogar eine Herzensangelegenheit erblicken. Die Lieder der Bauern waren auch den Kriegern bekannt, spiegelten aber nicht deren Selbstverständnis und Lebenssituation wider, sondern eben die der Bauern. Insofern ist es sinnvoll und erkenntnisfördernd, auch schon in den germanischen Stämmen keine homogene Gemeinschaft, sondern eine in Schichten unterteilte Gesellschaft zu sehen, die mehrere unterschiedliche Formen von literarischer Kommunikation hervorgebracht hat. Daran kann auch der Umstand wenig ändern, dass sich die Unterschiedlichkeit dieser Formen in rein stilistischer Hinsicht noch kaum bemerkbar macht. Das gemeinsame Merkmal der Dichtungen aus germanischer Sicht ist die einfache Klangwiederholung, die auch den häufig anzutreffenden Stabreimvers charakterisiert, einen aus zwei Kurzzeilen zusammengesetzten Langvers mit normalerweise vier Haupthebungen, von denen drei alliterieren. Die uns heute allgemein vertraute Endreimdichtung setzt sich erst im feudalistischen Zeitalter durch.

1. Bauern und Sklaven

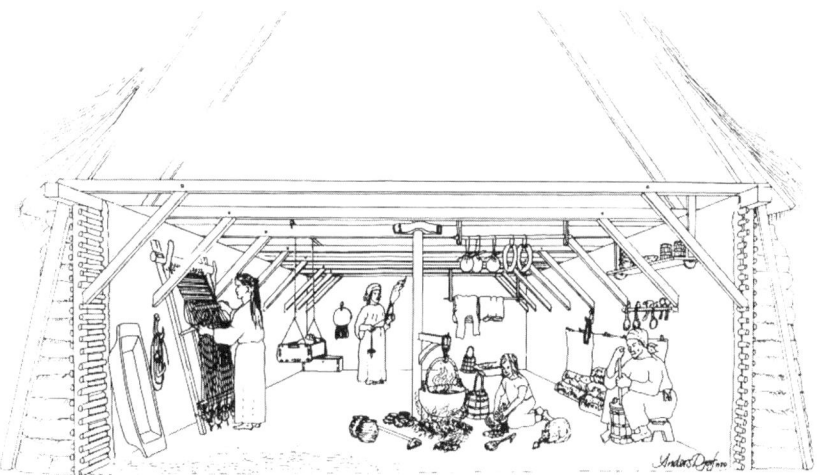

Abb. 2: Rekonstruierte Innenansicht des Wohnbereichs in einem Wohnstallhaus des Stammeszeitalters

Die Grundfläche derartiger Wohnbereiche betrug ca. 30 bis 60 Quadratmeter.
Im Durchschnitt sollen auf einem Hof sechs bis zehn Menschen gelebt haben.

Der mit weitem Abstand größte Teil der Germanen lebte von Viehzucht und Feldarbeit. Wem der bewirtschaftete Boden gehörte, war in der Forschung lange umstritten. Anders als Waffen, Werkzeuge, Kleidungsstücke und ähnliche bewegliche Güter scheint er kein Individualeigentum gewesen, sondern dem Besitz von Sippen oder von Dorfgemeinschaften zugerechnet worden zu sein. Zur Zeit besitzt unter Rechtshistorikern anscheinend die These vom Verwandtschaftseigentum die einflussreichsten Fürsprecher (s. Wesel 1997, S. 268f.). War der Boden ausgelaugt, erschloss man neue Ackerflächen und verlegte dabei nicht selten den Siedlungsplatz (vgl. Prinz 2003, S. 62f.). Der bei einer solchen halbnomadischen Lebensweise zu erreichende Lebensstandard blieb gering. Größe und Qualität der Anbauflächen sanken bis zum 7. Jahrhundert tendenziell ab (s. ebd., S. 337f.). Immer wieder – und vermehrt in der Völkerwanderungszeit – brachen Hungersnöte aus. Einen Teil ihrer Erträge mussten die Bauern ihren Häuptlingen und den diese begleitenden Kriegern zur Verfügung stellen. Das Sozialprestige der bäuerlichen Arbeit war im Vergleich mit dem der kriegerischen gering. Das gilt auch für viele Handwerksarbeiten, die oft im Nebenerwerb von Bauern ausgeführt wurden. Wichtigste Ausnahme waren die hochgeachteten Schmiede und Kunstschmiede, die hauptsächlich für die Bedürfnisse der Krieger und der Häuptlinge arbeiteten und die deshalb eine Statusverbesserung erfuhren. Frauen rangierten – mit Ausnahme der Wahrsagerinnen – weit unten in der Machthierarchie. Sie durften nicht an der allen freien Männern offenstehenden Volksversammlung teilnehmen, unterstanden dem Züchtigungsrecht des Mannes und mussten im Haus und auf dem Feld schwere körperliche Arbeit verrichten. Unter ihnen standen nur noch die Sklaven, die von ihren Herren lange Zeit ohne rechtliche Konsequenzen getötet werden konnten und die – obwohl sie nicht allzu zahlreich gewesen sein können – die zweitgrößte Bevölkerungsschicht bildeten. Dabei ist freilich zwischen mehreren Gruppen von Sklaven zu unterscheiden, nämlich erstens den fast rechtlosen Kriegsgefangenen, zweitens den auf Herrenhöfen oder Bauernhöfen arbeitenden *servi non casati* sowie drittens den selbständig eine Hofstelle bewirtschaftenden und nur zu erhöhten Abgaben gezwungenen *servi casati* (s. Prinz 2003, S. 323f.). Literarhistorisch ist die Sklaverei der Germanen deshalb relevant, weil die versklavten Kriegsgefangenen teilweise fremden Stämmen angehörten und folglich eine andere Sprache oder zumindest einen anderen Dialekt sprachen. Da sich die Gefolgschaft mancher Häuptlinge aus den Angehörigen unterschiedlicher Stämme zusammensetzte, konnten solche Sklaven u. U. eine wichtige Vermittlungsfunktion besitzen. Bei den Langobarden findet man z. B. regelrechte „Verwaltungssklaven, die den Haushalt und das Gut des Herrn leiteten" (Todd 2000, S. 228). Bei der Mehrzahl der germanischen Leibeigenen handelte es sich aber offenbar um ehemalige Bauern, die aufgrund von Schicksalsschlägen, Naturkatastrophen, Spiel- und Wettverlusten oder militärischen Niederlagen ihren Besitz verloren hatten und deshalb für fremde Rechnung wirtschaften sowie den Großteil ihrer Rechte aufgeben mussten. Der Handel mit Sklaven blieb bis in das frühe Mittelalter hinein im Siedlungsraum des späteren Deutschland einer der größten und einträglichsten Wirtschaftszweige (s. Prinz 2003, S. 357).

Welche Formen der literarischen Kommunikation lassen sich nun aber in der Gesellschaftsschicht der Bauern und der Sklaven beobachten? Trotz des Mangels an schriftlichen Quellen kann man mit großer Sicherheit auf das Vorhandensein von mindestens zwei literarischen Gattungen schließen. Erstens ist das der sprichwortartige Merkvers. Und zweitens ist jene Form der 'helfenden Rhythmen' zu nennen, die in der Art einfacher Arbeitslieder die Synchronisierung, Verstetigung oder Strukturierung von handwerklichen Arbeitsabläufen unterstützt. Merkverse, um damit zu beginnen, nutzen im Stil heutiger Werbeslogans die Gestaltungstechniken der Klangwiederholung und der regelmäßigen Betonungsverteilung, um die Einprägsamkeit und Behaltbarkeit kurzer mündlicher Äußerungen zu steigern. In einer oralen Kultur, die über geringe Alternativmöglichkeiten zur Tradierung gesicherten Wissens verfügte, konnte der Merkvers ein Speichermedium von herausragender Wichtigkeit sein. Er ermöglichte die zuverlässige Aufbewahrung und Übermittlung von heilkundlichen, meteorologischen, biologischen und ähnlichen Lehrsätzen, die aus damaliger Sicht von besonderer Bedeutung waren (s. Gschwantler 1985, S. 103-106). Dazu gehörten offenbar auch katalogartige Auflistungen der Götter- und Heldennamen, wie sie bereits Tacitus im zweiten Kapitel seiner *Germania* beschrieben hat:

> „In alten Liedern, der einzigen Art ihrer geschichtlichen Überlieferung, feiern die Germanen Tuisto, einen erdentsprossenen Gott. Ihm schreiben sie einen Sohn Mannus als Urvater und Gründer ihres Volkes zu, dem Mannus wiederum drei Söhne; nach deren Namen, heißt es, nennen sich die Stämme an der Meeresküste Ingävonen, die in der Mitte Herminonen und die übrigen Istävonen."
>
> (Tacitus 98 n. Chr., S. 5 u. 7)

Dass es sich bei diesen Versen der Germanen wirklich um 'Lieder' (carmina) gehandelt hat, gilt eher als unwahrscheinlich. Unbestreitbar ist jedoch, dass die Tradierung der wichtigsten Götternamen und die Erinnerung an den göttlichen Ursprung des eigenen Volkes für ein noch merklich von Aberglauben beherrschtes Volk von herausragender Wichtigkeit sein musste. Götternamen besitzen hier einen magischen Klang; schon ihr bloßes Aussprechen kommt der Beschwörung eines mächtigen Helfers und Beschützers gleich. Darüber hinaus gab es jedoch auch profanere Merkverse, die pragmatisches Alltagswissen transportierten und die ähnlich funktionierten wie die noch heute unter Schülern verbreiteten 'Eselsbrücken'. Nicht auf sprachkünstlerische Qualität oder auf Unterhaltungswert kommt es dabei an, sondern auf effiziente Steigerung der Gedächtnisleistung. Darin liegt auch der wichtigste Unterschied zum Sprichwort, das zur expliziten Kommentierung typischer Lebenssituationen eingesetzt wird, während 'Eselsbrücken' ein reines Instrument der Mnemotechnik sind. Der Übergang vom reinen Merkvers zum Sprichwort ist freilich fließend.

Was die 'helfenden Rhythmen' als die zweite Form der hier zu behandelnden Gattungen betrifft, so ist zunächst an die Tatsache zu erinnern, dass rhythmisches Sprechen einen direkten Einfluss auf natürliche rhythmische Vorgänge wie das Atmen und den Herzschlag ausübt. Dass darüber hinaus auch kontrollierte Bewegungen wie z. B. das Gehen in dieser Weise beeinflussbar sind, beweisen die in allen Armeen verbreiteten Marsch- und Soldatenlieder genauso wie jene Anfeuerungs- und Kommandorufe, die der Abgleichung und Gliederung von Bewegungsabläufen dienen ('hau-ruck, hau-ruck'; 'links, rechts – links, rechts'). Aus der Ethnologie weiß man, dass in den archaischen und primitiven Gesellschaften Arbeitslieder und -tänze entstanden sind, die im Sinne einer derartigen Koordination von Bewegungsabläufen die besonders schweren, anstrengenden, monotonen oder sonstwie belastenden Tätigkeiten erleichtern sollen. So stößt man z. B. in der frühen griechischen Lyrik bereits auf Kelterlieder, Rudergesänge, Weberlieder, Schnitterlieder, Hirtenlieder und viele ähnliche Formen von Arbeitsliedern. Überreste derartiger Lieder aus germanischer Zeit finden sich in der *Edda*, einer altnordischen Lied- und Spruchsammlung des 13. Jahrhunderts, und zwar im *Mühlenlied* und im *Walkürenlied* in Gestalt von Fragmenten aus vermutlich wesentlich älteren Mahl- bzw. Webliedern. Man könnte glauben, dass Texte dieses Typs in Mengen überliefert sein müssten, wenn sie wirklich so weit verbreitet waren, wie es schon der Begriff 'Arbeitslied' suggeriert. Doch diese Annahme ist falsch. Es gehört zur traurigen Erfahrung aller Alltagshistoriker, dass gerade die außeralltäglichsten Gegenstände und Ereignisse aufbewahrt und dokumentiert werden, während das aus der Sicht der Zeitgenossen Alltägliche und Selbstverständliche dem Vergessen anheim gegeben wird.

In der Überschau ergibt sich, dass die literarische Kommunikation der germanischen Bauern und Sklaven, soweit sie heute noch rekonstruiert werden kann, relativ kunstlos war und eher nach pragmatischen als nach ästhetischen Wertmaßstäben zu beurteilen ist. Sie stand noch ganz im Dienst der konkreten Daseinsbewältigung, d. h. der Arbeitserleichterung bzw. der Tradierung der für unentbehrlich gehaltenen Wissensbestände unter den Bedingungen der Schriftlosigkeit. Dass darüber hinaus unter Bauern und Sklaven auch Trinklieder, Tanzlieder, Wiegenlieder, erotische Lieder, Märchen, Sagen und ähnliche Textsorten verbreitet waren, ist denkbar, aber nicht belegt.

2. Krieger und Häuptlinge

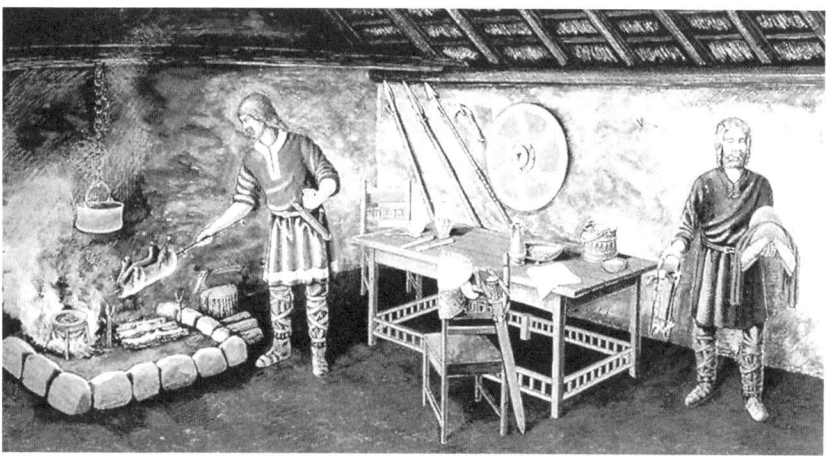

Abb. 3: Rekonstruierter Innenraum eines Herren- oder Häuptlingshauses des Stammeszeitalters

Zum Besitzstand der gesellschaftlichen Führungselite dieser Epoche gehörten typischerweise besonders kostbare Waffen, Einrichtungsgegenstände und Kleidungsstücke.

Die Oberschicht der germanischen Stammesgesellschaft wurde von den Kriegern gebildet. Aus ihren Reihen gingen Anführer hervor, die man als Häuptlinge, Fürsten oder Adelige bezeichnet. Die Verlegenheit bei der Begriffswahl
kommt nicht von ungefähr. Sie spiegelt den grundlegenden Konflikt wider, der
das Leben der germanischen Oberschicht prägt. Denn einerseits sollte das
körperliche Kapital der entscheidende Parameter sein, der die Position eines
Individuums im sozialen Raum determinierte. Andererseits sollte eine einmal
errungene Vormachtstellung jedoch stabilisiert, prolongiert, nach Möglichkeit
sogar vererbt werden. Wollte man nicht Tag für Tag die Rangfolge neu aus-
kämpfen, mussten Maßnahmen zur Etablierung und Konsolidierung von Herrschaft ergriffen werden (vgl. Nusser 1992, S. 114-119). Dazu gehörten die
Bildung stabiler Gefolgschaftsverhältnisse, die Konstituierung einer Gruppen-
identität, die Überhöhung und Vergegenwärtigung früher vollbrachter Heldentaten, die Veranschaulichung der eigenen Autorität und Stärke, die Sakrierung eigener Handlungen und letzten Endes die Transformation vom ad hoc
gewählten Anführer zum geburtsbevorrechtigten Adeligen. Man erkennt sofort, dass hier ein Bedarf an Literatur entsteht. Stammessagen, Genealogien,
Kriegs- und Heldenlieder waren erforderlich, um Herrschaft zu stabilisieren
und den entscheidenden Konstruktionsfehler einer auf reine Kampfkraft gegründeten Rangordnung, ihre Labilität, zu kompensieren.

Die literarische Kultur der germanischen Oberschicht ist von dem beschriebenen Widerspruch nachhaltig geprägt. Sie feiert militärische Dominanz
mit geistig-sprachlichen Mitteln, Mitteln, die gar nicht zum Einsatz kommen
müssten und dürften, wenn die besungenen Helden wirklich so unbezwinglich
wären, wie sie dargestellt werden. Heldentaten zu besingen anstatt fortlaufend
neue Heldentaten zu vollbringen, ist schon Zeichen einer Schwäche. Freilich
einer natürlichen. Denn der permanente Kampf ist für Menschen nicht lebbar.
Selbst das blutrünstigste Heldenlied hat deshalb einen kultivierenden Zug, und
sei es auch nur die Ersetzung von Bluttaten durch Worte über Bluttaten. Allerdings gibt es dabei eine Stufenfolge der Gattungen, die vom anstachelnden
Schlachtgesang bis zum in festlich-friedlicher Runde vorgetragenen Ge-
schichtsepos reicht. Was zunächst die Schlachtgesänge betrifft, so hat uns
Tacitus eine anschauliche Beschreibung von der konkreten Verwendung
derartiger Texte bei den Germanen geliefert:

> „Auch Herkules, berichtet man, sei bei ihnen gewesen, und sie singen von ihm als
> dem ersten aller Helden, wenn sie in den Kampf ziehen. Außerdem haben sie noch
> eine Art von Liedern, durch deren Vortrag, Barditus geheißen, sie sich Mut machen
> und aus deren bloßem Klang sie auf den Ausgang der bevorstehenden Schlacht
> schließen; sie verbreiten nämlich Schrecken oder sind selbst in Furcht, je nachdem
> es durch ihre Reihen tönt, und sie halten den Gesang weniger für Stimmenschall als

für den Zusammenklang ihrer Kampfeskraft. Es kommt ihnen vor allem auf die
Rauheit des Tones und ein dumpfes Dröhnen an: sie halten die Schilde vor den
Mund; so prallt die Stimme zurück und schwillt zu größerer Wucht und Fülle an."

(Tacitus 98 n. Chr., S. 7)

Sich durch Gesänge 'Mut machen' muss nur, wer nicht genug Mut besitzt.
Insofern gilt das zuvor Gesagte selbst für den Schlachtgesang, den man als das
Arbeitslied des Kriegers bezeichnen kann, weil er als 'helfender Rhythmus'
Bewegungsabläufe zu koordinieren, zu strukturieren und zu verstetigen hilft.
Der konkrete Wortlaut derartiger Texte ist freilich nicht überliefert.

Unter ganz anderen Bedingungen wurden die schon erwähnten Preis- und
Heldenlieder vorgetragen und rezipiert. Wie oben beschrieben, wohnten die
Häuptlinge in größeren Häusern, die Raum für gesellige Zusammenkünfte
ihrer kriegerischen, ethnisch nicht unbedingt homogenen Gefolgschaft boten.
Im Lauf der Jahrhunderte wurden aus den größeren Häusern befestigte Burgen,
aus den Häuptlingen Adelige und aus den Zusammenkünften höfische Formen
der Geselligkeit. Die genaue Datierung dieser Transformationsprozesse ist zur
Zeit noch nicht möglich. Und außerdem muss zwischen Lokal-, Regional- und
Stammesfürsten unterschieden werden. Aber die Transformation als solche ist
unbestreitbar. Zu Beginn des Stammeszeitalters war der Häuptling mit seinen
Gefolgsleuten offenbar häufig unterwegs, wenn nicht auf Kriegspfaden, dann
auf Raubzügen in der Nachbarschaft oder auf der Jagd, die sich „als militäri-
sches Training in Friedenszeiten" mehr und mehr zur „charakteristische[n]
Beschäftigung der Führungsschicht" entwickelte (Prinz 2003, S. 295). Die
Vergrößerung der Gefolgschaft und die Verwandlung personaler Autorität in
staatsähnliche Herrschaft erzwingen jedoch Veränderungen der Lebensweise.
Rechtssprechung und 'Steuer'-Einnahme erfordern die Einrichtung einer Administration. Ein Großteil der verachteten, unmännlichen Verwaltungsarbeit
delegiert man anfangs an Sklaven. Doch mit der Größe der Gefolgschaft
wächst die Notwendigkeit, auch auf diesem Gebiet das Heft in der Hand zu
behalten, Präsenz zu demonstrieren, integrierend zu wirken. Das geeignete
Instrument hierzu ist u. a. das gesellige Treffen, das Gelage. Und zum Gelage
gehört neben Tanz und Musik auch der Vortrag literarischer Texte, die im
oben dargelegten Sinn Herrschaft stabilisieren sollen. Es kann nicht überraschen, dass die Wichtigkeit dieser Aufgabe für so groß gehalten wurde, dass
mit ihrer Ausführung professionelle Vortragskünstler beauftragt wurden. Diese
sogenannten 'Skops', die bei den Nordgermanen als 'Skalden' und bei den
Kelten als 'Barden' bezeichnet wurden, memorierten und rezitierten die besagten Preis- und Heldenlieder. Über die Ausbildung der Skops ist nichts bekannt. Vermutlich handelte es sich um Krieger, die aufgrund stimmlicher
Qualitäten und poetisch-musikalischer Talente für diese Tätigkeit ausgewählt
wurden.

Bevorzugte Gattungen der germanischen Berufssänger waren die Her-
kunfts- und Landnahmesage, die Stammessage, die Heldensage, das Preislied,
die Totenklage und das Heldenlied (vgl. Gschwantler 1985, S. 106-120). Da
auch die Skops anscheinend Analphabeten waren, ist nur wenig von ihrem
Schaffen erhalten. Zwei Zeugnisse ragen heraus, nämlich die Heldenlieder der
Edda und das *Hildebrandslied*.

Bei der *Edda* handelt es sich um eine Sammlung altnordischer Sprüche und
Helden- bzw. Götterlieder. Die Texte wurden erst im 13. Jahrhundert aufgezeichnet und zusammengestellt, sind jedoch teilweise schon im (späten?)
Stammeszeitalter entstanden. Nicht der Wortlaut und das Metrum, wohl aber
die Themen, Stoffe und Motive können deshalb bis zu einem gewissen Grad
als urgermanisch bezeichnet werden. *Edda*-Texte wie das *Atli-Lied*, das *Faf-
nir-Lied*, das *Alte Hamdir-Lied* oder das *Wölund-Lied* schildern die grausamen
und unmenschlichen Bluttaten germanischer Helden, wobei in manchen Fällen
ein Bezug zu geschichtlichen Ereignissen wie dem Kampf gegen die Römer
oder den Auseinandersetzungen der Völkerwanderungszeit nachgewiesen oder
zumindest als wahrscheinlich bezeichnet werden kann. Wie bei dem um 1200
entstandenen *Nibelungenlied*, das u. a. auf verbürgte historische Geschehnisse
des 6. Jahrhunderts rekurriert, kann auch im Falle der *Edda* nicht mehr zuverlässig rekonstruiert werden, wann und von wem sie verfasst wurde. Weniger
undurchschaubar ist hingegen die Funktion derartiger Götter- und Heldenlieder. Im Rahmen einer höfischen Repräsentationskultur diente ihr Vortrag offenbar der Ausbildung einer Gefolgschaftsidentität, der legitimierenden Ideali-
sierung der eigenen Abkunft und der Sakrierung von heldisch-militärischen
(Un-)Taten.

Das gilt auch für das bereits im 9. Jahrhundert aufgezeichnete, Geschichts-
tatsachen des 5. Jahrhunderts verarbeitende *Hildebrandslied*, dessen 68 erhaltene Zeilen eine ungewöhnliche Mischung aus langobardischen, hochdeutschen und niederdeutschen Dialekteigentümlichkeiten aufweisen. Der Text
schildert das Aufeinandertreffen zweier Krieger, nämlich des Hildebrand und
seines Sohnes Hadubrand. Der Vater will den Kampf vermeiden und gibt sich
als Verwandter zu erkennen. Doch Hadubrand bezichtigt ihn der Arglist. Von
Seefahrern wisse er, dass sein Vater längst tot sei. So ist der Kampf unausweichlich. Vater und Sohn erheben das Schwert gegeneinander. Der Ehrenkodex des Kriegers triumphiert über die Familienbande. Doch der eingangs beschriebene Grundwiderspruch, der die Kultur der germanischen Oberschicht
prägt, macht sich auch und gerade im *Hildebrandslied* bemerkbar. Hildebrand
vertritt das eigentlich fortschrittlichere, friedliebendere Prinzip der prolon-
gierten Herrschaft. Er will nicht gegen den eigenen Sohn, den Erben des von
ihm erkämpften Ruhmes, antreten. Doch ausgerechnet dieser Sohn, Hadubrand, besteht auf der urtümlichen Logik des Krieges und sucht die bewaffnete
Auseinandersetzung. Dabei ist es nahezu gleichgültig, ob Hadubrand wirklich

an ein Täuschungsmanöver glaubt oder ob er, wie manche Interpreten argumentieren, den kriegerischen Ehrenkodex nur ausnutzt, um sich Hildebrands, in dem er nach dieser Auslegung sehr wohl seinen Vater erkennt und der seinen Plänen im Weg steht, entledigen zu können (vgl. Haug/Vollmann 1991, S. 1033f.). So oder so scheitert Hildebrands vergleichsweise unkriegerischer Beschwichtigungsversuch an einem unerbittlichen Ehrbegriff, der nur Sieger und Besiegte kennt. Im Wehklagen des Vaters („Weh nun, waltender Gott", sprach Hildebrand, „Unheil geschieht!" [ebd., S. 13]) artikuliert sich das implizite Wehklagen der ganzen germanischen Oberschichtsliteratur, die ja ebenfalls Worte an die Stelle von Taten zu rücken versuchte. Wie im *Hildebrandslied* gelang dies zunächst nur sehr unvollkommen. Doch die Zwänge der gesellschaftlichen Ausdifferenzierung ließen den Haudegen nach und nach zum Strategen und schließlich sogar – im feudalistischen Zeitalter – zum Administrator und zum Diplomaten adeliger Herkunft werden. Im Stammeszeitalter wird dieser Umschwung noch nicht vollzogen. Gebildete Germanenfürsten wie Ariovist oder Arminius blieben seltene Ausnahmen. Doch ein Text wie das *Hildebrandslied* belegt zumindest, dass der Grundwiderspruch dieser Ära allmählich erkannt wurde. Wenn nackte militärische Gewalt über gesellschaftlichen Vorrang entscheidet, ist stabile Herrschaft nicht möglich, weil dann die soziale Rangordnung in einer Gesellschaft von Kriegern täglich aufs Neue in Frage gestellt und ausgefochten werden kann. Preis- und Heldenlieder dienen in diesem Kontext einer Stabilisierung von Herrschaftsstrukturen, die zwar längst noch nicht auf Werten wie Freiheit oder Gerechtigkeit basieren, die jedoch im Vergleich mit einer strikt agonalen Gesellschaft einen Fortschritt darstellen. Bezeichnend bleibt es allerdings, dass keiner dieser Texte mit völliger Gewissheit auf die Zeit vor dem 8. Jahrhundert zurückdatiert werden kann.

3. Priester und Wahrsager

Abb. 4: Inschrift und Motive auf einem der goldenen Hörner von Gallehus (erste Hälfte des 5. Jahrhunderts)

Bei den abgebildeten Figuren handelt es sich vermutlich um Götter oder um Priester, die religiös-kultische Praktiken ausführen. Die Übersetzung der Inschrift lautet: „Ich, Hlewagastir, Sohn des Holt, machte dieses Horn".

Die kleinste germanische Gesellschaftsschicht, die über eine eigenständige literarische Kultur verfügte, wurde von den Priestern und Wahrsagern gebildet. Wie den Kriegern dürften auch ihnen die Lieder und Merkverse der Bauern und Sklaven nicht unbekannt gewesen sein. Doch darüber hinaus gehörte das Memorieren und Sprechen von Segensformeln, Gebeten, Zaubersprüchen und Prophezeiungen zu ihren alltäglichen Verrichtungen. Was einen Germanen dazu befähigte, das Amt eines Priesters oder Wahrsagers auszuüben, ist unbekannt. Es fällt jedoch auf, dass nicht wenige Frauen zu dieser zeitweise recht einflussreichen Schicht gehörten. Gut denkbar, dass die weiblichen und die nicht kriegstauglichen Angehörigen von Häuptlingen bei der Auswahl bevorzugt wurden. Denn aufgrund ihres großen gesellschaftlichen Einflusses müssen die germanischen Priester und Wahrsager unbedingt der Führungsschicht zugerechnet werden. Für einen Häuptling wäre es nicht ungefährlich gewesen, sich einen berühmten Priester zum Feind zu machen. Es illustriert die enge Verbindung von religiösen und Herrscherkulten, daß die germanischen Hallenbauten offenbar sowohl Herrenhäuser als auch 'Tempel' waren (s. Simek 2003, S. 90f., 96).

Drei Formen des religiösen Kultes haben bei den Germanen existiert. Erstens war dies die Verehrung der Himmelsgötter, unter denen der Kriegsgott Tiwaz (Odin) und der Donnergott Donar (Thor) hervorragen. Zweitens gab es eine Vielzahl von Fruchtbarkeitskulten, bei denen vor allem die Göttin Nerthus, die Verkörperung der Mutter Erde, sowie die Göttin Freya, die für Sexualität und Ehe zuständig war, angebetet wurden. Daneben existierte drittens eine Vielzahl von Lokalkulten und magischen Ritualen, die den ohnmächtigen Einzelnen in wichtigen Entscheidungssituationen des Beifalls der Götter versichern und damit den „Absolutismus der Wirklichkeit" (Blumenberg 1979, S. 9-19) bannen sollten.

Durch diesen Einschlag ins Magische verwandelte sich der religiöse Kultus nicht selten zu einem reinen Erzwingungsritual. Die Logik der Gabe nötigt den Beschenkten ein Gegengeschenk ab. Im Sinne einer freiwilligen Vorleistung brachten die Germanen ihren Göttern deshalb Opfergaben dar, die den Schlachterfolg sichern, Missernten verhindern oder Seuchen vertreiben sollten. Desto größer das erflehte Gegengeschenk war, desto größer musste natürlich das Opfer sein (s. Todd 2000, S. 99-106). Manchmal wurden ganze Waffenarsenale und komplette Schiffe in geweihten Kultschächten und Mooren versenkt. Menschenopfer sind bis zum fünften nachchristlichen Jahrhundert nachweisbar (s. Simek 2003, S. 43, 59-61). Die Praktizierung religiöser Kulte konnte unter diesen Umständen eine recht grausame Angelegenheit sein. Den Priester umwehte nicht nur der Hauch des höheren Geistigen, sondern auch der Geruch des Blutopfers.

Dies alles gilt es zu bedenken, wenn wir nun die literarischen Zeugnisse in Augenschein nehmen, die vom Wirken dieser Priester Rechenschaft geben. In den meisten Fällen handelt es sich offenbar um Beschwörungsformeln, die auf die Heilung von Krankheiten abzielen. Um dies zu verstehen, muss man sich vor Augen führen, dass die Germanen von den Fortschritten der damals schon hoch entwickelten griechischen, römischen, byzantinischen und arabischen Heilkunst weitgehend abgeschnitten waren (vgl. Prinz 2003, S. 338-344). So wurde vieles an die Religion delegiert, was nach heutigem Verständnis in die Zuständigkeit der Medizin fällt. Doch es gibt auch Sprüche, die sich mit anderen Problemen befassen. Um eine Vorstellung von Stil und Inhalt derartiger Zaubersprüche zu vermitteln, sei hier der sogenannte 'Erste Merseburger Zauberspruch' mit moderner Übersetzung vorgestellt:

„Eiris sazun idisi,   sazun hera duoder.
suma hapt heptidun,   suma heri lezidun,
suma clubodun   umbi cuoniowidi:
insprinc haptbandun,   invar vigandun.

(Einstmals setzten sich Frauen, setzten sich hierhin und dorthin.
Einige hefteten Hafte, andere hemmten das Heer,
andere nestelten an festen Fesseln:
Entspring den Banden, entweich den Feinden!)"

(Haug/Vollmann 1991, S. 152f.)

Anhand sprachgeschichtlicher, versgeschichtlicher und inhaltsanalytischer Kriterien lässt sich dieser kurze Text zwar nicht genau datieren, aber doch mit größter Wahrscheinlichkeit in das Stammeszeitalter verlegen. Schätzungen schwanken zwischen dem 2. und 9. Jahrhundert. Der in ostfränkischem Althochdeutsch verfasste Spruch ist im 10. Jahrhundert auf das leere Vorsatzblatt eines lateinischen Messbuches geschrieben worden, das sich in der Bibliothek des Domstifts zu Merseburg befindet. Von wem und weshalb er aufgezeichnet wurde, ist unbekannt. Die germanischen Priester waren in aller Regel Analphabeten, doch derartige Zaubersprüche wurden vermutlich mit Ehrfurcht behandelt und wortgetreu von älteren an jüngere Priester weitergegeben. Der Wortlaut dürfte deshalb weitgehend authentisch sein.

Doch was besagt der Spruch? Wie jede ordentliche Zauberformel ist er für Uneingeweihte natürlich unverständlich, und so ist man bei der Auslegung auf mehr oder minder plausible Vermutungen angewiesen. Vom letzten der vier Verse ausgehend, vermuten die Fachgelehrten heute übereinstimmend, dass es sich um einen Lösezauber handelt, der die Befreiung eines in Geiselhaft Befindlichen bewirken sollte. In der Merseburger Handschrift steht am Ende der vierten Zeile noch ein „H.", was als Abkürzung für 'hapt/haft' (= Gefangener) gedeutet werden kann: „Dann wäre hier der Name des Gefangenen einzusetzen, der befreit werden sollte" (Haug/Vollmann 1991, S. 1144). Die ersten drei Zeilen sind unverständlicher. Meistens werden in den dort erwähnten Frauen

Götterbotinnen oder Schicksalsgöttinnen erblickt, die für das Anlegen und Lösen von Fesseln verantwortlich sind. Sprechakttheoretisch würde es sich dann um eine Reverenz handeln, durch die der Priester den Kontakt mit jenen höheren Mächten aufnimmt, die um Beistand gebeten werden sollen: Ich weiß und erkenne es an, dass nur Ihr die Fesseln eines Gefangenen lösen könnt, – nun bitte helft dem XY! Doch solche Deutungen bleiben weitgehend spekulativ. Die Verfestigung, Tradierung und Rezitation von Zaubersprüchen folgt Gesetzen, die in unserem entzauberten, wissenschaftlichen Zeitalter kaum noch nachzuvollziehen sind.

Von den sonstigen religiösen Texten des Stammeszeitalters seien hier noch das *Wessobrunner Gebet* und das sogenannte *Muspilli*, ein Weltuntergangsgedicht, erwähnt (s. Haug/Vollmann 1991, S. 1063-1080). Beide Werke datieren auf das 9. Jahrhundert und lassen deutlich den Einfluss christlichen Gedankenguts erkennen, wie es vom 6. Jahrhundert an stärker nach Germanien eindrang. Gleichzeitig enthalten sie jedoch Spuren der Mythologie des Stammeszeitalters, weshalb sich auch die Germanenforschung ihrer angenommen hat. Zuletzt seien noch *Die Sprüche des Hohen* aus der *Edda* genannt, die zwar erst im 13. Jahrhundert aufgezeichnet wurden, nach Auffassung mancher Forscher jedoch zu den ältesten Literaturdenkmälern der Germanen gerechnet werden dürfen. Die 164 Strophen dieser Sammlung liefern alltagstaugliche Regeln der Lebensklugheit, die besonders durch ihren friedliebenden Gestus auffallen. Mäßigung und Zurückhaltung werden in ihnen immer wieder angemahnt, sei es auf Reisen, in der Liebe oder, was besonders oft betont wird, beim Genuss von Bier und Wein. Ob diese Sprüche allgemein oder hauptsächlich unter Priestern verbreitet waren, ist unbekannt.

Zusammenfassend lässt sich feststellen, dass die literarische Kultur des Stammeszeitalters zwar aufschlussreiche Einblicke in das Leben der verschiedenen Gesellschaftsschichten eröffnet, im internationalen Vergleich jedoch auch die kulturelle Rückständigkeit der Germanen deutlich hervortreten lässt. An der Grenze zum Römischen Reich kam es zu etwas intensiverem kulturellen Austausch, der jedoch überwiegend – wie auch im Verkehr mit den Kelten – auf den Erwerb einzelner beweglicher Güter beschränkt blieb. Für Runenzeichen und für das gotische Alphabet Wulfilas gab es keine breitere Verwendung. Die wichtigste Kulturleistung der Germanen liegt deshalb nicht auf geistigem, sondern auf agrarischem Gebiet. Ein großer Teil des späteren deutschen Siedlungsraums wurde von ihnen erschlossen, besiedelt und in Weide- oder Ackerflächen verwandelt. Als Bonifatius, Kilian und andere Missionare im 7. und 8. Jahrhundert nach Germanien kamen, um den Bewohnern dieses aus ihrer Sicht rückständigen Landes Anschluss an die technologische Entwicklung, an das geistige Erbe der Antike sowie natürlich an das Gedankengut des Christentums zu verschaffen, stießen sie noch nicht auf ein Kulturvolk, aber immerhin auf eine Kulturlandschaft.

2. Literarische Kommunikation im feudalistischen Zeitalter (9. Jh. bis 1789)

Abb. 5: Kettenbuch des 13. Jahrhunderts

Das ganze feudalistische Zeitalter hindurch blieben Bücher eine seltene, wohlbehütete Kostbarkeit. Zum Schutz vor Diebstahl und vor Transportschäden wurden Bibliotheksbücher vom 11. bis in das frühe 17. Jahrhundert hinein nicht selten an den Regalen oder Lesepulten festgekettet.

a) Gesellschaftsgeschichtliche Rahmenbedingungen

Der Übergang vom Stammeszeitalter zum feudalistischen Zeitalter ist nicht präzise datierbar. Allenfalls lassen sich symbolträchtige Ereignisse wie z. B. der Tod Attilas (453) oder die Kaiserkrönung Karls des Großen im Jahre 800 zur ungefähren Markierung heranziehen. Die politischen, wirtschaftlichen und kulturellen Unterschiede zwischen germanisch-kriegerischer und christlich-mittelalterlicher Gesellschaftsordnung sind gleichwohl unübersehbar. Schon die Begriffe 'Staat' und 'Reich' lassen sich auf die Germanen mit ihren labilen Herrschaftsinstitutionen nicht anwenden. Erst die Integration der verschiedenen Stämme in das fränkische bzw. ostfränkische Reich schafft im 8. und 9. Jahrhundert die Grundlagen für die Entstehung jenes Herrschaftsverbandes, der seit 920 als 'Regnum teutonicum', später dann als 'Heiliges Römisches Reich' bezeichnet wird und an dessen Spitze ein Kaiser oder König stand, der die staatliche Zentralgewalt repräsentierte. Einfluss und Bedeutung dieser Zentralgewalt unterlagen allerdings beträchtlichen Schwankungen. So waren z. B. Karl der Große, Friedrich I. Barbarossa, Karl IV. und Joseph II. vergleichsweise mächtige Regenten, die den Expansionsdrang der Landesfürsten zurückdrängen konnten. Dies war jedoch eher die Ausnahme als die Regel. Die meiste Zeit über war das Heilige Römische Reich kein homogenes Territorium, sondern ein buntscheckiges Gebilde aus mehreren hundert Herrschaftseinheiten von solcher Vielfalt, dass es selbst nach Ausweis von Experten „vielleicht [...] gar nicht möglich ist, seine Teile vollständig und einwandfrei zu erfassen" (Köhler 1995, S. XIV). Der einzelne Untertan in diesem Gebilde verstand sich in der Regel nicht als 'Deutscher', sondern als Brandenburger, Bayer, Westfale usw. Die Ursache hierfür liegt letzten Endes in der Tatsache begründet, dass das Heilige Römische Reich „formalrechtlich, wenn auch längst nicht mehr in der Realität seiner Funktionsmechanismen, bis zu seinem Zerfall im Jahre 1806 als ein feudalrechtlicher Lehnsstaat galt" (Wehler 1996a, S. 43).

Lateinisch 'feudum' heißt 'Lehen'; 'Feudalismus' meint demnach ein auf dem Lehenswesen basierendes Herrschaftssystem. 'Lehen' hängt etymologisch mit 'leihen' zusammen. Für besondere Verdienste lieh der Fürst oder König einem Vasallen und seinen Nachkommen einen Flecken Land, den dieser wirtschaftlich ausbeuten und politisch-juristisch beherrschen konnte. Im Gegenzug musste er militärische oder administrative Dienstleistungen für den Lehensgeber erbringen. Diese Herrschaftsbeziehung wurde in kleinerem Maßstab reproduziert, wenn der Vasall einzelne Güter weiterverpachtete, so dass die Gesell-

schaft von oben nach unten, vom König bis zum Gutshofpächter, streng zen-
tralisiert und hierarchisch durchstrukturiert war.

Soweit die Theorie. In der gesellschaftlichen Praxis strebte jedes Glied in
der Lehenskette nach Autonomie. Deren Maximum war formal erreicht, wenn
ein Gebiet den Status eines Landes erreichte. Das konnte aufgrund politischer
und wirtschaftlicher Bedeutung geschehen, aber auch aufgrund persönlichen
Einflusses oder Verhandlungsgeschicks. So entstand die kuriose Situation,
dass zeitweilig nicht nur 'Schwergewichte' wie Böhmen, Sachsen, Brandenburg, Bayern usw., sondern auch einige Miniaturstaaten mit wenigen Tausend
Einwohnern wie z. B. Hallermunt, Lommersum oder Wickrath als selbstständige Herrschaftseinheiten innerhalb des Reiches galten. Institutionsgeschicht-
lich kann dieser Autonomisierungstrend als wichtiges Indiz für den Wandel
vom Personenverbandsstaat zum Flächenstaat, der schon im 12. Jahrhundert
einsetzt und im absolutistischen Territorialstaat des 17. und 18. Jahrhunderts
seinen Höhepunkt findet (vgl. Cramer 2000, S. 12f.), angesehen werden. Die
ursprünglich sehr konkrete Abhängigkeitsbeziehung zwischen Herrschern und
Beherrschten wird auf diese Weise abstrakter, formaler, subtiler. Es differenzieren sich immer mehr Berufe aus, die zu stärkerer Ungleichheit in Bildungsstand, Lebensweise und Einkommensverteilung führen. So entsteht allmählich
die komplizierte Wirtschafts- und Gesellschaftsordnung des Ständestaates, die
ihre Rechtfertigung nicht mehr aus dem Recht des körperlich-militärisch Stärkeren, sondern aus dem Willen Gottes ableitet.

Bis es dahin kommt, vergehen allerdings Jahrhunderte. Die Versuche Karls
des Großen, im Sinne einer renovatio imperii an Kulturtradition und Staatsvor-
stellung der christlichen Spätantike anzuknüpfen, bleiben zunächst ohne nachhaltigen Erfolg, was sich u. a. am Rückgang deutschsprachigen Schrifttums im
10. Jahrhundert ablesen lässt. Auch die Gründung von Städten lässt sich in
größerem Ausmaß erst für die Zeit ab dem 11. Jahrhundert nachweisen, wobei
selbst noch im letzten Drittel des feudalistischen Zeitalters von den ca. 4.000
als Städte bezeichneten Siedlungen nur etwa 60 bis 70 mehr als 10.000 Einwohner aufwiesen und mehr als 1.000 dieser 'Städte' nicht einmal 3.000 Einwohner besaßen. Die größten Städte des Reiches waren damals Wien, Berlin
und Hamburg. Nach Einwohnerzahlen waren sie so groß wie heute Moers,
Zwickau oder Heilbronn. Nur die unmittelbar dem Kaiser unterstellten Reichs-
städte genossen weitgehende Autonomie. Die einem Landesherrn unterworfe-
nen Landstädte und die von einem Grundherrn beherrschten Mediatstädte
waren dagegen in ihren Selbstverwaltungsrechten stark eingeschränkt (s.
Wehler 1996a, S. 181). Der Lebensstandard in den Städten war durchschnittlich höher als auf dem Land. Auch in ihnen machte sich eine starke soziale
Hierarchisierung bemerkbar. Nicht einmal die Hälfte der Bewohner besaß in
der Regel das volle Bürgerrecht; Einfluss im regierenden inneren Rat der Stadt

gewannen zumeist nur die Mitglieder vermögender Patrizierfamilien (s. van Dülmen 1992, S. 74-80).

Angelegenheiten der Landes-, der Reichs- oder gar der zwischenstaatlichen Politik entzogen sich völlig dem Einfluss, nicht selten sogar der Kenntnis des durchschnittlichen Städters und erst recht des von aktuellen Nachrichten und Diskussionen weitgehend abgeschnittenen Landbewohners. Ereignisse wie der Dreißigjährige Krieg stimulierten zwar den Verkauf von Flugblättern, mussten aber letzten Endes von der Masse wie Naturereignisse hingenommen werden, weil eine sachverständige Kommentierung in diesen Druckerzeugnissen eine seltene Ausnahme war. Zum Informationsdefizit trug auch die politische und religiöse Zensur bei, die ab dem 16. Jahrhundert systematisiert und für die katholische Kirche von den bischöflichen Ordinariaten, für die Landesherren von den örtlichen Obrigkeiten und für den Kaiser von der Kaiserlichen Bücherkommission in Frankfurt wahrgenommen wurde. Ihr unterlagen nicht nur Bücher, sondern grundsätzlich alle Druckschriften wie Karten, Flugschriften, Kalender etc. (s. Breuer 1982, S. 28f., Eisenhardt 1998, S. 1-4). Von Land zu Land gab es allerdings bedeutende Unterschiede im Hinblick auf die Konsequenz und Schärfe, mit der die staatlichen und kirchlichen Kontrollorgane gegen die Autoren und die Verleger inkriminierter Werke vorgingen. In der *Virginia Bill of Rights* (1776) und in der französischen *Erklärung der Menschenrechte* (1789) wurde die Meinungs- und Pressefreiheit erstmals verfassungsrechtlich verankert.

Eine Teilhabe an der politischen Willensbildung war für Frauen und Besitzlose, mithin für die Mehrheit der Bevölkerung, nicht vorgesehen. Unter den Männern waren es oft nur die Hausbesitzer, die auf den Dorfversammlungen Rede- und Stimmrecht besaßen. Diese Versammlungen darf man sich nicht wie demokratische Organisationen vorstellen (s. van Dülmen 1992, S. 47). Denn die Landesherrschaft diktierte die Regeln, nach denen die Wirtschafts- und Verwaltungsabläufe im Dorf zu organisieren waren. Regional gab es hierbei allerdings bedeutende Unterschiede. Während in den ostdeutschen Gutsherrschaften der Zentralismus vorherrschte, gab es in den westlichen Ländern im Durchschnitt ein größeres Maß an Mitbestimmung und Selbstverwaltung. Eine gewisse Autonomie existierte allerdings überall, vor allem, seitdem sich das Dorf im 12. Jahrhundert zur Rechtsform der Gemeinde entwickelt hatte. So konnte z. B. das Dorfgericht unter Leitung des Bürgermeisters in vielen Fällen selbstständig über private Händel der Dorfbewohner entscheiden. Freilich war der Bürgermeister, und mit ihm das ganze Dorf, in der Regel von einem Grundherrn abhängig. Doch in juristischer Hinsicht war der Unterschied zu den Städten, in denen knapp 10 % der Bevölkerung lebten, eher gering. „Dorf und Stadt hatten eine sehr ähnliche Entwicklung. Die Städte waren durchaus keine Fremdkörper in einer völlig andersartigen feudalen Umwelt, waren nicht liberale Oasen in einer feudalen Wüste" (Wesel 1997, S. 307).

Religion spielte in der Gesellschaft des feudalistischen Zeitalters eine bedeutend größere Rolle als in unserer säkularisierten Gegenwart. Innerhalb der ungebildeteren Bevölkerungsschichten vermischten sich die christlichen Glaubensinhalte jedoch zum Leidwesen der Geistlichen nicht selten mit magischen Praktiken und Elementen eines animistischen Aberglaubens sowie natürlich mit Relikten der Mythologie und Naturreligion des Stammeszeitalters. Für die Germanenmission muss deshalb der außerordentlich lange Zeitraum vom 4. bis zum 11. Jahrhundert veranschlagt werden (vgl. Schäferdiek 1978, Sp. 493). Dabei lässt sich grundsätzlich konstatieren, dass die Christianisierung im Siedlungsgebiet des späteren deutschen Reiches von oben nach unten und von außen nach innen verlief. Von oben nach unten deshalb, weil es zu Beginn der Christianisierung in der Regel Stammesfürsten und sonstige Führungspersönlichkeiten waren, die – oft weniger aus theologischen als aus politisch-strategischen Gründen – zum Christentum konvertierten. Ihnen folgten – nolens volens – große Scharen von Getreuen und Vasallen, vielfach ohne dass es zu einer echten inneren Bekehrung gekommen wäre. Die Verankerung des christlichen Glaubens innerhalb der unteren sozialen Schichten blieb deshalb lange Zeit schwach ausgeprägt. Dass die Christianisierung von außen nach innen verlief, heißt nichts anderes, als dass es sehr lange dauerte, bis der eigentliche Kernraum des germanischen Siedlungsgebietes von der christlichen Mission erfasst wurde. Das zeigte sich zuerst natürlich in der Spätantike, als die Germanen Seite an Seite mit den bereits christianisierten Römern lebten. In einer Kontaktzone entlang des Rheines und der Donau kam es damals zu intensiverem Kulturaustausch, und von einzelnen Germanen wie Modares und Marcaridus ist in der Tat bezeugt, dass sie im vierten nachchristlichen Jahrhundert in römische Dienste traten und außerdem Christen waren (s. ebd., Sp. 496). Letzten Endes scheint es sich hierbei jedoch um Einzelfälle gehandelt zu haben. Das christianisierte Rom unternahm offenbar keine größeren Anstrengungen, um missionarisch auf die Barbarenvölker jenseits von Rhein und Donau einzuwirken.

Ähnliches gilt auch für die früh christianisierten Goten, die zwar zeitweise auf Nachbarstämme wie die Wandalen, die Suewen oder die Gepiden einwirkten, die aber im Zuge der Völkerwanderung in eine solche Distanz zum Kerngebiet des germanischen Siedlungsraumes gerieten, dass sie keinen wesentlichen Einfluss auf Kultur und Religion im Raum des späteren Heiligen Römischen Reichs ausüben konnten. Selbst die oben erwähnte großartige Bibelübersetzung Wulfilas blieb ein singuläres Ereignis von begrenzter Ausstrahlung und Reichweite.

Die christliche Missionierung nimmt in diesem Siedlungsraum erst konkrete Gestalt an, als vom 6. bis zum 8. Jahrhundert die iroschottischen und angelsächsischen Missionare das Frankenreich bereisen und die Gründung jener christlichen Klöster veranlassen, die neben den Fürstenhöfen für gut 800

Jahre zentrale Pflegestätten der (schriftlich fixierten) Literatur und allgemein der höheren Bildung in Deutschland sein werden. Auch hierbei lässt sich eine Entwicklungsrichtung von der Peripherie zum Zentrum des germanischen Siedlungsraumes an der westlichen Ostsee feststellen. Auf Gründungen wie Luxeuil (590) und St. Gallen (614) folgen erst nach und nach Klöster wie Fulda (744), Lorsch (764), Korvey (822), Lüneburg (973) oder Doberan (1171). Schließlich und endlich ist jedoch auch der Nordosten Deutschlands christianisiert. Und die schriftkundigen Mönche beginnen mit der Verbreitung christlichen und antiken Gedankengutes sowie – aus oft nicht zu klärenden Gründen – mit der schriftlichen Fixierung der bis dato mündlich tradierten volkssprachlichen Literatur.

Die Mönche benutzten zu diesem Zweck das ihnen vertraute lateinische Alphabet, da die Germanen bzw. die frühen Deutschen kein eigenes Alphabet besaßen. Die Runenschrift und das gotische Alphabet Wulfilas waren ja, wie oben gezeigt wurde, nicht zu größerer Verbreitung gelangt. Bei einer solchen Wiedergabe mündlicher Äußerungen mit Hilfe eines fremdsprachlichen Graphemsatzes treten charakteristische Probleme auf. Das ist leicht einzusehen, wenn man sich vorstellt, dass z. B. die Engländer ein schriftloses Volk wären, dessen Sprache unter Verwendung deutscher Buchstaben(-kombinationen) aufgezeichnet werden sollte. Wie wäre dann das 'th' zu notieren? Mit einer ähnlich klingenden Graphemsequenz (z. B. 'ds')? Oder mit einem frei erfundenen Zusatzzeichen? Auf jeden Fall gäbe es eine Vielzahl von Übertragungsmöglichkeiten. Und erschwerend kommt noch hinzu, dass die mündliche Sprache zu dieser Zeit keine normierte Hochsprache war, sondern in viele sehr unterschiedliche Dialekte zerfiel (vgl. Kartschoke 2000, S. 22-26). So ist es zu erklären, dass zunächst jedes Kloster eine eigene Grammatik und eine eigene Orthographie besaß. Für Editionsphilologen, die Schriftstücke des feudalistischen Zeitalters datieren und lokalisieren sollen, ist dies ein Glücksfall. Für die sprachliche und geistig-literarische Entwicklung war es hingegen ein bedeutendes Hemmnis, das erst im letzten Viertel dieser Epoche, und auch dann noch nicht vollständig, beseitigt wurde.

In diesem Zusammenhang stellt sich auch die Frage nach der Bedeutung und Verwendung des Wortes 'deutsch' bzw. 'Deutschland'. Ab dem späten 8. Jahrhundert taucht es in der latinisierten Form ('theodiscus'/'theotiscus') auf, und erst um 1000, in den Schriften des Klosterschulleiters Notker III. von St. Gallen, findet man die Bezeichnung 'in diutiscun' ('auf deutsch'). In beiden Fällen bezieht sich der Ausdruck auf die deutsche Sprache bzw. auf die verschiedenartigen deutschen Dialekte im Unterschied zur üblichen Verkehrs- und Gelehrtensprache, also zum Lateinischen (vgl. Kartschoke 2000, S. 30f.). Die Übertragung aus dem sprachlichen in den politischen Bereich ist erst für die Zeit um 1100 nachweisbar, obwohl das althochdeutsche Nomen 'thiota', von dem das latinisierte Adjektiv 'theodiscus'/'theotiscus' abgeleitet wurde, ursprünglich 'Volk' bedeutet. So oder so bezeichnet der Ausdruck 'deutsch' also ursprünglich kein homogenes, durch Sprache, Kultur oder Mentalität geeinigtes Ganzes, sondern eher im Gegenteil etwas Heterogenes, Variables, Plurales, – und zwar aus der Außenperspektive derjenigen, die sich durch Herkunft oder Bildungsstand davon abgetrennt sehen oder sogar bewusst abgrenzen möchten. Die Deutschen waren aus der Sicht des schreibenden Geistlichen oder Gelehrten die einfachen, nicht des Lateinischen mächtigen, schriftunkundigen Leute. Und tatsächlich blieb die Alphabetisierungsquote in Deutschland noch das ganze feudalistische Zeitalter hindurch außerordentlich niedrig. Weit über 90 % der Bevölkerung waren des Schreibens und Lesens gar nicht oder nur in ganz rudimentärem Ausmaß kundig; zu den Literaturlesern im engeren Sinne scheint weniger als 1 % der Bevölkerung gehört zu haben (s. Schön 1999, S. 9-28).

Der Handel mit Büchern konnte unter diesen Voraussetzungen keine größeren Dimensionen annehmen. Selbst nach der Expansion durch die Erfindung des Buchdrucks wurde er noch bis in das 18. Jahrhundert hinein überwiegend in der Form des Tauschhandels abgewickelt. Die ca. 1.000 Verleger im Reich stellten dabei in Auflagen von einigen Hundert Exemplaren Bücher her, tauschten auf einer der großen Messen (v. a. in Leipzig und Frankfurt am Main) einen Teil der Auflage gegen die Erzeugnisse anderer Drucker ein und verkauften dann teils auf der Messe und teils im heimatlichen Laden ihre eigenen und die von anderen eingetauschten Bücher an den Endverbraucher. Der Vorteil dieses Systems lag darin, dass der einzelne Verleger nur wenig Betriebskapital aufwenden musste. Der Nachteil ergab sich aus dem Umstand, dass der Tauschwert nach Umfang und Ausstattung, nicht aber nach Verkäuflichkeit festgesetzt wurde: „Für jeden Verlegersortimenter bestand ja Messe für Messe die Notwendigkeit eigenen Verlags, jeder kehrte mit vollen Fässern von den Messen zurück, gefüllt mit Tausenden von Bogen bedruckten Papiers und sah sich oft genug vor der unlösbaren Aufgabe, die hastig produzierte oder ein entlegenes Thema traktierende Verlegenheitsware eines Hamburger Kollegen in Tübingen als wichtige Novität verkaufen zu müssen, wollte er seinerseits das für die eigene Produktion eingesetzte Geld wieder hereinbringen" (Wittmann 1991, S. 91f.). Kein Wunder, dass sich in dieser Situation manche Verlage gezwungen sahen, ihre vielen veralteten Ladenhüter bei Auktionen und Lotterien loszuschlagen. Diese Sonderverkäufe boten jenen Gelehrten, die nicht zur vermögenden Schicht gehörten, günstige Gelegenheiten zum Aufbau einer kleinen, einige Dutzend Bände umfassenden Privatbibliothek.

Titelzahl und Auflagenhöhe blieben allerdings niedrig, und zwar bis in die Spätphase des feudalistischen Zeitalters hinein. Pro Jahr erschienen im 16. Jahrhundert durchschnittlich ca. 1.500 Werke im Druck, für das 17. Jahrhundert rechnet man mit etwa 2.650 Titeln. Im 16. und 17. Jahrhundert waren allerdings weniger als 5 % dieser Werke der schönen Literatur im engeren Sinne zuzurechnen. Den mit Abstand größten Anteil an der Gesamtproduktion hatte das religiöse Schrifttum. Im Verlauf des 18. Jahrhunderts gab es in dieser Hinsicht jedoch eine bedeutende Veränderung; 1775 liegt der Anteil der Belletristik an der Gesamttitelproduktion immerhin bei knapp 15 % (s. Wittmann 1991, S. 68-78). Bis zur Mitte des 19. Jahrhunderts wird er auf ca. 25 % ansteigen und danach auf den bis in unsere Tage üblichen Anteil von knapp 20 % zurückgehen. Die Gesamtproduktion ist allerdings seit dem 18. Jahrhundert kontinuierlich gestiegen. Heute erreichen wir eine Quote von über 80.000 Neuerscheinungen pro Kalenderjahr. Berechnen wir die Bevölkerungsentwicklung mit ein, können wir resümieren, dass im 20. Jahrhundert mehr als zwanzig Mal so viele literarische Werke pro Einwohner publiziert wurden wie im 17. Jahrhundert.

Für die wenigen Vermögenden und Gebildeten, die Zugang zu Büchern hatten, stellte sich die Situation also vergleichsweise übersichtlich dar. Ein Literaturenthusiast konnte im Prinzip bis zum Ende des 18. Jahrhunderts den Überblick über die gesamte literarische Produktion behalten. Eine orientierende und selektierende Literaturkritik in dem heute geläufigen Sinne entstand folgerichtig erst um die Mitte des 18. Jahrhunderts. Auch öffentliche Bibliotheken spielten im Zeitalter des Feudalismus keine große Rolle. Zwar gab es bedeutende fürstliche Büchersammlungen, aber zu ihren wenigen Benutzern zählten fast ausschließlich die Angehörigen des Adels und des akademisch gebildeten Bürgertums. Dem einfachen Landarbeiter oder Bäckergesellen blieben Bibliotheksinstitute in aller Regel verschlossen. Mechthild Raabe hat diese Zusammenhänge in ihrer materialreichen Studie *Leser und Lektüre vom 17. zum 19. Jahrhundert* (Teil C, Bd. 2, München 1998) dargelegt. Aus den Ausleihbüchern der berühmten Herzog August Bibliothek Wolfenbüttel ergibt sich nach ihrer Darstellung z. B. für die Zeit von 1664-1806, dass erheblich mehr Männer als Frauen die Bibliothek benutzten, dass Akademiker und Adelige extrem überrepräsentiert waren, dass insgesamt mehr fremdsprachige (besonders lateinische und französische) Werke ausgeliehen wurden als deutschsprachige und dass nach der Geschichte und der Theologie die – von Frauen allerdings klar bevorzugte – Belletristik auf dem dritten Rang in der Liste der Entleihungen steht (ebd., S. 1183-1190). Dies beweist einmal mehr, dass die literarische Kommunikation dieser Zeit innerhalb der einzelnen Stände ganz unterschiedlich organisiert und strukturiert war.

Bevor dies im Detail erörtert wird, sollen hier noch einige Hinweise auf die Lebenssituation der Menschen des feudalistischen Zeitalters im Allgemeinen gegeben werden. Sie betreffen zunächst die Lebenserwartung, die selbst noch in der Spätphase dieser Epoche bei nicht mehr als 28 Jahren lag. Dieser Durchschnittswert wird zwar dadurch verzerrt, dass nur knapp die Hälfte aller Menschen das 10. Lebensjahr erreichte. Aber auch wenn man die hohe Kindersterblichkeit 'herausrechnet', kommt man auf wenig mehr als 40 Jahre. Dabei wurden Männer, anders als heute, im Durchschnitt etwas älter als Frauen. Und außerdem variierte das Sterbealter sehr stark in Abhängigkeit vom sozialen Status: Beamte und Geistliche wurde im Durchschnitt 17 Jahre älter als Bedienstete und Tagelöhner. Wer in dieser Gesellschaft ein Alter von 50 oder gar 60 Jahren erreichte, konnte von Glück sagen; 70- und 80-Jährige stellten eine seltene Ausnahme dar. Ein 'Rentenalter' gab es nicht; man arbeitete bis zuletzt. Krankheiten und Naturkatastrophen bildeten die häufigsten Todesursachen, die zunächst sehr hohe Kriminalitätsrate sank im Lauf der Jahrhunderte allmählich ab (s. van Dülmen 1995, S. 206-215).

Der Gesichtskreis des Einzelnen blieb unter diesen Voraussetzungen beengt, zumal auch die Transportmöglichkeiten für den Durchschnittsmenschen sehr eingeschränkt waren. Wer nicht als Fernhändler, Wissenschaftler oder Pilger reisen musste, verbrachte sein Leben in der Dorfgemeinde. Dann und wann, etwa zu Jahrmärkten, besuchte man vielleicht die nächstgelegene Stadt. In der Regel blieb der Horizont jedoch auf das begrenzt, was vom Kirchturm und den Bergkuppen der Umgebung aus zu sehen war. Das Verkehrswegenetz beschränkte sich auf die schiffbaren Flüsse und einige wenige Handelsstraßen, die zum Beispiel von Brügge über Köln und Nürnberg nach Prag oder von Frankfurt über Hannover nach Lübeck zu reisen erlaubten. Man erkennt sie auf der ältesten erhaltenen Straßenkarte Europas, der 'Carta itineraria europae' von Martin Waldseemüller aus dem Jahre 1520 (s. Sammet 1990, S. 72f.). Mit Kies belegte, befestigte Fernstraßen gab es nur in wenigen Regionen wie etwa um Kassel, im Rheinland oder in Württemberg. Ansonsten handelte es sich um Naturwege, auf denen man mit einem bepackten Ochsen- oder Pferdefuhrwerk in Abhängigkeit von den Witterungsverhältnissen höchstens einige Dutzend Kilometer pro Tag zurücklegen konnte. Viele Dörfer konnten nur über 'Wirtschaftswege' (breitere Feldwege) erreicht werden. Effizienter Fernhandel war nur von den wenigen Städten aus möglich, die verkehrsgünstig an einer der größeren Handelsstraßen oder an einem der schiffbaren Wasserwege lagen.

Was den für die Literaturgeschichte wichtigen Bereich der Medientechnik betrifft, so blieb das Buch trotz Gutenbergs Erfindung auch noch im 16., 17. und 18. Jahrhundert für den weit überwiegenden Teil der Bevölkerung ein unerschwingliches Gut (vgl. Krieg 1953, S. 33; Bohnsack 1999a, S. 19). In die Hand des einfachen Landarbeiters gelangte allenfalls ein Flugblatt oder eine wenige Seiten umfassende Flugschrift, in der aktuelle, meistens sensationelle Meldungen über kriegerische Schlachten, Naturwunder (Missgeburten, 'Kornregen' u. ä.), Himmelserscheinungen (Kometen, Nordlichter) sowie religiösmoralische Ratschläge und Ermahnungen zu finden waren (s. Harms 1980-89). Ihr großes Format und ihre vielfach interesseheischende Illustrierung lässt viele Flugblätter als polyfunktionales Mittelding aus Wandzeitung, Plakat, Gebrauchsgraphik, Propagandaschrift und Zimmerschmuck erscheinen. Flugblätter wurden nicht kostenlos verteilt, sondern zu Preisen verkauft, die in

unserer Zeit ungefähr denen eines dicken gebundenen Buches entsprechen
würden. Bei besonderem Interesse konnte ein Landarbeiter das Geld für einen
solchen Druck zusammensparen und dessen Inhalt langsam entziffern oder
sich von einem Lesekundigen vorlesen lassen (vgl. Scribner 1981 u. Rössing-
Hager 1981). Dass viele dieser Blätter in lateinischer Sprache verfasst bzw.
nicht allgemeinverständlich formuliert waren, beweist jedoch, dass es sich bei
ihnen nicht um ein Massenmedium im heutigen Sinne des Wortes handelte
(vgl. Schuster 2001). Für eine regelmäßige Rezeption im Sinne unserer täglichen Zeitungslektüre waren sie nicht konzipiert.

Das in Flugblättern vielfach dokumentierte Interesse an besonderen Himmelserscheinungen erinnert daran, dass in der breiten Bevölkerung ein geo-
zentrisches Weltbild dominierte, demzufolge die Erde den Mittelpunkt des von
Gott geschaffenen Universums bildet. Die heliozentrische Theorie fand nur in
gebildeteren Kreisen Verbreitung. Die Schriften des Kopernikus standen bis
1757 auf dem Index der päpstlichen Zensur und wurden auch von Luther mit
den schärfsten Worten zurückgewiesen. Die Erschaffung der Erde wurde auf
das Jahr 4000 vor Christi Geburt datiert, das Ende der Welt mit dem Jüngsten
Gericht erwartete man für das Jahr 2000 (s. Wendorff 1993, S. 97-100). Ein
Geschichtsbewusstsein und die uns heute geläufige Idee einer nach vorne offenen und tendenziell unendlichen Geschichte wurden erst im 18. Jahrhundert
zum Allgemeingut. Die Zeiterfahrung war eher zyklisch als linear strukturiert
und basierte auf der Wahrnehmung der im Rhythmus der Jahreszeiten wieder-
kehrenden Natur- und Witterungsereignisse sowie der Fest- und Gedenktage
des Kirchenjahres. Der Erwerb höherer Bildung, die Entwicklung eigenständiger intellektueller Bedürfnisse und die regelmäßige Teilhabe an schriftlicher
literarischer Kommunikation bleiben aufgrund all dieser Bedingungen und
Beschränkungen Phänomene von ausgesprochenem Seltenheitswert.

Ganz kurz sei an dieser Stelle noch auf die Problematik der Periodisierung
eingegangen. Das 'feudalistische Zeitalter' umfasst hier die Ära von der Karo-
lingerzeit bis zur Französischen Revolution, d. h. jene zwischen Stammeszeitalter und bürgerlichem Zeitalter liegende Epoche, in der man auf eine vorher
und nachher so nicht anzutreffende Kombination von „politisch-militärischen,
sozioökonomischen und kulturellen Organisationsprinzipien und -methoden"
(Wehler 1996a, S. 35) stößt. Die präzise, detaillierte Festlegung des Feuda-
lismusbegriffes bleibt eine Aufgabe der Geschichtswissenschaft (s. Bosl 1988,
S. 79-91). Hier ist nur hervorzuheben, dass er in einer kommunikationsgeschichtlich orientierten Studie dem Begriff 'Mittelalter' vorzuziehen ist, der
die literarischen Kulturen der Ständegesellschaft nur teilweise erfasst und
bekanntlich auch in der Mediävistik selbst alles andere als unumstritten ist
(vgl. Goetz 1999, S. 36-46). Wenn nachfolgend die traditionelle Grenze zwischen Mediävistik und Neuphilologie ignoriert wird, geschieht dies weniger
aus kulturwissenschaftlich motiviertem Neuerungsdrang als aus Besorgnis hin-

sichtlich des Vorwurfes der Inkonsequenz. Noch einmal sei aber in diesem Zusammenhang betont, dass der Fokus der vorliegenden Studie und die Arbeitsschwerpunkte ihres Verfassers im Bereich der Neugermanistik liegen. Die bis zum 16. Jahrhundert publizierte Literatur, also die literarische Kultur des Stammeszeitalters sowie des Früh-, Hoch- und Spätmittelalters, wird deshalb nur in dem Umfang berücksichtigt, wie es zur Veranschaulichung strukturgeschichtlicher Transformationsprozesse innerhalb der verschiedenen literarischen Kulturen erforderlich ist. Eine Ausdifferenzierung der Befunde nach Parametern wie Geschlecht, Konfession, Region usw. muss den mediävistischen Spezialisten überlassen bleiben.

b) Literarische Kommunikation in den epochentypischen Ständen

Seit den 1960er Jahren gab es in der Mediävistik Versuche, die These von der Statik des mittelalterlichen Gesellschaftssystems zu entkräften. Anstatt von 'Ständen' sprach man nun neutraler von 'Schichten' oder 'Gruppen' und analysierte bevorzugt Beispiele für das, was man in der Soziologie als 'soziale Mobilität' zu bezeichnen pflegt. In den letzten Jahren hat sich allerdings die Einsicht durchgesetzt, dass der gesellschaftliche Auf- und Abstieg im feudalistischen Zeitalter eben doch die Ausnahme, jedenfalls aber keine alltägliche Selbstverständlichkeit war (vgl. Goetz 1999, S. 231). Die Gesellschaftsschichten dieser Epoche werden deshalb im Folgenden als 'Stände' bezeichnet, wobei aber zu berücksichtigen ist, dass natürlich kein Stand absolut hermetisch von den anderen abgeschlossen war und dass außerdem die Ersetzung der für das Stammeszeitalter typischen Gesellschaftsschichtung durch das Ständesystem ein langwieriger Vorgang war, der erst im zweiten Viertel der Epoche zu seinem Abschluss kam.

Anzahl und Abgrenzung der Stände blieben ein Gegenstand fortwährender Auseinandersetzungen. War man zunächst von der grundsätzlichen Aufteilung in nur drei Stände ausgegangen, so zeigte sich bald, dass die fortschreitende ökonomische und gesellschaftliche Entwicklung soziale Gruppen hervorbrachte, die sich in dieses einfache Raster nicht eingliedern ließen. Schon bald häuften sich deshalb die Traktate und Verordnungen, in denen mal die Dienstboten und mal die Gesellen, mal die Patrizier und mal die Kaufleute als eigener Stand beschrieben wurden. Darüber hinaus gab es immer eine Reihe von außer- oder unterständischen Personen wie z. B. die Gaukler, Wanderhändler oder Schauspieler, die sich der Klassifikation nach Ständen entzogen (s. van Dülmen 1992, S. 177f.). Trotz aller Modifikationen stand aber außer Zweifel, dass die Ständeordnung in ihrer jeweils aktuellen Fassung galt und von der Obrigkeit durchgesetzt wurde. Kleiderordnungen, die Sitzordnung in der Kirche und das seit dem 16. Jahrhundert grassierende Titularwesen, das jedem Stand eine spezielle umständliche Anrede zubilligte, wurden zwar in den einzelnen Ländern mit unterschiedlicher Konsequenz gehandhabt, aber nirgends vollständig ignoriert. Wer Kleid oder Haube unstandesgemäß schmückte oder sich in der Kirche zu weit nach vorne drängelte, musste mit Geld- oder Ehrenstrafen (z. B. Pranger) rechnen.

Dabei war die Personen-, Familien- und Standesehre im Bewusstsein der in das Ständesystem integrierten Menschen eine entscheidende Größe. Materielles und kulturelles Kapital (Bildungstitel) waren nicht ohne Bedeutung für die

Definition des sozialen Ranges, doch an erster Stelle entschied die Ehre, das Ansehen einer Person, über ihre gesellschaftliche Stellung. Dies zeigt, dass die Wirtschaft im feudalistischen Zeitalter „fester als je nachher in einen sozio-kulturellen Kontext eingebunden war, anstatt sich die Gesellschaft als Markt-gesellschaft zu unterwerfen" (Wehler 1996a, S. 135). Folgerichtig gab es „nicht wenige reiche Kaufleute, die nie das Bürgerrecht erhielten. Die soziale Ehre konnte nicht erkauft werden" (van Dülmen 1992, S. 182). Die Grenzen der sozialen Mobilität waren damit eng gezogen; allenfalls durch ein (schwer zu finanzierendes) Studium konnte ein Handwerkersohn aufsteigen und z. B. Geistlicher oder Advokat werden.

Umgekehrt gab es, was ebenfalls nicht ohne Auswirkung auf die Glücks-aussichten des Einzelnen blieb, kaum geregelte Abstiegschancen. Der Begriff klingt paradox, er beschreibt jedoch ein Zentralproblem jeder geburtsständisch strukturierten Gesellschaft. Verlor ein Adeliger durch irgendwelche Unglücksfälle sein Vermögen, so konnte er nicht ohne weiteres ein Handwerk erlernen, einen Gasthof eröffnen oder ähnliche Alternativen ergreifen. Er blieb ein verarmter Adeliger, ein Schatten seiner selbst, der die ihm vorgezeichnete Rolle nicht auszufüllen vermochte. Ähnliches galt z. B. für den Handwerker, der durch eine Verletzung berufsunfähig wurde, oder für den Bauern, der bei einer Naturkatastrophe seine Wälder oder seinen Hof verlor. Das relativ starre Ständesystem bot denen Sicherheit und eine klare Zukunftsperspektive, die seine Form ausfüllen konnten. Wer dies nicht konnte oder wollte, geriet schnell ins gesellschaftliche Abseits.

Die Rangordnung der Stände orientierte sich nicht zuletzt an dem Gegen-satz zwischen körperlicher und geistiger Arbeit sowie innerhalb des Bereichs der körperlichen Arbeit an dem Unterschied zwischen 'reinlichen' und 'un-reinlichen' Tätigkeiten: „Obwohl der Henker oft mehr verdiente als ein ge-hobener Handwerker, stand er in der sozialen Hierarchie ganz unten" (van Dülmen 1992, S. 182). Demonstrative Sauberkeit wurde in dieser Situation zu einem wichtigen Statussymbol und Distinktionsmerkmal. Gepuderte Perücken oder weiße Hemden, die an den Ärmeln hervorlugten, symbolisierten z. B. die Reinlichkeit des von körperlicher Arbeit Befreiten. Zudem werden Klagen über die ekelhafte Rotte der unzivilisierten Landleute in ihren ungewaschenen Kleidern zum Topos der gehobenen Konversation, die auf wechselseitige Be-stätigung der gesellschaftlichen Superiorität abzielte (s. Vigarello 1992, S. 53-111). Die Ausbildung standesspezifischer Tafelsitten, Anstandsregeln und Komplimentiercodes begleitet und unterstützt diesen Vorgang der sozialen Ausdifferenzierung.

1. Bauern

Abb. 6: Johann Conrad Seekatz (1719-68): 'Bänkelsängerin'

Der Bänkelsang war in Deutschland vom 16. Jahrhundert an verbreitet. Er diente anfangs der Verbreitung aktueller Neuigkeiten und ersetzte damit für die breite Masse der Analphabeten die Zeitungslektüre. Die Durchsetzung der Schulpflicht im 19. Jahrhundert entzog ihm nach und nach seine Daseinsgrundlage.

Freie Bauern, die auf eigene Rechnung eigenes Land bewirtschafteten, stellten innerhalb des Bauernstandes nach der Etablierung der vom 8. bis zum 11. Jahrhundert durchgesetzten Grundherrschaft nicht die Regel dar. Häufig findet man den Typus des Minderfreien, der unter Aufsicht eines Grund- oder Landesherren ein Stück Boden bewirtschaftete und zu zahlreichen Diensten und Abgaben verpflichtet war. Vom 16. bis zum 18. Jahrhundert vermehrte sich darüber hinaus besonders stark die Anzahl derer, die kein eigenes Stück Land besaßen und die deshalb als Landarbeiter und Landarbeiterinnen auf einem größeren Gutshof ihren Unterhalt verdienen mussten. Diese Knechte und Mägde wurden hauptsächlich in Naturalien entlohnt, d. h. Kost, Logis und Bekleidung waren ihr Hauptentgelt. In Phasen massiver Geldentwertung, wie etwa im ganzen 16. Jahrhundert, war dies nicht unbedingt ein Nachteil (s. Trapp 1999, S. 213-229).

Das Bildungsniveau innerhalb dieses Standes, dem über 70 % der Bevölkerung angehörten, war niedrig. Das lässt sich zunächst an der Alphabetisierung festmachen, deren Beschreibung allerdings eine Differenzierung erfordert. Da es kein durchorganisiertes Schulwesen, keine reglementierte Lehrerausbildung und keine (Durchsetzung der) Schulpflicht gab, besuchten viele nur sporadisch und für wenige Jahre eine Dorfschule. In dieser Zeit lernten sie häufig nur das Lesen und nicht das Schreiben. Außerdem war der Grad der Lesefähigkeit sehr unterschiedlich. Die Anzahl der absoluten Analphabeten verringerte sich bis zum späten 18. Jahrhundert bis auf etwa 40 %. Als regelmäßige Leser können aber selbst noch um 1600 nur ungefähr 4 % der Bevölkerung gelten; die Zahl der *Literatur*leser lag deutlich unter 1 %. Gegen Ende des 18. Jahrhunderts lasen zwar etwa 15 % der Bevölkerung regelmäßig in Büchern, aber die Zahl der Literaturleser überschritt immer noch nicht den Wert von 1 % (s. Kiesel/Münch 1977, S. 159f.; Knoop 1994; Schön 1999, S. 17-27). Zwischen den Analphabeten und den regelmäßigen Lesern lag die diffuse Gruppe derer, die zur Not, mit dem Finger über die Zeilen fahrend, Buchstabe für Buchstabe ein Flugblatt entziffern konnten, denen jedoch das Medium Schrift unvertraut blieb.

Diese Zahlen lassen keinen Zweifel daran übrig, dass die literarische Kultur in dieser größten Bevölkerungsschicht des feudalistischen Zeitalters keine Kultur des gedruckten Buches, sondern eine mündliche Kultur gewesen ist. Erst um 1800 wird im Schulunterricht das Lesen von Handschriften durch das Lesen von Gedrucktem verdrängt (vgl. Messerli 2000, S. 244f.). Gutenbergs Erfindung stellt deshalb innerhalb einer Gesamtgeschichte der literarischen Kommunikation in Deutschland keinen Einschnitt oder gar eine Epochengrenze dar (vgl. Bohnsack 1999a, S. 19; anders Wilke 2000). Der konkreten Ausgestaltung der mündlichen literarischen Kommunikation lässt sich anmerken, dass es in Deutschland bis zum Ende des 18. Jahrhunderts keine standardisierte Hochsprache gab. 'Deutschland' wurde in dieser Zeit nicht nur von

Staatsgrenzen, sondern auch von gut erkennbaren Sprachgrenzen durchzogen. Jedenfalls gibt es aus dieser Zeit viele Klagen über Verständnisschwierigkeiten, da die unterschiedlichen, noch nicht wie heute durch ständige Berührung mit der Hochsprache entschärften Dialekte intensiv ausgeprägt waren. In der Landbevölkerung gab es jedoch gewisse Ansätze zur Entwicklung einer weniger mundartlichen 'mündlichen Schriftlichkeit', da auch Analphabeten zu bestimmten Anlässen (Erbfall, Kaufvertrag etc.) Schriftstücke aufsetzen lassen mussten, die sie dem Schreiber offenbar in einer formal 'korrekteren' Ausdrucksweise zu diktieren versuchten (vgl. Knoop 2000, S. 45f.).

Das Bildungsideal des Bauernstandes beinhaltete nicht die virtuose mündliche Ausdrucksfähigkeit oder gar die Schriftgelehrtheit, sondern vor allem die körperliche Geschicklichkeit und Robustheit sowie Lebensklugheit und eine gewisse Schlauheit in der Auseinandersetzung um praktische Fragen des Alltags. Die entsprechenden Maximen und Prinzipien fand man nicht in philosophischen und literarischen Büchern, sondern in mündlich tradierten Sprichwörtern oder in mit einer 'Moral von der Geschicht' endenden Märchen, Sagen, Fabeln und Anekdoten. Die Vermittlung dieser Lehrsätze geschah bei Festen innerhalb der Dorfgemeinde oder, häufiger, im Rahmen von Erziehungssituationen innerhalb der Familie. Zu dieser 'Familie' rechnete man bis zur Entstehung der bürgerlichen Kernfamilie im späten 18. Jahrhundert nicht nur die Blutsverwandten, sondern alle in der Wohn- und Arbeitsgemeinschaft des Hofes Zusammengeschlossenen, zu denen auch die Dienstboten gehörten. Im Durchschnitt waren dies ungefähr acht Personen, darunter zwei oder drei Nichtverwandte. Wegen der niedrigen Lebenserwartung bildete sich nur in seltenen Fällen jene Mehrgenerationenfamilie, die unter der Bezeichnung 'Großfamilie' lange Zeit fälschlich für die Vorgängerin der Kernfamilie gehalten wurde. Der Einzelne verstand sich im Rahmen des Familienverbandes nicht als Individuum, dessen Entwicklung auf Eigenständigkeit und Selbstverwirklichung abzielte, sondern als Träger einer Rolle, die seine Identität garantierte und prägte (s. Sieder 1987, S. 282). Entfaltung der Persönlichkeit meinte hier allenfalls den Wechsel zu einer anderen, privilegierteren Rolle innerhalb des eigenen Standes und nicht die Standeserhöhung oder gar die Sprengung derartiger Rollenbilder. Wegen der geringen Lebenserwartung, der mangelhaften Krankheitsvorbeugung, der Unvorhersehbarkeit politischer Entwicklungen und der ungesicherten Einkommensverhältnisse war eine mittel- oder gar langfristige Lebensplanung nahezu ein Ding der Unmöglichkeit.

Das Leben auf dem Land war von Arbeit geprägt, wenngleich die durchschnittliche Arbeitszeit mit 12 Stunden eher etwas niedriger als im 19. Jahrhundert, aber natürlich bedeutend höher als im 20. Jahrhundert war. Die räumliche, soziale und psychische Mobilität war gering. In der Familie regierte der Hausherr, der seine Frau, seine Kinder und seine Dienstboten bzw. 'Mitarbeiter' befehligen, unterweisen und auch körperlich züchtigen durfte.

Von einem guten Hausherrn, wie er in der sogenannten 'Hausväterliteratur'
beschrieben wurde, erwartete man jedoch eine eher harmonische Gestaltung
des Zusammenlebens. Adressaten dieser praktischen Ratgeber religiösen, ökonomischen, juristischen und technischen Inhaltes konnten allerdings nur die
Vorsteher größerer Gutshöfe sein, deren ausgedehnte Geschäfts- und damit
auch Verwaltungstätigkeit eine größere Lesefertigkeit und allgemein einen
etwas höheren Bildungsstand voraussetzte. Die *Oeconomia oder Hauß-Buch*
(1593-1601) des Johann Colerus und der *Oeconomus prudens et legalis oder
Allgemeiner Klug- und Rechtsverständiger Haus-Vatter* (1705) des Franciscus
Philippus Florinus sind bekannte Beispiele für die Gattung der Hausväterliteratur, die seit dem späten 18. Jahrhundert im Zuge der Industrialisierung allmählich an Bedeutung verlor. Auszüge aus derartigen Werken oder auch aus
moralisch belehrenden Erbauungsbüchern scheinen manche Hausherren ihrer
Familie zu bestimmten Gelegenheiten im Rahmen einer autoritativen Rezitationssituation vorgelesen zu haben (s. Schön 1987, S. 179f.). Zuverlässige statistische Angaben über Häufigkeit, Reichweite und Wirkung derartiger Rezita-
tionen fehlen. Man darf aber annehmen, dass es nicht zu den Lieblingsbeschäftigungen der Knechte und Mägde gehörte, sich nach Feierabend mit er-
hobenem Zeigefinger vorgetragene fromme Belehrungen anzuhören. Lieber
widmete man sich dem Spiel, wobei der Übergang zu den erst ab Ende des
19. Jahrhunderts unter der Bezeichnung 'Sport' subsumierten Beschäftigungen
wie z. B. dem Kegeln oder dem Ballspiel fließend war. Weit verbreitet waren
die Karten- und Würfelspiele, aber auch der Tanz und die einfachen Brett-
spiele erfreuten sich großer Beliebtheit. Die zahlreichen kirchlichen Feste, der
Karneval und die regelmäßig veranstalteten Jahrmärkte waren mit bestimmten
Festritualen und Gebräuchen verbunden und sorgten ebenfalls für Unterhaltung und Beschäftigung. Musikanten durften bei diesen Anlässen nicht fehlen.
     Damit nähern wir uns einer ersten Antwort auf die Frage, wo im weitge-
hend schriftlosen Kulturuniversum des Bauernstandes überhaupt ein Ort für so
etwas wie Literatur gewesen sein könnte. Versteht man unter literarischer
Kommunikation die stille einsame Lektüre eines gedruckten Klassikers, so hat
es in dieser Zeit und in dieser Schicht keine Literatur gegeben. Geht man jedoch von dem eingangs vorgestellten erweiterten Literaturbegriff aus, so zeigt
sich, dass hier im Gegenteil eine außerordentlich reiche und ausdifferenzierte
oral poetry ihrer genaueren Beschreibung harrt.
     Was zunächst die Lyrik betrifft, so bewegen wir uns zu dieser Zeit und in
dieser Schicht im Entstehungskreis des deutschen Volksliedes. Das trifft auch
dann zu, wenn man mit der neueren Forschung unterstellt, dass die Texte und
Melodien dieser Lieder teilweise nicht von 'unten', sondern von 'oben' stammen, also ursprünglich schriftlich fixiertes, 'abgesunkenes' Kulturgut aus den
Bildungsschichten repräsentieren. Was das Volkslied zum Volkslied macht, ist
dann nicht unbedingt etwas ganz Eigenständiges, aber doch etwas auf eigen-

ständige Weise Anverwandeltes, das vom Kunstlied des Adels und des Bürgertums klar abgegrenzt werden kann. *Am Brunnen vor dem Tore* und *Der
Mond ist aufgegangen* sind in diesem Sinne nostalgisch-romantische Kunstlieder der bürgerlichen Schichten des 19. Jahrhunderts, während z. B. die Arbeitslieder, die beim Dreschen, Flechten, Zimmern usw. gesungen wurden,
deutlich den Stempel ihrer ganz andersartigen sozialen Herkunft tragen.

In diesem Zusammenhang ist kurz auf die Frage einzugehen, ob es im feudalistischen Zeitalter überhaupt eine eigenständige Volkskultur gegeben hat
oder ob es sich um eine bloße Schwundstufe der höfischen oder der gelehrten
Hochkultur handelt, die durch 'Zersingen' entstand und die aus den formal und
inhaltlich komplexen Sprachkunstwerken der gesellschaftlichen Eliten mas-
sentaugliche Trivialliteratur machte. Konservative Volkskundler wie Hans
Naumann, aber auch moderne Mediävisten wie George Duby haben diese
These verteidigt, während Forscher wie Peter Burke und Robert Muchembled
die Auffassung vertraten, dass es bis zum Ende des Mittelalters nur eine einzige, schichtenübergreifende Kultur gegeben habe, aus der sich erst mit Beginn
der Frühen Neuzeit, also ca. um 1500, das Spektrum der schichtenspezifischen
literarischen Kulturen ausdifferenziert habe (s. Gilomen 1994, S. 165-184).

Aus funktionsanalytischer und kultursoziologischer Perspektive sind beide
Positionen abzulehnen. Denn die Rezeption eines Textes steht immer in einem
gesellschaftlichen und situativen Kontext, der sich nicht nur auf die Textauswahl, sondern auch auf das Textverständnis und die Rezeptionseffekte auswirkt. So ist es zweifellos ein bedeutender Unterschied, ob man als Drescher
die den Bewegungsablauf verstetigende und synchronisierende Funktion der
Rhythmik eines Dreschliedes gleichsam am eigenen Leibe erfährt oder ob man
als Kaufmann oder Pfarrer ein solches Dreschlied in gedruckter Form als ästhetisches Artefakt rezipiert. Und umgekehrt ist es nicht gleichgültig, ob man
als gebildeter Höfling die allegorischen Figuren eines Festumzuges 'liest' oder
ob man darin als schrift- und geschichtsunkundiger Zuschauer am Straßenrand
bloß ein buntes Spektakel zu erkennen vermag. Selbst wenn also jedwede
Volkskultur, vom Sprichwort über das Märchen bis hin zum Arbeitslied, immer und überall aus der bloßen Vulgarisierung von Elitekultur hervorgegangen
sein sollte, wäre auf jeden Fall, und zwar schon vom Stammeszeitalter an,
davon auszugehen, dass es mehrere literarische Kulturen mit jeweils eigener
Funktionsweise und eigener Entwicklungsdynamik gab. Wenn zwei dasselbe
lesen oder hören, ist es nicht dasselbe. Und außerdem darf nicht vergessen
werden, dass in der Ständegesellschaft Bildungs- und Einkommensunter-
schiede existierten, die de facto auf den Ausschluss weiter Bevölkerungskreise
von der Teilhabe an echter Hochkultur hinausliefen. Die mit weitem Abstand
größte Gesellschaftsschicht, die der vermögenslosen analphabetischen Landarbeiter, konnte keine Bücher kaufen und lesen, war in ihrem jeweiligen Dialekt
gefangen und kannte die (größtenteils lateinische) anspruchsvolle Schriftkultur

nur vom Hörensagen. Dass umgekehrt die Adeligen, die Gelehrten und die
Patrizier auch das eine und andere Volkslied, Märchen oder Sprichwort kannten, bedeutet noch keineswegs, dass sie „Anteil an jener Kultur hatten, die wir
als volkstümlich bezeichnen" (Gilomen 1994, S. 172). Vielmehr gilt generell,
dass die typischen Kulturobjekte einer Schicht bis zu einem gewissen Grad den
Aneigungsprozeduren der anderen Schichten unterzogen werden können. Im
vorliegenden Fall wäre also nicht von einem „Anteil" an der volkstümlichen
Kultur, sondern von einer Applikation nicht-volkstümlicher Rezeptionsverfah-
ren auf Objekte der Volkskultur zu sprechen. Ähnliche Beispiele für einen
'nicht bestimmungsgemäßen Gebrauch' der Kulturobjekte anderer Bildungsschichten findet man umgekehrt etwa in Gestalt der vielfach bezeugten Buch-
verehrung und Buchmagie der Analphabeten, für die gleichsam jedes Buch ein
Zauberbuch darstellte, an dem sich das Wunder der Transsubstantiation, der
Entstehung von Geist aus Materie, erfüllte. Ein Analphabet war aber noch kein
Gelehrter, wenn er irgendwie ein Buch an sich bringen konnte. Und umgekehrt
wurde der Pfarrer von den Bauern und Dienstboten, denen er predigte, nicht
für ihresgleichen gehalten, selbst wenn er Sprichwörter und Dialektausdrücke
in seine Predigt integrierte, um volkstümlich und verständlich zu wirken. Die
Unterschiede zwischen den schichtenspezifischen literarischen Kulturen sind
gerade im feudalistischen Zeitalter mit seinen hohen Bildungsbarrieren unübersehbar. Dass der eine oder andere Höfling im Grunde ein Bauer oder die
eine oder andere Dienstmagd im Innersten ihres Herzens eine Prinzessin war,
kann an den hier zu beschreibenden Strukturentwicklungen nichts ändern,
wenngleich es aus der Perspektive einer individual- und rezeptionspsychologisch orientierten Lesebiographieanalyse ein wichtiges, lohnendes Unterfangen
sein kann, derartige Inkongruenzen zwischen schichtenspezifischem Habitus
und persönlichen Neigungen aufzudecken.

Dass die These von der Unselbstständigkeit der Volkskultur überhaupt
ernsthaft in Erwägung gezogen werden konnte, ist auch auf die nach wie vor
missliche Überlieferungssituation zurückzuführen. Die bis dahin offenbar
zuverlässig funktionierende mündliche Tradierung der Analphabetenliteratur
riss im 19. Jahrhundert ab, als auch die Unterschichten schrift- und lesekundig
wurden. Selbst im Bereich des Volksliedes macht sich dies deutlich bemerkbar. Denn zum Wesen des mündlich überlieferten Liedes (und allgemein der
oral poetry) gehört die Variabilität des Textes, der immer wieder dem historischen Kontext, der Rezitationssituation, der fortschreitenden Sprachentwicklung und nicht zuletzt den Absichten und Fähigkeiten des Vortragenden oder
für sich Singenden angepasst wurde. Viele Volkslieder existieren deshalb in
mehreren Versionen, ja man kann die Verfestigung einer bestimmten Textfas-
sung geradezu als Indiz für das Verschwinden des jeweiligen Werkes aus dem
mündlich tradierten Liedgut auffassen. Da wir keinen unmittelbaren Zugang zu
der im 19. Jahrhundert abgebrochenen Überlieferungstradition besitzen, bleibt

uns nur der Weg über den Fassungsvergleich, um uns die Lebendigkeit der
versunkenen Liedkultur wenigstens in Ansätzen vor Augen zu führen. Material
hierfür gibt es genug; alleine das Deutsche Volksliedarchiv in Freiburg besitzt
über 200.000 Liedaufzeichnungen, und auch die Flugblätter dieser Epoche
können trotz der oben erwähnten Schwierigkeiten teilweise als Quellen herangezogen werden, da sich der Aufmachung und dem Sprachstil eines solchen
Blattes durchaus ablesen lässt, ob es sich an Gelehrte oder an die ungebildetere
breite Masse richtete (vgl. Brednich 1974-75). Vergleiche zeigen, dass die
Unterschiede zwischen verschiedenen Textfassungen nicht darauf abzielen,
dem Text im Sinne eines modernen Dichtungsverständnisses den Stempel der
Persönlichkeit des Bearbeiters aufzudrücken, sondern ihn zu 'verbessern', d. h.
ihn in einen anderen Dialekt zu übertragen, seine Sangbarkeit zu erhöhen, das
Verständnis zu erleichtern oder eine Pointe klarer herauszuarbeiten.

Typische Inhalte derartiger Volksliedtexte sind Liebe, Religion, Geschichte
und Krieg, aber auch das Fest (Trinklieder) und die Arbeit (Spinnlieder,
Dreschlieder usw.). Was den Stil betrifft, so finden sich in der Regel sehr einfache metrische Strukturen, also Kurzstrophen aus stabenden Versen oder aus
alternierenden Versen in Paarreim- oder Kreuzreimstellung. Typisch für viele
ältere Volkslieder ist der virtuose Gebrauch der Wechselrede, der sich aus der
Tatsache herleitet, dass oftmals in Gesellschaft und mit verteilten Rollen gesungen wurde. Dass einige der Volksliedstrophen in metrischer Hinsicht einen
höheren Komplexitätsgrad erreichen, dürfte mit dem Einfluss des geistlichen
Kunstliedes (Kirchenliedes) zusammenhängen, mit dem in dieser Zeit Menschen aus allen Ständen beim regelmäßigen, quasi obligatorischen Kirchgang
in Berührung kamen.

Will man sich heute schnell einen Überblick über die Liedproduktion dieser Zeit verschaffen, so greift man am Besten zu der fünfbändigen Anthologie
der *Frischen Teutschen Liedlein* (1539-65) des Nürnberger Arztes und Kom-
ponisten Georg Forster (vgl. auch Cramer 2000, S. 317-322). Forster, der in
seiner Studienzeit Melanchthon und Luther kennen gelernt hatte, dokumentiert
zwar in erster Linie Kunstlieder und Kirchenlieder, doch er hat auch eine Vielzahl populärer Lieder mit oftmals grobianischen oder derb-erotischen Zügen in
seine Sammlung aufgenommen. Mehr als zwei Dutzend der 723 Lieder aus der
1806-08 in drei Bänden herausgegebenen Liedersammlung *Des Knaben Wunderhorn* von Achim von Arnim und Clemens Brentano sind übrigens Neubear-
beitungen von Texten aus Forsters Sammlung. Auch wer diese prominenteste
deutsche Liedanthologie durchblättert, kann sich also einen ersten, freilich
nicht ganz authentischen Einblick in die Wesensart dieser frühen Volkslieder
verschaffen. Dabei ist es zugleich von Vorteil und von Nachteil, dass schon
Forster in seine Textvorlagen offenbar bedenkenlos eingegriffen hat und dass
Arnim und Brentano ihrerseits die gedruckten Texte Forsters nach ihren Vorstellungen 'verschönert' und umgedichtet haben. Einerseits wird dadurch der

direkte Zugriff auf 'echte' Volksliedtexte der feudalistischen Epoche verwehrt
oder zumindest stark erschwert. Andererseits liegt jedoch die ständige Transformation geradezu in der Natur der Sache. Zur mündlichen Textüberlieferung
gehört per definitionem die ständige Abwandlung und Anpassung des Wortlautes hinzu, so dass Forster und Arnim/Brentano eigentlich nur das fortgesetzt
haben, was für ihre anonymen Vorgänger selbstverständliche Praxis war.
Einen einzigen festen 'Urtext' eines Volksliedes wird man niemals finden,
zumal die Entstehung vieler dieser Texte quasi ad infinitum zurückverfolgt
werden könnte. Trotz der Texteingriffe von Arnim und Brentano können also
die Lieder aus *Des Knaben Wunderhorn*, etwa in der reich kommentierten
Taschenbuchausgabe von Heinz Rölleke (Stuttgart 1987), als wichtige Dokumente der deutschen Volksliedtradition aufgefasst werden. Dabei ist aber zu
berücksichtigen, dass die abgedruckte Variante immer nur eine von vielen
gleichrangigen Textfassungen darstellt.

Damit ist ein Problem angesprochen, dessen Erörterung tiefere Einblicke in
die Mentalität der frühen Volksliedsänger gewährt, nämlich das Problem der
Geschichtsauffassung. Hat man heute ein ungutes Gefühl dabei, wenn Texte
aus vergangenen Jahrhunderten einfach 'verbessert' und umgedichtet werden,
so liegt dem ein Respekt vor den Zeugnissen der Vergangenheit zugrunde, der
selbst erst ein Produkt der Entdeckung des 'historischen Sinnes' ist. Die Zeiterfahrung der frühen Volksliedsänger war demgegenüber, wie schon erwähnt,
zyklisch strukturiert. Kulturgüter der Vergangenheit wurden nicht mit einem
musealen Blick betrachtet, sondern unmittelbar angeeignet und bedenkenlos
'aktualisiert', also sprachlich oder sogar inhaltlich den Erfordernissen der
Situation angepasst. Einerseits kann diese Haltung aus heutiger Sicht als Indiz
für eine unverantwortliche Geschichtsvergessenheit oder Egozentrik gebrandmarkt werden. Sie kann jedoch andererseits als Indiz für die Lebendigkeit der
Überlieferung gedeutet werden, also als lebendiges Weiterwachsen dessen,
was heute in Archiven und historisch-kritischen Textausgaben vielleicht
mustergültig konserviert ist, was damit aber von seinen Wurzeln abgekappt ist
und gleichsam künstlich beatmet wird.

Wenden wir uns als nächstes dem Bereich der Epik zu, so finden wir innerhalb des Bauernstandes ebenfalls eine sehr reiche mündliche Überlieferung,
und zwar in Gestalt der oftmals märchen- oder sagenartigen Alltagserzählungen. Das mag zunächst überraschen, denn im literarischen Leben unserer Zeit
begegnen uns Märchen fast nur noch im Bereich der Kinderliteratur. Bis zum
18. Jahrhundert wurden Märchen jedoch in der Regel „von Erwachsenen für
Erwachsene erzählt, Kinder dagegen eher unwillig und ausnahmsweise als
Zuhörer geduldet" (Eggert/Garbe 1995, S. 105). Die Ursache hierfür liegt in
dem Umstand, dass die Märchen dieser Zeit anders aussahen als die uns aus
den Sammlungen der Gebrüder Grimm (1812-15) bekannten und vertrauten
Texte. Die Grimms griffen zwar bei ihrer Herausgebertätigkeit auf ältere

Quellen zurück, entschärften den Wortlaut jedoch im Hinblick auf die zu Beginn des 19. Jahrhunderts in bürgerlichen Kreisen geltenden Moral- und Erziehungsvorstellungen. Märchen vor der Grimm-Ära waren wilder, freier, ungehemmter. Gewalt und Sexualität spielten darin eine bedeutende Rolle. Wie schon beim *Wunderhorn* lässt sich auch im Falle der Grimms nicht von einer Fälschung oder Verzerrung sprechen. Es liegt im Wesen der mündlichen Überlieferung und damit auch des Märchens, dass die überlieferten Texte neuen Rezeptionsumständen angepasst werden. Nichts anderes haben die Grimms getan, die der weiteren Texttransformation durch die schriftliche Fixierung allerdings gleichzeitig ein Ende setzten. Nur dadurch ist aber die Erforschung der Überlieferungstradition möglich geworden, da wir das von den Grimms benutzte Material mit den von ihnen verbesserten und gedruckten Versionen vergleichen können. Die lebendige mündliche Überlieferung musste im Buch ersterben, um als archivierte Literaturgeschichte wieder auferstehen zu können.

Dass die Brüder Grimm selbst zwischen dokumentarisch-philologischem Interesse und didaktisch-ethischem Anspruch hin- und hergerissen waren, beweist das Beispiel eines besonders grausamen Märchentextes, der in der ersten Ausgabe der *Kinder- und Hausmärchen* von 1812 noch enthalten war, der aber aus der zweiten Auflage von 1819 entfernt wurde und seither aus dem Kanon der immer wieder gedruckten 'Grimmschen Märchen' eliminiert blieb. Es handelt sich um die fast wörtliche Übernahme eines Textes aus den 1661 erschienenen *Miscellanea Oder Allerley [...] denckwürdige Sachen* des Ulmer Schulinspektors und Bücherzensors Martin Zeiller:

> „Einstmals hat ein Hausvater ein Schwein geschlachtet, das haben seine Kinder gesehen; als sie nun nachmittag miteinander spielen wollen, hat das eine Kind zum andern gesagt: 'Du sollst das Schweinchen und ich der Metzger sein'; hat darauf ein bloß Messer genommen und es seinem Brüderchen in den Hals gestoßen. Die Mutter, welche oben in der Stube saß und ihr jüngstes Kindlein in einem Zuber badete, hörte das Schreien ihres anderen Kindes, lief alsbald hinunter, und als sie sah, was vorgegangen, zog sie das Messer dem Kind aus dem Hals und stieß es im Zorn dem andern Kind, welches den Metzger gewesen, ins Herz. Darauf lief sie alsbald nach der Stube und wollte sehen, was ihr Kind in dem Badezuber mache, aber es war unterdessen in dem Bad ertrunken; deswegen dann die Frau so voller Angst ward, daß sie in Verzweifelung geriet, sich von ihrem Gesinde nicht wollte trösten lassen, sondern sich selbst erhängte. Der Mann kam vom Felde, und als er dies alles gesehen, hat er sich so betrübt, daß er kurz darauf gestorben ist."

(Brüder Grimm 1982 II, S. 452)

Es lässt sich nicht exakt rekonstruieren, wie dieser Text im 17. Jahrhundert mündlich weitererzählt worden ist. Zweifellos weicht er aber in vielerlei Hinsicht von dem ab, was die Hersteller der heutigen Kindermärchenkassetten unter einem Märchen verstehen. Es fehlen die bekannten Anfangs- und

Schlussformeln, der Handlungsverlauf und die Figurenkonstellation unterscheiden sich deutlich von den gängigen Grimmschen Märchen, es gibt keine phantastischen Elemente, und vor allem ist natürlich die ungeschminkte Grausamkeit der Darstellung aus heutiger Sicht gattungsuntypisch. Andererseits dürfte wohl kein Zweifel bestehen, dass eine solche Geschichte, in zeitungs-, radio- und fernsehloser Zeit einem an Sensationen interessierten bildungsfernen Publikum erzählt, auf großen Anklang stoßen wird und detailreich ausgeschmückt werden kann. Und es steht außer Zweifel, dass ein Märchen wie *Aschenputtel* eine erotische Ausschmückung erfahren kann und dass das *Märchen von einem, der auszog, das Fürchten zu lernen* ein beträchtliches Gewaltpotential bietet. Für ein ungebildetes, von subtileren Vergnügungen ausgeschlossenes Publikum musste das Erzählen und Anhören derartiger Geschichten von hohem Reiz sein, zumal die Fähigkeit zur klaren Unterscheidung zwischen Fiktion und Wirklichkeit, Phantastischem und Realistischem, zu dieser Zeit und in dieser Bevölkerungsschicht noch weitgehend unterentwickelt gewesen sein dürfte (s. Berthold 1993, S. 62-72).

Zu den populären Erzählstoffen gehört auch die Sage, die auf eine volkstümlich-mythologische 'Erklärung' ungewöhnlicher Natur- oder Geschichtsereignisse abzielt. Die Grenzen zum Märchen sind hierbei fließend, da in vielen Fällen übernatürliche Mächte wie z. B. Feen oder Riesen bemüht werden, um das Zustandekommen ungewöhnlicher Felsformationen, außerordentlicher Heldentaten u. dgl. einerseits fassbar zu machen und andererseits in seiner staunenswert-gruseligen Andersartigkeit hervorzuheben. Die Sage reflektiert damit z. T. jenen Restbestand animistischen Aberglaubens, der es den Geistlichen noch bis weit ins 19. Jahrhundert hinein immer wieder erschwert hat, die christliche Religion innerhalb der bildungsferneren Bevölkerungsschichten nicht nur als äußerlich angeeigneten Kodex von Glaubenssätzen, sondern auch als innerlich geglaubte Lehre zu verankern (vgl. Nusser 1992, S. 377-385). Frömmigkeit und Wunderglaube waren in dieser Schicht ohne Zweifel in einem heute nicht mehr vorstellbaren Ausmaß verbreitet, und die Götter, die Teufel, die Engel und die sonstigen Wunderwesen dieses Volksglaubens waren nicht immer christlicher Herkunft (s. van Dülmen 1994, S. 78-88). Magische Praktiken und Beschwörungsrituale zur Abwehr von Unheil (Krankheiten, Seuchen, Unwetter usw.) waren weit verbreitet.

Was schließlich den Bereich der Dramenkunst betrifft, so muss man zunächst bedenken, dass es – nach frühen Ansätzen im 18. Jahrhundert – erst im Verlauf des 19. Jahrhunderts in größerem Ausmaß zur Etablierung fester Spielstätten kam. Bis dahin wurde Theater meistens von sogenannten Wandertruppen gespielt, privaten Kleinunternehmen, die in der Regel aus ein oder zwei Dutzend Personen bestanden und die im Land umherreisten, um mal hier und mal dort ihre Künste vorzuführen. Natürlich wäre es für sie nicht rentabel gewesen, Dörfer oder Weiler mit einigen Dutzend Bewohnern anzusteuern.

Das flache Land blieb deshalb das Betätigungsfeld der Kleinkünstler, die allein oder zu zweit als Gaukler, Feuerschlucker, Bärenführer usw. von Landstädtchen zu Landstädtchen zogen. Die Wandertruppen benötigten demgegenüber ein zahlreicheres Publikum, um auf ihre Kosten zu kommen. Sie konzentrierten sich auf die Groß- und Residenzstädte wie z. B. Hamburg, Lübeck, Frankfurt, Dresden, Wien, Berlin oder München, wo sie ein größeres, zahlungskräftigeres Publikum fanden. Dort blieben sie mehrere Monate, manchmal sogar einige Jahre. Ihre wichtigste Spielstätte war in der Regel der Hof, denn nur in den Schlössern der regierenden Fürsten und einiger adeliger Liebhaber gab es ausgebaute Theatersäle, in denen anspruchsvollere Stücke präsentiert werden konnten. Finanziell waren die Aufführungen bei Hofe in der Regel besonders lukrativ, aber die Adelsgesellschaft war trotz der deutschen Kleinstaaterei mit ihren zahlreichen Hofhaltungen insgesamt zu klein, um den Truppen auf Dauer ihr Auskommen zu sichern. Sie spielten deshalb nicht nur bei Hofe, sondern auch z. B. in Rathaussälen, Wirtshäusern, Reithallen oder auf freien Plätzen. Bei dieser Gelegenheit konnte die Landbevölkerung, um die es hier zunächst geht, in Berührung mit solchen Theaterdarbietungen kommen. Dies war allerdings nur zu besonderen Anlässen der Fall, etwa wenn der Bauer mit einigen Knechten und Mägden zum Jahrmarkt in die nächste größere Stadt fuhr, um dort etwas zu verkaufen, abzuholen usw.

Die besondere Leistung der Wandertruppen liegt darin, sich auf ihre ganz unterschiedliche Zuhörerschaft eingestellt zu haben. Bei Hofe wurden nicht unbedingt andere Stücke aufgeführt als auf dem Jahrmarkt, aber der Inszenierungsstil war offenbar sehr unterschiedlich, je nach Kultiviertheit und Intellektualität des Publikums. Wie es hierbei um die Ansprüche der bildungsferneren Bevölkerungsschichten bestellt war, wird deutlich, wenn man sich vor Augen führt, dass zum Beispiel in Wien, der kaiserlichen Residenzstadt, noch im 18. Jahrhundert große neue Hetztheater errichtet wurden (s. Brauneck 1996, S. 879). Mehrere Tausend Zuschauer erfreuten sich darin an grausamen Spektakeln, bei denen Ochsen und Ziegen von scharfgemachten Hunden oder Großkatzen zerfleischt wurden.

Ein solches Publikum für die Theaterkunst zu gewinnen, war kein leichtes Unterfangen. Es überrascht nicht, dass die im Repertoire der Wanderbühnen vorgehaltenen Stücke von Shakespeare, Calderón oder Molière drastische Veränderungen erfuhren. Monologe und andere 'langweilige' Textsequenzen wurden oftmals gekürzt oder ausgelassen. Bühnenwirksame Effekte, handlungsreiche, bewegte, schnelle Szenen wurden dagegen hinzugefügt. Rüpelhaftes und Grobianisches mit derb-obszönen Elementen wurde besonders betont. Als Beispiel folgt hier der bei Brauneck zitierte Bericht eines Danziger Ratsherren, der in der Mitte des 17. Jahrhunderts eine von der damals hochberühmten Truppe des Carl Andreas Paulsen gespielte Inszenierung des *Dr. Faustus* besuchte:

„Zuerst kompt Pluto herfür auß der Hellen und ruft einen Teuffel nach den anderen: den Tobac-Teüffel, den Huren-Teüffel, auch unter anderen den Klugkheit-Teüffel, und giebt ihnen Order, das sie nach aller Müglichkeit die Leute betrügen sollen. Hierauff begibt es sich, das D. Faustus mit gemeiner Wissenschaft nicht befriediget sich umb magische Bücher bewirbet und die Teüffel zu einem Dienst beschwüret, worbey er ihre Geschwindigkeit exploriret und den Geschwindesten erwehlen will. Ist ihm nicht genug, das sie so geschwinde sein wie die Hirsche, wie die Wolken, wie der Wind, sondern er wil einen, der so geschwinde wie des Menschen seine Gedancken, und nachdem für einen solchen sich der klüge Teüffel angeben, wil er, das er ihm 24 Jahre dienen solle, so wolle er sich ihm ergeben. Welches der kluge Teüffel für seinen Kopff nicht thun wil, sondern es an den Plutonem nimt; auff dessen Guttbefinden ergibt sich der kluge Teüffel in Bündnüß mit D. Fauste, der sich ihm auch mit Blutt verschreibet. Hierauff wil ein Einsiedler den Faustum abmahnen, aber vergeblich. Den Fausto gerathen alle Beschwerunge wol; er lest ihm Carolum Magnum, die schöne Helenam zeügen, mit der er sein Vergnügen hat. Endlich aber wachet bey ihm das Gewissen auff, und zehlet er alle Stunde biß die Glock zwölffe, da redet er seinen Diener an und mahnet ihn ab von der Zauberey. Bald kompt Pluto und schicket seine Teüffel, das sie D. Faust holen sollen, welches auch geschiehet, und werffen sie ihn in die Höhe und zerreisen ihn gar. Auch wird präsentiret, wie er gemartert wird in der Höllen, da er bald auff und nider gezogen wird und diese Worte auß Feürwerck gesehen werden: Accusatus est, judicatus est, condamnatus est."

(Brauneck 1996, S. 347f.)

Sex- und Gewaltszenen sind auch im anspruchsvollen Theater der Gegenwart keine Seltenheit. Sie treffen hier jedoch auf völlig andere Bewusstseinshaltungen des Publikums, nämlich auf eine distanzierte ästhetische Einstellung, die grobe Tabubrüche akzeptiert, wenn sie als Erfordernis einer künstlerischen Konzeption erkannt werden. Auch wo diese 'kalte' distanzierte Haltung von der Bühne selbst aus attackiert wird, handelt es sich nicht um den natürlichen Ausdruck elementarer Leidenschaften, sondern um eine durchdachte Kritik an den Folgen einer übermäßigen, bis zur emotionalen Erstarrung reichenden Selbstdisziplinierung.

Solche Gedanken waren dem bäuerlichen Zuschauer der Wandertruppe fremd. Er kannte noch das urtümliche Vergnügen an der Grausamkeit und an der derben Erotik, das erst im 18. Jahrhundert zum Gegenstand forcierter aufklärerischer Zivilisierungsbemühungen wird. Bis dahin blieb die Kultivierung und Verfeinerung des Affektlebens den höheren, insbesondere den höfischen Schichten vorbehalten (s. Elias 1976 II, v. a. S. 369-434). Das Theater mag hier und dort noch ein Ventil für 'unzivilisiertere' Affektregungen auch in der Adelsschicht dargestellt haben. In der Regel durfte es jedoch die dort erreichten, avancierten Scham- und Peinlichkeitsstandards nicht unterschreiten. Für die Akteure der Wandertruppen war es demnach wichtig, sich flexibel auf die unterschiedlichen Zuschauererwartungen einstellen zu können. Ein Stück wie der oben beschriebene *Dr. Faustus* in der Inszenierung von Paulsen bot hierzu offensichtlich gute Gelegenheit, weil er geistig-philosophischen Gehalt mit bühnenwirksamer Handlungsdichte verband und ganz unterschiedlich akzentuiert werden konnte. Wie Faust sich mit der schönen Helena vergnügt oder in der Hölle gemartert wird, konnte im Hoftheater abgekürzt oder ausgelassen werden; bei der Aufführung im Wirtshaussaal hat es dagegen im Vordergrund gestanden und zu einem urtümlichen sinnlichen Vergnügen des Massenpublikums beigetragen. Zu den typischen Jahrmarktsvergnügungen gehörten neben der Akrobatik auch die Zauberei, das Puppenspiel und das mediengeschichtlich besonders interessante Schattentheater, das den Zuschauer schon lange vor der Erfindung des Films mit bewegten Bildern konfrontierte (vgl. Eversberg 1996).

Spezialisiert auf derb-komische Hanswurstiaden waren die von den Puritanern vertriebenen englischen Schauspieltruppen, die seit Ende des 16. Jahrhunderts in Deutschland auftraten und hierbei besonders den 'Pickelhering', eine durch akrobatische Einlagen und gewagte Obszönitäten hervorstechende Clownsfigur, bekannt machten, aus der der deutsche Hanswurst hervorging. Ihre seit 1605 in deutscher Sprache aufgeführten Stücke übten großen Einfluss auf die Entwicklung des deutschen Theaterwesens aus, das bis dahin ausschließlich von Laiendarstellern getragen worden war. Nach dem Vorbild der englischen Komödianten, die schon bald Deutsche in ihre Reihen aufnahmen, gründeten Unternehmer wie Michael Daniel Treu, Johannes Velten und der oben erwähnte Carl Andreas Paulsen in der Mitte des 17. Jahrhunderts die ersten eigenständigen deutschen Wandertruppen.

In Berührung mit Drama und Theater kamen Angehörige der ländlichen Unterschicht schließlich bei Gelegenheit der zahlreichen Feste, zu denen auf Straßen und Plätzen traditionsreiche geistliche Spiele inszeniert wurden. Manche dieser Laiendramen wie z. B. die seit 1634 durchgeführten Oberammergauer Passionsspiele werden noch heute in regelmäßigen Abständen aufgeführt. Gegenstand der diversen Weihnachts-, Oster- und Passionsspiele waren in der Hauptsache biblische Geschichten, aber zum Leidwesen der christlichen Kirchen kam es hierbei immer wieder zur Vermischung von orthodoxen mit heterodoxen, manchmal ins Abergläubische reichenden Ausdrucksformen der Volksfrömmigkeit.

Bezeichnend ist auch, dass viele dieser geistlichen Spiele derb-humoristische Episoden enthalten, die bei allem Wissen um die Historizität von Scham- und Peinlichkeitsstandards wohl als gezielte Konzession an die Rezeptionsgewohnheiten und Niveauanforderungen des Publikums aus den bildungsferneren Schichten aufgefasst werden dürfen. Ein gutes Beispiel hierfür liefert die Funkeldune-Episode aus dem 1464 oder früher entstandenen *Redentiner Osterspiel*. Fast die Hälfte der 2.025 Verse dieses niederdeutschen Textes widmen sich nicht der eigentlichen Osterhandlung, sondern einem nur lose damit

verbundenen Teufel-Seelen-Spiel, das eher der Ständesatire als der religiösen
Literatur zuzuordnen ist. Luzifer lässt sich darin von seinen diversen Teufeln
frischen Nachschub herbeischaffen, da Jesus so viele Seelen aus der Hölle
erlöst habe. Die Teufel tun, wie ihnen geheißen. Sie bringen einen Bäcker,
einen Schuhmacher, einen Schneider und weitere sündige Seelen, die ihre
Kunden betrügen und die Luzifer alle mit Freuden in die Hölle aufnimmt. Nur
den Pfaffen, den ihm Satan herbeischafft, muss er wieder laufen lassen, ja er
bricht sogar in laute Klagen über seinen eigenen Hochmut aus, der ihn mit den
anderen Teufeln in den Abgrund der Hölle gestürzt habe. Der didaktische Sinn
und Zweck des Spiels scheint damit auf der Hand zu liegen. Es wirbt für einen
gottgefälligen Lebenswandel und führt den Zuschauern zur Abschreckung das
traurige Los der sündigen Seelen vor, die aufgrund ihrer verschiedenen Betrügereien zur Hölle fahren müssen.

Irritierend wirkt es jedoch, dass Luzifer, bevor Satan ihm den Priester
bringt, einen erfolglosen Hilfsteufel entlassen muss, der keine Seele erwischen
konnte und der sich ihm als 'Funkeldune' (ungefähr: 'der sternhagelvoll Betrunkene') vorstellt:

„FUNKELDUNE:

Here, ik hete Funkeldune.
Ik hebbe gheleghen by deme tune
Unde hebbe horket hir unde dar,
Noch der leyen edder papen.
Do begunde ik van torne to slapen.
Ik hadde so mer to langhe seten,
De wulve mochten myk hebben ghebeten.
Here, dit hebbe nicht to spele:
Sulker knechte vyndestu nicht vele!
Haddestu nycht so lude rupen,
So hadde my jo wat to lopen.
Dar umme mochstu my wol loven.
Ik lope alzo eyn bakaven.

LUCIFER:

Wane, dat di lede sche!
Dat dy de bodel an ene galghen tee!
Ik segghe dy by mynen waren:
Du scholt eneme olden wyve in den ers varen,
Dar scholtu liden groten stank,
So wert di de tid lank.
Du en dochst doch anders nergen to,
Du gheist bescheten so en mersko.
Du bust trach unde vul,
Ik en sach ne werle enen ergeren gul,
Noch mank lamen unde blynden

Konde ik ne alsulek enen dronen vynden.
Wane, du rechte flabbemunt!
Fy, du stynkst so eyn hunt!
Du wult my leven doch nicht na willen,
Ga hen unde lere paghen villen,
So mochstu slapen al den dach.
Ik mot doch dat maken wo ik mach.
Myn orlof scholtu hebben ghenamen,
Ik love, ik wil wol to knechte kamen.
Vor war, ik wil dy nicht lengher doghen,
Make dik rat ute mynen oghen!

[FUNKELDUNE:

Herr, ich heiße Funkeldune.
Ich hab am Zaun gelegen
und hab hierhin und dorthin gehorcht,
doch ward ich keiner Seele ansichtig,
weder eines Laien noch eines Pfaffen.
Da begann ich vor Zorn zu schlafen.
Ich hätte beinahe zu lange gesessen,
die Wölfe hätten mich beißen können.
Herr, nimm das nicht zu leicht,
solcher Knechte findest du nicht viele.
Hättest Du nicht so laut gerufen,
so wäre mir sicher noch was zugelaufen.
Deshalb kannst du mich wohl loben.
Ich schwitze wie ein Backofen!

LUZIFER:

Ach, dass dir doch ein Leid geschäh!
Dass dich doch der Henker holte!
Ich sage dir fürwahr:
fahr einem alten Weib in den Hintern!
Dort sollst du großen Gestank aushalten,
so daß dir die Zeit allzu lang wird.
Du taugst ja doch zu nichts anderem,
du kommst so beschissen daher wie eine Märzkuh!
Du bist träge und faul,
ich sah nirgends einen schlechteren Gaul.
Weder unter Lahmen noch unter Blinden
konnt ich einen solchen Taugenichts finden.
Ach du altes Großmaul!
Pfui, du stinkst wie ein Hund!
Du wirst dich ja doch nicht zu meiner Zufriedenheit aufführen.
Geh hin und werde Abdecker,
dann kannst Du den ganzen Tag schlafen!
Ich muss es doch machen, wie ich kann.
Aus meinem Dienst bist du schon entlassen.
Ich glaube, ich werde wohl wieder Knechte bekommen.

Wahrhaftig, ich will dich nicht länger dulden!
Pack dich sofort aus meinen Augen!]"

(*Redentiner Osterspiel*, S. 146-149; übers. v. Brigitta Schottmann)

Dem heutigen Leser wird wohl besonders die derbe Sprache dieser Passagen
auffallen, die man in einem geistlichen Spiel, das vermutlich in einer Kirche
aufgeführt wurde, nicht erwarten würde. Bis ins 17. Jahrhundert hinein sind
solche Derbheiten jedoch in den literarischen Kulturen der Mittel- und der
Unterschicht keine Seltenheit. Auffälliger ist vielmehr der Umstand, dass sich
diese Episode mit den unterstellten Zwecken eines geistlichen Spiels anscheinend schlecht vereinbaren lässt. Der betrunkene, verschlafene Teufel, der
keine Seele abkriegt und seinem Herren gegenüber Zuflucht zu fadenscheini-
gen Ausreden nimmt, ist eher eine Witz- als eine Schurkenfigur. Der zweifellos gelehrte, die Regieanweisungen auf Lateinisch formulierende Verfasser des
Textes hat vielleicht mit dieser komischen Einlage den Unterhaltungsbedürfnissen eines konzentrationsschwachen Publikums Rechnung tragen wollen, das
vom rüpelhaften Jahrmarktstheater her an solche Szenen gewöhnt war. Jedenfalls dürfte hier noch keine Ironisierung des Teufelsglaubens mit im Spiel sein,
wie sie der heutige Leser aus der zitierten Passage herauslesen könnte. Das
Böse steckt eher in den Seelen der zur Hölle fahrenden Betrüger als in den
Helfern Luzifers, der als gefallener Engel ohnehin eine ambivalente Figur
darstellt. Aus der Sicht des Verfassers und der zeitgenössischen Zuschauer
dürfte der Saufteufel Funkeldune die Verkörperung eines verbreiteten harmlo-
sen Lasters gewesen sein, dessen augenzwinkernd-humorvolle Behandlung das
Publikum für das Stück einnahm, weil damit dem Unterschied zwischen der
lässlichen Alltagssünde und der wirklich verwerflichen Betrügerei Rechnung
getragen wurde. Der Säufer taugt nicht für die Hölle und wird daraus verjagt,
aber der unehrliche Handwerker, der seine Kunden übers Ohr haut, muss im
ewigen Feuer schmoren. Auch und gerade die Funkeldune-Episode unterstützt
also den didaktischen Zweck des geschickt auch die bildungsferneren Schichten mit ihren spezifischen Rezeptionserfahrungen und -gewohnheiten ansprechenden Redentiner Osterspiels.

Der Übergang vom aufwändig inszenierten geistlichen Spiel der Städte
zum einfacheren dörflichen Umzug mit dramatisch-spielerischen Einlagen ist
fließend (s. van Dülmen 1992, S. 132-138). Manche der zur Inszenierung der
geistlichen Spiele versammelten Laienspielgruppen blieben zusammen und
studierten weitere, nicht-geistliche Stücke ein. Hexenerscheinungen, ritterliche
Kämpfe und räuberische Überfälle prägten die Handlung dieser aktionsreichen,
oft auch plakativ didaktischen weltlichen Spiele. Zunftfeste, Schützenfeste und
Karnevalsumzüge boten ebenfalls reiche Gelegenheit zur Selbstinszenierung,
wobei vom 16. bis zum 18. Jahrhundert eine Tendenz zur sozialen Entmischung und zur allgemeinen Affektdämpfung hervorzuheben ist: „Während im

16. Jahrhundert viele Feste gemeinsam von Patriziat und gemeinem Volk, sogar zusammen mit dem Adel gefeiert wurden, auch wenn jeder wiederum seit
je sein eigenes 'exklusives' Fest hatte, zogen sich die ständischen Oberschichten mit der Differenzierung der Gesellschaft seit dem 17. Jahrhundert
zusehends von den allgemeinen Volksbelustigungen und -feierlichkeiten zurück. Umzüge, Schützenfeste und Jahrmarktveranstaltungen waren im
18. Jahrhundert nicht länger gemeinsame Veranstaltungen aller Stände. Zum
anderen nimmt die 'Wildheit' und Ausgelassenheit auf Festen und Feiern ab,
die wir aus dem 16. Jahrhundert sowohl von kirchlich-religiösen wie weltlich-
öffentlichen Festen her kennen" (van Dülmen 1992, S. 144). Christliche Moral
und später der aufklärerische Intellektualismus sorgten dafür, dass die zügel-
lose Emotionalität der im Mittelalter noch vielfach orgiastischen Feste und
Spiele allmählich gedämpft wurde. Am Ende dieser Entwicklung wird der
disziplinierte Theaterbesucher der Gegenwart stehen, der drei Stunden lang
unbeweglich auf einem engen Klappsitz verharrt und seiner rein innerlichen
Bewegung nur an festgelegten Stellen durch Händeklatschen Ausdruck verleiht.

Bezeichnend für diese Entwicklung ist auch das Schicksal der Hanswurst-
Figur auf der deutschen Bühne. Entstanden aus einer Vermischung des gefrä-
ßigen Bauern der spätmittelalterlichen Fastnachtsspiele mit den lustigen Personen in den Dramen des Hans Sachs und dem schon erwähnten Pickelhering
der englischen Komödianten, entwickelte sich der Hanswurst im Volkstheater
zu einer stehenden Charakterfigur. Trotz massiver Kritik der aufklärerischen
Dramentheoretiker konnte er sich – vor allem im Wiener Volkstheater – bis ins
19. Jahrhundert halten, unterlag allerdings auch einem schleichenden Zivilisie-
rungsprozess, der ihn schließlich zur Kasperlefigur des Kindertheaters werden
ließ. Diese 'Säuberung' der volkstümlichen Dramenkunst könnte nur als Indiz
für eine wirkliche Verfeinerung oder Veredlung des Seelenlebens gelten, wenn
nicht lediglich eine Auslagerung der ungezügelten Affekte aus der Kunst in
den Bereich des Sports (Wrestling etc.) und bestimmter Spielarten des Action-,
Porno- und Horrorfilms festzustellen wäre.

Was den Bereich der Gebrauchsliteratur betrifft, so gibt es neben der Predigt und ähnlichen Medien der mündlichen religiösen Massenbeeinflussung
zwei Gattungen, mit denen die ländliche Bevölkerung des spätfeudalistischen
Zeitalters in Berührung kam. An erster Stelle ist hierbei das Sprichwort zu
nennen, dessen Bedeutung damals eine andere war als in heutiger Zeit. Das
betrifft sowohl den quantitativen als auch den qualitativen Aspekt. Die umfangreichste deutsche Sprichwortsammlung, Karl Friedrich Wilhelm Wanders
Deutsches Sprichwörter-Lexikon (1867-80), verzeichnet nicht weniger als
250.000 Sprichwörter, von denen der Mensch der Gegenwart in der Regel
wohl nur einige Dutzend kennt. Wie das Märchen, die Sage und das Volkslied
ist auch das Sprichwort eine anonyme Gattung, wird also nicht als Schöpfung

eines bestimmten Individuums, sondern als Ausdruck eines Kollektivbewusst-
seins aufgefasst. Dies kommt besonders in den darin direkt oder indirekt formulierten Handlungsempfehlungen und Tatsachenfeststellungen zum Ausdruck, deren innere Logik allerdings genauerer Erörterung bedarf. Nicht wenige Sprichwörter scheinen sich bei erstem Hinsehen zu widersprechen, ja es
kommt dem Leser vor, als biete diese Gattung für jede Situation den passenden
Spruch und könne damit auf keine bestimmte Ethik oder Pragmatik zurückgeführt werden. Dieser Anschein trügt jedoch, weil die Sprichwörter ursprünglich gemeinsam mit bestimmten Verwendungsregeln tradiert und erlernt wurden. Heute besitzt man in vielen Fällen nur noch den Wortlaut, aber nicht mehr
die Kenntnis der zu erfüllenden Kontextbedingungen, unter denen die Äußerung des jeweiligen Sprichwortes als passend galt.

Das lässt sich am einfachsten am Beispiel der Bauern- oder Wetterregeln
veranschaulichen, die oft vollkommen widersprüchlich sind, wenn man sie aus
ihrem raumzeitlichen Verwendungskontext herauslöst. Dass bestimmte Wol-
kenformationen im Flachland andere Wetterereignisse nach sich ziehen als im
Gebirge, dass im Norden zu anderen Zeiten geerntet wird als im Süden, liegt
aber auf der Hand und ist der einfache Erklärungsgrund für diese scheinbaren
Widersprüche. Ohne die konkreten Verwendungsregeln und -umstände, die
seinen Gebrauch regulieren, ist ein Sprichwort nur eine tote sprachliche Hülle,
die keine Vorstellung von seiner ursprünglichen Orientierungs- und Stabilisie-
rungsleistung vermitteln kann. Sprichwörterlexika sind deshalb äußerst problematische Unternehmungen, soweit sie sich auf die Notation des bloßen
Wortlautes beschränken. Anstelle seiner 250.000 Einzelsätze hätte Wander
wohl besser einige Hundert Sprichwort-Sprechakte gesammelt und beschrieben, und zwar inklusive aller Verwendungsregeln, die ihre Durchführung de-
terminieren. Seine Dokumentation der reinen Sprachhülse erweckt den fatalen
Eindruck, dass Sprichwörter lediglich einen vorwissenschaftlichen Erkenntnis-
stand reflektieren, der durch Verwirrtheit und Selbstwidersprüchlichkeit gekennzeichnet ist. So konnten – manchmal schon bei den vom erforderlichen
Wissen um die Kontextregeln ausgeschlossenen Gelehrtenschichten des spätfeudalistischen Zeitalters, die im 16. und 17. Jahrhundert wichtige Sprichwort-
sammlungen schufen und der Gattung vorübergehend zu einer Reputations-
steigerung verhalfen – Sprichwortparodien entstehen, die nachweisen wollen,
dass es nichts gibt, was nicht mit Sprichwörtern belegt oder bestritten werden
könnte: 'Kräht der Hahn auf dem Mist, ändert sich das Wetter, oder es bleibt,
wie es ist'.

Demgegenüber steht nun die seriöse Sprichwortforschung vor der Schwierigkeit, nachträglich zu rekonstruieren, in welchen Fällen welches Sprichwort
angebracht oder fehl am Platze war. Wie können z. B. neue Besen gut kehren,
wenn doch gleichzeitig aller Anfang schwer sein soll? Oder präziser gefragt: In
welchen Situationen konstituiert die Äußerung des Sprichwortes 'Neue Besen

kehren gut' einen gelungenen Sprechakt, und in welchen anderen Situationen gilt dies für den Satz 'Aller Anfang ist schwer'? Fasst man die Sprichwörter fälschlich als Schlussfolgerungen innerhalb eines logisch kohärenten und expliziten theoretischen Systems auf, so wird man diese Frage nicht beantworten können. Erforderlich sind deshalb Feldstudien, die eine Rekonstruktion jener kommunikativen Praxis erlauben, in der die regelkonforme, den Kontext berücksichtigende Äußerung von Sprichwörtern innerhalb bestimmter Gesellschaftsschichten stabilisierende und orientierende Funktion gewinnen konnte (vgl. Bourdieu 1979, S. 228-270). Wie man ja korrekt sprechen kann, ohne die grammatischen Regeln der Zeitenfolge oder der Konjugation explizit zu kennen, so konnten auch die Sprichwortbenutzer früherer Jahrhunderte ihre Sätze anwenden, ohne sich der dazugehörigen Kontextregeln bewusst zu sein. Das Wissen um die korrekte Verwendung der Sprichwörter wurde nicht theoretisch, sondern praktisch, im Sprachhandeln, erworben. Damit ist ein weiteres Problem der Erforschung dieser und verwandter Gattungen benannt: die Schwierigkeit einer nachträglichen Rekonstruktion dieser konstitutiven pragmatischen Dimension aus gedruckten Quellen. Wichtiger als Sprichwortlexika im Stile Wanders sind hierfür möglichst authentische zeitgenössische Beschreibungen von Kommunikationssituationen, in denen von Angehörigen des Bauernstandes Sprichwörter benutzt wurden. Solche Beschreibungen sind selten. Der Fall beweist einmal mehr, dass die historische Dokumentation des Alltäglichen ungleich schwieriger ist als die historiographische Beschreibung des von vornherein in schriftlicher Form, also in der Darstellungsform der Historiographie selbst, Überlieferten. Aber die Literaturwissenschaft darf sich nicht auf das schriftlich Dokumentierte beschränken, bloß weil die Verschriftlichung ihr die Arbeit erleichtert. Wissenschaft soll nicht nur das erforschen, was ohne Schwierigkeiten erforscht werden kann, sondern alles, was erforschenswert ist. Die innere Logik, nach der die Kontextregeln für die korrekte Verwendung von Sprichwörtern strukturiert waren, gehört zweifellos dazu. Ihre Erforschung würde einen wesentlichen Beitrag zur Mentalitätsgeschichte der Landbevölkerung erbringen, in der sich das ganze feudalistische Zeitalter hindurch und z. T. noch darüber hinaus magisch-heidnische neben populärwissenschaftlichen und christlichen Vorstellungen nachweisen lassen (vgl. Epperlein 2003, S. 2, 16-19, 135, 314).

Gleiches gilt für die sogenannte Praktik, eine gebrauchsliterarische Gattung, die sich im 15. Jahrhundert aus den Anhängen zu Kalendern entwickelte, allmählich verselbstständigte und im 17. Jahrhundert zu der in den Unterschichten am weitesten verbreiteten Literaturform aufstieg (vgl. Foltin/Schirrmeister 1999, S. 32-38). Noch heute enthalten Taschenkalender oftmals einen nützlichen Anhang mit Ferienterminen, internationalen Vorwahlnummern, kleinen Autobahnkarten, Notrufnummern etc. Für den Bauern des (Spät-)Mittelalters und der Frühen Neuzeit kamen natürlich andere Hinweise in Betracht, und zwar für sein tägliches Leben unmittelbar relevante Ratschläge arbeitstechnischer, medizinischer, meteorologischer, astrologisch-magischer, religiöser oder moralischer Art. Daraus erwuchs eine eigenständige, auf das ländliche Publikum zugeschnittene Unterart von praktischen Ratgebern, die keine besondere Lesefertigkeit oder Gelehrsamkeit erforderte, sondern in konzentrierter Form alltagsrelevante Informationen und Hinweise zusammenfasste. Nicht der analphabetische Landarbeiter, sondern der Hausherr und Familienvorstand war allerdings zunächst der Adressat dieser frühen Spezialform des Sachbuches. Erst im späten 18. Jahrhundert, als die Alphabetisierung im Gefolge der Aufklärung weitere Fortschritte gemacht hatte, konnten wirklich breite Bevölkerungskreise erreicht werden. Prominentestes Beispiel hierfür ist Rudolph Zacharias Beckers *Noth- und Hülfs-Büchlein für Bauersleute*, von dem zwischen 1788, dem Jahr der Erstpublikation, und 1800 mehr als 400.000 Exemplare an den Mann gebracht wurden. Dieser für damalige Verhältnisse sensationelle Verkaufsrekord konnte allerdings nur erzielt werden, weil ein großer Teil der Auflage von staatlichen Stellen abgenommen wurde, die das Werk wegen des erhofften ökonomischen Nutzens kostenlos an die immer noch bildungsfernen und weitgehend mittellosen Unterschichten verteilten bzw. durch die Einführung als Schulbuch populär machten.

Da von Kalendern die Rede war, sei hier zuletzt noch auf das Genre der Kalendergeschichte verwiesen, die im 16. Jahrhundert zunächst als unterhaltsame erzählende Erklärung bestimmter Kalenderdaten (Festtermine, Gedenktage etc.) auftrat, sich aber schnell verselbstständigte und zu einer speziellen didaktischen Form der Kurzprosa wurde, die sich ab dem 19. Jahrhundert ganz von der Kalenderform ablöste. Hebel, Gotthelf und Rosegger publizierten im 19. Jahrhundert Sammelbände mit kurzen Erzählungen, die an diese Tradition der belehrenden kurzen Geschichte in alltagssprachlichem Stil anknüpften (vgl. Knopf 1983; Foltin/Schirrmeister 1999).

Zum Abschluss lässt sich resümieren, dass die literarische Kommunikation innerhalb des Bauernstandes der feudalistischen Ära hauptsächlich auf der mündlichen Überlieferung stark dialektal gefärbter, anonymer und oftmals derb-sinnlicher Texte beruhte. Von der Lektüre gedruckter Schriften waren die Angehörigen dieser Schicht wegen fehlender Lesefähigkeit und für sie unerschwinglicher Buchpreise bis zum Beginn des 19. Jahrhunderts fast vollständig ausgeschlossen. Gleichwohl partizipierten sie an literarischer Kultur, und zwar sowohl im Bereich der Lyrik als auch der Epik, des Dramas und der Gebrauchsliteratur. Aufgrund methodologischer Schwierigkeiten bei der Dokumentation und Analyse von mündlich tradierten Texten, aber auch aufgrund eines normativ-bildungsbürgerlichen Literaturbegriffs ist diese Form der literarischen Kommunikation jedoch von der Literaturwissenschaft lange Zeit ignoriert worden.

Abb. 7: Illustration zu einer 1551 in Frankfurt am Main verlegten Ausgabe von Francesco Petrarcas 'De remediis utriusque fortunae' (ca. 1366)

Um Petrarcas Lob des Arbeitsfleißes zu illustrieren, zeigt der Petrarcameister auf der linken Seite seines Holzschnittes einen mit der Buchführung beschäftigten Kaufmann. Die Tätigkeit des Händlers wie auch die des Handwerksmeisters setzte im 16. Jahrhundert bereits solide Rechen-, Schreib- und Lesefertigkeiten voraus.

Erst nach der Französischen Revolution ist es üblich geworden, dass sich jedermann als Bürger empfindet und bezeichnet. Im feudalistischen Zeitalter war die Bezeichnung 'Bürger' dagegen den Angehörigen eines relativ exklusiven Standes vorbehalten, dem anfangs nur einige wenige und gegen Ende dieser Ära knapp 20 Prozent der Bevölkerung angehörten. Sein Bild in der Geschichtsschreibung wurde lange Zeit hauptsächlich von den selbstständigen Kaufleuten und Handwerkern geprägt, die in den größeren Städten des Reiches lebten und als Motor der wirtschaftlichen Entwicklung galten. Mit dem allmählichen Übergang von der Agrar- zur Industriegesellschaft, vom Feudalismus zum Kapitalismus, erwies sich diese Fixierung auf eine wichtige, aber kleine Untergruppe des Bürgerstandes als unzweckmäßig. Auch in den Dörfern gab es Handwerker und Kaufleute. Die Anzahl der Handwerksgesellen und Kaufmannsgehilfen nahm beständig zu. Und daneben entwickelte sich eine neue Schicht von staatlichen und städtischen Beamten, die ihrem Bildungsstand nach sogar teilweise zur Gruppe der Geistlichen und Gelehrten gerechnet werden könnten. Auch der Bürgerstand ist also keine homogene Einheit, sondern verlangt aus sozialgeschichtlicher Sicht eine Differenzierung.

Bildungsstand und Bildungsideal der ihm Zugehörigen sind deutlich von denjenigen des Bauernstandes unterschieden. Handwerk und Handelswesen gelangten im feudalistischen Zeitalter auf einen sehr hohen Entwicklungsstand. Die mit unerhörter Raffinesse und Präzision gearbeiteten Meisterwerke des Kunsthandwerks beweisen das genauso wie die Bauten und Institutionen der Hanse und anderer Handelsorganisationen, die seit dem 13. Jahrhundert in großem Stil einen internationalen Warenverkehr etablierten. Zwischen dem reichsstädtischen Kunstschmied und dem einfachen Dorfschmied gab es natürlich beträchtliche Unterschiede in puncto Bildungsstand, Reputation und Lebensführung. Und auch der Dorfkrämer konnte sich nicht mit dem städtischen Groß- oder Fernhändler vergleichen. Hier wie dort erforderte der Beruf jedoch eine intensivere Schulung und Ausbildung; ohne Fertigkeiten im Lesen, Schreiben und Rechnen waren die Buchführung und die Geschäftskorrespondenz nicht zu bewältigen. Aufgrund des höheren Alphabetisierungsstandes in dieser Bevölkerungsgruppe dominiert hier deshalb nicht mehr die mündliche Überlieferung. Vielmehr lässt sich mit Bezug auf den Bürgerstand bereits von einer schriftlichen literarischen Kultur sprechen, die außerdem aufgrund seines häufig überregionalen Aktionsradius von einem ersten leichten Trend zur Ausbildung einer nicht-dialektalen, hoch- oder standardsprachlichen Ausdrucksweise geprägt ist. Die Angehörigen der mächtigen Patrizierfamilien, die über Generationen hinweg das politische und wirtschaftliche Geschehen in den großen Städten beherrschten, waren teilweise sogar des Lateinischen oder der für ihren jeweiligen Handel relevanten Fremdsprachen mächtig. Manchmal stiegen die Patrizier sogar in den Adel auf und gerieten dann unter den Einfluss höfischer Kulturnormen und Bildungsideale.

Die dominante Form der Literaturrezeption in dieser Bevölkerungsgruppe war noch nicht die stille einsame Lektüre gedruckter Werke. Literaturrezeption galt in dieser Schicht noch überwiegend als gesellschaftliches, geselliges Ereignis, d. h. man las häufig laut, las anderen vor, las gemeinsam in einer Gruppe (vgl. Schön 1987, S. 177-207). Nicht selten war das Verhältnis zum Buch hierbei von Autoritätsglauben geprägt. Literaturrezeption war eher ein ernstes Ereignis als eine amüsante Freizeitunterhaltung. Natürlich durfte auch hier gelacht werden. Aber nur an bestimmten Stellen. Erst im Laufe des 18. Jahrhunderts bildeten sich freiere, zwanglosere Formen der Geselligkeit heraus, in deren Rahmen die gemeinsame Lektüre als vergnügliches ästhetisches Spiel wahrgenommen wurde. Bis dahin prägten in aller Regel didaktische und moralische Intentionen die literarische Kommunikation. Buchlektüre war zudem in der Regel Wiederholungslektüre. Wegen der hohen Preise für Druckerzeugnisse war der Umgang mit dem einzelnen Werk ein anderer als heute im Zeitalter des Taschenbuchs. Man las ein Buch mehrfach, langsamer und intensiver.

Arbeitszeiten und -bedingungen ließen allerdings wenig Spielraum für kulturelle Aktivitäten. Wie der Gutshof so bildete auch der Handwerksbetrieb oder das Handelsgeschäft ein 'ganzes Haus', in dem die Arbeits- und Lebensgemeinschaft der 'familia' unter dem patriarchalischen Regime des Haushaltsvorstandes 12 bis 14 Stunden pro Tag den Geschäften nachging. Die Zünfte und Kaufmannsgilden reglementierten – verstärkt ab dem 12. Jahrhundert – die Ausbildung und das Geschäftsgebaren, wobei sie die Qualität der Produkte genauso überwachten wie den Lebenswandel ihrer Mitglieder, deren 'Ehrbarkeit' und guter Leumund eine Grundvoraussetzung für ihr Wirtschaften darstellten. Eheliche Abkunft, regelmäßiger Kirchgang und die Durchsetzung der christlichen Sexualmoral im eigenen Hause waren hierbei von großer Bedeutung. Zunftzwang und strenge Zunfthierarchie konnten freilich nicht verhindern, dass krasse soziale Unterschiede zwischen den der Zunftideologie nach gleichrangigen Meistern entstanden und dass die Einkommenshöhe und Einkommenssicherheit derart schwankten, dass es verschiedentlich zu Arbeitsniederlegungen und Gesellenstreiks kam.

Die Mobilität der Bürger war berufsbedingt deutlich höher als die der Bauern. Das gilt nicht nur für die Händler, sondern auch für die Handwerker, da die Ausbildungsordnung der Zünfte den Gesellen sogenannte 'Wanderjahre' vorschrieb, in denen sie ihre Fähigkeiten an fremden Orten fortentwickeln sollten. Nicht selten kam es zu ausgedehnten Fußreisen bis nach Frankreich, Italien oder Polen. Zuckerbäcker, Goldschmiede und Schneider scheinen hierbei weiter herumgekommen zu sein als zum Beispiel Bäcker oder Metzger, die sich als sesshafter erwiesen (vgl. Elkar 1991). Fraglos erweiterte diese Art von Bildungsreise in mancherlei Hinsicht den Horizont der Handwerker, also nicht nur ihre handwerklichen Fertigkeiten, sondern auch allgemein ihre sprachliche

Ausdrucksfähigkeit, ihre geistige Flexibilität, ihre kulturelle Kompetenz. Es verwundert deshalb nicht, dass in diesem Stand das zahlenmäßig umfangreichste Publikum der Flugschriften zu finden ist, die als Vorläufer der Zeitungen gelten und im Verlauf des 17. Jahrhunderts immer mehr durch wirkliche Zeitungen ersetzt wurden. Es dauerte allerdings bis zum Ende des 18. Jahrhunderts, bis ungefähr die Hälfte der erwachsenen Männer in Deutschland zu den regelmäßigen Zeitungslesern gerechnet werden konnte. Und bei dieser Rechnung wird schon unterstellt, dass jedes Zeitungsexemplar im Durchschnitt zehn Rezipienten erreichte (s. Tolkemitt 1995, S. 4). Dass das Bildungsniveau im Bürgerstand höher war als im Bauernstand, lässt sich aus der intensiveren Zeitungslektüre aber zweifellos folgern, auch wenn anzumerken ist, dass die journalistische Qualität der ersten deutschen Zeitungen wie des Wolfenbütteler *Aviso* (1609), der Straßburger *Relation* (1609) oder der Leipziger *Einkommenden Zeitungen* (1650) nicht an heutigen Standards gemessen werden darf. Dass sie gleichwohl einen bedeutenden aufklärerischen Effekt erzielten, kann man auch der Tatsache entnehmen, dass Magie und Aberglauben unter ihren überwiegend bürgerlichen Rezipienten deutlich weniger Verbreitung fanden als unter der Landbevölkerung (vgl. van Dülmen 1992, S. 102).

Die Handwerker und Kaufleute des feudalistischen Zeitalters können als treibende Kräfte der Gesellschaft gelten, die den politischen, ökonomischen und technischen Entwicklungsprozess nachhaltig beschleunigten. Die Geschichts- und die Zeiterfahrung dieses Standes war in geringerem Ausmaß als die der Bauern von den Zyklen und Rhythmen der Jahreszeiten geprägt. Traditionsbewusstheit und Fortschrittsdenken dehnten ihren Geschichtshorizont in beide Zeitdimensionen, Vergangenheit und Zukunft, aus. Damit entstand auch ein gewisser Nährboden für historische Interessen, die sich etwa in den geschichtlichen Sujets vieler Flugblätter und Flugschriften widerspiegeln. Dadurch war auch der Boden für eine andersartige Form der literarischen Kommunikation geebnet, in der die bewusste Anknüpfung an Gattungs- und Motivtraditionen eine bedeutend größere Rolle spielen konnte als in der naturhaften und naturnahen 'Volksdichtung' des Bauernstandes.

Welche Formen der literarischen Kommunikation waren nun innerhalb des Bürgerstandes verbreitet? Im Bereich der Lyrik findet man etwa das Gelegenheitsgedicht, das im Verlauf des 17. und 18. Jahrhunderts sogar einen wahren Boom erfuhr. Waren es bis ins 16. Jahrhundert in erster Linie Adelige gewesen, die sich zu bestimmten Festen und Jubiläen mit eigens zum jeweiligen Anlass verfassten Gedichten auf unterhaltsame Weise belobigen ließen, so wurde diese Sitte bis zum Ende des 18. Jahrhunderts zur allgemeinen Mode in weitesten Kreisen des Bürgertums. Ob Taufe, Hochzeit, Geburtstag oder Begräbnis: Wer etwas auf sich hielt, konnte kaum einen Festtag verstreichen lassen, ohne dass ein speziell dafür kreiertes Gelegenheitsgedicht vorgetragen, dem zu Feiernden in einer zierlichen Abschrift überreicht und vielleicht sogar in hundert oder zweihundert gedruckten Exemplaren an Gäste und Nahestehende verteilt wurde. Wer hat diese Tausende und Abertausende von Gedichten geschrieben, die den mit Abstand größten Teil der in diesem Zeitalter produzierten und rezipierten, schriftlich fixierten Lyrik ausmachten? Nur zum geringeren Teil waren es bekannte Autoren wie Opitz, Gryphius oder Hoffmannswaldau. Den größten Teil dieser Werke produzierten literarische Laien, also Freunde, Verwandte oder Kollegen des zu Lobenden, die aufgrund ihrer Schreib- und Lesefähigkeit zur Verfertigung derartiger Texte imstande waren. Hinzu kommen Schüler, Studenten und andere Gebildete, die sich als 'Mietpoeten' ein Zubrot verdienten.

Die Überlieferungs- und Editionslage in diesem Bereich ist nach wie vor schlecht, weshalb nur mit Vorsicht über die durchschnittliche Qualität dieser Gedichte spekuliert werden darf. Was erhalten blieb, zeugt vielfach von jener artistischen Raffinesse, die auch vielen Produkten der Erwerbsarbeit dieser Menschen anhaftet. Aus heutiger Sicht wirken die Texte eher kunsthandwerklich als 'echt künstlerisch', weil wir sie intuitiv mit jenen Wertmaßstäben messen, die am Ende des 18. Jahrhunderts entwickelt wurden und die bis heute in weiten Rezipientenkreisen ihre Verbindlichkeit behalten haben. Von einem echten literarischen Kunstwerk erwarten wir danach Authentizität, Originalität, Individualität. Das Konventionelle, Artistische und Konstruierte gilt demgegenüber als minderwertig und zweitrangig.

Um die Lyrik des feudalistischen Zeitalters angemessen würdigen zu können, müssen wir uns von diesen Maßstäben lösen. Wer auf einer Geburtstagsfeier ein selbstverfertigtes Gedicht vortrug, wollte darin nicht seine eigene Individualität zum Ausdruck bringen, sondern die Ehrbarkeit des zu Feiernden durch die korrekte Erfüllung sprachlicher und ästhetischer Konventionen bestätigen und unterstreichen. Das war nichts Geringes in einer Zeit, in der die allermeisten Menschen nicht lesen und nicht schreiben, geschweige denn 'korrekt' dichten konnten. Einen längeren Text grammatisch richtig auszuformulieren und zudem noch mit rhetorischem Schmuck zu versehen, galt als besondere Leistung. Der Geehrte erfuhr eine symbolische Bestätigung seiner Zugehörigkeit zu einer ehrenwerten Besitz- und Bildungsschicht. Und auch der Verfasser konnte damit seine schriftsprachliche Kompetenz öffentlich unter Beweis stellen. An eifrigen Laiendichtern hat es deshalb in dieser Bevölkerungsschicht nicht gefehlt. Gelegenheitsgedichte waren immer auch Statussymbole und Prestigeobjekte. In einer bestimmten gesellschaftlichen Stellung konnte man es sich nicht leisten, kein Geburtstagsgedicht überreicht zu bekommen oder verfassen zu können.

Dichterische Auftragsarbeiten dieses Typs bringen allerdings den heutigen Interpreten in Verlegenheit. Soll man sich ganz in den Bewusstseinshorizont der historischen Rezipienten hineinversetzen und in erster Linie die größere

oder geringere rhetorische Virtuosität begutachten? Das ist im Prinzip nicht
unangebracht, führt aber selten zu überraschenden Ergebnissen. Vor allem
wird der einzelne Text mit seinen Besonderheiten dabei leicht zu einem bloßen
Dokument dieser oder jener gattungs- und formgeschichtlichen Sonderent-
wicklung degradiert. Interessanter ist bei diesen Texten in der Regel die Beantwortung der Frage, was der Text alles nicht enthält, was er verschweigt,
was er umgeht. Wie man sich leicht vorstellen kann, wurden Gelegenheitsgedichte in der Regel nach bestimmten Mustern und Schemata verfertigt (vgl.
Schneider 2000, S. 58-61). Man kann also eine Liste von Topoi zusammen-
stellen, die in einem Gedicht dieses oder jenes Typs eigentlich zu berücksichtigen gewesen wären. So erwartet man in einem Hochzeitsgedicht dieser Zeit
Hinweise auf die Herkunft, die Ehrbarkeit oder auch den beruflichen Erfolg
der Brautleute. Nicht immer wird aber all dies erwähnt, ja man könnte behaupten, dass eigentlich immer etwas fehlt. Das ist meistens der wunde Punkt.
Und an dieser Stelle kann die Nachforschung einsetzen. Denn es zeigt sich
hierbei, welchen Spielraum des Verhaltens die von außen betrachtet so strenge
Zunft- und Ständegesellschaft ihren Angehörigen einräumte. Voraussetzung
für solche Interpretationen ist freilich, dass über die betreffenden Personen
weitere Informationen zu erhalten sind. Die stadtgeschichtlichen Archive
können hier in vielen Fällen weiterhelfen. Allerdings macht sich die soziale
Hierarchie der Ständegesellschaft bis in die Überlieferungslage hinein bemerkbar. Über Großkaufleute, Zunftmeister und Stadtpalaisbesitzer ist in den
Quellen meistens mehr zu finden als über den durchschnittlichen Kleinhändler,
dem vielleicht nur einmal in seinem Leben ein Geburtstags- oder Hochzeitsgedicht gewidmet wurde.

Handwerksgesellen oder Kaufmannsgehilfen hatten an der Kultur der Ka-
suallyrik noch keinen Anteil. Es hätte überheblich und anmaßend gewirkt,
wenn sich schon der kleine Geselle zum 20. Geburtstag ein Poem hätte dedi-
zieren lassen. Freilich musste er sich für später mit den Konventionen der
Gelegenheitsdichtung vertraut machen. Bis dahin war für ihn das Volkslied
(s. o.) die passendere Gattung. Man sang Arbeitslieder, Trinklieder, natürlich
auch Liebeslieder. Wegen des höheren Alphabetisierungsgrades der Kaufleute
und Handwerker konnte hierbei, anders als im Bauernstand, nicht nur mündlich überliefertes, sondern auch in Flugblättern oder gedruckten Liedersammlungen verbreitetes Liedgut verwendet werden.

Darüber sind wir relativ gut informiert, weil schon im 15. und
16. Jahrhundert private Sammlungen deutscher Lieder angelegt wurden, von
denen nicht wenige für die Nachwelt erhalten blieben (s. Cramer 2000, S. 317-
322). So enthält z. B. das 1471 geschriebene Liederbuch der Augsburger Be-
rufsschreiberin Clara Hätzler 134 Lieder. Der 1539 verstorbene Jörg Dürnho-
fer aus Eichstätt sammelte die damals beliebten Einblattdrucke und hinterließ
ein Konvolut mit 43 derartigen Blättern, auf denen sich u. a. Texte von Hans

Folz und Lienhard Nunnenbeck befinden. Und ab dem frühen 16. Jahrhundert
wurden verstärkt Liederbücher gedruckt, was darauf hindeutet, dass in den
Familien der Handwerker und der Kaufleute nach und nach eine musikalisch-
literarische Kultur entstand, die über das bloße Nachträllern der in Gassen und
auf Feldern zu hörenden Volksweisen weit hinausreichte. Das wichtigste Sujet
in fast allen diesen Liedsammlungen, seien sie gedruckt oder nicht gedruckt,
war eindeutig die Liebe. Die Behandlung des Themas ist jedoch von einer
bezeichnenden Uneinheitlichkeit geprägt. Auf der einen Seite findet man Lieder, die an die Tradition des höfischen Minnesangs anknüpfen und der Sehnsucht nach einer nicht erreichbaren, abwesenden oder abweisenden Frau Ausdruck verleihen. Auf der anderen Seite gibt es Lieder mit derb-grobianischen
Elementen, wie sie eher für die noch bildungsfernen Schichten der Landarbeiter und der Dienstboten oder Handlanger charakteristisch waren. Uneinheitlich
ist das Bild auch, was die Form der Texte betrifft. Anders als der Meistergesang erweist sich das Lied als eine freie, vielgestaltige Form, die einerseits
Einflüsse der höfischen und der religiösen Lyrik erkennen lässt, andererseits
aber auch auf Elemente des volkstümlichen Singens, wie sie uns etwa in Wie-
genliedern, Arbeitsliedern oder Abzählversen begegnen, zurückgreift. An der
Häufigkeitsverteilung der Strophenformen vom 16. bis zum 20. Jahrhundert
lässt sich dieser Befund leicht verdeutlichen (s. Frank 1993, S. 752f.). Erst im
18. Jahrhundert kommt es zur Privilegierung der vierzeiligen Strophe aus jam-
bischen oder trochäischen Kurzversen, wie sie seither das Bild der deutschen
Lyrik, und zumal des Volksliedes, prägt. Bis einschließlich zum
17. Jahrhundert findet man demgegenüber noch zahlreiche Fünf-, Sechs-, Sie-
ben- und Achtzeiler, ja selbst die heute ganz exotischen Elf- und Dreizehnzei-
ler finden ihren Platz in der Reihe der 25 häufigsten Strophenformen. Die
wichtigste Ursache für diesen Formenreichtum dürfte die weite Verbreitung
des Kirchenliedes sein, dessen mentalitäts- und formgeschichtliche Bedeutung
bis weit ins 19. Jahrhundert hinein kaum zu überschätzen ist. Die wichtigsten
Vertreter dieser Gattung waren bei den Protestanten Paul Gerhardt (1607-76)
und auf katholischer Seite Angelus Silesius (1624-77).

Genauere Beachtung verdient auch noch der Meistergesang, der eigentlich
eine spätmittelalterliche Erscheinung ist, in vielen (meistens süddeutschen)
Städten jedoch noch bis ins 17., ja sogar bis ins 18. und 19. Jahrhundert gepflegt wurde. Dabei handelt es sich um Gesangsvereine, in denen sich überwiegend städtische Handwerker, vereinzelt auch Beamte und Akademiker
zusammenfanden, um bestimmte, nach speziellen metrischen Mustern erstellte
Lieder einzustudieren und Konzerte zu geben. Der berühmteste Meistersinger
ist der 1576 verstorbene Nürnberger Schuhmacher Hans Sachs, der über 4.000
Lieder schrieb. Der größte Teil der Meisterlieder behandelt religiöse Gegenstände. Über ihre formal-metrische und inhaltlich-sittliche 'Korrektheit'
wachte bei Konzerten der Vereinsvorstand, der die besten, d. h. den Konven-

tionen am genauesten entsprechenden Liedvorträge prämierte. Auch hierbei ging es also nicht um Individualität und Originalität, sondern um die möglichst genaue Realisierung eines vorgegebenen Ideals. Das Volkslied konnte demgegenüber geradezu als phantasievolle freie Form erscheinen. Für die spätere Neubewertung der feudalistischen Literatur im bürgerlichen Zeitalter wird dieser Unterschied von ausschlaggebender Bedeutung sein. Gelegenheitsgedicht und Meistergesang werden den Untergang des feudalistischen Ständesystems nicht überleben.

In seiner *Summa all meiner gedicht vom MDXIIII jar an biß ins 1567jar* hat Hans Sachs, nicht ohne berechtigten Stolz, eine Übersicht über sein Schaffen und eine autobiographische Darstellung seines Werdegangs geliefert, die eine anschauliche Vorstellung von den Bedingungen vermittelt, unter denen ein Meistersänger im 16. Jahrhundert lebte, arbeitete und dichtete. Die ersten 45 Zeilen dieses insgesamt 254 Verse umfassenden Textes seien hier probeweise zitiert:

> „Als man zelt viertzehundert jar
> Und vier-und-neuntzig jar fürwar
> Nach deß herren Christi geburt,
> Ich, Hans Sachs, gleich geboren wurd
> Novembris an dem fünfften tag,
> Daran man mich zu tauffen pflag,
> Eben gleich grad in dem herben,
> Grausam- und erschröcklichen sterben,
> Regiret in Nürnberg, der statt.
> Den brechen auch mein mutter hatt
> Und darzu auch der vatter mein,
> Gott aber verschont mein allein.
> Siben-järig darnach anfieng,
> In die lateinisch schule gieng;
> Darinn lert ich puerilia,
> Grammatica und musica
> Nach ringem brauch derselben zeit;
> Solchs alls ist mir vergessen seit.
> Neunjärig aber dreissig tag
> Ich an dem heissen fieber lag.
> Nach dem ich von der schule kam
> Fünfftzehjärig und mich annam,
> Thet der schuhmacher handwerck lehrn,
> Mit der handarbeit mich zu nehrn;
> Daran da leret ich zwey jar.
> Als mein lehrzeit vollendet war,
> Thet ich meinem handwerck nach wandern
> Von einer statte zu der andern,
> Erstlich gen Regnspurg und Braunaw,
> Gen Saltzburg, Hall und gen Passaw,
> Gen Wels, Münichen und Landshut,

> Gen Oeting und Burgkhausen gut,
> Gen Würtzburg und Franckfurt, hernach
> Gen Coblentz, Cölen und gen Ach;
> Arbeit also das handwerck mein
> In Bayern, Francken und am Rein.
> Fünff gantze jar ich wandern thet
> In dise und vil andre stätt.
> Spil, trunckenheit und bulerey
> Und ander kurzweil mancherley
> Ich mich in meiner wanderschafft
> Entschlug und war allein behafft
> Mit hertzenlicher lieb und gunst
> Zu meistergsang, der löbling kunst,
> Für all kurtzweil thet mich auffwecken."

(Sachs 1999, S. 3f.)

Obwohl seine Mutter und sein Vater an der Pest erkranken, bleibt Sachs, wie er in den ersten 12 Zeilen dieses Textauszuges schreibt, von der Seuche verschont. Er kann sogar für einige Jahre die Lateinschule besuchen, muss aber (in Zeile 18 und später noch einmal in den Versen 251/252) bekennen, dass von dieser Ausbildung nicht viel haften blieb und dass er sich als des Lateinischen und Griechischen Unkundiger nicht zu den Gelehrten zählen dürfe. Er erlernt jedoch das ehrbare Handwerk eines Schuhmachers und absolviert die vorgeschriebene Gesellenwanderung, die ihn besonders weit herumbringt und die seinen Horizont merklich erweitert haben muß. Ob es dabei immer so zunftgemäß-christlich zuging, wie die letzten sieben Zeilen des Textauszuges suggerieren wollen, ist nicht mehr überprüfbar. Offenbar legt Sachs aber Wert auf die Feststellung, dass er den Ehren- und Verhaltenskodex der Schuhmacherzunft befolgt und auf diese Weise seine Liebe zur Dichtkunst entdeckt und gestärkt habe. Unbenommen dieser Tatsache gehören seine Werke zu den wichtigsten Quellen der modernen Mentalitätsgeschichtsschreibung, soweit sie sich mit der Vor- und Frühgeschichte des deutschen Mittelstandes beschäftigt.

Im Bereich der Epik des feudalistischen Zeitalters wäre zunächst auf das weitverbreitete religiöse Schrifttum, die sogenannte Erbauungs- und Andachtsliteratur, hinzuweisen. Dabei handelt es sich um verständlich geschriebene, häufig in Brief- oder Dialogform gehaltene Druckschriften, die das Leben der Heiligen erzählten, biblische Geschichten ausschmückten, in schwierigen Lebenssituationen Rat und Trost vermittelten oder auch Tugendideale und erzieherische Werte vermittelten. Von Erfolg und Verbreitung derartiger Schriften, besonders in protestantischen Kreisen, kann sich unser säkularisiertes Zeitalter kaum noch eine Vorstellung machen. Ein Angehöriger des Bürgerstandes, der das Geld hatte, um einige Bücher zu kaufen, griff in der Regel nicht nach den Schriften von Opitz, Gryphius oder anderen Autoren, die in unseren gängigen Literaturgeschichten verzeichnet sind. Stattdessen studierte

man die *Geistlichen Erquickstunden* (Rostock 1664-66) des Lutheraners
Heinrich Müller, der seine theologische Gelehrsamkeit sehr massenwirksam in
einfache, gleichnishafte Rede zu übertragen verstand. Oder man las den *See-
len-Schatz* (Leipzig 1675) des Hofpredigers Christian Scriver, der sich in
verständlicher, gefühlsintensiver Sprache mit Themen wie Sünde, Erlösung
und Tod beschäftigte. Zu den Best- und Longsellern dieses Genres gehörten
auch Johann Arndts *Vier Bücher vom wahren Christentum* (Magdeburg 1610),
die in alle großen europäischen Sprachen übersetzt wurden und mehr als 200
Auflagen erlebten. Arndt plädierte für einen aus dem Herzen kommenden
persönlichen Glauben, der die kirchlichen Riten und die theologischen Lehrsätze mit innerem Leben erfüllen müsse. Dieses Programm sicherte ihm später
breiten Erfolg auch in pietistischen Kreisen, in denen der Gedanke der individuellen, von äußeren Institutionen weitgehend unabhängigen Gotteserfahrung
große Zustimmung fand. Auf katholischer Seite ist vor allem der jesuitische
Hofprediger Jeremias Drexel zu nennen, dessen lateinische Predigten frühzeitig ins Deutsche übersetzt und in zahlreichen Sammelbänden publiziert wurden. Bis zur Mitte des 17. Jahrhunderts sollen über 150.000 Exemplare seiner
Predigtsammlungen verkauft worden sein, – ein im Hinblick auf die Dimensionen des damaligen Buchmarktes spektakulärer Erfolg.

Zu den erfolgreichen Gattungen zählte schließlich das sogenannte Volks-
buch, das Prosanacherzählungen von antiken und mittelalterlichen Stoffen
enthielt. Dazu gehörten beispielsweise *Die schöne Magelone* (1527), *Der ge-
hörnte Siegfried* (1528) oder auch *Die Haimonskinder* (1604). Neuere Stoffe
wie der *Till Eulenspiegel* (1515), der *Dr. Faust* (1587) und *Die Schildbürger*
(1598) sicherten der Gattung anhaltende Popularität bis in die Gegenwart,
wobei sich im Laufe der Jahrhunderte ein bezeichnender Wechsel der Adressaten vollzog. Bis zum 16. Jahrhundert hatten die erst 1807 von Josef Görres
unter der – eher irreführenden – Bezeichnung 'Volksbücher' zu einer Gattung
zusammengefassten Prosawerke des genannten Typs zu den charakteristischen
Lesestoffen des Adels gehört, bis das Bürgertum die meisten spannungsrei-
chen oder humorvollen Erzählungen für sich entdeckte. Im 19. Jahrhundert
wurden sie dann, ähnlich wie die Märchen und die Sagen, für naiv-volkstüm-
lich erklärt und zu typischen Stoffen der Kinder- und Jugendliteratur umfunk-
tioniert. Ihre formgeschichtliche Bedeutung liegt in der Vorwegnahme bestimmter Erzähltechniken, die das Profil der erfolgreichsten Gattung des bürgerlichen Zeitalters, des Romans, prägen werden. Goethes *Faust*-Drama hat
gezeigt, dass Volksbücher auch die Entwicklung anderer Gattungen beein-
flussten und dass ihr gedanklicher Gehalt den Horizont der Kinder- und Jugendliteratur übersteigt.

Die im Bürgerstand erfolgreichste, am weitesten verbreitete epische Gattung scheint im feudalistischen Zeitalter der Schwank gewesen zu sein. Dabei
handelt es sich um eine kurze Erzählung von einem lustigen Streich oder von

einer witzigen Begebenheit. Der Schwank spielt mit dem Tabubruch, wobei aber zuletzt das moralische Wertesystem der Rezipienten bestätigt wird. Zu diesen Rezipienten scheinen anfangs auch die Geistlichen und die niederen, nicht mit höfischer Kultur vertrauten Landadeligen gehört zu haben. Nicht anders als das Maere, das von Autoren wie Hans Folz, Heinrich Kaufringer und Hans Rosenplüt gepflegt wurde, wandert der Schwank erst im Übergang vom Hoch- zum Spätmittelalter in die mittlere, bürgerliche Gesellschaftsschicht und findet dort großen Widerhall. So gehört beispielsweise die 1656 unter dem Pseudonym Johann Peter de Memel unter dem Titel *Lustige Gesellschaft* publizierte Sammlung von Schwänken, Witzen und anderen unterhaltsamen Kurztexten zu den erfolgreichsten Buchveröffentlichungen des gesamten feudalistischen Zeitalters (s. Wittmann 1991, S. 107). Um eine Vorstellung von Wesen und Entwicklung dieser Erfolgsgattung zu vermitteln, sollen hier zwei Beispieltexte zitiert werden, deren Humor ein Licht auf die Mentalität und auf das Wertesystem der Rezipienten wirft.

Der erste dieser Beispieltexte entstammt dem Schwankbuch *Der Pfaffe Amis* des Strickers, eines vermutlich in Österreich beheimateten Autors des 13. Jahrhunderts, über dessen Person die Forschung bisher nur sehr wenig in Erfahrung bringen konnte. Vermutlich handelte es sich um einen der zahlreichen Fahrenden, die zwar über wissenschaftlich-akademische Grundkenntnisse verfügten, die aber nicht als Gelehrte oder Beamte arbeiteten, sondern – freiwillig oder gezwungenermaßen – von Ort zu Ort fuhren, um die dortigen Honoratioren mit ihren Gesangs- und Rezitationskünsten zu unterhalten. Der mehr als 2.200 Verse umfassende Schwankroman *Der Pfaffe Amis* schildert in zwölf Episoden die Geschichte eines schlitzohrigen Pfarrers, den seine Freigebigkeit ('milde') in den Ruin treibt. Um wieder zu Geld zu kommen, bricht er zu einer Reise auf, die ihm mannigfaltige Gelegenheit dazu bietet, einfältige Menschen übers Ohr zu hauen und um ihre Reichtümer zu bringen. Dabei geht er planvoll vor, indem er detaillierte Erkundigungen über seine potentiellen Opfer einholt, um sie an ihrer schwächsten Stelle angreifen zu können. Bei seinem sechsten Opfer, einem reichen Bauern, ist dies die Schlichtheit seines Gemütes:

> „Der Pfarrer ging auf Beute aus
> und kam an einem Freitag
> zu einem wohlhabenden,
> aber einfältigen Bauern,
> in dessen Hof ein Quellbrunnen entsprang.
> Der Pfaffe hatte ausgewachsene
> und lebende Fische mitgebracht
> und es darauf abgesehen,
> sie noch lebendig in den Brunnen zu setzen.
> Das machte er, um wieder seinen Vorteil daraus zu ziehen.
> Als es Zeit war, zu essen

und den Tisch zu decken,
sagte der Pfaffe Amis:
'Ihr werdet die ewige Seligkeit
mit dieser Mahlzeit verdienen.
Das müsst Ihr mir glauben.
Tischt mir um der Christenliebe willen
große Fische auf, die noch leben.
Etwas anderes werde ich hier nicht essen.'
Der Gastgeber antwortete: 'Woher soll ich sie nehmen?
Es gibt sie nur in allzu großer Entfernung von hier.
Weiß Gott,
wenn man sie hier kaufen könnte,
würdet Ihr sie reichlich vorgesetzt bekommen.'
Ich sage euch, was der Pfaffe erwiderte:
'Geh fort und fangt sie
gleich dort, wo das Wasser ist.' –
'Bis dort sind es drei lange Meilen',
beteuerte der Hausherr,
'deshalb geht es leider nicht.'
Der Pfaffe fragte: 'Wie kann das sein?
Woher habt Ihr denn das Wasser genommen,
das Ihr bis jetzt getrunken habt?'
Er antwortete: 'Davon habe ich reichlich.
Herr, möchtet Ihr davon einen Schluck?
Habt Ihr nicht in meinen Brunnen gesehen?
Er ist kalt und klar,
das ganze Jahr über von höchster Güte
und sprudelt angenehm hervor.' –
'Herr, dass Gott es Euch vergelte:
Sucht uns jetzt einen Kescher heraus,
und lasst uns in eben diesem Brunnen
fischen gehen', lautete die Antwort.
'Wenn Gott uns Fische zukommen lassen will,
können wir sie bestimmt fangen.'
Darauf begaben sie sich zum Brunnen.
Als der Pfaffe die Quelle erblickte,
sprach er über sie einen Segen.
Nach der Segnung
gebot er seinem Gastgeber, hinzugehen
und Fische zu fangen.
Als dieser eilends herantrat,
war der Brunnen voller Fische.
Sie waren quicklebendig
und waren groß und schmackhaft.
Der Hausherr war nunmehr überzeugt,
dass Gott sie gegeben hätte
und dass Amis ein Abgesandter Gottes
und ein Heiliger sei.
Sobald er die Fische herausgeholt hatte,
zeigte er sie
seiner Frau und anderen Frauen.

Er sagte: 'Alles, was ihr in eurem ganzen Leben
Gott zu Ehren spenden wollt,
sollten sie jetzt Gott zukommen lassen.
Dieser hier ist unzweifelhaft sein Bote.'
Während des Essens
waren sie übereingekommen,
ihm zehn Pfund zu geben.
Im Gegenzug erteilte er seinem Gastgeber
Ablaß für alles,
was sie jemals an Sünden begangen hätten.
Nachdem er die Gabe in Empfang genommen hatte,
ritt er wohlgemut davon.
Seine Einnahmen schickte er nach Hause, der Herr Amis.
Seine Haushaltung wurde sehr gerühmt.
Er befahl, seine Gäste reichlich zu bewirten,
solange er unterwegs sei."

(Stricker 1994, S. 65-69; aus d. Mhd. v. Michael Schilling)

Wie im Falle Eulenspiegels dürfte auch schon bei der Titelfigur dieses
Schwankromans ihre innere Widersprüchlichkeit gerade das sein, was den
Lektüreanreiz ausmachte. Amis zeichnet sich durch seine Freigebigkeit aus,
die im Wertekanon des christlichen Mittelalters einen sehr hohen Stellenwert
besaß und zu den höheren, besonders vornehmen Tugenden gerechnet wurde.
Zudem hält er sich äußerlich an die gültigen Gesetze und Konventionen, indem
er z. B. hier in der Brunnen-Episode als guter Christ darauf besteht, an einem
Freitag nur Fisch zu essen. Seine Betrügereien werden deshalb nicht als krimi-
nelle Akte, sondern als Schelmenstreiche aufgefasst. Amis ist kein Bösewicht,
sondern ein Fuchs, ein Filou, ein Schlitzohr. Er repräsentiert eine eigene Form
der Schlauheit, die sich zwar nicht bis zur höfisch-diplomatischen Scharfzün-
gigkeit oder bis zur Stringenz einer wissenschaftlichen Beweisführung erhebt,
die aber gleichzeitig weit über jener Bauernschläue rangiert, der immer ein
Hauch von Improvisiertheit und bloßer Schlagfertigkeit anhaftet. Manche
Kurzerzählungen – nicht nur des Strickers – basieren auf solchen simpleren
Formen der Gewitztheit und Verschmitztheit. Ein vollgültiger Streich hingegen, wie er im Zentrum eines echten Schwanks steht, beruht auf Planung und
Vorausberechnung. Der Pfaffe setzt vor seinem Besuch die Fische im Brunnen
aus. Und es ist kein Zufall, dass er gerade an einem Freitag zu diesem Bauern
reitet. Er praktiziert damit jene Form der Gerissenheit und der Cleverness, die
mit der allmählichen Ausbreitung des Marktprinzips innerhalb der sich gerade
konstituierenden 'mittelständischen' Unternehmerschaften zu einer Kardinal-
tugend werden musste. Dass strategisches Denken keine unchristliche Hinter-
list sein muss, konnte an einem Pfiffikus wie dem listenreichen Pfaffen Amis
auf heiter-liebenswürdige Weise veranschaulicht werden.

Eine interessante Verteidigung dieses Denkstils gegenüber einer eigentlich höherrangigen Form von Klugheit findet sich im 47. Schwank des *Rollwagen-buechleins* (1555) von Jörg Wickram, einem 1505 in Kolmar geborenen Ratsdiener und Stadtschreiber. Der Rollwagen war gewissermaßen der Reiseomnibus des feudalistischen Zeitalters, d. h. ein zur Personenbeförderung eingerichteter, von Ochsen oder Pferden gezogener Planwagen. Wer als Kaufmann per Rollwagen oder Schiff zu einer Handelsmesse fahren müsse, könne sich – so Wickram im Untertitel des Werkes – mit Hilfe seiner Schwänke und Historien die Zeit vertreiben. Die Nummer 47 in seiner Sammlung berichtet

„Von einem ungelerten pfaffen, der den kalender nit verstund.

Ich muß noch einen pfaffen im land zu Lottringen beschriben, dieweil sichs eben also zutreit. Es ligt ein dorff im Luttringer land, mit nammen Langenwasen genant; darin hatt zu diser zeit auch ein hochgelerter pfaff gewonet, dem manglet gar nichts, dann das er nit wissen kund, wann es sambstag oder suntag was. Dann er sich gar nichts auff den kalender verstunde; yedoch hatt er ein sunder gemerck auff[1] die tag. Er was eines solchen sinnrichen verstands, das er nur von zusehen hatt glernet die allerbesten besen machen, so man ankummen mocht. Er nam im für, allen montag fieng er an und macht einen besen, am zinstag aber einen, am mittwoch, dunstag, freitag und sambstag allen tag einen; und wann er dann der besen sechs zusammen bracht, so kund er abnemmen, das den künftigen tag suntag sein mußt. Darumb gieng er allwegen an dem sambstag zunacht zu seinem sigristen und befalh im, deß morgens zu der meß zu leüten.
Nun was ein schamparer baur zu Langwasen, der wonet vil umb den pfaffen; derselbig fand den pfaffen einmal seine besen zalen auf solche weiß: den ersten besen nannt er montag, den andern zinstag, den dritten mittwoch, den vierdten donstag, den fünfften frytag; darnach sagt er: 'Morgen muß ich meinen kilchwart[2] heissen leüten.' An semlichen worten kundt der baur wol abnemmen, das er sein gantze wuchenrechnung allein bey den besen hett. Auff ein mittwoch darnach kam gemelter baur aber in deß pfaffen hauß unnd fand in nit daheim, dann er was außgangen nach besenreysern. Der baur fand drey besen bey einandern in einem winckel ston; er nam eilends den einen und verbarg in hinder einer alten kisten.
Der gut pfaff arbeit darnach, als er auß dem holtz kam, gantz fleyssig. Am freitag fieng er aber an seine besen zalen und fand deren nit mer dann vier. Er sagt zu im selbs: 'Wie bin ich doch so gar irr in meinen besamen worden! Nun hett ich mit eim ein wettung bestanden, es wer heüt freytag gwesen, so es doch erst donstag ist.' Also stund er am sambstag zu morgens wider auff und macht seinen freytag. Am suntag zu morgen macht er seinen sambstag.
Nun hatt der ander baur, so im den besen verborgen hatt, dem sigristen alle sachen geoffenbart. Und als die zeit kam, fiengen sy an, zur meß zu lüten. Der pfaff meint, es wer jemans gestorben, und lieff bald in die kirchen, fragt, waß daß für ein geleüt wer: 'Ich hab zu der meß geleüt,' sagt der sigrist, 'dann es ist heüt suntag.' – 'Wie kan das müglich sein?' sagt der pfaff, 'es ist sambstag'. Also kamen sy hart zu streit beidesammen, das zuletst der pfaff den sigristen liegen hieß. Der sigrist, dem alle ding von dem andren bauren was angezeigt, stalt sich gar zornig und sagt: 'Herr pfarrherr, ir schelten mich einen lugner; deß mut ir mich überweyssen, oder ich will gon gen Metz und will eüch vor dem bischoff verklagen.' Der pfaff sagt: 'Du

schalck, so gang und bring noch einen andern mit dir in mein hauß! Da will ich dir gute rechnung umb einen jeglichen tag geben.'
Bald lieff der sigrist zu dem andern bauren, so im zur sach geholffen, bracht in mit im in des pfaffen hauß. Der pfaff fieng an und zalt seine besen und kondt nit mer finden dann den freitag; der sambstag was noch nit gar außgemacht. 'Sichstu,' sagt der pfaff, 'da stadt noch der sambstag und ist noch nit gar gebunden.' Der sigrist sagt: 'Was gond mich die besen an? Zeigen mir den kalender!' Der pfaff sagt: 'Ich acht mich keines kalenders; dann mir felen die tag nit an meiner arbeit.' Zuletst sucht der sigrist hin und wider im hauß und findt den besem under der kisten, zeücht in herfür und sagt: 'Hie secht ir, herr pfarrer von Langenwasen, wolcher under mir und under eüch war gsagt hatt. Nun sind nur keins andren von mir warten[3], dann das ich den nechsten[4] gen Metz ziehen, will eüch vor dem bischoff verklagen, der wirt eüch wissen den kalender zu leren.' Wem was engster dann dem guten pfaffen? Er sorgt nit allein, das er umb sein pfrund kem, sunder forcht auch die gfencknus; darumb bat er den sigristen umb verzeihung, er wolt fürbaß[5] den kalender lernen und nit mer auff sein besemmachen acht haben. Der ander baur, so den besem verborgen hatt, redt auch sein guts darzu; also vertrugen sy sich mit einandern. Unnd als die meß vollbracht ward, fürt sy der pfaff ins wirtshauß, zalt die ürten und lart[6] fürbaß den kalender. Solch ungeschickte priester hand wir nit im teütschen land, es fel dann ettwann[7].

1   besonderes Merkzeichen für
2   Kirchwart, Mesner
3   seid keines andern von mir gewärtig
4   unverzüglich
5   künftig
6   lernt
7   es sei denn, daß es einmal nicht zutrifft"

(Wickram 1555, S. 84-86)

Der im Titel dieses Schwankes 'ungelehrt' genannte Pfaffe wird im zweiten Satz des Textes als 'hochgelehrt' bezeichnet. Dieser Widerspruch lässt sich leicht auflösen, wenn man unterstellt, dass hier von zwei verschiedenen Formen der Gelehrsamkeit die Rede ist. Im vierten Satz wird dem Pfarrer bescheinigt, vom bloßen Zusehen auf perfekte Weise die Kunst der Besenbinderei erlernt zu haben. Dieser eher praktischen Begabung steht die auf Auskundschaften und Verstellung beruhende Intrige des Bauern und des Kirchwarts gegenüber, die ihrem Opfer mit List zur Einsicht in den Nutzen des Kalenders verhelfen. Die Hochgelehrtheit des Pfarrers, also z. B. seine Schriftkundigkeit oder seine Beherrschung des Lateinischen, fällt demgegenüber nicht mehr ins Gewicht. Im letzten Satz des Schwanks kann er als 'ungeschickt' bezeichnet werden, obwohl er seine Lektion gelernt hat und den Kalender zu studieren beginnt. Neben Ordnung, Fleiß und Anstand zählt auch die Pünktlichkeit zu den Kardinaltugenden der expandierenden Mittelschicht, und der sichere Umgang mit Uhren, Landkarten und Kalendern gehört zu den unentbehrlichen Fertigkeiten, auf die hier großer Wert gelegt wird. Wer diese Fertigkeiten nicht beherrscht, gehört im 16. Jahrhundert auch in den Augen der Kaufleute und Handwerker zu den Zurückgebliebenen, die nur noch zur Witzfigur in einem 'zünftigen' Schwank taugen.

Romane im engeren Sinne wurden in den Kreisen der Kaufleute und Handwerker im ganzen feudalistischen Zeitalter noch relativ selten rezipiert. Eine erfolgreiche Unterart des Genres muss jedoch von dieser Bewertung ausgenommen werden: der Schelmenroman, der auch gelegentlich – in Erinnerung an seine spanischen Wurzeln – als 'Pikareske' oder 'Pikaroroman' bezeichnet wird (span. 'pícaro' = 'gemeiner Kerl', 'Landstreicher', 'Schelm'). Als Urtyp dieser Gattung wird in der Regel der 1554 anonym publizierte *Lazarillo de Tormes* angesehen, dem in Spanien eine Vielzahl ähnlicher Werke folgte. In der Art einer fiktiven Autobiographie erzählt darin ein (inzwischen bekehrter) Schelm von seinen mal bitteren, mal haarsträubenden, mal sentimentalen Abenteuern als Fahrender und Vagabund. Schon zu Beginn des 17. Jahrhunderts wurden mehrere spanische Schelmenromane ins Deutsche übersetzt; großer Erfolg war ihnen jedoch nicht beschieden. Bekannt wurde das Genre erst durch die pikaresken Romane von Johann Beer (*Der symplicianische Welt-Kukker*; 1677-79), Christian Reuter (*Schelmuffsky*; 1696) und vor allem Hans Jakob Christoph von Grimmelshausen, dessen *Abentheuerlicher Simplicissimus Teutsch* (1668) im 19. Jahrhundert zum bedeutendsten deutschen Prosawerk des 17. Jahrhunderts erklärt wurde. Erbauungs- und Andachtsbücher waren freilich unter den Kaufleuten und Handwerkern des 16. bis 18. Jahrhunderts erheblich weiter verbreitet und erfuhren aufgrund ihres moralisch-didaktischen Nutzens bedeutend größere Wertschätzung. Der *Simplicissimus* war demgegenüber ein zwar unterhaltenderes, aber auch bedeutend unkonventionelleres Werk. Erst seit dem späten 18. Jahrhundert dominierte innerhalb des lesenden Publikums die Fraktion derer, die eine solche Unkonventionalität zu schätzen und als ästhetisches Spiel zu genießen vermochten. Der Preis für dieses Werk betrug ungefähr den halben Wochenlohn eines mittleren städtischen Beamten, was die Käuferkreise entsprechend begrenzte (vgl. Wittmann 1991, S. 106). Der Schelmenroman war also keine 'populäre' Gattung im heutigen Sinne. Er erreichte die wohlhabenderen Kreise des Bürgerstandes, in denen aber auf jeden Fall die Namen Müller und Scriver bekannter waren und mehr Geltung besaßen als die Namen Beer und Grimmelshausen (vgl. Bohnsack 1999b, S. 62-64). Erst seit dem 19. Jahrhundert verhält sich dies umgekehrt.

Was die Dramenkunst betrifft, so ist hier zunächst das protestantische Schultheater zu nennen, das im 16. Jahrhundert entstand und häufig in den Aulen der sogenannten Lateinschulen aufgeführt wurde. Diese Lateinschulen waren die Ausbildungsstätten der bürgerlichen Bildungselite, insbesondere der höheren Beamten, der Theologen, Juristen, Offiziere, Lehrer und Mediziner, die selbst an solchen Instituten auf ihr Studium vorbereitet worden waren und die ihre Söhne – Mädchen waren nicht zugelassen – wiederum dort ausbilden ließen. Etwa ein Fünftel der Schüler stammte aus Handwerker- und Kaufmannsfamilien, so dass die Lateinschule als wichtiges Instrument des sozialen Aufstiegs, wenn auch nicht für jedermann, bezeichnet werden kann. Wer als Landbewohner nur eine Dorf- oder Elementarschule besucht hatte, fand nur im Ausnahmefall Zugang zu einer solchen Institution. In der Regel wurden die Söhne des Bürgerstandes in Privatschulen oder von eigenen Hauslehrern auf ihren Eintritt in die Lateinschule vorbereitet (vgl. Wehler 1996a, S. 284-292).

Die Inszenierung von Theaterstücken durch Schüler und Lehrer erfolgte zunächst im Rahmen des Lateinunterrichtes, später auch im Deutschunterricht, in dem die Vermittlung rhetorischer Fähigkeiten eine wichtige Rolle spielte. Schulinterne Aufführungen fanden im Abstand weniger Wochen statt, zwei- oder dreimal im Jahr kamen große öffentliche Aufführungen vor einigen Hundert Zuschauern hinzu, zu denen im Prinzip jedermann Zutritt hatte und die u. U. mehrfach wiederholt wurden. In der Praxis waren es hauptsächlich die Verwandten ('Familienmitglieder'), Freunde und Bekannten der spielenden Schüler, also ein insgesamt relativ homogenes, aus den verschiedenen Fraktionen der Stadtbürger zusammengesetztes Publikum, in dem die Gebildeteren dominierten.

Die Bühnenausstattung war technisch oftmals anspruchsvoll; mehrfache Schauplatzwechsel, eine ausgefeilte Lichtregie und aufwändig gestaltete Kostüme, Dekorationen und Requisiten unterschieden diese Aufführungen deutlich von den meisten Laiendarbietungen in unseren heutigen Schulen, deren Charme zu nicht geringen Teilen auf ihrem Improvisationscharakter beruht. Die Aufführungen der Lateinschulen waren demgegenüber ernsthafte Unternehmungen, die zuweilen den Charakter von Leistungsnachweisen gegenüber den Eltern annehmen konnten. Zahlreiche Musik- und Tanzeinlagen lockerten die Darbietungen auf und ermöglichten es auch den rhetorisch und sprachlich Mindertalentierten, sich auf der Bühne zu präsentieren.

Die aufgeführten Stücke hatten nichts mit dem zu tun, was man heute als Kinder- und Jugendtheater bezeichnen würde. In Ermangelung geeigneter Spielstätten wandten die Meisterdramatiker des Zeitalters einen großen Teil ihrer Energie dem Schultheater zu, so dass viele der dort aufgeführten Stücke zu den Hauptwerken der dramatischen Literatur dieser Epoche gerechnet werden können. Dabei wirkte sich vor allem der Einfluss des schlesischen Dichters Martin Opitz aus, dessen *Buch von der deutschen Poeterey* (1624) u. a. alle wichtigen Elemente des protestantischen Schultheaters beschrieb und darüber hinaus zu einem Meilenstein in der Entwicklung der deutschsprachigen Literatur wurde. Opitz plädierte für die Gleichrangigkeit der deutschen Sprache, die bis dahin innerhalb der Bildungsschichten vielfach als roh und ungebildet angesehen wurde, mit der französischen, lateinischen und anderen 'kultivierten' Sprachen. Gelehrte lasen und schrieben ja Latein, Adelige oft

Französisch, Italienisch oder Spanisch, wenn es um Angelegenheiten der höheren Kultur ging. Deutsch war demgegenüber die Sprache des Alltags, des Volksliedes, des einfachen Mannes. Opitz forderte nun für die deutsche Literatur, dass sie sich zwar an klassischen Mustern orientieren müsse, dass sie dies jedoch in einer zivilisierten deutschen Hochsprache tun solle. Anstelle des urtümlichen Knittelverses könne der Alexandriner, ein jambischer Sechsheber, im Deutschen verwendet werden. Übersetzungen klassischer Werke ins Deutsche sollten die literarische Kultur verfeinern und Muster schaffen, an denen sich künftige Autoren deutscher Zunge orientieren könnten.

Opitz fand ein aufnahmebereites Publikum für diese Botschaft nicht nur unter den sprachpatriotischen Adeligen und Gelehrten seiner Epoche, sondern auch in der Klientel der städtischen Lateinschulen, zu der mit den geschäftlich überdurchschnittlich erfolgreichen Handwerkern und Kaufleuten auch jene Aufsteiger gehörten, die ihren Erfolg nicht der klassischen Gelehrsamkeit, sondern einer praktischen Bildung neuer Art verdankten und für welche die dialektale Zersplitterung des Landes ein ärgerliches Handelshemmnis war. Das *Buch von der deutschen Poeterey* stieß auf große Resonanz und wurde auch in den sogenannten 'Sprachgesellschaften' des 17. Jahrhunderts vielfach diskutiert. Bei diesen Gesellschaften handelte es sich um Sprachpflegevereine, die für eine 'fremdwortfreie' Ausdrucksweise plädierten. Konnten solche Bestrebungen auch gelegentlich – zumal während des Dreißigjährigen Krieges – in einen patriotisch-kleingeistigen Sprachpurismus ausarten, so förderten die Sprachgesellschaften doch nachhaltig das Übersetzungswesen und waren darüber hinaus auch bedeutende Organisationszentren, in denen sich die literarische Intelligenz des Zeitalters versammelte. Fast alle bedeutenden Autoren des 17. Jahrhunderts waren Mitglied in einer der Gesellschaften, unter denen die 'Fruchtbringende Gesellschaft', die 'Deutschgesinnete Genossenschaft', der 'Pegnesische Blumenorden' und der 'Elbschwanenorden' die bedeutendsten waren. Allerdings gehörten reichsweit immer nur wenige hundert Personen einer solchen Vereinigung an. Die Sprachgesellschaften sind ein wichtiges Symptom, aber kein entscheidender Faktor der kulturellen Gesamtentwicklung im 17. Jahrhundert.

Bedeutendster Bühnenautor des protestantischen Schultheaters war der Pfarrerssohn Andreas Gryphius, der nach entbehrungsreicher Kindheit und Jugend eine bedeutende Karriere als Gelehrter und Jurist machte und dazu als Lyriker und Dramatiker weithin Anerkennung fand. Auch von Wandertruppen wurden einige seiner Dramen aufgeführt. Seine Tragödien behandeln in der Hauptsache historische Stoffe, wobei sich der Autor als strenger Vertreter des Gottesgnadentums erweist, jener Lehre also, die den Herrschaftsanspruch des Fürsten unmittelbar aus göttlichem Willen ableitete. Das zeigt sich etwa in seinem 1649/50 entstandenen Trauerspiel *Ermordete Majestät oder Carolus Stuardus König von Gross Brittannien*, das 1665 in Zittau und 1671 in Alten-

burg von Schülergruppen aufgeführt wurde. Gryphius behandelt darin ein
damals ganz aktuelles Geschehen, nämlich die Absetzung König Karls I. und
seine öffentliche Hinrichtung im Januar 1649. Bei Gryphius behält Karl I.
Recht gegenüber seinem puritanischen Gegenspieler Oliver Cromwell, ja in
einer zweiten Fassung seines Trauerspiels hat er 1663 den Lebensgang des
englischen Königs sogar als unmittelbare Parallele zum Leidensweg Christi
ausgestaltet. Dass er damit im Bürgerstand auf Beifall stieß, lässt sich mit der
politischen Situation im Reich leicht erklären. Karl I. steht für einen gottes-
fürchtigen Herrscher, der sein Gottesgnadentum als Verpflichtung auf die
moralischen Prinzipien des Christentums, also gleichsam als ethische Selbst-
bindung, interpretiert. Dies konnte man als Absage an absolutistische Willkür-
herrschaft interpretieren. Gryphius hat auch Komödien wie z. B. das *Verliebte
Gespenst* (1660) und den *Horribilicribrifax* (1663) verfasst, die theaterge-
schichtlich deshalb interessant sind, weil sie an manchen Stellen einen Einfluss
der italienischen Commedia dell'arte erkennen lassen. Auf seinen Reisen nach
Frankreich und Italien hatte Gryphius diese Form der Komödie kennen gelernt,
die seit Ende des 16. Jahrhunderts durch Gastspiele italienischer Stegreiftrup-
pen auch in München, Wien, Dresden, Leipzig und anderen Orten auf die
Bühnen gebracht wurde (vgl. Brauneck 1996, S. 352-356). Das deutsche Publikum der Commedia scheint etwas gehobener als das der Hanswurstiade
gewesen zu sein, aber unter zivilisationsgeschichtlichen Aspekten zeigt sich
hier, dass auch dem Bürgertum ein nach heutigen Maßstäben urtümliches Vergnügen an grobianischen und derb-erotischen Darstellungen keineswegs fremd
war. Die Scham- und Peinlichkeitsgrenzen waren noch nicht sehr weit
vorgerückt, was sich auch an den ausgesprochen grausamen Folterszenen in
den Tragödien von Gryphius zeigen lässt.

Als katholisches Pendant zum protestantischen Schultheater ist noch das
sogenannte Jesuitentheater zu nennen, das im 17. Jahrhundert seine große
Blütezeit erlebte und ganz im Dienste der gegenreformatorischen Arbeit stand.
Von einzelnen katholischen Landesfürsten großzügig unterstützt, entfaltete es
besonders in den Residenzstädten Süddeutschlands eine bedeutende Wirkung,
die sich dem Einsatz aufwändigster Bühnentechnik und prachtvollster Ausstattung verdankte. Anders als die meisten protestantischen Stücke wurden die
Schuldramen des Jesuitentheaters durchgängig in lateinischer Sprache aufgeführt, was einerseits der Sprachausbildung der beteiligten Schüler zugute kam,
andererseits aber auch die engere Anbindung an das Denken der römischen
Kirche betonte. Tatsächlich wurden die aufgeführten Stücke durchweg von
Ordensbrüdern verfasst. Da der Jesuitenorden nur wenige Tausend Mitglieder
besaß, von denen ungefähr 80 als Textdichter hervortraten, war es allerdings
nicht leicht, immer wieder neue Spielvorlagen zu entwickeln. Wegen der gemeinsamen lateinischen Sprache konnten aber auch Stücke von französischen,
italienischen und holländischen Ordensbrüdern verwendet werden.

Da nicht alle Zuschauer die lateinische Sprache beherrschten, wurde der sprachliche Aspekt in den oftmals opernhaft-pompösen Inszenierungen der Jesuiten nicht überbetont. Massenszenen, an denen Hunderte von Schülern mitwirkten, Tanz, Musik, ja sogar der Einsatz der Laterna magica zur Projektion von Bühnenbildern machten diese Aufführungen zu spektakulären Ereignissen, die alle Sinne benebelten und mehr sinnliche als argumentative Überzeugungskraft entfalteten. Das Jesuitentheater war in einigen Städten organisatorisch eng mit dem Hoftheater verflochten und dadurch besonders 'systemkonform'. Manchmal konnten die Schüler der Jesuitengymnasien die Theatersäle der Residenzschlösser für Proben und Aufführungen benutzen, was eine engere Anbindung an die Adelskultur und eine gewisse Distanzierung vom städtischen Bürgertum implizierte (vgl. Brauneck 1996, S. 358-378).

Neben Jakob Spanmüller, Jakob Gretser und Matthäus Rader gilt der Ordenstheologe und Bücherzensor Jacob Bidermann als wichtigster jesuitischer Dramenautor. Sein 1602 uraufgeführter *Cenodoxus* schildert das sündhafte Leben eines in Eitelkeit und Selbstsucht befangenen Arztes, der am Ende in die Hölle verbannt wird. Das Stück mahnt zur Bußfertigkeit, enthält aber auch komische Szenen, die zusammen mit der aufwändigen Inszenierungsweise bis ins 20. Jahrhundert seinen Publikumserfolg sicherten. Die bekannteste Komödie des Jesuitendramas ist der *Rusticus imperans* (1657) des Predigers Jakob Masen. Ein Schmiedemeister darf darin für einen Tag den Herrscher spielen und muss dabei über die Misshandlungsklage seines eigenen Gesellen entscheiden. Seinem Urteil, wonach Meister und Geselle die Plätze tauschen sollen, muss er sich, wieder zum Schmied erwacht, nolens volens beugen. Nur im Modus der komödiantischen Rede konnte ein solcher Stoff im Zeitalter des Ständewesens behandelt werden.

Zu den für das Bürgertum charakteristischen Dramenformen zählte auch das Fastnachtsspiel. Hierbei handelte es sich um kurze, derb-komische Spiele, die von städtischen Handwerksgesellen unter Führung eines theatererfahrenen Spielleiters an den Abenden vor Aschermittwoch aufgeführt wurden, und zwar mehr oder minder spontan in Wirtsstuben oder in den Wohnungen wohlhabender Kaufleute und Handwerker. Manche dieser Fastnachtsspiele sind vollgültige Kurzdramen mit Exposition, Steigerung, Höhepunkt, Umkehr und komischem oder tragikomischem Ende. Andere weisen eher revueartige Kompositionsstrukturen auf und begnügen sich mit der Aneinanderreihung von Monologen, die nur lose thematisch miteinander verbunden sind. Nürnberg und Lübeck waren die Hauptpflegestätten dieser brauchtümlichen Laienspielkunst, aber auch in Regensburg, Mainz, Dortmund und fast zwei Dutzend weiteren Städten hat es nachweislich Fastnachtsspiele gegeben. Die Blütezeit dieser Gattung liegt im 15. und 16. Jahrhundert. Die bekanntesten Verfasser derartiger Texte waren Hans Rosenplüt, Hans Folz, Hans Sachs und Jakob Ayrer. Von Ayrer, einem kaiserlichen Notar, der 1605 in Nürnberg verstarb, stammt

das Spiel *Die Erziehung des bösen Weibes*, das zur Gattung der Singspiele
gehört und ein beliebtes literarisches Motiv der damaligen Zeit, die Bändigung
einer untugendhaften Gattin, aufgreift. Lampa, die Frau des reichen, aber einfältigen und der Trunksucht ergebenen Bauern Knörren Cüntzlein, ist dem
Laster der Faulheit und des Hochmuts verfallen, was sie in ihrem Auftrittsmo-
nolog sogleich selbst zu erkennen gibt:

> "24. In meines Vatters Hauß
> Hett ichs gut uberauß;
> Leget mich zeitlich nider
> Und stund spatt auff herwider,
> Hett all Tag vier mal zessen.
> Daß kann ich nicht vergessen.
>
> 25. Auch arbeit ich nicht viel.
> Mein Mann jetzt haben will,
> Ich sol zu frü allmale
> Zu der Magd in Kühstalle
> Und sol darinn zusehen,
> Sollt helffen, heuen und mehen
>
> 26. Und grasen auff der Heyd.
> Ich bin kein bauren Meyd!
> Und laß mich gar nicht heisen,
> Mein Händ und Schu bescheisen,
> Sonder, will er mich bhalten,
> Muß er mich ehrlich halten,
>
> 27. Oder ich lauff davon,
> Zeigs meinem Vatter an.
> Der wirds ihm wol verweisen,
> Daß er mich nichts darff heisen,
> Auch nicht also vexiren;
> Es wil ihm nicht gebüren."

Um seine Frau von ihrem Laster zu befreien, sucht der Bauer Rat bei einem
Nachbarn, der ihm empfiehlt, den bekannten Doktor Emilius aufzusuchen, der
alle Leiden zu kurieren verstehe. Der Bauer tut, wie ihm geheißen, doch der
Arzt hält keine Geheimrezepte bereit, sondern empfiehlt eine ordentliche
Tracht Prügel unter Verwendung von Prügelkeule, Besenstil und Sesselbein:

> "45. Nimb du fünfffinger Kraut.
> Reib ihrs wol auff die Haut.
> Und ungebranten Aschen!
> Darbey solst du erhaschen
> Der dicken Pengelbiren,
> Solst sie damit wol schmiren.

46. Und wenns nicht helffen will,
So nimb den pesen stil,
Ein starcken, nicht zu kleine.
Darzu ein Sesselbeine,
Damit kanst du sie salben
Am Leib und allenthalben."

Das in den ersten drei Zeilen dieser Passage genannte „fünfffinger Kraut"
meint die flache Hand, mit der ebenfalls Schläge ausgeteilt werden sollen. Der
einfältige Bauer versteht dies zunächst nicht und bezieht deshalb seinerseits
Prügel von seiner Frau, als er sie um eine Erklärung des geheimnisvollen Re-
zeptes bittet. Erst der Nachbar klärt ihn auf, was der Handlung die entscheidende Wendung gibt:

"*Der Knörren Küntzlein schlegt sie weidlich herumb mit dem
Pesen, sie felt auff die Knye.* Lampa *singt*
72. O Cuntz, ich bitt dich durch Gott,
Wolst mich nicht schlagen todt!
Thu dich über mich Armen
Dißmals Christlich erbarmen.
Ich will arbeiten geren
Ennlich und frümmer weren.

Knörren Küntzlein *singt*
73. So globs an an Aids statt!
Oder ich folg dem rath,
Den mir der Doctor gabe:
Schmir dir die Lend durch abe;
Mit einem guten Pengel
Dich noch besser, thierengel!

Lampa *singt*
74. O hör auff, lieber Mann!
Ich will gern nach Graß gahn,
Helffen melcken und schneiden,
Kein Arbeit nimmer meiden,
Zu morgens frü auffstehen
Und mit dir schlaffen gehen.

Knörren Cüntzlein *singt*
75. Wilt du auch werden frumm
Und mich nicht widerumb
Mit Worten so anschnarren
Und halten für ein Narren
Und mich auch nimmer schmehen,
Als bißher ist geschehen?

Lampa *steht auff, fellt ihn umb den Hals und singt*
76. O ja! von Hertzen gern

> Will ich auch frümmer wern,
> Dir folgen in alln sachen."

(alle Zitate: Ayrer 1998, S. 295-308)

Es wäre falsch, wollte man dieses zweifelhafte happy ending als Beleg dafür werten, dass Ayrer mit seinem Text für ein rigides patriarchalisches Familienregiment werben wollte. Die städtisch-bürgerlichen Rezipienten, mit denen das Fastnachtsspiel rechnet, mussten sowohl die faule Lampa als auch ihren einfältigen Mann für komische Figuren halten, die als ungehobelte Ländler dem Spott einer Schicht anheim fielen, in der familiäre Konflikte nicht mehr mit Besenstiel und Keule ausgetragen wurden. Die Fähigkeit, Freude an solchem Spott sowie an den obszönen Anspielungen bei Ayrer und den anderen Fastnachtsautoren zu empfinden, markiert allerdings die Grenzen der in dieser höheren Schicht anzutreffenden Kultiviertheit. Die Fastnacht wurde hier noch als Ventil benötigt, um auf aggressive Weise den sozial niedriger Stehenden zu verlachen. Mit der im Verlauf der Jahrhunderte zunehmenden Entschärfung der Fastnacht wird dies mehr und mehr verpönt, bis sich der Karnevalsscherz und die Büttenrede nur noch in harmlos-humoristischer Weise gegen allgemeinmenschliche Fehler und Schwächen richten. Eine Paradoxie der Fastnachtsspiele besteht jedoch darin, dass ihre derbe Komik den ungehobelten Bauern im Bürger selbst voraussetzt. Nicht in klarer Begrifflichkeit, aber dafür in umso wirksamerer Anschaulichkeit bringt das Fastnachtsspiel die von Norbert Elias beschriebene Dialektik des Zivilisationsprozesses zur Darstellung, eines Prozesses, dessen Geschwindigkeit und Wirksamkeit nicht zuletzt an der Heftigkeit der ihn unterbrechenden, aber nur scheinbar in Frage stellenden Rückschläge abzulesen ist. Der Niedergang des Fastnachtsspiels im 17. und 18. Jahrhundert indiziert deshalb keinen Qualitätssprung der Zivilisationsgeschichte. Vielmehr wird die Ventilfunktion bei steigender Alphabetisierungsquote der Kaufleute und Handwerker in jene literarischen Gattungen ausgelagert, die in stiller, einsamer, klandestiner Lektüre rezipiert werden können. Das Derbe und Obszöne verlässt die Öffentlichkeit und wandert von der Wirtshausbühne in den skatologischen Schwank und in den pornographischen Roman. Nur in den untersten, bildungsfernsten Bevölkerungsschichten wird sich dieser Vorgang erst im bürgerlichen Zeitalter, im langen 19. Jahrhundert, vollziehen.

Was den Bereich der Gebrauchsliteratur angeht, so ist auf die vielen satirisch-didaktischen Schriften des feudalistischen Zeitalters hinzuweisen, unter denen die Narrenliteratur und die Teufelsbücher hervorzuheben sind. Die Narrenliteratur entstand im späten Mittelalter. Sie tadelt verbreitete Laster und Untugenden, kann aber auch – wenngleich stets nur unter der Maske des Narren – politisch-gesellschaftliche Missstände attackieren. Nachdem Sebastian Brant (*Das Narrenschiff*; 1494) und Erasmus von Rotterdam (*Lob der Torheit*;

lat. 1511, dt. 1534) Maßstäbe in diesem Genre gesetzt hatten, traten im
17. Jahrhundert besonders der Prediger Abraham a Sancta Clara (*Ein Karn,
voller Narrn*; 1704), der Gymnasialprofessor Christian Weise (*Die drey ärgs-
ten Ertz-Narren In der gantzen Welt*; 1675) und der Konzertmeister Johann
Beer (*Der berühmte Narren-Spital*; 1681) mit publikumswirksamen Schriften
hervor, in denen der Geiz, die Trunksucht, die Lügnerei, die Einfalt usw. satirisch überzeichnet und der Lächerlichkeit preisgegeben wurden.

Die so genannten Teufelsbücher entstanden größtenteils schon in der
zweiten Hälfte des 16. Jahrhunderts, wurden aber bis ins frühe 18. Jahrhundert
in Gesamtauflagen von mehreren Hunderttausend Exemplaren verbreitet. Aus
protestantischem Geist schildern sie das verhängnisvolle Treiben des Bösen in
der Welt, das in Gestalt von Saufteufeln, Hurenteufeln, Spielteufeln, Tabaks-
teufeln usw. erscheint und für alles Übel in der Welt verantwortlich gemacht
wird. Die Teufelsbücher malen die Folgen ihres Treibens in krassen Farben
aus und enden mit guten Ratschlägen, wie sich ein ehrbarer Christenmensch
den Verführungen der diversen Ober- und Unterteufel entziehen kann. Als
Dokumente für die im Bürgertum allerdings weniger als im Bauernstand
verbreitete Vermischung von Christentum und Aberglauben sind diese Texte
für die Mentalitätsgeschichte von hohem Wert. Das bekannteste Werk dieser
Gattung schuf der Theologe Andreas Musculus, dessen *Hosenteufel* (1555) die
Pluderhosenmode geißelt, die damals vor allem unter Landsknechten sehr
verbreitet gewesen sein soll. Pluderhosen bestanden aus einer geschlitzten
Oberhose mit ausladendem Hosenlatz, aus der an allen Seiten eine darunter
getragene Futterhose hervorlugte (vgl. Thiel 1985, S. 207f.). Für manche
Exemplare sollen mehrere Dutzend Meter Stoff verwendet worden sein. Ihre
Träger verstießen damit gegen gültige Kleiderordnungen und stellten indirekt
die Ständehierarchie in Frage. Kein Wunder also, dass der *Hosenteufel* mehr
als zehn Ausgaben erlebte.

Vielleicht noch bezeichnender für die bürgerliche Kultur als der Erfolg der
satirisch-didaktischen Schriften ist die Fortentwicklung der Reiseliteratur, die
im spätfeudalistischen Zeitalter zu florieren beginnt. Fernhändler und wandernde Handwerksburschen benötigten für ihre Reisen gedruckte Ratgeber, mit
deren Hilfe sie sich vorbereiten und unterwegs orientieren konnten. Sogenannte Apodemiken, Ratschläge für das richtige Verhalten auf Reisen, sowie
Routenbücher und Erfahrungsberichte aus fernen Städten und Ländern gewannen folgerichtig an Bedeutung und Verbreitung (vgl. Kutter 1991). Erster
Bestseller dieses Genres war 'der Krebel', ein zuerst im Jahre 1700 herausge-
gebener Reiseführer des sächsischen Finanzbeamten Gottlieb Friedrich Krebel
mit dem umständlichen, aber vielsagenden Titel *Die Vornehmst. Europäischen
Reisen / wie solche durch Teutschland / Frankreich / Italien / Dännemarck u.
Schweden / vermittelst der dazu verfertigten Reise-Carten, nach den bequem-
sten Post-Wegen anzustellen / u. was auf solchen curieuses zu bemercken.*

Wobey die Neben-Wege / Unkosten / Müntzen u. Logis zugleich mit angewiesen werden. Welchen auch beygefügt / LI Accurate Post- u. Bothen-Carten, von den vornehmsten Städten in Europa. Dieser 'Polyglott des 18. Jahrhunderts' erreichte bis 1792 fünfzehn Auflagen und setzte wegen seiner Detailliertheit, Zuverlässigkeit und Nützlichkeit Maßstäbe für die weitere Entwicklung der Gattung. Von großer Bedeutung waren ferner die Apodemiken des einflussreichen Ökonomen und Schriftstellers Paul Jacob Marperger, darunter seine 1707 publizierte Schrift *Der kluge und vorsichtige Passagier, oder Unterricht welchergestalt Reisende ihre Reisen zu Wasser u. zu Lande klug anstellen mögen.* Speziell an wandernde Handwerksburschen richtete sich Ernst Friedrich Zobels *Neu eingerichtetes Hand und Reisebuch* in zwei Teilen (1734), das auch wichtige Anstands- und Benimmregeln auflistet, deren Befolgung eine freundliche Aufnahme des Handwerksgesellen an seinem Lehrort in der Fremde sicherstellen sollte. Daneben erschienen seit dem 16. Jahrhundert verstärkt Reiseberichte aus Persien, China, Japan, Russland, Amerika und anderen exotischen Ländern, die auch für ausgesprochene Fernhändler wohl kaum von direktem ökonomischen Interesse waren, deren Beschreibung aber das allgemeine Interesse an fernen Ländern und die Weite des Horizontes (auch) der bürgerlichen Leserschaft dokumentieren.

Gleiches gilt für die Entwicklung des Sach- und Fachschrifttums, dessen Anteil an der gesamten Buchproduktion besonders seit dem Ende des 16. Jahrhunderts beständig anwuchs (s. Wittmann 1991, S. 70). Koch-, Rechen- und Gartenbücher gehörten ebenso dazu wie Welt- und Stadtchroniken, Rechtsratgeber, Arzneibücher, lehrhafte Reimreden, Exempelsammlungen, Pilgerbücher, Familienchroniken, Briefsteller, erotische Ratgeber und Fechtanleitungen. Bezeichnend auch, dass allmählich ein Markt für Universallexika entstand. Blieb Johann Heinrich Alsteds lateinische *Encyclopaedia septem tomis distincta* (1630), das wichtigste Universallexikon des 17. Jahrhunderts, zunächst den Gelehrten und besonders gebildeten Adeligen oder Patriziern vorbehalten, so erreichte das von Johann Heinrich Zedler verlegte *Grosse vollständige Universal-Lexicon der Wissenschafften und Künste* in 68 Bänden (1732-54) auch jene bürgerlichen Kreise, die zwar die Anschaffung eines solchen Werkes finanzieren konnten, des Lateinischen jedoch nicht (in ausreichendem Maße) mächtig waren.

Zusammenfassend lässt sich feststellen, dass der Bürgerstand eine eigenständige Form der literarischen Kommunikation entwickelte, die sich in mindestens drei Punkten von derjenigen des Bauernstandes unterschied. Erstens gründete sie nicht auf anonymer mündlicher Überlieferung, sondern überwiegend auf der (oftmals geselligen) Rezeption von mit Autornamen versehenen, geschriebenen oder gedruckten Büchern. Zweitens war sie in geringerem Ausmaß dialektal gefärbt, wenngleich die verbindliche Kodifizierung einer deutschen Hoch- und Standardsprache erst im späten 18. Jahrhundert erfolgt.

Drittens schließlich ist sie in vieler Hinsicht kultivierter, verfeinerter, intellek-
tueller, obwohl, wie oben gezeigt, obszöne Elemente z. B. in der Commedia
dell'arte und im Schwank noch eine gewisse Rolle spielen. Bei alledem ist
freilich festzuhalten, daß die spezifisch bürgerliche Schriftkultur erst ab dem
Hochmittelalter floriert, als in größerem Umfang die Verstädterung einsetzt.
Und dabei ist sogar noch einschränkend hinzuzufügen, daß längst nicht jeder
Stadtbewohner automatisch als Bürger gelten kann. Besonders in den vielen
Ackerbürgerstädten, deren Bewohner hauptsächlich von der Landwirtschaft
lebten, waren die Lebensstile und Kulturformen stark bäuerlich geprägt. Die
im Bürgertum des feudalistischen Zeitalters am weitesten verbreitete Literatur-
form, das ästhetisch heteronome Andachts- und Erbauungsbuch, ist von der
Literaturwissenschaft bisher vergleichsweise stiefmütterlich behandelt worden.

Abb. 8: Philipp Galle: 'Astronom' (Kupferstich nach Jan van der Straet; 2. Hälfte des 16. Jahrhunderts)

Bücher, Zeichengeräte, astronomische Instrumente und der in einem Wasserbecken schwimmende Magnetit veranschaulichen auf diesem Bild den Erkenntnishorizont, die Orientierungsfähigkeit sowie das Bildungs- und Geschmacksniveau der Angehörigen des Gelehrtenstandes.

Die tiefgründigste, intellektuell anspruchsvollste literarische Kultur des feudalistischen Zeitalters verdankt ihre Entwicklung einer dünnen Schicht von
Geistlichen und Gelehrten, die das Gedankengut und die Kultur der christlichen Spätantike in das Gebiet des späteren Deutschland importierten und den
dortigen Bedingungen anpassten. Die Voraussetzungen hierfür waren anfangs
– wie oben im Abschnitt über das Stammeszeitalter ausgeführt wurde – alles
andere als günstig. Der Austausch zwischen Germanen und Römern blieb auf
leicht bewegliche Güter beschränkt und erreichte nur in der Kontaktzone entlang der gemeinsamen Grenze eine stärkere Intensität. Germanien verweigerte
sich zunächst sowohl einer Angleichung an hochkulturelle Standards als auch
der Christianisierung und blieb deshalb – aus der Perspektive derjenigen, die
Zugang zu den ideellen und materiellen Hinterlassenschaften der antiken Welt
besaßen – in technologischer, ökonomischer und intellektueller Hinsicht bis in
das Frühmittelalter hinein ein 'Entwicklungsland'.

Dies änderte sich allmählich vom 3. bis zum 9. Jahrhundert, als die christlichen Missionare und die Beherrscher des fränkischen Reiches über Rhein und
Donau vordrangen und dauerhafte staatliche Institutionen sowie kirchliche
Einrichtungen etablierten. Aus kulturhistorischer Perspektive muss hierbei den
christlichen Klöstern eine herausragende Bedeutung zuerkannt werden. Zwar
handelte es sich bei vielen dieser Einrichtungen um private, von Adeligen
gestiftete Hausklöster, die in erster Linie dem Gebetsgedächtnis für die Verstorbenen, der Schulbildung des Adelsnachwuchses und der Versorgung verwitweter Familienangehöriger dienten (s. Schmid 1983; Gleba 2002, S. 39,
68); außerdem konnten die christlichen Klöster mancherorts, z. B. unter Frie-
sen und Sachsen, nur mit Verzögerung Fuß fassen. Aber innerhalb einiger
Jahrhunderte dehnten sie ihre Aktivitäten bis in den hintersten Winkel des
Reiches aus und ersetzten die heidnischen Glaubenslehren und Gebräuche
durch christliches Denken und christliche Lebensideale. Dieser Erfolg verdankt sich freilich nur zu einem Teil der in den Klöstern gepflegten Spiritualität. Denn neben den hierfür zuständigen, schrift- und lateinkundigen Mönchs-
priestern lebten in den großen Missionsklöstern zahlreiche Konversen, die
gemäß der nach und nach in fast allen Orden durchgesetzten Benediktinerregel
handwerkliche und landwirtschaftliche Tätigkeiten ausübten, um ihrem Gott
durch Arbeit und durch Werke der Nächstenliebe zu dienen (vgl. Nusser 1992,
S. 9-15; Gleba 2002, S. 81). Klöster wie Lorsch, Fulda, Korvey oder Merseburg waren deshalb nicht nur Pflegestätten der geistigen Kultur, sondern
gleichzeitig auch Apotheken und Hospitäler, Schulen und Lehrwerkstätten
sowie – modern ausgedrückt – Technologiezentren und landwirtschaftliche
Versuchsanstalten, Handelszentren und Verkehrsknotenpunkte. Mit dem hoch
entwickelten Wissen der christianisierten Spätantike gelangte auch die antike
Literaturtradition zumindest denjenigen zur Kenntnis, die in einer der auch
Externen offen stehenden Klosterschulen Unterricht nahmen. Homer und

Aristoteles, Horaz, Ovid, Vergil und Cicero sowie zahlreiche weitere Klassiker der griechischen und römischen Literatur gehörten zum dort behandelten Schriftkanon (s. Kartschoke 2000, S. 182f.). Und vor allem wurde dort die lateinische Sprache gelehrt, also die internationale Verkehrssprache des feudalistischen Zeitalters, die nicht nur Zugang zu den Klassikern der Antike gewährte, sondern auch Anschluss an die aktuelle europäische Kulturentwicklung eröffnete. Zwar blieb die Zahl der Klosterschulabsolventen zunächst sehr klein, und erst ab dem 13. Jahrhundert wurden in den Städten zusätzliche, kirchenunabhängige Lateinschulen eingerichtet, doch wer Latein gelernt hatte, konnte lateinische Texte in die Volkssprache übersetzen und dadurch einen Multiplikationseffekt erzielen. Von dieser Möglichkeit ist in reichem Ausmaß Gebrauch gemacht worden. Die gelehrteren, lateinkundigen Mönche übersetzten religiöses und wissenschaftlich-künstlerisches Schrifttum für ihre ungebildeteren Laienbrüder in die Volkssprache. Und von denen wurde es, größtenteils mündlich, an die Klosterbesucher, -lieferanten, -kunden etc. weitergegeben.

Natürlich hat es dabei regionale Unterschiede und wechselvolle Entwicklungen gegeben. Während beispielsweise „für die Cluniazenser die geistige Arbeit im Mittelpunkt des regulierten Lebens stand, betonten die Zisterzienser mit Berufung auf die Benediktinerregel das Ideal der Armut und forderten die Askese durch körperliche Arbeit" (Kartschoke 2000, S. 212). Zudem hat jedes Kloster seine spezifische, von Kriegen, Naturkatastrophen und ähnlichen Ereignissen nicht unbeeinflusste Geschichte. Seit dem 10. Jahrhundert mehren sich Klagen über Missbräuche und Verfallserscheinungen. Manche Klöster wurden von Brückenköpfen des kulturellen Fortschritts zu Bastionen der Ausbeutung, in denen Arbeit, Andacht und Askese durch Müßiggang und Becherklang ersetzt wurden. Der gefräßige, lüsterne Pfaffe wurde zu einem gängigen Motiv der Ständesatire. Aber zugleich mit den Auswüchsen entstanden auch die Gegenbewegungen, die – wenn auch mit unterschiedlicher Zielsetzung – von den Klosterreformen des 10. und 11. Jahrhunderts bis hin zum Lutherismus eine Rückbesinnung auf christliche Tugenden und Verhaltensregeln durchsetzten.

Trotz aller Missbräuche kann den Klöstern deshalb bescheinigt werden, den maßgeblichen Beitrag zur Kultivierung Deutschlands im feudalistischen Zeitalter erbracht zu haben. Literarhistorisch ist dabei von besonderer Bedeutung, dass die Dichtkunst von Anfang an in die Missionsarbeit und allgemein in das religiöse Leben einbezogen wurde (vgl. Kartschoke 2000, S. 40-46). Vom Kirchenlied über das Bibelepos und die Heiligenlegende bis hin zum Osterspiel oder zum Versgebet gibt es zahlreiche Gattungen der religiösen Literatur, die das Erscheinungsbild der frühen deutschen Sprach- und Geistesgeschichte maßgeblich geprägt haben. Man könnte versucht sein, diese Christianisierung der Literatur aus moderner, ideologiekritischer Perspektive als skrupellose Funktionalisierung und Instrumentalisierung aufzufassen. Doch eine solche Betrachtungsweise wird einerseits den Gegebenheiten eines Zeitalters nicht gerecht, das den Begriff der autonomen Literatur noch nicht (bzw. nicht mehr) kannte und verstehen konnte. Und andererseits muss festgestellt werden, dass die christlichen Missionare erstaunliches Entgegenkommen bewiesen und bis zu einem teilweise ganz erstaunlichen Grade auf die Vorstellungskraft der zu Bekehrenden oder in ihrem neuen Glauben zu Festigenden Rücksicht nahmen, weshalb geradezu von einer Germanisierung des Christentums gesprochen werden kann (s. Simek 2003, S. 228, 232). So wird beispielsweise im *Heliand*, einem altsächsischen Evangeliengedicht des frühen 9. Jahrhunderts, nicht nur der den Germanen vertraute Stabreimvers (in allerdings aktualisierter Form) benutzt, sondern auch z. B. ein Treffen der Apostel mit Jesus gut germanisch als 'thing' bezeichnet. Ob dies auf Mangel an sprachlichen Alternativen, auf raffinierte Missionstaktik oder auf Unkenntnis der germanischen Wortbedeutung zurückzuführen ist, lässt sich kaum entscheiden. Den bildungsferneren Schichten dürfte diese Anpassungsstrategie jedenfalls die Bekehrung zum Christentum erleichtert haben. Ein wesentlicher Nachteil dieses 'Etikettenschwindels' lag freilich darin, dass er Überlebensräume für Magie und Aberglauben schuf.

Nicht auf mangelnde Glaubenstiefe, sondern auf intellektuelle Emanzipation ist es zurückzuführen, wenn ab dem 14. Jahrhundert der neue Typus des 'lateinischen Gelehrten' entsteht, der nicht mehr ausschließlich vom christlich-kirchlichen Bildungssystem und Bildungsideal geprägt ist. Der schon erwähnten, im 13. Jahrhundert einsetzenden Etablierung kirchenunabhängiger städtischer Lateinschulen folgt ab dem 14. Jahrhundert die Gründung 'staatlicher' Universitäten, die eine eigene, in Ansätzen säkularisierte Wissenskultur hervorbringen. Unter dem Einfluss der italienischen Humanisten gelangen sie zu einer Neu- und Höherbewertung der antiken Kultur und verschreiben sich einem Bildungsideal, das mit der christlichen Glaubenslehre zwar nicht unvereinbar, aber auf diese auch nicht mehr angewiesen ist. Gelehrte wie Rudolf Agricola, Johannes Reuchlin, Willibald Pirckheimer oder Conrad Celtis sind noch durchweg gläubige Christen, öffnen sich jedoch einem Glaubensverständnis, das mehr auf die philologisch-wissenschaftliche Beglaubigung von Offenbarungstexten als auf deren Privilegierung kraft kirchlicher Autorität setzt.

Bei den genannten Vertretern des deutschen Frühhumanismus führt diese neue Nuancierung noch nicht zu tiefgehenden Religionszweifeln. Ab dem 16. Jahrhundert emanzipierte sich jedoch das Wissen vom Glauben. Vernunftgründe und empirische Daten rangierten neben, in bestimmten Kreisen schon zu dieser Zeit über der Autorität des geoffenbarten Wortes. Die vielen Universitätsneugründungen dieses Zeitalters verstehen sich – wie bereits erwähnt – fast durchgängig als staatliche, nicht als kirchliche oder der Kirche gegenüber rechenschaftspflichtige Institutionen (vgl. Ellwein 1992, S. 38-44). Bis diese Tendenz zur Ausdifferenzierung auch die Dorfschulen erreicht hatte, sollte es allerdings bis zum späten 18. Jahrhundert dauern. In der Regel unterrichtete dort zunächst noch der Küster, manchmal auch – als 'Nebenerwerbslehrer' – der Dorfschmied, der Radmacher oder der Schneider (s. Wehler 1996a, S. 287). Auch an den Hochschulen vollzog sich der Paradigmenwechsel vom christlichen Aristotelismus zu aufklärerischem Empirismus und Rationalismus eher schleppend. Bis auf Göttingen, Halle und Jena waren deutsche Universitäten keineswegs die wichtigsten Schauplätze dieses Wandels.

Reichsweit entstanden im feudalistischen Zeitalter ca. 50 Universitäten, das ist ungefähr ein Sechstel des heutigen Bestandes. Nicht wenige lagen in Kleinstädten wie Dillingen, Olmütz, Herborn oder Rinteln. Im Durchschnitt besaßen sie nur einige hundert Studenten und ein oder zwei Dutzend Professoren. Die Gesamtzahl der Akademiker lag um 1600 bei 50.000, um 1700 bei 80.000 Personen (Wittmann 1991, S. 104). Der Anteil der Gelehrten und des Klerus an der Gesamtbevölkerung war und blieb damit weit unter 1 %. Eine Hochschulreife als Zulassungsvoraussetzung war unbekannt. Wer das Geld aufbringen und den Vorlesungen folgen konnte, durfte studieren. Das waren in der Regel die Söhne von Adeligen oder wohlsituierten Bürgern. Stipendien erlaubten es allerdings auch dem einen oder anderen Talent von minderer Herkunft, ein Studium zu absolvieren, das durchschnittlich drei Jahre dauerte und oftmals mit 20 oder 21 Jahren beendet wurde. Viele erwarben nur den Baccalar oder verzichteten ganz auf den Abschluss, der oft hohe Gebühren kostete; eine philosophische Lizenz oder gar einen Magister- bzw. Doktortitel erhielten nur wenige (vgl. Grimm 1983, S. 52-60). Wer studiert hatte, erfuhr so oder so eine deutliche Standeserhöhung.

Man studierte zunächst an der Artistenfakultät, wo man wissenschaftliche Grundkenntnisse in Logik, Rhetorik, Philosophie u. ä. vermittelt bekam. Danach entschied man sich für die medizinische, die juristische oder die am höchsten angesehene und demzufolge von fast allen späteren Gelehrten besuchte theologische Fakultät. Andere Studienfächer wie Ökonomie ('Kameralistik'), Philologie oder Statistik kamen erst gegen Ende des 18. Jahrhunderts hinzu. Die Ausbildung blieb deshalb vergleichsweise allgemein. Akademiker konnten in vielerlei Berufen unterkommen. Auch Professoren konzentrierten sich nicht unbedingt auf ein Fach, sondern lehrten in verschiedenen Disziplinen. Sie waren schlecht bezahlt und gaben oftmals zusätzliche Privatstunden oder vermieteten Zimmer an Studenten. Bot sich ihnen eine lukrativere Beschäftigung in der Verwaltung, gaben sie das Lehramt bereitwillig auf. Forschung blieb in der Regel Privatsache. Im Unterricht wurden Standardwerke vorgelesen und erläutert, eine kritische Auseinandersetzung mit dem Stoff war nicht vorgesehen. Die Studenten paukten und pokulierten (vgl. van Dülmen 1994, S. 188-196).

Wichtigstes Indiz echter Gelehrsamkeit war in dieser Situation nicht der (erkaufte) akademische Titel, der ggf. nur als zusätzliches Standesmerkmal fungierte, sondern nach wie vor die sichere Beherrschung der lateinischen Sprache. Als akademische Unterrichtssprache wird sie erst um 1700 flächendeckend durch das Deutsche abgelöst. Frühe Versuche in diese Richtung lassen sich bereits im 16. Jahrhundert nachweisen, sie bleiben jedoch die Ausnahme (vgl. Weimar 1989, S. 13-39). An politischen, patriotischen, pädagogischen und konfessionellen Argumenten gegen das Lateinische hat es nicht gefehlt (ebd., S. 17). Von wissenssoziologischer Warte aus ist hinzuzufügen, dass die Gelehrten erst in dem Moment auf ihr bis dahin wichtigstes Statusmerkmal verzichten, als die neue Wissenschaftsauffassung sich durchsetzt und ihre Überlegenheit durch technische und ökonomische Nutzanwendungen sinnfällig zu demonstrieren vermag (vgl. van Dülmen 1994, S. 205-208). Gegen Barometer und Teleskop ließ sich mit den Kirchenvätern nicht mehr erfolgreich argumentieren.

Für die nicht naturwissenschaftlich orientierten Gelehrten stellte sich die Situation allerdings anders dar. Vorzeigbare technische Fortschritte fehlten ihnen. Deshalb konnten sie nicht auf das Latein verzichten. Aber es sollte anders sein als das der Kirche. Deshalb entsteht neben der orthodoxen, kirchlichen Lateinkultur eine zweite, sich modern gebende. Ihre Vertreter orientieren sich nicht am Kirchenlatein, sondern an Stil und Denkweise der antiken Autoren. Der Rückgriff auf die Kultur eines vorchristlichen Zeitalters wird für sie zu einer historisch abgesicherten Utopie. Man studiert und übersetzt noch intensiver als bisher Horaz, Ovid und Tacitus. Bei ihnen sucht man Natürlichkeit und Eleganz, Einfachheit und Menschlichkeit, künstlerische Sensibilität, geistige Freiheit und tabufreie Sinnlichkeit. Bildungsideal wird in dieser Bevölkerungsschicht der körperlich, geistig und seelisch ausgebildete und entwickelte Renaissancemensch.

Nur wenige können dieses Ideal allerdings realisieren. Als Schulmeister oder Hauslehrer müssen die meisten ihr Brot verdienen, selbst wenn offizielle Ehrungen wie z. B. die begehrte Ernennung zum Poeta laureatus nicht ausbleiben (vgl. Grimm 1983, S. 60-65). Der Renaissancemensch wird im Alltag zum 'Polyhistor' zurechtgestutzt, der nur im intellektuellen Bereich das Ideal des Universalismus verwirklichen kann und in der Regel 'Nebenerwerbsschriftsteller' bleibt. Die ungebildete Masse tituliert ihn halb verächtlich und halb ehrerbietig als Stubengelehrten und Bücherfresser. Die stille, einsame Lektüre, die sich erst im 19. Jahrhundert als Normalmodus der Literaturrezeption durchsetzt, ist sein Erkennungsmerkmal. In der Phantasie aber schweift er durch Arkadien, diskutiert mit Seneca und trifft die schöne Helena. Oder den schönen Adonis. Denn auch einige Frauen wie Caritas Pirckheimer, Margarete Peutinger, Olympia Morata, Maria Cunitz oder Maria Sibylla Merian hatten Anteil an der neulateinischen Hochkultur. Sie fanden durch private Förderung

Anschluss an Gelehrtenkreise, obwohl ihnen als Frauen der Universitätsbesuch verwehrt war. Freilich blieben sie Ausnahmen.

Anders als Bauern und Bürger lebten die Gelehrten nicht im 'ganzen Haus', da ihre Familie, bestehend aus Frau, Kindern und etwaigen Dienstboten, keine Arbeits-, sondern höchstens eine Lebensgemeinschaft bilden konnte. Sie waren nicht unreligiös oder gar atheistisch, standen der herrschenden Werteordnung jedoch teilweise schon relativ distanziert gegenüber. Sie befanden sich objektiv und subjektiv mit einem Fuß außerhalb der Ständegesellschaft. Ihre erhöhte soziale und psychisch-intellektuelle Mobilität machte sie allerdings zur Minderheit in der Minderheit des 'Lehrstandes', dem nach wie vor hauptsächlich orthodoxe Theologen ohne polyhistorische Ambitionen angehörten. Einsamkeitsempfinden, das allerdings auch den Charakter eines ständischen Elitebewusstseins annehmen konnte, ist deshalb ein wichtiges Konstituens ihrer Mentalität, das zwei typische Elemente des Gelehrtenlebens erklärt: die ausgedehnte Reisetätigkeit und die umfassende Korrespondenz.

Bevorzugte Reiseziele waren Frankreich (Paris) und Holland (Leiden) als damalige Zentren der geistigen Welt, aber auch Italien als Brücke zur Antike und England als technologisch, gesellschaftlich und wissenschaftlich besonders fortgeschrittenes Land. Reichten die eigenen Mittel nicht aus und wollte man nicht im Stile eines Wandergesellen reisen, so suchte man Mitfahrgelegenheiten als Begleiter eines Adeligen, der auf seiner Kavalierstour in der Regel die einschlägigen Sehenswürdigkeiten in Italien und Frankreich aufsuchte. Nicht an die Höfe und in die vornehme Gesellschaft zog es dort allerdings den Gelehrten, sondern in die Bibliotheken und Kunstsammlungen, in die Akademien und in Professorenkreise sowie zu jenen Kollegen, mit denen man schon vorher brieflichen Austausch pflegte. Fast alle bekannten Vertreter der neulateinischen Dichtkunst haben auf diese oder ähnliche Weise Italien, Frankreich oder Holland kennen gelernt (vgl. Siebers 1991).

Manche dieser kostspieligen und mühevollen Reisen wurden überflüssig, als am Ende des 17. Jahrhunderts gelehrte Zeitschriften aufkamen, die der internationalen gelehrten Öffentlichkeit ein bequemeres Forum des regelmäßigen wissenschaftlichen Austauschs boten. Bis 1789 sollen über 2.000 dieser Publikationsorgane gegründet worden sein, von denen allerdings viele die Gewinnzone von 500 verkauften Exemplaren niemals erreichten und nach wenigen Heften Bankrott machten. Man zählt über 200 literarische, über 200 historisch-politische, über 150 theologische und über 100 naturwissenschaftliche Zeitschriften, die ein akademisch gebildetes Publikum anvisierten, aber auch im gehobenen Bürgertum auf Interesse und Resonanz stießen. Am Ende des feudalistischen Zeitalters soll ungefähr jeder vierhundertste Bewohner des Reiches Abonnent einer derartigen Zeitschrift gewesen sein (vgl. Wehler 1996a, S. 309f.).

Antikebegeisterung und Geschichtsstudium führten in der Gelehrtenschicht zu einem außerordentlich hoch entwickelten historischen Bewusstsein, das sich bei ihrer dichterischen Tätigkeit in der Auswahl der Stoffe und Motive, aber auch in Zitatenfülle und Anspielungsreichtum niederschlägt. Man wollte die sorgfältige studierten und exzerpierten Schriften der antiken Autoren nachahmen (imitatio), ja sie nach Möglichkeit sogar überbieten (aemulatio) (vgl. Vogel 2000). Nicht selten verweisen deshalb einzelne Formulierungen oder auch die metrisch-rhythmische Gestaltung eines Textes auf antike Vorbilder, deren Kenntnis für das Verständnis unentbehrlich ist. Selbst wenn wir die neulateinische Literatur in deutscher Übersetzung lesen, benötigen wir deshalb in der Regel einen philologischen Kommentar, der solche Zusammenhänge erschließt und die Tiefendimensionen des Textes zum Vorschein bringt.

Die Polyglottie der geistlichen und nicht-geistlichen Angehörigen des Gelehrtenstandes macht es erforderlich, bei der nachfolgenden Vorstellung exemplarisch-literarischer Werke zweigleisig zu verfahren, um sowohl die deutschsprachige als auch die – hier verbreitetere, angesehenere und vielgestaltigere – lateinische Literatur zu ihrem Recht kommen zu lassen.

Was die deutschsprachige Literatur betrifft, so diente sie – wie schon erwähnt – zunächst der religiösen Unterweisung der Laienbrüder und sonstiger Geistlicher, die zwar das Lesen gelernt hatten, des Lateinischen (bzw. Griechischen und Hebräischen) jedoch nicht so mächtig waren, dass sie die kanonischen Schriften des Christentums oder die Werke der antiken Klassiker im Original hätten lesen können. Es entsteht deshalb schon sehr früh eine außerordentlich reiche Übersetzungsliteratur, die von Glossen und Interlinearversionen ihren Ausgang nimmt, die Gattung der kirchlichen Gebrauchsprosa wie das Glaubensbekenntnis, das Vaterunser oder die Predigt erfasst und schließlich in die großen Bibelübersetzungen einmündet, unter denen diejenige Martin Luthers die wirkungsmächtigste, aber natürlich keineswegs die erste ist. Aus dem Bereich der religiösen Lyrik sei hier nur die reiche Tradition der Marienlyrik angeführt, die ab dem 12. Jahrhundert auch in deutscher Sprache verfasst wurde. Als Probestück seien die letzten drei der insgesamt 14 Strophen des vermutlich um 1130 entstandenen *Melker Marienliedes* zitiert, eines im Codex 383 des Benediktinerstiftes Melk überlieferten Hymnus:

„Eva braht uns zwischen tot,	Eva brachte uns zweifachen Tod,
der eine ie noch richsenot;	der eine herrscht noch immer;
du bist daz ander wib,	du bist ihr Gegenbild,
diu uns brahte den lib.	die uns das Leben brachte.
der tiufel geriet daz mort,	Der Teufel riet zum Verrat,
Gabrihel chunte dir daz gotes wort,	Gabriel verkündete dir das Gotteswort,
Sancta Maria.	Sancta Maria.

Chint gebære du magedin,
aller werlte edilin;
du bist glich deme sunnen,
von Nazareth irrunnen,
Hierusalem gloria,
Israhel leticia,
    Sancta Maria.
	Ein Kind gebarst du jungfräulich,
	herrlich für die ganze Welt;
	du bist gleich der Sonne,
	in Nazareth aufgegangen,
	Hierusalem gloria,
	Israel leticia,
	    Sancta Maria.

Chuniginne des himeles,
porte des paradyses,
du irweltez gotes hus,
sacrarium sancti spiritus,
du wis uns allen wegunte
ze jungiste an dem ente,
    Sancta Maria.
	Königin des Himmels,
	Pforte des Paradieses,
	du auserwählter Tempel Gottes,
	sacrarium sancti spiritus,
	steh du uns allen bei
	zuletzt bei unserm Tod,
	    Sancta Maria."

(Haug/Vollmann 1991, S. 862-865)

Der frühmittelhochdeutsche Originaltext in der linken Spalte weist Endreime auf, wie sie seit dem 9. Jahrhundert in der deutschsprachigen Versliteratur üblich geworden waren. Interessanter als die Form ist beim *Melker Marienlied* die Integration lateinischer Formeln und Floskeln, da sie unsere Vermutungen hinsichtlich des wahrscheinlichen Rezipientenkreises bestätigt. Zu denken ist an alle, die eine Grundausbildung in einer der Klosterschulen erhalten hatten, des Lateinischen jedoch nicht so mächtig waren, dass sie einen lateinischen Hymnus von Ambrosius, Alkuin oder Hrabanus Maurus hätten lesen und verstehen können. In erster Linie werden dies Laienbrüder gewesen sein. Aber auch bei Hofe und in Patrizierkreisen dürfte es mehr und mehr Menschen gegeben haben, auf die eine solche Beschreibung zutraf und die daran interessiert waren, die Rezeption deutschsprachiger religiöser Lyrik in ihre schichtenspezifische Praxis der literarischen Kommunikation zu integrieren. Dabei ist noch einmal daran zu erinnern, dass ein und derselbe Text in verschiedenen literarischen Kulturen ganz verschiedenartige Rezeptionseffekte erzeugen kann. Für das weite Feld der religiösen Lyrik gilt dies genauso wie für das geistliche Spiel, auf das schon oben mit Bezug auf das *Redentiner Osterspiel* näher eingegangen wurde. Natürlich konnten die zahlreichen Passionsspiele, Weihnachtsspiele, Pfingstspiele, Marienspiele, Weltgerichtsspiele etc., wie sie besonders im Spätmittelalter so häufig und aufwändig inszeniert wurden, im Prinzip von jedermann beobachtet werden. Es macht jedoch einen entscheidenden Unterschied, ob man die Darbietungen als ungebildeter Landarbeiter mit offenem Mund auf sich einwirken lässt, ob man sie als ehrbarer Handwerker zur Selbstinszenierung benutzt oder ob man sie als Gelehrter und Geistlicher unter volkspädagogischen und religionsgeschichtlichen Aspekten veranstalten lässt und mit überwacht.

Dass sich die Verfasser deutschsprachiger Literatur Gedanken über die Zusammensetzung ihres Leserkreises machten, beweist übrigens schon das am zuverlässigsten überlieferte Werk der althochdeutschen Literatur, das mehr als 7.000 binnengereimte Langzeilen umfassende *Evangelienbuch* des Otfried von Weißenburg, das zwischen 863 und 871 entstanden sein dürfte. Zu Beginn seiner Schrift, in der die divergierenden Darstellungen der Evangelien zu einer widerspruchsfreien Beschreibung des Lebens Jesu zusammengefügt werden sollen, geht der hochgelehrte Otfried explizit auf seine Absichten ein:

> „So will ich denn von unserem Heil schreiben,   einen Auszug
> aus den Evangelien machen,
> so wie wir es angefangen haben,   in der Sprache der Franken,
> damit sie nicht als einzige   das entbehren müssen,
> daß man in der eigenen Sprache   das Lob Christi singt,
> daß vielmehr durch ihre Worte,   der sehr gepriesen werde,
> der sie zu sich rief,   sie einlud, an ihn zu glauben.
> Ist jemand in ihrem Land,   der es anders nicht versteht,
> in einer fremden Sprache   es nicht aufnehmen kann:
> hier höre er zu seinem Heil,   was Gott ihm anbietet,
> was wir ihm hier dichteten   in fränkischer Sprache.
> Nun mache es allen Freude,   die guten Willens sind
> und jedem, der im Herzen   den Franken wohlgesinnt ist,
> daß wir Christus lobsangen   in unserer eigenen Sprache
> und daß es uns vergönnt war,   ihn auf fränkisch zu preisen!"

(Haug/Vollmann [hg. u. übers.] 1991, S. 93)

Bis hin zu Klopstock mit seinem *Messias* (1748-73) wird Otfried das ganze feudalistische Zeitalter hindurch zahlreiche Nachfolger finden, die das Genre der christlichen Versepik pflegen. Ab dem 13. Jahrhundert tritt mit Autoren wie Daniel von Augsburg und Berthold von Regensburg die geistliche Prosa hinzu, die auch im Bürgertum reichen Widerhall findet. Und im 17. Jahrhundert werden Werke wie Grimmelshausens *Histori vom keuschen Joseph* (1667) oder Philipp von Zesens *Assenat* (1670) auch die Romangattung für das Religionsthema erschließen und damit jene religionspädagogische Instrumentalisierung literarischer Gattungen zum Abschluss bringen, die schon für die deutschsprachige christliche Dichtung des Frühmittelalters so charakteristisch war.

Bedeutenden Anteil an der Entwicklung des Deutschen zur Literatursprache hatte schon im 13. bis 15. Jahrhundert die hier noch zuletzt zu erwähnende Mystik. Autoren wie Meister Eckhart, Johannes Tauler und Heinrich Seuse erzielten mit ihren Predigten und Traktaten außerordentliche Resonanz und trugen maßgeblich zur Verinnerlichung und Individualisierung des Glaubens, nicht nur in geistlichen und gelehrten Kreisen, bei. Sprachgeschichtlich schlug sich dieser Impuls in einer Ausdifferenzierung des 'psychologischen' Vokabulars nieder, wie es sie erst wieder im Pietismus des späten 17. und frühen 18. Jahrhunderts geben sollte. Proportional zu ihrer Popularisierung wurde die Sprache der Mystiker allerdings semantisch entkonturiert. Ihre im Alltagsvokabular aufgegangenen Begriffsneubildungen und -umbildungen wie z. B. 'Einfluß' oder 'Persönlichkeit' verloren ihre religiöse Bedeutung und gewannen in anderen Situationen und Kontexten neuartige Bedeutungsfacetten hinzu. Dieser Vorgang ist bezeichnend. Die deutschsprachige religiöse Literatur des Geistlichen- und Gelehrtenstandes will universal sein, jedermann erreichen. Doch Universalität ist ihrerseits das Charakteristikum einer schichtenspezifischen literarischen Kultur. Eine überall gehörte Stimme wird längst noch nicht überall in gleichem Sinn verstanden werden.

Wenden wir uns nun den überlieferten literarischen Dokumenten der neulateinischen Gelehrtenkultur zu, so stoßen wir im Bereich der Lyrik zunächst auf eine außerordentliche Themenvielfalt. Es gibt wenig, woran die Angehörigen dieser Bildungsschicht nicht geistig Anteil genommen hätten, was von ihnen nicht historisch verortet und in Verbindung mit ähnlichen Vorgängen in der antiken Geschichte und Mythologie gebracht worden wäre. Von den Bauernkriegen über die Hexenverfolgung und das Manufakturwesen bis hin zu Entwicklungen in der zeitgenössischen Philosophie oder Musik wurde das ganze Spektrum der damals aktuellen Themen abgeschritten. Bei vielen dieser Werke handelt es sich um eine Sonderform der Gelegenheitslyrik, nämlich um Widmungsgedichte. Gemeint sind mit dieser Gattungsbezeichnung Gedichte, deren Titel nicht auf ihren Inhalt verweist, sondern lediglich einen 'Adressaten' des Werkes bezeichnet. So verfasste z. B. Georg Sabinus ein Gedicht *Ad Petrum Bembum* (*An Pietro Bembo*), Johannes Posthius wandte sich in lyrischer Rede *Ad Nicolaum Cisnerum I. C. excellentissimum et Camp. Imp. Adsessorem* (*An Nikolaus Cisner, vorzüglichen Rechtsgelehrten, Assessor am Reichskammergericht*) und Paul Schede Melissus nannte eines seiner Gedichte *Ad Orlandum Lassum Musicum* (*An den Tonkünstler Orlando di Lasso*). Überschriften wie diese bedeuten nicht, dass es sich bei den entsprechenden Werken um reine Privatschriften handelt, die nur an den Adressaten gerichtet waren. Vielmehr indizieren sie das Anspruchsniveau und den Wirkungskreis ihrer Verfasser, die oftmals ein Lektüreerlebnis oder einen Briefwechsel zum Anlass nahmen, um einen dabei entwickelten Gedanken poetisch auszugestalten und der interessierten Öffentlichkeit vorzustellen. Lateinische Sprache und formale Gestaltung dieser Texte – man bevorzugte das antike elegische Distichon aus Hexameter und Pentameter – ließen keinen Zweifel daran, dass diese Öffentlichkeit aus einigen wenigen Tausend europäischen Gelehrten, gebildeten Patriziern und Adeligen sowie hohen Beamten bestand. Der italienische Dichter Pietro Bembo und der niederländische Komponist Orlando di Lasso waren in dieser Bildungsschicht bekannte Größen, mit deren Namen sich zahlreiche Assoziationen und gelehrte Kenntnisse verbanden. Man kann die neulateinischen Widmungsgedichte mit neueren Texten wie Tiecks *An Novalis* oder Schopenhauers *An Wolfgang von Goethe* vergleichen, um eine Vorstellung von der Strahlkraft der in den Überschriften genannten Namen zu erhalten.

Ein kurzer Textauszug soll eine erste Vorstellung von der Schreibweise der Neulateiner vermitteln. Er stammt aus einem Gedicht von Paul Schede Melissus, der 1539 als Sohn eines Bauern in Mellrichstadt geboren wurde und eine ungewöhnliche Karriere machte, die ihn nach Wien, Paris und London führte, wo er zahlreiche berühmte Künstler und Gelehrte kennen lernte. Als sein Vater – vermutlich im Jahre 1578 – verstarb, verfasste er eine Elegie, in der er dessen widrige Lebensumstände beschrieb und damit ein wichtiges Dokument bäuerlichen Lebens im mittleren 16. Jahrhundert schuf. Hier eine kurze Episode daraus mit anschließender Übersetzung:

> „ALBERTVS strictâ religatum brachia reste
>   Marchio per silvam protrahit Hercyniam,
> Extorquere ratus secreta recondita, quorum
>   Vix magus aut aliquis notitiam augur habet:
> Imperitansque aurum suspendia dira minatur;
>   Púlsaque ter plexo verbere terga quatit.
> Mox spoliatum habitu, nec non opis omnis inanem
>   Vinciri ad trunci robora dura jubet.
> Non alia a saevo speranda erat hoste facultas,
>   Si torquet cives civicus ordo suos.
> Quid faciat vel praedo lupus vel atrocior ursus,
>   Si glubit proprias pastor avarus oves?

[Markgraf Albrecht schleppt dich, die Arme mit festem Strick gefesselt, durch den hercynischen Wald, gesonnen, dir die anvertrauten Geheimnisse zu entreißen, von denen kaum irgendein Magier oder Augur Kenntnis hat. Er fordert dringlich Geld und droht mit grausem Erhängen. Mit der dreifach geflochtenen Geißel läßt er deinen Rücken peitschen. Dann läßt er dich, der Kleider beraubt und völlig hilflos, an einen harten Baumstamm binden. Keine andere Behandlung war von dem erbitterten Feind zu erwarten, wenn ein Stand im Staat die eigenen Bürger schindet. Was könnten denn der räuberische Wolf oder der noch wildere Bär Schlimmeres tun, wenn der gierige Hirt den eigenen Schafen das Fell über die Ohren zieht?]"

(Kühlmann/Seidel/Wiegand 1997, S. 832f.)

Albrecht Alcibiades, Markgraf von Brandenburg-Kulmbach, hatte im sogenannten 'Markgrafenkrieg' seine früheren räuberischen Landeroberungen zu verteidigen versucht, war jedoch 1553/54 von einer Koalition unter Moritz von Sachsen und Heinrich von Braunschweig geschlagen und nach Frankreich vertrieben worden. Auch Schedes Vater war offenbar zum Ziel seiner auf Landgewinn gerichteten Aggressionen geworden. Das Gedicht erinnert in erstaunlicher Offenheit an diese Schandtaten. Doch wäre es falsch, hieraus auf ein öffentliches politisches 'Engagement' des Textes zu schließen. Schede widmete das Gedicht seinem berühmten Freund Justus Lipsius, der bedeutende Schriften zum Neostoizismus veröffentlicht hatte. Die Geschichte seines Vaters ist für Schede deshalb in erster Linie ein Beispiel für jene unerschütterliche Geduld (constantia), die im Katalog der stoischen Tugenden an erster Stelle stand. Das Gedicht endet folgerichtig mit der Aufforderung an Lipsius, in das Lob seines verstorbenen Vaters als eines Vorbildes an Standhaftigkeit einzustimmen. Es dient damit in erster Linie der Bestätigung des damals in Gelehrtenkreisen verbreiteten stoischen Gedankengutes.

Diese Gelehrtenkreise waren jedoch seit der Mitte des 17. Jahrhunderts unübersehbar von Auflösungserscheinungen bedroht. Konnte der neulateinische Dichter bis zu dieser Zeit auf Anerkennung im gesamten Gelehrtenstand (und bei einigen hochgebildeten Bürgern) zählen, so rückte nun immer stärker der Wissenschaftler neuen Typs in den Vordergrund, der sich mehr für die technischen Schriften von Galilei, Guericke oder Huygens interessierte als für die Oden und Elegien der Humanisten. Es gehört zu den bemerkenswertesten Vorgängen der Geistesgeschichte, wie das alte Ideal des 'lateinischen' Gelehrten durch das neue Konzept des 'aufgeklärten' Wissenschaftlers abgelöst wurde. Kontemplation wurde durch Leistungsethik ersetzt, Standhaftigkeit durch fortgesetzten Zweifel, Standesbewusstsein durch Volkspädagogik. Wichtigstes Anzeichen für diesen Paradigmenwechsel war die Durchsetzung der deutschen Sprache in Wissenschaft und Literatur. Das '1789' der Gelehrtenschichten kann damit in Deutschland in gewissem Sinne auf den Beginn der Aufklärung im frühen 18. Jahrhundert datiert werden.

Im Bereich der Epik hat sich die neulateinische Dichtung vor allem um die Wiederbelebung des antiken Epos verdient gemacht. Den größten Erfolg in diesem Genre errang der Pfarrer Friedrich Dedekind mit seinem 1549 erschienenen *Grobianus*, der bis zum Ende des 17. Jahrhunderts mehr als 20 Auflagen und mehrere Übersetzungen erlebte. In derber satirischer Überzeichnung schildert Dedekind in diesem Versepos die rüpelhaften Tischmanieren und Umgangsformen seines Titelhelden, der sich als Gast wie auch als Gastgeber in jeder Hinsicht als schamlos, dreist und rücksichtslos erweist. Der Text verarbeitet viele traditionelle Motive der Bauernschelte, wendet sich aber in erster Linie gegen die Verwahrlosung der akademischen Jugend, die auch von anderen Zeitgenossen immer wieder beklagt wurde (vgl. Ellwein 1992, S. 91-94). Dedekind hatte ihn noch während seiner Studentenzeit verfasst und konnte aus eigener Anschauung bezeugen, dass in der Tat Saufgelage, Unzucht und Prügeleien von vielen Studenten als Kavaliersdelikte aufgefasst wurden, die den Ehrenkodex der städtischen 'Philister' gröblich verletzten und deshalb umso provozierender wirkten. Unter zivilisationsgeschichtlichen Gesichtspunkten kann der *Grobianus* als wichtige Quelle für die Verlagerung von Scham- und

Peinlichkeitsgrenzen in der spätfeudalistischen Gesellschaft gelten. Er indiziert weniger einen Niedergang des sittlichen Empfindens als eine Tendenz zur Kodifizierung und schriftlichen Fixierung der Normen des zivilisierten Verhaltens, wie es in einer sich ausdifferenzierenden, auf dem Zusammenleben und -wirken unterschiedlich gebildeter Menschen basierenden Gesellschaftsordnung erforderlich ist.

An dieser Stelle ist noch auf ein Phänomen einzugehen, das seinen literarischen Niederschlag im Grenzbereich zwischen Epik und Gebrauchsliteratur gefunden hat. Gemeint sind die vielen hermetisch-alchimistischen Schriften, die bezeugen, dass es nicht nur einen bäuerlich-populären, sondern auch einen lateinisch-gelehrten Aberglauben gab. Jedenfalls erscheinen auch noch im 16. und 17. Jahrhundert allerlei krude Geheimlehren, in denen es um den Stein der Weisen, das Goldmachen und die Zukunftsvorhersage geht. Wissenssoziologisch ist deren Entstehung nicht schwer zu erklären. Denn die neulateinischen Humanisten bildeten eine geschlossene Gesellschaft, in die aufgenommen zu werden nicht einfach war. Nicht jeder Universitätsabsolvent erhielt Briefe von prominenten Kollegen, wurde mit Widmungsgedichten geehrt oder zu Besuchen nach Holland und Frankreich eingeladen. Neben dem kulturellen gehörte dazu immer auch ein bestimmtes soziales Kapital, ein Netz von Beziehungen, Bekanntschaften und Freundschaften, das nicht jeder zu weben verstand. Zudem gab es eine Reihe von Halb- und Dreiviertelgelehrten, die sich mit den großen Köpfen nicht messen konnten, deren Ambitionen aber über die Laufbahn eines Privatlehrers oder Winkeladvokaten hinausgingen. Viele von ihnen resignierten. Aber einige rezipierten und produzierten allerlei magisches Schrifttum, in dem der Schlüssel zum Verständnis aller Welträtsel liegen sollte. So studierte man mit Fleiß die Schriften des Agrippa von Nettesheim, des Theophrastus Bombastus von Hohenheim ('Paracelsus'), des Jakob Böhme und ihrer vielen Adepten. Man richtete kleine Laboratorien ein, probierte lateinische Rezepturen aus und führte magische Rituale durch. Dies dauerte bis weit ins 18. Jahrhundert an. Noch der bedeutende Naturforscher und Aufklärungsphilosoph Georg Forster durchlief 1780 eine alchimistische Phase, in der er den Stein der Weisen zusammenzubrauen hoffte. Und selbst Goethe berichtet im achten Buch des zweiten Teils von *Dichtung und Wahrheit*, dass er als junger Erwachsener Wellings *Opus Mago-Cabbalisticum et Theosophicum* (1735), van Helmonts *Ortus Medicinae* (1648), die anonyme Schrift *Aurea catena Homeri* (1723) und ähnliche Hermetika durchstudiert hatte. Diese Schriften basieren auf der Vorstellung, dass alles mit allem auf geheimnisvolle Weise verbunden ist und dass man großartige Wirkungen hervorrufen kann, wenn man nur das richtige kleine Schräubchen findet, dessen Drehung den Gesamtmechanismus steuert. Nachdem der Pulverdampf verraucht war, saßen allerdings die Amateuralchimisten des feudalistischen Zeitalters wieder enttäuscht und ernüchtert vor ihren Reagenzgläsern. Ihre vielen Geheimschriften bilden jedoch wichtige Dokumente für die Mentalitätsgeschichte des Gelehrtenstandes sowie für die Geschichte der Naturwissenschaften. Denn wie sich hier zeigt, war die Entwicklung von der mittelalterlichen zur modernen Naturwissenschaft kein zwangsläufiger Vorgang. Im spätfeudalistischen Zeitalter sind vielmehr allerlei Nebenwege der gelehrten Forschung ausprobiert worden, die zwar aus heutiger Sicht Irrwege sind, die aber veranschaulichen, dass der große Paradigmenwechsel des Aufklärungszeitalters nicht glatt vonstatten ging.

Am Rezeptionsschicksal der allegorischen Erzählung *Chymische Hochzeit Christiani Rosencreutz Anno 1459* (1616) des Theologen Johann Valentin Andreae lässt sich dies gut demonstrieren. In ihr wird die Gründung eines Ordens durch einen Ritter mit Namen Rosencreutz geschildert, der in fernen Landen allerlei Geheimwissen gesammelt hat, das er nun an die Mitglieder seines Ordens weitergeben will. Wer ihm beitrete, bekomme die Antwort auf alle seine Fragen. Andreaes literarische Fiktion traf auf einen solch fruchtbaren Nährboden, dass der imaginierten die reale Sektengründung folgen konnte. Es bildeten sich Ordensgruppen, die Andreaes Lehren diskutierten und fortentwickelten und deren Vorstellungen noch in der Freimaurerbewegung des späten 18. Jahrhunderts sowie in der Anthroposophie Rudolf Steiners, des Begründers der Waldorf-Schulen, deutliche Spuren hinterließen. Andreae stieß zunächst auf den Widerstand der etablierten Kirchen, konnte sich jedoch schließlich als Hofprediger und Konsistorialrat in Stuttgart etablieren. In zahlreichen anderen Schriften stellte er unter Beweis, dass es ihm um eine durchgehende Reformierung des christlichen Glaubens ging, die auch mit einer neuen Gesellschaftsordnung und einem neuen Wissenschaftskonzept verbunden sein sollte. Unter anderem wandte er sich gegen die Hexenverfolgung, deren 'wissenschaftliche' Rechtfertigung vielen Gelehrten des spätfeudalistischen Zeitalters willkommene Gelegenheit bot, sich aus ihrer Isolation zu entfernen und den Schulterschluss mit der Masse des abergläubischen Volkes zu suchen. Nur wenige Intellektuelle wie der jesuitische Professor Friedrich Spee mit seiner *Cautio Criminalis* (1631) haben gegen diese Praxis aufzubegehren gewagt. In Glarus unweit von Zürich wurde noch 1782, drei Jahre nach der Publikation von Lessings *Nathan*, die Dienstmagd Anna Göldin wegen angeblicher Hexerei verurteilt und hingerichtet.

Was den Bereich des Dramas betrifft, so muss zunächst an das protestantische und das jesuitische Schuldrama erinnert werden, das im vorigen Kapitel beschrieben wurde. Mit gleichem Recht hätte es hier an dieser Stelle behandelt werden können, denn die meisten seiner Autoren waren Gelehrte, Gymnasiallehrer, die in ihren Nebenstunden Stücke schrieben, die von Jugendlichen aufgeführt werden konnten. Aus pädagogischen und moralischen Gründen ergaben sich aus dieser spezifischen Aufführungssituation sowohl sprachliche als auch inhaltliche Beschränkungen. Manche dieser Schülertheater wurden geradezu professionell geführt und erreichten hohes Niveau. Für die Masse konnte dies aber nicht gelten. Und der Ehrgeiz mancher Autoren ging über das Schultheater hinaus. Als prominentestes Beispiel hierfür gilt der Philologe Nicodemus Frischlin, dessen Biographie selbst genug Stoff für ein Drama abwerfen könnte. Wegen einer Rede zugunsten des unterdrückten Bauernstandes (*De vita rustica*) sah er sich 1578 der Verfolgung des Adels ausgesetzt, konnte sich jedoch zunächst als Schulrektor in Laibach etablieren. Aufgrund fortgesetzter Streitigkeiten mit Adel und Universität ging er schließlich nach Prag, Wittenberg und Braunschweig. Dort wurde er wiederum Leiter einer Lateinschule, geriet jedoch in den Sog konfessioneller Auseinandersetzungen und wurde schließlich sogar in Haft genommen. Er starb bei einem Versuch, aus dem Gefängnis zu entfliehen.

Sein bekanntestes Stück ist die Komödie *Der auferstandene Julius*, die 1582 oder 1583 zunächst in lateinischer, schon 1585 aber in deutscher Sprache aufgeführt wurde. Caesar und Cicero werden darin von Merkur aus der Unterwelt geholt und treten eine kleine Besichtigungsreise durch das 16. Jahrhundert an. Ein französischer Händler und ein italienischer Schornsteinfeger führen ihnen den Niedergang der lateinischen Sprache und Kultur vor Augen, aber ein deutscher humanistischer Dichter – Frischlin soll diese Rolle in der Stuttgarter Uraufführung selbst übernommen haben – demonstriert ihnen die Kulturblüte im einst barbarischen Germanien. Stark beeindruckt sind Caesar und Cicero auch, als man ihnen das Schießpulver und den Buchdruck erklärt. Deutsche Gelehrte, so die Botschaft des Stückes, sind die legitimen Erben der antiken Hochkultur. Ob sie diesen Standard aber werden halten können, lässt das mit vielen possenhaften und satirischen Elementen verzierte Stück offenbar absichtlich im Ungewissen. Wie auch andere Werke des Autors wurde die Komödie am Hoftheater inszeniert, als Frischlin gerade einmal nicht in politisch-konfessionelle Auseinandersetzungen verwickelt war.

Im Übergang zur Beschreibung der gelehrten Gebrauchsliteratur sei hier noch auf eine Mischgattung mit dramatisch-epischen Zügen hingewiesen, die sich bei den Neulateinern und allgemein bei den Gelehrten des spätfeudalistischen Zeitalters besonderer Beliebtheit erfreute, nämlich auf den Dialog. Dabei handelt es sich um fiktive Gespräche, in denen philosophische und theologische, später oft auch politische, gesellschaftliche und pädagogisch-psychologische Fragen erörtert wurden. Das bekannteste Modell hierfür hatten die Schriften Platons geliefert, in denen Sokrates seine Gesprächspartner durch seine raffinierte mäeutische Fragetechnik allmählich auf den Weg der Erkenntnis führt. Plutarch, Cicero und Augustinus entwickelten die Gattung weiter, und vor allem die italienischen Humanisten, denen ja die deutsche Gelehrtenwelt in vielerlei Hinsicht nacheiferte, knüpften an diese Traditionen an. In Deutschland war es zunächst vor allem der lutherische, stark in den politischen und religiösen Auseinandersetzungen seiner Zeit aktive und engagierte Reichsritter Ulrich von Hutten, der sich immer wieder der lebhaften, von der steiferen Schriftsprache entfernten Dialogform bediente. Sein wichtigstes Werk ist das *Gespraech Buechlin Herr Ulrichs von Hutten* (1521), das sich in starken Worten gegen den Sittenverfall unter katholischen Geistlichen und gegen die Geldgier des Papstes wendet. Wegen seiner patriotischen Untertöne wurde Hutten von den Nationalsozialisten zum Gewährsmann eines deutschen Chauvinismus umgedeutet.

Interessant ist die Fortentwicklung der Dialoggattung im 17. Jahrhundert, die in Richtung auf eine freiere Form der geselligen Konversation geht, wie sie in gehobenen bürgerlichen Kreisen, besonders unter den Damen der Gesellschaft, üblich wurde. Das bekannteste Muster hierfür lieferte der Nürnberger Jurist und Patrizier Georg Philipp Harsdörffer mit seinen *Frawen-Zimmer Gespräch-Spiel. So bey Ehrliebenden Gesellschaften zu nützlicher Ergetzlichkeit beliebet werden mögen*, die in acht Teilen zwischen 1641 und 1649 publiziert wurden. Dabei handelt es sich um Gespräche zwischen sechs Personen, wobei von der Malerei über die Fremdwörtermode bis hin zur Kräuterlehre alle möglichen Themen erörtert werden, die unter gebildeten Frauen Interesse finden konnten. Verfasser und Rezipienten der Gesprächsspiele stehen zwischen der Gelehrtenwelt im engeren Sinne und einer größeren Schicht besonders gebildeter Bürgerinnen, die auch für anspruchsvollere Themen zu gewinnen waren. Dazu gehört vor allem Harsdörffers Lieblingsgegenstand, die deutsche Poesie und Sprache, deren Eigenwert er unablässig unter Beweis zu stellen versucht. Er war Mitglied der Fruchtbringenden Gesellschaft und Mitbegründer der Pegnitz-Schäfer und korrespondierte darüber hinaus mit vielen Mitgliedern anderer deutscher und auch ausländischer Sprachgesellschaften. Seine Begründung der Gleichrangigkeit des Deutschen mit dem Französischen oder auch dem Lateinischen basierte auf geschichtsmetaphysischen Argumenten, die aus heutiger linguistischer Perspektive freilich nicht mehr nachzuvollziehen sind. Das Deutsche, meinte Harsdörffer, sei durch Ähnlichkeiten im Wortschatz mit dem Hebräischen und dadurch mit einer von ihm angenommenen Ursprache der Menschheit verwandt. Es sei damit gleichsam von bester Herkunft und bedürfe keiner Anpassung an französische oder lateinische Stilmuster. Harsdörffer wandte sich damit gegen die von Opitz in seinem *Buch von der deutschen Poeterey* vertretene These, dass die deutsche Sprache durch Übersetzungen fortentwickelt und verfeinert werden könne und solle. Harsdörffers aufwändig illustrierte und dementsprechend kostspielige *Gesprächsspiele* besitzen ausführliche Stichwortregister, die sie zu einer Art Lexikonersatz machen. Wie Harsdörffers gesamtes Wirken stellen sie unter Beweis, dass der Gelehrte des spätfeudalistischen Zeitalters nicht nur seinesgleichen, sondern auch bestimmte bürgerliche Kreise erreichen konnte. Voraussetzung dafür war der Verzicht auf die lateinische Sprache und die Bereitschaft, sich auch in freieren, unkonventionelleren Formen zu artikulieren.

Freilich kann dies nicht darüber hinwegtäuschen, dass sich Harsdörffer in seinen Schriften immer wieder als Gelehrter reinsten Wassers präsentiert, dessen stupende Wissensfülle die Lektüre der *Gesprächsspiele* nicht unbedingt erleichtert. Aus didaktischer Sicht ist allerdings bemerkenswert, dass Harsdörffer in vielen Fällen nicht auf seiner höheren Einsicht beharrt, sondern die von ihm aufgeworfenen Fragen unbeantwortet lässt. Wer sich auf seine Bildungsofferten einließ, konnte deshalb in geeigneter Runde manches der von ihm behandelten Probleme 'ergebnisoffen' weiterdiskutieren, jedenfalls soweit nicht die Grenzen der christlichen Moral, des zeitgenössischen Ehrverständnisses und der schichtenspezifischen Konversationsregeln verletzt wurden.

Von Harsdörffer muss auch die Rede sein, wenn wir uns zuletzt mit dem Bereich der Gebrauchsliteratur im Gelehrtenstand beschäftigen. Denn zu den wichtigsten Erzeugnissen dieser Bevölkerungsgruppe zählen die vielen poetisch-rhetorischen Ratgeber, die dem gebildeteren Menschen Fingerzeige für die Verfertigung festlicher Ansprachen und wirkungsvoller Gelegenheitsgedichte geben wollten. Unter der Bezeichnung 'Nürnberger Trichter' ist das entsprechende Anleitungsbuch Harsdörffers geradezu sprichwörtlich geworden, das zwischen 1647 und 1653 in drei Teilen erschien, und zwar unter dem vielsagenden Titel *POETISCHER TRICHTER / die teutsche Dicht- und Reimkunst / ohne Behuf der lateinischen Sprache / in VI Stunden einzugiessen*. Der Verfasser wandte sich mit diesem Werk besonders an Gymnasiasten, denen in sechs Lektionen die erforderlichen Grundkenntnisse der Metrik und Rhetorik 'eingetrichtert' werden sollten. 'Stunden' meint also nicht unbedingt 'Zeitstunden', sondern eher 'Unterrichtseinheiten'. Gleichwohl illustriert der Titel aber noch einmal das gänzlich andere, seit dem Geniekult des späten 18. Jahrhunderts für viele nicht mehr nachvollziehbare Literaturverständnis einer Epoche, die das Dichten für lehr- und lernbar hielt. Der Hinweis, dass die Lektüre keine Lateinkenntnisse erfordere ('ohne Behuf der lateinischen Sprache'), verdeutlicht außerdem, dass Harsdörffer nicht nur die Gelehrtenwelt im engeren Sinne (Lateinschüler), sondern breitere Schichten des Bürgertums ansprechen wollte. Das lässt sich von Opitz nicht behaupten, dessen Ratschläge ohne Grundkenntnis der lateinischen und französischen Sprache und Metrik kaum zu realisieren waren. Trotz aller Neuerungen im Detail bleiben aber natürlich beide Autoren, was hier noch einmal unterstrichen sei, ganz im Rahmen der Nützlichkeitspoetik, die den Wert der Literatur in ihrer moralisch-didaktischen Funktion sah.

Zweifellos die wichtigste Gattung der Gebrauchsliteratur war der Brief, der die Verbindung zwischen den einzelnen Gelehrten herstellte, ihre soziale Stellung durch wechselseitige Bestätigung und Anerkennung sicherte und ein wichtiges psychologisches Hilfsmittel gegen Gefühle der Einsamkeit und der Isolation war. Man muss zunächst wissen, dass es gängige Praxis war, Briefe im Freundeskreis vorzulesen oder sogar zu publizieren, um auf diese Weise

den schriftstellerischen Rang des Verfassers und die soziale Position des Em-
pfängers zu dokumentieren. Der Brief war also häufig keine private Äuße-
rungsform, wie es seit dem späten 18. Jahrhundert die Regel ist. Die Interpretation derartiger Texte verlangt deshalb Hintergrundkenntnisse. Sie beinhalten
meistens keine aufrichtige, 'authentische' Selbstaussprache, sondern sind Ausdruck einer hoch konventionalisierten sozialen Beziehung.

Wie gelangte der Brief zu seinem Empfänger? Ein effizientes Transportsy-
stem für Passagiere, Pakete und Briefe wurde in Deutschland erst zu Beginn
des 19. Jahrhunderts eingerichtet. Bis dahin vertraute man seine Korrespondenz entweder Geschäftsreisenden an oder bediente sich der wenigen Postver-
bindungen. Das waren Linienkutschen, die ab dem 16. Jahrhundert regelmäßig
auf bestimmten Strecken verkehrten, wobei z. B. die Transportzeit für die
Strecke von Stuttgart bis Frankfurt am Main von Ludwig Börne in seiner witzigen *Monographie der deutschen Postschnecke* noch im Jahre 1821 auf vier-
zig Stunden angesetzt wird. Mehr als vierzehn Stunden entfielen dabei, wie der
Autor minutiös notiert, auf den Pferdewechsel, Ausbesserungen an der Kutsche, Verpflegungspausen für den Kutscher und ähnliche Reiseunterbrechun-
gen. Der Empfang eines Briefes war unter diesen Umständen ein besonderes
Ereignis. Und der Briefschreiber dürfte sich genau überlegt haben, was nun
mitzuteilen war und was nicht. Der Stil der Gelehrtenkorrespondenz ist demnach nicht von Spontaneität gekennzeichnet. Meistens sind die Briefe nach
einem schon aus der Antike bekannten Kompositionsschema aufgebaut, das
auf die Begrüßung (salutatio) eine kurze Einleitung in entschuldigendem Tonfall (captatio benevolentiae) folgen ließ, ehe die eigentliche Nachricht (narra-
tio) präsentiert wurde. Die ggf. sich anschließende Formulierung eines Wunsches oder einer Bitte (petitio) mündete in eine Zusammenfassung mit Ab-
schiedsgruß (conclusio).

Wir wollen uns ein kurzes Beispiel für diese Art des Briefwechsels vor
Augen führen. Es entstammt der Feder des Philosophen und Universalgelehr-
ten Gottfried Wilhelm Leibniz, der den wahrscheinlich umfangreichsten
Briefwechsel des gesamten Zeitalters geführt hat. Ca. 20.000 Briefe von seiner
Hand sind erhalten, die er an mehr als 1.000 verschiedene Adressaten richtete.
Sein Schreiben an den Medizinprofessor Friedrich Hoffmann vom
27. September 1699 beginnt mit den folgenden Worten:

„Nobilissime et Experientissime Vir, Fautor honoratissime.
   Doctissimæ et judicii non minùs, quàm experientiæ tuæ non vulgaris testes,
Dissertationes tuæ adhuc pretiosiores et addita ad me humanissima epistola fece-
runt, ut utroque nomine gratias tibi agam debeamque, vellem et referre posse. Mihi
videris de mechanismo naturæ judicare rectissimè, et mea quoque semper fuit sen-
tentia, omnia in corporibus fieri mechanicè, etsi non semper distinctè explicare pos-
simus singulos mechanismos: ipsa verò principia mechanismi generalia ex altiore
fonte profluere, quod tibi quoque, ni fallor, probatur. (...)

[Höchst vortrefflicher und sehr erfahrener Herr, hochverehrter Gönner.
Ihre höchst gelehrten und Ihre Urteilskraft ebenso wie Ihre ungewöhnlich
große Erfahrung bezeugenden, immer noch wertvolleren Erörterungen sowie der
mir beigefügte, sehr edle Brief lassen mich Ihnen für beides danken und Dank
schulden; ich wollte, ich könnte ihn auch erwidern. Sie scheinen mir sehr richtig
über den Mechanismus der Natur zu urteilen, und es war auch immer meine Meinung, daß in den Körpern alles auf mechanische Weise geschieht, wenn wir auch
nicht immer einzelne Mechanismen deutlich erklären können. Die allgemeinen
Prinzipien selbst aber des Mechanismus kommen aus einer höheren Quelle, was
auch, wenn ich mich nicht täusche, bei Ihnen Beifall findet. (...)]"

(Leibniz V/2, S. 186f.)

Leibniz und Hoffmann waren Deutsche, aber für die Korrespondenz unter
Gelehrten bediente sich Leibniz ganz standesgemäß der lateinischen Sprache.
Nur in besonderen Fällen wechselte er ins Französische oder Englische, ganz
selten auch ins Deutsche wie z. B. in seinem Briefwechsel mit dem wissenschaftlichen Außenseiter und Querdenker Gabriel Wagner, der sich stark für
die Verbreitung der deutschen Sprache engagierte. Aus der Sicht des heutigen
Lesers ist Leibniz' Brief von überschwänglicher Höflichkeit und großer Um-
ständlichkeit geprägt. Dies war jedoch keineswegs ungewöhnlich für den Beginn solcher Briefe. Im weiteren Verlauf, nach der unvermeidlichen captatio
('Dank schulden'), wird der Stil nüchterner, die Ausdrucksweise flüssiger, der
Ton gemäßigter. Von den umständlichen Briefanfängen darf man sich also
nicht abschrecken lassen. Sie bezeugen die wichtige soziale, den Empfänger in
seinem wissenschaftlich-intellektuellen Rang bestätigende Funktion der Gelehrtenkorrespondenz. Ein Brief mit dieser Anrede aus der Feder des berühmten Leibniz ließ sich wahrlich vorzeigen.
Zuletzt sei hier noch das Emblem erwähnt, in dem sich ein Sinnbild mit einem spruchähnlichen Kurzgedicht und einer Überschrift zu einer literarisch-
malerischen Mischform verbindet. Ein solches Emblem konnte beispielsweise
einen von Mücken attackierten Elefanten zeigen, der sich in seiner Ruhe nicht
stören lässt; der Kommentar dazu erklärt den Sinn dieser Darstellung, nämlich
dass sich 'ein ernsthafter Mann nicht um das Kläffen des Pöbels schert' (vgl.
Henkel/Schöne 1996, S. 413f.). Die zu den Emblemen gehörigen Kurzgedichte
waren anfangs in lateinischer Sprache verfasst, sind also im wesentlichen der
Gelehrtenkultur zuzurechnen. Im Laufe des 17. Jahrhunderts mehrten sich
jedoch die Übersetzungen und die deutschsprachigen Emblembücher, was
darauf hindeutet, dass die Form auch in nicht-gelehrte Kreise Einzug hielt.
Mathias Holtzwart, Gabriel Rollenhagen und Julius Wilhelm Zincgreff sind
berühmte deutsche Autoren, die sich in diesem auch für Kunsthistoriker interessanten Genre übten.

In der Überschau zeigt sich, dass die literarische Kommunikation der Gelehrten des spätfeudalistischen Zeitalters in der Hauptsache durch die eifrige Produktion und die aufmerksame einsame Lektüre gedruckter lateinischer Texte gekennzeichnet ist. Das stilistische und intellektuelle Anspruchsniveau der Literatur ist so hoch wie in keinem anderen Stand. Durch Politik und Ökonomie beförderte Transformationen des Wissenschaftsbegriffs und -betriebes machten die lateinischen Gelehrten jedoch schon seit der Zeit um 1700 zu einer aussterbenden Kaste. An ihre Stelle rückten die aufgeklärten, deutsch sprechenden Intellektuellen, die ihre Legitimation aus der Universalität ihrer Lehren und damit aus ihrer – zumindest potentiellen – Allgemeinverbindlichkeit ableiteten. Insofern dieses Verhalten charakteristisch für die Bildungsschicht des bürgerlichen Zeitalters ist, lässt sich feststellen, dass das '1789' der Gelehrten mehr als ein halbes Jahrhundert vor 1789 stattfand. Die aggressive Verdrängungspolemik der bürgerlichen Intellektuellen gegen die aus ihrer Sicht unaufgeklärten Angehörigen des spätfeudalistischen Gelehrtenstandes hat die Literaturgeschichtsschreibung bis weit ins 20. Jahrhundert hinein beeinflusst. Die reiche literarische Kultur dieser kleinen, aber geistesgeschichtlich bedeutsamen Bevölkerungsschicht ist deshalb und wegen der Sprachbarriere bis heute in großen Teilen nur schwach erforscht.

4. Adelige

Abb. 9: Codex Manesse (Anfang des 14. Jahrhunderts): 'Herr Hiltbolt von Schwangau'

Hiltbolt von Schwangau, dessen Werke im 13. Jahrhundert entstanden, gehört zu jenen höfischen Minnesängern, deren verfeinerte Sprech- und Gefühls-kultur eine wichtige Durchgangsstation auf dem Entwicklungsgang des Ade-ligen darstellt, der sich im feudalistischen Zeitalter vom Haudegen in den christlichen (Kreuz-)Ritter, dann in den Damenritter und schließlich in den weltgewandten Diplomaten verwandelt.

Der Adel bildete mit einem Bevölkerungsanteil von weniger als einem Prozent
die herrschende, schon aufgrund ihrer Lebensführung leicht als solche erkennbare Gesellschaftsschicht. Im Verlauf des feudalistischen Zeitalters erfuhr der
Adelsstand allerdings eine radikale Transformation, die sich mit den Begriffen
Pazifierung, Kultivierung, Professionalisierung und Disziplinierung beschreiben lässt. Die Ursprünge dieser Schicht liegen, wie oben gezeigt, in den
Häuptlingsfamilien des Stammeszeitalters, deren gesellschaftliche Vormachtstellung ursprünglich ganz auf körperlicher Stärke und militärischer Kampfeskraft basierte. Im Zuge der ökonomisch-politischen sowie religiös-ideologi-
schen Konsolidierung ihrer Herrschaft durch das Ständesystem konnten die
Adeligen die Hauptlast der militärischen Arbeit, den eigentlichen kriegerischen
Kampf, an Untergebene delegieren und sich auf Tätigkeiten in der militärischen und zivilen Administration, im Rechtswesen und in der Diplomatie kon-
zentrieren. Schon rein äußerlich lässt sich dies am allmählichen Übergang von
der Festungs- zur Repräsentationsarchitektur, von der Kriegs- zur Zierrüstung,
vom Gelage zum Festmahl und an vielen ähnlichen Details festmachen. Aus
dem draufgängerischen Kämpfer wurde so allmählich der fromme christliche
Reiter, dann der galante Kavalier und schließlich der weltgewandte, kultivierte
Diplomat, der sich im In- und Ausland souverän auf diplomatischem Parkett
zu bewegen wusste. Dieser Transformationsprozess zog sich allerdings über
Jahrhunderte hin und wurde immer wieder von Rückschlägen unterbrochen
wie z. B. im Falle der Raubritter des Spätmittelalters, einer Fraktion unterpri-
vilegierter und zeitweise sogar von Verarmung bedrohter Adeliger, die ihr Heil
in der Rückbesinnung auf militärische Verhaltensregeln und stammeszeitliche
Wertvorstellungen suchten.

An der gesellschaftlichen und kulturellen Gesamttendenz konnten solche
nostalgischen Unternehmungen freilich nichts ändern. Das Bildungsideal des
Adelsstandes verfeinerte sich unaufhaltsam. Zwar spielten dabei bis zuletzt
militärisch-körperliche Übungen wie das Reiten und das Fechten eine wichtige
Rolle, aber auch hier gab es eine Tendenz zur Verfeinerung und Kultivierung.
Kunstmäßiges Dressurreiten und sportlich-artistisches Fechten wurden in spe-
ziellen Lehrbüchern beschrieben und zu raffinierten, mehr auf Eleganz als auf
Kraft setzenden Disziplinen entwickelt. Dazu kamen ab dem Hochmittelalter
verstärkt 'unkriegerische' Tugenden und Fertigkeiten wie das Lesen und
Schreiben, das geistreiche Plaudern, das gute Benehmen, das galante Verhalten
gegenüber dem anderen Geschlecht, das Beherrschen von Fremdsprachen oder
auch das souveräne Demonstrieren guten Geschmacks in puncto Kleidung,
Einrichtung und Esskultur (vgl. Bumke 1994).
Die verschiedenen Fraktionen des Adels waren an der Verwandlung des
Kämpfers in den Diplomaten und Administrator allerdings in unterschiedli-
chem Ausmaß beteiligt. Das ergab sich aus der Natur des im Frühmittelalter
nach und nach durchgesetzten und institutionalisierten Feudalsystems, auf dem

die ökonomische, politische und militärische Vorrangstellung des Adels basierte. Vom regierenden Fürsten bis zum kleinen Landadeligen sicherte es im
Prinzip allen Lehnsgebern regelmäßige Einkünfte in Form von Naturalabga-
ben, Arbeitsdiensten, Verwaltungsgebühren und – vor allem – rentenähnlichen
Geldzahlungen. Dazu kamen hoheitliche Befugnisse wie z. B. die Polizeige-
walt, die (lukrative) niedere Gerichtsbarkeit oder das prestigeträchtige Jagd-
recht. Im öffentlichen Leben manifestierte sich die Vorrangstellung des Adels
durch obligatorische, genau abgestufte Anredeformeln, reservierte Plätze in
der Kirche, die Erlaubnis zur Verwendung bestimmter Kleidungsstoffe und
ähnliche Äußerlichkeiten, deren herrschaftsstabilisierende Symbolkraft nicht
unterschätzt werden darf. Aufgrund von Konzentrationsprozessen führte das
Feudalsystem im Lauf der Jahrhunderte zu einer immer drastischeren Un-
gleichverteilung der Privilegien innerhalb des Adelsstandes. An der Spitze
standen die Landesfürsten, die Sitz und Stimme im Hof- bzw. Reichstag hatten
und nur vor dem Kaiser und den Reichsinstitutionen Rechenschaft ablegen
mussten. Darunter rangierten die reichsunmittelbaren Adeligen, die über
weitaus kleinere, aber immer noch selbstständige Herrschaftsgebiete verfügten,
jedoch nur als Kollektiv einige Stimmen in der Fürstenversammlung besaßen.
Die Gebiete innerhalb der Länder, die nicht dem Landesfürsten persönlich
unterstanden, gehörten, von den wenigen freien Städten und Gemeinden abgesehen, dem Landadel, dem allerdings Geschlechter mit und solche ohne
Stimme im Landtag angehörten. Am Ende der Skala rangierte der Briefadel,
der aus frisch nobilitierten Bürgern, Gelehrten oder (seltener) Großbauern
bestand (vgl. Wehler 1996a, S. 140f.). Ein kleiner Landadeliger oder gerade
erst nobilitierter Gelehrter konnte sich natürlich mit einem Landesfürsten nicht
im Entferntesten vergleichen. Aus der Perspektive des Schmiedegesellen oder
der Magd waren aber beide 'gnädige Herren', deren Vorrangstellung unübersehbar war.

Inflationstendenzen und Ernteausfälle bedrohten immer wieder den Wert
der adeligen Leibrenten und Privilegien. Dazu kam das langfristig fatale
Adelsrecht, das den Edelleuten bei Androhung des Entzugs der Standesrechte
untersagte, als Kaufmann oder Handwerker tätig zu werden. Das Bürgertum
konnte diese Gesetzeslage zu seinen Gunsten ausnutzen, weshalb so mancher
Großkaufmann oder Handwerksmeister finanzkräftiger war als der auf seine
womöglich schrumpfenden Rentenzahlungen angewiesene Landadelige. Auf
diese Situation konnte der Adel auf zweierlei Weise reagieren: das Rad der
Zeit zurückdrehen oder die Flucht nach vorne antreten.

Ersteres bedeutete Rückkehr zum Faustrecht, territoriale Expansion, Krieg
gegen die Nachbarn. Götz von Berlichingen oder auch der oben schon erwähnte Albrecht Alcibiades, Markgraf von Brandenburg-Kulmbach, setzten
auf diese Karte. Sie waren jedoch schon im 16. Jahrhundert Fossile, auf die
man in höheren Adelskreisen nicht ohne Verwunderung herabblickte. Berli-

chingen fühlte sich deshalb bemüßigt, zur Selbstrechtfertigung jene Autobiographie zu verfassen, auf die später Goethe für sein Götz-Drama zurückgreifen
konnte. Trotz andauernder Rangeleien und juristischer Auseinandersetzungen
zwischen konkurrierenden Adelsfamilien kann insgesamt festgestellt werden,
dass die Rückkehr zum Raubrittertum selten von Erfolg gekrönt war.

Blieb also nur die Flucht nach vorne. Und die konnte zweierlei bedeuten.
Erstens gab es die Möglichkeit, Anschluss an den Fürstenhof zu suchen, der
schließlich, im Zeitalter des Absolutismus, zu einer zentralen Verwaltungsbe-
hörde mit weit reichenden Kompetenzen wurde. Zweitens konnte man seine
Situation vor Ort zu verbessern versuchen und seine Gutshöfe zu möglichst
ertragreichen, effizient organisierten Agrarunternehmen ausbauen.

Der zweite Weg wurde nur in seltenen Ausnahmefällen beschritten. Er
setzte eine ökonomisch-technische Bildung, tatkräftiges Engagement und eine
Angleichung an die Kultur der bürgerlichen Kaufleute mit ihrem spezifischen
Arbeits- und Leistungsethos voraus. Hierzu waren die wenigsten Adeligen
bereit, aber es ist immerhin zu konstatieren, dass die Aufklärungsbewegung
des 18. Jahrhunderts von einem Teil dieser Schicht mitgetragen, ja aktiv befördert worden ist. Für 'aufgeklärte' Herrscher verband sich damit die Hoffnung,
Anschluss an die frühkapitalistische Wirtschaftsweise zu gewinnen und im
direkten Konkurrenzkampf mit Kaufleuten und städtischen Patriziern die alte
Vorrangstellung unter neuen Bedingungen konservieren zu können. Tragische
Ironie der Geschichte, wenn bürgerliche Revolutionäre später auch jene Edel-
leute attackierten, die zur Verbreitung der aufklärerischen Ideen beigetragen
hatten. Das waren allerdings nur wenige (vgl. Klueting 1998).

Denn die Masse der Adeligen bevorzugte den ersten Weg. Man orientierte
sich am Hof, schon aus Ehrgefühl oder weil man ganz ernsthaft der Ideologie
des 'blauen Blutes' erlegen war. Diese Höfe waren erst ab dem 12. Jahrhundert
ortsfeste Herrschaftszentren; bis dahin war es üblich, dass die Regierenden nur
die Wintermonate an ihrem Stammsitz verbrachten und während der übrigen
Zeit von Adelssitz zu Adelssitz reisten, um Beratungen abzuhalten, Verwal-
tungs- und Gerichtsangelegenheiten zu bearbeiten und Beziehungen zu pflegen. Dieses auf Reichsebene von den Königen und Kaisern, auf Landesebene
von den jeweiligen Territorialfürsten praktizierte Prinzip der Reiseherrschaft
sorgte tendenziell für eine Homogenisierung der adeligen Kultur, deren Exponenten bis hinunter zum kleinen Landadeligen immer wieder mit dem aktuellen Entwicklungsstand der im engeren Sinne höfischen Kultur bekannt gemacht wurden. Trotz dieses intensiven Austausches blieb die absolute Zahl der
am höfischen Leben Partizipierenden freilich niedrig, man schätzt, dass zu
einem durchschnittlichen Fürstenhof ca. 100 bis 150 Personen gehörten, zu
denen ggf. einige Dutzend Gäste hinzukamen (vgl. Nusser 1992, S. 183).

An den Höfen konnte man Tugenden zur Geltung bringen, die im Werte-
katalog des Adels ganz oben standen und ihrem Bildungsideal entsprachen:

Benehmen, Umgangsformen, 'Zivilisiertheit'. Wo diese Tugend zum starren Imponiergehabe wurde, traf die spätere bürgerliche Kritik sie zu Recht. Ihrer ursprünglichen Idee nach handelte es sich jedoch um eine wirkliche Wohlerzogenheit, die aus zivilisationsgeschichtlicher Perspektive einen deutlichen Fortschritt gegenüber der fortgesetzten kriegerischen Konkurrenz zwischen den Adeligen bedeutete (s. Elias 1976). Am Hof focht man mit den Waffen des Wortes, der Mimik, der Gestik, der Etikette, der ständigen sozialen Kontrolle und der Selbstdisziplinierung. Der Schlossbaustil des Barockzeitalters bietet hierfür das beste Anschauungsmaterial. Versailles gab das Vorbild für eine zweckentsprechende Herrschafts- und Repräsentationsarchitektur, die den Adel nach außen als geschlossene Kaste darstellte und die nach innen die differenzierten Abstufungen zwischen höheren und niederen Hofbeamten widerspiegelte. Wer bei Hof Karriere machte, rückte näher ans Zentralgebäude, gewann an Einfluss, konnte etwas für sich herausschlagen. Hoffähig waren in der Regel nur Adelige, hochrangige Militärs und Geistliche sowie die höchsten Staatsbeamten (Minister u. ä.), wobei die diesbezüglichen Regularien der Hofrangordnung freilich von Residenz zu Residenz unterschiedlich waren und in Berlin zum Beispiel liberaler gehandhabt wurden als in Hannover. Wer sich als Gelehrter oder Beamter unentbehrlich machte, erhielt u. U. einen niedrigen Adelsrang verliehen, um bei Hof erscheinen zu dürfen. So besaß am Ende des feudalistischen Zeitalters fast jede deutsche Residenzstadt ihr kleines Versailles. Und selbst der Landadelige sowie der um Nobilitierung bemühte Bürger strengten sich an, etwas vom Glanz der höfischen Kultur in ihr Heim zu holen. Daher rührt es, dass man auch in großbürgerlichen Bevölkerungskreisen auf Mobiliar und Kunstgegenstände stoßen konnte, die den spezifischen Geschmack des Adels reflektieren. Obwohl er weniger als 1 % der Bevölkerung umfasste, hat dieser Stand die kulturelle Praxis der 'noch nicht adeligen', aufstiegsorientierten Schichten bis ins 19. Jahrhundert hinein stark beeinflusst.

Das Bildungsideal des höfisch orientierten Adels beinhaltete – wie schon erwähnt – ein weltmännisch-elegantes, distinguiertes Auftreten sowie Gewandtheit im spielerisch-sportlichen Schießen, im Reiten, im Fechten, im Tanzen und auch im Federball- und Schachspiel (dem 'königlichen' Spiel). Mit der 'Sachkompetenz' des Kaufmannes oder Handwerkers und mit der 'Gelehrtheit' des Juristen oder Theologen hatte dies nichts zu tun. Peinlich wäre es geradezu gewesen, wenn sich der Edelmann in der Konversation als Experte der Kameralistik oder als Stubengelehrter entlarvt hätte. Vielmehr sollte er z. B. in einer amüsanten Konversation Geschmack und Esprit unter Beweis stellen, eine Salongesellschaft unterhalten können und das aufwändige Tafelzeremoniell beherrschen. Damit steht fest, dass die Rezeption literarischer Werke in dieser kleinen, aber vorbildgebenden Schicht auch noch in der zweiten Hälfte des feudalistischen Zeitalters nicht primär auf der Lektüre lateinischer Klassiker oder auf dem eifrigen Studium frommer Erbauungsbücher

beruhen konnte (vgl. Backes 1992). Man ließ sich in geselliger Runde etwas
vortragen, parlierte möglichst geistreich über das Gehörte, sammelte kostbar
eingebundene Bücher in einer vorzeigbaren Bibliothek und besuchte vor allem
die aufwändigen Inszenierungen des Hoftheaters. Besonders im
17. Jahrhundert erwarb man auf der Kavalierstour, die in der Regel nach Paris,
Rom und Wien führte, Façon und Conduite, knüpfte Kontakte und schulte
seinen Geschmack. Man lebte nicht wie Bürger oder Bauern im 'ganzen Haus',
sondern in der europäischen Adelsfamilie, in der eine gleich- oder gar höher-
rangige Cousine entferntesten Verwandtschaftsgrades auf jeden Fall mehr
zählte als eine nichtadelige Respektsperson aus der nächsten Umgebung.

Kulturelles Vorbild war hierbei das ganze feudalistische Zeitalter hindurch
vor allem Frankreich. Das gilt nicht erst für die Ära des Absolutismus, in der
Versailles zum unangefochtenen Vorbild höfischer Kultur wurde. Schon beim
Übergang vom Stammeszeitalter zum feudalistischen Zeitalter waren es ja in
Gestalt der Franken und ihrer Herrscherhäuser besonders stark von der römischen, später französischen Kultur geprägte Germanen gewesen, die das regnum teutonicum begründeten. Es ist bis heute umstritten, in welchem Ausmaß
bei diesem Vorgang der alteingesessene germanische Kriegeradel durch einen
neugeschaffenen, den fränkischen Herrschern ergebenen Dienstadel ersetzt
wurde. Tatsache ist aber jedenfalls, dass im Zentrum der höfischen literarischen Kultur schon bald nicht mehr die blutrünstigen Lieder und Epen des
nordgermanischen Sagenkreises standen, sondern die vergleichsweise differenzierteren, subtileren Stoffe, Themen und Motive der Karlssage und der
Matière de Bretagne (Artusstoff), die in französischer und deutscher Sprache
ein neues, verfeinertes Ideal adeliger Kultur entwarfen und propagierten, das
neben der Kühnheit jetzt auch die Weisheit und die Liebe (Frauendienst) beinhaltete. Ob im höfischen Epos, im Minnesang oder später dann im Roman:
Überall lässt sich der starke Einfluss der französischen auf die deutsche literarische Hofkultur nachweisen.

Freilich darf dies nicht so verstanden werden, als sei um 800 schlagartig
die (nord-)germanische gegen eine fränkische Hofkultur ausgetauscht worden
(vgl. Beckers 1993). Vielmehr leben daneben die Stoffe der – nach wie vor
überwiegend mündlich rezipierten – Heldenepik des Stammeszeitalters zunächst noch fort, was sich besonders deutlich am Beispiel des *Nibelungenlie-
des* zeigen lässt, das allerdings in gewissem Sinne bereits zu seiner Zeit ein no-
stalgisches Artefakt darstellte. Wie Hartmann von Aues *Erec* und *Iwein*, Wolfram von Eschenbachs *Parzival* und Gottfried von Straßburgs *Tristan* ist es um
1200 verfasst worden. Doch anders als diese kultivierteren, französischen
Einfluss verratenden höfischen Epen rekurriert es nicht auf west-, sondern auf
nordgermanische Stofftraditionen und führt noch einmal zurück in die damals
schon fast versunkene Gefühls- und Gedankenwelt der Kriegerepik des Stammeszeitalters. Gegen das Liebesempfinden und die Gefühlsintensität eines

Tristan stellt das *Nibelungenlied* noch einmal die ekstatische Blutsäuferei des kühnen germanischen Recken, der in einer Welt der Gewalt, des Hasses und des Betruges lebt. In der Romantik und im Nationalsozialismus hat man diesen Zivilisationsrückschritt zu einem Fortschritt umdeuten wollen. Die Identität der Deutschen gründe, so hieß es, auf der hier erstmals hervortretenden Abneigung gegen französische Überfeinerung, der das *Nibelungenlied* die angeblich urgermanischen Tugenden der Treue und der Wehrhaftigkeit demonstrativ gegenübergestellt habe. Solche nationalistischen Deutungen sind heute obsolet. Einzuräumen ist nur, dass ab den 1220er Jahren für einige Jahrzehnte das Interesse an der französischen Epik erlahmte und dass stattdessen die Werke von Hartmann, Wolfram und Gottfried in den Rang verbindlicher Vorbilder erhoben wurden, denen man nacheiferte (vgl. Bumke 2000, S. 207f.).

Vom *Ludwigslied* (spätes 9. Jahrhundert) über das *Rolandslied* des Pfaffen Konrad (12. Jahrhundert) und die oben genannten, hochmittelalterlichen Hauptwerke der höfischen Epik bis hin zum *Theuerdank* (1517) des Kaisers Maximilian I. ist freilich der Einfluss der französischen Epik insgesamt dermaßen gewaltig, dass man einige dieser Werke eher als freie Übertragungen denn als eigenständige Schöpfungen bezeichnen könnte. Wenn der besagte Maximilian auf seinem Innsbrucker Grabmal den König Artus unter seine Vorfahren einreihen lässt, illustriert das nicht nur eine heute schwer nachzuvollziehende Sorglosigkeit beim Umgang mit historischen Fakten, sondern auch eine für die höfische Literatur insgesamt charakteristische Bemühung um Traditionsbildung zum Zwecke der Herrschaftsstabilisierung (vgl. Cramer 2000, S. 91). Die Grenze zwischen der Geschichtsdichtung und der Legende wird nicht selten überschritten, um die Geschichte des eigenen Standes oder sogar konkret der eigenen Familie nahtlos in die göttliche Schöpfungs- und Heilsgeschichte einfügen zu können. Dass hierbei die Geschichtsvorstellung des Christentums zugrunde gelegt wird, ist die erste wichtige Neuerung gegenüber den Heldensagen und -liedern des Stammeszeitalters, die – wie oben dargelegt wurde – der Ausbildung einer Gefolgschaftsidentität und der Sakrierung und Verstetigung direkter militärischer Dominanz dienten. Ein zweites, nicht minder bedeutsames Novum ist darin zu erblicken, dass vom Hochmittelalter an bei den Rezipienten ein immer stärkeres Gespür für die Fiktionalität der zeitgenössischen Epik vorausgesetzt werden kann (s. Bumke 1994, S. 393-397). Dies scheint ein Widerspruch im Hinblick auf die geschilderte Funktion der Traditionsbildung zu sein. Doch wer bezweifelt, dass Artus oder Tristan tatsächlich gelebt haben, muss deshalb keineswegs das von diesen Figuren verkörperte Tugendsystem in Frage stellen. Familiengenealogie zielt hier nicht mehr auf die Beanspruchung einer leiblichen Abkunft von unbezwinglichen Helden der Vorzeit, sondern auf das Bekenntnis zu einer bewährten, alterprobten Gesellschafts- und Werteordnung.

Wie musste die höfische Literatur des feudalistischen Zeitalters in stilistischer Hinsicht beschaffen sein, um den Anforderungen des verfeinerten Kulturideals zu entsprechen? Natürlich besonders erlesen, reich an Verzierungen,
zeremoniös, pathetisch, repräsentativ, gerne auch etwas pikant und exotisch.
Und wer sollte sie verfassen? Ein Ritter oder Kavalier setzte sich im Normalfall nicht wochen- oder monatelang an den Schreibtisch, um Romane oder
Dramen auszutüfteln. (Die wenigen Ausnahmen werden unten erwähnt.) Also
wurden Bürgerliche benötigt, die gelehrt und beflissen genug waren, um gegen
Verleihung des Briefadels, der sie bei Hof vorzeigbar machte, diese Arbeit zu
erledigen. Eine Karrierechance, die bürgerlichen Akademikern mit guten
Umgangsformen die Möglichkeit eröffnete, bis in 'höchste Kreise' vorzudrin-
gen, auch wenn man dort manchmal mehr geduldet als geachtet war. Und also
kamen sie: die Birken, Zesen, Lohenstein. Sie stammten von Pastoren, Kaufleuten oder Zolleinnehmern ab und sie machten respektable Karrieren bei
Hofe. Die literarische Kultur des Adels weist deshalb mancherlei Einflüsse der
lateinischen Gelehrtenkultur auf, ohne dass hieraus – von Ausnahmen abgesehen – auf ein dezidiert intellektuelles Interesse der Höflinge geschlossen werden dürfte. Vielmehr wäre von einer „eklektischen Intellektualität" (Roloff
1979, S. 496) zu sprechen, der es weniger um die gedankliche Durchdringung
und Lösung von Problemen als vielmehr um die Funktionalisierung von Wis-
sensschätzen für die repraesentatio maiestatis, die Veranschaulichung der
Herrlichkeit des himmlischen und des irdischen Herrschers, zu tun ist. Vielfach kommt es hierbei zu einer Übersemantisierung, wie z. B. bei Festumzü-
gen oder Feuerwerken, bei denen häufig jedes winzige Detail der Form- und
Farbgebung von darauf spezialisierten Künstlern bedacht und festgelegt wurde.
Die am Fest teilnehmenden Adeligen brauchten die Fülle der hierbei benutzten
Symbole, Allegorien und Anspielungen jedoch nicht zu verstehen, weil diese
Übersemantisierung der Inszenierung jener göttlichen Majestät diente, von der
die irdische Majestät sich ableiten konnte, auch wenn sie nicht deren Allwis-
senheit besaß. Es kann deshalb irreführend sein, wenn die Entschlüsselung von
Symbolen und Allegorien die vermeintliche 'Gelehrtheit' der fürstlichen
Auftraggeber unter Beweis stellen soll. Im Rahmen einer Repräsentationskul-
tur stellt Gelehrsamkeit einen Schmuck dar, der nicht durch seinen geistigen
Gehalt, sondern durch seine Opulenz wirken soll. Auch wenn er sie im Einzelnen nicht versteht, schreitet der Fürst beim Festumzug mit Wohlgefallen durch
das Meer der ihn umgebenden Allegorien und Symbole, – weiß er doch, dass
sie alle der Verherrlichung jener göttlichen Instanz dienen, von der er seine
Herrschaft erhalten zu haben glaubt. Dass gewitzte Künstler hier und dort ein
Zeichen des Protestes und der Kritik einschmuggelten, konnte ihn nicht an-
fechten. Der Diskurs der Macht war zu solide in der Wirtschafts- und Gesellschaftsordnung des Ständestaates verankert, als dass eine kleine freche Spitze
die Ordnung dieses Diskurses ernsthaft hätte ins Wanken bringen können.

Das zeigt sich in der Lyrik besonders deutlich im Epigramm, einem Kurzgedicht, das in der Regel mit einer witzigen und scharfsinnigen Pointe endet und dadurch zum amüsanten Zeitvertreib geeignet ist. Epigramme wurden zunächst in lateinischer Sprache verfasst, wobei besonders der kritisch-satirische Tonfall des römischen Dichters Martial (1. Jh. n. Chr.) nachgeahmt wurde. Im 17. Jahrhundert erschienen dann immer mehr Epigramme in deutscher Sprache. Das berühmteste Beispiel ist Friedrich von Logaus Hauptwerk mit dem Titel *Deutscher Sinn-Getichte Drey Tausend* (1654), das mehr als Dreieinhalbtausend Epigramme enthält. Logau stammte aus verarmtem Niederadel, konnte aber am Hof Herzog Ludwigs IV. eine wichtige Position erringen und schließlich zum Marschall aufsteigen. Seine Sammlung enthält neben religiösen, satirischen und moralisch-didaktischen auch einige anakreontische Epigramme, in denen das Lob der Liebe und des Weines gesungen wird. Auffällig ist die Schärfe, mit der Logau in einigen seiner Texte Kritik am Hofleben übt, ohne dass daraus auf eine strikt antihöfische Position des Verfassers geschlossen werden darf. Vielmehr gehört es zu den auch und gerade in Adelskreisen anerkannten Aufgaben der Poesie, die Herrschenden zu gottgefälligem Lebenswandel anzuspornen und sie vor Lastern zu warnen. Logau tut dies mit bemerkenswerter Schärfe, ohne allerdings den Boden der Ständeordnung zu verlassen.

Zu den Hauptgattungen der höfischen Lyrik ist auch die so genannte Spruchdichtung zu zählen. Dabei handelt es sich um lehrhafte Gedichte, die von umherziehenden Spielleuten an den Höfen vorgetragen wurden und die sich mit Themen wie der Herrschertugend, der Staatskunst, der allgemeinen Lebensklugheit und nicht zuletzt natürlich der christlichen Frömmigkeit beschäftigt. Die frühesten dieser Texte werden unter dem Namen Spervogel zwei unbekannten Autoren des 12. Jahrhunderts zugeschrieben. Walther von der Vogelweide setzt zu Beginn des 13. Jahrhunderts diese Tradition fort, die in den folgenden beiden Jahrzehnten ihre Hauptexponenten in Peter Suchenwirt, Hans Rosenplüt und Hans Folz findet. Die beiden letztgenannten sind übrigens eher der bürgerlichen als der höfischen Kultursphäre zuzuordnen, was verdeutlicht, dass auch die Spruchdichtung, wie so viele andere Elemente der höfischen Kultur, nach einer gewissen Zeit in den benachbarten Gesellschaftsschichten nachgeahmt wurde. Um eine Vorstellung von Inhalt und Form der Spruchdichtung zu vermitteln, sei hier ein Spervogel-Text zitiert, der sich mit dem Problem der Armut beschäftigt:

"Sô wê dir, armuot! du benimst dem man
beidiu witze und ouch den sin, daz er niht wizzen kann.
die friunde getuont sîn lîhten rât,
swenne er des guotes niht enhât.
si kêrent im den ruggen zuo   und grüezent in wol trâge.
die wîle daz er mit vollen lebt,   sô hât er holde mâge.

[Fluch dir, Armut! Du raubst dem Menschen
Klugheit und Verstand, daß er nichts verstehen kann.
Die Freunde kommen gut ohne ihn aus,
wenn er keine Habe hat.
Sie kehren ihm den Rücken zu   und grüßen ihn nur ungern.
Solange er aus dem vollen lebt,   hat er freundliche Vettern.]"

(Kasten 1995, S. 14-17; übers. v. Margherita Kuhn)

Dem Bildungsideal der höfischen Gesellschaft dürfte ein solcher Text nur bis zu einem gewissen Grade entsprochen haben. Jedenfalls fällt auf, dass es neben der von Fahrenden vorgetragenen Spruchdichtung noch eine weitere Hauptform der höfischen Lyrik gab, und zwar den Minnesang, dessen Blütezeit in das 12. und 13. Jahrhundert fällt und der größtenteils von Mitgliedern des Hofes höchstpersönlich verfasst und auch vorgetragen wurde. Ob daraus auf unterschiedliche Rezipientenkreise oder Rezeptionssituationen geschlossen werden darf, ist nicht sicher. Der Minnesang ist aber jedenfalls bedeutend voraussetzungsreicher und erkennbar auf das höfische Bildungsideal mit seiner Betonung der Selbstdisziplin sowie der vornehmen Zurückhaltung auch und gerade in Liebesangelegenheiten zugeschnitten. Zur Veranschaulichung sei hier ein kürzerer Text des Heinrich von Morungen präsentiert, der um 1200 lebte und der neben Heinrich von Veldeke, Friedrich von Hausen, Reinmar von Hagenau und dem schon erwähnten Walther von der Vogelweide zu den bedeutendsten Vertretern des hochmittelalterlichen Minnesanges gerechnet wird:

„Vil süeziu senftiu toeterinne,
war umbe went ir tœten mir den lîp,
und ich iuch sô herzeclîchen minne,
zwâre frowe, für elliu wîp?
wænent ir, ob ir mich tœtet,
daz ich iuch iemer mêr beschouwe?
nein, iuwer minne hât mich des ernœtet,
daz iuwer sêle ist mîner sêle frouwe.
sol mir hie niht guot geschehen
von iuwerm werden lîbe,
sô muoz mîn sêle iu des verjehen,
dazs iuwerre sêle dienet dort als einem reinen wîbe.

[Süße, sanfte Mörderin,
warum wollt Ihr mich töten,
da ich Euch doch so von Herzen liebe,
wahrhaftig, Herrin, mehr als alle anderen Frauen?
Glaubt Ihr, daß ich, wenn Ihr mich tötet,
Euch nicht mehr anschauen kann?
Nein, meine Liebe zu Euch hat mich dazu gebracht,
daß Eure Seele die Herrin meiner Seele geworden ist.

Gewährt Ihr mir hier nicht Eure Gunst,
edle Herrin,
so gelobt Euch meine Seele,
daß sie Eurer Seele drüben dienen wird wie einer Heiligen.]"

(Kasten 1995, S. 288f.; übers. v. Margherita Kuhn)

Der Text veranschaulicht jene Spiritualisierung der Liebe im Rahmen des 'Frauendienstes', die ein wichtiges Element der höfischen Affektregulierung darstellte. Minnelieder zeigen nur selten eine erfüllte, gegenseitige Liebe. Meistens bleibt es bei der Liebeswerbung eines Sängers, der sich seiner Herrin unterordnet und der in mehr oder minder stereotypen Formeln und Bildern die Schönheit und Tugendhaftigkeit der Angeredeten preist. Die neuere Forschung geht davon aus, dass es sich hierbei nicht um authentische Liebesklagen handelt, sondern um ein Rollenspiel, das einer Verfeinerung des Seelenlebens und einer Kultivierung der Geschlechterbeziehung diente. Dafür spricht nicht zuletzt der Umstand, dass Formen und Inhalte des Minnesangs keine Neuschöpfung waren, sondern aus Frankreich übernommen wurden (Folquet de Marseille, Gaucelm Faidit, Gace Brulé, Blondel de Nesle u. a.; vgl. Bumke 1990, S. 105-112). Neben dem hohen, die Unerreichbarkeit der Angebeteten unterstreichenden Minnesang gibt es freilich, z. B. in den Werken Walthers von der Vogelweide, auch noch den niederen Minnesang, der aus heutiger Sicht weitaus 'natürlicher', realistischer und sinnlicher wirkt, auch wenn die beschriebene Grundsituation darin nur variiert und ausdifferenziert wird. Schon im 13. Jahrhundert, besonders bei Neidhart von Reuental, wird das Ideal der hohen Minne auf parodistisch-satirische Weise in die Sphäre der Bauern transferiert und damit der Lächerlichkeit preisgegeben. Der 1445 verstorbene Oswald von Wolkenstein setzt dann einen Schlusspunkt unter die Entwicklung der höfischen Minnelyrik und bereitet den Weg für die Rezeption der Minnesangtradition in bürgerlichen Kreisen. Die von wohlhabenden Handwerkern und Kaufleuten des 15. und 16. Jahrhunderts zusammengestellten Liederhandbücher enthalten allerlei 'abgesunkenes' Liedgut aus dem Minnesang, umgekehrt finden sich in den von Adeligen zusammengetragenen Liedersammlungen des gleichen Zeitraumes, etwa im *Königsteiner Liederbuch*, schon mehrere 'bürgerliche' Liebeslieder, die nicht mehr die artifizielle Grundkonstellation des höfischen Minnesanges variieren, sondern auf Natürlichkeit und Wechselseitigkeit setzen (vgl. Cramer 1990, S. 317-322). Dabei ist freilich zu beachten, dass der Triumph der bürgerlichen natürlichen Liebe über die höfische Minne nicht den Übergang vom Rollenspiel zur Authentizität impliziert. Auch 'Natürlichkeit' ist eine zu erlernende Verhaltensweise, die nicht mit urtümlicher, ungehemmter, 'bäurischer' Ungeschliffenheit verwechselt werden will und darf.

Kurz noch einmal zu erwähnen ist hier das oben bereits beschriebene Gelegenheitsgedicht, das im Verlauf des 17. Jahrhunderts ebenfalls in die literarische Kultur des Bürgertums eindrang, so dass es sein spezifisches Distink-
tionspotential verlor. Gleichwohl entstanden das ganze feudalistische Zeitalter
hindurch zahlreiche Feiertags-, Geburtstags- und Heiratsgedichte, in denen der
Adel seine superiore gesellschaftliche Stellung bestätigen und öffentlich
kundmachen ließ. Der vielleicht interessanteste Autor, der sich in diesem
Genre betätigte, war der Diplomat Georg Rodolf Weckherlin, der zunächst im
württembergischen Staatsdienst Karriere machte, später aber nach London
ging, wo er schließlich in den Dienst des englischen Parlamentes trat. Seine
dort publizierten *Gaistlichen und Weltlichen Gedichte* (1641) unterscheiden
sich deutlich von den noch in Deutschland verfassten *Oden und Gesängen*
(1618/19) und lassen etwas von den Möglichkeiten und Grenzen des intellektuellen Emanzipationsprozesses erahnen, den Weckherlin durchmachte und der
ihn vom konventionellen Fürstenlob zum 'engagierten' politischen Gedicht
brachte. Eine ähnliche Karriere durchlief der Hamburger Kaufmannssohn
Barthold Hinrich Brockes, der seinen ererbten Wohlstand zunächst benutzte,
um den Lebensstil des Adels zu kopieren (Durchführung privater Konzertver-
anstaltungen, Anlage einer Bildersammlung u. ä.). Seine Bemühungen um
Nobilitierung blieben jedoch zunächst erfolglos und nötigten ihn zu einer Karriere in Patrizierkreisen. Als er 1730 endlich zum Kaiserlichen Pfalzgrafen
ernannt wurde, hatte er sich dort bereits beruflich etabliert und durch ein Pas-
sionsoratorium (1712) sowie durch seine – insgesamt neunbändige – Gedicht-
sammlung *Irdisches Vergnügen in Gott* (1721-48) Anerkennung als religiöser
Schriftsteller gefunden. Seine Werke tragen allerdings in stilistischer Hinsicht
deutliche Spuren seiner Orientierung an höfischen Bildungsvorstellungen und
sind deshalb interessante Dokumente für die bis weit in bürgerliche Kreise
hineinreichende Prägekraft des höfischen Kulturideals. Diesem Ideal nicht
entsprechen zu können, war in der an 'Abstiegschancen' (s. o.) armen Ständegesellschaft für mittellose Adelige vielleicht noch problematischer als für (zu)
spät nobilitierte Bürgerliche. Catharina Regina von Greiffenberg stellt das
wohl prominenteste Beispiel für diesen Typus dar. Sie stammte aus verschul-
detem protestantischen Landadel und entschied sich nolens volens, ihr Leben
der Religion und der Wissenschaft zu widmen. Aufgrund herausragender
Intelligenz und Belesenheit erwarb sie Anerkennung in Gelehrtenkreisen,
konnte jedoch an ihrer fatalen gesellschaftlichen Situation nichts ändern. Ihre
Geistlichen Sonnette / Lieder und Gedichte (1662) präsentieren die christliche
Mystik als eine Möglichkeit, in der imaginären Einswerdung mit dem Gekreu-
zigten innere Erlösung zu finden.

Kommensurabler mit den Erfordernissen des Hoflebens war die vielseitige
lyrische Produktion des Breslauer Patriziersohnes Christian Hoffmann von
Hoffmannswaldau (1616-79), der sich vor allem der galanten Liebeslyrik

widmete. 'Galant' bedeutet in seinem Fall keineswegs soviel wie 'zuvorkommend' oder 'zurückhaltend', denn Hoffmannswaldaus Gedichte sind wegen
ihrer sinnlichen, um nicht zu sagen: frivol-pornographischen Elemente in der
Literaturgeschichtsschreibung lange Zeit schlecht angesehen gewesen. Erst die
zivilisationsgeschichtlich orientierte Literaturforschung hat den Blick dafür
geöffnet, dass Hoffmannswaldau bemerkenswerte Dokumente für den Zuschnitt höfischer Peinlichkeits- und Affektstandards lieferte, die sich von denen des zumindest äußerlich immer auf kirchlich-christliche Sittsamkeit bedachten Bürgertums deutlich unterschieden. Seine überladene, reich ausgeschmückte und umständliche Ausdrucksweise wirkt auf die Leser der Gegenwart leicht ermüdend, entsprach jedoch perfekt dem Sprachempfinden und
dem Stilideal der Hofgesellschaft, die ihr Vergnügen an pikanten raffinierten
Wendungen fand, die man langsam auf der Zunge zergehen lassen konnte.
Darin liegt kein Anzeichen moralischer oder intellektueller Selbstzerstörung,
sondern zunächst ein Indiz für die faktische Souveränität einer Schicht, die
sich selbst nicht an die Moral zu halten brauchte, die sie ihren Untertanen
predigen ließ. Und zur Souveränität gehört auch die Muße, die es erfordert, um
sich einen Sachverhalt nicht in prägnanten Wendungen, sondern in ausschwei-
fenden Verklausulierungen schildern zu lassen. Hoffmannswaldau wurde jedenfalls nicht müde, vom Fuß bis zur Haarspitze die körperlichen Reize seiner
Frauenfiguren auszumalen. Die Funktion dieser Texte erschließt sich nicht
dem ungeduldigen, auf Fortgang des Argumentationsganges oder der Handlung drängenden Studium, sondern nur der langsamen Lektüre, die genieße-
risch beim einzelnen Wort oder bei der einzelnen Metapher verweilt. Seit dem
Ende des 18. Jahrhunderts ist diese Form der sinnlichen Lektüre allerdings
zurückgedrängt und durch das identifikatorisch-handlungsorientierte bzw.
durch das intellektuelle, nach der Dichte des geistigen Gehaltes fragende Lesen
verdrängt worden. Trotz seiner sexuellen Explizität ist Hoffmannswaldau
deshalb heute ein schwer zu lesender Autor. Ein explizites Bekenntnis zum
Epikureismus enthalten die letzten zwei der sechs gereimten Alexandrinerstro-
phen seines Gedichtes *Die Wollust*, das 1679 in den *Teutschen Übersetzungen
und Gedichten* veröffentlicht wurde:

„5.
Was nutzet endlich uns doch Jugend / Krafft und Muth /
Wenn man den Kern der Welt nicht reichlich wil genüssen /
Und dessen Zuckerstrom läst unbeschifft verschüssen /
Die Wollust bleibet doch der Menschen höchstes Guth /
Wer hier zu Seegel geht / dem wehet das Gelücke /
Und ist verschwenderisch mit seinem Liebesblicke.

6.
Wer Epicuren nicht vor seinen Lehrer hält /
Der hat den Weltgeschmack / und allen Witz verlohren /

Es hat ihr die Natur als Stiefsohn ihn erkohren /
Er mus ein Unmensch seyn / und Scheusaal dieser Welt;
Der meisten Lehrer Wahn erregte Zwang und Schmertzen /
Was Epicur gelehrt / das kitzelt noch die Hertzen."

(Hoffmannswaldau 1994, S. 123f.)

Noch stärker als in der Lyrik machen sich die beschriebenen Unterschiede zwischen damaligem und heutigem, höfischem und bürgerlichem Leseverhalten im Bereich der Romankunst bemerkbar. Die höfische Gesellschaft entwickelte – freilich erst ab der Mitte des 15. Jahrhunderts – eine Vorliebe für dickleibige Prosaromane, deren Handlungsverlauf durch die Entwicklung zahlreicher Nebenhandlungen bis zur Undurchschaubarkeit verschlungen war. Die bekanntesten Beispiele für diesen Typus des höfischen Romans stammen aus der Feder des Herzogs Anton Ulrich von Braunschweig-Lüneburg. Er machte den Wolfenbütteler Hof in den Fußtapfen seines weniger als Regent denn als Büchersammler zu Ansehen gekommenen Vaters zu einer Residenz von europäischem Ruf, soweit es die Reputation in gelehrten und höfischen Kreisen betraf (vgl. Bircher 1981). Bei vielen seiner Standesgenossen galt es allerdings immer noch – um es zurückhaltend zu formulieren – als ungewöhnlich, dass sich ein Herzog als Verfasser von Romanen betätigte, denn auch noch zu dieser Zeit galt der Roman im Vergleich mit dem Epos als minderwertige Gattung (vgl. Schneider 2003, S. 72-81). Anton Ulrichs erster großer Roman mit dem Titel *Die durchleuchtige Syrerinn Aramena* (1669-73) umfasst fünf Bände mit zusammen annähernd 4.000 Seiten. Schauplatz ist das Syrien der vorchristlichen Zeit. Eine Hauptschwierigkeit für den modernen Leser dieses Werks ergibt sich aus dem Umstand, dass das Verhalten der zahlreichen Haupt- und Nebenfiguren nicht den Gesetzen der psychologischen Wahrscheinlichkeit folgt. Der Autor hat sich offenkundig nicht gefragt, wie eine Person in dieser oder jener Lage vermutlich reagieren würde, sondern eher darauf geachtet, welche Reaktion eine möglichst überraschende Wendung des Handlungsgeschehens herbeiführt. Dadurch entsteht der Eindruck eines chaotischen Kosmos, in dem ein vorausschauendes Handeln nicht möglich ist. Wenn sich am Ende die zahlreichen Verwicklungen und Verwechslungen in einer Massenhochzeit auflösen, äußert sich darin die Superiorität einer göttlichen Vorsehung, die für den Einzelnen immer erst im nachhinein durchschaubar ist. Dabei wäre es falsch, die Intention des Werkes auf diese theologische Einsicht zu reduzieren, die sich in zwei oder drei Sätzen zusammenfassen lässt. Als Medium höfischer Erziehung funktioniert der Roman nicht durch seine religiöse Botschaft, sondern durch die Scharfsinnigkeit der Handlungsverflechtung, die zu durchschauen eine spezifische Gewandtheit in der Analyse ständig wechselnder Relationen zwischen den Handlungsparteien erfordert. Der Roman wird dadurch nicht zuletzt zu einer geistigen Schule für Hofadelige im diplomatischen Dienst. Denn dort waren Flexibilität und Reaktionsschnelligkeit wichtigere Tugenden als die fromme Ergebung in das Walten der Vorsehung.

Anton Ulrichs zweiter Roman folgt ähnlichen Maximen, wobei es zu einer weiteren Steigerung der Komplexität kommt. Unter dem Titel *Octavia. Roemische Geschichte* erzählt der Autor auf über 7.000 Seiten das Schicksal der unglücklichen Gattin des Kaisers Nero, die sich nach unendlichen Handlungsverwicklungen zuletzt mit dem geliebten König von Armenien vermählt. Interessant ist die Entstehungsgeschichte des Werkes, die noch einmal die geistige Nutzehe zwischen Adel und Gelehrtenstand illustriert. Denn Anton Ulrich ließ die erste Fassung des Textes von Sigmund von Birken überarbeiten, einem berühmten Dichter, der als Theologensohn zunächst eine Gelehrtenkarriere angesteuert hatte, bald jedoch Zutritt zu Hofkreisen fand und 1655 nobilitiert wurde. Er korrigierte das Manuskript des Herzogs, und zwar tendenziell nach den in der Gelehrtenwelt gültigen Prinzipien der klassisch-antikischen Einfachheit, Natürlichkeit und Wahrscheinlichkeit. Das konnte Anton Ulrich selbstverständlich nicht völlig überzeugen, obwohl er in Frankreich mit Madeleine de Scudéry und ihren neuen, klassizistischen, von rhetorischem Prunk gereinigten Romanen bekannt gemacht worden war (vgl. Spahr 1981). Höfische und gelehrte Kulturideale reiben sich hier aneinander. Nach Birkens Tod verfasste Anton Ulrich jedenfalls eine zweite, natürlich noch umfangreichere und verwickeltere Fassung. Als er 1714 starb, war der letzte Band des Werkes noch nicht erschienen, und man darf zweifeln, ob es sich dabei um die endgültige Schlussfassung gehandelt hätte, denn Komplexität ist unendlich steigerbar.

Äußerst verwickelt ist auch der vielleicht berühmteste höfische Roman dieser Zeit, Daniel Casper von Lohensteins *GROSZMÜTHIGER FELDHERR ARMINIUS ODER HERRMANN, Als Ein tapfferer Beschirmer der deutschen Freyheit, Nebst seiner Durchlauchtigen Thusznelda In einer sinnreichen Staats- Liebes- und Helden-Geschichte Dem Vaterlande zu Liebe Dem deutschen Adel aber zu Ehren und rühmlichen Nachfolge In Zwey Theilen vorgestellet* (1689/90). Der umständliche Titel enthält bereits Hinweise auf die Zielgruppe und die politische Orientierung des Verfassers. Adelige sollten das Werk als Kompendium der deutschen Geschichte benutzen können und in Hermann dem Cherusker, der die Römer aus 'Deutschland' vertrieb, ein Vorbild finden. Um dieses Ziel zu erreichen, ergänzt Lohenstein die Arminius-Handlung um Dutzende und Aberdutzende von Nebenhandlungen und -figuren, von gelehrten Exkursen mit wissenschaftlichen Fußnoten und von weitschweifigen Dialogen über historische, ethnologische, geographische und viele andere Themen. Das Werk gewinnt damit den Charakter einer erzählten Universalenzyklopädie für Herrscher und Diplomaten. Ferner möchte der 1670 in den Adelsstand erhobene Lohenstein die Geschichte Deutschlands als gleichrangig mit der angesehenerer Nachbarvölker erweisen. Das geschieht durch phantasievolle Geschichtskonstruktionen – man könnte auch sagen: rücksichtslose Geschichtsfälschungen. Odysseus selbst soll so z. B. Städte in Deutschland gegründet haben, Hannibals Erfolge sollen durch deutschen Beistand zustande gekommen sein usw. Was immer in Mythos oder Historiographie edel und vortrefflich war, bekommt deutsche Wurzeln oder Bezüge zum Deutschtum angedichtet. Die Minderwertigkeitskomplexe der deutschen Herrscherschicht gegenüber der französischen 'Leitkultur' sollten auf diese Weise kompensiert werden.

Wie Anton Ulrich wirkte allerdings auch Lohenstein stärker durch Formen als durch Inhalte. Die Lektüre seines Romans erforderte und schulte jene höfische Form des Scharfsinns, der es eher um geistige Wendigkeit als um argumentativ abgesicherte, langfristige Einstellungs- und Verhaltensänderungen zu tun war. Die Interpreten der nachfeudalistischen Epochen befanden den Gehalt des Werkes folgerichtig für zu leicht. Ein Missverständnis. Denn um einen solchen Gehalt konnte es den Verfassern höfischer Romane nicht gehen. Unerwartete Umgruppierungen der Figurenbezüge boten der anvisierten Leserschaft mehr Denkanreize als philosophische Argumentationen, für deren gedankliche Entfaltung andere Gattungen zudem geeigneter sind. Freilich ist es schwierig, diese Lesemotivation heute zu simulieren und dadurch den spezifischen Lektüregewinn der damaligen Zielgruppe Lohensteins nachzuvollziehen. Dass dieser Gewinn nicht gering veranschlagt wurde, lässt sich nicht zuletzt der Tatsache entnehmen, dass der Kaufpreis des Arminius-Romanes dem monatlichen Gehalt eines mittleren städtischen Beamten entsprach (Wittmann 1991, S. 106). Neben dem Roman gab es allerdings auch kürzere Formen der Prosaerzählung wie z. B. den Schwank, der – wie schon oben im Kapitel über das Bürgertum ausgeführt wurde – bis zum Übergang vom Hoch- zum Spätmittelalter hauptsächlich in Adelskreisen rezipiert und für Adelskreise verfasst wurde.

Wenden wir uns nun dem Drama zu, so stoßen wir ab dem Barockzeitalter auf die wohl wichtigste, zumindest aber charakteristischste Ausprägung der höfischen Form von literarischer Kommunikation. Theateraufführungen bieten viele Möglichkeiten zur Repräsentation, zur Entfaltung von Pomp und zur Demonstration von Macht, Wohlstand und Ansehen. In Residenzen wie Dresden, Darmstadt, Celle, Wien oder München entstanden folgerichtig prachtvolle Theatersäle, deren Architektur und skulpturale Ausschmückung die Bedeutung aufwändiger Bühnenspektakel für die Selbstinszenierung des Adels als herrschender Schicht plastisch veranschaulichen. Anfangs waren diese Spielstätten in Schlossbauten integriert, später wurden sie in eigenen, in der Regel allerdings schlossnahen Gebäuden eingerichtet. Aus Italien übernahm man die Bauform des Rangtheaters mit Logen, das die soziale Hierarchie innerhalb der höfischen Gesellschaft getreu abbildete (vgl. Brauneck 1996, S. 415-423). Natürlich wollte man auf diesen Bühnen keine Familienstücke, keine Hanswurstiaden und keine gelehrten Deklamationen sehen. Gefragt war das große Spektakel, die beeindruckende Haupt- und Staatsaktion. Dabei spielte das Sprechtheater in den meisten Residenzen keine Hauptrolle. Seine Pflege wurde größtenteils den Wanderbühnen und Schultheatern überlassen, die Gelegenheit erhielten, dort ihre Produktionen vorzustellen, sofern der Belegungsplan der Hofbühnen noch Lücken aufwies. In diesem Plan stand die große Repräsentationskultur an erster Stelle, die man nicht durch Dramenaufführungen, sondern in erster Linie durch Opern und durch Feste realisierte.

Zu den Festveranstaltungen gehörten etwa Maskenbälle, Ballette, Schauessen vor Publikum, Pferdedressuren, Tanzvorführungen, Schlittenrennen, Kutschenkorsos und ähnliche Vergnügungen, die sich oftmals über Tage und Wochen erstreckten. Bühnenaufführungen fanden bei günstigem Wetter auch in Gartentheatern statt, für die man aufwändige mobile Bühnenkonstruktionen aus Holz entwarf. Heckentheater ersetzten die Kulissen durch kunstvoll gestutzte Ziersträucher. Die Aufführungen fanden nach Einbruch der Dunkelheit bei stimmungsvoller Kerzen- und Fackelbeleuchtung statt. Die große italienische Oper bot Gelegenheit zur Integration aller Kunstformen und entsprach am besten den Bedürfnissen einer verwöhnten Sinnlichkeit. Es dominierte die venezianische Prunkoper (Monteverdi, Cavalli), an kleineren Höfen, besonders in Nord- und Mitteldeutschland, fand die liedhaftere deutsche Barockoper (Krieger, Kusser, Keiser) ihre Anhänger (vgl. Brauneck 1996, S. 445). Opernaufführungen waren häufig in größere Festveranstaltungen integriert, müssen also, wie auch die Gastspiele der Schultheater und der Wanderbühnen, als eines unter mehreren Elementen eines multimedialen, sich über mehrere Tage oder sogar Wochen erstreckenden Spektakels begriffen werden. Die literaturwissenschaftliche Analyse eines derartigen Opernlibrettos ist ein müßiges Unterfangen, solange sie diesen Zusammenhang nicht berücksichtigt.

Krönender Abschluss derartiger Hoffeste waren häufig aufwändige und besonders kostspielige Feuerwerke, die artilleristische Bravour demonstrierten und den Glanz sowohl der himmlischen als auch der irdischen Majestät veranschaulichten. Im Nachhinein lassen sie sich als sinnfällige Symbole der feudalistischen Adelskultur insgesamt begreifen. Diese Kultur ist seit dem frühen 18. Jahrhundert immer wieder unter drei Gesichtspunkten kritisiert worden, und zwar unter ästhetischen, unter moralischen und unter politisch-ökonomischen Aspekten.

Von ästhetischer Seite aus ließ sich zunächst einwenden, dass viele der höfischen Feste von der repräsentativen Fülle in die unbeherrschte Maßlosigkeit abglitten und letzten Endes in reinen Schwulst und semiotische Hypertrophie einmündeten. Der hierbei geübte demonstrative Konsum (Veblen 1986, S. 79-107) zielte allerdings auf die Akkumulation von symbolischem Kapital (Prestige) und kann insofern keineswegs als dysfunktional oder gar als irrational bezeichnet werden. Vor allem aber ist hier noch einmal an das oben beschrie-

bene Phänomen der Übersemantisierung zu erinnern, die der repraesentatio
maiestatis diente, auch wenn der einzelne Höfling die Fülle der auf ihn ein-
strömenden Zeichen, Symbole und Allegorien nicht zu ordnen und zu interpretieren wusste.

Schwerer wiegt das ethische Argument, denn während bei Feuerwerken in
Minutenfrist ganze Vermögen durchgebracht wurden, besaß der Landarbeiter
nicht einmal genug Mittel, um seine schulische und medizinische Grundver-
sorgung zu sichern. Ständeordnung und christliches Barmherzigkeitsgebot
gerieten hier in einen Konflikt, der bei wirklich religiösen Gemütern wie z. B.
Catharina von Greiffenberg zu Selbstzweifeln führen konnte. Die übrigen
Höflinge trösteten sich mit dem Gedanken, dass der demonstrative Konsum
kein Vergnügen, sondern eine anstrengende Konsumarbeit war, die dem
einzelnen ein hohes Maß an Selbstdisziplin und Selbstverleugnung abverlangte. Das Hofleben war nur für den lustig, der genau wusste, an welchen
Stellen gelacht werden durfte. Glücklich waren nur die wenigen, die an diesen
Stellen und nur an diesen Stellen wirklich von sich aus lachen mussten.

Das wichtigste Argument ist politisch-ökonomischer Natur. Denn in Anbetracht der Transformationen im Wirtschaftssystem wäre es für den Adel
schon vom Hochmittelalter an wichtig gewesen, seine Mittel in die gerade
entstehenden kapitalistischen Unternehmungen zu investieren. Wäre dies
gelungen, hätte der Adel also rechtzeitig seine Vermögenswerte umstrukturiert, so hätte er sich an die Spitze des technisch-wirtschaftlichen Fortschritts
stellen und seine superiore Position im gesellschaftlichen Gefüge noch erheblich länger zementieren können. Diese Chance wurde vertan. Denn diese Rolle
überließ er dem Bürgertum, das allmählich zur dominierenden gesellschaftlichen Schicht aufstieg. Das Investitionskapital, das den Adel hätte retten können, floss in Leuchtraketen, die pfeifend aufstiegen, einen Moment lang die
Nacht erhellten und sofort verpufften. Für Schloss- und Theaterbauten wurden
ganze Staatshaushalte geplündert.

Verständlich ist dieses ökonomisch kurzsichtige Verhalten nur aus der Logik des feudalistischen Gesellschaftssystems heraus, in dem das soziale Kapital (Ehre) mehr als das materielle zählte. Diese Werteordnung wurde jedoch
umgekehrt, als die Einnahmen aus Lehensrechten im Durchschnitt hinter denen aus 'bürgerlicher Arbeit', zunächst aus dem Handel und später aus der
Industrieunternehmung, deutlich zurückblieben. Im Jahre 1700 hat der
Schweizer Johann Grob diesen Sachverhalt in prägnante Verse gekleidet:

> „Was ein Weber ohne garn / was ein Schlosser sonder eisen /
> Was ein Beker ohne mähl / und ein Garkoch ohne speisen:
> Was ein Fuhrmann ohne wagen / und ein Bauer ohne feld:
> Diß / und zehen mahl noch minder / ist der Adel ohne geld."

(Maché/Meid 1980, S. 261)

Diese Einsicht blieb den in ihrem Habitus befangenen Adeligen jedoch zum größten Teil versagt. Sie zogen es vor, sich an dem wahrlich symbolträchtigen Schauspiel des nächtlichen Feuerwerkes zu erfreuen. Wie eine List der Geschichte wirkt vor diesem Hintergrund die um 1700 einsetzende, bürgerlich-frühaufklärerische Opernkritik. Wenn Zedlers Lexikon 1743 erklärt, man habe nun „Ursach sich zu freuen, wenn das Opern-Wesen in Deutschland mehr und mehr in Abnahme geräth" (zit. n. Brauneck 1996, S. 444), so beruht dies auf einer Verkennung der eigenen Interessen, die derjenigen des Adels kaum nachsteht. Denn hätte die Hofgesellschaft ihr Vermögen nicht in Feste, sondern in Webstühle und Postkutschenlinien investiert, hätte es niemals jene wohlhabende bürgerliche Schicht gegeben, die Geld für den Kauf eines Universallexikons besaß. Auch auf die Stellung der oben erwähnten, nobilitierten Hofpoeten bürgerlicher Herkunft (Birken, Lohenstein usw.) fällt aus dieser Perspektive ein merkwürdiges Licht. Denn objektiv ermöglichten sie es der Schicht, in die sie aufstiegen und der sie dienten, sich zu Tode zu amüsieren. Wenn Birken dem Herzog Anton Ulrich half, einen Roman über – ausgerechnet! – Nero zu verfassen, mochte er subjektiv seine Karriere bei Hof im Auge haben. Gleichzeitig konnte er sich gelassen zurücklehnen, denn er brauchte den Herzog ja nur gewähren zu lassen, der sich selbst sein siebentausendseitiges Todesurteil verfasste. Aus den Logen der neuerbauten Operngebäude werden einige Adelige die pompösen Bühnenspektakel noch mit naiver Selbstsicherheit, andere aber schon mit Melancholie, mit Sorge oder mit Zynismus verfolgt haben.

Hatte der Adel keine Ratgeber, die ihn vor dem drohenden Untergang warnen und bewahren konnten? Ja und nein. Im Bereich der Gebrauchsliteratur gab es eine eigene Gattung, die sich der Beratung und Erziehung angehender Herrscher und Höflinge widmete, nämlich die so genannten Fürstenspiegel. Bei diesen Werken handelt es sich um teils romanartige, teils didaktisch-theoretische Schriften, die über Grundsätze der Regierungskunst unterrichteten und konkrete Ratschläge für das Verhalten im Amt erteilten. Im 16. und 17. Jahrhundert galt Niccolò Machiavellis *Il Principe* (1532) als Muster dieser Gattung. Der Autor bekennt sich darin zu einer Politik der bedingungslosen Machterhaltung und -ausweitung, die vor allem auf politisch-juristischen und militärischen, weniger auf wirtschaftlichen Maßnahmen beruhen sollte. Kurzfristig konnte nach diesen Rezepten eine Konsolidierung des Feudalismus in Gestalt des Absolutismus bewerkstelligt werden. Langfristig musste eine Orientierung an Machiavelli jedoch zur Vernachlässigung des wirtschaftlichen Sektors führen, in dem zu dieser Zeit die Grundlagen für eine Umwälzung des gesamten Gesellschaftssystems gelegt wurden. Fénelons *Télémaque* (1699) setzte dem rücksichtslosen Machtkult Machiavellis eine humanistischere Konzeption aus christlichem Geist entgegen, blieb jedoch ebenfalls dem ständischen Denkens verhaftet. Der Fürst sollte zwar friedliebend, wohlwollend

gegenüber seinen Untertanen, fromm und gesetzestreu sein, in ökonomischer
Hinsicht begnügte sich Fénelon jedoch mit der Ermahnung zur Sparsamkeit
und zur Förderung der allgemeinen Wohlfahrt. Von einer eigenen Wirt-
schaftstätigkeit des Adels war auch hier nicht die Rede. Erst in den Staatsro-
manen Albrecht von Hallers (*Usong*; *Alfred*; *Fabius und Cato*) finden sich
diesbezügliche Reflexionen, die eine Transformation der Adelskultur im Sinne
des Leistungsethos und des ökonomischen Konkurrenzdenkens hätten befördern können. Sie erschienen jedoch, als es bereits zu spät war (nämlich 1771,
1773 und 1774), und fanden nur geringen Widerhall. Insgesamt hat die Gattung des Fürstenspiegels auf grandiose Weise versagt. Sie hat den Adel in
seinem vorkapitalistischen Wertesystem bestätigt, ihn damit zur äußersten
Zuspitzung seiner Macht im Absolutismus getrieben und ihm gleichzeitig den
Anschluss an die moderne ökonomische Entwicklung verbaut. Ob ein moder-
nerer Fürstenspiegel daran etwas hätte ändern können, ist allerdings fraglich.
Und wer hätte ein Interesse daran gehabt, ihn zu verfassen oder zu studieren?

Viel größere Beachtung fand stattdessen der Panegyrikus, also die
schmeichlerische Lobschrift auf Herrscher und Dynastien. Die seit der Antike
bekannte Gattung, mit der auch Künstler, einzelne Städte, Heilige oder Märty-
rer gewürdigt wurden, erlebte im 17. Jahrhundert eine Blütezeit, und zwar
wiederum besonders durch Sigmund von Birken, der in diesem Genre sehr
erfolgreich war und sich damit das Wohlwollen der Höfe und die offene
Feindschaft der bürgerlichen Literaturgeschichtsschreibung zuzog. Sein *Do-
naustrand* (1664) erreichte in knapp vier Jahrzehnten acht Auflagen und findet
sich in vielen der bis heute erhaltenen Adelsbibliotheken. Das Werk verherr-
licht die Taten der Habsburger, also des kaiserlichen Herrscherhauses, wobei
der Autor vor Übertreibungen und Geschichtskorrekturen nicht zurückschreckt. Gleiches gilt für seine panegyrischen Darstellungen der Geschichte
der Welfen und vergleichbare Werke, die alle hohe Auflagen erlebten und wesentlich zum Ansehen des Autors beitrugen. Natürlich handelte es sich um
dickleibige, aufwendig ausgestattete und kostbar eingebundene Werke, die
bestens zum Vorzeigen und Verschenken geeignet waren. Im nachhinein hat
Birken den verherrlichten Fürsten damit buchstäblich 'einen Bärendienst erwiesen'. Die Redewendung geht auf eine Fabel von La Fontaine zurück, in der
ein Bär seinem Freund, einem Gärtner, eine lästige Fliege mit einem Hieb von
der Nase schlägt (*L'ours et l'amateur des jardins*). Leider kostet das nicht nur
die Fliege das Leben, sondern auch den Freund. Birken beseitigt in ähnlicher
Weise die Flecken von der Weste seiner Auftraggeber. Er bestärkt sie im
Glauben an ihre eigene Größe, raubt ihnen aber auch die Fähigkeit zur Selbst-
kritik und damit zur Anpassung an sich verändernde Verhältnisse. La Fontai-
nes Fabel schließt mit der Maxime, dass ein dummer Freund gefährlicher als
ein kluger Feind sein könne. Schwer zu sagen, ob Birken diesen Satz wider
Willen bestätigt oder listig in die Tat umgesetzt hat. Jedenfalls scheint man-

cher Fürst seine schmeichlerische Bestätigung der Gottesgnadenschaft so aufgefasst zu haben, als sei der Herr im Himmel auf ewig zur Alimentierung seiner Dynastie und seines ganzen Standes verpflichtet. Als man aus diesem
Traum erwachte, war es zu spät. Denn als um 1800 in großen Mengen Investitionskapital für die Gründung von Manufakturen und Industrieunternehmun-
gen benötigt wurde, standen genug nichtadelige Investoren und Kreditgeber
bereit, so dass keine nennenswerte Nachfrage nach adeligem Vermögen existierte. Es wurden zwar viele Lehnsgüter in Familienbesitz umgewandelt und
viele Gutshöfe nach den Prinzipien der modernen Agrarindustrie umstrukturiert, doch den Umstieg in andere, zukunftsträchtigere Branchen hatte der Adel
längst verpasst. Er hat folgerichtig den Übergang von der Agrar- zur Industriegesellschaft nicht überstanden, d. h. im Verlauf des 19. Jahrhunderts seine
ökonomische, seine politische und seine kulturelle Führungsposition allmählich verloren.

Als letztes Beispiel für die Gebrauchsliteratur des Adels, zu der u. a. zahlreiche Minnelehren, Chroniken, Jagdlehren und Apodemiken gehörten, sei hier
das Kochbuch des Meister Hans erwähnt, bei dem es sich um die auf 1460
datierte, handschriftliche Rezeptsammlung eines Kochs handelt, der vermutlich im Dienst des Grafen von Württemberg stand. Obwohl Meister Hans natürlich nicht der Hofgesellschaft im engeren Sinne angehörte, sind seine Rezepte von Interesse, weil sie eine wirklichkeitsnahe Vorstellung von höfischer
Esskultur vermitteln. Da das Tafelzeremoniell von herausragender Bedeutung
war, wurde auch der Kochkunst ein hoher Rang zugemessen. Dabei kam es
offenbar nicht zuletzt auf eine gewisse Virtuosität an, denn viele der bei Meister Hans verzeichneten Rezepte erfordern hohes handwerkliches Geschick und
zielen offenkundig darauf ab, die geladenen Gäste zu verblüffen und zu amüsieren. Als Beispiel sei hier das 257. Rezept zitiert, in dem es um die besonders
kunstvolle Zubereitung eines Fisches geht:

„Willst du einen Fisch in dreierlei Weise so zubereiten, daß der Fisch dennoch ganz
bleibt, so nimm ihn und leg ihn auf ein Rost und bestreue das Kopfstück mit Mehl
und begieß es mit heißem Fett so lange, bis du meinst, daß es genug sei, und [bis es]
braun wird. Und das Mittelstück oder den mittleren Teil schlag in ein schönes wei-
ßes Tuch, [das] rundherum [geht] und begieß das abwechselnd mit heißem Wein
und Wasser, und salz den Wein und das Wasser. Begieß den mittleren Teil damit
ein wenig, so kocht es schön; das tu, bis es genug gegart ist, und misch ein wenig
Blut unter den Wein. Das Schwanzstück salze gut und stich es mit einem Messer an
und gib eine Glut darunter und brat es auf kleiner Flamme und laß es nicht verbrennen auf dem Rost. Auf diese Weise hast du dreierlei Gerichte von einem Fisch, das
eine gebacken, das andere gekocht, das dritte gebraten."

(Meister Hans 1996, S. 313f.; übers. v. Trude Ehlert)

Da der Fisch bei dieser Prozedur – wie es zu Beginn des Zitates heißt –
'ganz bleiben' sollte, wurde er vermutlich auch in einem Stück aufgetragen, so
dass die erstaunten Gäste ein und denselben Fisch gebacken, gekocht und
gebraten vor sich sehen und essen konnten. Ähnliches Geschick erfordern viele
weitere Gerichte bei Meister Hans, dessen Kunst weniger in der Auswahl erle-
sener Zutaten und in der präzisen Angabe von Zeit- und Mengenangaben als
vielmehr in der raffinierten Präsentation seiner Gerichte lag, die offenbar auch
verwöhnten Gästen ein Ah und Oh entlocken sollte. Selbst noch dieses höfische Kochbuch folgt damit den Prinzipien der Repräsentationskultur, der es
mehr auf das schöne Äußere als auf den inneren Wert ankommt, und zwar
idealiter nicht aus Effekthascherei oder geistiger Substanzlosigkeit, sondern
weil dieses Äußere als Abglanz der himmlischen und der irdischen Majestät
aufgefasst wird.

In der Überschau lässt sich resümieren, dass auch der Adel eine eigene
Form der literarischen Kommunikation entwickelte. Sie unterscheidet sich von
derjenigen der anderen Stände rein äußerlich durch ihre pompöse Präsentation
und ihre reiche Ausschmückung sowie natürlich durch den Umstand, dass sie
teilweise nicht in deutscher, sondern in französischer, manchmal auch lateinischer, italienischer oder spanischer Sprache vermittelt wurde. Dominierende
Rezeptionsform war nicht die stille einsame Buchlektüre. Vielmehr ließ man
sich in der Regel etwas vortragen oder vorspielen, das in geselliger Runde auf
geistreiche Weise kommentiert werden konnte. Einen tragischen Zug bekommt
diese Kultur dadurch, dass sie die Sicht auf wichtige Transformationen der
gesellschaftlichen Wirklichkeit verstellte. Sie hat den Adel aufgrund ihrer
phantastischen Aufwändigkeit materiell ruiniert und aufgrund ihres erzwungenen affirmativen Charakters intellektuell erstarren lassen. Im Rückblick auf die
Repräsentationskultur des Stammeszeitalters ist festzuhalten, dass der Adel des
feudalistischen Zeitalters neben den Geistlichen und den Gelehrten diejenige
Gesellschaftsschicht war, die maßgeblich dafür sorgte, dass Deutschland den
Anschluss an die Errungenschaften der Antike und des Christentums gewann.
Der dabei zurückgelegte Weg vom Haudegen über den frommen (Kreuz-)Rit-
ter und den minnenden Damenritter bis hin zum Diplomaten hat die deutsche
Zivilisations- und Kulturgeschichte maßgeblich geprägt, auch wenn es sich bei
der höfischen Kultur nicht um eine geistig-intellektuelle, sondern primär um
eine Repräsentationskultur handelte, in der Façon, Esprit und Conduite mehr
galten als gedankliche Tiefe und enzyklopädisches Wissen. Allerdings bleibt
einzuräumen, dass der Zugang zu Texten aus dieser Kultur heute tatsächlich
schwer zu gewinnen ist, da ihre Voraussetzungen nicht mehr gegeben sind und
deren bloß imaginäre Rekonstruktion wenig hilfreich ist. Interessant bleibt der
psychologische Aspekt der höfischen Illusionskunst, die teils auf Naivität, teils
aber auch auf Resignation und Zynismus gegründet war. Als Modell für einen
wirksamen ideologischen Selbstbetrug ist die feudalistische Adelskultur ein

wichtiges Studienobjekt, wenn man sie z. B. mit der Natürlichkeitsideologie des bürgerlichen Zeitalters vergleicht. Dort wird uns eine Werteordnung begegnen, die sich selbst als natürlich ausgibt, so wie die Adelskultur die ihrige unmittelbar von Gott abgeleitet hatte. Hier wie dort hat sich die geschichtliche Entwicklung von solchen Stillstellungsversuchen letzten Endes nicht aufhalten lassen.

5. Literarische Kommunikation außerhalb der Stände

Abb. 10: Jüdischer Gelehrter am Lesepult

Die jüdische Bevölkerung war in der Ständegesellschaft des feudalistischen Zeitalters zahlreichen Repressalien ausgesetzt. Gleichwohl war das Bildungsniveau in dieser Fraktion der 'Nichtständischen' ungewöhnlich hoch.

Rechnen wir die in den voran stehenden Kapiteln genannten Prozentzahlen für
den Anteil der einzelnen Stände an der Gesamtbevölkerung zusammen, so
erreichen wir noch keine 100 Prozent. Tatsächlich dürfte etwa ein Zehntel der
Bevölkerung keinem Stand angehört haben, d. h. „die realhistorisch feststellbare Sozialschichtung und das Ständewesen deckten sich nie und nirgendwo
vollständig" (Wehler 1996a, S. 135). Es ist eine vieldiskutierte und schwer zu
beantwortende Frage, ob man diese 'restlichen' ca. 10 Prozent als Unter- oder
als Außerständische bezeichnen sollte. Aus historischer Perspektive handelt es
sich allerdings eher um eine Abfolge gesellschaftlicher Phänomene als um die
Konkurrenz zweier Erklärungsmodelle. Denn in den Ständeordnungen des
feudalistischen Zeitalters wurden die Bettler und Vaganten anfangs noch als
Teil der Gesellschaft und damit als unterständisch, nicht als außerständisch
aufgefasst. Vom 16. bis zum 18. Jahrhundert erfolgte jedoch in mehreren
Schüben eine allmähliche Kriminalisierung und Ausgrenzung dieser und anderer Gesellschaftsgruppen, so dass mit Bezug auf das 16. Jahrhundert noch
zutreffend von Unterständischen, mit Bezug auf das 18. Jahrhundert aber
besser von Außerständischen zu sprechen wäre (vgl. Goetz 1999, S. 235f.).
Alle diese 'Nichtständischen' verdienen erstens Beachtung, weil sie von den
literarischen Kulturen der vier beschriebenen Stände in jeweils spezifischem
Maße ausgeschlossen waren. Gerade die Ausschlussregeln werfen dabei ein
besonderes Licht auf die bäuerliche, die bürgerliche, die gelehrte und die adelige Kultur. Zweitens haben die verschiedenen nichtständischen Gruppen
eigene literarische Traditionen entwickelt, die innerhalb einer deutschen Literaturgeschichte mitberücksichtigt werden müssen.
    Wenden wir uns den Gruppen im einzelnen zu, so stoßen wir zunächst auf
die Schicht der so genannten Unehrlichen. Dabei handelte es sich nicht um
Gesetzesbrecher, sondern um die Angehörigen bestimmter Berufe, die aus
heute schwer zu rekonstruierenden Gründen gesellschaftlich ausgegrenzt wurden (vgl. van Dülmen 1992, S. 202-209). In erster Linie gehörten dazu die
Abdecker, die totes Vieh enthäuten und wegschaffen mussten, sowie die
Scharfrichter, die im Auftrag der Gerichte folterten, hinrichteten und manchmal auch die Aborte säuberten oder Aussätzige wegjagten. Der soziale Kontakt
mit Abdeckern und Scharfrichtern war verpönt. Sie und ihre Kinder konnten in
keine Zunft aufgenommen werden, im Wirtshaus nicht mit anderen am Tisch
sitzen, vor Gericht nicht als Zeuge fungieren usw. Etwas weniger diskriminiert, aber immer noch für 'unehrlich' gehalten wurden die Leineweber, die
Schäfer, die Bader, die Müller, die Türmer und die Nachtwächter. Sie übten
ihren Beruf an abgelegenen Orten oder zu ungewöhnlichen Zeiten aus und
entzogen sich damit der ständigen sozialen Kontrolle. Freilich ist diese ratio-
nale Erklärung nur ein Teil der historischen Wahrheit. Denn natürlich spielt
auch die Gerüchtebildung eine Rolle, die aus dem Nichtüberwachten schnell
den Verdächtigen, aus dem Verdächtigen schnell den Schuldigen werden ließ.

Jedenfalls blieben den Angehörigen all dieser Berufsgruppen sozialer Aufstieg und soziale Anerkennung verwehrt. Das bedeutet auch, dass sie von der literarischen Kultur des Adels, des Bürgertums und der Gelehrten de facto weitgehend ausgeschlossen waren, da sie und ihre Nachkommen keine hinreichenden Bildungsmöglichkeiten besaßen und sich keinen Zutritt zu den entsprechenden Kreisen verschaffen konnten. Allerdings ist einschränkend darauf hinzuweisen, dass die Unehrlichkeit in den einzelnen Ländern und Regionen unterschiedlich definiert wurde, so dass sich in Einzelfällen Abweichungen von dieser Regel dokumentieren lassen. Im Allgemeinen war den Unehrlichen aber nur die bäuerliche Kultur – innerhalb bestimmter Grenzen – zugänglich, also etwa das Volkslied, die märchen- oder sagenartige Alltagserzählung und das Sprichwort. Schon der Besuch einer öffentlichen Theatervorführung, etwa durch eine Wandertruppe in einem Wirtshaussaal, war dagegen ein Problem, da in einem solchen Saal niemand neben dem Nachtwächter und erst recht nicht neben dem Scharfrichter sitzen wollte. Mancherorts war den Unehrlichen auch der Besuch von Festen und Jahrmärkten untersagt, und außerdem waren sie zum Tragen auffälliger Kleidung verpflichtet, so dass sie keine Möglichkeit besaßen, im Rahmen derartiger Festlichkeiten in der Masse unterzutauchen und etwaige Theaterdarbietungen zu verfolgen. Das veranschaulicht noch einmal, dass selbst die Volksbelustigungen dieser Zeit keineswegs im heutigen Sinne öffentlich waren, sondern exklusiv im Sinne einer Abschottung gegen Nichtständische und natürlich auch gegen Verbrecher, die häufig an auffälligen Körperstellen verstümmelt oder mit glühenden Eisen gebrandmarkt wurden. In der Kirche sorgte die Sitzordnung dafür, dass der Edelmann, für den ein eigener Eingang reserviert war, und der Henker, dem oftmals ein spezieller, abgetrennter Platz zugewiesen wurde, sich nicht von Angesicht zu Angesicht sahen oder gar gegenübertraten.

Eine eigene, kulturgeschichtlich besonders interessante Untergruppe der Unehrlichen bildeten die so genannten fahrenden Leute. Dazu gehörten einerseits die Wanderhändler und Hausierer, die Wunderheiler, Landsknechte und Bettler. Andererseits umfasste diese Bezeichnung aber auch die vielen – wie wir sie heute nennen würden – Kleinkünstler, die von Marktplatz zu Marktplatz zogen und dort ihre Künste darboten. Dazu zählten z. B. die Jongleure, Ringkämpfer, Feuerschlucker, Kunstfechter, Spielmänner, Seiltänzer und Messerwerfer, die Taschenspieler, Zauberer und Gaukler, die Bärenführer, Kunstreiter und Tierstimmenimitatoren, die Dudelsackbläser, Hackbrettspieler, Pfeifer und Fiedler sowie die Schatten-, Marionetten- und Puppenspieler, die Possenreißer, die Bänkelsänger, die Pantomimen und die Komödianten. Der ständige breite Zustrom zu dieser Bevölkerungsgruppe verdankt sich dem oben bereits geschilderten Mangel an 'Abstiegschancen' innerhalb der Ständegesellschaft. Wer als Gelehrter, Handwerker oder Kaufmann scheiterte bzw. invalide wurde, konnte nicht einfach den Stand wechseln und z. B. als Bauer sein

Glück versuchen. Es ist schwer abzuschätzen, ob und in welchem Maße zusätzlich Freiwillige, 'Aussteiger', der Ständegesellschaft den Rücken kehrten und das unsichere, nicht ehrbare, aber abenteuerliche und freiere Leben dem Dasein innerhalb der ständischen Konventionen vorzogen.

Neben den oben bereits behandelten Wanderschauspielern und Erzählern sind aus dieser Berufsgruppe besonders die Bänkelsänger von literarhistorischem Interesse. Bei ihnen handelte es sich meistens um zwei Personen, die mit Hilfe von Schautafeln und Leier oder Geige auf öffentlichen Plätzen einen Disput, ein Zeitungslied oder eine Moritat präsentierten. Dispute waren fiktive Streitgespräche zwischen z. B. Hausfrau und Magd, Gliedern und Magen oder Wasser und Wein (vgl. Schenda 1993, S. 45). Witz und Schlagfertigkeit waren bei diesen fingierten Rededuellen natürlich von größerer Bedeutung als rhetorische Subtilität und logisch-psychologische Plausibilität. Am Ende der Darbietung kreiste der Hut. Etwas anders verhielt es sich bei Zeitungsliedern und Moritaten, die hauptsächlich der Ankurbelung des Flugblatt- und Flugschriften-Absatzes dienten. Die auf einer Bank postierten Sänger wiesen mit einem Zeigestock auf die Abbildungen hin, die hinter ihnen aufgehängt waren, und trugen dazu eine liedhafte, metrisch einfache und eingängige Weise vor, in der das dargestellte Geschehen kommentiert wurde (vgl. Riha 1981); davor und danach gaben sie zusätzliche, nicht gesungene Kommentare in (natürlich dialektal gefärbter) Prosa. Im Falle des Zeitungsliedes, das vom 15. bis zum 17. Jahrhundert seine größte Verbreitung fand, standen dabei inhaltlich aktuelle Ereignisse im Vordergrund. Das Zeitungslied ersetzte also für die mehrheitlich analphabetische Bevölkerung die Tages- oder Wochenzeitung, wobei die journalistische Qualität der Darbietungen vor allem den Gesetzen der Verkäuflichkeit gehorchen musste. Dementsprechend behandeln die Zeitungslieder in der Hauptsache sensationelle und reißerische 'Nachrichten', in denen es um Hexerei, wunderbare Himmelserscheinungen, Missgeburten, Naturkatastrophen, kriegerische Auseinandersetzungen u. dgl. ging. In der Regel basierten die Vorträge auf Flugblättern, die im Anschluss an den Vortrag feilgeboten wurden. Viele Zeitungslied- und Bänkelsänger standen sogar im Dienst von Flugblattverlagen, die auf diese Weise Reklame für ihre Produkte machen ließen. Mit Zunahme des Zeitungs- und Zeitschriftenwesens ab dem 17. Jahrhundert verlor das Flugblatt allerdings allmählich seinen journalistischen Charakter. Die Bänkelsänger des 18. und 19. Jahrhunderts reagierten mit einer Wende ins Künstlerische, indem sie rührselige oder schauerliche Begebenheit anonymisierten, typisierten, mit einer klaren Moral ausstatteten und rhetorisch effektiver durchgestalteten, so dass sie den Charakter von literarisch-didaktischen Erzählungen oder Balladen erhielten. Häufig wurden auch mehr und zudem größere, buntere Bilder verwendet.

Es verdient besonderes Interesse, dass der Bänkelsang erst im 19. Jahrhundert ausstarb, als die Massenpresse (Boulevardpresse), das Buchverlagswesen und die Alphabetisierung so weit entwickelt waren, dass praktisch jedermann Zugang zu journalistischen Periodika und billigen Lesestoffen (Kolportageromane u. ä.) besaß. Bis dahin war der Bänkelsang für den großen Teil der Analphabeten eine wichtige Informations- und 'Literatur'-Quelle. Er illustriert zudem, warum der Flugblattkauf auch für manchen interessant war, der selbst nicht oder fast nicht lesen konnte. Hatte man auf einem Jahrmarkt erst einmal die dargestellte Geschichte erklärt und vorgesungen bekommen, konnte man die Bilder als Gedächtnisstütze verwenden, auch wenn man vielleicht nicht den gesamten Text auf dem Flugblatt entziffern oder intellektuell bzw. aufgrund von dialektalen Abweichungen verstehen konnte. Wegen ihrer Bedeutung für den Prozess der öffentlichen Meinungsbildung sind Bänkelsänger oftmals ins Visier der Obrigkeit geraten. An manchen Orten musste man zuerst ein Bänkelsängerpatent erwerben und sich damit zur Einhaltung bestimmter Vorschriften verpflichten, ehe man auf dem Marktplatz sein Bänkel (Bänkchen) besteigen konnte. Freilich lässt sich im nachhinein nicht mehr überprüfen, ob und inwieweit sich die Sänger bei ihrem Vortrag immer genau an den Text des Flugblattes hielten, das vorzutragen und zu verkaufen ihnen die Obrigkeit gestattet hatte.

Zur Gruppe der 'Unehrlichen' gehörten nach dem Verständnis vieler Menschen des feudalistischen Zeitalters ferner die Juden, deren Situation auch schon zu dieser Zeit durch Verfolgung und Diskriminierung gekennzeichnet war. Nach ihrer Vertreibung aus Spanien (1492) und später aus Polen (1648) siedelten sich viele im Gebiet des Heiligen Römischen Reiches an, wobei ihr Anteil an der Gesamtbevölkerung allerdings niemals die 1 %-Marke überschritt. Dabei sind jedoch starke regionale Unterschiede zu beachten, die mit dem Grad der politischen Repression in unmittelbarem Zusammenhang stehen. Als Leopold I. z. B. 1670 die Vertreibung der Juden aus Österreich anordnete, bot der Kurfürst Friedrich Wilhelm den wohlhabenderen Familien die Ansiedlung in Brandenburg an. Dabei spielten zunächst lediglich wirtschaftliche Erwägungen eine Rolle. Eine völlige Emanzipation der Juden unter Gewährung sämtlicher Bürgerrechte wurde zum ersten Mal 1808 im Königreich Westfalen realisiert. Bis dahin war es in den meisten Gemeinden üblich, dass Juden in abgesonderten Wohnvierteln zu leben hatten. Ferner wurden sie durch spezielle Verordnungen auf ganz bestimmte Branchen und Berufsfelder festgelegt, und sie hatten nach der Reichskleiderordnung von 1530 spezielle Erkennungszeichen, in der Regel einen gelben Ring am Hut oder an der Kleidung, zu tragen (s. Thiel 1985, S. 184-188). Trotz dieser Vereinheitlichungs- und Ausgrenzungsmaßnahmen gab es allerdings beträchtliche soziale Unterschiede auch innerhalb der jüdischen Bevölkerung. Am stärksten beschränkt war der Zugang zum städtischen Bürgertum, das die treibende Kraft hinter den juristischen, politischen und wirtschaftlichen Ausgrenzungsbemühungen darstellte. Zum Adel konnten dagegen einige Juden Zutritt gewinnen, und zwar

als 'Hofjuden', die in der fürstlichen Finanzverwaltung und im Handel mit
Luxuswaren arbeiteten. Hierbei handelte es sich allerdings um eine sehr kleine
Schicht aus wenigen Hundert Familien, deren Existenz zudem insgesamt unge-
sichert blieb. Nur innerhalb des Gelehrtenstandes wurde die traditionelle jüdische Philosophie und Theologie diskutiert. Von einer allgemeinen Akzeptanz
des Judentums kann jedoch auch innerhalb der Gelehrtenschicht bis zur Aufklärung nicht die Rede sein. Nur geduldet waren die Juden schließlich auch im
Bauernstand, der die Hauptabnehmerschaft der ihnen vielerorts verordneten
Handelsgeschäfte wie z. B. Viehhandel, Wanderhandel oder Altkleiderhandel
bildete. In der Wahrnehmung der Bevölkerungsmehrheit rangierte der Jude
damit irgendwo zwischen dem Scharfrichter und dem Müller, zwischen dem
Abdecker und dem Schäfer. Aufgrund dieser prekären sozialen Stellung lebten
viele Juden schon damals in der nachvollziehbaren Angst, jemand könne die
Forderungen aus Luthers Abhandlung *Von den Juden und ihren Lügen* in die
Tat umsetzen. Der Reformator hatte darin 1543 gefordert, die Synagogen zu
verbrennen und den Rabbinern die Lehre zu verbieten. Im Lutherkult der Nationalsozialisten spielte dieses Pamphlet natürlich eine wichtige Rolle.

Die jüdischen Geistlichen und Gelehrten studierten in der Hauptsache
theologische Schriften, die auf hebräisch verfasst waren. Bedeutend höhere
Auflagen erreichten dagegen die jiddischsprachigen Werke, deren Verbreitung
durch den in der jüdischen Bevölkerung vergleichsweise hohen Alphabetisie-
rungsgrad gesichert wurde. Das Jiddische ist eine im 10./11. Jahrhundert aus
mittel- und oberdeutschen Dialekten hervorgegangene, ursprünglich in hebräi-
scher Schrift aufgezeichnete 'Nahsprache' des Deutschen (ähnlich wie z. B.
das Niederländische). Innerhalb des spätfeudalistischen Zeitalters sind einige
Hundert Bücher und Flugschriften in jiddischer Sprache publiziert worden,
von denen nach der hier zugrunde gelegten Literaturdefinition ungefähr die
Hälfte als literarisch bezeichnet werden kann.

Als wichtige Dokumente der jiddischen Literatur des 16. und
17. Jahrhunderts sind zunächst die so genannten *Kuhbücher* zu erwähnen.
Dabei handelt es sich um zwei unterhaltsam-belehrende Fabelsammlungen,
deren erste bereits 1594 erschien, jedoch nicht mehr erhalten ist. In mehreren
Exemplaren überliefert ist dagegen das 1687 in Frankfurt am Main verlegte
zweite *Kuhbuch* des in Worms geborenen Mose Ben Eli'eser Wallich. In der
vorletzten Fabel aus seiner Sammlung wird der ungewöhnliche Titel des Werkes erklärt. Die Kuh dient als abschreckendes Beispiel für ein Geschöpf, das
sich nicht um seine Reinlichkeit kümmert, sondern schlammbeschmutzt und
miststarrend auf der Wiese das Gras abweidet. Der Mensch dagegen soll auf
seine 'Reinheit' im äußerlichen wie im geistig-moralischen Sinne achten und
ein gottgefälliges Leben im Einklang mit den religiösen Vorschriften führen.

Ähnlichen religiös-didaktischen Maximen folgt das äußerst populäre
Ma'asse-Buch, eine zwischen 1602 und 1750 in fast zwanzig Auflagen ver-

breitete Erzählungssammlung, in der überwiegend das Leben frommer Juden der Vergangenheit in phantasievoller legendarischer Überhöhung beschrieben wird. Religiöse Unterweisung und Tugenderziehung stehen hier noch stärker im Vordergrund als im *Kuhbuch*, doch unter den 254 Geschichten der anonymen Anthologie finden sich vereinzelt auch freiere, märchen- und sagenartige Texte, in denen Motive aus mittelalterlichem, orientalischem und antik-mythologischem Erzählgut verarbeitet sind. Das *Ma'asse-Buch* wandte sich besonders an Frauen und ist deshalb ein wichtiges Dokument für die Familien- und Erziehungsideale des deutschen Judentums dieser Epoche. In seinem Erfolg übertroffen wird es nur noch von dem erstmals 1620 (oder 1600) erschienenen Erbauungsbuch *Zeno ureno* des Jakob Ben Isaak Aschkenasi, dessen Titel dem Hohelied entstammt (3, 11) und einen Hinweis auf die anvisierte Leserschaft gibt: „Ihr Töchter Jerusalems, kommt heraus und sehet, ihr Töchter Zions, den König Salomo mit der Krone...". Auch hier sind es die jüdischen Frauen, die als Adressaten des Werkes gelten können und denen der Autor hauptsächlich die fünf Bücher Moses erklärt. Für seine fromm-didaktischen Kommentare benutzt er Quellen der unterschiedlichsten Art, die der gesamten jüdischen Literaturtradition entstammen und deren virtuose Integration in den Text das Werk zu einer Art Universallexikon macht, dessen verständlicher und bildhafter Ausdrucksstil zum Schmökern und Durchstöbern einlädt. Seit seinem Erscheinen hat das Werk mehr als 300 Neuausgaben erfahren; es dürfte bis ins 19. Jahrhundert in kaum einem jüdischen Haushalt gefehlt haben oder gar unbekannt gewesen sein. Sein großer erzieherischer Einfluss verdient genauere mentalitäts- und pädagogikgeschichtliche Untersuchung.

Das für nichtjüdische Leser interessanteste und verständlichste Werk der jiddischen Literatur ist vermutlich die zwischen 1690 und 1719 entstandene Autobiographie der Glückl (auch: Glückel) von Hameln, einer Hamburger Kaufmannswitwe mit acht Kindern. Ihre *Denkwürdigkeiten* gewähren unverstellten Einblick in die Lebensbedingungen und Erfahrungen einer lebenstüchtigen Geschäftsfrau, die sich aufgrund ihres Glaubens gegen zahlreiche Widerstände politischer, wirtschaftlicher, kirchlicher und ideologischer Natur behaupten musste. Vor allem die auf 'Ehrbarkeit' erpichte Bürgerschaft, der gewalttätige Pöbel und die orthodox lutherische Geistlichkeit der Freien Reichsstadt Hamburg erweisen sich als unerbittliche Gegner des Judentums, während der ökonomisch denkende Senat Toleranz gegenüber den Juden übt, solange sie wirtschaftlich erfolgreich sind und den Handel der Stadt befördern. Glückls Beschreibung veranschaulicht die durch ökonomischen Erfolgsdruck, durch Kampf um religiöse Selbstbestimmung sowie durch Angst vor gelehrtem und naivem Fanatismus geprägte Zwangssituation des deutschen Judentums um 1650. Darüber hinaus enthält das auch ins Deutsche übersetzte Werk kulturhistorisch interessante Beschreibungen von mehreren Fernreisen der Autorin sowie von den Geschehnissen im Hamburger Pestjahr 1644 und von der Hysterie um den Sektengründer Sabbatai Zewi, der 1665 als wundertätiger Messias verehrt wurde und der auch Glückls Schwiegervater in Hameln dazu brachte, seine Besitzungen zu verkaufen und die Auswanderung ins gelobte Land vorzubereiten. Innerhalb des literarischen Betriebes der Ständegesellschaft war kein Platz für die Autobiographie Glückls, die deshalb nur für sich und ihre Kinder schrieb. 1896 erschien ihr Text erstmals im Druck.

Zusammenfassend läst sich feststellen, dass die spätfeudalistische Ständegesellschaft kein völlig geschlossenes System gewesen ist. Ein beachtlicher Teil der Bevölkerung fiel durch die Maschen der Ständeordnung. Den damit einhergehenden Ausschluss von den meisten Formen der ständischen Kulturaneignung konnten die davon Betroffenen nur teilweise kompensieren, indem sie sich der 'Kleinkunst' zuwandten oder sich auf privat-häusliche Formen der Literaturproduktion und -rezeption beschränkten.

Der Einheitlichkeit von Epochenbegriffen zuliebe diese Sonderkulturen zu verschweigen und allgemein die spezifischen literarischen Kulturen der einzelnen Stände einfach zusammenzurühren, dürfte wissenschaftlich nicht fruchtbar sein. Hier und dort hat vielleicht ein Bauer ein französisches Buch besessen, ein Adeliger ein Volkslied gesummt oder ein Gelehrter eine Einladung zum Feuerwerk erhalten. Damit waren die Grenzen zwischen den Ständen und ihren Kulturen aber nicht beseitigt. Besonders irreführend ist es, wenn der Qualitätsmaßstab der späteren bürgerlichen Bildungsschichten verabsolutiert und z. B. zur Beurteilung der höfischen oder der lateinisch-gelehrten Literatur herangezogen wird. Sofern den Werken aus diesen Sphären nicht schlechterdings die Bezeichnung 'Literatur' verwehrt wird (auch das gibt es bis heute!), gelten sie dann als schwulstig oder als elitär, oder man kapriziert sich alleine auf ihren philosophisch-ideengeschichtlichen Gehalt, der zwar nicht gering, aber für das Funktionieren der jeweiligen literarischen Kultur zweitrangig war. Die Mediävistik und die Frühneuzeitforschung unternehmen seit ca. zwei Jahrzehnten verstärkte Anstrengungen, um zu einem differenzierteren, die eigenen Wertmaßstäbe kritisch reflektierenden Bild des feudalistischen Zeitalters zu gelangen (Goetz 1999).

3. Literarische Kommunikation im bürgerlichen Zeit-
alter (1789-1918)

Abb. 11: Idealisierte Darstellung eines Kolporteurs und seiner Kundschaft

Der außergewöhnliche Anstieg der Alphabetisierungsquote und des durchschnittlichen Haushaltseinkommens verschafft im bürgerlichen Zeitalter
erstmals der Bevölkerungsmehrheit eine Möglichkeit zur Teilhabe an schriftlicher literarischer Kommunikation.

a) Gesellschaftsgeschichtliche Rahmenbedingungen

Die Ersetzung der feudalistischen durch eine bürgerliche Wirtschafts- und Gesellschaftsordnung vollzog sich nicht abrupt, sondern in mehreren Etappen. Das lässt sich deutlich an dem langwierigen Prozess der Nationalstaatsbildung erkennen, der dem 1806 von Napoleon erzwungenen Ende des Heiligen Römischen Reiches folgte. Die kulturell-ideologische, die ökonomische und die juristische gingen in Deutschland der politischen Nationsbildung voraus. Erst 1871 wurde das Deutsche Reich gegründet, aber von den fast 1.800 Herrschaftseinheiten des Heiligen Römischen Reiches waren aufgrund von Konzentrationsprozessen schon 1806, nach Napoleons Sieg bei Austerlitz, nur noch wenige übriggeblieben. Keine 40 Länder waren es, die dem 1815 gegründeten Deutschen Bund angehörten. Der ihn prägende Konflikt zwischen Österreich und Preußen wurde 1866 in der Schlacht bei Königgrätz zugunsten Preußens entschieden, – der letzte und entscheidende Schritt auf dem Weg zur staatlichen Einigung, die in Deutschland „nicht von der liberalen Nationalbewegung, sondern vom preußischen Militärstaat erkämpft wurde" (Wehler 1995, S. 465).

Im Bereich der Wirtschaft waren schon Jahrzehnte zuvor wesentliche Fortschritte im Hinblick auf eine staatliche Einigung und Modernisierung erzielt worden. Zwischen 1810 und 1869 wurde nach und nach in den einzelnen Branchen das Zunftwesen abgeschafft und schließlich die Gewerbefreiheit eingeführt. 1834 gründete sich der Deutsche Zollverein, wodurch der innerdeutsche Handel massiv gefördert wurde. 1861 erschien das Allgemeine Deutsche Handelsgesetzbuch, das unter anderem die Bildung von Genossenschaften und Aktiengesellschaften regelte und ein wichtiger „Vorreiter auf dem Weg zur allgemeinen Rechtseinheit in Deutschland" (Wesel 1997, S. 442) war. Und vor allem sind es natürlich die unter der Bezeichnung 'industrielle Revolution' zusammengefassten Entwicklungen, durch die sich das bürgerliche offensichtlich vom feudalistischen Zeitalter unterscheidet.

Wir erinnern uns, dass die meisten Menschen bis ins 18. Jahrhundert nur selten als Marktteilnehmer in Erscheinung traten. Größtenteils wurden sie in Naturalien entlohnt, und selbst der Fernhandel (z. B. der Buchhandel) wurde teilweise als Tauschgeschäft organisiert. Vom 18. Jahrhundert an ändert sich dieses Bild. Aus den Knechten und Mägden, den Gesellen und Gesellinnen werden allmählich 'Arbeitnehmer', die ihren 'Arbeitgebern' auf dem 'Arbeitsmarkt' als freie Wirtschaftssubjekte und potentielle Konsumenten gegenübertreten. In der Wirtschaftseinheit des 'ganzen Hauses' waren sie demgegenüber Familienmitglieder gewesen, über deren Verhalten und Betragen der Patriarch, gedeckt durch die Regeln der Zunftordnung und der Ständeideologie, mit kritischer Autorität wachte. Aus der fast allumfassenden Abhängigkeit des Knechtes vom Gutsbesitzer wurde durch die Trennung von Arbeitsplatz und Wohnung die rein wirtschaftliche Abhängigkeit des Lohnarbeiters vom Vorgesetzten. Auch diese Abhängigkeit konnte drückend und zermürbend sein. Aber wenn der Arbeiter abends nach Hause ging, war er sein eigener Herr, stand jedenfalls nicht mehr unter der unmittelbaren Aufsicht des Familienvaters. Im Hinblick auf die Gestaltung seiner Freizeit, auf seinen Medienkonsum und damit auch auf seine Literaturrezeption ist dies – wie sich zeigen wird – von herausragender Bedeutung.

Freilich dauerte es viele Jahrzehnte, bis sich diese Modernisierung der wirtschaftlichen und gesellschaftlichen Verhältnisse in allen Schichten, in allen Regionen und in allen Wirtschaftsbranchen durchgesetzt hatte. Besonders im Osten Deutschlands und speziell im Agrarsektor gab es bis ins frühe 20. Jahrhundert sehr traditionell geführte Wirtschaftsbetriebe, die man als Inselchen des Feudalismus im Zeitalter des Industriekapitalismus bezeichnen könnte. Ohnehin sank die Zahl der in der Landwirtschaft Beschäftigten nur ganz allmählich. Erst um 1870 war erstmals weniger als die Hälfte aller Erwerbstätigen in der Landwirtschaft beschäftigt, mehr als zwei Drittel von ihnen als Arbeiter (Fischer/Krengel/Wietog 1982, S. 52; Hohorst/Kocka/Ritter 1978, S. 66-69). Diese Zahlen können jedoch nicht darüber hinwegtäuschen, dass sich bereits um 1800 ein entscheidender Paradigmenwechsel vollzogen hatte, der es rechtfertigt, von einem neuen, einem 'bürgerlichen' Zeitalter zu sprechen.

Gemeint ist damit der Umstand, dass die Position des Individuums in der Gesellschaft in dieser Epoche nicht mehr in erster Linie von seiner Herkunft, sondern von seinem materiellen Besitz bestimmt wurde. An die Stelle der mit der Geburt erworbenen Standesehre trat allmählich das durch persönliche Arbeitsleistung erwirtschaftete Einkommen. Im feudalistischen Ständestaat rangierte der ärmste Adelige immer noch vor dem reichsten Bürgerlichen. Und ein Jude war und blieb ein 'Außerständischer', wie groß auch immer sein ökonomischer Erfolg sein mochte. Kleidervorschriften und Sitzordnungen veranschaulichten und zementierten diese rigide gesellschaftliche Hierarchie. Den Stand zu wechseln (z. B. durch Nobilitierung), war in jedem Fall schwierig und für die meisten Menschen schlechterdings unmöglich.

Das bürgerliche Zeitalter privilegiert demgegenüber die Idee der prinzipiellen Gleichheit aller Menschen und insbesondere der Chancengleichheit für alle konkurrierenden Wirtschaftssubjekte. Der 'Selfmademan' soll gesellschaftlich aufsteigen können. Das meint u. a. der Begriff 'Bürger' in seiner durch die Französische Revolution geprägten Bedeutung. Das Dekret der Pariser Nationalversammlung vom 11. August und die Erklärung der Menschen- und Bürgerrechte vom 26. August 1789 besiegelten die gesetzliche Abschaffung des Feudalsystems im revolutionären Frankreich; jedermann durfte sich fortan 'citoyen' (Bürger) nennen. Die Jahreszahl 1789 symbolisiert demnach hier in dieser Literaturgeschichte den Beginn eines neuen Zeitalters, in dem die Geburtsvorrechte aufgehoben waren und in dem prinzipiell jeder 'Bürger' aufgrund seiner Arbeitsleistung seine Position in der Gesellschaft verändern konnte. Diese Dynamisierung der Gesellschaft blieb natürlich – wie wir sehen werden – nicht ohne Rückwirkung auf das Wesen und die Verbreitung ihrer Kultur.

Dass Theorie und Praxis der sozialen Mobilität anfangs stark auseinander klafften, bedarf kaum der Erwähnung. Investitionskapital, Bildungschancen und auch Aufstiegsambitionen waren ungleich verteilt. Bei Wochenarbeitszeiten von 61 bis 66 Stunden in Handwerk und Industrie gab es für viele Arbeitnehmer kaum Spielraum für Aktivitäten zur beruflichen Weiterqualifizierung (Zahlen für Nürnberg 1811-80 nach Fischer/Krengel/Wietog 1982, S. 142). Adel und Zünfte verloren außerdem nur allmählich an Einfluss und Bedeutung. Gleichwohl steht außer Frage, dass die wirtschaftliche und gesellschaftliche Modernisierung in Deutschland voranschritt, bis zur Mitte der 1840er Jahre in den meisten Regionen eher zögerlich, danach fast überall explosionsartig. Besonders anschaulich trat diese Entwicklung im Verkehrssektor zutage. Bis 1871 wurden über 20.000 km Schienenstrang für die Eisenbahn verlegt (bis 1970 waren es 29.500 km). Dadurch sanken nicht nur die Gütertransportkosten erheblich (vgl. Wehler 1995, S. 68-74), sondern es ergaben sich auch nicht zu unterschätzende Bildungseffekte aufgrund einer fast allgemeinen 'Horizonterweiterung'. Wir erinnern uns, dass die Menschen des feudalistischen Zeitalters in aller Regel nur ihre nächste Umgebung kannten. Dann und wann fuhr man mit dem Transportkarren über holperige Kieswege in die nächste Kleinstadt. Einige brachen ein- oder zweimal in ihrem Leben zu Pilgerreisen auf. Fernhändler, Vaganten und reisefreudige Gelehrte waren kleine Minderheiten. Die Eisenbahn änderte diesen Zustand. Plötzlich konnte jedermann entlegenere Orte erreichen, ferne Verwandte besuchen, eine Großstadt besichtigen, Vergleiche zwischen den eigenen und fremden Lebensbedingungen anstellen. Die räumliche ging mit der geistigen Flexibilisierung Hand in Hand. Auf den Ausbau des Straßennetzes ist in diesem Zusammenhang ebenfalls hinzuweisen. Gab es im Gebiet des Deutschen Bundes um 1820 knapp 15.000 km befestigte Straßen, so waren es 1873 ca. 115.000 km (Fischer/Krengel/Wietog 1982, S. 80). Von Dampfmaschinen angetriebene Kutschen mit Geschwindigkeiten über 40 km/h verkehrten in England ab den 1820er Jahren; 1914 zirkulierten weltweit ca. 2 Millionen Kraftfahrzeuge.

Auch außerhalb des Verkehrswesens gab es im 19. Jahrhundert außergewöhnliche technische Fortschritte zu verzeichnen, die eine erhebliche Produktivitätssteigerung nach sich zogen und auch im alltäglichen Leben bemerkbar waren. Neben der Dampfmaschine, dem automatischen Webstuhl, dem Pressluftbohrer und dem Elektromotor wären hier beispielsweise der Stahlbeton, die

Glühbirne, die Nähmaschine, das Bügeleisen und das Telefon zu nennen. Besonders hervorzuheben sind die Erfolge in der Medizintechnik. Um 1830 beginnt die fabrikmäßige Herstellung leistungsfähiger Mikroskope, 1863 wird das Pasteurisierungsverfahren erfunden, 1882 entdeckt Robert Koch den Tuberkelbazillus, und ab der zweiten Hälfte der 1890er Jahre hält – um hier nur einige Beispiele anzuführen – die Röntgentechnologie Einzug in die Krankenhäuser und Arztpraxen. Die durchschnittliche Lebenserwartung, die noch gegen Ende des 18. Jahrhunderts bei 28 Jahren gelegen hatte (van Dülmen 1995, S. 209), steigt aufgrund gesünderer Wohnbedingungen, verbesserter Ernährungsgewohnheiten und wirkungsvollerer Heilmethoden bis 1910 auf 48,3 Jahre für Frauen und 44,8 Jahre für Männer an (Wehler 1995, S. 499). Aus heutiger Perspektive mögen diese Werte gering erscheinen, doch im Hinblick auf die individuellen Möglichkeiten der Lebensplanung bedeuteten sie einen entscheidenden Fortschritt. Denn erstmals war es für größere Bevölkerungskreise sinnvoll, eine spezielle Ausbildungsphase einzuplanen und zu durchlaufen. Wer z. B. im feudalistischen Zeitalter mit 20 Jahren eine Ausbildung abschloss, hatte statistisch nicht mehr allzu viele Jahre vor sich, in denen er die materiellen und ideellen Früchte seiner Bildungsinvestitionen genießen konnte; gegen Ende des bürgerlichen Zeitalters waren es dagegen gut und gerne 25 Jahre, – ein erheblicher Unterschied, der die Bereitschaft zum Schulbesuch bzw. zur Respektierung der Schulpflicht nachhaltig gefördert haben dürfte.

Die Gesamtbevölkerung nimmt von 23,7 Millionen im Jahre 1817 auf 64,9 Millionen im Jahre 1910 zu, wobei es insbesondere in den städtischen Ballungsräumen zu einer starken Verdichtung kommt. Wurden 1871 mehr als 35 % der Stadtbevölkerung zugerechnet, so lebten 1910 schon 60 % der Gesamtbevölkerung in Städten, etwa ein Drittel davon in Großstädten mit mehr als 100.000 Einwohnern, von denen es 1910 bereits 48 gab (Reulecke 1985, S. 68; Wehler 1995, S. 18 u. 512). Nicht nur siedlungsgeographisch, sondern auch mentalitätsgeschichtlich ist diese Entwicklung von größter Bedeutung. Denn die städtischen Ballungsräume waren die wichtigsten Schauplätze jener technischen, wirtschaftlichen und gesellschaftlichen Modernisierung, die nach und nach den Lebensalltag der Bevölkerungsmehrheit erfasste.

Dass diese Modernisierung mit gemischten Gefühlen aufgenommen wurde, zeigt ein Blick auf die Entwicklung der Religion und der Kirchen. Vor allem zeichnet sich ein klarer Trend zur Säkularisierung, zur Entkirchlichung und Entchristianisierung ab: „In den Industriezentren nahmen am Kirchgang bis 1914 nur mehr zwei bis acht Prozent der Erwachsenen teil, in den proletarischen Wohnquartieren war es ein Prozent" (Wehler 1995, S. 1178). Auch auf dem Land wurde (unter Protestanten) nur noch eine Quote von 20 bis 40 % erreicht (ebd., S. 1179). Offenkundig hatte die Kirche ihre Autorität weitgehend eingebüßt; sie wurde trotz ihrer Modernisierungsbemühungen vielfach mit dem Weltbild und der Gesellschaftsordnung des obsoleten Feudalismus

identifiziert. Gleichzeitig gab es jedoch im 19. Jahrhundert eine Blüte irratio-
nalistischer und pseudoreligiöser Ideologien, die veranschaulicht, dass die
gesellschaftliche Modernisierung von vielen nicht oder nicht nur als Zugewinn
an Freiheit, sondern zunächst als Verlust an Sicherheit wahrgenommen wurde.
Insgesamt dominierte freilich der Typus des 'Taufschein-Christen', der pro
forma einer der beiden christlichen Konfessionen angehörte, nur noch zu hohen Feiertagen am Gottesdienst teilnahm und sich ansonsten mehr um das
lebenswerter gewordene Diesseits als um das wissenschaftlich entzauberte
Jenseits kümmerte.

Dies war möglich, weil der Kirchgang nun – anders als im feudalistischen
Zeitalter – nicht mehr Gegenstand verstärkter sozialer Kontrolle war. Die Reli-
gionsausübung wurde allmählich zu einer Privatangelegenheit. Der säumige
Kirchgänger hatte kaum soziale oder gar obrigkeitliche Repressionen zu befürchten. Diese relative Liberalität ist auf den Umstand zurückzuführen, dass
politische und soziale Herrschaft nicht mehr religiös legitimiert wurden. Einem
Kaiser gestand man vielleicht noch – mehr oder minder augenzwinkernd –
seine Gottesgnadenschaft zu. Aber die für den Feudalismus charakteristische
Idee einer gottgewollten Ständeordnung, die jedem Individuum qua Geburt
und Herkunft einen unveränderlichen Platz in der Hierarchie der Stände an-
wies, verlor massiv an Bedeutung.

An die Stelle der religiösen trat im bürgerlichen Zeitalter eine naturphilo-
sophische Legitimation der Wirtschafts- und Gesellschaftsordnung. Gerecht-
fertigt war, was 'natürlich' war. Sei es die intimisierte Kleinfamilie oder die
schmucklos-aufrichtige Rede, sei es die bürgerliche Sexualmoral oder das
Streben nach Profitmaximierung: Konnte man es als natürlich deklarieren, so
war die Zustimmung der Kirche u. U. fortan – wie im Falle der nachträglichen
kirchlichen Trauung – nur noch schmückendes Beiwerk. Die Anwendung des
neuen Natürlichkeitsparadigmas auf alle nur denkbaren Bereiche des öffentlichen und privaten Lebens wurde jedenfalls zu einem Hauptgegenstand aller
deutschen literarischen Kulturen des 19. Jahrhunderts (vgl. Grimm 1983,
S. 747f.).

Sinnfälligster Ausdruck der Natürlichkeitsideologie waren die im
19. Jahrhundert so zahlreichen Neugründungen von öffentlichen Parkanlagen
und zoologischen Gärten, deren Gestaltung das ästhetisierte Naturverständnis
des Bürgertums widerspiegelt. Natur erscheint hier nicht mehr als das bedroh-
liche Andere, das es durch geometrischen Zuschnitt oder in Hetzjagden zu
bezwingen gilt, sondern als Gegenstand der Unterhaltung und der belehrenden
Veranschaulichung. Mit Vergnügen blickte man sonntagnachmittags (sonn-
tagvormittags, und natürlich auch samstags, wurde bis 1919 in der Regel gearbeitet) dem beliebten, mit einem stadtbekannten Kosenamen versehenen Zoo-
tiger ins Auge. Angst vor den Gewalten der Natur empfand man höchstens bei
ungewöhnlichen Naturkatastrophen wie z. B. bei der mit extremen Ernteaus-

fällen verbundenen Sommerkälte von 1816 oder den Trockenheiten von 1832 und 1842; insgesamt ist die Anzahl der Klimaanomalien im 19. Jahrhundert übrigens als gering einzustufen (vgl. Glaser 2001, S. 180). Die technischen, vom Menschen verursachten Katastrophen und vor allem die gesellschaftlichen Umbrüche werden stattdessen zu neuen, auch künstlerisch oftmals bearbeiteten Angstquellen (vgl. Vocelka 1993).

Zu den im bürgerlichen Zeitalter als natürlich empfundenen Rechten gehörte auch das Recht auf Mitwirkung an der politischen Willensbildung. Tatsächlich wurde 1848 anstelle des ungerechten Dreiklassenwahlrechtes erstmals das allgemeine, gleiche und geheime Wahlrecht eingeführt, wenn auch – 'natürlich' – nur für Männer. Von einer Demokratisierung der Gesellschaft kann gleichwohl kaum die Rede sein. Denn erstens war der Einfluss des Reichstages sehr begrenzt. Und zweitens blieben auf Länderebene in immerhin 15 Teilstaaten des Reiches ältere Wahlrechtsformen in Geltung, die den Adel und das Besitzbürgertum privilegierten; die Großherzogtümer Mecklenburgs hielten sogar bis 1918 an ihrer landständischen Verfassung von 1523 fest, welche den Großgrundbesitz und das städtische Patriziat bevorrechtigte (Born 1988, S. 89-92). In den nach neuem Wahlrecht gewählten Parlamenten dominierte hingegen die akademisch gebildete höhere Beamtenschaft. Schul- und Hochschulbildung wurden zu wichtigen Vehikeln des gesellschaftlichen Aufstiegs, zumal die technischen Fortschritte den Arbeitern und Angestellten in den handwerklichen Berufen, zunehmend aber auch den Beschäftigten in der rationalisierten und technisierten Agrarindustrie höhere Qualifikationen abverlangten.

Dementsprechend wurde die mancherorts schon im 17. Jahrhundert gesetzlich verankerte, aber nicht realisierte Schulpflicht seit den 1820er Jahren – teilweise gegen den Willen der Eltern unter Anwendung polizeilicher Zwangsmittel – durchgesetzt (s. Knoop 1994, S. 868 u. 870, sowie Wehler 1995b, S. 485f. u. 491). Die Lehrerausbildung wurde verbessert und vereinheitlicht. In der Folge sank die Quote der Analphabeten bis 1900 auf unter 2 % ab, – ein im internationalen Vergleich äußerst günstiger Wert. Bei der Beschreibung der Alphabetisierung kann allerdings nicht nur zwischen Lesefähigen und Nicht-Lesefähigen unterschieden werden. Bis zur Mitte des 19. Jahrhunderts war zwar die Anzahl derer groß, die einige Jahre Schulunterricht genossen hatten, kurze einfache Texte langsam entziffern und ihren Namen schreiben oder ein Formular ausfüllen konnten. Die Anzahl derjenigen jedoch, die routiniert und zügig lesen und schreiben konnten und die deshalb als Rezipienten gedruckter Werke in Betracht kamen, lag um 1830 bei kaum mehr als 30 % der Bevölkerung und stieg dann – bei erheblichen regionalen Unterschieden – mit jeder Dekade um etwa 10 % an (s. Schön 1999, S. 50). Und mit dem bloßen Lesenkönnen ist es bekanntlich nicht getan, wenn es um die Rezeption anspruchsvollerer literarischer Werke geht, die im 19. Jahrhundert ein Privileg der wenigen Gymnasiasten und Akademiker blieb.

Noch um 1900 erreichten 90 % aller Schüler lediglich den Volksschulabschluss! Nur ein bis zwei Prozent aller Schüler besuchten die Schule bis zum Abitur (s. Wehler 1995, S. 1201). Die Quote der Akademiker blieb – trotz beeindruckender Zuwachsraten zwischen 1870 und 1914 – äußerst gering. Auf 10.000 Einwohner kamen zwischen 1830 und 1911 nur durchschnittlich drei bis acht Studenten; seit den 1960er Jahren hat sich diese Quote mehr als verzehnfacht (vgl. Ellwein 1992, S. 335f.). Die Söhne (erst seit ca. 1910 auch die Töchter) des Bildungs- und des Besitzbürgertums waren in der Studentenschaft des 19. Jahrhunderts mit einem Anteil von über 60 % extrem überrepräsentiert. Aus dem Kleinbürgertum stammten 30 bis 35 % der Studenten, während sich aus der mit weitem Abstand größten Bevölkerungsschicht, der Arbeiterschaft, nur ein winzig kleiner Bruchteil des akademischen Nachwuchses rekrutierte (vgl. Wehler 1995, S. 1215). Bis ins frühe 20. Jahrhundert waren damit der Rezeption von anspruchsvoller, nach bildungsbürgerlichen Maßstäben 'kanonischer' Literatur schon aufgrund äußerer Bildungsvoraussetzungen sehr enge Grenzen gesetzt.

Hemmend und einschränkend wirkten sich außerdem die zeitweise recht rigiden Zensurbestimmungen aus. Besonders berüchtigt sind die Karlsbader Beschlüsse, die von 1819 bis 1848 in Kraft blieben und deren bekanntestes Opfer der ins französische Exil getriebene Heinrich Heine war. Sie sahen eine obligatorische Vorzensur für Zeitungen, Zeitschriften und Bücher bis zu einem Umfang von 320 Seiten vor. Druckwerke ab 321 Seiten unterlagen der Nachzensur, die nach 1848 weiterbestand und die 1878 durch die nicht minder berüchtigten Sozialistengesetze verschärft wurde (vgl. Breuer 1982, S. 140-155, 176-183). Die Zensur wandte sich vor allem gegen Schriften, die angeblich zur 'Unzucht' aufreizten, sowie natürlich gegen politisch engagierte, demokratisch-sozialistische Werke. Wegen einer Satire auf Wilhelm II. wurde z. B. Frank Wedekind 1898 zu 7 Monaten Festungshaft verurteilt. Die Zensur hat die Verbreitung kritisch-engagierter Schriften nicht völlig und nicht nachhaltig unterbinden können. Sie schuf jedoch ein Klima der Angst und der geistigen Unfreiheit, in dem die Selbstzensur blühte und Missstände totgeschwiegen wurden, deren öffentliche Erörterung vielleicht eine Beförderung notwendiger gesellschaftlicher Reformen bewirkt hätte. Stattdessen wurde das undemokratische Gesellschaftssystem mit Gewalt aufrechterhalten, bis es im Ersten Weltkrieg zerbrach.

Trotz aller Bildungs- und Zensurschranken erlebte der Buchmarkt im 19. Jahrhundert, verglichen mit den Verhältnissen im feudalistischen Zeitalter, einen grandiosen Boom. Das hängt zunächst mit der Bevölkerungsexplosion, dann aber auch – wie noch im Detail gezeigt wird – mit der Tatsache zusammen, dass die bildungsferneren Schichten in diesem Zeitalter erstmals eine eigenständige Form der literarischen Kommunikation entwickelten, die nicht mehr auf mündlicher Tradierung, sondern überwiegend auf der Lektüre von gedruckten Schriften basierte. Eine wichtige Bedingung hierfür war die massenhafte preisgünstige Herstellung von Druckerzeugnissen, für die in der Tat im 19. Jahrhundert alle wichtigen Voraussetzungen geschaffen wurden. Dazu gehört u. a. die Erfindung der dampfbetriebenen Schnellpresse (1823), der Handgießmaschine (1845), der Rotationsdruckmaschine (1872/73) und der Drahtheftmaschine (1878) (vgl. Schön 1999, S. 38-41). Vom ersten bis zum letzten Jahrfünft des 19. Jahrhunderts versechsfachte sich demzufolge die Anzahl der produzierten Buchtitel von 20.264 auf 119.448; auch die Auflagenhöhen stiegen beständig an (vgl. Krieg 1953). Die Erstauflage von Goethes *Werther* (1774) betrug 1.500, die der zweiten Auflage 3.000 Exemplare. Dazu kamen neun Raubdrucke mit insgesamt 4.500 Exemplaren (s. Diehl/Foltin 1999, S. 89). Von den preisgünstigen Bändchen seiner Universalbibliothek verkaufte dagegen der Reclam-Verlag zwischen 1867 und 1914 jährlich fast 400.000 Exemplare.

Die Anzahl der Buchhandlungen in Deutschland stieg von 887 im Jahre 1843 auf 3.375 in 1880 (s. Wittmann 1991, S. 239). Ab den 1880er Jahren können wir zudem von der Existenz einer Massenpresse sprechen. 1914 gab es 4.200 Tageszeitungen in Deutschland, deren Feuilletons Leseempfehlungen für jeden Geschmack und Bildungsanspruch bereithielten und die dem Leser eine gewisse Orientierung auf dem unübersichtlich gewordenen Buchmarkt verschafften. Neben den Journalisten waren es im 19. Jahrhundert noch häufig Schriftsteller, die die Neuerscheinungen ihrer Kollegen rezensierten. Erst im 20. Jahrhundert setzt sich auf breiterer Front das Berufsbild des reinen Literaturkritikers durch. Vereinzelt gab es auch schon im 19. Jahrhundert 'Literaturpäpste' wie z. B. Wolfgang Menzel oder Friedrich Theodor Vischer, die das Genre der literarischen Kritik prägten und Vorbildfunktion für viele ihrer Kollegen gewannen.

Im Buchhandel war gegen Ende des 18. Jahrhunderts der geldlose Tauschhandel durch den sogenannten Kommissionshandel ersetzt worden. Verlag und Handel wurden dabei personell und organisatorisch getrennt; der Verleger verkaufte seine Ware gegen Geld an die Buchhändler, die allerdings ein begrenztes Rückverkaufsrecht behielten. Gesetze gegen den Raubdruck, die juristische Regelung des Urheberschutzes und die allmähliche Durchsetzung der Gewerbefreiheit in den verschiedenen Sparten des Buch- und Pressewesens sorgten dafür, dass reichsweit einheitliche, die Gewinnchancen der am Distributionsprozess Beteiligten sichernde ökonomische Rahmenbedingungen herrschten.

Konnten um 1800 ungefähr 2.000-3.000 Schriftsteller von ihrer Arbeit leben, so erhöhte sich diese Zahl bis zum Beginn des 20. Jahrhunderts auf ca. 5.000 Personen (vgl. Grimm 1983, S. 748-752; Nusser 1991, S. 28; Scheideler 1997, S. 28f.). Nur ca. 15 % von ihnen haben den Einzug in die traditionelle Literaturgeschichtsschreibung geschafft, die sich fast ganz auf die literarische

Kultur des Bildungsbürgertums konzentrierte. Die vielen anderen Autoren, deren Namen heute unbekannt sind, schrieben für die übrigen Schichten, was nicht unbedingt minder lukrativ, aber weniger prestigeträchtig war. Viele ihrer Texte erschienen nicht in Buchform, sondern als preisgünstige dünne Heftchen oder als Zeitungsbeiträge, da gebundene Bücher, trotz der erwähnten technischen Fortschritte, dermaßen kostspielig waren, dass die Arbeiterschaft und das Kleinbürgertum, also die mit weitem Abstand größten Gesellschaftsschichten, entweder keine oder nur sehr wenige Buchanschaffungen tätigen konnten (vgl. Scheideler 1997, S. 26). Stattdessen erwarb man preisgünstige Groschenhefte, abonnierte eine Zeitung oder suchte Leihbibliotheken auf, von denen es in Deutschland um 1800 ca. 2.000, nach 1880 ungefähr 4.000 gegeben hat (s. Nusser 1991, S. 30). Die Literaturgeschichte des bürgerlichen Zeitalters ist demnach immer noch die Geschichte des Ausschlusses bestimmter Bevölkerungsschichten von bestimmten Formen und Institutionen der Kultur. Wir werden sehen, dass aufgrund dieser sehr unterschiedlichen Zugangsmöglichkeiten jede soziale Schicht ihre eigene Form der literarischen Kommunikation entwickelte.

b) Literarische Kommunikation in den epochentypischen Klassen

Die Gesellschaftsschichten des bürgerlichen Zeitalters können, da die feudalistische Gesellschaftsordnung untergegangen war, nicht mehr als 'Stände' bezeichnet werden. Stattdessen hat sich in der Soziologie und Historiographie die Bezeichnung 'Klasse' eingebürgert, die bei Marx und Engels noch weitreichende politische Implikationen enthielt, die jedoch von Wissenschaftlern wie Pierre Bourdieu oder Hans-Ulrich Wehler, denen ich hier folge, in neutralem, deskriptivem Sinne benutzt wird.

Die für den Feudalismus charakteristischen Tausch- und Lehensverhältnisse werden im 19. Jahrhundert allmählich durch eine 'freie', kapitalistische, monetäre Konkurrenz- und Marktwirtschaft verdrängt. Die Position des Individuums im sozialen Raum wird deshalb eher durch sein materielles als durch sein soziales Kapital (Bourdieu) definiert. Nicht die mit der Geburt gegebene Standesehre, sondern die in Konkurrenz mit anderen Wirtschaftsteilnehmern auf dem Markt geltend gemachte Arbeitsleistung entscheidet primär über den gesellschaftlichen Rang des Einzelnen. Dieser Paradigmenwechsel vollzieht sich freilich nicht schlagartig: „Auch wenn die sogenannte Ständegesellschaft sensu strictu untergegangen ist, verschwinden ständische Elemente als soziale Prägekräfte nie völlig, sondern heften sich etwa besonders deutlich an privilegierte Berufs- und Besitzklassen, die Elemente eines ständischen Lebensstils hartnäckig erstreben und dezidiert verteidigen" (Wehler 1996a, S. 132). Außerdem wird der Rang des Individuums auch von Art und Umfang seiner Partizipation an der politischen Herrschaft, von seinem Bildungsstand, von seinen charakterlichen Eigenschaften und vielen anderen Faktoren beeinflusst. Gleichwohl gewinnt die materielle Dimension in diesem Zeitalter ein Übergewicht. Der Adelige ist nicht mehr qua Herkunft automatisch ein gemachter Mann.

Freilich führt diese Flexibilisierung der sozialen Hierarchie noch nicht zu einer ausgeglichenen Verteilung des Wohlstandes. Die Gesellschaft des bürgerlichen Zeitalters ist keine Mittelstandsgesellschaft, sondern ein polarisiertes Gemeinwesen mit extremen sozialen Gegensätzen. Etwa vier Fünftel der Erwerbstätigen gehören zur Land- und Industriearbeiterschaft; sie leben durchweg in beengten Verhältnissen, zuweilen sogar im nackten Elend. Die Besitz- und Bildungseliten am anderen Ende der sozialen Skala machen insgesamt weniger als ein Zwanzigstel der Bevölkerung aus. Und dazwischen liegt der zahlenmäßig noch geringe Anteil an Kleinbürgern, die 'Mittelstandsminderheit'. Erst im demokratisch-pluralistischen Zeitalter wird dieser Mittelstand die Mehrheit stellen, wird der Wohlstand relativ gleichmäßig verteilt sein.

Wenn also das bürgerliche im Unterschied zum feudalistischen Zeitalter von der Idee der sozialen Mobilität geprägt wird, so bedeutet das nicht, dass der gesellschaftliche Aufstieg die Regel dargestellt hätte. Im 19. Jahrhundert besagt diese Idee zunächst nur, dass eben nicht mit der Geburt feststand, wer welcher Schicht lebenslang angehörte. Der gesellschaftliche Aufstieg war nicht wahrscheinlich, aber doch möglich. Die meisten Unternehmer stammten aus wohlhabenden und gebildeten Schichten (Wehler 1995, S. 115-118), aber die Grenzen zwischen der Arbeiterschaft und dem Kleinbürgertum wurden erkennbar durchlässiger. Kaum ein Selfmademan wurde Millionär, aber bis zum Hotelangestellten, zum Beamten oder zum Techniker konnte er es durchaus bringen. Auch ein sozialer Abstieg war erträglicher. Zu den Problemen der starren feudalistischen Ständeordnung gehörte ja auch die Unmöglichkeit des geordneten sozialen Rückzugs. Der verarmte Adelige oder Patrizier konnte nicht einfach seinen Stand wechseln, noch mal von vorne anfangen und sein Glück als Kleinbauer oder Handwerker versuchen. Er blieb qua Geburt und Herkunft ein hoher Herr, selbst wenn er den damit gegebenen Repräsentationsverpflichtungen u. U. nur noch in der lächerlichsten und kümmerlichsten Weise nachkommen konnte. Im bürgerlichen Zeitalter standen einem solchen Neuanfang hingegen nur noch Prestigeverluste im Wege. Mit dem Niedergang des Zunftwesens und der Durchsetzung der Gewerbefreiheit stand es im Prinzip jedermann frei, sein Glück in einer anderen Branche zu versuchen. Auch die Verlierer und Absteiger konnten also von der relativen Flexibilisierung der Gesellschaftsordnung im bürgerlichen Zeitalter profitieren.

Literatur- und kulturgeschichtlich ist die stärkere soziale Mobilität insofern bedeutsam, als es innerhalb der Familien und innerhalb der sozialen Nahumgebung des einzelnen zu einer stärkeren Durchmischung kam. Auch wenn man selbst den sozialen Aufstieg nicht schaffte, so besaß man jetzt doch mit einer gewissen Wahrscheinlichkeit Verwandte, Freunde, Kollegen oder Nachbarn, die weitergekommen waren und mit denen man nach wie vor – wenn auch vielleicht nur gelegentlich und besuchsweise – verkehrte. Aus vielen Tagebüchern, Briefwechseln und Autobiographien des 19. Jahrhunderts wissen wir, dass derartige Kontakte für Jugendliche oft von großer Bedeutung waren. Man konnte leichter authentische Eindrücke vom (kulturellen) Leben in anderen sozialen Schichten gewinnen als in der feudalistischen Gesellschaft, in der man stärker unter sich blieb und zu vielen Institutionen und Veranstaltungen schlechterdings keinen Zutritt besaß.

Freilich variiert auch die Aufgeschlossenheit gegenüber den Nachbarschichten von Klasse zu Klasse. Mit der sozialen Öffnung geht die Entwicklung neuer Distinktionscodes einher, die es den einzelnen Schichten in einer durchlässiger gewordenen Gesellschaft erlaubten, sich nach unten, aber auch nach oben abzugrenzen. An die Stelle des im Feudalismus durch Sitzordnungen und dergleichen auf handgreifliche Weise erkennbar gemachten Standes-

bewusstseins tritt nun der 'sense of one's place', die subtile Fähigkeit zur Erkennung des 'eigenen Platzes' in der gesellschaftlichen Hierarchie. Spezifische
Umgangsformen, Tischsitten, Kleidermoden, Sprechweisen und Formen der
Kulturaneignung machen nun deutlich, 'mit wem man es zu tun hat'. So entwickelte jede Klasse ihre eigene Kultur und damit auch ihre eigene Form der
literarischen Kommunikation.

1. Land- und Industriearbeiter

Abb. 12: Einraumwohnung einer Berliner Arbeiterfamilie (1917)

Die Wohnverhältnisse innerhalb der Arbeiterschaft blieben das ganze bürgerliche Zeitalter hindurch äußerst beengt. Die ab der Mitte des 19. Jahrhunderts
errichteten Arbeitersiedlungen konnten nur einen kleinen Teil der Wohnungs-
suchenden aufnehmen.

Die mit weitem Abstand größte, etwa vier Fünftel aller Erwerbstätigen umfassende Klasse wurde von der Arbeiterschaft gebildet. Natürlich stellte sie keine homogene Schicht von Menschen mit denselben Arbeitsbedingungen, Bildungsvoraussetzungen und Lebensverhältnissen dar. Vielmehr ist zunächst zwischen den Land- und den Industriearbeitern, dann auch innerhalb dieser Hauptgruppen zwischen verschiedenen Qualifikationsstufen zu unterscheiden. Zur Landarbeiterschaft werden hier die vielen Landlosen gerechnet, die ihre Arbeitskraft verkauften und nicht oder nur in geringstem Maße über eigenen Grundbesitz verfügten. Zu ihnen gehören erstens die sogenannten 'Insten', fest angestellte Gutstagelöhner, die neben einer niedrigen Entlohnung eine Kate und in der Regel auch zwei, drei Morgen Land zur Selbstversorgung erhielten. Zweitens gab es die Häusler, 'Nebenerwerbslandwirte' mit unrentablem Minibesitz, die als Arbeiter auf großen Höfen ihr regelmäßiges Haupteinkommen erwirtschafteten. Drittens und in der Hauptsache ist hier das eigentliche Agrarproletariat zu nennen, das seine Arbeitskraft verkaufte, zur Miete wohnte und kein eigenes Land besaß. Am unteren Ende der Skala rangierte schließlich das Gesinde, oftmals aus dem Nachwuchs der vorgenannten Gruppen rekrutiert, verarmt, weitgehend rechtlos und bis hin zur körperlichen Züchtigung der Willkür des Gutsbesitzers ausgeliefert. Diese Gutsbesitzer oder Bauern hatten sich zu selbstständigen Agrarunternehmern entwickelt, die nur noch in Ausnahmefällen, aus patriarchalischer Gesinnung, ein 'ganzes Haus' zu führen versuchten (wenngleich dieser Begriff als restauratives Ideologem noch lange fortlebte und zur Rechtfertigung wirtschaftlich begründeter Umstrukturierungen herhalten musste; vgl. Rosenbaum 1982, S. 116). Sie sind dem Kleinbürgertum, teilweise sogar dem Besitzbürgertum zuzurechnen.

Was die Industriearbeiter betrifft, so ist zwischen drei verschiedenen Gruppen zu unterscheiden. An oberster Stelle rangierten die Facharbeiter, die eine Lehre abgeschlossen hatten und die sich oftmals aus den unteren Fraktionen der vormals zum Bürgerstand gehörenden Handwerkerschaft des feudalistischen Zeitalters rekrutierten. Danach kamen die Angelernten, die zwar keine abgeschlossene Beraufsausbildung vorweisen konnten, die jedoch feste Arbeitsverträge besaßen und die sich durch 'learning by doing' die für ihre Tätigkeit erforderlichen Kenntnisse und Fertigkeiten angeeignet hatten. Zuletzt gab es dann noch die ungelernten Aushilfsarbeiter, die keine berufliche Qualifikation besaßen und meistens keine Festanstellung erhielten.

In den einzelnen Regionen Deutschlands und in Abhängigkeit vom Konjunkturverlauf gab es starke Unterschiede in der Verteilung der Land- und Industriearbeiterschaft auf diese verschiedenen Untergruppen der Arbeiterschaft. Verallgemeinernd kann hier nur festgehalten werden, dass sich über das ganze 19. Jahrhundert hinweg ein Trend zur Höherqualifikation erkennen lässt. In dieser Schicht und zu dieser Zeit bedeutet dies für die meisten den Schritt vom Analphabetismus zur Volksschulbildung. Die Bedienung einer Webmaschine, aber auch die Instandhaltung eines Dampfpfluges erforderte immerhin ein gewisses technisches Verständnis, die Fähigkeit zur Entzifferung einer Wartungsvorschrift oder zur nachvollziehbaren Beschreibung einer Fehlfunktion, eines erforderlichen Ersatzteiles usw.

Bis zum Ende des 19. Jahrhunderts wurde es deshalb üblich, zumindest die Elementarschule (Volksschule) zu besuchen. Die meisten dieser Bildungseinrichtungen waren konfessionell geprägt und schlecht ausgestattet. Die Klassenstärke lag in aller Regel bei mehr als 50 Kindern, die außerdem verschiedenen Jahrgangsstufen angehörten (vgl. Wehler 1995, S. 1195). Gleichwohl kann kulturgeschichtlich das positive Fazit gezogen werden, dass diese Institution die schon Jahrzehnte zuvor formulierten volkspädagogischen Ziele der Aufklärungsphilosophie sehr maßgeblich zu realisieren half. Entgegen den konservativen, ja dezidiert restaurativen Bildungsidealen der obersten staatlichen Schulverwaltung gelang es den reformorientierten Volksschullehrern, demokratisch-liberale Lehrinhalte und -methoden in die Elementarschulen zu tragen und auf diese Weise den gesellschaftlichen Modernisierungsprozess zu befördern (vgl. Wehler 1996b, S. 478-485). Das ist umso erstaunlicher, als zumindest in der ersten Jahrhunderthälfte das Lehramt trotz staatlicher Reglementierung und Ausbildungsverbesserung geradezu als Beruf für passionierte Hungerleider bezeichnet werden muss: „Noch 1842 wiesen Dresdener Lehrer, die 150 T. verdienten, darauf hin, dass selbst ein Polizist 216, ein berittener Gendarm 264, ein Lampenaufseher bereits 400 T. erhalte!" (Wehler 1996b, S. 487). In der Regel war der von der Gemeinde bezahlte Volksschullehrer deshalb darauf angewiesen, als nebenberuflicher Musiker, Handwerksgehilfe o. dgl. Nebeneinnahmen zu erzielen. Erst die zwischen 1872 und 1909 vorgenommenen Einkommensanhebungen beseitigten diesen Missstand. Seit den 1860er Jahren drangen verstärkt Frauen in diesen Beruf, so dass vor 1914 etwa ein Fünftel der Lehrkräfte an den deutschen Volksschulen weiblichen Geschlechts waren. Ihre Gehälter waren allerdings um ein Viertel bis ein Fünftel geringer als die ihrer männlichen Kollegen, und vor allem wurden sie bei eventueller Heirat sofort aus dem Dienst entlassen (vgl. Wehler 1995, S. 1198f.).

Die Schüler, mit denen sie es zu tun bekamen, gehörten überwiegend, in bestimmten Arbeitervierteln sogar ausschließlich, der größten und untersten sozialen Schicht an. Das Bildungsideal dieser Klasse ähnelte dem des untergegangenen Bauern*standes* noch insofern, als die körperliche Kraft, Ausdauer und Geschicklichkeit nach wie vor eine bedeutende Rolle spielte. Dies gilt besonders für die Landarbeiterschaft (vgl. Sieder 1987, S. 46f.). Neu war jedoch, dass nun zunehmend ein technisches Grundwissen nachgefragt wurde, das den Erfordernissen der Zeit gerecht zu werden erlaubte. In den aufstiegsorientierten Kreisen der Facharbeiterschaft konnte zudem in gewissem Ausmaß die Einsicht Fuß fassen, dass Bildung den Schlüssel zum weiteren Aufstieg des Familiennachwuchses darstellt. Jedenfalls gab es – gefördert durch die gewerkschaftlichen und konfessionellen Arbeiterbildungsvereine mit ihren in Deutschland eher kleinbürgerlichen, manchmal geradezu anti-proletarischen Kulturkonzepten und -aktivitäten (vgl. Ludwig 1976, S. 18; Winckler 1986, S. 55-69) – in kleinen Teilen dieser Klasse verstärkte Bildungsambitionen, die ab den 1870er Jahren immer mehr Verleger dazu animierten, sehr preisgünstige Klassikerausgaben auf den Markt zu bringen. Hauptsächlich lag die Käufer-schaft für derartige Druckerzeugnisse allerdings im (durchschnittlich klar ein-kommensstärkeren) Kleinbürgertum. Die Transformation des nahezu rohen, weitgehend auf körperliche Äußerungsformen reduzierten Menschen zum an vermitteltere, schriftliche Selbstmitteilung gewöhnten, zivilisierteren Subjekt, die von der Mediologie auf das 18. Jahrhundert datiert worden ist (Koschorke 1999), wurde innerhalb der mit weitem Abstand größten Gesellschaftsschicht erst ganz allmählich im Verlauf des 19. Jahrhunderts realisiert.

Das geistige Klima innerhalb der Arbeiterfamilien war der höheren, ja überhaupt der intellektuellen Bildung im Normalfall eher abträglich (vgl. Bog-dal 1991, S. 49f.). Obwohl die Arbeitsentfremdung unter den Bedingungen der rationalisierten, ökonomisierten Produktionsweise des Kapitalismus zunahm, blieb doch die Wertschätzung der körperlichen gegenüber der geistigen Arbeit innerhalb dieser Gesellschaftsschicht erhalten. Zur Mentalität des Arbeiters gehört nicht zuletzt der Stolz auf die eigene körperliche Leistungsfähigkeit, darauf also, 'richtig zupacken' zu können. Hinzu kamen die ungünstigen äußeren Rahmenbedingungen. So fehlte es bis in die letzten Jahrzehnte des 19. Jahrhunderts in den meisten Arbeiterfamilien an Geld, um überhaupt an den Erwerb gebundener Bücher denken zu können. Die Arbeitszeiten waren derart bemessen, dass im Grunde nur der Sonntagnachmittag als 'Freizeit' zur Verfügung stand (s. H.-G. Vester 1988, S. 8f.; Opaschowski 1997, S. 27f.). Und die Wohnverhältnisse waren in der Regel so, dass es keine freie ruhige Ecke gab, in die man sich mit einem Buch hätte zurückziehen können (vgl. Rosenbaum 1982, S. 472f.). Um 1890/1900 waren 20 % der großstädtischen Haushalte aus finanziellen Gründen gezwungen, sogenannte 'Schlafgänger' in ihre Wohnung aufzunehmen, denen sie ein Zimmer oder im Extremfall stun-denweise ein Bett untervermieteten (vgl. Reulecke 1985, S. 105; Wischermann 1997, S. 447-454). Ferner waren die Arbeitsbedingungen, was den Arbeits-schutz und den Leistungsdruck betraf, häufig dermaßen ungünstig, dass die verbleibenden freien Stunden keinen Raum für anspruchsvollere kulturelle Aktivitäten ließen. Frauen waren normalerweise berufstätig; oft verrichteten sie minderbezahlte und arbeitsrechtlich schlechter gesicherte Heimarbeit oder verdingten sich als Dienstmädchen, Haushaltshilfen oder Wanderhändlerinnen. Das neue Leitbild der intimisierten bürgerlichen Kleinfamilie konnte in dieser Schicht – in der ländlichen noch stärker als in der städtischen Arbeiterschaft –

nur mit großer historischer Verzögerung realisiert werden (vgl. Sieder 1987, S. 18f.).

Bevorzugte Freizeitaktivitäten waren dementsprechend nicht das Lesen oder der Museumsbesuch, sondern die Teilnahme an Volksbelustigungen, der Spaziergang durch öffentliche Grünanlagen und vor allem der Sport. Das Turnen, der Kraftsport und das Schwimmen erfreuten sich, wie die Einrichtung entsprechender Abteilungen in den vielen Arbeitersportvereinen des 19. Jahrhunderts zeigt, besonderer Beliebtheit. Fußball, ursprünglich ein exklusives Vergnügen der akademischen Jugend und der oberen Gesellschaftsschichten, entwickelte sich ab den 1870er Jahren allmählich zu einer Massensportart (vgl. Bausenwein 1999, S. 207ff.). Unter den Gesellschaftsspielen sind das Würfeln und die Kartenspiele an erster Stelle zu nennen. Auch die Kneipenwirte lenkten einen größeren Teil des spärlichen überschüssigen Arbeitereinkommens in ihre Kassen als die Buchhändler und die Theaterdirektoren.

Dass der Horizont der Arbeiterschaft dennoch nicht derart begrenzt blieb, wie es für den Bauernstand des feudalistischen Zeitalters so charakteristisch war, hängt mit seiner immensen räumlichen Mobilität zusammen. Aufgrund von Mieterhöhungen, Familienzuwachs, baulichen Mängeln, Arbeitsplatzwechsel und Lohnerhöhung oder -verminderung sahen sich viele Arbeiterfamilien immer wieder veranlasst oder gezwungen, ihre Wohnung zu wechseln und sich in eine neue räumliche und soziale Umgebung zu integrieren.

> „In Berlin wechselte um die Jahrhundertwende die Hälfte aller Arbeiterwohnungen einmal im Jahr den Mieter; ebenda, in Hamburg, München und Frankfurt wurde ein Viertel aller Wohnungen nur ein Jahr lang, ein weiteres Viertel zwei bis fünf Jahre lang vermietet. Das Maximum dieser innerstädtischen Mobilität entfiel auf proletarische Mieter, die als moderne Nomaden innerhalb eines fest abgezirkelten Umkreises ständig in Bewegung waren."

(Wehler 1995, S. 785f.)

Auch wenn die schmale Habe vieler Arbeiterfamilien keine wochenlangen Umzugsvorbereitungen und Einrichtungsarbeiten erforderte, war doch dieses unruhige Leben einer konzentrierten Lektüre nicht förderlich. Die ständig wechselnde Wohnumgebung erforderte es jedoch, sich immer wieder auf neue Nachbarn und Freunde einzustellen. Nolens volens brachte die räumliche Mobilisierung demnach eine soziale und psychische Flexibilisierung mit sich, die negativ als Identitätsverlust oder Unstetigkeit, positiv als Horizonterweiterung verbucht werden kann. Das gilt in gesteigertem Ausmaß für die ca. fünf Millionen deutschen Auswanderer, die in drei großen Schüben zwischen 1846 und 1857, zwischen 1864 und 1873 sowie zwischen 1880 und 1893 das Land verließen und sich zum ganz überwiegenden Teil in den Vereinigten Staaten von Amerika ansiedelten (vgl. Wehler 1995, S. 543-546). Viele Briefwechsel die-

ser Auswanderer mit ihren in Deutschland zurückgebliebenen Freunden und
Verwandten sind inzwischen wissenschaftlich aufgearbeitet und publiziert
worden. Sie liefern ein anrührendes Bild von der wirtschaftlichen Not, aber
auch von den – manchmal naiven – Hoffnungen und Wunschvorstellungen, die
sie dazu bewogen, im verklärten 'Land der unbegrenzten Möglichkeiten' ihr
Glück zu versuchen. Im Hinblick auf die Bevölkerungsentwicklung in
Deutschland ist daran auch von Belang, dass diese Wegzüge sehr schnell durch
Zuwanderung kompensiert, ja überkompensiert werden konnten. Hauptsächlich aus Osteuropa, seltener aus Süd- und Westeuropa kamen Arbeitssuchende
ins Land, die besonders in den industriellen Ballungsräumen ein Unterkommen
fanden. Nicht wenige wurden allerdings auch als weitgehend rechtlose Wan-
derarbeiter in großen Agrarunternehmungen eingesetzt.

Von den häufigen Umzügen und der Auswanderung abgesehen, gab es innerhalb der Arbeiterschaft des bürgerlichen Zeitalters noch keine ausgedehnte
Reisetätigkeit. Der Massentourismus ist eine Erfindung des 20. Jahrhunderts;
das Durchschnittseinkommen einer Arbeiterfamilie reichte allenfalls für spora-
dische Besuche bei entfernt lebenden Verwandten oder für gelegentliche
Sonntagsausflüge in die nahe gelegenen Erholungsgebiete. Da er die Welt
nicht bereisen konnte, musste der Arbeiter sie sich also ins Haus holen, was
nach der Entstehung einer Massenpresse seit den 1880er Jahren in gewissem
Ausmaß auch den einkommensschwächsten Bevölkerungsschichten möglich
war. Dabei ist nicht an die vergleichsweise kostspieligen Familienblätter in der
Art der berühmten *Gartenlaube* zu denken, die vor allem vom Kleinbürgertum
gekauft und gelesen wurden. Vielmehr ist auf die Erzeugnisse der sogenannten
'Penny-Presse' hinzuweisen, also auf journalistisch minderwertige, primär
kommerziellem Kalkül verpflichtete Produkte wie z. B. den *Berliner Lokal-
Anzeiger* (ab 1883), die *Berliner Morgenpost* (ab 1898) oder die *BZ am Mittag*
(ab 1904). Verglichen mit den Erzeugnissen der längst etablierten Qualitäts-
presse, waren diese Zeitungen mehr oder minder Unterhaltungsschriften, die
das politische und wirtschaftliche Geschehen – wie noch heute die großen
Boulevardblätter – stark personalisierten und emotionalisierten. Gleichwohl
waren die Leser dieser Publikationsorgane unvergleichlich schneller, umfas-
sender und realitätsnäher über die Tagesereignisse informiert als die Flug-
blattleser oder die analphabetischen Gerüchteerzähler des feudalistischen
Zeitalters, die nicht selten vom aktuellen Geschehen völlig abgeschnitten
waren und erst mit großer Verspätung erfuhren, was der Pfarrer oder Lehrer
ihnen mitzuteilen für gut befand.

Und noch eine weitere Möglichkeit der Informationsbeschaffung ist an dieser Stelle zu erwähnen. Gemeint sind die öffentlichen, teils staatlichen und
teils privat-kommerziell geführten Leihbibliotheken, von denen es – wie bereits erwähnt – in Deutschland um 1800 ca. 2.000, nach 1880 ungefähr 4.000
gegeben hat (s. Nusser 1991, S. 30). Unter den Benutzern dieser Institute war

das Kleinbürgertum augenscheinlich überrepräsentiert. Gleichwohl gab es auch in der Arbeiterschaft, besonders natürlich in den Reihen der gebildeteren, den Aufstieg ins Kleinbürgertum anvisierenden Facharbeiterschaft, ein Kundenpotential für die Bibliotheken. Als Reaktion hierauf hat es im frühen 20. Jahrhundert in der Bibliothekarszunft einen aufsehenerregenden Richtungsstreit gegeben, in dem es um die Ausrichtung des Angebotes ging. Walter Hofmann vertrat hierbei die Position, dass die Leihbibliothek volkspädagogische Aufgaben zu erfüllen und dementsprechend ein gehobenes Angebot an 'guten' Büchern bereitzustellen habe. Seine Kontrahenten Paul Ladewig und Erwin Ackerknecht waren demgegenüber der Auffassung, dass die Bibliothek in erster Linie den Wünschen der Kundschaft gerecht werden und demgemäß auch 'triviale', anspruchslose Schriften vorrätig zu halten habe (vgl. Ruppelt 1999, S. 400f.).

Walter Hofmann setzte sich in dieser Kontroverse durch, weshalb bis mindestens in die 1970er Jahre hinein die massenhaft gelesene Literatur in den öffentlichen Bibliotheken stark unterrepräsentiert oder überhaupt nicht vorhanden war. Mit dem gehobenen Angebot konnte aber am Ende des bürgerlichen Zeitalters fast nur das kleinbürgerliche und nur in Ausnahmefällen das der Arbeiterschicht entstammende Lesepublikum zum Besuch der Leihbibliothek veranlasst werden. Freilich gab es kommerziell orientierte private Institute, die den Bedürfnissen dieser Klientel zu entsprechen versuchten. Die Ausleihpreise lagen übrigens um 1870 im Durchschnitt bei 6 Pfennigen pro Buch und Woche, was in etwa dem heutigen Preis für drei Eier entspricht. Auch der einfache Arbeiter konnte sich diesen Betrag leisten, wenn er nicht gerade zu den Ärmsten der Armen gehörte. Freilich gab es Schwellenängste, die doch offenbar viele Angehörige dieser Schicht davon abhielten, eine Leihbibliothek zu betreten. Stattdessen kauften sie in großen Massen billige Druckerzeugnisse bei den sogenannten Kolporteuren, die als Wanderhändler von Tür zu Tür gingen und ihre Waren feilboten. Im Zusammenhang mit der Gattung des Hintertreppenromans wird davon gleich noch ausführlich die Rede sein.

Zunächst wenden wir uns jedoch der Lyrik zu, die in dieser Schicht natürlich nicht auf dem Weg der stillen einsamen Lektüre gedruckter Gedichtanthologien rezipiert wurde. Vielmehr spielt in diesem Bereich die mündliche Tradierung nach wie vor eine bedeutende Rolle. Und nicht selten sind es noch – besonders auf dem Land – die alten Volkslieder des feudalistischen Zeitalters (s. o.), die in leicht modernisierter, also vor allem sprachlich erneuerter Gestalt in geselliger Runde angestimmt oder vom einzelnen gesummt werden. Speziell in den städtischen Ballungsräumen entsteht jedoch im 19. Jahrhundert ein neuer Typus des volkstümlichen Liedes, der eine Übergangsform zwischen dem alten Volkslied und dem heutigen Schlager darstellt und der von den Städten aus nach und nach auch die ländlichen Regionen erobert. Gemeint ist

der Gassenhauer, für den hier als Beispiel die ersten zwei Strophen des noch
heute bekannten Bolle-Liedes zitiert werden:

> „Herr Bolle nahm zu Pfingsten
> Nach Pankow hin sein Ziel.
> Dabei hat er den Jüngsten
> Verloren im Gewühl.
> Drei volle Viertelstunden
> ist er umhergeirrt:
> Aber dennoch hat sich Bolle
> ganz köstlich amüsiert.
> Aber dennoch hat sich Bolle
> ganz köstlich amüsiert.
>
> In Pankow gabs kein Essen
> In Pankow gabs kein Bier.
> War allens aufgefressen,
> Von viele Leute hier.
> Nich mal ne Butterstulle
> Hat man ihm reserviert,
> Aber [...]"

(Richter 1969, S. 386)

Mit dem traditionellen Volkslied verbindet ein derartiger Gassenhauer neben
der mündlichen Tradierung auch noch die Eingängigkeit der Melodie, die
Vielzahl der Wiederholungen (Refrain), die Einfachheit der Sprache und die
Anspruchslosigkeit des Inhaltes. Anders als das Volkslied ist der Gassenhauer
jedoch nur selten anonym, sein Text ist nicht (oder weniger) variabel, der Inhalt wirkt weniger authentisch als vielmehr melodramatisch, und zudem entstammen die besungenen Themen und Gegenstände zumeist nicht mehr der
ländlichen, sondern der städtischen Sphäre. Im Unterschied zum heutigen
Schlager wird der Gassenhauer noch nicht medial vermittelt (Schallplatte
o. ä.), er wird noch nicht industriell produziert und vermarktet, und seine Inhalte sind noch deutlich 'wilder' und 'unkultivierter' als im sentimental-eroti-
schen, aber nicht mehr derb-grobianischen Schlager. So gerät Herr Bolle in
Strophe 3 in eine ordentliche „Bolzerei", er trägt einige Blessuren davon, und
in der letzten Strophe „verdrescht" ihn dafür seine „Olle" (Richter 1969,
S. 387). Ähnliche Inhalte, Ausdrucksweisen und Melodietypen begegnen uns
heute nur noch im Bereich des Karnevalsschlagers, der aber industriell produziert und vermarktet wird und insofern ein typisches Erzeugnis der Gegenwart
darstellt.

An der Grenze von der Lyrik zur Gebrauchsliteratur stehen die humorvollen, gereimten Sprüche, deren genaue Datierung allerdings nur selten möglich
ist. Auch die Editionslage kann, was diese Gattung betrifft, nur als katastrophal
bezeichnet werden. So lässt sich zum jetzigen Zeitpunkt nur wenig wissenschaftlich Zuverlässiges über diese Gattung, ihre vielfältigen Erscheinungs-

formen und ihre Entwicklung im bürgerlichen Zeitalter sagen. Das ist deshalb bedauerlich, weil sich in Texten dieses Typs ein mentalitätsgeschichtlich sehr wichtiger Trend abzuzeichnen scheint, nämlich der Trend zur Ausdifferenzierung und Verfeinerung des volkstümlichen Humors.

Neben die 'deftige', derb-grobianische Komik, die freilich niemals ganz aus der Unterschichtenkultur eliminiert wird, tritt nach und nach eine breite Palette subtilerer Formen von Lachkultur. Den unflätigen Witz, den groben Scherz, den ätzenden Spott und die offene Schadenfreude verdrängen allmählich der Sarkasmus, die Ironie, der Zynismus, der Lakonismus und der spitze, der schnippische, der schwarze oder der kalte Humor. Was diese subtileren Formen des Humors von ihren gröberen Vorgängern unterscheidet, ist an den dazugehörigen nonverbalen Reaktionen leicht zu erkennen. Bei der derben Komik schlägt man sich wiehernd vor Lachen auf die Schenkel, man platzt laut heraus, man hält sich die Seiten, man lacht Tränen, man biegt sich vor Lachen, man hält sich den Bauch vor Lachen usw. Bei den subtileren Formen des Humors werden diese körperlichen Reaktionen bis auf ein Minimum reduziert. Ein kurzes Augenzwinkern oder ein leichtes Zucken der Mundwinkel genügt, um zwischen Sprechendem und Hörenden ein lächelndes Einverständnis zu erzeugen. Darin ähnelt der humorvolle Spruch dem Sprichwort, das jedoch in der Regel kürzer ist und einen eher lehrhaften Ton anschlägt. Der Übergang zwischen den beiden Formen ist fließend, was sich etwa an dem folgenden Textbeispiel gut ablesen lässt:

„Wer Heu genug im Stalle hat,
dem wird die Kuh nicht mager.
Und wer 'ne schöne Schwester hat,
der kriegt bald einen Schwager."

(Reiners 2000, S. 750)

Man könnte diesen Spruch als eine Kombination aus zwei Sprichwörtern oder sprichwortartigen Sätzen beschreiben, wobei aber gerade aus der kommentarlosen Aneinanderreihung dieser Sätze jener humoristische Effekt resultiert, der für den hier gemeinten Spruchtypus charakteristisch ist. Denn was haben diese beiden Sätze inhaltlich miteinander zu tun? Beide konstatieren eine Kausalbeziehung, aber eigentlich handelt es sich um zwei verschiedene Kausalitätstypen. Dass eine Kuh fett wird, wenn man sie ausreichend füttert, ist ein natürlicher, biologischer Vorgang. Dass hingegen eine Schwester früh heiratet, wenn sie schön ist, kann nicht in gleicher Weise als naturhafte Notwendigkeit bezeichnet werden. Das 'und' zu Beginn der dritten Zeile zielt jedoch auf eine Gleichsetzung des einen und des anderen Vorgangs ab. Basis dieser humorvollen Gleichsetzung ist eine ökonomische Logik, derzufolge die weibliche Schönheit nicht anders als der wohlgefüllte Heuschober einen wirtschaftlichen

Vorteil darstellt, der sich in klingende Münze umsetzen lässt. Natürlich ist diese Sichtweise vor dem Hintergrund der Entwicklung von Ehe und Familie im bürgerlichen Zeitalter anders zu bewerten als aus heutiger Perspektive. Eine junge Frau schnell 'unter die Haube zu bringen' und dabei vielleicht sogar unter mehreren Bewerbern auswählen zu können, bedeutete für die übrigen Familienmitglieder, dass sie sich schnell und auf vorteilhafte Weise einer ernstzunehmenden Sorge entledigen konnten. Denn Heirat bedeutete Kinder, und Kinder waren billige zusätzliche Arbeitskräfte sowie wichtige Garanten der Altersversorgung. Diese brutale, alles andere als frauenfreundliche ökonomische Logik wird durch die Kombination der beiden Sätze einerseits bestätigt, andererseits aber auch ironisiert. Die umstandslose Behauptung des Parallelismus durch das lakonische 'und' konfligiert mit dem intuitiven Wissen des Rezipienten, dass hier Ungleiches gleichgesetzt wird. Die angemessene Reaktion hierauf wäre damals ein leichtes Schmunzeln gewesen, während heute wohl sogar die Unterdrückung dieses Schmunzelns gefordert wird.

Noch ein weiteres Beispiel soll die Funktionsweise des humorvollen, volkstümlichen Spruchs veranschaulichen:

„Wird scho wieder wern,
sagt die Mutter Bern,
bei der Mutter Horn
is' auch wieder worn."

(Reiners 2000, S. 750)

Dieser Spruch zeigt mehr Verwandtschaft mit dem Kalauer als mit dem Sprichwort, ohne allerdings die Grenze zur reinen Nonsense-Lyrik zu überschreiten. Die konsolatorische Funktion der Aussage in der ersten Zeile ist noch ohne weiteres erkennbar, wird aber dadurch ironisiert, dass sie als Figurenrede einer einfachen Gevatterin präsentiert wird, die den Trostspruch auf derart schräge Weise argumentativ zu unterfüttern versucht, dass dadurch mehr Zweifel als Zuversicht erweckt wird. Dabei spielen die Endreime eine wichtige Rolle: Ist es bei Horn 'worn', so muss es ja wohl auch bei Bern 'wern'. Die Ähnlichkeit der Sachverhalte soll aus dem Gleichklang der Bezeichnungen folgen. Der Spruch durchschaut die Struktur dieser Schlussfolgerung und gibt sie der Lächerlichkeit preis, allerdings wiederum einer gemäßigten Lächerlichkeit, die eher etwas Augenzwinkerndes als etwas Verletzendes an sich hat. Anwendbar war dieser Spruch also wohl z. B., wenn jemand in einer wirklich schwierigen Lage zu leeren Tröstungs- und Durchhaltefloskeln Zuflucht nahm. Ihm konnte man den Spruch von Mutter Bern und Mutter Horn entgegenhalten, um ihm die Oberflächlichkeit seiner Floskeln vor Augen zu führen. Und auch hierbei handelt es sich wieder um eine vergleichsweise feine, subtile Art des Humors, die nicht grob oder verletzend wird, sondern mit den leiseren

Untertönen der Ironie arbeitet. Daraus können wir schließen, dass auch in der Volkskultur allmählich jene Position des heiteren Darüberstehens ausgebildet wird, die sich in der anspruchsvollen Literatur stets mit dem Postulat der kritischen Reflexion verbindet. Der humorvolle Spruch macht demgegenüber deutlich, dass es auch in der unintellektuellen Volkskultur Strategien der Selbstrelativierung und der Ironisierung gibt, die eine Distanzierung und damit eine Selbstbehauptung gegenüber den Zumutungen des andrängenden Geschehens ermöglicht. Diese Selbstbehauptung basiert nicht auf der geistigen Durchdringung und Lösung von Problemen; die tiefe Weisheit der Maximen Goethes und die geistige Brillanz der Aphorismen Friedrich Schlegels oder Arthur Schnitzlers wird man im humorvollen Volksspruch vergeblich suchen. Aber dennoch wäre es kurzsichtig, den anonymen Volksspruch an Goethe oder Schlegel zu messen und nur im Hinblick auf seine gedankliche Tiefe zu bewerten. Diese Tiefe ist gering. Aber darauf kommt es in diesem Fall nicht an. Seinen kultur- und mentalitätsgeschichtlichen Wert besitzt der humorvolle Spruch, weil er die Ausdifferenzierung und Verfeinerung des Volkshumors dokumentiert und deshalb eine wichtige Quelle für die Erforschung jenes langfristigen Verfeinerungsprozesses darstellt, der aus den ungeschlachten Landarbeitern des späten 18. Jahrhunderts ganz allmählich jene weitgehend verkleinbürgerlichten Facharbeiter werden lässt, deren direkte Nachkommen von zuhause genug Schliff mitbekommen werden, um im frühen 20. Jahrhundert das neu entstehende Heer der Angestellten zu bilden, das zur Inganghaltung einer Mittelstands- und Wohlstandsgesellschaft erforderlich ist. Vom lauten Losprusten bis zum ironischen Lächeln ist es ein weiter Weg, der tief greifende Transformationen in der Affektregulation, in der Sprachbeherrschung und in der Körperkontrolle impliziert. Dass ausgerechnet das Medium der Poesie, wenn auch z. T. in Gestalt des banal wirkenden Volksspruches, diesen Weg mit ebnete, müsste der Philologie – zumal im Zeitalter ihrer kulturwissenschaftlichen Erneuerung – Ansporn genug sein, um sich mit den Entstehungs- und Wirkungsmechanismen der ausdifferenzierten volkstümlichen Lachkultur des bürgerlichen Zeitalters eingehender zu beschäftigen. Leider steht dem zur Zeit noch die außerordentlich ungünstige Arbeitssituation auf diesem Felde entgegen. Es wird noch viel positivistisch-editionsphilologische Basisarbeit zu leisten sein, ehe die beschriebenen Transformationsprozesse auf der Grundlage gesicherter Datierungen und zuverlässiger Textausgaben in wissenschaftlich verifizierbarer Form detailliert nachgezeichnet werden können. Dennoch wäre es ein Versäumnis gewesen, hier an dieser Stelle nicht wenigstens dieses Forschungsdesiderat zu benennen. Denn trotz aller Schwierigkeiten bei ihrer Erforschung können wir der volkstümlichen Lachkultur in jedem Fall schon jetzt bestätigen, ein sehr lebendiges, fest in die Alltagswelt integriertes und im Bewusstsein ihrer Rezipienten aufgrund der gattungstypisch häufigen Wiederholung wahrscheinlich sehr präsentes Lebenselement gewesen zu sein.

Wenden wir uns der Epik zu, so ist zunächst auf eine graphisch-literarische Mischform hinzuweisen, die den relativ niedrigen Ausbildungsstand in der Arbeiterschaft widerspiegelt. Gemeint ist der Bilderbogen, der historische Vorgänger jener Comics, die heute in zahlreichen Varianten für alle Bildungsniveaus und Geschmacksrichtungen angeboten werden. Im bürgerlichen Zeitalter hatte die Bildergeschichte oft noch die Funktion der Lesehilfe, d. h. die Bilder unterstützten den im Lesen Ungeübten bei der Entzifferung und Vergegenwärtigung des Textinhaltes. Denkt man an solche Bilderbogen des 19. Jahrhunderts, so fällt einem zunächst der Name Wilhelm Busch ein, dessen Bubengeschichte *Max und Moritz* (1865) zu den Best- und Longsellern der Kinderliteratur gehört. Für die Gattung des Bilderbogens ist dieses Werk allerdings eher untypisch, denn Busch publizierte im Münchner Verlag Braun & Schneider, der kostspielige und luxuriös ausgestattete Bilderbogen für die Kinder der einkommensstärkeren Bevölkerungsschichten herstellte. Viel typischer für die Gattung sind die von der Firma Gustav Kühn in Neuruppin bei Berlin hergestellten Einblattdrucke, die ab den 1820er Jahren in Großserie produziert und an die teilalphabetisierten Unterschichten verkauft wurden. Diese *Neuruppiner Bilderbogen* waren einseitig bedruckte Blätter mit in schreienden Farben illustrierten, meistens melodramatischen und mit einer einprägsamen Moral endenden Bildergeschichten. Sie wurden mit dem bezeichnenden Slogan

„Knallrot, blitzblau, donnergrün –
gedruckt und zu haben bei Gustav Kühn!"

beworben und erzielten um 1870 die damals sensationelle Auflage von drei Millionen Bogen pro Jahr (s. Wittmann 1991, S. 232). Diese „'Bildzeitung' des 19. Jahrhunderts" (Wehler 1995, S. 436) thematisiert z. T. auch aktuelle Geschehnisse von öffentlichem Interesse, konzentriert sich aber in der Hauptsache auf sentimentale Liebesgeschichten und blutrünstige Kriminalerzählungen, deren graphische und erzählerische Präsentation einer Ästhetik der starken Reize verpflichtet ist und dadurch den Standard der Affektregulation in der anvisierten Käuferschicht widerspiegelt. Der Sinn für das Sensationelle überstieg hier noch deutlich das Interesse an der sachlichen Information.

Einen erkennbaren Bildungsfortschritt stellte es da schon dar, als in der zweiten Jahrhunderthälfte Publikationsorgane auf den Markt kamen, die eine Mischung aus Bilderbogen, Penny-Presse (s. o.) und Familienblatt (s. u.) waren. Gemeint sind Periodika wie z. B. *Dietrich's illustrierte Familien-Zeitung* (Dresden), *Am häuslichen Herd* (Leipzig) oder *Schneeflocken* (Potsdam), die im Durchschnitt nur ein Fünftel bis ein Zehntel des Preises eines typisch kleinbürgerlichen Familienblattes wie *Über Land und Meer* (Stuttgart) kosteten. In ihnen wurden sehr handfeste Probleme des Alltagslebens wie z. B. das Wäschewaschen, die Beschaffung und Lagerung von Heizmaterial, die preisgünstige Zubereitung gesunder und nahrhafter Speisen, die Behandlung kleiner Verletzungen und leichter Krankheiten, die Organisation von komplizierteren Arbeitsprozessen (Waschtag, Weihnachtsfeier usw.), das Schneidern von Heimtextilien und dergleichen thematisiert.

Man mag die Banalität dieser Gegenstände belächeln, aber à la longue lieferten diese Journale einen wichtigen Beitrag zu einem gesellschaftsgeschichtlichen Großtrend, der bis in die Gegenwart fortbesteht: dem Trend zur Verkleinbürgerlichung der Arbeiterschaft und damit zur Konstituierung einer Mittelstandsgesellschaft, in der die von Marx befürchtete extreme Spaltung der Gesellschaft in verelendete Proletarier und steinreiche Kapitalisten weitgehend vermieden wurde. Auch kleinere Erzählungen, Anekdoten, Witze u. dgl. wurden in den genannten Blättern mit abgedruckt, die eine stets vom gesellschaftlichen Abstieg bedrohte Leserschaft lehrten, mit bescheidensten Mitteln einen fast kleinbürgerlichen Lebensstandard zu realisieren oder zumindest äußerlich zu imitieren. In einer Zeit, in der noch nicht Fremdsprachen und Computerkenntnisse, sondern typisch kleinbürgerliche Primärtugenden wie Ordnung, Sauberkeit, Arbeitsfleiß, Selbstdisziplin und Pünktlichkeit als berufliche Schlüsselqualifikationen angesehen wurden, war dies keine geringe Leistung. Freilich haben die Journale den ökonomisch begründeten Trend zur Verkleinbürgerlichung eines Teiles der Arbeiterschaft nicht initiieren, sondern nur begleiten und verstärken können.

Bilderbogen, Journale und vor allem Fortsetzungsromane, auf die gleich ausführlicher einzugehen ist, wurden größtenteils über sogenannte Kolportagehändler vertrieben. Dabei handelte es sich um Kleinunternehmer, die an geeigneter Stelle, also in möglichst dicht besiedelten Wohnvierteln, ein Ladenlokal anmieteten, das aber nicht als Verkaufsstätte für Druckschriften, sondern als Warenlager und Abonnementsbüro fungierte. Sie heuerten die eigentlichen Kolporteure an, die auf Provisionsbasis arbeiteten und von Tür zu Tür gingen, um die abonnierten Schriften auszutragen, die Abonnementsgebühren einzutreiben und neue Abonnenten anzuwerben. Als Lockmittel dienten hierbei in der Regel Gratisexemplare von preisgünstigen Illustrierten oder Fortsetzungsromanen. Der Abonnent konnte die Lieferintervalle in Abhängigkeit von seiner finanziellen Situation variieren, wobei ein gewisser sozialer Druck entstand, wenn schon alle Nachbarn ein Abo gezeichnet hatten. Sobald ein Fortsetzungsroman ausgelaufen war, gab es natürlich Gratishefte von aktuellen Neuerscheinungen zur unverbindlichen Probelektüre...

Neben ihrer wirtschaftlichen scheinen die Kolporteure auch eine bedeutende soziale Funktion gehabt zu haben, da sie mit den Verhältnissen in ihrem Bezirk bestens vertraut waren und daher privaten Klatsch und Tratsch weitertragen konnten. In vielen Haushalten scheint die 'Kolportage' zu einer bedeutenden Informationsquelle geworden zu sein, über die soziale Normen, Moden und Konventionen, an konkreten Beispielen aus der Nachbarschaft veranschaulicht, vermittelt und verfestigt wurden. Informierte Schätzungen besagen, dass ab den 1860er Jahren bis zu 100 Millionen Einzelhefte pro Jahr über den Kolportagehandel vertrieben wurden (s. Nusser 1991, S. 36). Das wäre eine Quote von immerhin drei bis vier Heften jährlich pro Arbeiter. Auch das Kleinbürgertum ließ sich allerdings teilweise von Kolporteuren beliefern, weshalb im Durchschnitt eher von zwei bis drei Heften pro Arbeiter auszugehen sein dürfte.

Beim Kolporteur wurden teilweise auch anspruchsvollere Werke wie z. B. *Meyers Konversationslexikon* und *Brehms Tierleben* (jeweils in mehreren Dutzend Lieferungen), besonders häufig aber die genannten Journale und Familienblätter abonniert. Den Löwenanteil der abgesetzten belletristischen Schriften machten die Kolportageromane aus, die insgesamt meistens 2.000 bis 3.000 Seiten lang waren (!) und in mehreren Dutzend Fortsetzungslieferungen mit einem üblichen Umfang von 24, später auch 32 oder 64 kleinformatigen Seiten an die Tür gebracht wurden. Sie waren so billig, dass sie auch von Arbeitern gekauft werden konnten. Und sie waren so leicht und handlich, dass man sie zur Arbeit mitnehmen und jederzeit zwischendurch, in Pausen oder auf der Heimfahrt, lesen konnte. Insgesamt scheinen ungefähr 2.000 bis 2.300 dieser Mammutromane auf den Markt gekommen zu sein (s. Kosch/Nagl 1993, S. 78). Im Unterschied zu Frankreich und England, wo der Lieferungsroman seit den 1860er Jahren „nur noch eine Sekundärverwertungsform des Feuilletonromans" darstellte (ebd., S. 67), entwickelte er sich in Deutschland zu einem „Medium der Primärverwertung, einem Medium also, für das eigens geschrieben wurde" (ebd.). 26.000 Personen waren gegen Ende des 19. Jahrhunderts im Kolportagebuchhandel tätig, – 4.000 mehr als im sonstigen, regulären Buchhandel (ebd., S. 23). Seit den 1880er Jahren gab es eigene Standesvertretungen der Kolportagebuchhändler und eigene Fachzeitschriften für diese Branche (ebd., S. 24-25).

Fragen wir nach den sprachlich-stilistischen Eigenarten dieser Romane, so haben wir vor allem die auffällig starke Orientierung an der mündlichen Sprache hervorzuheben, die für fast alle Produkte dieses Genres charakteristisch ist. Bemerkbar ist das einerseits an einem ungewöhnlich hohen Anteil von Dialogsequenzen, aber auch an der häufigen Einstreuung von Interjektionen sowie an der Verwendung besonders kurzer und teilweise auch unvollständiger Sätze. Offensichtlich kommen die Texte damit den Erwartungen und Bedürfnissen ihrer größtenteils gerade erst alphabetisierten, noch nicht an regelmäßige längere Lektüre gewöhnten Leserschaft entgegen. In manchen Fortsetzungsromanen wurde der Anteil des Dialoges so groß, dass die epische in die dramatische Darstellungsweise überging. So findet man gelegentlich anstelle der ansonsten üblichen Formeln der Redeeinleitung ('er sagte'; 'er erwiderte' usw.) nur noch die Angabe von Sprechernamen wie etwa in dem folgenden Beispiel aus einem

Räuberroman, das sogar mit eingeklammerten 'Regieanweisungen' arbeitet, wie sie ansonsten nur im Schauspiel erscheinen:

„RINALDO. Gewährt mir eine Bitte.
BARON. Gewährt! Wohl mir, daß ich mit Erfüllung einer Bitte bezahlen kann!
RINALDO. Gut. – So bitte ich, gebt Lauren, eurer Tochter, den Mann, den sie liebt.
BARON (erschrickt). Was ist das?
RINALDO. Ich habe euer Wort.
BARON (mit bebender Stimme). Ihr habt mein Wort, das ich nie gebrochen habe. Nehmt sie hin."

(Kosch/Nagl 1993, S. 14)

Ein weiteres gestalterisches Kennzeichen des Kolportage- oder Hintertreppen-romans ist die für alle Fortsetzungsromane charakteristische Episodenstruktur. Jedes Heftchen sollte eine in sich geschlossene Geschichte darstellen, aber gleichzeitig auch Appetit auf die Fortsetzung (des Abonnements) erwecken. Nachdem die Haupthandlung der einzelnen Episode ihren Abschluss gefunden hat, wird deshalb in der Regel auf neue geheimnisvolle Entwicklungen hinge-wiesen, deren Auflösung das nächste Heft bringen wird. Spannung ist zwei-fellos eines der wichtigsten Gestaltungsmittel in jedem erfolgreichen Kolpor-tageroman. Dennoch sprangen in der Regel viele der geköderten Abonnenten nach einigen Dutzend Lieferungen ab (vgl. Galle 1998, S. 32).

Räuberhändel, Verbrechen, Kriege und Liebesgeschichten bildeten die wichtigsten Inhalte der Kolportageromane, die natürlich von bildungsbürgerli-chen Kritikern vehement bekämpft und als Schundliteratur abqualifiziert wur-den, obwohl in gewissem Ausmaß – dann allerdings in der distinguierteren Buchform – auch in bildungs- und besitzbürgerlichen Kreisen z. B. Räuberro-mane rezipiert wurden (vgl. Dainat 1996; Simanowski 1998).

Die meisten Kolportageromane sind – soweit die Zensur es zuließ – von ei-ner klaren Konzentration auf sex and crime geprägt, was schon die reißeri-schen Titelblätter mit ihren mal erotischen, mal gewalttätigen Darstellungen verdeutlichen. Gerade aus dieser thematischen Konzentration resultiert jedoch die erzieherische Wirkung dieser massenhaft rezipierten Romane (sowie auch der Gassenhauer und der Bilderbogen), was allerdings erst im historischen Längsschnitt erkennbar wird. Wie wir uns erinnern, spielten in der volkstümli-chen Literatur des feudalistischen Zeitalters auch noch jene Körperregungen eine wichtige Rolle, die damals nur in den gehobenen Schichten als peinlich und ekelhaft empfunden und deshalb aus der anspruchsvolleren Literatur verbannt worden waren. Zivilisationsgeschichtlich stellt es einen beträchtli-chen Fortschritt dar, dass im bürgerlichen Zeitalter auch die Literatur der un-tersten Bildungs- und Einkommensschichten in der Weise 'kultiviert' wurde, dass nur noch sex and crime, nicht aber mehr Flatus, Vomitus und Ruktus (Furzen, Kotzen, Rülpsen) im Vordergrund standen. Die derb-urtümliche Freude an solchen Körperregungen hatte ja, wie oben dargestellt, im Schwank und in der Hanswurstiade immer eine bedeutende Rolle gespielt. Im bürgerlichen Zeitalter kommt es hingegen auch in den unteren Bevölkerungsschichten zu einer starken Dämpfung der Triebe und einer Steigerung der Scham- und Peinlichkeitsstandards, wie sie zuerst in der Aristokratie und später dann auch im Bürgerstand festzustellen war (vgl. Elias I 1976, S. 369-409). Damit ist natürlich nicht gesagt, dass die besagten Körperregungen vollständig eliminiert worden wären; das war und ist weder in den unteren noch in den oberen Bildungs- und Gesellschaftsschichten jemals der Fall. Sie werden jedoch erfolgreich und nachhaltig tabuiert und in die Grauzonen der Untergrund- und Pornoliteratur abgedrängt (vgl. u. Kap. 3b 5 sowie Schenda 1988, S. 368-373). Aus psychoanalytischer, diskursanalytischer und psychohistorischer Perspektive sind solche Formen der Verdrängung auf ihre schädlichen Folgen hin befragt und teilweise harsch kritisiert worden. Trotz ihrer problematischen Folgen für den Seelenhaushalt des Individuums müssen sie aber aus zivilisations- und gesellschaftsgeschichtlicher Perspektive als wichtiger Beitrag zur Emanzipation der bildungsfernen Schichten verstanden werden. Obszöne Gesten, Fäkalausdrücke und rüpelhafte Manieren konnten im bürgerlichen Zeitalter jeden noch so geringen sozialen Aufstieg verhindern. Wenn die Kolportageromane eine Umorganisation der Affektimpulse im Sinne einer Konzentration auf die gesellschaftlich eher akzeptierten Themenbereiche sex und crime beförderten, so war dies folgerichtig eine wichtige Kultivierungsleistung. Selbst in der Literatur des Bildungsbürgertums spielen diese Themen eine außerordentliche Rolle, so dass die Abgrenzung gegenüber den sich allmählich kultivierenden Unterschichten komplizierter wurde. Möglicherweise liegt in der sich hier abzeichnenden Verwischung bis dahin offenkundiger Standesunterschiede auch eine Ursache für die Vehemenz, mit der die Kritiker des bildungsbürgerlichen Lagers gegen die 'Schundliteratur' zu Felde zogen. Sie ignorierten den zivilisatorischen Fortschritt, den die Hintertreppenromane im Vergleich mit der grobianischen Literatur der Unterschichten des feudalistischen Zeitalters darstellten, und betonten stattdessen den Bildungsrückstand, der im Vergleich zu ihrer eigenen Literatur oder auch der des Kleinbürgertums in der Tat den Kolportagetexten anzusehen ist.

Übrigens soll natürlich nicht behauptet werden, dass sich die Produzenten der Kolportageromane als Volksaufklärer oder als Agenten des zivilisatorischen Fortschrittes verstanden. Gut beobachten lässt sich dies am Beispiel des 2.612 Seiten umfassenden, von 1882 bis 1884 in 109 Fortsetzungslieferungen veröffentlichten Kolportageromanes mit dem Titel *Waldröschen oder Die Rächerjagd rund um die Erde. Großer Enthüllungsroman über die Geheimnisse der menschlichen Gesellschaft.* Als Verfasser dieses Werkes firmierte ein gewisser Capitain Ramon Diaz de la Escosura. Bei diesem phantasieanregenden Namen handelt es sich um ein Pseudonym des Reise- und Abenteuerschriftstellers Karl May, der mit Romanen wie *Winnetou* (3 Bde., 1876-93) und *Durch die Wüste* (1892) ab den frühen 1890er Jahren zu einem der meist-gelesenen deutschen Romanautoren wurde. Als er das *Waldröschen* verfasste, war May hingegen ein noch weitgehend unbekannter Nachwuchsautor, der nach Verbüßung diverser Haftstrafen (u. a. wegen Diebstahls, Betrugs, Fäl-schung und Amtsanmaßung) aus dem Schuldienst entlassen worden war und sich als Redakteur und Schriftsteller durchschlug.

Dabei ist von besonderem Interesse, dass May zunächst für das *Deutsche Familienblatt* und den *Deutschen Hausschatz* schrieb, d. h. für sogenannte 'Familienblätter', die nach Inhalt, Aufmachung und Preisgestaltung nicht auf die Arbeiterschaft, sondern – wie im nächsten Kapitel noch ausführlicher zu zeigen sein wird – auf das im Vergleich etwas gebildetere und finanzkräftigere Kleinbürgertum zugeschnitten waren. Sex und Gewalt spielen in den Heimat-geschichten, Reisenovellen und Humoresken, die May für diese Zeitschriften verfasste, keine Rolle. Und auch sein Manuskript des *Waldröschens* scheint in dieser Hinsicht harmloser und wohlanständiger gewesen zu sein, als es die Spielregeln des Kolportageromans erlaubten. Heinrich Gotthold Münchmeyer, der Verleger des Werkes, sah sich jedenfalls veranlasst, einen seiner Ange-stellten mit einer entsprechenden Überarbeitung des Textes zu beauftragen. Da Mays Originalmanuskripte nicht erhalten sind, kann das Ausmaß dieser Ein-griffe nicht philologisch präzise bestimmt werden. Ein Anwalt Münchmeyers, mit dem May jahrelang wegen angeblich fehlerhafter Honorarabrechnungen prozessierte, räumte jedoch in einem bis heute erhaltenen Brief ein, dass bis zu 5 % des Originaltextes durch den Verlag verändert worden seien (vgl. May 1999, S. 3817f.). Das reichte allemal aus, um diverse Pikanterien und Brutali-täten in den ansonsten hauptsächlich auf Tempo, Spannung und große Gefühle setzenden Roman einzuschmuggeln. Jedenfalls hat sich May, der nicht selbst Korrektur las, in entrüstetem Tonfall über Münchmeyers Verletzungen des Urheberschutzes empört, als ihm der Literaturkritiker Hermann Cardauns 1902 in einer Rezension seine vermeintliche Vorliebe für „tiefe und tiefste Negli-gées, durchsichtige Kleider, Nuditäten, üppige Formen, lüsterne Bilder aller Art, furchtbare Rohheiten, Verführung, Sittlichkeitsverbrechen, Ehebruch" und ähnliche Ingredienzen eines typischen Kolportageromans zum Vorwurf machte (ebd., S. 3818). Der ohne Wissen des Autors noch mehrfach von Münchmeyer nachgedruckte Text erwies sich jedenfalls als großer Verkaufserfolg. Neben den erotischen und brutalen Elementen wird man dafür hauptsächlich die Ge-fühlsbetontheit des Romans verantwortlich machen müssen, an dessen Ende der Erzähler offenbar Mühe hat, die zahlreichen Handlungsstränge, die er innerhalb der 109 Fortsetzungen aufgenommen hat, zu einem geordneten Ende zu bringen. Mehr oder minder summarisch wird auf den letzten Seiten darge-stellt, wie sich der Leser die Auflösung der vielen dargestellten Konflikte vor-zustellen hat:

„Jetzt erst kam es zu einem geordneten Reden und zu einem wirklich zusammenhängenden Berichte. Es ist leicht erklärlich, daß man bis zur frühen Morgenstunde beisammenblieb, und da kamen nun auch diejenigen Personen zur Geltung, welche bisher in zweiter Reihe gestanden hatten: Resedilla und Pirnero, welche sich glücklich von Pirna hierhergefunden hatten, der schwarze Gérard, der kleine André, die beiden Häuptlinge und Karja. Außer Geierschnabel war auch Grandeprise zugegen, welcher mit nach Spanien gegangen war, um gegen Landola, seinem teuflischen Stiefbruder, zu zeugen.

Was aber war aus diesem Landola, aus Gasparino Cortejo und Clarissa, was war aus dem falschen Alfonzo, ihrem Sohne, geworden? Sternau, im Verein nach allen diesen Personen gefragt, antwortete: 'Die Entscheidung ist gefallen, und die Beweise sind geführt: Unser Mariano ist Graf Alfonzo de Rodriganda. Er mußte, um das Allernöthigste zu ordnen, in Rodriganda zurückbleiben, wird aber in einigen Tagen mit Amy Lindsay, seiner Braut, und ihrem Vater, dem Lord, hier eintreffen. Ich sehe zu meinem Erstaunen, daß aus dem einfachen Doctor Sternau ein Herzogssohn geworden ist. Unsere Schicksale haben uns gelehrt, daß der Mensch nur so viel werth ist, als er selbst wiegt, und daß Rang, Stand und Besitz nur eine sehr nebensächliche, decorative Bedeutung besitzen. Daher wird es Keinen von uns überraschen, daß Curt, der Steuermannssohn, mein und unser Aller Retter, durch das, was er für uns that, sich uns Allen gleich und ebenbürtig gestellt hat. Unserer Feinde wollen wir nur kurz gedenken. Clarissa spinnt für lebenslang Flachs im engen Kerker, Landola und Cortejo sind unter der Hand des Henkers gefallen, und Alfonzo, der falsche Graf, büßt seine Thaten als Sträfling ohne eine jede Aussicht auf spätere Begnadigung. Sie haben ihren Lohn; darum soll auch unser Curt den Lohn empfangen, der ihm verheißen worden ist. Eine herzogliche Prinzeß von Olsunna muß Wort halten. Röschen, stehe auf und sage unserem Retter, daß er von uns die Erlaubniß empfängt, Dir sein Andenken an die Höhle des Königsschatzes an Eurem Ehrentage als Brautgeschmeide anzulegen. Gott segne Euch so wie er uns Alle fortan beschützen möge.'

Die Wirkung dieser Worte lässt sich unmöglich beschreiben. Alles rief, staunte, fragte, frohlockte, gratulirte, weinte und lachte durcheinander. Aber Zwei standen in der Ecke des Saales, in Liebe umschlungen, und weinten heiße Zähren der Herzenswonne und des Dankes gegen Gott: die einfachen Eltern Curt's, deren Glück nur dadurch gesteigert werden konnte, daß Waldröschen herbeikam, sie Beide herzlich umarmte und küßte und dann zu dem Kreise der Anderen zog.

Die Sonne ging auf. Ihre ersten Strahlen fielen in goldigem Purpur zum Fenster herein auf die so seltsame Versammlung von Personen, welche, so lang, hart und schwer geprüft, nun endlich sich die Garantieen eines reinen, ungetrübten und dauernden Glückes errungen hatten."

(May 1999, S. 3800f.)

Das hier beschriebene 'dauernde Glück' resultiert natürlich nicht aus der Gewinnung eines politischen Bewusstseins, wie es die wenig gelesene, sozialistisch oder kommunistisch orientierte 'Arbeiterliteratur' hervorzurufen versuchte. Stattdessen inszeniert Mays Text ein totales happy ending in Gestalt der bloßen Neu- und Umbesetzung gesellschaftlicher Rollen, deren Relation zueinander unangetastet und unhinterfragt bleibt. Dass 'Rang, Stand und Besitz nur eine sehr nebensächliche, decorative Bedeutung besitzen', ist hier eine quietistische Botschaft, die es dem anvisierten Leser ermöglichen soll, sich im Bewusstsein seiner moralischen Superiorität über seine faktische soziale Inferiorität hinwegzutrösten.

Noch wichtiger als diese Einsicht ist aber das hohe Identifikationspotential des Romans, der seine körperlich attraktive und zudem herzensgute Titelheldin für ihre diversen Drangsale mit einer Etablierung belohnt, deren existentielle Dimension unter Rückgriff auf das elementare Erlebnis der Fortpflanzung veranschaulicht werden soll. Mays Text wäre kein echter Kolportageroman, wenn dabei nicht noch einmal die Grenze zwischen Fiktion und Wirklichkeit verwischt würde und wenn nicht hier ganz am Textende ein neuer Anfang gesetzt und die kompositorische Stringenz den gattungstypischen Strategien der Kundenbindung zum Opfer gebracht würde:

> „Waldröschen ist die glücklichste der jungen Frauen. Ihr Mann ist bereits Oberst in norddeutschen Diensten, wenn man hier auch nicht verrathen darf, in welcher Garnison. Beide wiegen abwechselnd auf ihren Knieen ein kleines, niedliches Waldknösplein, welches verspricht, einst ein prachtvolles Röschen zu werden.
> Und die Anderen, welche noch zu erwähnen wären? Zarba, die Zigeunerin, nebst ihren Leuten, Pepi und Zilli, die schönen Mexikanerinnen, nebst Berthold und Willmann, den beiden österreichischen Aerzten, wo sind sie geblieben? Was ist ferner aus dem Gärtner Bernardo geworden, welcher mit Don Ferdinando aus Härrär entfloh, und aus Wagner, dem braven, deutschen Seecapitän? Nun, diese beiden Letzteren sind reichlich belohnt worden und jetzt wohlhabende Herren. Ueber die Anderen aber breitet sich noch heut ein ebenso mystisches wie hochinteressantes Dunkel, welches sich erst dann lichten kann, wenn der geneigte Leser so freundlich ist, einen Blick in den Roman 'Der verlorene Sohn' zu werfen, welcher von demselben Verfasser geschrieben ist und bei demselben Verleger zur Ausgabe gelangt wie das gegenwärtig von allen lieben Freunden herzlich Abschied nehmende 'Waldröschen'".

(May 1999, S. 3802f.)

Es versteht sich, dass auch *Der verlorene Sohn oder Der Fürst des Elends. Roman aus der Criminal-Geschichte* ein Mammutwerk wurde, das seinen Lesern einen langen Atem abverlangte: Der von 1884 bis 1886 bei Münchmeyer publizierte Roman umfasste 2.411 Seiten in 101 Lieferungen, von denen bei Abschluss des *Waldröschens* bereits 8 vorlagen. Das hier erkennbare, unter Marketinggesichtspunkten als perfekt zu bezeichnende Zeitmanagement von May und Münchmeyer dokumentiert die für den Kolportageroman charakteristische Übertragung kapitalistisch-rationaler Produktionsstandards auf den Kunstsektor und antizipiert die Strukturen jener Unterhaltungsindustrie des 20. Jahrhunderts, die das fließbandartige Verfertigen von Groschenheften oder Drehbüchern für TV-Serien zu einer Dienstleistung anonymer Autorenteams werden lässt.

Als kanonisierende und klassifizierende Klasse strafte das Bildungsbürgertum diese Werke mit wissenschaftlicher Nichtbeachtung, was sich bis heute
sehr negativ auf die Forschungssituation auswirkt. Selbst von den erfolgreichsten Kolportageheftchen sind oft nur einige Exemplare in den wenigen
hierauf spezialisierten Privatsammlungen erhalten. Die Editions- und Kom-
mentierungslage ist außerordentlich ungünstig, und bis heute finden selbst die
bekanntesten Autoren dieses Genres trotz der Pionierarbeit von Günter Kosch
und Manfred Nagl (1993) in literaturwissenschaftlichen Nachschlagewerken
keine oder fast keine Berücksichtigung.

Bestsellerautoren im Bereich des Kolportageromans waren z. B. Gustav
Berthold, Eugen Hermann von Dedenroth, Paul Walter, Adolf Söndermann
und Heinrich Sochaczewski, die durchweg nicht der Arbeiterschaft, sondern
dem Kleinbürgertum bzw. sogar dem Bildungsbürgertum angehörten. Dedenroth war beispielsweise auch als Theaterkritiker hervorgetreten, und Söndermann arbeitete zuerst als Lehrer. Alle genannten Autoren schrieben unter
Pseudonym. Sie nannten sich (in derselben Reihenfolge wie oben) Guido
Waldner, Ernst Pitawall, Guido von Fels, Dr. Henri Floru und Victor von Falk.
Zu den bekanntesten Werken zählten Sochaczewskis *Der Scharfrichter von
Berlin* (1890; 3.120 Seiten in 130 Fortsetzungslieferungen) und Walters Räu-
berromane wie z. B. *Räuberhauptmann Gustav Nessel der Schädelspalter und
seine schwarze Bande* (1905/06; 2.398 in 100). Der produktivste Autor von
Kolportageromanen war anscheinend Paul Walter alias Guido von Fels, der
nicht weniger als 72 Kolportageromane mit einem Gesamtumfang von 172.800
Seiten verfasste (s. Galle 1998, S. 36).

Wenden wir uns der dramatischen Kunst zu, so müssen wir konstatieren,
dass die Arbeiterschaft erst ganz allmählich ab dem letzten Drittel des
19. Jahrhunderts Zugang zum (stehenden) Theater findet. Das hängt mit der
Einführung der Gewerbefreiheit im Theaterwesen im Jahre 1869 zusammen, in
deren Folge zahlreiche Privattheater gegründet wurden. Der Konkurrenzdruck
stieg an, die Eintrittspreise sanken, manche Prinzipale witterten in der Arbeiterschaft ein neues, noch fast unerschlossenes Kundenpotential. Die Erfolge
blieben anfangs gleichwohl kümmerlich. Das zeigen etwa die von Uwe-K.
Ketelsen anschaulich beschriebenen Verhältnisse in der Industrie- und Arbei-
terstadt Bochum, in der es nach mehreren gescheiterten Anläufen erst 1915 zur
Errichtung eines Stadttheaters kam (Ketelsen 1999, S. 21-70). Zuvor hatte es
zahlreiche Privatinitiativen gegeben, die jedoch letztlich am Desinteresse des
Publikums scheiterten. Um die breite Masse zu erreichen, verlegte ein Bochumer Theaterunternehmer im Jahre 1880 seine Shakespeare-Inszenierung sogar
in einen Biergarten: „[…] der Eintritt für *Romeo und Julia* kostete 60 Pfg., ein
großes Bier 10 Pfg.; aber die Leute zogen es am Ende vor, […] ihr Bier dort zu
trinken, wo sie unbehelligt von Kunst blieben" (ebd., S. 33). Schauspielkunst
im engeren Sinne war für die Arbeiterschaft des bürgerlichen Zeitalters noch

kein attraktives Freizeitvergnügen. Die Eintrittspreise lagen im Durchschnitt zu hoch, und die aufgeführten Stücke konnten im Hinblick auf Spannung, Erotik und Gewalttätigkeit nicht mit den Kolportageromanen konkurrieren. Volksbühnen, also proletarische Theaterbesuchsorganisationen, die ihren Mitgliedern preisreduzierte Theaterkarten vermittelten, entstanden in größerer Anzahl erst zu Beginn des demokratischen Zeitalters.

Anders verhielt es sich mit jenen Randbereichen der Bühnenkunst, die auch schon im feudalistischen Zeitalter das Interesse der Massen erweckt hatten: Zirkus und Kirmes. Die Verhältnisse in diesen Bereichen lassen sich im 19. Jahrhundert mit den Begriffen Professionalisierung, Kommerzialisierung, Konzentration, Organisation und Leistungssteigerung beschreiben. Denn was war aus den vielen Bärenführern und Feuerschluckern, Messerwerfern, Reitkünstlern, Komikern und Jongleuren geworden, die im feudalistischen Zeitalter als 'Unehrliche' und 'Außerständische' von Dorf zu Dorf, von Jahrmarkt zu Jahrmarkt zogen? Sie wurden im bürgerlichen Zeitalter gesellschaftlich reintegriert, galten also nicht mehr als geächtete 'Fahrende', sondern als Kleingewerbetreibende, die einen zwar ungewöhnlichen, aber im Prinzip akzeptierten Beruf ausübten. Auch wenn das Image der Akrobaten und Schausteller lange Zeit schlecht blieb, so standen doch ihre Bürgerrechte außer Zweifel. Und über das Sozialprestige entschied nun – natürlich – primär der ökonomische Erfolg.

Der war teilweise beträchtlich. Ernst Jakob Renz war in Deutschland der bekannteste Pionier des Zirkuswesens, der in der zweiten Jahrhunderthälfte nach englischen und französischen Vorbildern feste Zirkusgebäude in Berlin, Bremen, Breslau und Hamburg gründete und der zum Vorbild für viele ähnliche Unternehmungen wurde. Der einzelne Akrobat arbeitete nun als Angestellter mit fester Gage für ein Großunternehmen, das professionell geführt, kommerziell orientiert und organisatorisch straff durchstrukturiert war. Das Einkommen der Artisten wurde durch feste Spieltermine, Programmabläufe und Eintrittspreise abgesichert und verstetigt (vgl. Riemann 1990). Zugleich entwickelte sich aber ein höherer Leistungsdruck, da auch in dieser Branche nach dem Konkurrenzprinzip gearbeitet wurde. Mit den Anforderungen stieg das Ausbildungsniveau. Wer nicht mehr nur sein Hündchen durch den Reifen springen ließ, sondern kostbares exotisches Großwild bändigen, dressieren, transportieren, verpflegen und kurieren musste, benötigte Einfühlungsvermögen, Organisationstalent, medizinisch-biologisches Fachwissen und ästhetisch-choreographischen Geschmack. Auch im Zirkus- und Schaustellerwesen des bürgerlichen Zeitalters lässt sich deshalb der oben beschriebene Kultivierungstrend feststellen. Aus dem Blickwinkel des Bildungsbürgertums mochte es sich immer noch um geistlos-barbarische Massenspektakel handeln, aber aus langfristiger kulturgeschichtlicher Perspektive kann Renz, seinen Nachfol-

gern und seinen Angestellten ein eigenständiger Beitrag zur Zivilisierung der
bildungsfernen Schichten des bürgerlichen Zeitalters bescheinigt werden.

Besonders deutlich wird das an der Figur des Zirkusclowns, der sich langsam vom derb-obszönen Hanswurst des feudalistischen Zeitalters zum poe-
tisch-melancholischen Spaßmacher entwickelte. Zum König der Clowns wurde
im 19. Jahrhundert der Pariser Harlekin Jean Gaspard Debureau, dem Marcel
Carné mit seinem Film *Les enfants du paradis* ein beeindruckendes Denkmal
setzte (Frankreich 1945; dt. Titel: *Kinder des Olymp*). Der internationale Ruhm
Debureaus beeinflusste auch die Poetisierung der Clownsrolle im deutschen
Zirkuswesen. Zur Niveausteigerung trug es außerdem bei, dass Pferdeballette,
Darbietungen von Dressurreitern und ähnliche Elemente der gehobenen höfischen Repräsentationskultur des feudalistischen Zeitalters von der Aristokratie
des 19. Jahrhunderts nicht mehr finanziert werden konnten und in die Zirkus-
manege abwanderten.

Wenden wir uns zuletzt noch dem Bereich der Gebrauchsliteratur zu, so
haben wir zuerst an die zahllosen Broschüren mit erbaulichen Traktaten, Ge-
betsammlungen, Rätseln, Kartentricks, Kochrezepten, Traumerklärungen,
Wegbeschreibungen etc. zu erinnern, die über den Kolportagehandel vertrieben wurden. Die Überlieferungslage ist bei diesen Heftchen noch ungünstiger
als im Falle der Kolportageromane, aber auf den Rückumschlägen dieser Romane wurde häufig in Kleinanzeigen für entsprechende Produkte geworben, so
dass wir doch eine relativ klare Vorstellung von Inhalt, Aufmachung und Verbreitung dieser Schriften besitzen. In den meisten Fällen lassen sie sich dem
Bereich der Sachbuch- und Ratgeberliteratur zuordnen, wobei die Grenzen
zwischen Information, Unterhaltung und Esoterik offensichtlich verschwim-
men. Interessant ist daran, dass nun auch diejenigen Bereiche des alltäglichen
Lebens von schriftlicher Fixierung und Tradierung erfasst wurden, die im
feudalistischen Zeitalter, zumal in den unteren Schichten, ausschließlich
mündlich überliefert worden waren. Die hohe räumliche Mobilität spiegelt sich
hierin genauso wider wie die Tendenz zur Vereinsamung und Abschottung im
Binnenraum der Kleinfamilie, die auch in der Arbeiterschaft das allgemein
akzeptierte Modell zur Organisation von Verwandtschaftsbeziehungen geworden war.

Besondere Beachtung in der Literaturwissenschaft hat die Gattung des Kalenders gefunden, und zwar wegen der aufklärerisch-volkspädagogischen (und
manchmal auch kommerziellen) Ambitionen einiger Schriftsteller wie Gotthelf, Auerbach, Anzengruber und Rosegger, die über dieses Medium breitere
Bevölkerungskreise anzusprechen versuchten. Als Initiator dieses Trends gilt
Johann Peter Hebel, dessen Kalenderserie *Rheinischer Hausfreund* (1803-11)
einige berühmt gewordene Kurzerzählungen enthält, die das Genre der Kalendergeschichte begründeten. Als Beispiel sei hier seine Geschichte *Gute Antwort* präsentiert:

„Gute Antwort

Wer ausgibt, muß auch wieder einnehmen. Reitet einmal ein Mann an einem Wirtshaus vorbei, der einen stattlichen Schmerbauch hatte, also daß er auf beiden Seiten
fast über den Sattel herunterhängte. Der Wirt steht auf der Staffel [= Treppe] und
ruft ihm nach: 'Nachbar, warum habt ihr den Zwerchsack [= Packtasche] vor Euch
auf das Roß gebunden und nicht hinten?' Dem rief der Reitende zurück: 'Damit ich
ihn unter den Augen habe. Denn hinten gibt es Spitzbuben.' Der Wirt sagte nichts
mehr."

(Hebel 1811, S. 21f. [Zusätze in eckigen Klammern von mir, J. Sch.])

Die Wortwahl in dieser Geschichte ist alltagsnah, die Sätze sind einfach gebaut
und kurz. Es gibt nur wenige Figuren, keine Zitate oder Anspielungen; die
Handlung ist klar und leicht durchschaubar. Schon im ersten Satz der Ge-
schichte wird eine explizit formulierte Moral geliefert, die das nachfolgende
Geschehen dann noch einmal an einem Beispiel veranschaulicht. Die lustige
Schlusspointe zeigt nicht den derben Witz der Schwankerzählungen des feudalistischen Zeitalters, sondern einen gedämpften Humor, der eher zum
Schmunzeln als zum lauten Lachen animiert. War im Zusammenhang mit den
Kolportageromanen von einer Ästhetik der starken Reize die Rede, so wäre
hier eher von einer Poetik der leisen Töne zu sprechen. Da Kalender wie der
Hebelsche auch in den untersten Bevölkerungsschichten Verbreitung fanden,
können wir vermuten, dass innerhalb gewisser Grenzen auch schon solche
gedämpfteren, besinnlicheren Texte Beachtung und Interesse fanden.

In der Überschau lässt sich demgemäß konstatieren, dass die literarische
Kultur der Arbeiterklasse des bürgerlichen Zeitalters im Vergleich mit derjenigen des feudalistischen Bauernstandes als deutlich zivilisierter und kultivierter
bezeichnet werden kann. Darüber hinaus ist sie zum größten Teil nicht mehr
mündlich überliefert, sondern in gedruckter Form tradiert und rezipiert worden. Für die meisten Gattungen gilt außerdem, dass sie nicht mehr in Dialekt-
sprache, sondern in Hochdeutsch verfasst waren. Das Bildungsbürgertum als
die geschichtsschreibende, klassifizierende Klasse hat diese positiven Entwicklungen übersehen oder nicht anerkennen wollen. Die literarische Kultur
der Arbeiterklasse wurde deshalb nicht kanonisiert, ja geradezu skotomisiert.
Die Überlieferungs- und Forschungslage ist in diesem Bereich auch heute noch
als schlecht einzustufen.

2. Kleinbürger

Abb. 13: Kleinbürgerliches Wohnzimmer

Charakteristisch für das Kleinbürgertum dieser Epoche war der Versuch, trotz räumlicher Enge und begrenzter Finanzmittel in der 'guten Stube' ein Mindestmaß an gehobener Wohnkultur zu realisieren.

Die Gesellschaft des bürgerlichen Zeitalters war noch keine Mittelstandsgesellschaft. Die einzige Bevölkerungsschicht, die man dort als 'mittelständisch' bezeichnen könnte, war das Kleinbürgertum. Sein Anteil an der Gesamtzahl der Erwerbstätigen ist in der Mitte des Jahrhunderts mit ungefähr 9 Prozent zu veranschlagen (s. Kocka 1988, S. 12f.). Dazu gehören die kleinen Selbstständigen, die z. B. eine Schuhmacherei, einen Gemüsehandel oder eine Schreinerwerkstatt betreiben. Ferner handelt es sich um die mittleren Beamten und Angestellten, zu denen etwa die Bankangestellten, die Bahnhofsvorsteher oder die Techniker zählen. In manchen Statistiken wird auch ein Teil der gut ausgebildeten und relativ hoch bezahlten Facharbeiterschaft dieser Schicht zugerechnet; in einigen Handels- und Dienstleistungszentren lassen sich in diesem Fall Bevölkerungsanteile von mehr als zwanzig Prozent dem Kleinbürgertum zuordnen (vgl. Wehler 1996b, S. 174-185; Franke 1988, S. 9-19). Über die Jahrzehnte hinweg ist natürlich ein Wachstumstrend zu verzeichnen, an dessen Ende im frühen 20. Jahrhundert die Entwicklung der ersten deutschen Mittelstandsgesellschaft steht. Unerachtet derartiger Differenzierungsmöglichkeiten wird hier mit Kocka unterstellt, dass im bürgerlichen Zeitalter *durchschnittlich* knapp ein Zehntel der Erwerbstätigen als Kleinbürger gelten können.

Von der Arbeiterschaft unterscheiden sich die Angehörigen dieses Mittelstandes zunächst durch ihre äußeren Lebensbedingungen. Auch wenn ihre Arbeitszeiten kaum günstiger waren, so war doch der Grad der Selbstbestimmtheit – und damit der Arbeitszufriedenheit – in der Regel höher. Die Einkommensverhältnisse waren deutlich besser, so dass zwar noch kein Luxus, aber jedenfalls auch keine Not herrschte. Das zeigt sich besonders an der im Kleinbürgertum weit verbreiteten Eigenheimideologie, die mit einem dezidierten Lokalismus und Lokalpatriotismus einherging (vgl. Haupt/Crossick 1998, S. 155-169). Das größte Projekt ihres Lebens war für viele der Bau eines eigenen kleinen Wohnhauses, das nach außen den erzielten wirtschaftlichen Erfolg darstellen und nach innen zur Festigung und Abschließung des Familienkreises durch Bindung an einen gemeinsamen räumlichen Mittelpunkt führen sollte (vgl. Bourdieu u. a. 1998). War die räumliche Mobilität ein Charakteristikum der Arbeiterschaft, so stoßen wir im Kleinbürgertum auf eine geradezu programmatische, letzten Endes freilich pragmatisch motivierte Immobilität, die z. T. auch den sozialen und psychischen Bereich erfasst und die im Hang zur 'Immobilie' ihren sinnfälligen Ausdruck findet (vgl. Haupt 2001, S. 26-30). In der flexibilisierten Gesellschaft des 20. Jahrhunderts wird sich diese Konservierungsmentalität zu einem bedrohlichen Wettbewerbsnachteil auswachsen und maßgeblich zum allmählichen Niedergang des kleinbürgerlichen Milieus beitragen (s. u. Kap. 4b 2). Im bürgerlichen Zeitalter wurde sie hingegen als Ausdruck einer wirtschaftlichen und sozialen Konsolidierung wahrgenommen, wie sie der großen Bevölkerungsmehrheit noch vorenthalten blieb.

Freilich konnte diese Fixierung auf Heim und Familie zu verkrampften Abwehrreaktionen gegenüber Lebens- und Denkalternativen führen. Die deutsche Familiengeschichte registriert jedenfalls für das 19. Jahrhundert ein verstärktes Auftreten autoritärer Haustyrannen, die das private, buchstäblich in Stein gemauerte Familienidyll mit grausamer Härte aufrecht zu erhalten und zu tradieren versuchen. Tatsächlich bleibt in dieser Klasse noch lange Zeit ein ständisches Tugendideal wirksam, das im wesentlichen dem Ehrbarkeitsbegriff der feudalistischen Zunftordnungen verpflichtet ist. Zwar ist jetzt nicht mehr das 'ganze Haus', sondern die Kernfamilie der Gegenstand entsprechender Disziplinierungsanstrengungen. Aber auch in dieser neuen Bezugsgruppe werden dieselbe alte Moral, ein enggefasster Begriff von 'Anständigkeit' und ein rigides Arbeitsethos hochgehalten. Hinzu kommt eine besonders enge Auslegung der für das ganze Zeitalter charakteristischen Natürlichkeitsideologie. Andersartige Lebensformen und Verhaltensweisen gelten dem Kleinbürger schnell als unnatürlich, als krankhaft, als entartet. Damit ist ein Hinweis auf jene Diskussion über die Entstehung des deutschen Totalitarismus aus dem Geist des Spießertums gegeben, die bis heute in der Faschismusforschung eine bedeutende Rolle spielt. Tatsächlich tritt im internationalen Vergleich deutlich hervor, dass unter den deutschen Kleinbürgern des 19. Jahrhunderts die rechtskonservativen im Vergleich zu den liberalen und den konfessionellen Mentalitäten besonders stark verbreitet waren (vgl. Haupt/Crossick 1998, S. 215f.).

Trotz ihres bescheidenen, im Vergleich mit den Verhältnissen in der Arbeiterschaft aber bereits recht ansehnlichen Wohlstandes führten die Menschen dieser Bevölkerungsgruppe demnach ein relativ unfreies Leben, das vor allem im Privatsektor von zahlreichen selbst auferlegten Vorschriften geprägt war. Besonders die weiblichen Angehörigen der Klasse bekamen dies zu spüren. Denn zum – aus finanziellen Gründen freilich längst nicht immer realisierten – Lebensideal dieser Schicht gehörte auch ein rigides Geschlechterrollenkonzept, in dem die von Erwerbsarbeit freigestellte, sich aufopfernde Familienmutter eine zentrale Rolle spielte (vgl. Haupt/Crossick 1998, S. 133f.). Gewiss bedeutete es subjektiv für viele Frauen dieser Schicht zunächst eine Statuserhöhung, wenn sie nicht arbeiten gehen mussten, weil der Mann 'genug nach Hause brachte'. Dieser Prestigegewinn konnte aber kaum die Verluste an ökonomischer Selbstständigkeit, an persönlicher Autorität und auch an Abwechslungsreichtum aufwiegen, die das Leben im und für den Haushalt mit sich brachte. Freilich gab es wirkungsvolle Sozialisationsmechanismen, die es den Mädchen dieser Schicht erleichterten, ihr Los zu bejahen. Wo dies gelang und eine Frau ihre Arbeitsenergie ganz auf den Haushalt richtete, kam es zu deutlichen Leistungssteigerungen im Bereich der Haushaltsführung, der Kochkunst, der Kindererziehung, der Gesundheitsvorsorge usw. Und mit den Komfortansprüchen und dem allgemeinen Lebensstandard steigt auch das Niveau der literarischen Sozialisation unter Kindern des gehobenen, einkommensstärkeren Kleinbürgertums; vorlesende Mütter werden hier zu wichtigen Vermittlungsinstanzen, die deren Lektüreverhalten und deren Zugang zur Literatur nachhaltig prägen (vgl. Rosenbaum 1982, S. 492f.; Eggert/Garbe 1995, S. 80-83).

Insgesamt blieb das Erziehungsideal des Kleinbürgertums allerdings von Pragmatismus und Nützlichkeitsdenken geprägt. Nicht die 'überflüssige' schöngeistige Bildung, sondern beruflich verwertbare Kenntnisse und Fertigkeiten im technischen und wirtschaftlichen Bereich genossen hier das höchste Ansehen. Die im 19. Jahrhundert neu entstehenden Realschulen kamen diesem Ideal entgegen, verwandelten sich aber seit den 1880er Jahren teilweise in sogenannte 'Realgymnasien', die den Bildungsaufstieg zur Hochschulreife und zum Studium vorbereiteten. Buchbesitz scheint in kleinbürgerlichen Kreisen noch im ganzen 19. Jahrhundert eine Ausnahme geblieben zu sein (vgl. Haupt/Crossick 1998, S. 271-274). Nachlassinventaren zufolge wurde in der Regel kaum eine Handvoll Bücher vererbt, darunter immer noch ganz überwiegend religiöse Werke sowie Fachbücher, Sachbücher, Schulbücher und – wichtig für den wandernden Handwerksgesellen – Reisebeschreibungen (vgl. Neumann 1955, S. 5-17, 39-41 u. 146-152; Stadelmann/Fischer 1955, S. 179-209). Hauptbezugsquelle für gedruckte Bücher war in dieser Schicht die Leihbibliothek. Die Anzahl der Leihbibliotheken stieg von maximal 2.000 um 1850 auf ca. 4.000 Institute in den 1880er Jahren, von denen allerdings die Hälfte sogenannte 'Winkelleihbibliotheken' waren, die von einem Gemüsehändler, Bäcker oder Schreibwarenhändler in einer Ecke ihres Ladenlokales nebenher betrieben wurden (s. Martino 1990, S. 204 u. 318f.).

Die Buchlektüre war im Kleinbürgertum zweifellos verbreiteter als in der Arbeiterschaft, aber insgesamt scheint die Lektüre literarischer Werke auch hier nicht zu den wichtigsten, beliebtesten Freizeitbeschäftigungen gehört zu haben. Tatsächlich könnte man als die wichtigste Kulturschöpfung dieser Klasse viel eher den Verein bezeichnen, der ihren geistigen und seelischen Dispositionen stärker entgegenkam. Im Verein des 19. Jahrhunderts herrschten Ordnung und Disziplin, es gab eine klare hierarchische Organisationsstruktur. Bei Turnieren, durch besondere Fairness oder durch die Übernahme von Ämtern konnte man zusätzliche Anerkennung erwerben, die einen Ersatz für die verlorene Standesehre bot. Auf spielerische Art und Weise konnte das Vereinsleben die Integrations- und Distinktionsleistungen der früheren Zünfte bis zu einem gewissen Grad ersetzen. Folgerichtig kam es im 19. Jahrhundert zu zahllosen Neugründungen von Bienenzüchtervereinen, Angelvereinen, Tanzvereinen, Gesangsvereinen, Schützenvereinen etc. Ein beträchtlicher Anteil der dem Kleinbürgertum zur Verfügung stehenden Freizeit floss in entsprechende sportliche, spielerische und administrative Vereinsaktivitäten. Die ohnehin enge Bindung dieser Schicht an die räumliche und soziale Nahumgebung wurde dadurch weiter verstärkt. Man lebte und arbeitete in 'seinem' Viertel, wo man bekannt war und nahezu jedermann kannte: als Freund, als Kollegen, als Nachbarn, als Bekannten, als Kunden oder als Vereinskameraden. Für das Fremde und das Andere war in diesem um das Haus und um die Familie herum geknüpften Netzwerk wenig Raum. Vor dem Hintergrund des erzwungenen Nomadentums der Arbeiterschaft (s. o.) wurde diese räumliche, soziale und geistige Homogenität und Immobilität jedoch als Privileg wahrgenommen. Die Literatur musste hier nicht selten Evasionsfunktionen übernehmen, damit sich die in ihr soziales Netzwerk Verstrickten wenigstens gelegentlich Entgrenzungserfahrungen verschaffen konnten.

Wenden wir uns nun zunächst der Lyrik zu. Zum ersten Mal in der Geschichte der deutschen Literatur gab es hier so etwas wie einen Verkaufsboom; eine Gruppe von Bestsellerautoren verkaufte Gedichtbände in sechsstelliger Auflagenhöhe. So erlebte Oskar von Redwitz' *Amaranth* (1849) 36 Auflagen in 37 Jahren, Otto Roquettes *Waldmeisters Brautfahrt* (1851) 65 Auflagen in 42 Jahren, Friedrich von Bodenstedts *Lieder des Mirza Schaffy* (1851) 264 Auflagen in 66 Jahren, Karl von Geroks *Palmblätter* (1857) 131 Auflagen in 45 Jahren, Friedrich Wilhelm Webers *Dreizehnlinden* (1878) 70 Auflagen in 18 Jahren. Spitzenreiter nach Bekanntheit und Beliebtheit war Josef Viktor von Scheffel, dessen mit Gedichteinlagen versehenes Versepos *Der Trompeter von Säckingen* (1854) schon 38 Jahre nach seinem ersten Erscheinen in der 200. Auflage stand.

Die vom Geschmacksideal des Bildungsbürgertums geprägte Literaturwissenschaft hat sich mit diesen Erfolgswerken und -autoren schwer getan. Denn sie folgen einem eigenständigen Dichtungsideal, das sich mit deren gehobenen Ansprüchen nicht vertrug. Dabei sind vier Aspekte besonders hervorzuheben. Die Lyrik der genannten Autoren folgt erstens nicht dem Prinzip der aufklärerischen Kritik und Selbstinfragestellung. Stattdessen zielt sie im Geiste des gesellschaftlichen Konformismus auf ein augenzwinkerndes Einverständnis zwischen Autor und Leser ab. Zweitens ist sie nicht intellektuell oder gar intellektualistisch, sondern dezidiert materialistisch und sensualistisch orientiert, was sich z. B. an den vielen naiv-gemütlichen Trinkliedern aufzeigen lässt, die wir in den genannten Werken finden. Drittens ist sie nicht von philosophischer Melancholie, von tiefsinnigem Pessimismus und Daseinsverneinung geprägt, sondern von Heiterkeit und Optimismus, Zufriedenheit und 'Oberflächlichkeit'. Viertens schließlich verzichtet sie in formal-sprachlicher Hinsicht weitgehend auf Komplexität und Anspielungsreichtum, auf Innovation und Individualität. Ihre sprachliche Gestaltung wirkt vielmehr simpel und konventionell; viele Texte stehen der mündlichen Alltagssprache nah und sind ohne besondere Vorkenntnisse verständlich.

Dieser zusammenfassenden Beschreibung lässt sich entgegenhalten, dass fast alle der genannten Autoren auch einzelne Gedichte verfasst haben, die höheren bildungsbürgerlichen Ansprüchen genügen. Ein derartiger Aufwertungsversuch geht jedoch in die Irre. Denn Roquette und Bodenstedt, Gerok und Scheffel verdanken ihren Erfolg nicht solchen Ausnahmen, sondern gerade der Fülle ihrer einfachen Trinklieder, Wanderlieder, Kirchenlieder usw. Ihre eigentliche Leistung besteht in der Artikulation einer kulturgeschichtlich durchaus neuen, schichtenspezifischen Kollektivmentalität, die in der Hauptsache auf Konsolidierung, innere Integration und ideologische Selbstbestätigung des Kleinbürgertums abzielt. Einer an bildungsbürgerlichen Wertmaßstäben orientierten Literaturgeschichtsschreibung war es schlechterdings unmöglich, diese Leistung als solche wahrzunehmen und anzuerkennen. Deshalb sind die genannten Autoren und Werke nicht kanonisiert, schlecht ediert und nur sehr selten kommentiert worden. Sie bildeten das peinliche Erbe, das man im Bildungsbürgertum skotomisierte und dem man oft sogar pornographische oder politisch extremistische Texte vorzog, da diese zumindest den Reiz des Nonkonformistischen besaßen.

Dabei ist die beschriebene Leistung der kleinbürgerlichen Lyrik kulturhistorisch keineswegs irrelevant oder uninteressant. Es handelt sich um die erste Ausprägung einer spezifischen Mittelstandskultur in Deutschland, um die erste literarische Artikulation der Ideologie einer Schicht, die sich als gesellschaftlichen Durchschnitt definieren will, obwohl sie es zu dieser Zeit – quantitativ gesehen – bei weitem noch nicht ist. Die Kultur dieser Klasse will nicht exorbitant sein. Sie will die 'gesunde' Mitte besetzen, Normalität verkörpern, die Allgemeinheit repräsentieren (s. Franke 1988, S. 214f.).

Dieser Anspruch auf Verallgemeinerbarkeit hat einerseits etwas Drohendes an sich. Das Normale erheischt per definitionem Einverständnis, will das 'Anormale', 'Unnatürliche', 'Entartete' ausgrenzen; als unnatürlich kann hier auch der Intellektualismus der bildungsbürgerlichen 'Intelligenzbestien' und 'Bücherwürmer' angesehen werden, die 'nicht im Leben stehen'. Andererseits kann der kleinbürgerliche Normalitäts- und Universalitätsanspruch im Hinblick auf die Aufstiegsmöglichkeiten der Arbeiter als wichtige Triebfeder des gesellschaftlichen Fortschritts angesehen werden. Denn das kleinbürgerliche Bildungs- und Kulturideal präsentierte aus deren Sicht einen konkreten, nachvollziehbaren und vor allem nicht ganz unerreichbaren Lebensentwurf von hoher Attraktivität. Aus funktions- und institutionsgeschichtlicher Perspektive ist deshalb für eine Neubewertung der kleinbürgerlichen Kultur als einer typischen Mittelstandskultur zu plädieren, die zwischen Integrationsanspruch und Ausgrenzungsbereitschaft hin und her schwankt. Normalität ist ihre Verheißung und ihre Drohung: Auch Du kannst an unserer Kultur teilhaben, – aber wehe Dir, wenn Du dahinter zurückbleibst oder umgekehrt darüberstehen willst!

Motivgeschichtlich zeigt sich dies an der Neigung zur Planierung alles Außergewöhnlichen in Geschichte und Gegenwart auf ein allgemeinmenschliches

Mittelmaß. Das ceterum censeo lautet hier: Es ist schon immer so gewesen, es ging schon immer nur um's Geld, nur um die Frauen, nur um's Vergnügen usw. Joseph Viktor von Scheffel kann so z. B. das Hildebrandslied parodieren und auf zwei Strophen zusammenziehen:

> „Das Hildebrandslied
>
> Hildebrand und sein Sohn Hadubrand
> ritten selbander von Wut entbrannt
> gegen die Seestadt Venedig.
> Hildebrand und sein Sohn Hadubrand,
> keiner die Seestadt Venedig fand,
> da fluchten sie beide unflätig.
>
> Hildebrand und sein Sohn Hadubrand
> ritten bis da, wo ein Wirtshaus stand,
> Wirtshaus mit kühlen Bieren.
> Hildebrand und sein Sohn Hadubrand
> soffen sich da einen Riesenbrand,
> krochen heim auf allen vieren."

(Reiners 2000, S. 642)

Viele andere Texte Scheffels wie z. B. seine *Altassyrische Ballade* oder sein *Ichthyosaurus* funktionieren nach dem gleichen Muster (ebd., S. 640 u. 747). In scherzhaft-respektloser Weise werden das Fremde und das Andere, das Große und das Dramatische auf ein kleinbürgerliches Normalmaß zurückgestutzt. Hildebrand und Hadubrand haben vor allem – sagen es nicht schon die Namen? – einen 'Riesenbrand'. Im alten Assyrien landen Zechpreller vor der Kneipentür. Und die Saurier sterben aus, als sie 'zu tief in die Kreide' kommen. In ihrer Heiterkeit und Belanglosigkeit ist diese Poesie unangreifbar, und gerade darin liegt ihr Ernst. 'Lach' mit!' lautet hier die Devise, – und wer nicht einstimmt, ist anormal oder zumindest ein Spaßverderber. Das augenzwinkernde Einverständnis triumphiert über die kritische Infragestellung, der Materialismus über den Intellektualismus, die heitere Zufriedenheit über die Melancholie, die Konventionalität über den Individualismus.

Es wäre rezeptionsgeschichtlich verfehlt, diese Infragestellung der bildungsbürgerlichen Neigung zur Infragestellung als Anzeichen einer höheren Selbstreflexion zu deuten. Scheffel und seine Mitstreiter haben nicht den Habitus der Intellektuellen ironisch reflektiert, sondern die Ideologie der ersten deutschen Mittelschicht artikuliert und – darin liegt ihre kulturgeschichtliche Hauptleistung – nach 'unten' hin anschlussfähig gehalten. In ihrer materialistischen, bildungsfeindlichen und heiter-optimistischen Grundhaltung hat sie es den aufstiegsorientierten und einkommensstärkeren Fraktionen der Arbeiterschaft ermöglicht, an der Kultur der aus ihrer Sicht nächsthöheren Gesellschaftsschicht zu partizipieren. Zivilisations- und gesellschaftsgeschichtlich ist diese Leistung nicht gering zu veranschlagen. Einer auf bildungsbürgerliche Qualitätsmaßstäbe fixierten Literaturwissenschaft fehlten jedoch die Kategorien, um diese Leistung wahrzunehmen und anzuerkennen. Das spricht nicht per se gegen das Bildungsbürgertum, dem im übernächsten Kapitel noch ausführlich Gerechtigkeit widerfahren soll, wohl aber gegen die Wissenschaftlichkeit seiner Literaturgeschichtsschreibung. Wer heute einen Einblick in die Qualitätsmaßstäbe und Themenschwerpunkte kleinbürgerlicher Lyriksammlungen gewinnen möchte, studiert am besten die Anthologie *Der ewige Brunnen* von Ludwig Reiners (2000), von der inzwischen nahezu 600.000 Exemplare verkauft sind.

Wenden wir uns der Epik zu, so haben wir es vor allem mit der Gewinnergattung des 19. Jahrhunderts zu tun, also dem Roman (und der romanartigen Erzählung). Dabei erzielten erotische, spannende oder rührselige Werke wie Johann Friedrich Ernst Albrechts *Henriette oder Fürsten sind oft am unglücklichsten* (1785), Karl Gottlob Cramers *Der deutsche Alcibiades* (1791), Christian Heinrich Spieß' *Das Petermännchen* (1791f.), August Heinrich Lafontaines *Klara du Plessis und Klairant* (1795), Heinrich Claurens *Mimili* (1816) oder Julius Stindes *Emma, das geheimnisvolle Hausmädchen* (1904) ähnliche Auflagenhöhen wie die oben zitierten Gedichtbände. Geradezu spektakulär sind die Rezeptionserfolge jedoch bei den ins Deutsche übersetzten Unterhaltungsromanen der englischen und französischen Bestsellerautoren. Der Anteil der Übersetzungen an der deutschen Romanproduktion kletterte bis zur Jahrhundertmitte auf 50 % (s. Martino 1990, S. 674); und im Durchschnitt der Jahre 1815-1914 waren fast 30 % der in deutschen Leihbibliotheken aufgestellten Belletristik Übersetzungen ins Deutsche (ebd., S. 748). Die Spitzenreiter unter den hier vertretenen ausländischen Erfolgsautoren waren in der ersten Jahrhunderthälfte Sir Walter Scott und James Fenimore Cooper, danach Alexandre Dumas d. Ä. und Eugène Sue (s. ebd., S. 744-746). Scotts *Waverley* (1814) wurde erstmals 14 Jahre nach seinem Erscheinen, sein *Ivanhoe* (1819) immerhin schon acht Jahre nach der Erstpublikation ins Deutsche übersetzt. Als dann die Lukrativität des Geschäftes mit den – damals noch honorarfreien – Übersetzungen erkannt worden war, sank der zeitliche Abstand zwischen originalsprachlicher Erstausgabe und deutscher Übersetzung erheblich ab. Coopers *Der letzte Mohikaner* (1826) und *Der Wildtöter* (1841), Sues *Die Geheimnisse von Paris* (1842/43) und *Der ewige Jude* (1844/45) sowie Dumas' *Die drei Musketiere* (1844) und *Der Graf von Monte Christo* (1845/46) lagen schon ein Jahr nach Erscheinen der Originalausgabe in deutscher Übersetzung vor!

Unter inhalts- und formanalytischen Aspekten können alle diese Bestseller als 'edlere' Varianten der oben beschriebenen Kolportageromane für die Arbeiterschaft beschrieben werden. Dabei sind die Unterschiede graduell. Nicht mehr sex and crime, sondern die harmloseren Formen der Liebe und des Verbrechens stehen im Vordergrund der meist spannenden und abenteuerlichen, aber immer 'sittlichen', 'jugendfreien' Romanhandlungen. Ein gemäßigter Exotismus bedient Fluchtphantasien und wirkt entlastend angesichts der das Leben des typischen Lesers regulierenden Zwänge und Konventionen. Dabei bleibt der 'Anstand' jedoch immer gewahrt. Die positiven Helden dieser Romane verkörpern Tugenden, die mit den Moralstandards der kleinbürgerlichen Leserschaft ohne weiteres zu vereinbaren waren. Die Lektüre dieser Werke war kein schockierendes Ausnahmeerlebnis, sondern eine unterhaltsame Abschweifung in die Regionen einer nicht mehr ganz 'wilden' Phantasie. Wie auch im Falle des Kolportageromans der Arbeiterschaft kann also von einer eskapistischen Tendenz dieser Romanliteratur gesprochen werden. Doch der Eskapismus hat hier eine andere Qualität. Er dient nicht der imaginären, kompensatorischen Selbsterhöhung des – mit oder ohne eigenes Verschulden – zu kurz Gekommenen, sondern der unterhaltsam-entlastenden Abschweifung in relativ befriedete Traumwelten. Der Eskapismus des Kleinbürgers ist deshalb im 19. Jahrhundert gelassener und kontrollierter, aggressionsloser und unverkrampfter als der des Arbeiters. In der Freizeit will man 'ein bisschen träumen', aber wenn 'die Pflicht ruft', ist man sofort wieder 'zur Stelle'.

Nichts kann diese Einhegung der Phantasie besser illustrieren als die Struktur desjenigen Mediums, durch das die meisten Angehörigen des Kleinbürgertums mit der Romanlektüre vertraut gemacht wurden. Denn noch erfolgreicher als die genannten englischen und französischen Romanautoren waren die Hausautoren der so genannten Familienblätter. Dabei handelte es sich um die edlere (und teurere) Variante der oben beschriebenen 'Penny-Presse' für die Arbeiterschaft. Nicht mehr die unmittelbare Bewältigung des Alltagslebens stand hier im Vordergrund, sondern die unterhaltsame Belehrung über 'allgemein' interessierende Fragen der Kultur und der Wissenschaft. Technische Erfindungen, das Leben bedeutender Künstler oder Wissenschaftler, seltene Tiere und ähnliche Themen waren demgemäß bevorzugte Gegenstände dieser Blätter, wobei ein populärwissenschaftliches Niveau anvisiert und von den Journalisten eine klare und verständliche Ausdrucksweise gefordert wurde. Die Boomzeit dieser Journale lag in den 1850er bis 1870er Jahren, aber einige dieser Blätter erschienen noch bis in die Mitte des 20. Jahrhunderts. Ihre politisch-religiöse Orientierung an der kleinbürgerlichen 'Mitte' implizierte den Verzicht auf jegliches Engagement für extreme Standpunkte. Harmonie und Beschaulichkeit sind zentrale Werte; die bürgerliche Familie gilt hier als Institution von zentraler Wichtigkeit, geradezu als Fundament oder Keimzelle des Staates. Die zahlreichen Illustrationen, die den Familienblättern ihr charakteristisches Erscheinungsbild verleihen, zeigen keine schockierenden oder provozierenden Szenen, sondern das Schöne und Vorbildhafte, oft in idyllisierendem, manchmal geradezu kindlich-verniedlichendem Darstellungsstil.

Literatur spielte in diesen bunten Blättern von den 1870er Jahren an eine
immer wichtigere Rolle, weil die belehrend-volksaufklärerischen Elemente im
Zeichen wachsender Konkurrenz durch die entstehende Massentagespresse
zugunsten der rein unterhaltenden Bestandteile zurückgedrängt wurden (vgl.
Obenaus 1987, S. 14-16). Und Literatur bedeutete hier in erster Linie Fortsetzungsromane. Woche für Woche brachte das abonnierte Familienblatt neue
Episoden dieser populären Romane ins kleinbürgerliche Wohnzimmer. Dort
waren es entsprechend dem oben geschilderten Geschlechterrollenkonzept der
kleinbürgerlichen Familie die Frauen, die das Gros der Leser stellten, während
die Männer überwiegend zu politischen Journalen und zum Sachbuch griffen.
Drei der erfolgreichsten Romanautoren seien hier kurz vorgestellt.

Zuerst sind dabei zwei Hausautoren der berühmten *Gartenlaube* zu nennen,
die von 1853 bis 1943 erschien und die es im Jahre 1875 auf die Rekordquote
von 382.000 Abonnenten, 1884 immerhin noch auf eine Auflage von 224.000
Exemplaren brachte. Bekanntester Krimiautor dieser Zeitschrift war der Jurist
und Schriftsteller Jodocus Donatus Hubertus Temme, von dem zwischen 1855
und 1868 nicht weniger als 34 Erzählungen in der *Gartenlaube* publiziert wurden. Temme wirkte anfangs als Direktor des Berliner Stadt- und Landgerichts,
später zeitweise als Professor in Zürich sowie als gewähltes Mitglied des preußischen Abgeordnetenhauses. Nachdem er 1851 aufgrund angeblicher Ver-
fehlungen seines Richteramtes enthoben worden war, betätigte er sich mit
großem Erfolg als freier Kriminalschriftsteller. Außer seinen Beiträgen in der
Gartenlaube veröffentlichte er mehr als 20 weitere Romane, deren wichtigste
Kennzeichen ihr alltagsnaher Sprachstil und ihre gesellschaftskritischen Untertöne sind, die freilich auf Stellungnahmen gegen die zeitgenössische Ge-
richtspraxis (in Preußen) beschränkt bleiben.

Nicht minder erfolgreich war Eugenie Marlitt [d. i. E. John], die der Gattung des 'Frauenromans' zum Durchbruch, der *Gartenlaube* zu rasanten
Steigerungen der Abonnentenquote und sich selbst zu beträchtlichem Reichtum verhalf. Ihr Frauenbild war allerdings dermaßen dem traditionellen Rol-
lenverständnis des Kleinbürgertums verpflichtet, dass sie noch in einer aktuellen, emanzipationsgeschichtlich orientierten Darstellung der *Deutschen Literatur von Frauen* (Brinker-Gabler 1988) nur zweimal ganz kurz Erwähnung
findet. Ihr vielleicht bekanntester, 1867 in der *Gartenlaube* veröffentlichter
Roman ist *Das Geheimnis der alten Mamsell*, eine Aschenbrödel-Geschichte
mit einem konventionellen happy ending, das dem geläuterten Medizinprofessor Johannes eine anfangs von ihm verkannte, großherzige Schöne zuführt.

Marlitts en passant eingestreute kritische Stellungnahmen gegen den Stan-
desdünkel des Adels waren zwar motivgeschichtlich alles andere als ein Novum, in der kleinbürgerlichen Leserschaft aber immer noch von Interesse.
Weshalb dies so ist, lässt sich besonders gut am Beispiel von Marlitts *Goldelse*
veranschaulichen. Der 1866 in der *Gartenlaube* publizierte Fortsetzungsroman

war der erste große Bestseller der Autorin. Er schildert die Entwicklung der schönen und tugendhaften Elisabeth Ferber, die in kleinbürgerlichen Verhältnissen aufwächst und die als Klavierlehrerin arbeiten muss, um das karge Familieneinkommen aufzubessern. Zu Beginn des zweiten Kapitels wird ihr Elternhaus gleichwohl als intaktes, gemütliches Idyll präsentiert:

> „Während des endlosen Weges durch krumme und gerade, dunkle und helle Straßen genoß Elisabeth schon im Geiste das Behagen, das sie beim Eintritt in das heimische Stübchen stets überkam. Da saß, von der kleinen Schirmlampe mild beleuchtet, der Vater am Schreibtische, lächelnd das blasse Gesicht erhebend, wenn er Elisabeths Schritte hörte. Er nahm die Feder, die den ganzen Nachmittag über das Papier geflogen war, in die linke Hand und zog mit der rechten seine heimkehrende Tochter zu sich nieder, um einen Kuß auf ihre Stirn zu drücken. Die Mutter, die, den Nähkorb zu ihren Füßen, gewöhnlich neben ihm saß, um den schwachen Lampenschimmer möglichst nahe zu haben, begrüßte sie mit einem zärtlichen Lächeln und zeigte auf Elisabeths Hausschuhe, welche sie vorsorglich in das warme Zimmer getragen hatte. Auf der heißen Ofenplatte zischten einige Aepfel, und drüben in der dunklen, behaglichen Ecke neben dem Ofen summte die kleine Theemaschine auf dem Sofatische, welche nebenbei mit ihrer schwachen, blauen Flamme eine ganze Kompanie Bleisoldaten zu beleuchten hatte, die der sechsjährige Ernst, Elisabeths einziges Brüderlein, exerzieren ließ."

(Marlitt 1866, S. 14)

Das im späten 18. Jahrhundert entwickelte Idealbild der intimisierten bürgerlichen Kernfamilie, das die für das feudalistische Zeitalter charakteristische Mustervorstellung vom 'ganzen Haus' verdrängt hatte, findet hier seinen reinsten Ausdruck. Und Marlitt lässt keinen Zweifel daran entstehen, dass aus diesem Milieu der wahre Adel des Herzens hervorgeht, der in den Augen ihres Publikums offenbar die wichtigste Voraussetzung für Glück und Erfolg darstellte. Bei ihrer Titelheldin lässt Marlitt die prägenden Kräfte der familiären Gemütskultur zu gesteigerter Wirkung gelangen, indem sie ihre gesamte Bildung in die Hände des pater familias legt:

> „Ferber unterrichtete seine Tochter selbst. Nie hatte sie eine Schule oder ein Institut besucht, ein Mangel, den man leider heutzutage in vielen Fällen einen Vorzug nennen möchte, wenn man bedenkt, daß manche junge Mädchen bei weitem erfahrener die Schule verlassen, als der sorgsamen Mutter lieb sein dürfte, die daheim die Reinheit der jungen Seele streng behütet und nicht ahnt, daß sie durch die täglich sich mehrenden räudigen Schafe im Schulzimmer Eindrücke empfängt, deren nachteilige Folgen sich in allen Phasen des späteren Lebens geltend machen. Elisabeths bildsamer Geist entfaltete sich herrlich unter der Leitung der selbst so reich begabten Eltern."

(Marlitt 1866, S. 13)

Es ist nicht nur die schichtspezifische Vorstellung von Zucht und Anstand, aus
der sich diese Kritik am öffentlichen Schulwesen speist. Vielmehr macht sich
auch jener für das Kleinbürgertum so charakteristische Antiintellektualismus
darin geltend, der die höhere geistige Bildung als anormale Abweichung vom
Ideal der Herzensbildung aufzufassen und zu diskreditieren erlaubt. Marlitts
Protagonistin entwickelt sich jedenfalls unter den Händen ihrer Eltern in emotionaler, sozialer und moralischer Hinsicht zu einer Musterheldin, die sich nur
deshalb am Ende eine goldene Nase verdient, weil sie ein Herz aus Gold besitzt. Dem zudringlichen Werben des standesbewussten Herrn von Hollfeld
widersteht sie auch dann noch, als sich überraschend herausstellt, dass sie
selbst von adeliger Herkunft ist. Um sich der Verbindung mit dem ungeliebten
Hollfeld zu entziehen, verzichtet sie demonstrativ auf die Wiedereinsetzung in
ihre Geburtsrechte. Aber gerade dadurch sichert sie sich ihr Lebensglück an
der Seite ihres schon gereiften Verehrers Rudolf von Walde, der nicht wegen
seines Titels und seines Vermögens geliebt werden will und der vielmehr auf
der Suche ist nach einem „Wesen im Besitze eines reichen und reinen Herzens,
das kein Verständnis habe für die Vorteile des Ranges und Reichtums und sich
ihm, nur ihm ohne jedwede Nebenrücksicht, hingeben würde..." (Marlitt 1866,
S. 317). Damit kann niemand besser dienen als Elisabeth; einer ehelichen
Verbindung dieser beiden Adeligen, die lieber Kleinbürger sein wollen, steht
nichts mehr im Wege.

Die detaillierte Ausmalung des happy ending gehört zu den obligatorischen
Elementen des Familienblattromans. Auch Marlitts *Goldelse* endet demgemäß
mit einem märchenartigen Abschlusskapitel, in dem die schichtenspezifische
Vorstellung vom wahren Lebensglück in allen Einzelheiten entfaltet wird. Die
Erlangung einer höheren geistigen Bildung, die Gewinnung tiefgründiger
Selbst- und Welterkenntnis oder ähnliche Ideale, die im anspruchsvollen Bil-
dungsroman eine zentrale Rolle spielen, sind hierbei selbstverständlich ohne
Belang und finden keine Erwähnung. Glück bedeutet hier vielmehr in erster
Linie materielle Sicherheit und emotionale Geborgenheit in den sicheren
Grenzen eines von der gesellschaftlichen Wirklichkeit inselartig abgegrenzten
Familiensitzes:

„Will der Leser einen Zeitraum von zwei Jahren überspringen und noch einmal an
unserer Hand die Gnadecker Ruinen betreten, so führen wir ihn auf den Windungen
einer breiten, schönen Fahrstraße den Berg hinauf vor das Schloßthor, das, neu an-
gestrichen, seine rostigen Schlösser und Bänder mit neuem Eisenwerke vertauscht
hat.
Wir gedenken fröstelnd des kalten, feuchten Hofraumes hinter diesem Hauptthore,
den düstere Kolonnaden an drei Seiten einschließen, während die oberen Stock-
werke die mörderische Absicht zeigen, auf uns herabzustürzen. Wir erinnern uns
des einsamen Wasserbeckens inmitten des Hofes, das, von den steinernen Löwen
beherrscht, seit vielen Jahren vergebens auf die silberhellen Fluten hofft, die sein
Mund ausfüllen sollen.

Mit diesen Vorstellungen läuten wir. Auf den tiefen Klang der Glocke öffnet alsbald eine frische, kräftige Magd den schweren Thorflügel und bittet uns, einzutreten. Wir aber weichen wie geblendet zurück, denn aus der Thüröffnung quillt uns ein Licht- und Farbenstrom entgegen. Die Ruinen sind verschwunden, nur die hohe, eisenfeste Ringmauer steht noch und läßt jetzt erst recht erkennen, wie ausgedehnt der Raum ist, den sie umschließt.
Wir treten nicht auf das hallende Steinpflaster des Hofes, unter dem Fuße weicht hoch aufgeschichteter Kies. Vor uns dehnt sich eine prächtige, wohlgepflegte Rasenfläche. In ihrer Mitte ruht die ungeheure Granitschale, und aus den dräuenden Löwenrachen rauschen vier gewaltige Wasserstrahlen. Die Kastanien stehen noch als treue Wächter um das Bassin, aber seit sie ihre Wipfel in dem freien, frischen Luftstrome baden, haben sie sich erholt und sind in diesem Augenblicke mit zahllosen weißen Blütenkerzen besteckt."

(Marlitt 1866, S. 333f.)

Die Renovierung der Gebäude und das Aufleben der Natur symbolisieren in einem elementaren Sinne Wachstum und Vitalität. Darüber hinaus artikuliert Marlitts Architekturbeschreibung aber auch in potenzierter Form die für das Kleinbürgertum so charakteristische Eigenheimideologie, derzufolge die eigene Scholle und der eigene Herd jenen archimedischen Punkt bilden, um den herum sich die Familie anlagert wie ein Kristall um seinen Kern (vgl. Bourdieu u. a. 1998). Die den Familiensitz umschließende 'eisenfeste Ringmauer' wird hier in der kleinbürgerlichen Unterhaltungsliteratur nicht als horizontverengende Gefängnismauer aufgefasst, sondern als Schutzwall, der das Innere vom Äußeren, das Eigene vom Fremden, das Private vom Öffentlichen zuverlässig abtrennt. Die Löwenfiguren des Brunnens veranschaulichen den Anspruch der Eigentümer, innerhalb des Hofgeviers die unumschränkte Herrschaft auszuüben und die Familiensphäre gleichsam als exterritoriales Gebiet zu definieren, in dem nur die schichtspezifische Werteordnung regiert.

Das Ideal der verschärften Sesshaftigkeit war im bürgerlichen Zeitalter ein genuiner, distinktionsträchtiger Bestandteil der kleinbürgerlichen Mentalität. Insofern und insoweit es in dieser Schicht – wenn auch oft nur in sparsamer Version – gelebte Wirklichkeit wurde, erlaubte es eine sinnfällige Abgrenzung von der vermögenslosen Arbeiterschaft, deren Wohnsituation, wie oben gezeigt wurde, von Enge, Unfreiheit und erzwungener Dauermobilität geprägt blieb. Und auch nach 'oben' hin, also gegenüber den gesellschaftlichen Eliten des Besitz- und des Bildungsbürgertums, fungierte der demonstrative Immobilismus des Kleinbürgertums als Status- und Distinktionsmerkmal. Denn die materielle Sicherheit verbindet sich in jenen Schichten, wie noch genauer zu erläutern sein wird, mit einem programmatischen Liberalismus, Kosmopolitismus und Neuigkeitsdrang, der das Kleben an der eigenen Scholle als zu eng und beschränkt erscheinen ließ. Man verteilt seine Neigung deshalb auf mehrere Wohnsitze und wechselt auch häufiger (freiwillig) den Wohnort. Die sicheren Mauern, hinter denen Marlitt am Ende ihres Romans die Titelheldin mit

ihrer Familie verschließt, sind demgegenüber als Heimat für alle Ewigkeiten
konzipiert: Elisabeths Eltern wohnen in einem Nebengebäude des Schlosses,
ein gerade geborener Stammhalter strampelt in der Wiege, und Elisabeth selbst
lebt „hingebend an der Seite des ernsten, gereiften Mannes" und ist dabei
„glücklich in des Wortes höchster Bedeutung" (Marlitt 1866, S. 335). Die zu
dieser Zeit schon in reicher Zahl vorhandenen, engagiert für die Emanzipation
der Frau eintretenden Romane einer Louise Aston, einer Klara Mundt oder
einer Fanny Lewald haben bei der Leserschaft der Familienblätter offenbar
kein Gehör gefunden und keine Wirkung gezeigt.

Neben dem Kriminalroman und dem Frauenroman war der Abenteuer- und
Reiseroman das bedeutendste Genre der Familienblattliteratur. Sein bekanntester Exponent war der Schriftsteller Friedrich Gerstäcker, dessen abenteuerliches Leben Stoff genug für seine spannenden Reiseerzählungen bot, die außer
in der *Gartenlaube* u. a. auch in der Zeitschrift *Daheim* publiziert wurden, die
von 1864 bis 1944 erschien und 1867 eine Quote von wöchentlich 35.000
Abonnenten erreichte. Von 1837 bis 1843 hatte Gerstäcker in Nordamerika
gelebt, wo er sich in den verschiedensten Berufen umgesehen hatte. 1849 unternahm er eine große Weltreise, 1860/61 eine Südamerikafahrt, 1862 eine
Ägyptenreise und 1867/68 eine große Fahrt durch Nord- und Südamerika. Mit
Werken wie *Die Regulatoren in Arkansas* (1846), *Die Flußpiraten des Missis-
sippi* (1847), *Unter dem Äquator* (1861) oder *Im Busch* (1864) machte sich
Gerstäcker im In- und Ausland einen Namen als Spezialist für farbenprächtige,
spannungsreiche und realitätsnahe Schilderungen aus fernen Ländern. Mentalitätsgeschichtlich von besonderem Interesse ist der Umstand, dass Gerstäcker
das Amerikabild vieler Auswanderer geprägt zu haben scheint, die – wie oben
beschrieben – zwischen 1846 und 1893 Deutschland verließen und sich in den
Vereinigten Staaten von Amerika ansiedelten. Man könnte darin eine naive
Verwechslung von Fiktion und Wirklichkeit erkennen, aber auch an die entge-
gengesetzte Möglichkeit einer hoch entwickelten Fiktionserkennungskompe-
tenz muss gedacht werden. Gerstäckers Leser waren teilweise vielleicht in der
Lage, realitätsnahe Hintergrundschilderungen und erfundene Erzählhandlun-
gen auseinander zu halten. Im handfest denkenden Kleinbürgertum dürfte
diese Fähigkeit allerdings verbreiteter gewesen sein als in der ungebildeteren,
zu den unkontrollierteren Formen des Eskapismus neigenden Arbeiterschaft.
Im übrigen kann Gerstäcker attestiert werden, kein allzu rosiges Bild von den
Zuständen im Land der unbegrenzten Möglichkeiten gezeichnet zu haben.

Wenden wir uns nun der Dramenkunst zu, so treten wiederum die Unterschiede zwischen Arbeiterschaft und Kleinbürgertum deutlich zutage. Es liegt
zunächst an ihren günstigeren Einkommensverhältnissen, wenn wir unter dem
Publikum der vielen Volksstücke, Vaudevilles und Operetten des
19. Jahrhunderts vor allem Kleinbürger, aber nur einen unterproportionalen
Anteil an Industrie- und Landarbeitern finden. Dabei ist es vielleicht nicht

unangebracht, anhand einer simplen Modellrechnung den Begriff 'unterpro-
portional' hier noch einmal zu veranschaulichen und auf einige Grundlagen
der Interpretation statistischer Berechnungen hinzuweisen, die meiner Zuordnung von bestimmten Gattungen zu bestimmten Schichten zugrunde liegen.

Da es im bürgerlichen Zeitalter etwa achtmal so viele Arbeiter wie Kleinbürger gibt, sind die Kleinbürger z. B. um den Faktor 4 *über*repräsentiert,
wenn bei jeder Aufführung im Durchschnitt *halb* so viele Kleinbürger wie
Arbeiter sitzen. Besteht das Publikum zur Hälfte aus Arbeitern und zur Hälfte
aus Kleinbürgern, sind letztere sogar um den Faktor 8 überrepräsentiert. Anders gesagt: Ein Kleinbürger geht dann pro Jahr im Durchschnitt achtmal so
oft ins Theater wie ein Arbeiter. Selbst wenn z. B. in jeder Operettenauffüh-
rung *doppelt* so viele Arbeiter wie Kleinbürger gesessen hätten, wäre die Operette eine für Kleinbürger sehr typische und für Arbeiter sehr untypische Gattung gewesen. Eintrittspreise, Bekleidungskonventionen, Bildungsvoraussetzungen oder Inszenierungsstile wären dann als eine Art Filtervorrichtung anzusehen, die dafür sorgt, dass Kleinbürger besonders häufig und Arbeiter besonders selten in die Operette gehen. Diese simplen Zusammenhänge werden
überraschend häufig ignoriert. Bei einer institutions- und funktionsgeschichtlich orientierten Darstellung wie der vorliegenden müssen sie unbedingt beachtet werden. Die einzelnen Gattungen werden hier denjenigen Gesellschaftsschichten zugeordnet, die unter den Rezipienten stark überrepräsentiert waren.

Ein solcher Hinweis ist umso notwendiger, umso mehr diese Darstellung
sich der Gegenwart nähert. Denn mit der sozialen Mobilität stieg allmählich
auch die Variationsbreite der individuellen kulturellen Praktiken an. War es für
den Landarbeiter des feudalistischen Zeitalters nahezu ein Ding der Unmöglichkeit, sich Zugang zu einer (Hof-)Theateraufführung zu verschaffen, so war
dies im 19. Jahrhundert 'nur noch' eine Frage des Geldes und der Bildungsvoraussetzungen. Das Publikum wurde bunter, die Rezeptionsanalyse schwieriger. Aber dies sollte nicht dazu verleiten, demokratisches Wunschbild und
soziale Realität zu verwechseln. Das Theaterpublikum des 19. Jahrhunderts
war noch immer eine relativ geschlossene Gesellschaft (vgl. Hein 1989, S. 119
u. 228f.).

Zwischen vier verschiedenen Formen des Theaters muss im
19. Jahrhundert unterschieden werden. Erstens gab es die Stadttheater, von
denen 1913/14 insgesamt 132 existierten. Sie spielten fast nie kanonische,
anspruchsvolle Werke, sondern in aller Regel populäre Lustspiele und Rühr-
stücke (s. Brauneck 1999, S. 73-75 u. 625). Zweitens gab es die Privattheater,
von denen im selben Jahr 116 Institute existierten. Viele davon waren allerdings erst nach Einführung der Theatergewerbefreiheit im Jahre 1869 gegründet worden; ihr Repertoire folgte kommerziellen Erwägungen und war in aller
Regel noch anspruchsloser als das der städtischen Bühnen (s. ebd., S. 44, 625
u. 644f.). Drittens schließlich gab es noch immer die im feudalistischen Zeit-

alter gegründeten Hoftheater, 1913/14 noch 19 an der Zahl (ebd., S. 625-630). Sie besaßen bis 1869 das Privileg zur Klassikeraufführung und pflegten einen eher kargen und prüden Inszenierungsstil, der nur ein kleines Publikumssegment erreichte. Die für das höfische Theater im feudalistischen Zeitalter so charakteristischen Prunkinszenierungen konnten aus finanziellen Gründen nicht mehr realisiert werden; das Hoftheater hatte sich verbürgerlicht (vgl. ebd., S. 16). Zu erwähnen sind viertens noch die ca. 200 Saisontheater und Wanderbühnen, die für ein entsprechendes Angebot auch an entlegeneren Orten sorgten.

Unterstellt man mit Brauneck, dass um 1840 jeden Tag etwa 40.000 Theaterbesucher in ganz Deutschland gezählt wurden (ebd., S. 16), so bedeutet dies, dass in diesem Jahr mindestens die Hälfte aller Deutschen keine einzige Theateraufführung besucht hat. Wegen des Stammpublikums liegt diese Quote de facto natürlich weit höher. Gleichwohl können wir von einem ausgesprochenen Theaterboom sprechen, da sich die Anzahl der Spielstätten im Verlauf des bürgerlichen Zeitalters ungefähr verdreifachte. Im europäischen Vergleich war diese Entwicklung geradezu musterhaft (vgl. ebd., S. 625).

Die große Masse des (überrepräsentierten kleinbürgerlichen) Publikums besuchte also die kommunalen und die privaten Theater, wo keine Klassiker, sondern 'Volksstücke', Lokalpossen, Zauberstücke, Singspiele, Varietés, Vaudevilles u. dgl. auf dem Spielplan standen. Der Übergang zur Revue, zum Ballettspektakel oder zur Zirkusnummer konnte hierbei manchmal fließend sein. Tanz und Gesang, Überraschungseffekte, bunte Kostüme und zündende Scherze spielten eine wichtige Rolle. Die meistgespielten Bühnenautoren des 19. Jahrhunderts waren August Wilhelm Iffland und August von Kotzebue (s. Brauneck 1999, S. 74). Jeweils ein Beispieltext beider Autoren sei hier kurz vorgestellt.

Iffland, ein Allroundtalent der Bühne, war an ambitionierten Projekten durchaus nicht uninteressiert. Als Schauspieler in Mannheim und seit 1796 als Theaterdirektor in Berlin machte er sich u. a. um die Aufführung Schillers und Shakespeares verdient, wobei er einen 'realistisch'-natürlichen Schauspielstil kultivierte. Seine Hauptleistung liegt jedoch in der Schaffung bühnenwirksamer Dramen, die ein ungebildeteres, kleinbürgerliches Publikum faszinieren und an das Theater heranführen konnten. Er verfasste mehr als fünf Dutzend Stücke, deren bekanntestes den Titel *Die Jäger. Ein ländliches Sittengemälde* trägt und bereits 1785 uraufgeführt wurde. Darin geht es um den Förstersohn Anton, der gegen den Willen seiner ehrgeizigen Mutter und trotz der Intrigen eines korrupten adeligen Amtmannes schließlich seine einfache, aber herzensgute Kusine Friederike zum Altar führt. Der Adel des Herzens kann sich also gegen den Adel des Geldes und den Adel der Geburt erfolgreich behaupten. Das natürliche menschliche Empfinden triumphiert über wirtschaftliches Kalkül und skrupellose Machtstrategien. Zur Zeit der Entstehung des Werkes war diese simple Botschaft durchaus originell. Wir können sie in ganz vergleichbarer Form in den bekannten bürgerlichen Trauerspielen Lessings (*Miss Sara Sampson*; 1755) und Schillers (*Kabale und Liebe*; 1784) wiederfinden. Während Lessing und Schiller (nicht anders als Goethe) jedoch von den Bühnendirektoren des 19. Jahrhunderts als Saalfeger gemieden und nur höchst selten auf den Spielplan gesetzt wurden (s. Brauneck 1999, S. 73-75), blieb Iffland im Repertoire und war auf allen großen Bühnen präsent. Das hängt mit dem Umstand zusammen, dass seine Stücke alltagssprachlicher, anspielungsärmer, emotionalisierter und 'affirmativer' sind als die komplexen und schwerverständlichen Werke der Klassiker, die erst im 20. Jahrhundert aufgrund einer merklichen Steigerung des durchschnittlichen Bildungsniveaus zu stärkerer Bühnenpräsenz gelangten.

Noch erfolgreicher als Iffland war August von Kotzebue, dessen abenteuerliches Leben in Weimar, Petersburg, Estland, Paris, Wien und Königsberg ihm u. a. eine Haftstrafe in Sibirien eintrug und zuletzt mit der Ermordung durch einen deutschen Burschenschafter endete, der ihn der Spionage für Russland verdächtigte. Neben zahlreichen Prosawerken verfasste er mehr als 200 Theaterstücke, die ihn im 19. Jahrhundert zum meistgespielten Dramatiker nicht nur Deutschlands, sondern ganz Europas machten!

Neben seinem *Rehbock* (1815), der Vorlage zu Lortzings Oper *Der Wildschütz* (1842), gilt Kotzebues Lustspiel *Die deutschen Kleinstädter* (1802) als sein wichtigstes Drama. Darin geht es um Sabine, die Tochter des Bürgermeisters von Krähwinkel, die sich mit dem lächerlichen Inspektorssubstituten Sperling verloben soll, obwohl sie den redlich-natürlichen Olmers liebt. Nach diversen Verwicklungen kommt es doch noch zur Liebesheirat, als sich der eigentlich bescheidene Olmers als Geheimer Kommissionsrat vorstellt und damit die prestige- und titelversessene Großmutter der Braut auf seine Seite bringt. Das stark auf Situationskomik setzende Stück attackiert das Titularwesen des feudalistischen Zeitalters und damit die ständische Gesellschaftsordnung, deren Nachklänge noch das ganze 19. Jahrhundert hindurch zu vernehmen waren. Bezeichnender Weise hatte das Titularwesen erst gegen Ende des feudalistischen Zeitalters, vom 16. bis zum 18. Jahrhundert, seine größte Verbreitung erlangt. Es sicherte den Angehörigen der einzelnen Geburts- und Berufsstände eine spezifische, nur ihnen gebührende Anrede, die ihre Position im sozialen Raum explizit verdeutlichen sollte. Dies wurde umso wichtiger, umso stärker die Wachstumsdynamik des Frühkapitalismus die Struktur dieses sozialen Raumes in Frage stellte und zu transformieren begann:

„Wie intensiv das Titelwesen vom 16. Jahrhundert an zunahm, zeigt eine Untersuchung der Anreden in den Kirchenmatrikeln beispielsweise von Frankfurt: Während um die Mitte des 16. Jahrhunderts ein Schöffe der Stadt nur mit 'ehrenhaft' angesprochen wurde, nannte er sich zu Ende des 17. Jahrhunderts 'hochedelgeboren'; bezeichnete sich der Rat um die Mitte des 16. Jahrhunderts noch als 'ehrsam', so ließen sich die Ratsherren zu Ende des 17. Jahrhunderts mit 'ehrenvest' und 'wohlweise' anreden. Fehlte dem Prediger um die Mitte des 16. Jahrhunderts noch jeder Titel, so nannte der Theologe sich zu Ende des 17. Jahrhunderts 'weise und ehrwürdig, gestreng und hochgelehrt'. Während die unteren Stände auf Anreden verzichten mußten, kam es im Laufe der Zeit zu einer beträchtlichen Ausweitung der Titulaturen, die zum Gespött mancher kritischer Zeitgenossen wurde, auch wenn sie keineswegs grundsätzlich gegen ehrende Anreden waren. Stieler schrieb 1673: 'Es wird noch endlich der Bauer auch Edel genennet werden müssen, weil man sich nicht entblödet, ihren Söhnen, Nachbarn und Handwerkern, den Titel Wohledel mitzuteilen. Fürsten und Herren machen Kleider- und Speiseordnungen, die Titel-Ordnung wäre ja so nöhtig, als jene eine nimmermehr: Denn, wenn ein Narr und Schmeichler dem andern mit Edel und Vest streichelt, so recket er den Swanz seiner Einbildung in die Höhe und vermeynet, er sey schon was großes worden. ' Jeder, nicht nur der Adelige, sondern auch der Handwerker, versuchte den Unterschied zum anderen auch mit Anreden und Titeln deutlich zu machen und mehr zu scheinen, als er war, weil dieses 'Scheinen' auch mehr bedeutete als das 'Sein'. Wenngleich erstmals die Aufklärung zu Ende des 18. Jahrhunderts diese 'ständischen' Eitelkeiten angriff, und es zusehends Mode wurde, darauf zu verzichten, hatte sich in der höfischen Welt, vor allem in den Reichsstädten, noch lange dieser ständische Distinktionswille erhalten."

(van Dülmen 1992, S. 193)

Kotzebues Lustspiel greift also ein damals noch aktuelles Thema auf, wenn es auf satirische Weise die Titelmanie der Zeitgenossen thematisiert. In der zweiten Szene des vierten Aktes klärt die sympathisch gezeichnete Sabine ihren in dieser Hinsicht ganz unbedarften und unkonventionellen Liebhaber Karl Olmers über das entscheidende Hindernis auf, das ihrer Verbindung entgegensteht:

„Olmers. Um Ihren Besitz wag ich das Schwerste.
Sabine. Mit alledem werden Sie doch noch nicht zum Ziele gelangen. Es fehlt Ihnen noch ein Haupterfordernis.
Olmers. Das wäre?
Sabine. Ein Titel, lieber Freund, ein Titel! Ohne Titel kommen sie in Krähwinkel nicht fort. Ein Stück geprägtes Leder gilt hier mehr als ungeprägtes Gold. Ein Titel ist hier die Handhabe des Menschen, ohne Titel weiß man gar nicht, wie man ihn anfassen soll. Hier wird nicht gefragt: Hat er Kenntnisse? Verdienste? sondern: wie tituliert man ihn? Wer nicht zwölf bis fünfzehn Silben vor seinen Namen setzen kann, der darf nicht mitreden, wenn er es auch zehnmal besser verstünde. Die Titel nehmen wir mit zu Bette und zu Grabe, ja, wir nähren die leise Hoffnung, dass einst an jenem Tage noch manches Titelchen aus der letzten Posaune erschallen werde. Kurz, mein schöner Herr, ohne Titel bekommen Sie mich nicht. Meine Großmutter wird es nimmermehr zugeben, daß der Prediger beim feierlichen Aufgebot nichts weiter zu sagen habe solle, als: der Bräutigam ist Herr Karl Olmers."

(Kotzebue 1802, S. 65)

Dass diese Warnungen Sabines ihre Berechtigung haben, wird den Zuschauern besonders in der dreizehnten Szene des ersten Aktes verdeutlicht, in der Frau Staar, Sabines Großmutter, mit ihren zwei Muhmen darüber beratschlagt, wer zur Begrüßung des gerade in der Stadt eingetroffenen, mit einem Empfehlungsschreiben des Ministers versehenen Olmers hinzugebeten werden soll:

„Frau Staar. Nun wünscht' ich aber doch den fremden Herrn mit den Honoratioren unserer Stadt bekannt zu machen. Da hab ich mir denn nun Ihren guten Rat erbitten wollen, wer etwa noch einzuladen wäre?
Frau Brendel *(nachdenkend)*. Je nun, ich dächte –
Frau Morgenrot. Sie könnten etwa –
Frau Brendel. Den Herrn Geleits- und Landakziskommissarius Kropf –
Frau Staar. Nein, Frau Muhme, der hat neulich an seiner Mutter Geburtstage einen Schmaus gegeben und hat uns nicht dazugebeten.
Frau Brendel. Ah so!
Frau Morgenrot. Etwa den Herrn Supernumerarius-Rentkammerschreiber Wittmann?
Frau Brendel. Nein, Frau Muhme, mein seliger Mann hatte einen Prozeß mit seinem Schwiegervater wegen einer Dachrinne.
Frau Morgenrot. Ah, das ist ein andres.
Frau Staar. Ich denke den Herrn Generalpostgüterbeschauer Holbein?
Frau Morgenrot. Um Gottes willen nicht, Frau Muhme! der hat eine unausstehliche Frau! fast alle Sonntage ein neues Kleid. Das rauscht an den Kirchenstühlen vorüber –
Frau Brendel. Das trägt die Nase so hoch –
Frau Morgenrot. Und man kennt sie doch noch recht gut –
Frau Brendel. Jawohl, wie sie das graue Leibchen mit der grünen Schürze trug.
Frau Morgenrot. Man munkelt auch allerlei, woher sie es nimmt.
Frau Brendel. Nein, da möcht' ich lieber den Herrn Kreistrank-, Schock- und Quatembersteuer-, auch Imposteinnehmer Runkel vorschlagen.
Frau Staar. Mit dem bleiben Sie mir vom Leibe, Frau Muhme; der ist ein Grobian! Glauben Sie wohl, daß er uns ordentlich besucht hat? Der Naseweis! eine Karte hat er abgegeben, eine Visitenkarte. – Eher könnte man den Herrn Floßstrafbefehlshaber Weidenbaum bitten."

(Kotzebue 1802, S. 22f.)

Die komische Wirkung dieser Szene resultiert nicht zuletzt aus der Entlarvung jener niedrigen Gesinnungen, die den Kleinstadtklatsch zu einem wichtigen Instrument in den Auseinandersetzungen über die gesellschaftliche Rangordnung machen. Nicht ihr eigentliches Verdienst, sondern Zufälle und Äußerlichkeiten entscheiden hier über die Zugehörigkeit einer Person zu den Honoratioren der Stadt. Und darüber hinaus nutzt Kotzebue die Gelegenheit, um unter Rekurs auf den misogynischen Topos der weiblichen Klatschsucht und Kleingeistigkeit auch noch den traditionsreichen Figurentypus der schwatzhaften Alten auf die Bühne zu bringen und dem Gespött des Publikums auszusetzen. Den stärksten humoristischen Effekt dürfte Kotzebue aber in dieser

Szene mit den fünf ellenlangen Phantasietiteln erzielt haben, die den Schauspielerinnen eine beträchtliche Zungenfertigkeit abverlangen und die gewiss
auch zur Parallelschöpfung anreizen sollen. Die ganze Lächerlichkeit des Ti-
tularwesens tritt offen zutage, wenn die geradezu titelversessene Großmutter
Sabines von ihrem Sohn, der hier kurz 'Bürgermeister' genannt wird, in der
letzten Szene des Stückes mitgeteilt bekommt, dass Olmers auch einen Titel
besitzt. Obwohl sie sich noch kurz zuvor im Familienrat vehement gegen diese
Verbindung ausgesprochen hat, ändert sie nun schlagartig ihre Meinung:

„Bürgermeister. Herr Olmers will Sabinchen heiraten, und Sabinchen will ihn.
Frau Staar. Und deshalb vexiert man mich aus dem Bette? Hab ich denn nicht
meine Meinung schon rund und deutlich an den Tag gelegt? Nein, daraus wird
nichts.
Herr Staar. Aber es hat sich allerlei zugetragen –
Frau Staar. Was kümmert's mich?
Bürgermeister. Der Herr kann uns aus einer großen Verlegenheit helfen.
Frau Staar. Gleichviel.
Herr Staar. Das Mädchen hat mit ihm hinter dem Laternenpfahl gesteckt.
Frau Staar. Desto schlimmer.
Bürgermeister. Sie bekömmt nun doch keinen Mann.
Frau Staar. So mag sie als eine ehrsame Jungfrau sterben.
Bürgermeister. Der Herr hat Geld.
Frau Staar. Ist Numero 2.
Herr Staar. Und Verdienste –
Frau Staar. Ist Numero 3.
Bürgermeister. Er hat auch einen feinen Titel.
Frau Staar. Einen Titel? wie? was hat er denn für einen Titel?
Olmers *(zieht sein Taschenbuch hervor)*. Wenn die Frau Untersteuereinnehmerin
die Güte haben wollen, einen Blick auf dieses Papier zu werfen, so schmeichle ich
mir, die Frau Untersteuereinnehmerin werden, nach den bekannten edlen Gesin-
nungen, welche die ganze Welt an der Frau Untersteuereinnehmerin rühmt –
Frau Staar *(besänftigt)*. Nun, nun, der Herr ist ein höflicher Herr, das muß man
ihm lassen. Was ist es denn für ein Titelchen?
Olmers. Geheimde Kommissionsrat.
Frau Staar *(erstaunt)*. Rat!
Herr Staar *(ebenso)*. Kommissionsrat!
Bürgermeister *(ebenso)*. Geheimde Kommissionsrat!
Frau Staar. Ei, ei, das verändert allerdings die Sache. Etwas *Geheimes* haben wir
in unserer Familie noch nicht gehabt. Ja, wenn dem so ist, und der Herr Geheimde
Kommissionsrat unserm Hause die Ehre erzeigen wollen –
Olmers. Mein Glück ruht ganz in den Händen der Frau Untersteuereinnehmerin.
Frau Staar. Der Herr Geheimde Kommissionsrat dürfen auf mich zählen.
Olmers. Die Frau Untersteuereinnehmerin sind die Güte selbst.
Frau Staar. Und der Herr Geheimde Kommissionsrat ein Muster von guter Le-
bensart."

(Kotzebue 1802, S. 78f.)

Dass Olmers am Ende des Stückes nicht davor zurückschreckt, seinen bis dahin an den Tag gelegten Nonkonformismus aufzugeben, um mit Hilfe seines Titels Sabines Großmutter (und durch den Hinweis auf sein Vermögen und seine guten Beziehungen auch ihren Vater) zur Einwilligung in die Heirat zu bewegen, unterscheidet ihn von den in dieser Hinsicht konsequenteren und gesinnungstreueren Positivhelden der zeitgenössischen Höhenkammliteratur (Clavigo, Tasso, Max Piccolomini usw.). Natürlichkeit paart sich hier bei Kotzebue mit Pragmatismus und Cleverness, ohne dass dies als problematisch oder gar als verwerflich dargestellt würde. Für ein perfektes happy ending bedarf es in der von ihm anvisierten Zuschauerschaft keines kompromisslosen Tugendrigorismus, sondern nur jener praktikablen, durchschnittlichen Sittsamkeit, die – psychologisch gesprochen – den Vorrang des Realitätsprinzips gegenüber dem Lustprinzip ausmacht. In Kotzebues Lustspiel dient die siebte Szene des vierten Aktes, in der die Liebenden alleine sind, der Veranschaulichung dieses 'mittleren' Tugendideals:

> „Olmers. Endlich sind sie fort!
> Sabine. Aber nun müssen auch wir hinein.
> Olmers. Nicht doch, der Abend ist so schön, so lau. Noch ein Spaziergang vor das Tor.
> Sabine. Sind Sie toll? warum nicht lieber gar in Ihren Steinbruch?
> Olmers. Oder doch durch die Straßen.
> Sabine. Ebensowenig. Da sieht man, was ein Mädchen wagt, wenn es nur einen Fingerbreit vom Wohlstande weicht. Weil ich vor die Haustür mich locken ließ, so meint der Herr nun gleich, er dürfe mit mir lustwandeln in die weite Welt.
> Olmers. Ein harmloser Spaziergang –
> Sabine. Ein fröhlicher Gang durchs Leben an Ihrer Hand, aber kein solcher Spaziergang vor der Hochzeit. Drum gute Nacht. Morgen rücken Sie nur fein früh mit dem Titel heraus und befolgen meine übrigen Vorschriften pünktlich.
> Olmers. Gute Nacht, treffliches Mädchen! Ein Kuß wird mir doch nicht verweigert?
> Sabine. Ein Händedruck ist schon mehr als zuviel. Gute Nacht. –"

(Kotzebue 1802, S. 68f.)

Der bei Lessing, Lenz und Schiller zum existenziellen Problem werdende Konflikt zwischen Vernunft und Leidenschaften wird von Sabine in lebenspraktischer, handfester Weise gelöst. Es bleibt offen, ob sie die Maximen der bürgerlichen Sexualmoral völlig verinnerlicht hat oder ob sie die sexuelle Verweigerung als Mittel einsetzt, um ihren nonkonformistischen Liebhaber zur Instrumentalisierung seines Amtstitels zu zwingen. So oder so bleibt das psychologische Konfliktpotential dieser Szene dramatisch unausgeschöpft; auch im Falle der weiblichen Hauptfigur dominieren Pragmatismus und Cleverness über den Tugendrigorismus etwa des bürgerlichen Trauerspiels, wobei wiederum der Aspekt der Natürlichkeit hinzutritt, der die Grenzlinie zum kalten

Egoismus bildet. Während Sabine und Karl Olmers für den 'gesunden' Men-
schenverstand und ein 'natürliches' menschliches Verhalten und Empfinden
im Sinne der kleinbürgerlichen Normalitätsvorstellung einstehen, verkörpern
die restlichen, allesamt stark typisierten und satirisch überzeichneten Figuren
eine krasse materialistische Selbstsucht, die gemäß den zünftisch geprägten
Wertvorstellungen der Handwerker und Kaufleute durchaus nicht mit dem
Ideal der Ehrbarkeit und mit dem Postulat der christlichen Barmherzigkeit
vereinbar ist. Das wird schon in der achten Szene des ersten Aktes deutlich, in
der Kotzebue sein ganzes satirisches Talent aufbietet, um den groben materialistischen Egoismus von Sabines Vater bloßzustellen:

> „Magd. Da bringt eben ein Bauer einen Brief. Der Herr, der ihn schickt, liegt drau-
> ßen im Steinbruch und flucht. Er hat den Wagen zerbrochen, und ich glaube auch
> ein Bein.
> Bürgermeister. Seit ich Bürgermeister, auch Oberältester bin, ist, Gott sei Dank,
> noch in jeder Woche auf unserer Straße ein Reisender umgeworfen worden.
> Frau Staar. Warum läßt denn aber ein Hochedler Rat die Wege nicht reparieren?
> Bürgermeister. Was soll denn aus unsern Schmieden und Sattlern werden, die
> vom Umwerfen leben müssen? Das ist alles berechnet.
> Sabine. Aber, lieber Vater, die Reisenden klagen gewaltig. Sie müssen obendrein
> noch Chausseegeld bezahlen.
> Bürgermeister. Laß sie klagen und zahlen. Was wollen die Reisenden reden,
> wenn *wir* uns sogar gefallen lassen, dass das Pflaster unserer guten Stadt Krähwin-
> kel noch weit schlechter ist als die Landstraße?
> Sabine. Trotz des Pflastergeldes.
> Bürgermeister. Eben deswegen. Wir brechen hier auch die Beine und murren
> nicht."

(Kotzebue 1802, S. 13f.)

Mit Lessings Emilia oder Schillers Thekla kann sich Kotzebues Sabine in
puncto Zartgefühl und Skrupelhaftigkeit nicht messen, doch sie besetzt, wie
diese Szene verdeutlicht, keineswegs die Gegenposition, sondern jene moralische Mitte zwischen Egoismus und Altruismus, die nach den Vorstellungen
des kleinbürgerlichen Theaterpublikums als lebbar und 'normal' erscheinen
musste und deren Verständnis keine höheren Geistesanstrengungen oder gar
ein Umdenken erforderte.

Auch hier treffen wir also wieder auf das Phänomen, dass ein gesellschaftsgeschichtlich mehr oder weniger erledigtes Thema noch über ein Jahrhundert lang für die Angehörigen bestimmter Publikumssegmente interessant
blieb, wenn es nur bühnenwirksam präsentiert wurde. Man muss sich diesen
Umstand vor Augen führen, um die Standortgebundenheit der bildungsbürgerlichen Literaturgeschichtsschreibung wahrzunehmen, die sich oft als Überbietungsgeschichte darzustellen versucht, in der die Entwicklung des 'Geistes'
von Stufe zu Stufe emporschreitet. Das kleinbürgerliche Stammpublikum

Kotzebues war an einem solchen Emporschreiten nicht interessiert; es lachte zweihundert Mal über dieselben Handlungselemente, die Kotzebue in immer neuen Kombinationen auf die Bühne brachte, und bestätigte damit seinen Hang zur Konsolidierung und Selbstbestätigung auch in Fragen der Ästhetik.

Dieser Konsolidierungseffekt ist allerdings im Hinblick auf die oben beschriebenen normativen Züge der kleinbürgerlichen Mittelstandskultur alles andere als eine folgenlose Zerstreuung. Es muss deshalb als eine Form der Selbstverkennung gelten, wenn sich Kotzebue als Unterhaltungsschriftsteller verstand, der nicht bilden und erziehen wolle. Vielmehr wäre von einer Erziehung zur 'Normalität' zu sprechen, die zwar mit dem bildungsbürgerlichen Verständnis von höherer Bildung nichts zu tun hat, aber dennoch nicht schlechterdings wirkungslos bleibt. Wie in Scheffels Lyrik gilt auch hier die Devise: 'Lach' mit!' Und wer nicht mitlachen will oder kann, ist anormal, versteht keinen Spaß, gehört nicht dazu. Auch im Theater Kotzebues vermittelt sich die kleinbürgerliche Mittelstandsästhetik also über den Zwang zum Humor. Wer über *Die deutschen Kleinstädter* nicht aufrichtig lachen konnte, war eben ein Primitivling oder ein Besserwisser! Kotzebue hatte 200 perfekt funktionierende Streifen Lackmuspapier geliefert, die es der Mittelstandsminderheit erlaubten, ästhetische und gesellschaftliche Normalität neu zu definieren.

In diesem Zusammenhang sei noch kurz auf die Grenzbereiche zwischen dramatischer Literatur und Musik hingewiesen, die für das Rezeptionsverhalten des Kleinbürgertums von so großer Bedeutung waren. Mit Einführung des Urheberrechtes zu Beginn des bürgerlichen Zeitalters steigen speziell für Librettisten die Verdienstmöglichkeiten sehr stark an, ein Effekt, der bis zum Ende des Ersten Weltkrieges andauert. Es entsteht deshalb der neue Typus des Berufslibrettisten, den es zuvor nicht gegeben hatte und der wesentlich zur Professionalisierung des Opern- und Operettenbetriebs beiträgt (vgl. Gier 1998, S. 35f.). In fast industriellem, arbeitsteiligem Produktionsstil werden jetzt Musikdramen für den Massengeschmack erzeugt und im Rahmen neuer Veranstaltungsformen an ein Millionenpublikum vermittelt. So fährt der Walzer- und Operettenkönig Johann Strauß d. J. bereits im Juni 1872 nach Boston, um in einer dort errichteten Riesenhalle vor 100.000 Zuhörern ein 2.000 Mann starkes Orchester zu dirigieren (s. Linke 1999, S. 99-101). Und auch in Deutschland wird die Operette zu einem lukrativen Massenspektakel, bei dem es im Unterschied zur bildungs- und besitzbürgerlichen Oper mehr um die eingängige Melodie als um das künstlerische Gesamtkonzept geht. Tatsächlich endeten nicht wenige Operettencouplets, -polkas und -walzer als populäre 'Hits', die man auf der Straße pfiff oder bei der Arbeit vor sich hin summte (s. Richter 1969, S. 347-360 u. ö.).

Werfen wir zuletzt noch einen Blick auf den Bereich der Gebrauchsliteratur, so müssen wir vor allem auf zwei Phänomene zu sprechen kommen. Das erste ist die stürmische Entwicklung im Bereich der Konversationslexika und

allgemein der Nachschlagewerke. Die Konversationslexika von Brockhaus
(1809 ff.), von Meyer (1840 ff.) und von Herder (1854 ff.) waren zwar nicht
die ersten umfassenden Universallexika deutscher Sprache, sie richteten sich
jedoch nicht mehr an die kleine Schar der Gelehrten, Adeligen und Patrizier,
die über entsprechende Bildungsvoraussetzungen und Finanzen verfügten,
sondern an den Mittelstand, der im Zeitalter der Technik und der Aufstiegsmöglichkeiten über einen gesteigerten Wissensbedarf verfügte. Dieses 'Wissen' meint nun allerdings nicht mehr die enzyklopädische Bildung im Sinne
der Aneignung kompletter Wissensgebiete. An die Stelle der ausführlichen
Darstellung der verschiedenen Sachgebiete tritt zunehmend die Aufsplitterung
des Nachschlagewerkes in Tausende und Abertausende Einzelstichwörter, die
zwar durch Querverweise miteinander verbunden, aber nicht zur Aneignung
geschlossener Wissensgebiete geeignet und bestimmt sind. Gefragt ist nun
eher das sofort nutzbare Detailwissen, die schnell abrufbare Einzelinformation.
Da ein Konversationslexikon für den Kleinbürger in jedem Fall eine bedeutende Investition darstellte, wurde ein Teil der Auflage über den Kolportagehandel abgesetzt. Der Abonnent erhielt in vielen Dutzend Lieferungen sein
Lexikon zugestellt und konnte sich, wenn ein Band voll war, den passenden
Buchumschlag dazu bestellen. Auch andere beliebte Nachschlagewerke wie
z. B. *Brehms Tierleben* (1864 ff.) wurden auf diese Weise einer breiteren Käuferschicht zugänglich gemacht.

Das zweite anzusprechende Phänomen ist die Entwicklung einer neuen
Mischform aus belehrender und unterhaltender Literatur, die sich besonders
mit technischen Zukunftsentwürfen beschäftigte und die deshalb zur Vorläufe-
rin der späteren Science Fiction wurde. Neben dem Engländer Herbert G.
Wells (*The Time Machine*; 1895) und dem deutschen Kurd Laßwitz (*Auf zwei
Planeten*; 1897) ist besonders der Franzose Jules Verne hervorzuheben, der
zunächst als Librettist und Dramatiker arbeitete, bevor er seine elf weltbe-
rühmten utopischen Romane publizierte. Dazu gehören z. B. *Fünf Wochen im
Ballon* (1863; dt. ca. 1875), *Von der Erde zum Mond* (1865; dt. 1873), *Zwan-
zigtausend Meilen unter den Meeren* (1870; dt. 1875) oder auch *Die Reise um
die Welt in 80 Tagen* (1872; dt. 1875). Anfangs in durchgehend optimistischer,
später in eher skeptischer Tonlage lotet Verne darin die Möglichkeiten der
modernen Technik aus, wobei er auf konventionelle Muster des spannenden
Reise- und Abenteuerromans zurückgreift. Wie im Falle der Reiseromane
Gerstäckers ist auch hierbei kaum anzugeben, ob und bis zu welchem Grad
Vernes technische Utopien als Fiktionen rezipiert wurden. Die oben beschriebenen Eigenarten des in dieser Schicht herrschenden Eskapismus lassen es
nicht als unmöglich erscheinen, dass hier auf der Basis einer hochentwickelten
Fiktivitätserkennungskompetenz in der Regel zuverlässig zwischen den erfun-
denen und den innerhalb der eigenen Lebenswelt als 'realistisch' geltenden
Handlungselementen unterschieden wurde (vgl. Berthold 1993, S. 69-76). Der

Erfolg Vernes dokumentiert jedenfalls die Anziehungskraft des Technizismus und zugleich das Niveau der technischen Bildung in seiner Leserschaft, der er teilweise sehr detaillierte Beschreibungen seiner mehr oder minder phantastischen technischen Konstruktionen zumutet.

Zusammenfassend lässt sich feststellen, dass die literarische Kultur des Kleinbürgertums in aller Regel schriftlich, hochdeutsch und zivilisiert im Sinne der von Elias beschriebenen Affektdämpfung war. Besonderes Interesse verdient sie, weil sie die erste deutsche Mittelstandskultur ist, eine Kultur, die sich nach 'unten' wie nach 'oben' zwar abgrenzte, dabei aber besonders nach 'unten', zur Mehrheit hin, anschlussfähig blieb. Ihre herausragende mentalitätsgeschichtliche Leistung ist die Schaffung eines zwar u. U. in Intoleranz und Kleingeistigkeit mündenden, aber die Natürlichkeitsideologie des ganzen bürgerlichen Zeitalters auf den Punkt bringenden und deshalb gesamtgesellschaftlich durchsetzbaren Konzeptes von Normalität (s. Franke 1988, S. 214f.). Die Kultur des Kleinbürgertums, das bis dahin eine gesellschaftliche Minderheit dargestellt hatte, erwies sich langfristig als mehrheitsfähig, was von außerordentlicher Bedeutung für die allmähliche Herausbildung einer Wohl- und Mittelstandsgesellschaft mit flacher Schichtenhierarchie war und die Entstehung der pluralistischen Demokratie im 20. Jahrhundert maßgeblich beförderte (vgl. Götz 2001; Heiss 2001, S. 168-173).

Die kleinbürgerliche Literatur stellt eine der wichtigsten Quellen für die Erforschung dieses ansonsten kaum aktenkundig gewordenen, schwer dingfest zu machenden Mentalitätsumbruches dar. Aufgrund ihres Konformismus, Sensualismus und Optimismus entspricht sie in keiner Weise dem Literaturideal des Bildungsbürgertums, das sie deshalb so gut wie vollständig von der Kanonisierung ausschloss. Dabei ist es bis heute geblieben. Viele der oben genannten Werke sind nicht einmal ordnungsgemäß ediert, geschweige denn wissenschaftlich kommentiert worden.

3. Besitzbürger

Abb. 14: Großbürgerliches Esszimmer

Aufwändiges, reich dekoriertes Mobiliar war charakteristisch für den Einrichtungsstil des Besitzbürgertums, das die auf Repräsentation abzielende Wohnkultur des Adels seinen Bedürfnissen anpasste.

Das Besitzbürgertum war die neue Führungselite des bürgerlichen Zeitalters, der es nach und nach gelang, den Adel um seine ökonomische, politische und kulturelle Vormachtstellung zu bringen. Wie der Name schon sagt, definierte sich diese Schicht in erster Linie über ihren materiellen Besitz, d. h. über den durch Erwerbstätigkeit akkumulierten (sowie teilweise bereits ererbten) Reichtum. In der Hauptsache handelte es sich um Industrieunternehmer, aber auch um die Staatsbeamten der höchsten Besoldungsgruppen sowie um einige Agrarindustrielle, die ihre Landwirtschaft gemäß den Effizienz- und Rationalitätsprinzipien des Industriekapitalismus umstrukturiert und modernisiert hatten. Ihrer Herkunft nach stammten diese Reichen und Superreichen fast immer aus den ökonomisch erfolgreichen Kreisen des Bürgertums der feudalistischen Ära, also z. B. aus Patrizier- oder Großkaufmannsfamilien, aber nur selten aus Adelskreisen oder aus der selbstständigen Großbauernschaft und fast nie aus dem Kleinbürgertum oder aus der Arbeiterschaft. Die soziale Distanz zwischen dem Arbeiter und dem Besitzbürger ließ sich im bürgerlichen Zeitalter in der Regel nur allmählich, über mehrere Generationen einer Familie hinweg überwinden.

Der Anteil dieser Führungsschicht an der Gesamtbevölkerung war in der polarisierten Gesellschaft des 19. Jahrhunderts natürlich gering. Mit Kocka lässt er sich auf ungefähr 2 bis 3 % veranschlagen (vgl. Kocka 1988, S. 12). Zuverlässigstes Erkennungszeichen dieser Schicht ist ihre Wohnsituation. Der Bautypus der in bevorzugter Wohnlage oder demonstrativ direkt neben dem Werksgelände errichteten Unternehmervilla orientierte sich am Vorbild des Schlossbaus, integrierte aber auch Elemente der modernen Technik. So legte Alfred Krupp Wert darauf, im Park seiner 1869-73 errichteten Villa Hügel in Essen-Bredeney einen eigenen Bahnhof zu besitzen. Dieses technische Attribut, dem heute in etwa ein privater Hubschrauberlandeplatz entsprechen würde, symbolisierte Modernität, Mobilität und Technikbeherrschung. In kleineren Villen konnten moderne Beheizungs-, Beleuchtungs- oder Kommunikationssysteme eine ähnliche Funktion erfüllen. Aufwändige Gartenanlagen, repräsentative Straßenfassaden und separate Wohntrakte für Dienstboten taten ein übriges, um derartige Villen und Stadtwohnungen ostentativ von den zusammengesparten Eigenheimen des Kleinbürgertums abzugrenzen.

Zu den Statussymbolen des Besitzbürgertums zählte ferner die konsequente Realisierung des auch im Kleinbürgertum dominierenden, aber dort aus finanziellen Gründen längst nicht immer verwirklichten Familienideals. Dazu gehörte in der Hauptsache eine rigide Geschlechterrollentrennung. Der Mann ging zur Arbeit, die Frau konnte ganz von der Erwerbstätigkeit freigestellt werden und 'führte das Haus'. Kindererziehung und Hausarbeit wurden dabei natürlich weitgehend den Dienstboten überlassen. Aufgabe der Hausherrin war vor allem die Repräsentation, also die Aufrechterhaltung der sozialen Beziehungen durch Planung und Durchführung entsprechender Besuche, Gesellschaften und Kulturveranstaltungen. Seine Repräsentationsverpflichtungen (sowie eine überdurchschnittlich entwickelte Staatstreue und Staatsnähe) verband das Besitzbürgertum mit dem Adel. In mindestens drei Hinsichten unterschieden sich die alte und die neue Führungselite jedoch sehr merklich voneinander.

Erstens betrifft dies die Arbeitsauffassung. Der Besitzbürger war erwerbstätig, ging regelmäßig in sein Büro oder in seine Fabrik, zeigte ein stark ausgeprägtes Leistungsethos. Der typische Adelige ging demgegenüber keiner 'Erwerbsarbeit' nach, sondern verwaltete vorhandenes Vermögen, delegierte, erteilte Befehle und repräsentierte. Für ihn war es nach wie vor eine Frage der Standesehre, das Sein gegenüber dem Haben zu favorisieren. Das zeigte sich auch dann noch, als Adelige aufgrund ihrer finanziellen Situation schließlich gezwungen waren, in irgendeiner Form ihren Lebensunterhalt zu verdienen. Ihre bevorzugten Betätigungsfelder wurden das Militär, der diplomatische Dienst und die höhere Staatsverwaltung, Bereiche also, in denen die Arbeitsauffassung und das Leistungsethos des modernen Industriekapitalismus verspätet oder nur in abgeschwächter Form wirksam wurden.

Damit ist – zweitens – auf die unterschiedlichen Präferenzen für bestimmte Wirtschaftsbereiche hingewiesen. Die große Domäne des Adels blieb noch bis ins frühe 20. Jahrhundert die traditionell geführte Landwirtschaft. Die Hauptbetätigungsfelder des Besitzbürgertums waren hingegen die Industrie, der technische Sektor und der Handel. Nur wenige Adelige schafften den Sprung in die ökonomische Moderne und wandelten sich zu besitzbürgerlichen Großunternehmern mit Adelsprädikat, indem sie entweder in Handels- und Industrieunternehmen investierten oder ihre landwirtschaftlichen Betriebe im Sinne einer kapitalistisch-rationellen Agrarindustrie modernisierten.

Drittens gab es deutliche Mentalitätsunterschiede. Der Adel befestigte sich in einem defensiven Traditionalismus, hielt noch lange an einem höfisch-aristokratischen Kulturideal fest und pflegte einen ausgeprägten Konservativismus. Das Besitzbürgertum kultivierte demgegenüber einen expansiven Modernismus, ein technisch-ökonomisches Bildungsideal und einen forcierten (Wirtschafts-)Liberalismus.

Die Verdrängung der alten durch die neue Führungselite war freilich kein linearer Prozess. So erlebte der Adel z. B. aufgrund der Erfolge des von ihm in den oberen Rängen stark dominierten Militärs in den 1860er und 1870er Jahren noch einmal eine „ungeheure Aufwertung" (Wehler 1995, S. 806). In den ostelbischen Regionen blieben bis ins frühe 20. Jahrhundert Relikte einer ständischen Wirtschafts- und Gesellschaftsordnung erhalten. Und einige wenige Adelige konnten aufgrund der schieren Größe ihres Grundbesitzes den superreichen Großindustriellen Paroli bieten. Trotz vorübergehender Rückschläge und regionaler Sonderentwicklungen war jedoch der Machtkampf zwischen alter und neuer Führungsschicht spätestens seit der Jahrhundertmitte entschieden. Von einer 'Feudalisierung' des Besitzbürgertums kann insgesamt keine Rede sein (vgl. Wehler 1995, S. 718-721), eher von einer beiderseitigen Hassliebe, wie sie vor allem in charakteristischen Heiratsstrategien zum Ausdruck kommt. Zwar gab es traditions- und prestigeorientierte Unternehmer, die eine Heirat ins blaue Blut als höchste und letzte Stufe der gesellschaftlichen Etablierung verstanden. Doch für die Mehrheit galt dies nicht, und einige Industrielle lehnten die ihnen offerierte Nobilitierung sogar schlankweg ab (vgl. Wehler 1995, S. 719f.). Begehrt waren allerdings staatliche Orden und Titel (Geheimer Kommerzienrat usw.). Gesellschaftliche Anerkennung suchte die neue Führungselite häufiger beim Staat als bei der vorherigen adeligen Führungsschicht.

Das Bildungsniveau innerhalb des Besitzbürgertums war außerordentlich hoch. Der typische Unternehmer war kein zu Geld gekommener Kleinbürger oder gar ein ungebildeter Arbeiter. Vielmehr „wuchs der Akademikeranteil unter den Unternehmern ständig an, bis er 1914 einen Durchschnitt von 54,2 Prozent erreichte" (Wehler 1995, S. 717). Das war eine sensationelle Zahl in einer Zeit, in der die Akademikerquote in der Gesamtbevölkerung deutlich unter 1 Prozent lag (zum Vergleich: 2001 ca. 16 %). Natürlich dominierten – neben der Jurisprudenz – die naturwissenschaftlichen, technischen und ökonomischen Studienabschlüsse. Aber selbst wenn einzelne Unternehmer – wie das von manchen Großindustriellen dieser Epoche berichtet wird – gänzlich amusisch waren, so sorgte doch die oben beschriebene Geschlechterrollenverteilung dafür, dass auch in ihrem Haushalt die Kulturpflege eine bedeutende Rolle spielte.

Rein äußerlich spiegelt sich das zunächst im Raumprogramm der Unternehmervillen und der besitzbürgerlichen Stadtwohnungen wider. Neben dem Billardsaal und dem Musikzimmer gehörte dazu auch die großzügige, oft verschwenderisch ausgestattete Bibliothek. In ihr fanden sich natürlich keine Kolportagehefte, sondern repräsentative Pracht- und Gesamtausgaben. Klassiker waren im Bestand genauso vertreten wie kostspielige Nachschlagewerke, reich illustrierte Fach- und Sachbücher sowie literarische Neuerscheinungen in Form gebundener Bücher. Auch fremdsprachige Werke fanden häufig den Weg in die Bibliotheksregale.

Das Rezeptionsverhalten orientierte sich in dieser Gesellschaftsschicht nicht am Modell der 'gelehrten', stillen und einsamen Lektüre, wobei diese bei Frauen allerdings deutlich häufiger anzutreffen war als bei Männern. Charakteristisch war vielmehr die Rezeption in repräsentativem Rahmen und in geselliger Runde. Aus bildungsbürgerlicher Sicht wurde dieser Umgang mit Literatur gewöhnlich als laienhaft und oberflächlich abqualifiziert, während umgekehrt das sezierende Textstudium der Gelehrten vom Besitzbürgertum nicht selten als kopflastig, distanziert und kunstfern wahrgenommen wurde. Kultur, so meinte man hier, muss gelebt und gefühlt werden. Man hatte natürlich nicht alle Bücher aus der eigenen Bibliothek durchstudiert, aber dafür hatte man einige Lieblingszitate im Kopf und einige Lieblingsverse im Herzen. Man maß dieser Form der Literaturaneignung eine höhere Verbindlichkeit und einen höheren kulturell-gesellschaftlichen Wert zu als dem kritischen Textstudium des intellektuellen Alleslesers. Literatur empfand man als wichtige Erscheinungsform einer nationalen Kulturtradition, für die man Sorge und Verantwortung tragen wollte und die man in repräsentativ-geselligem Rahmen pflegte und feierte. Auch die ungelesenen Bände in der eigenen Bibliothek nahm man demnach als kostbaren Schatz wahr, den man gerne bewahrte und hütete. Nur selten scheint es sich bei dieser Kulturgesinnung um eine bloße Maske gehandelt haben, hinter der die Fratze eines im Grunde banausischen Materialismus oder Technizismus versteckt wurde.

Welche Formen der Literatur konnten nun in dieser Schicht, unter den geschilderten materiellen und ideellen Voraussetzungen, Verbreitung finden? Wenden wir uns zuerst wieder der Lyrik zu, so finden wir im Lieder- und Konzertabend eine Form, welche die kulturellen Ansprüche des Besitzbürgertums in mustergültiger Weise erfüllte. Der Vortrag zu Klavier- oder besser noch Flügelbegleitung konnte in geselligem Kreis und in repräsentativem Rahmen vonstatten gehen. Man lud gleichgestellte Verwandte, Freunde, Kollegen und Nachbarn zu einer musikalischen Soirée, bei der die Konversation und das gemeinsame Essen mit Konzert- oder Gesangsdarbietungen angereichert wurden. Dabei hätte man sich an der Grenze zur kleinbürgerlichen Spielart von Hausmusik bewegt, wenn das Programm ausschließlich von den Töchtern oder der Frau des Hauses bestritten worden wäre (vgl. Valentin 1959, S. 67-88). Kulturell ambitionierte und finanzkräftige Besitzbürger ließen es sich deshalb nicht nehmen, aktuelle Stars der Gesangs- und Konzertszene zu engagieren. Jedenfalls gibt es auch im 19. Jahrhundert eine Vielzahl von Vortragskünstlern, die zu Gelegenheit ihrer Gastspiele die entsprechenden Privathäuser aufsuchten, um dort lukrative Kurzdarbietungen zu präsentieren. Von Johann Michael Vogl über Julius Stockhausen und Eugen Gura bis hin zur 'schwedischen Nachtigall' Jenny Lind gab es besonders im Bereich des für Privatsalons geeigneten Kunstliedes eine entsprechende Entwicklung hin zur Veränderung des Berufsbildes und des Vortragsstils. Dabei stand die Ausdifferenzierung einer raffinierten Empfindungskultur im Vordergrund, bei der es um die Gestaltung der feinsten, subtilsten Seelenregungen ging. Für den Hausherrn war es ein kostspieliges Vergnügen, aber auch ein deutlicher Prestigegewinn, wenn als Überraschungsgast auf seiner Soirée plötzlich ein prominenter Gesangsstar an den Flügel trat und Schumanns *Ballade des Harfners* nach Goethes *Wilhelm Meister* oder Mendelssohn-Bartholdys *Der Herbstwind rüttelt die Bäume* nach Heinrich Heines *Reiselied* anstimmte. Im Anschluss an eine solche Darbietung erwartete man keine philologisch-musikologische Fachdiskussion, sondern die authentische und differenzierte Artikulation persönlicher Empfindungen als den Nachweis eigener Empfänglichkeit für das Schöne, Gute, Wahre. Als ein Zeichen kleinbürgerlicher Beckmesserei oder bildungsbürgerlicher Besserwisserei wäre es aufgenommen worden, hätte man in diesem Kreis und in dieser Atmosphäre am Gehörten herumgemäkelt oder gelehrte Kommentare über seinen historischen Kontext und seine kompositorische Struktur abgegeben.

Angesehene Liedkomponisten des 19. Jahrhunderts waren z. B. Franz Schubert, Robert Schumann, Johannes Brahms und Hugo Wolf. Unter den am häufigsten vertonten Dichtern sind vor allem Goethe, Schiller, Eichendorff und Heine zu nennen, aber auch Lenau und Rückert, Geibel, Hebbel und Uhland. Allgemein wurde die gefühlsstarke Erlebnislyrik der Gedankenlyrik und der weltanschaulichen Lyrik vorgezogen. Die verklärte romantische Liebe und die ästhetisierte Natur waren die Hauptgegenstände derartiger Texte. Es mag in diesem Zusammenhang überraschen, dass der Name Heine oben genannt wurde, denn der Geist eines Versepos wie *Deutschland. Ein Wintermärchen* und eines Gedichtes wie *Die schlesischen Weber* harmoniert wahrlich nicht mit der Mentalität und der Ideologie des Besitzbürgertums. Dies war jedoch offenbar kein Grund, sich nicht am Vortrag der Schumannschen *Dichterliebe* nach Texten Heines zu erfreuen. Gewiss bevorzugte man den 'romantischen' frühen Heine, dessen *Buch der Lieder* reichen Stoff für Vertonungen bot. Aber auch vor dem politischen Heine hatte man in dieser Schicht keine Angst. Zu ungleich waren einfach die Gewichte verteilt. So soll bekanntlich schon Metternich als Privatmann mit Vergnügen Heine gelesen haben. Und in der Bibliothek der Kruppschen Villa Hügel befand sich selbstverständlich eine Gesamtausgabe der Werke Heines (wie auch z. B. eine frühe Ausgabe des *Kapitals* von Marx). Ein paar politische Gedichte waren hier einfach eine Quantité négligeable. Man sorgte sich wegen der Gewerbekrise von 1846, der Industriekrise von 1858 oder der Konjunkturkrise von 1891, aber ein Gedicht wie Heines *Nachtgedanken* konnte einen bestimmt nicht um den Schlaf bringen. Die große Heine-Hetze des 19. und frühen 20. Jahrhunderts geht deshalb nicht vom selbstbewussten Besitzbürgertum aus, sondern von den Chauvinisten, Moralaposteln und Antisemiten in den Reihen des Bildungsbürgertums, die sich durch forcierte Systemtreue der Obrigkeit anzudienen hofften oder die subjektiv ganz ernsthaft vom sittlichen Unwert der Schriften Heines überzeugt waren. Natürlich wirft dies noch mal ein besonderes Licht auf das Kulturverständnis der neuen Führungselite, das der Kunst letzten Endes eine begleitende, schmückende Wirkung zubilligte. In Anbetracht des Einflusses und der Repräsentationsverpflichtungen dieser Schicht war dies verständlich. Die besitzbürgerliche Kunstauffassung war im Durchschnitt weit von den überschwänglichen Kunstkonzeptionen des zeitgenössischen Bildungsbürgertums entfernt, die dem Geistigen eine alles überragende Bedeutung und Wirkungs-

mächtigkeit zubilligten, wie es sie in den Augen keiner anderen Bevölkerungsschicht besaß.

Die Unterschiede treten auch bei einem Vergleich der schichtentypischen
(d. h. im oben erklärten Sinne: in der jeweiligen Schicht überrepräsentierten)
Rezeptionsweisen deutlich hervor. Der Arbeiter stimmte selbst seinen Gassenhauer an, der Kleinbürger sang im Gesangsverein, der Bildungsbürger bevorzugte die stille Lektüre gedruckter Gedichtbände, und der Besitzbürger ließ
singen, d. h. er engagierte professionelle Vortragskünstler, die zwar einerseits
den erwünschten emotionalen Effekt verstärken konnten, die aber andererseits
als vermittelnde Instanz zwischen den Rezipienten und das Werk traten und
damit die Lyrik-'Interpretation' zu einer Angelegenheit von Spezialisten
machten, mit denen man sich nicht messen konnte und wollte. Der Text wurde
aus der unmittelbaren Verfügungsgewalt und Interpretationshoheit des Lesers
gerückt und zur Bearbeitung an professionelle Rezitatoren delegiert. Das lyrische Ich tritt dadurch ganz plastisch als Rolle, als Maske, als gespielte Instanz
hervor. Der fiktionale Charakter lyrischer Werke wird greifbarer als beim
eigenen Singen, das die Identifikation erleichtert und ein vorübergehendes
Sich-Hineinversetzen in das lyrische Ich ermöglicht. Andere singen zu lassen,
erzeugt eine Distanz zwischen Text und Rezipient, eine Distanz, die aus bildungsbürgerlicher Sicht gute Voraussetzungen für eine intellektuelle Bearbeitung des Textes bot, die den Vortragsstil der musikalischen Soirée auch für
diese Schicht interessant machte und die dem Kunstlied einen Weg in die
staatlich finanzierte Musikpflege bahnte. Freilich dürfte nach dem zuvor Ausgeführten kein Zweifel bestehen, dass der allgemein zugängliche Liederabend
in einer von der öffentlichen Hand finanzierten und von Staatsbeamten mit
bildungsbürgerlichem Habitus verwalteten Aufführungsstätte ganz andere
Funktionen besaß als die Privatkonzerte in den Villen und Stadtwohnungen
des Besitzbürgertums. Dass sich das Publikum beider Veranstaltungsformen
teilweise überschnitt, beweist nur, dass die Trennmauern zwischen diesen
beiden Gesellschaftsschichten im bürgerlichen Zeitalter noch niedriger waren
als im feudalistischen.

Im Bereich der Epik haben wir es naturgemäß oft mit längeren Texten zu
tun, die ein stilles einsames Lesen erfordern. Aufgrund der oben beschriebenen
Geschlechterrollenverteilung kommt es deshalb im Besitzbürgertum zur deutlichen Ausprägung geschlechtsspezifischer Rezeptionsweisen. Das macht sich
zuerst an der Entstehung einer eigenen konservativen Frauenliteratur bemerkbar, die zu großer Popularität gelangte und die teilweise auch im Kleinbürgertum Verbreitung fand. Wo die finanzielle Situation es zuließ, versuchte ja auch
diese Schicht, die Frau des Hauses ganz von der Erwerbstätigkeit freizustellen
und für die Haushaltsführung und die Kindererziehung einzuspannen. Im Besitzbürgertum blieben diese Funktionen weitgehend dem Hauspersonal überlassen, während die Repräsentationsaufgaben zunahmen, aber dennoch gab es

genügend Überschneidungen, so dass die konservative Frauenliteratur beide Schichten erreichen konnte. Näherhin handelt es sich um Frauenromane, die hauptsächlich um familiäre Probleme kreisen und dabei – aus heutiger Sicht schwer verständlich – das in den genannten Schichten verbreitete Geschlechterrollenideal bekräftigten und bestätigten. Auch viele besitz- und kleinbürgerliche Frauen empfanden es offenkundig als wichtiges Statussymbol, wenn sie vom Zwang zur Erwerbstätigkeit freigestellt werden konnten. Freilich machen die konservativen Frauenromane deutlich, dass die hiermit verbundenen Verluste an ökonomischer Selbstständigkeit, an persönlicher Autorität und an Abwechslungsreichtum durchaus wahrgenommen wurden und in irgendeiner Form kompensiert werden mussten.

In den Werken der Louise von François zeigt sich dies an einer ausgeprägten Neigung zur Präsentation 'starker' Frauen, deren Stärke sich allerdings nicht im ökonomisch-technischen, sondern im charakterlich-seelischen Bereich manifestiert. Ihre damalige außerordentliche Berühmtheit erlangte Louise von François durch ihren 1870 in der *Deutschen Romanzeitung* abgedruckten und ein Jahr später in Buchform publizierten Gesellschaftsroman *Die letzte Reckenburgerin*. Darin geht es um das entbehrungsreiche Leben der Hardine von Reckenburg, die ihrer Liebe zugunsten ihrer bürgerlichen Freundin entsagt und die der ebenfalls bürgerlichen Tochter des unehelichen Sohnes dieser Freundin ihren Besitz vererbt. Was Hardine besonders auszeichnet und zu einer Identifikationsfigur für ihre weibliche Leserschaft werden ließ, ist offenbar ihre Fähigkeit zur Hintanstellung eigener Glücksansprüche, zur Tolerierung von Konventionsbrüchen und zur Aufgabe von Standesprivilegien. Persönliche Lebenszufriedenheit erlangt sie erst spät im natürlich-menschlichen Umgang mit dem unehelichen bürgerlichen Mädchen, dem sie ihren traditionsreichen Adelssitz vermacht. Einmal mehr triumphiert hier der Adel des Herzens über den Adel der Geburt, aber es sind – aus der Sicht der zeitgenössischen Leserin – spezifisch weibliche Tugenden, die diesen Triumph herbeiführen.

In ihrer autobiographisch gefärbten Novelle *Die Geschichte meines Urgroßvaters* (1874) stellt Louise von François dabei unter Beweis, dass ihre Verwendung des Topos vom Herzensadel jeder schwärmerisch-romantischen Note, die ja das Hauptingredienz des populären Romans darstellt, entbehrt. Vielmehr liefert sie mit ihrer Erzählung ein Porträt einer sächsisch-protestantischen Unternehmerfamilie, das den Sieg von Anstand und Pflichtbewusstsein über Individualismus und Nonkonformismus demonstriert. Die Autorin verfolgt die Entwicklung der Familie über drei Generationen hinweg, wobei jeweils das Schicksal der Haushaltsvorstände im Zentrum der Darstellung steht. Andreas Haller, der Vertreter der ersten Generation, verkörpert den Typus des ehrbaren Kaufmanns, der noch ganz den Wertvorstellungen und Verhaltensnormen des feudalistischen Zeitalters und speziell seiner Zunft verpflichtet ist und der es als Tuchmacher zu bescheidenem Wohlstand bringt, ohne 'unstandesgemäßen' Ehrgeiz zu entwickeln. Erst mit seinem Sohn David, dem Repräsentanten der zweiten Familiengeneration, hält der neue Unternehmergeist des bürgerlich-kapitalistischen Zeitalters Einzug in das Unternehmen:

„So begann denn David Haller jenes Wirken und Weben, das nicht nur seiner Familie, nicht nur seiner Stadt, nein, seiner ganzen heimatlichen Gegend zu einer Quelle des Segens geworden ist. Er wurde der erste, große Industrielle viele Meilen in der Runde, wurde Landwirt, Fabrikant und Kaufherr, und das alles auf ganz unmerklich sicherem Wege. Organisch, würde man heute sagen, entwickelte sich eines aus dem anderen, aus dem Kleinen das Größere, aus dem Größeren das Große. Kein Zug von den halsbrechenden Spekulationen, welche in unseren Tagen Millionäre zu Bettlern und Bettler zu Millionären machen.
Er fing damit an, das Heiratsgut seiner Frau zur Erweiterung seines Betriebes zu verwenden, kaufte die Wolle von den umliegenden Gütern, ließ sie kämmen, im Winter von den Bauern der Gegend spinnen, in städtischen Werkstätten sie zu Tuchen verarbeiten. Wo Tauben nisten, fliegen Tauben zu. Der erworbene Überschuß ward in Grund und Boden angelegt, eine bedeutende Schäferei gegründet, auf diese Weise ein Teil der zu verarbeitenden Wolle selber erzeugt und die Schafzucht veredelt. Mit jedem Jahre wuchsen nach außen hin Einfluß und Ansehen, nach innen Wohlstand und Gedeihen des Hauses Haller."

(François 1874, S. 457)

Für schwärmerische Liebesabenteuer ist in einer solchen Sphäre wenig Raum. Ihre Beschreibung von David Hallers Eheschließung leitet Louise von François deshalb mit kritischen Worten ein, die ihre Abneigung gegen die romanhafte Verabsolutierung der Liebe deutlich zum Ausdruck bringen:

„Im Bürgerstande vor hundert Jahren fühlten die Menschen, welche ein Ehepaar werden wollten, sich beileibe nicht von einer geheimnisvollen Naturgewalt, die man späterhin ‚Liebe' nannte, zueinander getrieben, ohne daß sie eigentlich gewußt hätten warum. Man liebte sich, weil man sich kannte, nicht, weil man sich nicht kannte; die Liebe war ein Akt des Charakters und eine Wirkung der Gewohnheit; man wollte einen Zweck, nicht eine Person. Darum gab es auch so wenig unglückliche Ehen in jener Zeit.
Ich weiß recht wohl, welche erhabenen Gefühle jene ehrbaren verdrängt haben; ich weiß, daß auch diese erhabenen Gefühle wieder ein überwundener Standpunkt geworden sind, daß wir, als freie Menschen, zwar die Liebe in allen ihren Stadien zu zergliedern, vielleicht auch zu durchlaufen vermögen, aber nur selten noch aus Liebe in den Ehestand treten, sondern entweder aus greifbareren Gründen, oder gar nicht: alles dies weiß ich und noch manches nebenbei sogar aus Erfahrung über diesen delikaten Punkt; ob aber mein Urgroßvater meine Urgroßmutter wirklich geliebt hat, in irgendeinem neueren Sinne geliebt, das weiß ich wahrhaftig doch wieder einmal nicht."

(François 1874, S. 458f.)

Die romantische Liebe als 'überwundenen Standpunkt' darzustellen, gehört offenkundig zu den Hauptanliegen der Autorin, die sich damit als ideale Erzieherin jener Leserinnen profiliert, deren Eltern mit der Heirat ihrer Töchter in der Tat einen 'Zweck' verfolgten. Die Konsequenzen dieser Heiratspolitik für das alltägliche Leben der verheirateten Frauen des Besitzbürgertums werden von François ohne jeden Anflug von Ironie dargestellt:

> „Soviel steht indessen fest; David Hallers Hausstand wurde das Muster der Stadt. Niemals fand selber die Frau Postmeisterin einen Makel: keine Laune der Frau, keine Ausschreitung des Mannes, keinen Hader unter Arbeitern und Gesinde. Alles ging seinen leisen, aber sicheren Schritt. Man sah Frau Sophie fast niemals außer ihrem Hause, selber nicht regelmäßig in der Kirche. Sie kränkelte und lebte vorzugsweise in ihrem Zimmer im oberen Stock, von welchem aus sie das große Hauswesen führte, ordnete und anleitete, was ihre heranwachsenden Schwägerinnen als tätige Schaffnerinnen ausführten. Es blieb ihr dabei noch immer manche stille Stunde, um sie, freilich ganz gegen die Gewohnheiten ihres Standes, bei einem Buche zu verbringen, mit welchem ein Bruder ihrer seligen Mutter, ein Studierter und Professor an der Thomasschule in Leipzig, ihr gelegentlich ein Präsent zu machen pflegte, so daß sie nach und nach eine gar artige, kleine Sammlung besaß. Auch ihrer Musik war sie treu geblieben, nur daß sie jetzt nicht mehr, wie als Mädchen, am späten Abend ihre Lieder sang, sondern in der Dämmerstunde, ehe ihr David kam. Ach, warum kam er doch immer so spät und blieb so kurze Zeit, der geliebte Mann? Sooft Sophie seinen Tritt zur gewohnten Stunde hörte, wurde sie rot bis unter die Spitzen der Haube und das bis zu ihrem Ende, niemals ist sein Kommen oder Gehen ihr gleichgültig geworden. Ja, fast will mich bedünken, ihre Liebe habe einen volleren Pulsschlag gehabt, als jenen ehrbar behaglichen, eheständischen Takt, dessen ich oben erwähnte.
> Wie glücklich war sie, wenn ihr David abends einmal nicht gar zu ermüdet bei ihr weilte, wenn er ein Stündchen mit ihr plauderte und nicht nur von der Wirtschaft; oder gar, wenn er sie bat, ihm etwas zu singen oder vorzulesen. Sie wählte dann immer ein Stück von seinem Gellert, dem Dichter, den er schätzte und liebte wie keinen sonst. Ja, noch als Greis habe ich ihn mit Tränen der Rührung 'Wie groß ist des Allmächt'gen Güte' und mit Tränen des Vergnügens die Geschichte 'vom Hute' und 'vom grünen Esel' rezitieren hören."

(François 1874, S. 459)

Die 1746 publizierten Fabeln von Gellert, auf die hier im letzten Satz verwiesen wird, behandeln beide das Thema der Modetorheit. *Die Geschichte von dem Hute* schildert das Schicksal eines Hutes, der von Generation zu Generation weitervererbt wird und dabei immer wieder nach den neuesten Erfordernissen der Mode gefärbt, verziert und umgearbeitet wird, ohne sich aber im Kern zu verändern. *Der grüne Esel* beschreibt in ähnlichem Sinn die Geschichte eines von seinem närrischen Besitzer grün gefärbten Esels, der anfangs großes Aufsehen erregt, schon bald jedoch dem nach immer neuen Sensationen gierenden Pöbel gleichgültig wird. Mit der Zeit, so lehren beide Geschichten, verliert das Neue seinen Reiz, während das Alte, Wahre bestehen bleibt und sich fortpflanzt.

Diese konservative Lebensphilosophie David Hallers erfährt ihre Bewährungsprobe in der Auseinandersetzung mit seinem Sohn. Denn dieser Joseph Haller, Repräsentant der dritten Familiengeneration, erweist sich zum Schrecken seiner Eltern als sensibles, schwächliches, eher den Künsten als dem Geschäft zugewandtes Geschöpf. Zum offenen Zerwürfnis kommt es, als Joseph seinem Vater, seiner ganz praktisch veranlagten Verlobten Lenchen und deren Mutter mit viel Emphase und innerer Bewegung aus Goethes *Werther* vorliest:

„'Halten Sie ein, Herr Sohn!' unterbrach ihn die gute Mutter; 'um Gottes willen halten Sie ein! Die Geschichte greift sie allzusehr an.'
'Das dumme Zeug greift Sie an, Herr Joseph?' fragte Lenchen, hinter ihrem Spinnrad hell auflachend. 'Ach, das ist ja wohl ganz und gar unmöglich. Aber meinetwegen, lassen Sie's gut sein und uns lieber ein bißchen diskutieren. Solche Hansnarren wie diesen Werther kann ich nicht ausstehen.'
Joseph schlug das Buch zu und maß seine Braut mit einem Blick, vor welchem sein Vater erschreckte. So wenig ich annehmen kann, daß mein Urgroßvater mehr als sein künftiges Schwiegertöchterchen Geschmack an dem unglücklichen Werther gefunden hat, so versuchte er um Josephs willen es doch mit einem einlenkenden Wort: 'Mit dem jungen Menschen, dessen Geschichte so natürlich klingt, daß man sie für erlebt halten möchte und auch von dir, mein Sohn, wie ein Erlebnis vorgetragen worden ist, mit dem armen jungen Menschen hat es gewiß kein gutes Ende genommen', sagte David. 'Du solltest derlei Bücher meiden, Joseph. Man lernt nicht aus ihnen, was man im Leben braucht.'
'Man lernt das Schöne lieben', entgegnete Joseph.
'Aber nicht das Rechte tun.'
'Und was ist das Rechte, Vater?'
'Hier, wie überall, die Treue ehren und die Versuchung fliehen. Des Jünglings Leidenschaft kann das liebenswürdige Mädchen in die Irre führen.'
'Wenn das Mädchen dieses Jünglings wert wäre, müßte sie seine Leidenschaft erwidern und – –'
'Ihr heiliges Verlöbnis brechen? Joseph, Joseph!'
'Ach lieber gar!' rief Lenchen dazwischen; 'der brave Albert hat Lotten gewiß zehnmal besser gefallen als dieser trübsinnige Lehnerich. Was wird denn am Ende aus dem langweiligen Menschen?'
'Er stirbt.'
'Er stirbt? Ach lieber gar! An was denn?'
'An seiner Liebe. Er schießt sich tot.'
'Ach, der gottlose Mensch! Nein, so was Schlechtes hätte ich ihm gar nicht einmal zugetraut. Von dem will ich nun kein Wort mehr wissen; den wollen wir in der Hölle braten lassen und noch eine Partie Schwarzen Peter spielen.'
Joseph war so auffällig verstimmt, daß der Vater den Schwarzen Peter ausschlug und mit dem Sohne aufbrach. Auf dem Wege sagte Joseph:
'Magdalene ist sehr unreif; ohne jedes höhere Streben. Von wahrer Liebe hat sie keine Ahnung. Wir werden uns niemals verstehen lernen.'

'Joseph, Joseph!' entgegnete der Vater, eine bittere Wallung niederkämpfend, 'lerne erst du dieses reine Kinderherz verstehen und verschone es und dich selber künftighin mit einem Zeitvertreib, der alle Zucht und Gottesordnung auf den Kopf stellt.'"

(François 1871, S. 482)

Im Roman des Bildungsbürgertums wäre die hier zutage tretende Figuren-konstellation zweifellos ausgenutzt worden, um – wie es schon im *Werther* selbst geschieht – den Konflikt zwischen genialischem Enthusiasmus und Spießertum, zwischen Autonomie- und Heteronomieästhetik, zwischen 'höherem Streben' und philiströsem Nützlichkeitsdenken zu entfalten und zugunsten des Genies zu entscheiden. Und auch der populäre Unterhaltungsroman hätte sich das melodramatische Potential dieser Konstellation nicht entgehen lassen und den so tief empfindenden Joseph seiner wahren einzigen Liebe zugeführt. Der Lesestoff für die höhere Tochter muss demgegenüber auf Einhaltung von Sitte und Ordnung pochen. Als Joseph dem Elternhaus entflieht, heiratet sein inzwischen verwitweter Vater aus Pflichtgefühl Lenchens Mutter, um ihrer sitzengelassenen Tochter ein Vaterhaus und die versprochene Versorgung zu verschaffen. Und mit dieser Demütigung Josephs hat es nicht einmal sein Be-wenden. Denn nach Jahren des Umherreisens lässt ihn François gebrochen und reumütig in das Elternhaus zurückkehren, ja er ist sogar dermaßen schwach und leidend, dass ihn der großmütig verzeihende Vater aus der Fremde zu-rückholen und aus der Kutsche tragen muss:

„Zehn Jahre waren seit Sophiens Tode verflossen, als mein Urgroßvater eines Mor-gens einen Brief erhielt. Wäre die Frau Postmeisterin nicht zur ewigen Ruhe einge-gangen, die würdige Dame würde Unerträgliches erduldet haben, denn die Adresse war in lateinischer Sprache abgefaßt, der Stempel der eines nie geahnten Orts, der weit hinten im Zigeunerlande liegen sollte, und unser sprachkundiger Herr Rektor konnte den Inhalt nur mit Mühe entziffern und bewahrte standhaft das Schweigen, das er seinem Freunde Haller gelobt hatte.
Im Laufe des Tages übergab mein Urgroßvater sein Testament, packte drei mäch-tige Seehundskoffer und viele Kober mit Betten, Wäsche, Kleidern und Vorräten aller Art, bestellte Extrapost und betraute seine Frauenzimmer mit der Verwaltung von Haus und Geschäft während seiner Entfernung in einer wichtigen Angelegen-heit. Am anderen Morgen reiste er ab. Die beiden Frauen waren betreten und be-trübt. Als aber nach Ablauf mehrerer Wochen wiederholentlich Briefe von dem Vater einliefen, zwar aus Ortschaften, von deren Lage sie sich keine Vorstellung machten, aber mit der Kunde seines Wohlbefindens und Wohlgelingens, da beru-higten sie sich und taten mit froher Lust, was sie vermochten, den fehlenden Herrn im Hause zu ersetzen.
Nach Monaten des Alleinseins erbrachen sie endlich einen letzten Brief, gezeichnet aus Leipzig, und Lenchen las ihrer Mutter die folgenden Worte vor:
'Wenn Ihr diese Zeilen erhaltet, so nehmt die Heilige Schrift in Eure Hand und lest in Andacht das fünfzehnte Kapitel des Lukas vom eilften Verse ab. Ihr werdet dann wissen, was Ihr zu tun habt, wenn ich morgen abend heimkehre und einen mit mir

bringe, der verloren war, aber wiedergefunden, der tot war, aber lebendig worden ist.'

Und am anderen Abend hielt ein Reisewagen vor der Tür, und der kräftige Vater trug auf seinen Armen den verlorenen Wiedergefundenen, den toten Lebendiggewordenen, seinen schwachen, kranken, unglücklichen Sohn zurück in das Vaterhaus. Mutter und Schwester hielten sich verborgen, aber das Haus stand geschmückt und erhellt wie zu einem Fest, Blumen dufteten in Sophiens Zimmer, geöffnet und reingestimmt war das alte Klavier und bekränzt der Schattenriß, der darüber hing. Die Diener trugen ihre Sonntagskleider und weinten helle Freudentränen. Der Vater legte den Sohn auf der Mutter einstiges Ruhebett und sprach: 'Du bist in deinem Hause, mein Kind, Gott lasse es dir zur Heimat werden.'

Joseph aber sprang vom Lager auf, warf sich zu Boden, umklammerte seines Vaters Knie, drückte die Stirn in seinen Schoß und weinte bitterlich. –

Und nun tröpfelte die Zeit ihren Balsam. Joseph genas körperlich unter der beiden Frauen heiterer Pflege und auch sein Gemüt muß sich ja wohl aufgerichtet haben, denn es wird dem Leser ja längst kein Geheimnis mehr sein, daß das treue Lenchen am Ende doch noch meine Großmutter geworden ist und nach ihrem eigenen Dafürhalten eine glückliche Frau. Zum rechten Mannesfrieden hat es Joseph nach den Stürmen der Jugend aber dennoch nicht gebracht; sein innerstes Mark war gebrochen mit einer, deren Lebensschiff auf hoher Flut gewogt hatte und im Sumpfe versank. Niemals hat Joseph ihren Namen vor heimischen Ohren genannt; aber eine goldene Locke von ihrem Haupte lag mit dem Schattenriß der Mutter auf seinem Herzen bis in sein frühes Grab."

(François 1874, S. 490f.)

Die gefährliche, unordentliche Mésalliancen fördernde Wertherliebe ist am Ende des Textes nicht bloß ein 'überwundener Standpunkt', sondern eine Freveltat von geradezu biblischen Dimensionen. Hier triumphiert nicht nur Gellerts *Grüner Esel* über Goethes *Werther*, sondern das Alte über das Neue, die Ordnung über das Chaos, das Pflichtgefühl über den Freiheitsdrang. Und doch wäre es verfehlt, Louise von François vor diesem Hintergrund als ethische und ästhetische Erzreaktionärin abzustempeln. Denn zu Beginn des dritten Kapitels lässt sie ihre Erzählerin in überraschend offenherziger Weise über die Zwänge reflektieren, denen sie als Berichterstatterin unterworfen ist. Es streift die Grenze zur aggressiven Gewaltphantasie, wenn sie dabei spielerisch fragt, ob es nicht künstlerisch vorteilhafter gewesen wäre, wenn Andreas und David Haller der von ihr zuvor beschriebenen Brandkatastrophe zum Opfer gefallen wären:

„Lieber Leser, ich wiederhole es: ich bin ein Enkel und erzähle, was mein Urgroßvater erlebt hat, so wie es mir kund geworden. Wäre ich ein Dichter, schriebe ich eine Novelle, oh, achte mich nicht so gering, ich würde meinen Stoff anders behandelt haben. Glaube mir, so lieb es mir ist, das alte urgroßväterliche Haus am Markt, in welchem ich diese Ereignisse zu Papier bringe, ja, so lieb es mir ist, ich hätte es niederbrennen lassen bis auf den Grund, hätte es gar wohl über mein Herz gebracht, einen oder die andere von meinen seligen Urgroßonkeln oder Tanten unter den rauchenden Trümmern als kleine, nackte Leichen hervorzuziehen; oder lieber noch –

denn ich neige im Grunde mehr zum Romantiker als zum modernen Exaktiker –
lieber noch wäre ich ein Dichter, würde ich den großen historischen Brand meiner
Vaterstadt an das Ende meiner Novelle und um einige Jahre hinausgeschoben haben, wo der Held schon ein Jüngling, nicht erst ein Knabe war. Ich hätte ihn dann
gezeichnet, wie er, einem Cherub gleich, anstatt der alten Schösserin, sein blondes
Mädchen durch die lodernden Gluten trägt und tot neben der Toten niedersinkt. –
Ja, ich gestehe noch mehr: Gott mag mir die Sünde vergeben, aber ich hätte es
wahrhaftig geschmackvoller gefunden, wenn mein seliger Vorfahre in jener denk-
würdigen Nacht wirklich abgeschieden und nicht wieder aufgewacht wäre, wenngleich ich freilich mich fragen muß: Hätte David Haller wohl der Musterbürger
werden können, von welchem noch heute noch die Alten des Städtchens reden als
von einem Ersten und Besten ihresgleichen, der Ehrenmann, dessen Andenken seinen Urenkel begeistert, allen kritischen Anfechtungen Trotz zu bieten und sein Bio-
graph zu werden, wenn er als vierzehnjähriger Knabe schutz- und hilflos, bettelnd
vielleicht, die Trümmer seines Vaterhauses zu verlassen gezwungen war?
Dem sei nun, wie ihm wolle, ich kann's nicht ändern. Meister Andreas Haller hatte
wirklich nur vierundzwanzig Stunden in Ohnmacht gelegen, sein Haus stand unver-
sehrt, und er schaltete und waltete darin noch manches Jahr mit gewohnter Umsicht
und Pünktlichkeit.“

(François 1874, S. 443f.)

Genauere literaturpsychologische Untersuchungen müssen zeigen, ob und in
welchem Ausmaß Louise von François an dieser Stelle gegen die Zwänge der
ihr zugewiesenen Rolle als Frau und Verfasserin von Anstandsliteratur aufbe-
gehrt. Die Dichotomie ‘romantische Dichterin’ versus ‘Biograph/moderner
Exaktiker’ wird jedenfalls im weiteren Verlauf des Textes kaum noch thematisiert, so dass de facto keine Bedenken bestanden, die Werke von François für
normenkonform zu erklären und in den Kanon der großbürgerlichen Anstands-
und Erziehungsliteratur aufzunehmen.

Wertvolle Einblicke in den schichtenspezifischen Wertekanon liefern auch
die zahlreichen Benimmbücher und Ratgeber für höhere Töchter und Damen
der Gesellschaft, die im 19. Jahrhundert auf den Markt kamen und die ein
großes Echo fanden. So veröffentlichte die später nach Amerika ausgewan-
derte Amalie Schoppe eine bekannte *Briefstellerin für Damen* (1834). Amely
Bölte schilderte in ihren Romanen und Biographien wie z. B. *Prinzessin Wil-
helmine von Preußen* (1868) das Leben der Frau in den hohen und höchsten
Gesellschaftsschichten. Und Elise Freifrau von Hohenhausen, die in Berlin
einen literarischen Salon führte, verfasste Anstandsbücher wie z. B. *Die feine
junge Dame. Ein Buch des Rates für alle Fragen des feineren geselligen Ver-
kehrs* (1902). Trotz der Pionierarbeiten von Günter Häntzschel (u. a. 1986) ist
diese Frauenliteratur des bürgerlichen Zeitalters nach wie vor weitgehend
unerforscht. Auch die neuere feministische Literaturwissenschaft hat sich
kaum mit ihr beschäftigt und ihr Augenmerk stattdessen auf die wenigen wirklich emanzipierten Schriftstellerinnen des 19. Jahrhunderts wie z. B. Louise
Aston oder Louise Otto konzentriert. Tatsächlich irritiert an Autorinnen wie

François oder Hohenhausen, dass sie ein aus heutiger Sicht außerordentlich konservatives Frauenbild und ein sehr patriarchalisches Geschlechterrollenverständnis propagieren. Sie leiteten dazu an, die Rolle der Hausherrin und der 'feinen jungen Dame' mit Würde auszufüllen und so zu perfektionieren, dass diese in ihrer Rolle jederzeit bestehen und glänzen konnten. Diese vorgegebene Rolle blieb jedoch unhinterfragt. Sie wurde offenbar als eine durchaus lebbare Konzeption wahrgenommen und von den betroffenen Frauen z. T. auch innerlich angenommen, selbst wenn damit ein Verzicht auf Glücksansprüche oder auf gesellschaftliche Autorität verbunden war. Darin liegt weniger die Schuld als das Unglück vieler Frauen der besitzbürgerlichen Schicht, die erst spät bemerkten, dass sie in jenem goldenen Käfig saßen, an dessen Gitterstäben Ibsen seine Nora 1879 so energisch rütteln ließ.

Wenden wir uns den Lektüregewohnheiten der Männer zu, so kommen wir in jenen Übergangsbereich zwischen fiktionaler Literatur und Sachliteratur, der im 19. Jahrhundert einen besonders großen Aufschwung erfährt. Die Expansion der modernen Wissenschaften im Zeitalter der Aufklärung hatte zunächst zu einer außerordentlichen Zunahme der Fachliteratur – besonders in den Bereichen der Ingenieur- und Naturwissenschaften – geführt. Zahlreiche Fachzeitschriften und Fach- oder Lehrbücher wurden publiziert; in Handbüchern wurde das auf den neuesten Stand gebrachte Wissen der einzelnen Wissenschaftsdisziplinen zusammengetragen und der Fachöffentlichkeit zur Verfügung gestellt. In der Bibliothek eines Unternehmers durften die jeweiligen, in der Regel reich illustrierten und repräsentativ aufgemachten Nachschlagewerke natürlich nicht fehlen. Aufgrund der zunehmenden Spezialisierung und der damit verbundenen Steigerung des wissenschaftlichen Niveaus war es jedoch kaum noch möglich, die Fachliteratur der angrenzenden oder sogar die der nur weitläufig verwandten Wissensgebiete zu verstehen. Es entstand Bedarf an allgemeinverständlichen Darstellungen, denen auch der gebildete Laie zu folgen vermochte. Und Allgemeinverständlichkeit bedeutete hierbei in vielen Fällen Literarisierung und Teilfiktionalisierung. So wurden etwa Fachbegriffe durch bildhafte Vergleiche ersetzt, Anekdoten aus dem Leben der Forscher und Erfinder eingestreut, Entdeckungen im Stil abenteuerlicher Reisebeschreibungen dargestellt und allgemein erzählerische Darstellungsformen gewählt, bei denen die Erzählinstanz – anders als im in dieser Hinsicht völlig enthaltsamen Fachbuch – spürbar hervortrat. Wertende und veranschaulichende Adjektive sowie emotionalisierende Interjektionen taten ein übriges, um die Beschreibungen farbiger, plastischer und fasslicher werden zu lassen. Hinzu kommen in vielen Fällen großformatige Abbildungen, die nicht im Stile der technischen Querschnittszeichnung Konstruktions- oder Funktionsprinzipien erklären, sondern das Spektakuläre der jeweiligen Sache unterstreichen wollen.

Die Gattung des Sachbuches bewegt sich damit zwischen drei Polen. Erstens findet sich das romanartige, erzählende Sachbuch, das den Schwerpunkt auf Spannung und Handlungsreichtum legt. Zweitens gibt es das repräsentative und kostspielige Coffee-Table-Book, das besonders aufwändig illustriert, liebevoll gestaltet und eher zum Blättern als zum Durchlesen geeignet ist. Drittens findet sich der Typus des volksaufklärerischen, populärwissenschaftlichen Einführungsbuches, das hauptsächlich informieren, dabei aber den Stil des Fach- oder Lehrbuches durch eine anschaulichere und interessantere Darstellungsweise ersetzen will.

Alexander von Humboldts *Ansichten der Natur* (1808), Joseph Johann von Littrows *Die Wunder des Himmels* (1834/36), Justus von Liebigs *Chemische Briefe* (1844), Jacob Moleschotts *Der Kreislauf des Lebens* (1852) oder auch Wilhelm Bölsches *Das Liebesleben in der Natur* (1898-1902) waren berühmte Sachbücher des 19. Jahrhunderts, die an unterschiedlichen Positionen zwischen diesen drei Polen anzusiedeln sind (vgl. Diederichs 1980, S. 9-14). So zielte Humboldt, wie er 1849 in der Vorrede zur dritten Ausgabe seiner Ansichten explizit bekannte, auf eine innere Verbindung wissenschaftlicher und literarischer Zwecke, da er sowohl das Wissen vermehren als auch die Phantasie beschäftigen wolle. Die literarischen Elemente stehen hier nicht im Dienste der Didaxe, sondern besitzen ihren eigenen Wert als Instrument der Phantasieschulung. Littrow argumentiert ähnlich, teilt jedoch sein Werk in einen wissenschaftlichen und einen nachgestellten literarischen Teil auf, wobei nur letzterer der Unterhaltung des Lesers dienen soll. Liebig dagegen will nicht popularisieren und unterhalten, sondern hauptsächlich das gebildete Publikum erreichen, während Moleschott ausdrücklich die breitere Leserschaft anspricht. Beide bedienen sich der Briefform, die eine persönlichere Ansprache des Lesers ermöglicht, aber gleichzeitig zur Konzipierung einer spezifischen Leserrolle zwingt, die dem tatsächlichen Rezipienten nicht unbedingt zusagen muss. Das zeigt sich besonders deutlich bei Bölsche, der seine Leser sogar duzt, obwohl er gewiss nicht das jugendliche Publikum im Visier hat. Auf das Besitzbürgertum dürfte dieses distanzlose Verhalten eher abschreckend gewirkt haben; erst um die Jahrhundertwende rückt das Massenpublikum aus Kleinbürgertum und Arbeiterschaft, an das ein Humboldt natürlich noch nicht dachte, ins Visier der Sachbuchautoren.

Als Sonderfall des historischen Sachbuchs sei hier noch die (Auto-)Biographie erwähnt, die im bürgerlichen Zeitalter einen großen Aufschwung nimmt. Das hängt erstens mit der einfachen Tatsache zusammen, dass nach Etablierung der neuen gesellschaftlichen Führungselite der Kreis der 'interessanten', für eine biographische Beschreibung in Frage kommenden Personen größer wurde (vgl. Lehmann 1988, S. 194f.). Neben den Adeligen und den großen Künstlern waren jetzt auch bedeutende Wirtschaftsführer, Politiker und Techniker gesuchte Gegenstände derartiger Lebensbeschreibungen. Zweitens und vor allem ging der gesellschaftliche Umbruch mit beträchtlichen Konsequenzen für das Identitätsempfinden des Individuums einher. Die Möglichkeiten des gesellschaftlichen Aufstiegs und allgemein das Anwachsen der räumlichen, sozialen und psychischen Mobilität wurden vielfach nicht nur als Befreiung, sondern auch als Krise erlebt. Wie konnte man eine Position in der Welt erobern und sichern, wenn sie nicht mehr qua Geburt vorgegeben war? An welchen Vorbildern konnte man sich orientieren, welche Ziele sollte man sich stecken? Biographien und Autobiographien konnten anhand konkreter Beispiele die Lebensentwürfe und -verläufe konkreter Personen nachzeichnen und damit eine gewisse Orientierung liefern. Freilich kommt nicht selten der als 'human interest' bekannte Faktor dazu; nicht alle (Auto-)Biographien erreichten das Niveau von Goethes *Dichtung und Wahrheit*, worin das Wechselspiel zwischen subjektiven und objektiven Einflussfaktoren vom Standpunkt eines olympischen Selbstbeobachters aus in größter Klarheit auseinandergelegt wurde. Stattdessen spielt nicht selten Anekdotisches hinein, wie z. B. in Wilhelm von Kügelgens 1870 publizierten, vielgelesenen *Jugenderinnerungen eines alten Mannes*. Seine Kindheit im Zeitalter der napoleonischen Kriege beschreibt der Autor darin in einem „humorvoll-versöhnlichen Ton" (Wagner-Egelhaaf 2000, S. 175), der deutliche Spuren eines antimodernistischen Ressentiments trägt und die untergegangene ständische Gesellschaftsordnung ins Licht einer wehmütigen Erinnerung taucht. Die imaginäre 'Bewältigung' der Identitätskrise konnte also im Genre der (Auto-)Biographie auch eskapistische Züge annehmen, einem Genre, das nicht so deutlich wie die Sachliteratur einem Geschlecht zugeordnet werden kann, da Frauen im bürgerlichen Zeitalter zwar seltener Gegenstand und Verfasserinnen, aber häufiger Leserinnen von Autobiographien gewesen zu sein scheinen als Männer (vgl. Holdenried 2000, S. 62-77). Insgesamt bleibt freilich festzustellen, dass die besitzbürgerliche Geschlechterrollenkonzeption im 19. Jahrhundert besonders im Bereich der erzählenden Literatur markante Unterschiede zwischen männlichem und weiblichem Rezeptionsverhalten erkennen lässt.

Im Falle des Dramas, wo nicht die stille einsame Lektüre, sondern das gesellschaftliche Ereignis des Theaterbesuchs im Vordergrund stand, sind diese Unterschiede bedeutend weniger offensichtlich. Natürlich machen sich in geschlechtsspezifischen Bekleidungsstilen oder Verhaltensweisen auch hierbei die Einflüsse des besitzbürgerlichen Familienideals bemerkbar, aber die literarische Rezeption im engeren Sinne ist davon nur mittelbar betroffen. Männer und Frauen des Besitzbürgertums besuchten die gleichen Spielstätten, sahen die gleichen Stücke, zeigten äußerlich das gleiche Rezeptionsverhalten. Wichtiger als der Geschlechterunterschied war beim öffentlichen Theaterbesuch der Abstand zwischen den sozialen Schichten, der sich besonders in der Theaterarchitektur des Zeitalters bemerkbar macht.

Dabei sind verschiedene Phasen in der Entwicklung der deutschen Theaterlandschaft des 19. Jahrhunderts zu unterscheiden. Denn nach dem Ende des feudalistischen Hoftheatersystems gegen Ende des 18. Jahrhunderts kam es erst verspätet zu einer Kommunalisierung des deutschen Theaterwesens. Die Städte und Gemeinden investierten erst ab den 1870er Jahren verstärkt in den Theaterbau, so dass für mehr als ein halbes Jahrhundert private Investoren die entstandene Finanzierungslücke stopfen mussten. Diese Investoren kamen zum größten Teil aus dem Besitzbürgertum, teilweise auch aus den vermögenderen Fraktionen des Kleinbürgertums. Sie organisierten sich häufig in der Form von Aktiengesellschaften, waren also zunächst gewinnorientierte Unternehmen und keine gemeinnützigen kulturellen Einrichtungen (vgl. Brauneck 1999, S. 32-34). Die Städte beteiligten sich an diesen Theaterunternehmungen nur mit sehr geringen Subventionen.

Massenhafte Theaterschließungen infolge ruinöser Konkurrenz sowie kulturpolitische Erwägungen veranlassten die Kommunen erst in den 1870er und 1880er Jahren zu einer Veränderung ihrer zurückhaltenden Subventionspolitik. Der Theaterbau und -betrieb wurde nun als öffentliche Aufgabe erkannt; die Zuschüsse wurden – örtlich verschieden – auf Beleuchtungskosten, Heizkosten, Personalkosten, Versicherungskosten usw. ausgedehnt. Als Gegenleistung für dieses Engagement erwarb die öffentliche Hand oftmals ein Mitspracherecht bei der Spielplangestaltung, bei der Auswahl der Schauspieler, bei der Gestaltung der Eintrittspreise oder auch bei der Festschreibung von Mindestgagen für das Theaterpersonal (s. ebd., S. 631). Die Folge war ein Rückgang der Zuschauerzahlen, denn die zuvor ganz überwiegend gewinnorientierten Theater-Aktiengesellschaften hatten auf unterhaltsame Inszenierungen gesetzt, während die Kulturpolitiker in den Kommunen größeren Freiraum für künstlerische Experimente zuließen. So wird einerseits am Ende des Jahrhunderts das Niveau der Bühnenarbeit angehoben; an die Stelle der Operette und des Ausstattungsstückes treten verstärkt Klassikerinszenierungen, wie sie noch heute den Spielplan der öffentlich finanzierten Bühnen prägen. Andererseits fand eine soziale Entmischung statt, indem die bildungsferneren Schichten tendenziell aus den kommunalen Theatern verdrängt wurden.

Gleichwohl kam es zwischen 1880 und 1914 – schon aufgrund der schieren Größe des im Zuge der Bevölkerungsexplosion entstandenen Publikums – zu zahlreichen Neuerrichtungen von Theatergebäuden. Dabei dominierte eindeutig das vom Hoftheater her bekannte Rangtheater, wobei die Stufung der Ränge nun allerdings nicht mehr die in verbindlichen Sitzordnungen zementierte Ständehierarchie, sondern das flexiblere Klassensystem abbildete. Nur die Höhe des gezahlten Eintrittsgeldes unterschied jetzt den Logenbesitzer vom Zuschauer des obersten Ranges. Dieses System musste jener Schicht am meisten zusagen, die sich vor allem über ihren materiellen Besitz definierte. Der Besuch des Theaters, das Flanieren in den Gängen, das Treffen mit Logennachbarn, das Aufsuchen der Champagnerbar usw. konnten zu einem gesellschaftlichen Ereignis werden, das die eigene Position in der sozialen Hierarchie veranschaulichte und gute Gelegenheit zur Repräsentation bot. Damit ist nicht gesagt, dass das Geschehen auf den Brettern keine Rolle mehr spielte. Aber es wäre aus funktionsgeschichtlicher Perspektive kurzsichtig, nicht auch das Geschehen auf der gesellschaftlichen Bühne zu berücksichtigen, zu der das Theater für bestimmte Fraktionen des Publikums gemacht wurde. Wandelgänge und Pausenräume dienten ihnen zur Selbstinszenierung, erfüllten neben der künstlerischen auch eine Repräsentationsfunktion, die der bauplastische Schmuck der entsprechenden Gebäudeteile unterstrich.

Erst um 1900, gegen Ende des bürgerlichen Zeitalters, kommt es jedenfalls zu einer Reformbewegung in der Theaterarchitektur (vgl. ebd., S. 646f.). Unter Anlehnung an das 'demokratischere' Modell des antiken Amphitheaters entstanden jetzt Saaltheater und Rundtheater, die das Rangsystem aufgaben, die aufgrund ihrer Größe das Massenpublikum ansprachen, die den Abstand zur Bühne verringerten, um das Geschehen auf den Brettern demonstrativ in den Mittelpunkt zu rücken, und die natürlich die Wandelgänge und sonstigen Nebenräume vergleichsweise schmucklos und funktionell ausstatteten, um sie gegenüber dem Bühnenraum abzuwerten. Neben dem Münchner Prinzregententheater (1901) und dem Berliner Schillertheater (1907) ist in diesem Zusammenhang wohl besonders das Berliner Theater am Bülowplatz (1914) hervorzuheben, bei dem erstmals in der deutschen Geschichte die größte Gesellschaftsschicht als Bauherr auftrat, und zwar in Gestalt des Vereins Freie Volksbühne, der zahlreiche Arbeiter zu seinen Mitgliedern zählte. Das war freilich erst zu Beginn des Ersten Weltkriegs und gehört mehr in die Frühgeschichte der literarischen Kultur des demokratischen Zeitalters als in die Spätgeschichte des besitzbürgerlichen Theaterwesens. Charakteristisch für das bürgerliche Zeitalter bleibt das überwiegend privat finanzierte, repräsentativ ausgeschmückte Rangtheater, dessen von kommerziellen Erwägungen mitgeprägter Programmzettel häufiger die Namen Kotzebue und Iffland als die Namen Goethe und Schiller aufwies.

Gleichwohl ist nicht zu übersehen, dass es ab der Mitte des 19. Jahrhunderts zu Akzentverlagerungen in der Spielplangestaltung kam. Unter der Führung des Wiener Burgtheaters wandten sich einige Häuser verstärkt der Klassikerpflege zu, und auch anspruchsvolle neuere Autoren wie Schiller oder Hebbel fanden den Weg auf die Bühne. Diese Aufwertungstendenz stand allerdings ganz im Zeichen gesellschaftspolitischer Erwägungen, die mit den Begriffen 'Nationaltheater' und 'Kulturnation' in Zusammenhang stehen. Als Nationaltheaterbewegung bezeichnet man eigentlich das bereits in den 1760er Jahren von Johann Friedrich Löwen und Lessing initiierte Hamburger Projekt einer von zwölf Kaufleuten finanzierten Privatbühne, die das anspruchsvolle deutsche Schauspiel pflegen und den an Hoftheatern vorherrschenden Einfluss der französischen Dramatik beschneiden sollte. Aufgrund mangelnden Publikumsinteresses scheiterte dieses ambitionierte Unternehmen jedoch nach kaum zwei Jahren. Anspruchsvolle deutschsprachige Stücke konnten fortan nur an einigen Hoftheatern mit experimentierfreudigen künstlerischen Leitern wie in Weimar, Mannheim oder Braunschweig in größerem Umfang zur Aufführung gebracht werden.

Daran hatte sich bis zur Mitte des 19. Jahrhunderts nicht viel geändert. Die wenigen verbliebenen Hoftheater konzentrierten sich auf das traditionelle Repertoire; die Privatbühnen orientierten sich am Geschmack des breiten Publikums. Hebbel ist vielleicht der erste anspruchsvolle deutsche Bühnenautor seiner Zeit, der die großen Bühnen für sich erobert. Das hängt zweifellos mit der Rezeptionsweise seines Publikums zusammen, die nicht unbedingt den Vorstellungen und den Wirkungsabsichten des Autors entsprach. So wurde z. B. sein Trauerspiel *Agnes Bernauer* (1852) als staatslegitimierendes Drama aufgefasst, während Hebbel damit stärker auf die Ansprüche des Individuums gegenüber dem Staat abgezielt zu haben scheint. Das auf eine historische Begebenheit des 14. Jahrhunderts zurückgehende Werk schildert das Schicksal der Kleinbürgerstochter Agnes, die einen Herzogssohn heiratet und daraufhin von ihrem Schwiegervater zum Tode verurteilt wird, da sie sich über die Schranken der ständischen Gesellschaftsordnung hinweggesetzt hat. Nach Vollstreckung des Urteils entfesselt der Herzogssohn zunächst einen Bürgerkrieg gegen seinen Vater, versöhnt sich jedoch mit ihm, als dieser ihm die Regentschaft überträgt, Agnes nachträglich als seine Gemahlin anerkennt und sich seinem Richterspruch unterwirft.

Hebbel zielte nicht auf eine Rehabilitierung ständestaatlicher Ordnungsvorstellungen, wohl aber auf die Markierung der Grenzen, die der Entfaltung des Individuums gesteckt waren. Diese Botschaft fand Beifall in einer Schicht, deren expansiver Wirtschaftsliberalismus in Kontrast zu ihrer demonstrativen Staatstreue stand und die ihre gesellschaftliche Anerkennung – wie oben ausgeführt – eher vom Staat als von der vorherigen Führungsschicht zu erlangen versuchte. Mit Bezug auf *Agnes Bernauer* könnte man deshalb von einem genuin bürgerlichen, bloß äußerlich ins historische Ambiente der Adelsgesellschaft versetzten dramatischen Grundkonflikt sprechen. Aus der Sicht des feudalistischen Zeitalters hätte dieses Werk jedenfalls niemals als *Ein deutsches Trauerspiel* – so der Untertitel von Hebbels Drama – bezeichnet werden können. Die Ahndung eines Verstoßes gegen die Ständeordnung wäre dort eine gewöhnliche rechtmäßige Bestrafung eines gewöhnlichen kriminellen Deliktes gewesen. Die Versöhnung des Herzogssohns mit dem Mörder seiner Gattin bedurfte dort keiner moralischen Rechtfertigung und erst recht keiner psychologischen Erklärung.

Neben Hebbel ist zweifellos Schiller als wichtigster anspruchsvoller und zugleich erfolgreicher Bühnenautor des bürgerlichen Zeitalters zu nennen, dessen Werke nicht nur im Bildungsbürgertum zur Kenntnis genommen wurden. Die schon während der Befreiungskriege und besonders 1859 in den Schiller-Feiern zum 100. Geburtstag des Dichters zum Ausdruck kommende Begeisterung erstreckte sich bis in weite Kreise des Besitzbürgertums und des gehobenen Kleinbürgertums. Dabei fällt von Anfang an auf, dass Schiller – wie später Hebbel mit seiner Tragödien-Trilogie *Die Nibelungen* (1861) – in besonderem Maße für die nationalistisch-bürgerliche Kulturpropaganda instrumentalisiert wurde. Diese Propaganda hatte zwei Stoßrichtungen, eine nach außen und eine nach innen gerichtete. Die nach außen gerichtete bezog sich auf die angeblich mit und durch Schiller erreichte Gleichrangigkeit der deutschen mit der bis dahin (in den tonangebenden Adelskreisen des feudalistischen Zeitalters) als unerreichbar geltenden französischen Literatur.

Die nach innen gerichtete rekurrierte demgegenüber auf ein Problem, das wohl im Gefolge einer jeden Erneuerung der Gesellschaftsordnung unausweichlich auftritt: das Problem der Herstellung des gesellschaftlichen Zusammenhaltes im Sinne einer 'Abstimmung' der jeweiligen Schichten aufeinander. Die feudalistische wie auch die bürgerliche Gesellschaftsordnung bildeten ja komplexe Gebilde, die trotz aller Verwerfungen und Transformationen insoweit 'funktionierten', als es nicht zu ständigen Bürgerkriegen und Revolutionen kam. Die Schichten lebten nicht in Harmonie und wechselseitiger Anerkennung, aber auch nicht in völliger Selbstbezogenheit, in offenem Verdrängungswettbewerb oder gar in terroristischer Opposition. Das Räderwerk des Schichtenbaus knirschte und hakte zwar fortwährend, aber es bewegte sich doch vorwärts und produzierte einen erkennbaren Output in Form staatlicher Institutionen, wirtschaftlicher Produktion, kulturellen Fortschritts usw. Die Redeweise vom 'Räderwerk' wie auch die vom 'Organismus' ist allerdings verfänglich. Denn sie suggeriert, dass es so etwas wie ein reibungsfreies Funktionieren derartiger Systeme geben könnte oder sogar geben sollte. Dabei entsteht gesellschaftlicher Fortschritt gerade durch die fortwährenden Spannungen, welche das Schichtengefüge in Bewegung halten und welche die langfristigen Transformationsprozesse widerspiegeln, denen Wirtschaft und Politik, Technik, Kultur und Mentalität unterliegen.

Die innenpolitische Indienststellung Schillers und anderer Klassiker zielte auf die Etablierung einer nationalen Identität durch Rekurs auf die Idee der Kulturnation als einer durch gemeinsame Sprache, Kunst, Geschichte und Wertvorstellungen geeinigten Gemeinschaft von Bürgern. Diese Ideologie konnte chauvinistische Züge annehmen und 1870/71 bis hin zur Kriegspropaganda übersteigert werden. Insofern sie die feudalistische Ideologie der Gottesgnadenschaft ablöste, kann man ihr jedoch eine gewisse Progressivität nicht ganz absprechen. Denn sie brachte zum Ausdruck, dass zwischen den Klassen des bürgerlichen Zeitalters andere Bande geknüpft waren als zwischen den Ständen der feudalistischen Ära. Der gemeinsame Fixpunkt wurde nicht mehr im religiös-transzendenten und damit un(an)greifbaren Bereich des göttlichen Willens, sondern in der vergleichsweise profanen Sphäre der nationalen Kulturtradition verortet. Insofern die Institutionen der politischen Herrschaft und der Wirtschaft hierbei ausgeblendet wurden, handelte es sich immer noch um eine ideologische Schönung. Aber der 'ideologische Fortschritt' ist doch erkennbar und macht sich z. B. in der für unsere Überlegungen wichtigen Veränderung des Repräsentationskonzeptes bemerkbar.

Die höfische Repräsentationskultur des feudalistischen Zeitalters basierte auf der Vorstellung, dass der Herrscher unmittelbar von Gottes Gnaden eingesetzt oder selbst gottähnlich war und somit das Jenseits im Diesseits, das Transzendente im Immanenten, repräsentierte. Das Besitzbürgertum als die neue Führungsschicht des bürgerlichen Zeitalters wollte demgegenüber 'die Gesellschaft' gegenüber ihren einzelnen Mitgliedern repräsentieren, also keineswegs nur sich selbst als Person bzw. als Vertreter einer kleinen Klasse, sondern gleichsam als Inkarnation des neuen gesellschaftlichen Zusammenhaltes. Diese Haltung mochte sich im Einzelfall auf die patriarchalische Attitüde des Unternehmers gegenüber seinen Arbeitern beschränken, aber darin lag etwas anderes als der seigneurale Gestus des Feudalherren gegenüber seinen Pächtern oder des pater familias gegenüber seinem 'ganzen Haus'. Promenierte der Fabrikant mit seiner Gattin durch die prächtig ausstaffierten Wandelgänge eines von ihm mitfinanzierten Theatergebäudes, so repräsentierte er eine Position, die im Prinzip jedermann hätte erlangen können. Freilich lag darin auch die Gefahr der Selbstüberschätzung des 'selfmademan', der wie Goethes Prometheus 'alles selbst vollendet' zu haben glaubte und die Gunst der Umstände verkannte, die ihn mitgeprägt hatten. Das Engagement für eine den gesellschaftlichen Zusammenhalt verbürgende Nationalkultur war hier und da eine bloße Maske, hinter der sich Selbstüberschätzung und banausischer Chauvinismus verbarg.

Diese Gefahr wird umso größer, umso unverhältnismäßiger der Repräsentationsaufwand im Vergleich zum ideellen 'Nutzen' der kulturellen Aktivitäten wird. So ist das 19. Jahrhundert auch die Zeit, in der sich ein spezifischer Kunst-, Festival- und Ausstellungstourismus für begüterte Schichten entwickelt. Bayreuth ist eine Stadt, die hiervon besonders profitiert hat, nachdem dort 1872 von Richard Wagner die jährlichen Festspiele begründet worden waren. Auch zu erwähnen sind die seit Mitte des Jahrhunderts in wechselnden Metropolen durchgeführten Weltausstellungen. Es entstand ein eigenes Genre von Ausstellungsführern (vgl. Gold 1991), die sich des – in der Regel nicht unbegüterten – Ausstellungstouristen annahmen, der auf den großen Leistungsschauen der Industrie und der Technik Wunderwerke wie den Londoner Kristallpalast (1851) oder den Pariser Eiffelturm (1889) gezeigt bekam. Es nimmt nicht wunder, dass das Besitzbürgertum unter den Besuchern derartiger Veranstaltungen überrepräsentiert war.

Ziehen wir ein Gesamtfazit, so können wir feststellen, dass die literarische Kultur des Besitzbürgertums in erster Linie eine Empfindungs- und Repräsentationskultur war. Ihre besondere Leistung besteht darin, im Unterschied zur bei oberflächlicher Betrachtung ganz ähnlichen Repräsentationskultur der Führungselite des feudalistischen Zeitalters, also im Unterschied zur höfischen Kultur, die Herrschaftslegitimation säkularisiert zu haben. Auch wenn das Hoftheater aus seiner Privatschatulle finanziert wurde, saß der Fürst in seiner Loge nicht als Besitzer des Hauses, sondern als ein 'höheres Wesen', als Repräsentant der Transzendenz in der Immanenz. Der Besitzbürger hingegen verkörperte im ungünstigsten Fall die arrogante Macht des Geldes, im günstigsten den einen (imaginären) gesellschaftlichen Zusammenhalt herstellenden Exponenten der 'deutschen Nationalkultur', der demonstrativ die Verantwortung für ein mehr oder minder deutlich wahrgenommenes klassisches Erbe übernehmen und an den Tag legen wollte. Die von bildungsbürgerlichen Vorstellungen dominierte Literaturgeschichtsschreibung hat diese modernisierte Repräsentationskultur lange Zeit nicht in ihrer Funktion erkannt und anerkannt. Und in der Motivgeschichte begegnet uns sogar häufig der Extremtyp des banausischen Neureichen, ein Typus, der dem Besitzbürgertum weder unter dem Gesichtspunkt seiner sozialen Herkunft und seines extrem hohen Bildungsstandes noch im Hinblick auf die Voraussetzungen und Hintergründe seiner neugeschaffenen Repräsentationskultur gerecht wird.

4. Bildungsbürger

Abb. 15: Ludwig Seblers: 'Georg Wilhelm Friedrich Hegel in seinem Arbeits-
zimmer' (ca. 1828)

Aufgrund gesunkener Bücherpreise konnten nicht wenige Angehörige der
Bildungselite im bürgerlichen Zeitalter umfangreiche Privatbibliotheken anlegen, die ihre Arbeitsbedingungen entscheidend verbesserten und zugleich ihre
superiore gesellschaftliche Position veranschaulichten.

Das Bildungsbürgertum des 19. Jahrhunderts kann als eine beherrschte Fraktion der herrschenden Schichten bezeichnet werden (s. Bourdieu 1987, S. 163 u. ö.). Aufgrund seines extremen Bildungsniveaus wurde der Bildungsbürger aus der Perspektive des Kleinbürgertums und der Arbeiterschaft zwar den höheren Kreisen zugerechnet und mit Respekt behandelt. Aber sein Lebensstandard ähnelte zumeist eher dem eines gutsituierten Kleinbürgers als dem eines Industriellen oder eines Kaufmannes. Und dennoch ist das bürgerliche Zeitalter die Epoche des größten Triumphes dieser Schicht. Denn dem Bildungsbürgertum gelang es, sein eigenes Bildungs- und Kulturideal gesellschaftlich durchzusetzen, als die von ihm beherrschte Schule im Laufe des 19. Jahrhunderts die Familie als die wichtigste Instanz der kulturellen Sozialisation ablöste. Diese Schicht gewann damit die Definitionsmacht in einem Sektor, der für die gesellschaftliche Gesamtentwicklung nicht von allein ausschlaggebender, aber doch von sehr großer Bedeutung war und der viele Nachbarbereiche wie z. B. das Museumswesen oder das literarische und musikalische Leben nachhaltig beeinflusste.

Die Bezeichnung 'Bildungsbürger' bedarf der Erläuterung. Häufig wird sie inflationär verwendet; dann kann auch der Gelehrte des feudalistischen Zeitalters oder der Akademiker der Gegenwart damit gemeint sein (vgl. Engelhardt 1986, S. 226-228). Hier wird der Begriff enger gefasst. Er meint die Schicht der „Funktionseliten, die durch Universitätsstudium und Neuhumanismus geprägt worden waren" (Wehler 1995, S. 125), also z. B. Professoren, Lehrer, Journalisten, Schriftsteller oder Pfarrer. Es handelte sich bei ihnen um eine sehr kleine Bevölkerungsgruppe, die um 1850 maximal 40.000, um 1871 ca. 48.000 Personen umfasste (vgl. ebd., S. 126-129). Da Frauen aufgrund irrationaler Vorurteile von der höheren Bildung ausgeschlossen waren, gehörten fast nur Männer dieser Schicht an. Man kann jedoch die Ehepartner und Kinder dieser Akademiker noch dem Bildungsbürgertum zuschlagen. Aber selbst dann kommen wir für 1850 nur auf eine Zahl von 280.000 Menschen, um 1871 sind es maximal 300.000. Der Anteil des Bildungsbürgertums an der Gesamtbevölkerung des Deutschen Reiches liegt damit im 19. Jahrhundert bei allerhöchstens 0,8 %; legen wir nur die männlichen 'Haushaltsvorstände' unserer Rechnung zugrunde, sind es weniger als 0,2 %. Einige Autodidakten und energische Frauen, die sich den Zugang zur höheren Bildung ertrotzten, mögen noch hinzuzurechnen sein. So oder so handelte es sich aber um eine außerordentlich kleine Gruppe, deren Anteil an der Gesamtbevölkerung in keinem Verhältnis zu ihrem großen gesellschaftlichen Einfluss stand.

Das entscheidende Erkennungs- und Wesensmerkmal dieser Schicht war ihre 'Bildung'. Um zu verstehen, was es damit auf sich hat, müssen wir zunächst drei verschiedene Facetten dieses Begriffs voneinander unterscheiden (vgl. Bourdieu 1983, S. 53-63). Erstens gibt es das institutionalisierte kulturelle Kapital; das sind Bildungstitel und -abschlüsse wie z. B. das Abitur, der

Realschulabschluss, der Doktortitel, der Grundschulabschluss und ähnliche staatliche Bildungspatente und -zertifikate, die nur durch eigenes Lernen und durch die anschließende Absolvierung von Prüfungen erworben werden können. Zweitens sprechen wir vom objektivierten kulturellen Kapital, das die 'äußeren', kauf- und vererbbaren Insignien der Bildung umfasst. Dazu gehören beispielsweise Bücher, Musikinstrumente oder Gemälde, die in der Wohnung oder am Arbeitsplatz des Besitzers aufgestellt (und manchmal auch demonstrativ 'ausgestellt') sind und die Rückschlüsse auf seinen Bildungsstand ermöglichen (sollen). Drittens ist dann das inkorporierte kulturelle Kapital anzuführen, das in Wissen, Kenntnissen, Intelligenz, Weisheit, Denkfähigkeit u. dgl. besteht und das man als die eigentliche, innere Bildung bezeichnen könnte.

Besitz- und Bildungsbürgertum unterscheiden sich von den anderen Gesellschaftsschichten u. a. durch ihre höhere, in aller Regel akademische oder mindestens gymnasiale Bildung. Das Besitzbürgertum instrumentalisiert dieses kulturelle Kapital jedoch für die Akkumulation materiellen Kapitals, während das Bildungsbürgertum die Maximierung des inkorporierten kulturellen Kapitals zu seinem Lebensinhalt macht und geradezu zu einem Selbstzweck erhebt. Diese Schicht versucht außerdem, 'Kultur zu leben', was sich auch äußerlich am Einrichtungsstil erkennen lässt, der von einer Marginalisierung alles Materiellen und Pragmatisch-Alltäglichen geprägt ist. Die Bibliothek dient hier nicht als imposante Kulisse für geschäftliche Besprechungen, sondern als Arbeitsraum, wenn ihr Bestand nicht sogar über die Wohnräume verteilt wird, um überall das Flair der höheren Kultur zu verbreiten. Anstelle der repräsentativen Prachtausgabe beschafft man sich die editionsphilologisch zuverlässigste Studien- oder Originalausgabe. Literarische und wissenschaftliche Werke werden mit spitzem Bleistift durchgearbeitet und kritisch durchdacht. Man kennt sich aus in der Welt des Geistes, man studiert aufmerksam die Werke der anspruchsvollsten Künstler und Wissenschaftler, man hat eine solide humanistische Bildung, kennt 'seinen' Platon, 'seinen' Horaz, 'seinen' Goethe und 'seinen' Schiller. Die eigene (Berufs-)Tätigkeit wird nicht pragmatisch, sondern existenziell definiert. Man ist 'ein Mann der Wissenschaft', 'hat sich ganz der Musik verschrieben', 'lebt nur für die Literatur' usw. Für Äußerlichkeiten wie Kleidung oder Wohnung hat man keine Zeit und kein Interesse. Dieser ostentative Asketismus ist freilich nicht für alle Gebildeten charakteristisch. Die akademische Ausbildung konnte nicht nur ins Bildungsbürgertum, sondern auch – wie oben gezeigt – ins Besitzbürgertum führen, in dem die Erwerbsorientierung dominierte. Zwei Unterscheidungsmerkmale erlauben es uns aber, aus der Gesamtheit aller akademisch Gebildeten die eigentlichen Bildungsbürger herauszufiltern: die Sprache und das Weltbild.

Die Sprache der Gelehrten des feudalistischen Zeitalters war – wie wir uns erinnern – das (fließend gesprochene und geschriebene) Latein. Damit war klar erkennbar, wer zu dieser Schicht gehörte und wer nicht. Ab etwa 1720 hatte sich dies verändert. Mehr und mehr hielt das Deutsche Einzug in die Hörsäle, Fachbücher und Gelehrtenkorrespondenzen. Um 1800 war es selbst in der Klassischen Philologie eine Seltenheit, wenn einmal ein Kolleg in lateinischer Sprache abgehalten wurde (vgl. Weimar 1989, S. 37f.). Gleichwohl blieb die Sprache auch dann noch das wichtigste, von jedermann sofort erkennbare Distinktionsmerkmal der Bildungsschicht, und zwar als spezifischer Soziolekt, der Elemente der Fachsprachen, der Wissenschaftssprache und der literarischen Sprache in sich vereinigte und der auch in außerberuflichen Zusammenhängen gesprochen wurde. Dazu gehörten (z. B.) ein besonders reichhaltiger Wortschatz, Fremdwörter, komplizierte und grammatisch korrekte Satzkonstruktionen, Zitate und Anspielungen, viele metasprachliche Elemente, fremdsprachige Begriffe sowie die souveräne Beherrschung einer einwandfreien hochdeutschen Orthoepie und Orthographie. Wie der Besitzbürger durch seinen Maßanzug und seine Diamantmanschettenknöpfe gab sich der Bildungsbürger durch seine Sprache zu erkennen, die aber über ihren Distinktionswert hinaus auch noch wichtige Erkenntnisfunktionen besaß.

Jedenfalls ist es erstaunlich, welche extremen intellektuellen Leistungen mit Hilfe dieses vergleichsweise jungen Soziolektes vollbracht wurden. An erster Stelle gehört dazu die Ausformulierung eines schichtenspezifischen Weltbildes, das zwar in mehrere Schulen und Denkrichtungen aufgeteilt war, dessen Eigenarten jedoch in fast allen diesen Schulen wiederzuerkennen sind. Diese Eigenarten kennzeichne ich mit den Begriffen Spiritualisierung, Intellektualisierung und Historisierung.

Spiritualisierung meint die konsequent durchgehaltene Unterstellung, dass alles und jedes einen geistigen Gehalt besitzt und dass dieser Gehalt den eigentlichen Wert des Gegenstandes ausmacht. Entscheidet sich der Kleinbürger für ein Tapetenmuster oder einen Möbelstil, so genügt ihm in der Regel das spontane sinnliche Empfinden, die Erinnerung an ähnliche Muster, die Bequemlichkeit und Funktionalität einer Sache u. dgl. als Entscheidungsgrundlage. Der Bildungsbürger sieht hingegen in Stil und Muster eine bestimmte Gestaltungstradition, die er historisch, ästhetisch, ethisch, politisch usw. zu beurteilen weiß und für oder gegen die er sich aus diesem Hintergrundwissen heraus entscheidet. Semantisierung meint dabei nicht die Vermutung, dass der Hersteller von Möbel und Tapete bewusst diese oder jene Tradition zitiert habe, sondern lediglich die Unterstellung, dass jeder die Analyse lohnende Gegenstand objektiv einen geistesgeschichtlichen Hintergrund besitzt. Der Bildungsbürger schafft sich damit einen dichten spirituellen Kosmos, in den er eingebettet ist und in dem es keine 'Bedeutungslücken' gibt, durch die er in die Sphäre des 'Geistlosen' fallen könnte. Alle Stücke um ihn herum haben eine Geschichte, lassen sich begreifen und verstehen, spiegeln Geist von seinem Geist.

Intellektualisierung meint die alleinige Konzentration des Rezipienten auf diesen geistigen Gehalt der Sache, egal ob es sich um ein Buch, ein Gemälde oder einen alltäglichen Gegenstand handelt. Dabei gilt die Erkenntnis ihres geistigen Gehaltes als die wahre Erkenntnis einer Sache. Im Bereich der Künste ist damit insbesondere die Skotomisierung und Zurückweisung der konkurrierenden Kunstbegriffe der Arbeiter und Kleinbürger bzw. der Besitzbürger verbunden, bei denen es – wie gezeigt – zu einem guten Teil auf sinnliche Eindrücke, auf emotionale Wirkungen und auf Repräsentationsfunktionen ankam. Dies alles wird ignoriert oder bestenfalls als sozialhistorisches Phänomen einer intellektuellen Analyse unterzogen, jedenfalls aber nicht anerkannt oder gar nachvollzogen. Das Bildungsbürgertum macht Ernst mit der Kunst. Was zählt, ist vor allem der geistige Gehalt, und wer diesen verkennt, erweist sich als Banause oder gar als 'Barbar' (Kant, KdU, § 13), der kein interesseloses Wohlgefallen empfindet, keinen wirklichen Zugang zur Kunst besitzt und sich geradezu an den Musen versündigt. Diese Vereinseitigung der Wahrnehmung führt einerseits zu einer phänomenalen Steigerung des intellektuellen Niveaus, auf dem in dieser Schicht wahrgenommen, gedacht, diskutiert und publiziert wird; noch die leisesten Untertöne, die subtilsten Anspielungen, die abstraktesten Beweisführungen werden nachvollzogen, sofern sie geistiger Natur sind und sprachlich-gedanklich auf den Begriff gebracht werden können. Andererseits kommt es dadurch zur Entstehung eines wissenschaftlichen Pseudouniversalismus, der alles zu begreifen glaubt, weil er alles bzw. alles überhaupt der Analyse Gewürdigte durch die Brille des Geistes zu betrachten vermag. Sei es altamerikanische Tonplastik, neue chinesische Musik oder mittelalterliche Liebeslyrik: Hat es einen höheren geistigen Gehalt, so lässt es sich analysieren, und folgerichtig findet es im geistigen Leben des Bildungsbürgers ohne weiteres seinen Platz. Hat es freilich keinen solchen Gehalt, so gilt es als wertlos und wird ignoriert, auch wenn es in der nächsten Alltagsumgebung beständig präsent ist. Der Kosmopolit des Geistes wird u. U. zum Fremden im eigenen Haus.

Historisierung als das letzte der drei generellen Spezifika des bildungsbürgerlichen Weltbildes meint die Umdeutung der Geschichte zu einer reinen Geistesgeschichte als Strategie einer imaginär-kompensatorischen Autonomisierung. Die Geschichte nicht nur des Bewusstseins, sondern auch der Politik, der Wirtschaft und sogar der Natur wird in den Schulen des Deutschen Idealismus als Entwicklungsgeschichte des Geistes interpretiert, der sich sukzessive in verschiedenen Erscheinungsformen präsentiert und letztlich in der reinen Reflexion zu sich selbst kommt. 'Welthistorische Individuen' (Hegel) wie Caesar oder Napoleon erscheinen als bloße Manifestationen dieses Geistes, die dafür sorgen, dass sich dessen innere Entwicklungsfortschritte auch äußerlich in der politischen Wirklichkeit niederschlagen. Der Geist erscheint als die geheime Triebfeder der Kultur- und Naturgeschichte. Und der

Geistkundige, der Bildungsbürger, besitzt den Schlüssel zum Verständnis dieser Geschichte, deren Regeln sich nur ihm offenbaren. Marx und andere Kritiker dieses durchsichtigen Selbstermächtigungsphantasmas haben einem solchen extremen Spiritualismus schon früh den gedanklichen Boden entzogen, damit aber nicht verhindern können, dass die Attitüde des Gralshüters im Bildungsbürgertum weite Verbreitung fand. Auch in der damals entstehenden Literaturwissenschaft hat die idealistische Betrachtungsweise nachhaltige Spuren hinterlassen. Die deutsche Literaturgeschichte wurde als Geschichte des deutschen Geistes interpretiert, der sich in einer Abfolge von in sich geschlossenen Entwicklungsphasen fortentwickelt habe. So entstanden die noch heute verbreiteten Epochenbegriffe 'Aufklärung', 'Sturm und Drang', 'Klassik', 'Romantik', 'Realismus', 'Naturalismus' usw. Sie bezeichneten Denkrichtungen, die in den diskursstiftenden Fraktionen des Bildungsbürgertums zeitweise eine Hauptrolle gespielt hatten.

Die traditionelle literaturgeschichtliche Periodisierung erwies sich damit als eine sekundäre Selektionsprozedur, die den Effekt der ihr vorausgehenden primären Selektionsprozedur zugleich verschärfte und den Blicken entzog. Bei dieser primären Selektionsprozedur handelte es sich um eine im Hinblick auf die schichtspezifischen Lektüreanforderungen und Mediennutzungsgewohnheiten der Bildungselite getroffene, äußerst rigide Auswahl der einer 'Aufnahme in die Literaturgeschichte' für würdig befundenen Texte. Die Verschärfung der Selektion ergibt sich aus dem Umstand, dass man die mal so und mal so konstruierten Epochen nach dem Prinzip der Überbietungsgeschichte anzuordnen versuchte, wobei es keinen sehr großen Unterschied macht, ob hierbei nach ideengeschichtlichen, stilgeschichtlichen, politikgeschichtlichen, ereignisgeschichtlichen oder sonstigen Grundsätzen verfahren wurde. Entscheidend ist, dass in der Regel jeweils die Epoche n + 1 einen ideellen, stilistischen, politischen etc. Fortschritt gegenüber der Epoche n darstellen sollte, und zwar in ihrer Gesamtheit, ohne dass es zu einer Berücksichtigung der literarischen Kommunikation in der ganzen Bandbreite ihrer historischen Erscheinungsvielfalt kam. So sollte die Aufklärungsliteratur die Literatur des Barockzeitalters überbieten, die Klassik eine Antwort auf den Sturm und Drang darstellen, der Symbolismus auf den Realismus reagieren usw. Aus einer Ansammlung verstreuter Einzelteile wurde so eine kohärente Geschichtserzählung, die als eine Art Pseudohistorie nicht nur neben die Geschichte der literarischen Kommunikation trat, sondern diese in den Schatten stellte und schließlich fast vollständig vergessen machte. Der Literaturgeschichtsschreibung des bürgerlichen Zeitalters scheint nahezu jedes Mittel recht gewesen zu sein, um dieses geschichtsmetaphysische Konzept durchzusetzen. Dabei konnten manchmal – wie etwa bei Konrad Burdach und Rudolf Hildebrand – patriotisch-nationalistische Untertöne mit einfließen, die eine zusätzliche Verfestigung und Sakrierung des Kanons beförderten. Erst um die Jahrhundertwende, also zu Beginn des demokratischen Zeitalters, änderte sich dies, als der für die neue Epoche charakteristische Pluralismus auch die wissenschaftliche Methodologie zu erfassen begann (s. Hermand 1994, S. 66-82). Da jedoch die Lektüreanforderungen und Mediennutzungsgewohnheiten der Bildungselite auch weiterhin den Filter bildeten, der das literarhistorisch Relevante vom angeblich Irrelevanten abzugrenzen erlauben sollte, kam es nicht zu einer grundsätzlichen und nachhaltigen Abkehr von den Periodisierungskonzepten des Bildungsbürgertums, sondern in den allermeisten Fällen nur zu einer – mehr oder minder gelungenen – nachträglichen Verwissenschaftlichung der Epochenbezeichnungen.

Das lässt sich an einigen Beispielen leicht verdeutlichen. So war etwa der Ausdruck 'barock' ursprünglich ein pejorativer Begriff, der sich gegen die höfische Repräsentationskultur des feudalistischen Zeitalters richtete, deren Sinnlichkeit und Prachtliebe dem Asketismus und Intellektualismus der Bildungsbürger widersprach, weshalb man die rhetorisch reich geschmückte höfische Literatur als schwülstig, überladen und gedanklich unklar oder oberflächlich abzuqualifizieren versuchte. Mit den großen Barockstudien von Heinrich Wölfflin, Herbert Cysarz, Richard Alewyn, Günther Müller und Karl Viëtor setzt dann in den Jahren um 1900 die besagte Verwissenschaftlichung ein, die zunächst darauf abzielt, dem Begriff seine negativen Konnotationen zu nehmen und ihn als wertfreie Periodisierungskategorie zu definieren (s. Hoffmeister 1987, S. 3f.). Da der neue, verwissenschaftlichte Begriff 'Barock' aber sowohl die Repräsentationskultur der Höfe als auch die gelehrte Kultur der Bildungselite und die Unterhaltungsliteratur der Kaufleute und Handwerker umfassen soll, wird er hoffnungslos überdehnt und schließlich gesprengt. Wenn von der einfachen Fabel bis zum hochartifiziellen Roman schließlich die unterschiedlichsten Texte als 'barock' bezeichnet werden, sofern sie nur innerhalb bestimmter, zudem höchstgradig umstrittener Epochengrenzen publiziert wurden, bleibt nur noch das nicht mehr fassbare 'barocke Lebensgefühl' als kleinster gemeinsamer Nenner erhalten, der die angebliche Einheit der Epoche verbürgen soll. Nicht anders verhält es sich zum Beispiel mit dem Begriff 'Klassik'. Dass die Klassiker den Begriff 'Klassik' vermieden, ja z. T. ausdrücklich zurückwiesen, mag aus wissenschaftlicher Perspektive von geringem Belang sein. Dass aber Literarhistoriker des 19. Jahrhunderts wie Gervinus und Harnack den Begriff für politische und kulturpolitische Zwecke instrumentalisierten, weckt erheblichen Zweifel an seiner Tragfähigkeit (s. Plumpe 1995, S. 11-28). Den wichtigsten Versuch zu einer Verwissenschaftlichung der Kategorie lieferte Fritz Strich mit seinem 1922 erschienenen Buch *Deutsche Klassik und Romantik*, das den angeblich klassischen Hang zur Vollendung als eine der überzeitlich gültigen Lösungen des Vergänglichkeitsproblems zu erweisen versucht. So apodiktisch wie bei Strich wird in der aktuellen Literaturwissenschaft freilich nur noch selten argumentiert. Verwissenschaftlichung meint heute in der Regel nichts anderes als eine pflichtschuldig und routiniert absolvierte Historisierung und Relativierung der – gleichwohl immer wieder benutzten – Epochenbezeichnungen vom Typ 'Barock', 'Aufklärung', 'Klassik', 'Romantik', 'Realismus' usw.

Die Crux dieser Kategorien liegt nicht darin, dass es sich bei ihnen um Konstruktionen handelt, sondern darin, dass diese Konstruktionen besonders wackelig sind. Da sie an den Realitäten der literarischen Kommunikation, wie sie in der Einleitung des vorliegenden Buches definiert wurde, achtlos vorübergehen, müssen sie Repräsentations-, Gelehrten und z. T. auch Unterhaltungskulturen in einer Kategorie zusammenpressen, was regelmäßig zur Deformierung oder Ausblendung von mindestens einer dieser drei Spielarten der literarischen Kommunikation führt. Übrigens bedeutet dies nicht, dass solche traditionellen Literaturgeschichten ganz aus der Schule oder aus dem Philologiestudium zu verbannen wären; entscheidend ist aber, dass sie heute nicht mehr als *Instrumente*, sondern als *Gegenstände* der literaturwissenschaftlichen Forschung aufgefasst und behandelt werden müssen. Denn sie sind wichtige, aufschlussreiche Dokumente für das Selbstverständnis der Bildungseliten und ihrer schichtspezifischen Vorstellung von Literatur und müssen deshalb in eine Geschichte der literarischen Kommunikation als Quellen mit einbezogen werden.

Selbstverständlich kann – jedenfalls im demokratisch-pluralistischen Zeitalter – auch eine solche Kommunikationsgeschichte nicht den Anspruch erheben, mit absolut stabilen Konstruktionen zu operieren. Auch die hier bevorzugten Epochenbezeichnungen wie 'Stammeszeitalter' oder 'bürgerliches Zeitalter' sind Konstruktionen, über deren Berechtigung und Sachangemessenheit fortwährend gestritten wird und zu streiten ist. Der Literaturhistoriker sieht sich hier in die missliche Lage versetzt, auf zentrale Begriffe der Historiographie, der Soziologie, der Medienwissenschaft und anderer Disziplinen zurückgreifen zu müssen, ohne natürlich deren Grundkategorien en passant neu erschaffen oder seinen Bedürfnissen anpassen zu können. Doch diesem gewichtigen Nachteil steht ein noch weit gewichtigerer Vorteil gegenüber: nämlich die Gewinnung von Wirklichkeitsnähe, Realitätsbezug, Welthaftigkeit oder wie die – pflichtschuldig zu relativierenden (s. o.) – Kategorien sonst heißen mögen, durch welche sich die Kommunikationsgeschichte von der traditionellen Literaturgeschichte als – idealtypisch gedacht – einer ausschließlichen Beschreibung der Eigendynamik oder Eigengesetzlichkeit im Entwicklungsgang der (höheren, kanonisierten) Literatur unterscheidet. Dass ausgerechnet die Soziologie, nämlich die Kultursoziologie Bourdieus und die Systemtheorie Luhmanns, die bedeutendsten Anstrengungen unternommen haben, um die eine solche Eigendynamik gebärende Autonomie der (höheren) Literatur nachzuweisen und zu analysieren, macht auf schlagende Weise deutlich, dass zwischen der Literatur- und der Kommunikationsgeschichte – wiederum idealtypisch gedacht – keine Konkurrenzbeziehung, sondern eine Teil-Ganzes-Relation besteht. Aus wissenschaftstheoretischer Perspektive bleibt hierbei allerdings anzumerken, dass nur die Kommunikationsgeschichte im engeren Sinne als 'Geschichte' (Historiographie) bezeichnet werden kann, während es sich bei der Geschichte der autonomen Literatur, rein insofern sie autonom ist, stets nur um chronologisch sortierte Beschreibungen von auf disambiguierender Interpretation beruhenden intertextuellen Relationen handelt. Das ontologische Gefälle zwischen derartigen Relationen und kommunikationsgeschichtlichen Fakten (wie z. B. Alphabetisierungsquoten, Auflagenhöhen, Buchpreisen) darf nicht zu hoch und nicht zu niedrig veranschlagt werden; in der Terminologie Nicolai Hartmanns könnten sie mit der Begriffsdichotomie 'Fürunsseiendes' versus 'Ansichseiendes' beschrieben werden. Wollte man aus radikal konstruktivistischer Perspektive den Begriff des 'Ansichseienden' negieren und ontologisch herunterstufen, resultierte daraus keineswegs eine Angleichung an das 'Fürunsseiende', sondern nur die Notwendigkeit, das bei Hartmann mit dem Begriff 'Ansichseiendes' Bezeichnete seinerseits herunterzustufen und mit einem neuen Begriff zu belegen.

Aktuelle Versuche, die bildungsbürgerlichen Epochenbegriffe zu versachlichen und zur Grundlage der Literaturgeschichtsschreibung zu machen, sind nicht mit dem Anspruch zu vereinbaren, dass eine moderne wissenschaftliche Literaturgeschichte eine Gesamtgeschichte der literarischen Kommunikation in allen ihren Facetten anvisieren sollte. Wer z. B. den Kolportageroman nur als verspätete, verkitschte Schwundstufe der Romantik interpretiert, verkennt die zivilisatorische Funktion dieses Genres und legt einen hier unangebrachten bildungsbürgerlichen Literaturbegriff zugrunde. Dass dies immer wieder geschah und geschieht, illustriert den nachhaltigen Erfolg einer Schicht, der es gelang, das staatliche Kultur- und Bildungswesen zu beherrschen und ihren Kanon als den einzig wahren, den einzig möglichen, den einzig natürlichen zu deklarieren.

Spiritualisierung, Intellektualisierung und Historisierung schlugen sich also merklich im Kultur-, Bildungs- und Literaturideal des Bildungsbürgertums nieder. Das zeigt sich auch in der Verwissenschaftlichung der Kunstrezeption, die im 19. Jahrhundert u. a. zur Gründung der Germanistik durch Gelehrte wie die Brüder Grimm führte. Ein weiterer wichtiger Faktor ist die Trennung in 'E' und 'U', also in legitime 'geistvolle' und illegitime 'geistlose' Kultur, wobei letztere als vernachlässigbare Schwundstufe der 'echten' geistigen Kultur hingestellt wurde. An die Stelle einer wissenschaftlichen Auseinandersetzung mit den literarischen Kulturen anderer Gesellschaftsschichten trat deren ängstlich-überhebliche Skotomisierung, die sich bis zum „Ekel vor dem 'Leichten'" (Bourdieu 1987, S. 757) steigern ließ. Die Konfrontation mit Gassenhauern

oder Kolportageromanen wurde für den Bildungsbürger zu einer geradezu
körperlichen Belästigung, die ihm nur von Barbaren zugemutet werden konnte.
Als Mann von Geschmack und Exponent der Geistesaristokratie wollte er nicht
nur von Derb-Grobianischem, sondern allgemein von Sinnesreizen und
Sentimentalitäten verschont bleiben.

Hinzu kommt die Entsinnlichung der Literaturrezeption durch Verbreitung
und schulische Durchsetzung der stillen einsamen Lektüre als diszipliniert-
intellektualisierter Rezeptionspraxis (vgl. Schön 1987). Und dazu gehört auch
die horizontale Expansion des Kulturbegriffs im Hinblick auf die kosmopolitische Konzeption einer Weltliteratur, also einer für Gebildete aller Zeiten und
Länder akzeptablen und verständlichen, auf den Idealen der Spiritualisierung,
der Intellektualisierung und der Historisierung beruhenden Gemeinschaftskultur. Diese Weltliteratur, wie sie der Gelehrtenstand des feudalistischen Zeitalters in kleinerem Maßstab bereits vorgeprägt hatte, war freilich nicht für jedermann zugänglich. Der horizontalen konnte keine vertikale Expansion entsprechen, da sich der deutsche Bildungsbürger naturgemäß besser mit ausländischen Bildungsbürgern als mit einheimischen Kleinbürgern oder Arbeitern
verständigen konnte. 'Weltliteratur' blieb also eine exklusive Kategorie, die
auf die Herausbildung eines internationalen bildungsbürgerlichen Literaturka-
nons abzielte.

Als letzter Punkt sei hier die (imaginäre) Autonomisierung 'der' Literatur
angeführt, die dieser eher von unten als von oben anerkannten und deshalb so
distinktionseifrigen wie -bedürftigen Schicht besonders am Herzen lag. Unter
autonomer Literatur verstand man eine Literatur, die nur ihrer eigenen inneren
Entwicklungsdynamik folgt und die gar nicht oder kaum auf Veränderungen
der gesellschaftsgeschichtlichen Rahmenbedingungen reagiert. Besser gesagt:
eine Literatur, die ausschließlich den bildungsbürgerlichen Anforderungen an
gute Literatur entsprach und die sich freiwillig dem postulierten Entwicklungsgang der Geistesgeschichte anschmiegte. Tatsächlich gab es Autoren, die
gezielt dieses Marktsegment bedienten und deren höchst anspruchsvolle
Werke vom Bildungsbürgertum sogleich angenommen, kanonisiert und in aller
Ausführlichkeit diskutiert wurden. Aber da diese Schicht trotz ihrer Bildungs-
beflissenheit zu wenig kaufkräftig war, konnten es sich nur einige wenige
Autoren leisten, ausschließlich 'autonome' Literatur zu produzieren. Das
reichte allerdings schon aus, um eine Literaturgeschichte zu füllen. Und so
finden wir seit dieser Zeit deutsche Literaturgeschichten, die sich damit begnügen, zwei- oder dreihundert kanonische Werke durch gezielte Interpretationen in eine zusammenhängende gedankliche Entwicklungslinie zu zwingen
und diese ideale stetige Linie als Geschichte auszugeben. Auf der Basis eines
extrem verengten, bildungsbürgerlichen Literaturbegriffes wird die Gesamtgeschichte der literarischen Kommunikation hierbei bis zur Entstellung beschnitten und verstümmelt. Und doch lesen wir diese Rumpfgeschichten nicht

ohne historisches Interesse. Denn erstens bezeugen sie verständlichen Respekt vor einer literarischen Kultur, die ohne jeden Zweifel die anspruchsvollste und tiefgründigste ist, die bis dahin irgendeine Schicht in der deutschen Geschichte hervorgebracht hatte. Und zweitens reflektieren sie die schon im Stammeszeitalter einsetzende Auseinandersetzung des kulturellen Kapitals mit dem materiellen Kapital, – eine Auseinandersetzung, die bis heute polarisiert und mobilisiert. Freilich hat es nostalgische Züge, wenn noch in der Gegenwart Literaturgeschichten erscheinen, welche sich ganz auf die Seite dieser in den 1920er Jahren untergegangenen (vgl. Scheideler 1997, S. 223f.) Klasse schlagen und welche die literarischen Kulturen der anderen gesellschaftlichen Schichten völlig ignorieren bzw. ausschließlich nach den intellektuellen Maßstäben des Bildungsbürgertums beurteilen. Sie bestätigen und zementieren damit den Triumph jener klassifizierenden Klasse, die im bürgerlichen Zeitalter das Definitionsmonopol im staatlichen Kultur- und Bildungswesen eroberte und die den Kanon der legitimen Kunst bis in die Gegenwart hinein ihrem Geschmacks- und Bildungsideal gemäß zuschneiden konnte.

Im Bereich der Lyrik hat das Bildungsbürgertum insofern deutliche Spuren hinterlassen, als es der intellektualisierenden Rezeptionsform des stillen einsamen Lesens – vermittelt über den Schulunterricht – auch in diesem Bereich zur Anerkennung verhalf (vgl. Schön 1987). Das hängt zunächst damit zusammen, dass im Hinblick auf die höheren geistigen Ansprüche dieser Rezipientenschicht vermehrt deutschsprachige Gedichte von außerordentlicher gedanklicher Tiefe entstanden, wie es sie zuvor nicht gegeben hatte. Texte in der Art von Schillers *Sprüchen des Konfuzius* (1795-1800), Goethes *Vermächtnis* (1829) oder Nietzsches *Dionysos-Dithyramben* (1888) stellen allerhöchste Ansprüche an die Bildung des Lesers und müssen unter Zuhilfenahme von Nachschlagewerken oder wissenschaftlichen Kommentaren durchstudiert werden. Die Rezitation ist hier nur noch eine zusätzliche Verständnishilfe, um rhythmische Feinheiten und Formzitate aufzuspüren. Gedichte dieses Typs sind nicht mehr 'sangbar', sondern nur noch 'vertonbar'. Damit ist gemeint, dass sie sich jeder Liedhaftigkeit entschlagen und im Falle einer Vertonung komplizierte musikalische Kompositionen erfordern, die nicht einfach nachgesungen oder 'nachgesummt' werden können. Stilistisch zeichnen sie sich durch einen hochkomplexen Satzbau, die Verwendung seltener Wörter, eine Vielzahl von gelehrten Anspielungen und verrätselnde Tropen wie z. B. die Hyperbel, die Ironie oder die Metonymie aus. Inhaltlich kreisen Gedichte dieses Typs, die man der Gedankenlyrik oder Ideenlyrik zurechnet, oft um philosophische Grundfragen der Metaphysik, der Ästhetik, der Anthropologie, der Sprachphilosophie, der Ethik, der Epistemologie usw.

Man mag darüber streiten, ob auch die Sonette von Opitz und Gryphius oder die gelehrten neulateinischen Gedichte des feudalistischen Zeitalters als Ideenlyrik bezeichnet werden können. So oder so liegt der entscheidende Unterschied zur Situation der Lyrik im bürgerlichen Zeitalter aber darin, dass nun durch den Ausbau des Schulsystems und durch den Einfluss des Bildungsbürgertums in diesem System die Voraussetzungen vorhanden sind, um dem Ideal der intellektualisierten Gedankenlyrik zu größerer Anerkennung zu verhelfen. Stilideal in den unteren Schulklassen bleibt zwar die für 'authentisch' gehaltene 'Erlebnislyrik', deren Behandlung auf eine Verfeinerung der Empfindungsfähigkeit abzielt und die eine Ästhetisierung der Naturerfahrung, eine Intimisierung der sozialen Nahbeziehungen, eine Intensivierung des Geschichtsbewusstseins und ähnliche Effekte erzielen soll, die in Einklang mit den Grundelementen des neuen bürgerlichen Weltbildes stehen. Daneben tritt jedoch in den höheren Klassen das philosophische Gedicht, dem ja Hegel in seiner einflussreichen Ästhetik den höchsten Rang innerhalb der Lyrik zugesteht (vgl. Hegel XV 1835-38, S. 437f. u. ö.) und das sich am weitesten von allem Rhythmischen, 'Sangbaren' entfernt.

In direktem Zusammenhang damit stehen zwei wichtige Phänomene, nämlich einerseits die Tendenz zur Verwissenschaftlichung der Metrik und andererseits der von Bernhard Asmuth beschriebene Trend zur Entmetrisierung (Asmuth 1996), an dessen Ende die bis dahin gedichttypischen Vers- und Strophenformen weitgehend durch prosaähnliche Gestaltungsstile ersetzt sein werden. Auch dadurch wurde die (für kanonisierungswürdig gehaltene) Lyrik mehr und mehr von ihren Ursprüngen in der sangbaren, in erster Linie das Gemüt ansprechenden und mündlich tradierten Liedform abgekoppelt.

Als Verwissenschaftlichung der Metrik ist jene analytische Beschreibung von Reim und Rhythmus zu bezeichnen, die in Werken wie der *Neuhochdeutschen Metrik* (^{2}1902) von Jakob Minor oder der *Deutschen Verslehre* (1907) von Franz Saran ihren Höhepunkt erreicht und die – in bester Bildungsabsicht – auf eine Bewusstmachung unbewusster Körperfunktionen abzielt. Wie nach Kleists Aufsatz *Über das Marionettentheater* (1810) nicht anders zu vermuten, wirkt eine derartige Bewusstmachung fördernd auf den Geist und hemmend auf den Leib. Das intellektuelle Verständnis metrischer Strukturen steigert sich in nie gekannter Weise bis hin zur Ausbildung einer komparatistisch und historisch bis in kleinste Details ausdifferenzierten Typologie aller nur denkbaren Rhythmisierungsformen. Doch mit dieser Steigerung der Metrik zur Wissenschaft geht gleichzeitig die Austreibung des Rhythmus aus der (bildungsbürgerlichen, kanonisierten) Literatur einher. In der Lyrik wie auch im Drama setzt sich nach und nach jene Tendenz zur Entmetrisierung durch, an deren Ende neben einigen Besonderheiten der Wortwahl und der Syntax fast nur noch der freie Zeilenumbruch – also ein graphisches, nicht klanglich-rhythmisches Gestaltungsmittel – das Gedicht von der Prosa unterscheiden wird. Freilich dauerte es Jahrzehnte, bis sich dieser Trend durchgesetzt hatte. Und in der lyrischen Massenproduktion (Gassenhauer, Schlager, Popsong) stoßen wir bis heute auf die traditionellen Gedicht- und Strophenformen, die eher das

Gemüt als den Intellekt ansprechen, die unmittelbar 'in die Beine gehen' und
die leicht nachgesungen werden können.

Von den freien Rhythmen Klopstocks bis zu den Prosagedichten Trakls
zieht sich also ein Entmetrisierungstrend durch die bildungsbürgerliche Lyrik,
der die allgemeinen Stilpräferenzen dieser Schicht sowie ihren Einfluss auf das
Kultur- und Bildungssystem des 19. und auch noch des 20. Jahrhunderts anschaulich widerspiegelt. Die Gelehrtendichtung des feudalistischen Zeitalters
war lateinischsprachig, anspielungsreich und stilistisch elaboriert, aber nur
selten abstrakt und gedanklich kompliziert. Die bildungsbürgerliche Lyrik
erhebt sich demgegenüber nicht selten auf das gedankliche Niveau der zeitgenössischen Philosophie, die mit den Systemen des Deutschen Idealismus –
auch im internationalen Vergleich – einen Höchstwert an theoretischer Abs-
traktion erreicht. Mögen diese philosophischen Theorien auch obsolet sein, so
gibt es doch seither das Stilideal der hochreflexiven, tiefgründigen Ideenlyrik,
die nicht gesungen, sondern still durchstudiert und durchdacht werden muss.
Viele Lyriker der Gegenwart wie Gottfried Benn, Ingeborg Bachmann oder
Paul Celan wären ohne diese Entwicklung nicht denkbar.

Um eine Vorstellung von Stil und Gehalt derartiger Texte zu vermitteln, sei
hier wenigstens ein Beispielgedicht kurz vorgestellt, und zwar Hölderlins
Hymne *Andenken*, die vermutlich im Frühjahr 1803 entstand und die erstmals
in dem von Leo Freiherr von Seckendorf herausgegebenen *Musenalmanach für
das Jahr 1808* publiziert wurde.

„ANDENKEN

Der Nordost wehet,
Der liebste unter den Winden
Mir, weil er feurigen Geist
Und gute Fahrt verheißet den Schiffern.
Geh aber nun und grüße
Die schöne Garonne,
Und die Gärten von Bourdeaux
Dort, wo am scharfen Ufer
Hingehet der Steg und in den Strom
Tief fällt der Bach, darüber aber
Hinschauet ein edel Paar
Von Eichen und Silberpappeln;

Noch denket das mir wohl und wie
Die breiten Gipfel neiget
Der Ulmwald, über die Mühl,
Im Hofe aber wächset ein Feigenbaum.
An Feiertagen gehn
Die braunen Frauen daselbst
Auf seidnen Boden,
Zur Märzenzeit,

Wenn gleich ist Nacht und Tag,
Und über langsamen Stegen,
Von goldenen Träumen schwer,
Einwiegende Lüfte ziehen.

Es reiche aber,
Des dunkeln Lichtes voll,
Mir einer den duftenden Becher,
Damit ich ruhen möge; denn süß
Wär unter Schatten der Schlummer.
Nicht ist es gut,
Seellos von sterblichen
Gedanken zu sein. Doch gut
Ist ein Gespräch und zu sagen
Des Herzens Meinung, zu hören viel
Von Tagen der Lieb,
Und Taten, welche geschehen.

Wo aber sind die Freunde? Bellarmin
Mit dem Gefährten? Mancher
Trägt Scheue, an die Quelle zu gehn;
Es beginnet nämlich der Reichtum
Im Meere. Sie,
Wie Maler, bringen zusammen
Das Schöne der Erd und verschmähn
Den geflügelten Krieg nicht, und
Zu wohnen einsam, jahrlang, unter
Dem entlaubten Mast, wo nicht die Nacht durchglänzen
Die Feiertage der Stadt,
Und Saitenspiel und eingeborener Tanz nicht.

Nun aber sind zu Indiern
Die Männer gegangen,
Dort an der luftigen Spitz
An Traubenbergen, wo herab
Die Dordogne kommt,
Und zusammen mit der prächt'gen
Garonne meerbreit
Ausgehet der Strom. Es nehmet aber
Und gibt Gedächtnis die See,
Und die Lieb auch heftet fleißig die Augen,
Was bleibet aber, stiften die Dichter."

(Hölderlin 1803, S. 389f.)

Nach dem Scheitern seiner Berufspläne war der 31jährige Theologe, Philosoph
und Schriftsteller Johann Christian Friedrich Hölderlin am 10. Dezember 1801
zu Fuß nach Bordeaux aufgebrochen, um eine Stelle als Privatlehrer im Hause
des dortigen Hamburgischen Konsuls Meyer anzutreten. Schon nach wenigen

Monaten kehrte er jedoch nach Nürtingen in das Haus seiner Mutter zurück. Er war körperlich geschwächt, äußerlich verwahrlost und offenbar auch geistig verwirrt. Wenig später ereilte ihn die Nachricht vom Tod seiner geliebten Susette, der Frau eines Frankfurter Bankiers, in dessen Haushalt er von 1796 bis 1798 ebenfalls als Privatlehrer gearbeitet hatte. Doch trotz aller Fährnisse und Schicksalsschläge erholt Hölderlin sich noch einmal und widmet sich mit größter Energie der Verwirklichung seiner ehrgeizigen literarischen Projekte. 1806 kommt seine Geisteskrankheit zum Ausbruch; die restlichen 37 Jahre seines Lebens verbringt Hölderlin als Pflegefall in der Obhut der Familie eines Tübinger Schreinermeisters.

Das Gedicht *Andenken* verbindet die Erinnerung an Hölderlins Bordeaux-Aufenthalt mit dem Gedenken an seine verstorbene Geliebte und weitet sich zuletzt zu einer poetologischen Reflexion über das Verhältnis zwischen Literatur und Gedächtniskultur aus. In der ersten der fünf Versgruppen fordert das lyrische Ich den schon von Pindar als besonders wild, aber reinigend beschriebenen Nordostwind auf, die Verbindung zu Bordeaux herzustellen, d. h. die Erinnerung an eine Sphäre zu evozieren, die mit Attributen wie 'schön', 'edel' und 'golden' belegt ist. Die zweite Versgruppe bestätigt, dass diese Verbindung weiter besteht ('Noch denket das mir wohl' ist eine schwäbische Redewendung mit der Bedeutung 'ich erinnere mich noch gut daran'). Eichen, Silberpappeln, Ulmen und Feigen werden hier genannt, Gewächse also, die traditionell – etwa schon bei Seneca – als Symbole für Stärke, Unsterblichkeit und Fruchtbarkeit gelten. In den letzten acht Zeilen der zweiten Versgruppe wird auf ein Tanzfest zur Tagundnachtgleiche, d. h. aus Anlass des Frühlingsanfangs am 21. März, verwiesen, wobei die Formulierung 'auf seidnen Boden' den glänzend polierten Tanzboden meinen könnte. In der dritten Versgruppe bereichert Hölderlin seinen Text um einen elegisch-spirituellen Akzent, denn der hier verwendete Begriff 'Schatten' rekurriert nicht nur auf das arkadische Motiv der kühlen Schatten bietenden, zu erholsamem Schlaf einladenden Bäume, sondern meint in der Dichtersprache oft – auch und gerade bei Hölderlin – die Bewohner des 'Schattenreichs', also die Seelen der Verstorbenen. Die ersten vier Zeilen der mittleren Versgruppe können demnach auch als Artikulation einer Todessehnsucht verstanden werden, die in den folgenden Versen ihre genauere Begründung findet: Das lyrische Ich zieht den 'sterblichen', d. h. endlichen, alltäglichen Gedanken der diesseitigen Sphäre, auch hierin einem antiken Topos folgend, das tiefgründigere, des 'Herzens Meinung' authentisch zum Ausdruck bringende Gespräch mit den Bewohnern des Schattenreiches vor, wobei gewiss in erster Linie an die verstorbene Geliebte Susette Gontard zu denken wäre. In der vierten und zu Beginn der fünften Versgruppe wird dann eine weitere Verlusterfahrung thematisiert: Von der schmalen Landspitze am Zusammenfluss von Garonne und Dordogne sind die Freunde nach Indien

abgesegelt; sie ziehen in den unter Anspielung auf Homer so genannten 'geflügelten Krieg', d. h. sie stellen sich dem Kampf des flügelähnliche Segel
hissenden Schiffes mit den Elementen, um das 'Schöne der Erd', man könnte
an Stoffe, Gewürze, Edelsteine und andere Luxusgüter aus damals exotischen
Weltregionen wie Indien denken, herbeizuschaffen. Es ist nicht bekannt, ob
Hölderlin an dieser Stelle auf persönliche Erfahrungen rekurriert oder ob er
allgemein den – auch schon in seinem Roman *Hyperion* (1797/99) thematisierten – Gegensatz zwischen vita activa und vita contemplativa veranschaulichen wollte. Jedenfalls handelt es sich aber um die Beschreibung eines Tren-
nungs- und Abschiedserlebnisses, das dem lyrischen Ich Anlass zu
neuerlichem Gedenken, diesmal an die Freunde und Gefährten, die sich
räumlich und vielleicht auch geistig von ihm entfernt haben, bietet. Während
also die ersten beiden Versgruppen des Gedichtes positive Erinnerungen an
das Leben in Bordeaux enthalten, werden bis hin zum zweiten Drittel der
letzten Versgruppe die negativen Erinnerungen thematisiert, die mit dem
Gedanken an die Bordeaux-Reise verknüpft sind und die den Problemkomplex
Tod, Abschied, Einsamkeit umkreisen. In den letzten vier Zeilen des Gedichts
wird eine Schlussfolgerung aus dieser Ambivalenz der Erinnerung gezogen.
Die See nimmt Gedächtnis, indem sie sich zwischen den Zurückbleibenden
und die fortsegelnden Freunde legt, aber sie gibt auch Gedächtnis, indem sie,
wie der Nordost der ersten Gedichtzeile, das Verbindungsglied zu den
Entschwundenen darstellt. Wovon hängt es dann ab, ob der Betrachter auf
seiner Landspitze eher das Trennende oder eher das Verbindende wahrnimmt?
    Die Liebe kann ihn dazu bringen, seine Augen unverwandt auf das ent-
schwindende Objekt zu heften, es also nicht aus dem Bewusstseinsfokus zu
verlieren. Doch dies verleiht dem Objekt noch keine sichere fortwährende
Existenz. Soll es der Mit- und Nachwelt erhalten werden, so muss es künstlerisch nacherschaffen werden. Des 'Herzens Meinung', so könnte man es mit
einer Formulierung aus der zentralen Versgruppe ausdrücken, muss erst einmal
gesagt werden, und dazu bedarf es des Dichters, der die Entschwundenen in
seinen Werken wiederaufleben lässt, wie es ein seit Ovid geläufiger Topos
will. Poesie ist damit nicht nur ein Vehikel des (Toten-)Gedenkens. Vielmehr
ist ein solches Gedenken ohne Poesie überhaupt nicht realisierbar, und zwar
eine ganz bestimmte Poesie, die sich nicht in der Seelenlosigkeit 'sterblicher'
Gedanken erschöpft.
    Stilistisch bedeutet dies, dass gelingendes Gedenken eine Entfernung von
jener Alltagssprache voraussetzt, in der solche 'sterblichen' Gedanken fortwährend formuliert werden. Und tatsächlich entwickelt Hölderlin in seinen
späten Hymnen einen stark von der Alltagssprache, aber auch von der konventionalisierten 'Dichtersprache' seiner Zeit abweichenden Individualstil, der als
authentische Wiedergabe von 'des Herzens Meinung' gelten kann. Typische
Elemente dieses Spätstils sind etwa die freie Syntax, die kühne Metaphorik,

die freirhythmische Versgestaltung, eine manchmal die Grenze zur Kohärenzstörung überschreitende Vertauschung grammatischer Bezüge, die Einbeziehung unmarkierter Zitate und Anspielungen, die Einflechtung persönlicher
Erinnerungen und Assoziationen, der plötzliche Perspektivwechsel, die Verwendung von Neologismen, die virtuose Bezugnahme auf komplexe Stoff-,
Motiv- und Symboltraditionen und anderes mehr, was eine adäquate 'naive'
Textrezeption nahezu ausschließt und einen gelehrten Rezipienten erfordert,
der sich Werke wie *Andenken* Zeile für Zeile erschließt und erarbeitet.

Wenden wir uns der bildungsbürgerlichen Epik zu, so stoßen wir auch dort
auf eine Tendenz zur Intellektualisierung und Entsinnlichung, die das Bildungsideal dieser Schicht deutlich widerspiegelt. Dabei gibt es allerdings zwei
unterschiedliche Stiltendenzen, die sich auf den ersten Blick widersprechen,
die aber aus funktionsgeschichtlicher Perspektive als zwei Seiten derselben
Medaille aufzufassen sind, nämlich die Illusionsstörung und die Objektivierung.

Bei der Illusionsstörung handelt es sich um ein Verfahren zur Distanzge-
winnung, das ein unreflektiertes Eintauchen in die Scheinwelt der Fiktion
verhindern soll. Dieser Effekt kann durch verschiedene Erzählverfahren erreicht werden. Eine erste Möglichkeit bilden direkte Fiktionsdurchbrechungen,
die den Leser immer wieder aus seiner Versenkung reißen und die ihn daran
erinnern, dass das Gelesene nur erfunden, nur eine künstlerische Simulation
ist. So finden wir z. B. in Clemens Brentanos *Godwi* (1801) oder in Goethes
Wilhelm Meisters Wanderjahre oder Die Entsagenden (1821) montageartige
Kompositionsstrukturen und eine irritierende Vermischung unterschiedlicher
Fiktionsebenen, die ein naives Sichversenken in die Handlung unmöglich
machen. Ausschweifende Kommentare eines auktorialen Erzählers, mehrfach
verschachtelte Rahmenerzählungen und achronologische Zeitstrukturen können ein Übriges tun, um den Leser jederzeit auf Distanz zum Geschehen zu
halten und das zu verhindern, was als Hauptmerkmal des Kolportage- und
Unterhaltungsromans galt: die Evasion des Lesers in eine erfundene Schein-
welt, das eskapistische Sichversenken in die Illusion, die Wahrnehmung der
Romanhandlung als einer bloßen Weiterführung des wirklichen Lebens. Stattdessen pocht die bildungsbürgerliche Epik darauf, Kunstwerk zu sein und als
Artefaktum wahrgenommen werden zu müssen. Das zeigt sich auch bei der
zweiten wichtigen Technik der Illusionsstörung, der ironischen Brechung. Von
Heinrich Heines *Harzreise* (1826) bis hin zu Thomas Manns *Tod in Venedig*
(1913) erstreckt sich in der deutschen Hochliteratur ein eigener Traditionsstrang ironischen Erzählens, der dem Leser eine ständige Bereitschaft abverlangt, sich nicht in der Identifikation mit einer Figur zu verlieren, sondern sich
immer wieder auf die distanziert-überlegene Bewusstseinsebene des Erzählers
zu erheben, von der aus das Handeln der Figuren ironisch kommentiert wird.
Freilich hängt es von der Ironieerkennungskompetenz des Lesers ab, ob diese

Strategie aufgeht, und so haben einige der ironischen Erzählungen Thomas Manns, C. F. Meyers und Theodor Fontanes auch in Leserkreisen Verbreitung gefunden, die stärker an evasorischer Lektüre interessiert waren. Erwerbszwänge oder Affinitäten zum besitzbürgerlichen Lebensstil konnten manche Autoren zeitweise motivieren, dieses für sie lukrative Missverständnis zu befördern.

Neben der durch Fiktionsbrechung und Ironisierung erreichten Illusionsstörung ist die Objektivierung als die zweite Hauptform der epischen Intellektualisierung zu bezeichnen. Hierbei handelt es sich um eine Versachlichung der Darstellung, die den Romanautor zum gleichmütigen, kalten Beobachter einer sozialen oder psychischen Tatsache werden lässt. Ästhetikgeschichtlich war dies ein Versuch, der Literatur einen eigenen Gegenstandsbereich zuzuweisen, in welchem sie die Methoden der erfolgreichen neuen Naturwissenschaften selbstständig anwenden sollte. Der Autor von sozialen und psychologischen Romanen sollte mit naturwissenschaftlicher Objektivität und Neutralität Fakten aus dem seelischen und gesellschaftlichen Leben notieren und die Regeln aufzeigen, nach denen dieses Leben abläuft. Da die Soziologie und die Psychologie erst ganz am Ende des bürgerlichen Zeitalters begründet bzw. als Universitätsdisziplinen institutionalisiert wurden, stieß dieses Projekt einer 'wissenschaftlichen' Erzählliteratur zunächst auf großes Interesse. Im Sinne von Flauberts Postulat der 'impassibilité' (Gleichmut, Unerschütterlichkeit) formulierten Friedrich Spielhagen und Friedrich Theodor Vischer das Ideal des objektiven Erzählers, der die Gesetze des psychischen und des sozialen Lebens enthüllt und der als Person so unsichtbar bleibt wie der Physiker oder Chemiker in den Formeln und Naturgesetzen, die er entdeckt und notiert. Erzähltechnisch macht sich das durch ein Zurücktreten des Erzählers bemerkbar, der sich nun aller Kommentare enthält und neutral beschreibt, was (angeblich) der Fall ist.

Dabei war natürlich, wie aus heutiger Sicht einzuwenden bleibt, der Output maßgeblich durch den Input determiniert, d. h. der einzelne Autor sah nur das in der Wirklichkeit, was er aufgrund seiner weltanschaulichen Disposition in ihr sehen wollte und konnte. Gleichwohl handelt es sich bei dieser objektivierenden Erzählliteratur um ein faszinierendes Projekt, das in der zweiten Hälfte des 19. Jahrhunderts viel Zustimmung fand und Autoren wie Gotthelf, Stifter, Freytag, Raabe, Storm, Hauptmann, Kretzer und Alberti zu Berühmtheiten machte. Wie im Falle der Ironisierung hängt es allerdings auch bei der Objektivierung maßgeblich von der Lesekompetenz des Rezipienten ab, ob er sich der evasiven Lektüre ganz verweigern kann. Das Zurückweichen des Erzählers aus der Erzählung musste automatisch Distanz schaffen, wenn der 'objektiv' dargestellte Inhalt abstoßend und skandalös wirkte. Das war bei Flauberts *Madame Bovary* (1856) bekanntlich noch der Fall gewesen, die ihrem Autor ein Gerichtsverfahren wegen Verstoß gegen die öffentliche Moral, die guten

Sitten und die Religion eintrug. Wo aber nicht Kontroverses, sondern Normal-Alltägliches neutral präsentiert wurde, war die Objektivierung schwerer zu durchschauen. Manche Romanautoren des Realismus fanden deshalb auch im Besitz- und im Kleinbürgertum (für ihre einfacheren, leichter verständlichen Texte) ein Publikum.

Insgesamt lässt sich gleichwohl feststellen, dass sowohl die Illusionsstörung als auch die Objektivierung, wenn sie denn gelingt, auf eine Intellektualisierung der Lektüre abzielt. An die Stelle des eskapistischen Sichversenkens in die Fiktion, wie es für Arbeiter und Kleinbürger so charakteristisch war, sollte das distanzierte, ironische oder wissenschaftlich-objektive Beobachten und Analysieren treten, das den Einsatz der Vernunft und die Kontrolle der Phantasie erforderte. Illusionsstörend-'romantisches' und objektivierend-'realistisches' Erzählen bilden aus funktionsgeschichtlicher Perspektive in der Tat zwei Seiten ein und derselben Medaille.

Als Musterbeispiel für einen epischen Text, der nahezu alle aufgelisteten Eigenschaften der bildungsbürgerlichen Literatur in sich vereinigt, kann Friedrich Schlegels Roman *Lucinde* (1799) bezeichnet werden. Das mittlere und umfangreichste der 13 Kapitel des Romans trägt die Überschrift *Lehrjahre der Männlichkeit*. Es schildert die sexuelle Initiation und Reifung eines Jünglings mit Namen Julius, der nach diversen erotischen Erlebnissen und Abenteuern in unglücklicher, unerwiderter Liebe zu einer für ihn unerreichbaren Frau entbrennt. Er zieht sich aus der Welt zurück, flieht die Geselligkeit und scheint vorzeitig zu altern, als er endlich in der Liebe zu der jungen Künstlerin Lucinde die vollkommene Erfüllung findet und sich mit der Welt versöhnt.

Dieser Handlungsverlauf hätte dem Roman eigentlich breite Resonanz sichern müssen, zumal das Publikumsinteresse zusätzlich dadurch angestachelt wurde, dass Schlegel offenbar autobiographische Elemente in seinen Text integrierte. So konnte Julius mit dem Verfasser, Lucinde mit seiner damaligen Freundin und späteren Gattin Dorothea Veith sowie die unerreichbare Frau mit seiner Schwägerin Caroline identifiziert, ja das ganze Werk als Enthüllungsroman gelesen werden. Trotzdem fand die *Lucinde* nur eine kleine Schar von Verteidigern und Anhängern. Aus drei Gründen erwies sich Schlegels Roman als inkommensurabel mit den Lektüreanforderungen der sonst noch als Käufer und Leser in Betracht kommenden Rezipientengruppen, also des Besitz- und Kleinbürgertums.

An erster Stelle ist hierbei auf die zahlreichen Tabubrüche hinzuweisen, die den Roman durchziehen und die aus der Sicht mancher Rezipienten und Rezensenten beträchtlichen Skandalwert besaßen. Dass dies in der Hauptsache den sexuellen Bereich betraf, hängt mit der schon erwähnten Tatsache zusammen, dass die kleinbürgerliche Sexualmoral noch sehr stark von den Ehrbarkeitsidealen der Zünfte und von der Eheauffassung der christlichen

Kirche geprägt war. Zum Habitus der Bildungselite des bürgerlichen Zeitalters gehört demgegenüber die Infragestellung gesellschaftlicher Konventionen und die Befürwortung einer Autonomisierung der Künste, die sich in ethischer und weltanschaulicher Hinsicht von der Kirche, vom Staat und allgemein von den herrschenden Institutionen und Autoritäten emanzipieren können sollten. Im sechsten Kapitel der *Lucinde* gibt so z. B. Schlegel einen erotischen Dialog zwischen Julius und der Titelheldin wieder, wie er in den Schriften einer Louise von François oder Amely Bölte selbstverständlich niemals hätte vorkommen können und dürfen:

> „O das Halstuch lassen Sie nur , mein Herr. – Lassen? Nichts weniger als das. Was soll so ein elendes dummes Halstuch? Vorurteile! Aus der Welt muß es. – Wenn uns nur nicht jemand stört! – Sieht sie nicht schon wieder aus, als ob sie weinen wollte! Du bist doch wohl? Warum schlägt dein Herz so unruhig? Komm laß mich's küssen. Ja du sagtest vorhin von Türen zuschließen. Gut, aber so nicht, nicht hier. Geschwind herunter durch den Garten, nach dem Pavillon, wo die Blumen stehen. Komm! o laß mich nicht so lange warten. – Wie sie befehlen mein Herr! – Ich weiß nicht, du bist heute so sonderbar. – Wenn du anfängst zu moralisieren, lieber Freund, so könnten wir eben so gut wieder zurückgehen. Lieber gebe ich dir noch einen Kuß und laufe voran. – O fliehen Sie nicht so schnell Lucinde, die Moral wird Sie doch nicht einholen. Du wirst fallen, Liebe! – Ich habe dich nicht länger warten lassen wollen. Nun sind wir ja da. Und du bist auch eilig. – Und du sehr gehorsam. Aber jetzt ist nicht Zeit zu streiten. – Ruhig, ruhig! – Siehst du, hier kannst du weichlich ruhn und wie es recht ist. Nun wenn du diesmal nicht ... so hast du gar keine Entschuldigung. – Wirst du nicht wenigstens erst den Vorhang niederlassen? – Du hast recht, die Beleuchtung wird so viel reizender. Wie schön glänzt diese weiße Hüfte indem roten Schein! ... Warum so kalt, Lucinde? – Lieber, setze die Hyacinthen weiter weg, der Geruch betäubt mich. – Wie fest und selbstständig, wie glatt und fein! Das ist harmonische Ausbildung. – O nein, Julius! Laß, ich bitte dich, ich will nicht. –"

(Schlegel 1799, S. 30)

Ein halbes Jahrhundert nach der Erstveröffentlichung von John Clelands *Memoirs of a Woman of Pleasure* (1749) konnte eine Passage wie diese, die schon zu den gewagtesten Stellen in Schlegels Roman gehört, nicht mehr allen Ernstes als pornographisch bezeichnet werden. Gleichwohl steht außer Zweifel, dass Schlegels Tabubrüche gegen die rigide Sexualmoral der Ober- und Mittelschichten gerichtet waren und in dieser Funktion auch wahrgenommen wurden. Mindestens ebenso abschreckend dürfte übrigens auf das bürgerliche Publikum das fünfte Kapitel des Romans gewirkt haben, das die Überschrift *Idylle über den Müßiggang* trägt und das dem für Besitz- und Kleinbürgertum so charakteristischen Arbeits- und Leistungspathos offen Hohn spricht:

> „Mit dem äußersten Unwillen dachte ich nun an die schlechten Menschen, welche den Schlaf vom Leben subtrahieren wollen. Sie haben wahrscheinlich nie geschla-

fen, und auch nie gelebt. Warum sind denn die Götter Götter, als weil sie mit Bewußtsein und Absicht nichts tun, weil sie das verstehen und Meister darin sind? Und wie streben die Dichter, die Weisen und die Heiligen auch darin den Göttern ähnlich zu werden! Wie wetteifern sie im Lob der Einsamkeit, der Muße, und einer liberalen Sorglosigkeit und Untätigkeit! Und mit großem Recht: denn alles Gute und Schöne ist schon da und erhält sich durch seine eigne Kraft. Was soll also das unbedingte Streben und Fortschreiten ohne Stillstand und Mittelpunkt? Kann dieser Sturm und Drang der unendlichen Pflanze der Menschheit, die im Stillen von selbst wächst und sich bildet, nährenden Saft oder schöne Gestaltung geben? Nichts ist es, dieses leere unruhige Treiben, als eine nordische Unart und wirkt auch nichts als Langeweile, fremde und eigene. Und womit beginnt und endet es als mit der Antipathie gegen die Welt, die jetzt so gemein ist? Der unerfahrne Eigendünkel ahndet gar nicht, daß dies nur Mangel an Sinn und Verstand sei und hält es für hohen Unmut über die allgemeine Häßlichkeit der Welt und des Lebens, von denen er doch noch nicht einmal das leiseste Vorgefühl hat. Er kann es nicht haben, denn der Fleiß und der Nutzen sind die Todesengel mit dem feurigen Schwert, welche dem Menschen die Rückkehr ins Paradies verwehren. Nur mit Gelassenheit und Sanftmut, in der heiligen Stille der echten Passivität kann man sich an sein ganzes Ich erinnern, und die Welt und das Leben anschauen. Wie geschieht alles Denken und Dichten, als daß man sich der Einwirkung irgend eines Genius ganz überläßt und hingibt? Und doch ist das Sprechen und Bilden nur Nebensache in allen Künsten und Wissenschaften, das Wesentliche ist das Denken und Dichten, und das ist nur durch Passivität möglich. Freilich ist es eine absichtliche, willkürliche, einseitige, aber doch Passivität. Je schöner das Klima ist, je passiver ist man. Nur Italiäner wissen zu gehen, und nur die im Orient verstehen zu liegen; wo hat sich aber der Geist zarter und süßer gebildet als in Indien? Und unter allen Himmelsstrichen ist es das Recht des Müßiggangs was Vornehme und Gemeine unterscheidet, und das eigentliche Prinzip des Adels."

(Schlegel 1799, S. 26f.)

Stärker noch als Schlegels Neigung zum Tabubruch dürfte seine aus damaliger Sicht avantgardistische Gestaltungstechnik den Kreis der potentiellen Käufer und Rezipienten verkleinert haben. Neuartig war vor allem die freie Komposition des Werkes, dessen 13 Kapitel nur sehr lose miteinander verbunden sind, so dass der Leser große Mühe hat, einen roten Faden zu finden und den inneren Zusammenhang der Handlung nachzuvollziehen. Für den Romanleser (und zumal für den Berufsleser) des 20. und 21. Jahrhunderts sind Montagetechniken, wie sie z. B. bei Döblin und Frisch vorkommen, ein vertrautes Gestaltungsinstrument. Im Jahre 1799 dürften sie hingegen aus der Sicht vieler Rezipienten den Tatbestand der Kohärenz(zer)störung erfüllt und die Lektüre zu einer anstrengenden Arbeit gemacht haben. Am Ende des ersten Romankapitels versucht Schlegel sein Kompositionsverfahren deshalb explizit zu rechtfertigen:

„Für mich und für diese Schrift, für meine Liebe zu ihr und ihre Bildung in sich, ist aber kein Zweck zweckmäßiger, als der, daß ich gleich anfangs das was wir Ord-

nung nennen vernichte, weit von ihr entferne und mir das Recht einer reizenden
Verwirrung deutlich zueigne und durch die Tat behaupte. Dies ist um so nötiger, da
der Stoff, den unser Leben und Lieben meinem Geiste und meiner Feder gibt, so
unaufhaltsam progressiv und so unbiegsam systematisch ist. Wäre es nun auch die
Form, so würde dieser in seiner Art einzige Brief dadurch eine unerträgliche Einheit
und Einerleiheit erhalten und nicht mehr können, was er doch will und soll: das
schönste Chaos von erhabnen Harmonien und interessanten Genüssen nachbilden
und ergänzen. Ich gebrauche also mein unbezweifeltes Verwirrungsrecht und setze
oder stelle hier ganz an die unrechte Stelle eines von den vielen zerstreuten Blättern
die ich aus Sehnsucht und Ungeduld, wenn ich dich nicht fand wo ich dich am ge-
wissesten zu finden hoffte, in deinem Zimmer, auf unserm Sofa, mit der zuletzt von
dir gebrauchten Feder, mit den ersten den besten Worten, so jene mir eingegeben,
anfüllte oder verdarb, und du Gute, ohne daß ich es wußte, sorgsam bewahrtest."

(Schlegel 1799, S. 9)

Die irritierende Aufsprengung des Handlungszusammenhangs findet bei
Schlegel ihre philosophische Fundierung in einer anspruchsvollen Liebeskonzeption, die weit über das Ideal eines harmonischen Miteinanders nach den
Konventionen der bürgerlichen Ehe hinausreicht. Was Julius in der Liebe zu
Lucinde realisiert, ist eine freie Synthese der Körper, der Seelen und der
Geister, eine Synthese, die sich nicht nach Regeln vollziehen und die sich nicht
an die Grenzen der gesellschaftlichen Konvention halten kann. Diese Ausweitung der Liebe zu einer Entgrenzungs-, Absolutheits-, Unendlichkeitserfahrung
kann nicht ohne Konsequenzen für die sprachkünstlerische Gestaltung des
Textes bleiben. Denn das Unendliche kann nicht innerhalb der Grenzen einer
endlichen Form, also z. B. einer Gattung oder eines regelmäßigen Ausdrucks-
stils, abgebildet werden. Am Ende des mittleren Romankapitels bringt Schlegel diese Problematik explizit zur Sprache:

„Andeuten will ich dir wenigstens in göttlichen Sinnbildern, was ich nicht zu erzählen vermag. Denn wie ich auch die Vergangenheit überdenke, und in mein Ich
zu dringen strebe, um die Erinnerung in klarer Gegenwart anzuschauen und dich
anschauen zu lassen: es bleibt immer etwas zurück, was sich nicht äußerlich darstellen läßt, weil es ganz innerlich ist. Der Geist des Menschen ist sein eigner Pro-
teus, verwandelt sich und will nicht Rede stehn vor sich selbst, wenn er sich greifen
möchte. In jener tiefsten Mitte des Lebens treibt die schaffende Willkür ihr Zauber-
spiel. Da sind die Anfänge und Enden, wohin alle Fäden im Gewebe der geistigen
Bildung sich verlieren. Nur was allmählig fortrückt in der Zeit und sich ausbreitet
im Raume, nur was geschieht ist Gegenstand der Geschichte. Das Geheimnis einer
augenblicklichen Entstehung oder Verwandlung kann man nur erraten und durch
Allegorie erraten lassen."

(Schlegel 1799, S. 58f.)

Den Kern von Schlegels Text macht also etwas aus, was ganz prinzipiell nicht
dargestellt werden kann, was sich der Erzählbarkeit grundsätzlich entzieht.

Darstellung im Bewusstsein der Undarstellbarkeit verlangt aber jene Haltung beständiger Selbstrelativierung, die als 'romantische Ironie' zu einiger Berühmtheit gelangt ist (vgl. Strohschneider-Kohrs 1960). Sie äußert sich in der Fragmentarizität einer avantgardistischen offenen Romanform, die auf die Vermittlung eines eigentlich nicht Vermittelbaren abzielt, indem sie es eher andeutet als abbildet. Vor diesem Hintergrund lässt sich Schlegels Adressatenkreis zuverlässig eingrenzen. Wer seine *Lucinde* nur als Liebesroman, als Enthüllungsroman oder gar als pornographischen Roman zu lesen versucht, wird nicht auf seine Kosten kommen und außerdem den wesentlichen Gehalt dieses Werkes verfehlen, das eine geistig höchst anspruchsvolle Auseinandersetzung mit dem Begriff und dem Phänomen des Eros beinhaltet. Schlegels „Religion der Liebe" (Schlegel S. 15) blieb allerdings – natürlich – eine philosophische Idee. Das im bürgerlichen Zeitalter durchgesetzte Konzept der Liebesheirat zielt nicht auf die Gewinnung intersubjektiver Absolutheitserfahrungen, sondern 'nur' auf die Respektierung individueller Neigungen und Empfindungen bei der Wahl des Ehepartners.

Vielleicht die größte Herausforderung für die intellektualistische Ästhetik des Bildungsbürgertums bildete das Theater, in dem de facto – wie gezeigt – die Unterhaltungskunst des Kleinbürgertums und die Repräsentationskunst des Besitzbürgertums dominierten. Die Schicht der Bildungsbürger war selbstverständlich zu klein und zu finanzschwach, um diesen sinnenfrohen Formen der Bühnenkunst eine eigenständige, asketischere Dramenform entgegenzustellen. Doch es blieben ihr zwei Wege, um ihre höheren geistigen Ansprüche auch im Bereich des Dramas zu befriedigen: Lesedramen und bestimmte Klassiker-Inszenierungen.

Was zunächst die Klassiker-Inszenierungen betrifft, so gab es besonders in den alten Hoftheatern einen Trend zur kargeren, ausstattungsärmeren, 'intellektuelleren' Inszenierung. Das hängt damit zusammen, dass diese Spielstätten ganz überwiegend „aus der Zivilliste des Landesherrn subventioniert" wurden (Brauneck 1999, S. 4), d. h. aus den für die Privatbedürfnisse des Monarchen reservierten Teilen der Staatseinkünfte. Da diese Mittel limitiert waren, konnte hier keine aufwändige Repräsentationskultur mehr inszeniert werden: „An den Hoftheatern des 19. Jahrhunderts fand kein höfisches Theater mehr statt. Die Institution Hoftheater war ein integraler Bestandteil einer bürgerlichen Öffentlichkeit geworden" (ebd., S. 16). Die Hofbühnen verfügten also einerseits über einen sicheren Etat und blieben damit bis zu einem gewissen Grad von der ökonomischen Konkurrenz mit kommunalen und privaten Bühnen verschont. Andererseits war dieser Etat begrenzt und gestattete, von Ausnahmen wie dem Königlichen Schauspielhaus in Berlin oder dem Stuttgarter Hoftheater einmal abgesehen, keine technischen Innovationen oder Prunkinszenierungen. Darüber hinaus waren diese Spielstätten an einen enggefassten Sittenkodex gebunden, der eine realitätsnahe Darstellung von Liebes- und Gewaltszenen verhinderte (vgl. ebd., S. 628-630). Nolens volens rückte auf diesen Bühnen das Wort in den Vordergrund. Anstelle des massenwirksamen temporeichen Ausstattungsstückes sah man hier ein klassikerzentriertes, unsinnliches Deklamationstheater. Diese Eigenart kam den ästhetischen Bedürfnissen des Bildungsbürgertums viel eher entgegen als denen des Besitzbürgertums. Im Theater konnte es deshalb im bürgerlichen Zeitalter zu einer eigentümlichen Allianz zwischen dem Geburtsadel und der Geistesaristokratie kommen. Diese zwei beherrschten Fraktionen der herrschenden Schicht trafen sich nun plötzlich in der Überzeugung, die alte Geisteskultur gegen die angeblich oberflächliche Repräsentationskultur der herrschenden 'Neureichen' verteidigen zu müssen. Zwar war die Kultur des bildungsbürgerlichen Geistesadels nicht alt und die des Geburtsadels nicht unbedingt hochgeistig (s. Unger 1999), aber in der Allianz gegen das Besitzbürgertum konnte man über solche Quisquilien anscheinend hinwegsehen. Einem Trend zur Intellektualisierung des Hoftheaters entspricht die umgekehrte Tendenz zur geistigen Selbstnobilitierung des Bildungsbürgertums, die sich bis zum Bildungsdünkel oder gar bis zur Ausbildung eines regelrechten Standesbewusstseins im Sinne der Beanspruchung einer naturgegebenen geistigen Superiorität steigern konnte.

Freilich ging die Zahl der Hoftheater allmählich zurück, von denen – wie schon oben erwähnt – um 1913/14 nur noch 19 existierten. Wer keine solche Spielstätte in der Nähe hatte und mit den Angeboten der kommunalen und privaten Theater ganz unzufrieden war, konnte sich deshalb nur noch dem Lesedrama zuwenden, um seine höheren geistigen Ansprüche auch im Hinblick auf die Dramenkunst zu befriedigen. Lesedramen nennt man solche Dramen, die nicht aufgeführt werden oder werden sollen, weil sie aus inhaltlichen, technischen, moralischen oder ökonomischen Erwägungen nicht auf die Bühne gebracht werden können. Hier interessieren besonders die inhaltlichen Aspekte, weil sie das Problem der Bühnenwirksamkeit und damit der Massenwirksamkeit betreffen. Besondere Handlungsarmut, Abstraktheit, Komplexität oder Unanschaulichkeit schreckte das zahlende Publikum dieser Epoche in einer Weise ab, dass z. B. Goethes *Faust II* (1832; Urauff. 1854) nur selten und Tiecks *Kaiser Octavianus* (1804) nie den Weg auf die Bühne fand. In gedruckter Form waren diese Texte allerdings verfügbar, und so konnten sie dennoch durchstudiert, philologisch kommentiert und schließlich kanonisiert werden. Vorausgesetzt ist hierbei die Fähigkeit, derartige Texte als reine 'Dramen des Geistes' aufzufassen, deren szenische Präsentation auf der Bühne nichts oder zumindest nichts Wesentliches zum Verständnis beitragen kann. Wir beobachten hier ein ähnliches Phänomen wie bei der Metrik, deren Verwissenschaftlichung einerseits zu einer außerordentlichen Ausdifferenzierung des analytischen Instrumentariums beitrug, andererseits jedoch die Entsinnlichung der bildungsbürgerlichen Literaturrezeption beförderte oder zumindest nicht hemmte. Als Leser zu wissen, dass die Figuren in Goethes und Tiecks

Drama in jeweils charakteristischen eigenen Versformen sprechen, ist das Eine. Es als Zuschauer selbst heraushören zu können und in seiner Bedeutung für das Stück wahrzunehmen, auch wenn man die korrekten Versbezeichnungen vielleicht nicht anzugeben wüsste, ist das Andere. Zwar kann das Wissen die Wahrnehmungsfähigkeit steigern. Aber es kann sie auch ersetzen und verkümmern lassen. Zu konstatieren bleibt jedenfalls, dass die deutsche Dramengeschichte in der bildungsbürgerlich dominierten Literaturgeschichtsschreibung nicht als Aufführungs- und Theatergeschichte, sondern als Textgeschichte aufgefasst und dargestellt wurde. Erst ganz am Ende des bürgerlichen Zeitalters werden erste theatergeschichtliche Arbeiten veröffentlicht (W. Creizenach, A. v. Weilen, B. Litzmann u. a.); und zur Universitätsdisziplin wird die Theaterwissenschaft dann erst im demokratischen Zeitalter (Berlin 1923).

Wenden wir uns zuletzt wieder dem Bereich der Gebrauchsliteratur zu, so ließe sich zunächst auf die Entwicklung der geistes- und gesellschaftswissenschaftlichen Fachliteratur hinweisen, die sich von der populäreren Sachbuchliteratur durch den Verzicht auf alles Anekdotische, Unterhaltsame und Persönliche unterscheidet. Seit Herder und Hegel zielten viele derartige Publikationen auf nichts Geringeres ab als auf die Erstellung einer wissenschaftlichen Weltkulturgeschichte, zu der die einzelnen akademischen Disziplinen das erforderliche Datenmaterial liefern sollten. Wie oben ausgeführt, blieb diese Weltkulturgeschichte zwar auf Gegenstände mit ausreichendem geistigen Gehalt beschränkt, aber trotz dieser Horizontbeschränkung kann der geisteswissenschaftlichen Forschung des bürgerlichen Zeitalters attestiert werden, auf der Basis ihres universalisierten Geistkonzeptes wichtige Grundlagen für unser Verständnis der Kunst-, Literatur-, Musik-, Religions-, Philosophie-, Politik- und Wirtschaftsgeschichte geschaffen zu haben. Dass Theodor Mommsen 1902 für seine vierteilige *Römische Geschichte* (1854-56/1877/1885) einen Nobelpreis für Literatur erhielt, ist nur einer von vielen Belegen für das auch im internationalen Vergleich hohe Niveau, das die kulturgeschichtliche Forschung des 19. Jahrhunderts in Deutschland erreichte. Deutsch gehörte damals noch zu den internationalen Verkehrssprachen, deren Beherrschung für die Vertreter bestimmter Wissenschaftsdisziplinen ein Muss darstellte.

Noch bemerkenswerter als die Expansion des Fachbuchwesens ist jedoch die Herausbildung der Gestalt des Intellektuellen, der sich auf publizistischem Wege zu den verschiedensten Fragen des öffentlichen Interesses äußert und dem von einer breiteren (Gegen-)Öffentlichkeit das Recht zu 'legitimer inkompetenter Kritik' (vgl. Lepsius 1964) eingeräumt wird. Wahrscheinlich das berühmteste Beispiel für diesen Typus des öffentlichkeitswirksamen Gelehrten stellte im 19. Jahrhundert die Gruppe der so genannten 'Göttinger Sieben' dar. Dabei handelte es sich um sieben Professoren der Göttinger Universität, die im November 1837 gegen die Aufhebung des Staatsgrundgesetzes von 1833 Einspruch erhoben und dafür ihres Amtes enthoben wurden; drei der Unterzeichner wurden sogar des Landes verwiesen. Kopf der Gruppe war der Geschichts-, Politik- und Wirtschaftswissenschaftler Friedrich Christoph Dahlmann, der später als Professor in Bonn lehrte und 1848 Mitglied der konstituierenden Nationalversammlung in der Paulskirche wurde. Er und seine Mitstreiter, zu denen auch die Brüder Grimm und der Literarhistoriker Georg Gottfried Gervinus gehörten, engagierten sich aus liberaler Gesinnung für einen deutschen Verfassungsstaat und prägten damit maßgeblich das Bild des kritischengagierten Intellektuellen, der genug Zivilcourage aufbringt, um seine wissenschaftliche Autorität für Fragen von allgemeinem Interesse einzusetzen. Liberale Periodika wie die *Deutsche Zeitung* und die *Hallischen Jahrbücher* unterstützten diese Bemühungen und schufen eine publizistische Öffentlichkeit, die der Intelligenz Gelegenheit zur Artikulation entsprechender Denkrichtungen und Gesinnungen bot.

Diese Ausweitung der Zuständigkeiten des Gelehrten ist auch eine Folge der oben beschriebenen Konzeption des 'Geistes', dessen Erforschung zum eigentlichen Gegenstand der entsprechenden Wissenschaften erklärt wurde. So nimmt es nicht wunder, dass Hegel, der Begründer des geistesgeschichtlichen Denkens, in seinen Werken nicht nur die klassischen Fragen der Universitätsphilosophie traktierte, sondern schlechterdings alle Erscheinungen des 'Geisteslebens', seien es Kunst, Religion und Philosophie oder Geschichte, Jurisprudenz und Politik, mitbehandelte. Zeitliche, räumliche und sachliche Grenzen wurden innerhalb der Grenzen des geistigen Lebens nicht anerkannt, und so philosophiert Hegel genauso selbstsicher über die Architektur der alten Ägypter und das Christentum der Spätantike wie über die mittelalterliche Malerei oder das moderne Polizeiwesen. Noch heute machen moderne Massenmedien von der Autorität dieses Intellektuellentypus Gebrauch, wenn in besonderen Krisensituationen ein prominenter Künstler oder Wissenschaftler vor die Kamera gezogen wird, um eine kritisch-engagierte Stellungnahme zu politischen, wirtschaftlichen oder militärischen Problemen abzugeben, wie weit diese Probleme auch immer von den Erfahrungshorizonten und Fachkompetenzen des Betroffenen entfernt sein mögen. Auch dieser Vorgang zeigt noch einmal, dass das Bildungsbürgertum im 19. Jahrhundert einen bedeutenden Einfluss im Bereich des Schulwesens, der Bildungs- und Kultureinrichtungen, der Publizistik und allgemein des öffentlichen Lebens gewann, der in keinem Verhältnis zu seinem verschwindend geringen Anteil an der Gesamtbevölkerung stand.

Man kann zusammenfassend konstatieren, dass die literarische Kultur des Bildungsbürgertums hauptsächlich von der Tendenz zur Intellektualisierung und zur imaginären Autonomisierung gekennzeichnet war. Sie basierte auf dem fruchtbaren Irrtum, dass literarische Werke ausschließlich nach ihrem geistigen Gehalt zu beurteilen seien. Daraus resultierte eine bis zum Bildungsdünkel steigerbare Blindheit für die gesellschaftsgeschichtliche Bedingtheit des eigenen Intellektualismus, aber gleichzeitig auch eine bis dahin unerreichte phänomenale Steigerung des gedanklichen Niveaus in allen Bereichen der Kunstproduktion und -rezeption. In der Überzeugung, privilegierten Zugang zur einzigen, wahren Kultur zu besitzen, betrieb diese im staatlichen Kultur- und Schulwesen tonangebende Bildungselite eine nachhaltige Kanonisierungspolitik, deren Auswirkung sich bis in die Unterrichtspläne der Gegenwart hinein nachverfolgen lässt. In der Folge ist die literarische Kultur dieser Schicht in der Philologie nicht nur zum wichtigsten, sondern lange Zeit zum einzig legitimen und möglichen Gegenstand einer wissenschaftlichen Literaturgeschichtsschreibung erklärt worden.

Abb. 16: Bernhard Pankok: 'Dachstube' (1892)

Das bürgerliche Zeitalter kennt nicht mehr den Typus des Nichtständischen, der von der Teilhabe an bestimmten Formen der literarischen Kommunikation de jure und de facto ausgeschlossen bleibt. Das Lektüreangebot der vielen neuen Leihbibliotheken stand – wenigstens im Prinzip – auch den Deklassierten und den gesellschaftlichen Außenseitern zur Verfügung.

Wie der zweite Teil dieses Buches muss auch der dritte mit einem Kapitel enden, das den nicht schichtenspezifischen Kulturen gewidmet ist. Die Gründe
dafür sind hier freilich ganz andere als dort. Die Ständeordnung des feudalistischen Zeitalters war kein abstraktes Klassifikationssystem von Gesellschafts-
analytikern, sondern eine handfeste soziale Tatsache. Sitz- und Kleiderordnungen führten im alltäglichen Leben jedermann plastisch vor Augen, welchem
Stand er angehörte. Verstöße wurden bestraft. Die Sozialhierarchie des bürgerlichen Zeitalters war demgegenüber keine kodifizierte Ordnung, deren
Übertretung einen Rechtsverstoß darstellte, sondern ein statistisches Relati-
onsgefüge, wie es von Soziologen und Historikern beschrieben wurde. Die
Ständeordnung war eine gesetzliche Norm, das Klassensystem eine Struktur.
    Auch von Strukturen können Zwänge ausgehen. Aber im bürgerlichen
Zeitalter gab es keine verbindliche Klassen-'Ordnung', deren Übertretung zu
polizeilich-juristischen Sanktionen geführt hätte. Traditionen, Mentalitäten,
Sitten und Konventionen haben die soziale Mobilität begrenzt. Doch der Spielraum des Verhaltens war objektiv größer als zuvor. Das 19. Jahrhundert kennt
deshalb keine 'Außerständischen' mehr, die ganz aus dem Raster der Sozialhierarchie herausfallen. Noch immer wurden bestimmte Bevölkerungsgruppen
massiv diskriminiert, aber deren Angehörige waren und blieben vor dem Auge
des Gesetzes doch 'Bürger', auch wenn politische Extremisten allerlei Anstrengungen unternahmen, um die Juden, die 'Zigeuner', die 'Welschen' oder
wen sie sonst als Sündenbock benötigten, herauszudefinieren. Literarische
Kulturen außerhalb der Klassen sind deshalb keine Kulturen bestimmter Bevölkerungsgruppen, die nicht zur Gesellschaft gerechnet wurden. Vielmehr
handelt es sich um Sonderkulturen, an denen Menschen aus verschiedenen
Gesellschaftsschichten partizipieren konnten und in denen – das ist die diffe-
rentia specifica – keine Klasse signifikant überrepräsentiert war. Im einzelnen
handelt es sich vor allem um bestimmte Teile der Kinderliteratur und der Pornographie.
    Bevor wir uns diesen Sonderkulturen zuwenden, sei hier aber noch kurz ein
Blick auf jene Gesellschaftsschichten geworfen, die im feudalistischen Zeitalter eine eigenständige Form der literarischen Kommunikation besaßen und die
im bürgerlichen Zeitalter in den neu entstandenen Klassen aufgegangen waren.
Zunächst wäre das der Adel, dessen höfisch geprägte Repräsentationskultur
nicht mehr zu finanzieren und zu legitimieren war. So trat an die Stelle des
Schlosses die Fabrikantenvilla als wichtigste Bauaufgabe der zeitgenössischen
Herrschaftsarchitektur. Die allmähliche Verbürgerlichung der Adelsschicht
führte einerseits zu ihrer stetigen inneren Auszehrung, andererseits zu einer
Bewahrung ihres Einflusses in bestimmten Gesellschaftssektoren wie dem
Militär, dem Diplomatischen Dienst oder der höheren Staatsadministration.
Einige Adelige schafften zudem den Sprung in die kapitalistische Marktwirt-
schaft und profilierten sich als moderne Agrarindustrielle oder Investoren. Ein

Teil der alten Oberschicht scheint demnach einen Wechsel in die neue Führungselite, also ins Besitzbürgertum, vollzogen zu haben. Aber die meisten
sahen sich zu Kleinbürgern degradiert, die von nostalgischen Gefühlen und
den Resten ihres Familienerbes zehren mussten. Jedenfalls hat der Adel im
19. Jahrhundert keine eigene neue Kultur mehr entwickelt und seine ange-
stammte Repräsentationskultur nur noch in seltenen Ausnahmefällen aufrechterhalten können. Fontanes Roman *Die Poggenpuhls* (1896) thematisiert in
humorvoll-menschlicher Weise diesen Verfallsprozess und seine Konsequenzen.

Im Zusammenhang mit der Kultur der Arbeiterschaft wurde bereits die
Schicht der Außerständischen mit der hier besonders interessierenden Untergruppe der Fahrenden erwähnt. Durch gesellschaftliche Reintegration, Organisation und Professionalisierung war aus diesen Außenseitern eine Sonderfrak-
tion der Arbeiterschaft gemacht worden. Die Artisten waren Angestellte eines
Zirkusunternehmers und führten ein zwar ungewöhnliches, aber dennoch im
beschriebenen Sinne 'bürgerliches' Leben. Sie waren also keine Exponenten
einer illegitimen Untergrundkultur, sondern Beschäftigte in einer Spezialbran-
che der Kulturwirtschaft. Nach Herkunft und Habitus scheinen die meisten der
Arbeiterschaft zuzuordnen gewesen zu sein. Besonderer Ruhm in der Manege
konnte gefeierten Zirkusakrobaten jedoch in materieller Hinsicht den Aufstieg
ins Klein- oder sogar ins Besitzbürgertum sichern, wo sie freilich oft aufgrund
ihrer familiären Situation, zählebiger Imageprobleme und differierender Wertvorstellungen nicht wie Gleiche unter Gleichen behandelt wurden.

Schließlich ist noch auf die Geschichte des Judentums einzugehen, die im
19. Jahrhundert unter dem Motto der Emanzipation, Integration und Assimilation stand. Nach dem französischen Vorbild von 1791 kam es in den einzelnen
deutschen Ländern zu einer schrittweisen Abschaffung der staatlichen Diskriminierung und 1848 schließlich zur formalen rechtlichen Gleichstellung der
Juden im Gebiet des Deutschen Bundes. Von jüdischer Seite aus entsprach
dem eine seit den 1830er Jahren feststellbare, nach 1848 massiv verstärkte
Tendenz zur Integration und zur Assimilation. Viele Juden empfanden sich
nicht mehr als Mitglieder einer eigenen Ethnie oder Nation, sondern als deutsche Staatsbürger jüdischen Glaubens. Die fortschreitende Säkularisierung
entzog den Religionsgegensätzen zusätzlichen Boden und verstärkte die Inte-
grationstendenzen. Heinrich Heine konvertierte 1825 aus rein pragmatischen
Erwägungen zum Protestantismus. Auerbach engagierte sich 1871 aus patrioti-
schem Enthusiasmus für das deutsche Kaiserreich. Hofmannsthal schließlich
fühlte sich bereits ganz als Christ und wies jede Erinnerung an die jüdische
Herkunft seiner Großeltern scharf zurück (vgl. Schneider 1990, S. 184-190).
Sie alle schrieben ihre Werke mit völliger Selbstverständlichkeit in deutscher
und nicht in jiddischer Sprache. Um so bestürzender ist es, dass seit den
1870er Jahren eine neue Spielart von Antijudaismus hervortrat, der auf die

Rückgängigmachung des Assimilationsprozesses abzielte. Gemeint ist der
biologistische Antisemitismus, der von Autoren wie Gobineau, Dühring und
Chamberlain begründet wurde und der das Judentum nicht als Konfession, als
Ethnie oder als Nation, sondern als eigene Rasse beschrieb. Gegen dieses aus
wissenschaftlicher Sicht lächerliche, aber populistisch leicht verwertbare Tot-
schlagargument konnte auch eine über Generationen hinwegreichende Assimilation nichts ausrichten. Der NS-Philologe Adolf Bartels sah 1943 in den
Griechendramen Hofmannsthals die Spuren eines perversen orientalischen
Judentums (vgl. ebd., S. 188f.). Es hieße, dieser Ausgrenzungsstrategie zu
folgen, wollte man die Werke Heines, Auerbachs oder Hofmannsthals einer
eigenen literarischen Kultur zuordnen, wie das bei der jiddischen Literatur des
feudalistischen Zeitalters noch als sinnvoll erschien. Trotz aller rassistischen
Hetze ist die Geschichte der Juden im bürgerlichen Zeitalter die Geschichte
einer zwar langsamen und nicht unumkehrbaren, aber insgesamt gelungenen
Integration. Die Juden dieses Zeitalters stellen einen für analytische Zwecke
isolierbaren Gegenstand der Wissenschaften, aber keine gesonderte gesellschaftliche Klasse mit einer eigenen literarischen Kultur dar. Im Bücherschrank des jüdischen Bildungs- oder Kleinbürgers standen – vom religiösen
Schrifttum natürlich abgesehen – kaum noch andere Werke als in dem seiner
anderen Konfessionen angehörenden Schichtgenossen.

Eine eigenständige Form der literarischen Kommunikation unabhängig von
den Klassen entwickelte sich dort, wo es der inneren Logik des kapitalistischen
Gesellschaftsmodells entsprach. Zu dieser Logik gehört an erster Stelle die
Überzeugung, dass die Position des Individuums im sozialen Raum nicht von
der Geburt abhängt, sondern durch die Geltendmachung seiner individuellen
Arbeitsleistung auf dem freien Markt determiniert wird. Dass diese Idealvor-
stellung in der Praxis nur teilweise realisiert wurde, ist oben detailliert dargelegt worden und bedarf keiner weiteren Erörterung. Dennoch wäre es falsch,
dieses Ideal wegen seiner Realisierungsdefizite für reine Ideologie oder für
blanke Illusion zu erklären. Schule und Familie des bürgerlichen Zeitalters
schufen den Kindern nach und nach einen – wenn auch gewiss begrenzten –
Freiraum, in dem sie ihre individuellen Talente erproben konnten, ohne von
vorneherein ausschließlich auf die Verhaltensspielräume eines bestimmten
Geburts- oder Berufsstandes festgelegt zu sein. Und dieser Schonraum konnte
von der neu entstehenden Kinderliteratur gleichsam als klassenloses Reich der
Kindheit aufgefasst werden.

Naheliegenden Erwiderungen muss teilweise beigepflichtet werden: Die
geschilderte Entwicklung kann frühestens in das letzte Drittel des
19. Jahrhunderts datiert werden. Sie verbreitet sich nur sehr langsam bis in die
Arbeiterschaft hinein, in der erst *ganz allmählich* in den letzten Jahrzehnten
des 19. Jahrhunderts die gesetzliche Reglementierung der Kinderarbeit zu
greifen beginnt (s. Sieder 1987, S. 288; Wild 2002, S. 140f., 180). Und sie

blieb für die buchlosen, bildungsfernen Schichten an den allmählichen Ausbau des Schulsystems gekoppelt, das die sozialen Differenzen auszugleichen begann und das den in der Arbeiterschaft zumeist nicht durch die Eltern vermittelten Zugang zur Literatur herstellte.

Trotz aller Einwände ist aber nicht zu übersehen, dass sich im bürgerlichen Zeitalter auch in der Literatur jener Prozess einer 'Erfindung der Kindheit' widerspiegelt, den Philippe Ariès 1960 in seiner vieldiskutierten Studie über *L'enfant et la vie familiale sous l'Ancien Régime* beschrieben hat. Galten im feudalistischen Zeitalter – wenn überhaupt – nur die Säuglinge und Kleinkinder als gleichsam 'außerständische' Wesen, die Schulkinder hingegen als kleine Erwachsene mit angeborener spezifischer Standesehre, so blieben im bürgerlichen Zeitalter auch die letztgenannten immer stärker vom schichtenspezifischen Leben der Erwachsenen ausgeschlossen. Man schuf ihnen eine eigene Kinderwelt mit speziellen Kleidungsstücken, Kinderzimmermöbeln, Ernährungsweisen, Sprachstilen und natürlich auch literarischen Werken. Diese Werke wollten das Kind als Kind und nicht als Abkömmling dieser oder jener Klasse ansprechen. Sie basierten auf einem pädagogischen Egalitarismus, der keineswegs als naiv zu bezeichnen ist. Es entsprach der Logik der kapitalistischen Gesellschaftsordnung, dem Individuum vor seiner Positionierung im sozialen Raum eine 'klassenlose' Orientierungsphase zuzugestehen, an deren Ende über seine Berufsausbildung und seine spätere Stellung in der Gesellschaft entschieden werden konnte.

Dem widerspricht es übrigens auch *nicht*, wenn wir in dieser Kinderliteratur fast durchgängig Verhaltensnormen, Familienideale, Geschlechterrollenkonzepte und Wertordnungen vorfinden, die man als genuin kleinbürgerlich bezeichnen könnte. An den zahlreichen Werken Christoph von Schmids, des wahrscheinlich populärsten Kinderbuchautors der bürgerlichen Ära, lässt sich dies ohne weiteres aufzeigen (vgl. Wild 2002, S. 143-145). Wenn es – wie oben beschrieben – das wichtigste Ziel der kleinbürgerlichen Literatur war, Normalität zu definieren und eine spezifische Mittelstandskultur zu begründen, so ist ihr dies im Bereich der Kinderliteratur vielleicht am nachhaltigsten gelungen. Das bedeutet natürlich nicht, dass die Schulkinder des bürgerlichen Zeitalters zunächst alle als Kleinbürger galten und sich dann auf die verschiedenen Schichten verteilten. Vielmehr ist davon auszugehen, dass die neue Mittelstandskultur jenen kleinsten gemeinsamen Nenner darstellte, dem auf seinem Weg in die Schulstuben und Kinderzimmer der durchschnittlich geringste pädagogische Widerstand entgegengesetzt wurde. Und dass diese Mittelstandskultur bis weit in das 20. Jahrhundert hinein eine Minderheitenkultur blieb, wirkte sich im Bereich der Kinderliteratur nicht unbedingt negativ aus. Zwar mochte es das Arbeiterkind verwundern, in Schulbüchern oder Abenteuerromanen ständig einem Familienideal zu begegnen, das der Lebenssituation seiner eigenen Eltern nicht entsprach, aber darin konnte auch ein Ansporn liegen. Die ersten Proteste gegen die soziale Nivellierung in der modernen Kinderbuchkritik wurden jedenfalls erst ganz am Ende des bürgerlichen Zeitalters laut (Clara Zetkin, Heinrich Wolgast). Sie wandten sich u. a. gegen die Ausklammerung sozialer Konflikte aus der Kinderliteratur und bestätigten damit noch einmal den beschriebenen Befund einer sozialen Entdifferenzierung, die einen Teil der Kinderbücher des bürgerlichen Zeitalters zu einem klassenübergreifenden literarischen Phänomen machte.

Wie in der literarischen Kultur des Kleinbürgertums so fällt auch in der Kinderliteratur ein Hang zum Abenteuerroman ins Auge, in dessen Folge viele Romane amerikanischer, englischer, französischer und italienischer Herkunft in 'kindgerechter' Überarbeitung zu allgemein bekannten Best- und Longsellern gemacht wurden. Dazu gehören beispielsweise James F. Coopers *The Last of the Mohicans* (1826; dt. 1826), Mark Twains *The Adventures of Tom Sawyer* (1876; dt. 1876) und Robert Louis Stevensons *Treasure Island* (1881/82; dt. 1897). Um diese – in ungekürzter Fassung zum Teil auch von Erwachsenen gelesenen – Abenteuerromane kindertauglich zu machen, wurden sie erstens nach moralisch-pädagogischen Kriterien durchforstet und von allen erotischen, brutalen und grobianisch-unzivilisierten Elementen befreit. Zweitens wurden sie aus literaturpädagogischen und entwicklungspsychologischen Gründen dem Auffassungsvermögen und der Sprachentwicklung des Kindes angepasst, also beispielsweise gekürzt, stilistisch vereinfacht und mit veranschaulichenden Illustrationen ausgestattet. Gegen Ende des bürgerlichen Zeitalters gelangten auch deutschsprachige Autoren zu bedeutenden Erfolgen in diesem Genre: Sophie Wörishöffers Romane (z. B. *Das Naturforscherschiff*; 1880) fehlten in kaum einem Kinder- oder Jugendzimmer; und vor allem Karl May wurde mit spannenden Indianer- und Abenteuerromanen wie z. B. *Durch die Wüste* (1892) zu einem in viele Dutzend Sprachen übersetzten Weltbestseller mit Millionenauflagen.

Dass die Wertvorstellungen des Kleinbürgertums in den klassenübergreifend verbreiteten Teilen der Kinderliteratur dominierten, wird durch den Umstand bekräftigt, dass derartige Abenteuerromane überwiegend den Jungen zugedacht blieben. Gemäß den Geschlechterrollenkonzepten dieser Schicht wurde für den weiblichen Nachwuchs demgegenüber ein anderer Typus von erzählenden Schriften konzipiert, deren Schauplätze sich auf die räumliche Nahumgebung beschränkten und die inhaltlich um die psychischen und sozialen Probleme des Zusammenlebens in der intimisierten bürgerlichen Kernfamilie kreisten. Die prominentesten Beispiele für diese sogenannte 'Mädchenliteratur' sind Clementine Helms *Backfischchens Leiden und Freuden* (1863) und Emmy von Rhodens *Trotzkopf* (1885). Beide Werke richteten sich ursprünglich an die 'höheren Töchter', die auf eine adäquate Heirat und auf ein Leben im Hause vorbereitet werden sollten. Der Erfolg dieser Werke führte jedoch zu einer Welle gleichartiger Publikationen, die sich bis in die unteren

Gesellschaftsschichten erstreckte. Die moderne Mädchenbuchkritik – von Heinrich Wolgast und Malte Dahrendorf über Dagmar Grenz bis zu Gisela Wilkending – misst diesem Genre übereinstimmend, trotz aller Detailunterschiede in der Textinterpretation, eine überwiegend schädliche Wirkung im Hinblick auf die Internalisation traditioneller Rollenbilder zu (vgl. Eggert/Garbe 1995, S. 85-92). Der enorme Erfolg der 'Backfischromane' dürfte damit zusammenhängen, dass die darin propagierte Freistellung der Frau von Erwerbsarbeit in immer größeren Bevölkerungskreisen als wichtiges Statussymbol aufgefasst wurde, auch wenn dieses 'Ideal' aus finanziellen Gründen nur im Besitzbürgertum und in den einkommensstarken Fraktionen des Kleinbürgertums und der (Fach-)Arbeiterschaft realisiert werden konnte. Erst im späten 20. Jahrhundert wurde es zur Mehrheitsmeinung, dass dieses Rollenkonzept frauenfeindlich ist, weil es den Mann mit unfairer ökonomischer Macht und mit illegitimer Autorität in Familie und Gesellschaft ausstattet.

Hinsichtlich der Kinderliteratur des bürgerlichen Zeitalters lässt sich abschließend feststellen, dass ihr Erfolg wie ihre Problematik darauf beruht, die kapitalismustypische egalitaristische Idee einer klassenlosen Kindheit ihrer gesellschaftlichen Sprengkraft beraubt zu haben, indem sie – wenngleich in den unteren Schichten nur mit großer Verzögerung – für die klassenübergreifende Durchsetzung einer im Wesentlichen kleinbürgerlich geprägten, 'mittelständischen' Kinderbuchästhetik sorgte. Die gerade erst 'erfundene' Kindheit (Ariès) wurde als eine Welt kleiner Bürger ausgestaltet, in der kleinbürgerliche Wertvorstellungen, Tugendbegriffe und Familienideale auf kindlichen Maßstab heruntergebrochen worden waren. Das sorgte einerseits für die klammheimliche Popularisierung der ethisch und anthropologisch stark normativen, ja geradezu autoritären ersten deutschen Mittelstandskultur. Andererseits wurde damit der großen Mehrheit des Nachwuchses von Kindesbeinen an eine Aufstiegsperspektive vermittelt oder zumindest vor Augen geführt. Familiäre und wirtschaftliche Verhältnisse wie in vielen ihrer Bilder-, Abenteuer- und Schulbücher fanden die meisten Kinder, also die der Arbeiterschaft, in ihrer eigenen Lebenssituation nicht vor. Auf sie musste es teils frustrierend, teils aber auch anspornend wirken, die Lebenssituation des Kleinbürgertums immer und immer wieder nicht nur als Ideal, sondern als den selbstverständlichen Normalfall präsentiert zu bekommen. Der für viele unvermeidliche Übergang von einer zumindest partiell 'verkleinbürgerlichten' Kindheit in ein Leben als Arbeiter konnte dann freilich als erster, unverschuldeter sozialer Abstieg erlebt werden.

Als teilweise klassenübergreifend kann auch das pornographische Schrifttum des bürgerlichen Zeitalters bezeichnet werden. Als im 19. Jahrhundert größere Teile der Arbeiterschaft und des Kleinbürgertums zu Konsumenten von Druckerzeugnissen wurden, kam es jedenfalls nur im Bereich der Buchausstattung, nicht aber im Bereich der eigentlichen Textproduktion zu einer

Ausdifferenzierung dieses Genres. Es gab sowohl billige als auch kostspielige
Ausgaben von Werken wie Clelands *Memoirs of a Woman of Pleasure*
(1747/48; dt. 1782) oder Octave Mirbeaus *Le jardin des supplices* (1899; dt.
1901). Aber der Text blieb immer der gleiche. Jedenfalls ist es schwierig bis
unmöglich, kleinbürgerliche von besitzbürgerlicher oder bildungsbürgerlicher
Pornographie zu unterscheiden, soweit es nicht die Buchausstattung, sondern
den Wortlaut der Texte betrifft. Dabei ist allerdings zu beachten, dass hier nur
als Pornographie bezeichnet wird, was unter dem Ladentisch verkauft wurde
und deshalb zur Untergrundliteratur zu rechnen ist. Denn natürlich gibt es
innerhalb der regulär verkauften, sehr wohl einzelnen Bevölkerungsschichten
zuzuordnenden Romane und Gedichtbände erotische Elemente, die manchmal
sogar die Grenze zur Pornographie streifen mögen, ohne dass deshalb aber das
ganze Werk als pornographisch einzustufen wäre.

Dass die Klassenunterschiede umso mehr zurücktreten, um so eindeutiger
ein Werk als pornographisch zu bezeichnen ist, nimmt nicht wunder. Denn die
Pornographie spricht den Leser primär als Trieb- und Naturwesen an, wie es
nun einmal jeder Rezipient, unerachtet seiner Position im sozialen Raum, ist
und bleibt. Und das Interesse an der Beschreibung elementarer Körperfunktionen nimmt in dem Grade zu, in dem diese Funktionen verdrängt und beschnitten werden. Im – nach außen hin – prüden bürgerlichen Zeitalter wurde diese
Verdrängung, besonders im Kaiserreich, bis ins Lächerliche gesteigert. Neben
der politischen und der religiösen gewann die moralische Zensur an Bedeutung. Der preußische Landtag debattierte z. B. 1876 über die jugendgefähr-
dende Unmoral des *Simplicissimus* von Grimmelshausen, den der Kultusmi-
nister (wohlgemerkt: in einer bereits 'gereinigten' Fassung!) zur Anschaffung
für Schulbibliotheken vorgeschlagen hatte (vgl. Breuer 1982, S. 190f.). Und
neben der Zensur taten die Sitten und Konventionen ein übriges, um das
Triebleben des Menschen zu tabuieren. Man erkennt daran besonders deutlich,
wie künstlich das Natürlichkeitsideal als zentrales legitimierendes Ideologem
der bürgerlichen Gesellschaft war. Als natürlich galten die gerade erst erfundene Kleinfamilie und das ökonomische Gewinnstreben. Für widernatürlich
und tierisch wurde dagegen jedes 'unzivilisierte' Verhalten und besonders die
außereheliche Sexualität gehalten. Jedenfalls nach außen hin. Denn die Untergrundliteratur wie auch der Handel mit erotischer Photographie florierten und
schufen Ventile für die zivilisierten Menschen, auf denen ein immer größerer
„Zwang zum Selbstzwang" (Elias 1976 II, S. 312) lastete.

Besonders bemerkenswert ist die einseitige Verteilung der Pornographie
auf die Geschlechter. Cleland, Mirabeau und Mirbeau schrieben *als* Männer
und offenbar auch fast ausschließlich *für* Männer. Wo auch immer die Ursache
hierfür zu suchen ist: Männer aller Gesellschaftsschichten kauften und konsu-
mierten häufig die gleichen, mal billig und mal kostbar aufgemachten pornographischen Schriften. Die hierdurch ganz konkret realisierte soziale Entdiffe-

renzierung fand ihr Pendant in der Reduzierung der dargestellten Frauen auf reine Triebwesen, deren gesellschaftliche Stellung weniger zählte als ihre Körperlichkeit. Vergleichbare Tendenzen zur sozialen Entdifferenzierung der Erwachsenenliteratur kennen wir zu dieser Zeit nur noch in der Kriegslyrik und allgemein im soldatischen Schrifttum, dessen starke Prägung durch die repressive Sexualmoral des bürgerlichen Zeitalters Klaus Theweleit in seiner zweibändigen Studie über *Männerphantasien* (1977/78) analysiert hat.

In der Überschau können wir konstatieren, dass auch die Literatur des bürgerlichen Zeitalters – wie die des feudalistischen – kein homogenes Gebilde war, sondern in schichtenspezifische Formen der literarischen Kommunikation zerfiel, die nebeneinander her existierten. Im Vergleich zu ihren jeweiligen Vorgängerkulturen im Feudalismus zeigen sie durchweg die Spuren eines nachhaltigen gesellschaftlichen Fortschritts im Hinblick auf den in ihnen realisierten Bildungs- und Zivilisierungsstandard. Vor allem ist aber hervorzuheben, dass die Grenzen zwischen den Kulturen insgesamt durchlässiger geworden waren, wenn auch längst noch nicht von freier sozialer und kultureller Mobilität gesprochen werden kann. Alle genannten Kulturen basierten aber (zunehmend) auf der Rezeption hochsprachlicher und zumeist gedruckter Werke, so dass keine medialen und sprachlichen, sondern 'nur' wirtschaftliche und edukative Ausschlussmechanismen existierten, die einer völligen Durchmischung Grenzen setzten.

Die traditionellen Epochenbegriffe der Literaturgeschichtsschreibung sind, wie sich auch in diesem dritten Buchteil zeigt, für die Beschreibung der literarischen Kulturen *in ihrer Gesamtheit* untauglich, da sie den Intellektualismus des Bildungsbürgertums reflektieren, das die Funktion der literarischen Kommunikation ganz im Geistigen ansiedelte und für die in anderen Schichten zentralen Funktionen der Repräsentation, der 'Normalisierung' des Gemütslebens (Kleinbürgertum) und der Disziplinierung des Körpers kein Interesse und kein Verständnis aufbrachte. Den Kolportageroman als Schwundstufe der romantischen Schauerliteratur zu beschreiben, ist nicht minder absurd und fruchtlos, als wollte man das Lesedrama als Schwundstufe des höfischen Ausstattungstheaters auffassen. Dass eine solche Betrachtungsweise lange Zeit vorherrschte, zeigt am deutlichsten der Umstand, dass die literarische Kultur des Bildungsbürgertums geradezu übererforscht und überediert ist, während selbst die wichtigsten Werke der anderen Kulturen bis heute nur selten konserviert, ediert und kommentiert werden.

4. Literarische Kommunikation im demokratischen Zeitalter (seit 1918)

Abb. 17: Gebäude der 1965 eröffneten Ruhr-Universität Bochum

Die im 20. Jahrhundert erreichte Demokratisierung der höheren Bildung führte zu einer phänomenalen Expansion und Ausdifferenzierung der literarischen Kultur.

a) Gesellschaftsgeschichtliche Rahmenbedingungen

Wie der Übergang vom feudalistischen zum bürgerlichen Zeitalter so vollzog sich auch die Ersetzung der bürgerlichen durch eine demokratisch-pluralistische Wirtschafts- und Gesellschaftsordnung nicht auf einen Schlag, sondern schrittweise. Das tritt besonders im Bereich der Institutions- und Ereignisgeschichte deutlich zutage. Denn die Etablierung eines stabilen demokratischen Gemeinwesens gelang in Deutschland bekanntlich erst im zweiten Anlauf. Die demokratische Republik von Weimar war dem durch die Weltwirtschaftskrise von 1929 extrem gesteigerten Druck von Rechts und Links nicht gewachsen und wurde 1933 für zwölf Jahre von einem totalitären Regime abgelöst, welches das Rad der Geschichte zurückzudrehen und gewaltsam einen halb feudalistischen und halb bürgerlichen, industrialisierten Ständestaat zu errichten versuchte.

Zum Glück war jedoch die wirtschaftliche und gesellschaftliche Erneuerung in der westlichen Welt bereits so weit fortgeschritten, dass der programmatische faschistische Antimodernismus auf nationaler und vor allem auf internationaler Ebene langfristig nicht durchzusetzen war. Im Kleinen zeigt sich das schon an dem Faktum, dass die Nationalsozialisten selbst gezwungen waren, den ihnen verhassten Modernisierungsprozess in manchen Sektoren der Gesellschaft wie z. B. in der Kommunikationstechnik, in der sozialen Mobilität oder in der Säkularisierung mit voranzutreiben (vgl. Wehler 2003, S. 781-794). Im Großen aber, und das ist entscheidend, hatte der Erneuerungsfortschritt schon seit Ende des 19. Jahrhunderts solch massive Umbrüche in der Wirtschaftsordnung, im Gesellschaftssystem und in den schichtenspezifischen Mentalitäten hervorgebracht, dass ein totalitäres Regime à la longue nicht mehr zu etablieren war. Dass dennoch Millionen Menschen bereit waren, den Faschismus zu tolerieren oder sogar für ihn zu sterben und zu morden, ist keine notwendige Folge, aber jedenfalls eine nicht zu leugnende Begleiterscheinung dieses Modernisierungsprozesses, der von vielen zunächst nicht als Zugewinn an Freiheit, sondern als Verlust an Sicherheit wahrgenommen wurde und der deshalb – auch und gerade unter Gebildeten – in den Jahrzehnten um 1900 sehr ambivalente Reaktionen hervorrief (vgl. Ketelsen 2002, S. 164-168). Denn Modernisierung bedeutete und bedeutet für den einzelnen in erster Linie soviel wie räumliche, soziale und psychische Flexibilisierung. Das sei etwas genauer erläutert.

'Räumliche Flexibilisierung' meint den Umstand, dass die Umzugshäufigkeit, speziell auch die Häufigkeit von Fernumzügen, im 20. Jahrhundert drastisch anstieg, wobei es langfristig zu einer deutlichen Verringerung der Haushaltsgrößen kam. So hat sich der Anteil der Einpersonenhaushalte von 1900 bis 1987 von 7,1 auf 34,6 Prozent, der Anteil der Zweipersonenhaushalte im gleichen Zeitraum von 14,7 auf 29,7 Prozent aller Haushalte gesteigert (Vester u. a. 1992, S. 129). Wichtigste Ursache hierfür ist die Arbeitsmigration, die im Gefolge des Niedergangs der Agrarindustrie immer mehr Menschen dazu zwang, ihre vertraute Nahumgebung zu verlassen und in die Fremde zu gehen, wo neue Arbeitsplätze in der Industrie und im Dienstleistungssektor warteten. Zu diesem Zwang gesellten sich im Zuge der Modernisierung allmählich freiwillige Umzugsmotive, in deren Gefolge die räumliche Flexibilisierung nicht mehr negativ als 'Entwurzelung' und 'Heimatverlust', sondern positiv als Horizonterweiterung und als geistig-seelische Befreiung wahrgenommen wurde. Die exponentielle Steigerung des Individualverkehrs und die Etablierung des Massentourismus förderten diese Entwicklung nachhaltig, indem sie die Kosten, Beschwerlichkeiten und Gefahren des Reisens verminderten und den exklusiven Kosmopolitismus der Führungsschichten des bürgerlichen Zeitalters zu einer alltäglichen Banalität werden ließen. Das öffentliche Straßennetz wurde in Deutschland vom Ende des 19. Jahrhunderts bis heute auf eine Gesamtlänge von über 230.000 Kilometern ausgebaut und damit ungefähr verdoppelt.

'Soziale Flexibilisierung' meint das Faktum, dass der einzelne seine Position im sozialen Raum weitgehender als je zuvor frei bestimmen und verändern kann. Neu ist daran vor allem die Möglichkeit, Zwischenstufen zu überspringen und einen extremen gesellschaftlichen Aufstieg innerhalb nur einer Generation zu realisieren. Im feudalistischen Zeitalter hatte es zwar vereinzelt talentierte Bauernkinder gegeben, die von fürstlichen Mäzenen unter Umgehung der Ständeordnung zu Gelehrten gemacht wurden. Und im bürgerlichen 19. Jahrhundert konnte ein Individuum unter günstigen Voraussetzungen aus eigener Initiative den Aufstieg in die benachbarte, nächsthöhere Gesellschaftsschicht bewerkstelligen. Aber erst im 20. Jahrhundert wurde es zu einem gesellschaftlichen Normalfall, dass Menschen aus Arbeiter- oder Kleinbürgerfamilien eine erstklassige Schul- und Berufsausbildung erhalten und superiore Positionen in Staat, Wirtschaft, Wissenschaft und Verwaltung erobern konnten. Von einer endgültigen Verwirklichung der Chancengleichheit kann zwar noch längst keine Rede sein, aber im historischen Vergleich können die Bildungsvoraussetzungen und die Aufstiegschancen der Menschen des demokratischen Zeitalters nur als exorbitant bezeichnet werden. So lag die Anzahl der Studierenden 1800 bei ca. 6.000, 1900 bei ca. 50.000 und 2000 bei ca. 1.800.000 (s. Leidhold 2001, S. 451f.; Institut für Länderkunde 2002, S. 80). Die Quote der (funktionalen) Analphabeten erreicht nur einige wenige Prozentpunkte. Mentalitätsgeschichtlich verhält es sich freilich so, dass dieser Zugewinn an Bildung und an individueller Lebensplanungsfreiheit nicht sofort als Gewinn, sondern oft auch als problematische Enthomogenisierung der Familien aufgefasst wurde. Wenn Eltern und Kinder oder Brüder und

Schwestern immer seltener ein und derselben Bildungs- und Gesellschaftsschicht angehören, so ist das nicht in jedem Fall eine Bereicherung, sondern
setzt die Institution Familie großen inneren Spannungen und Belastungen aus,
die sich für den einzelnen bis zum Verlust der sozialen Heimat zuspitzen können. Nicht von ungefähr wird das alte Thema des Generationenkonfliktes in
der Literatur des 20. Jahrhunderts bis zur blutigen Familienkatastrophe gesteigert, in der die nächsten Verwandten am Ende – wie bei Bronnen, Hasenclever
oder Werfel – die Waffe gegeneinander erheben. Erst allmählich konnten
Nachfolgeinstitutionen der klassischen bürgerlichen Familie wie z. B. die 'Ehe
ohne Trauschein', die Wohngemeinschaft, die Patchworkfamilie, die Wochen-
endfamilie etc. etabliert werden, die den flexibilisierten Individuen eine neue
soziale Heimat boten und die der konservativ-bürgerlichen Familienideologie
mitsamt ihrer verkitschten Klimax im Dritten Reich nachhaltig den Nährboden
entzogen. In diesem Zusammenhang verdient auch die Tatsache Interesse, dass
die durchschnittliche Wohnfläche pro Person zwischen 1950 und 2000 von
18,4 auf 35,8 Quadratmeter gesteigert, also nahezu verdoppelt wurde und dass
sich die Wohnverhältnisse generell stark verbesserten (s. Zapf 1999, S. 577f.;
ferner: Kühne-Büning/Plumpe/Hesse 1999, S. 162-192; Kornemann 2000,
S. 704-721). Nach der aktuellen Krise des Wohlfahrtsstaates leben heute freilich nur ca. 40 % der Bevölkerung in dauerhafter ökonomisch-sozialer Sicherheit (vgl. Vester 2001, S. 158). Von einer endgültigen Lösung der Verunsiche-
rungsproblematik kann deshalb bis heute nicht die Rede sein.

Zu den im demokratischen Zeitalter meistdiskutierten Aspekten der sozialen Flexibilisierung gehört die Infragestellung der Geschlechterrollen. In der
frühen feministischen Forschung wurde hierbei zwischen 'sex' und 'gender'
differenziert, d. h. zwischen dem naturgegebenen biologischen Geschlecht
einerseits und der historisch-gesellschaftlich konstruierten, variablen Ge-
schlechterrolle andererseits (z. B. Beauvoir 1949). In der neueren Forschung
wird demgegenüber verstärkt auch das biologische Geschlecht als soziales
Konstrukt aufgefasst (z. B. Butler 1990). Um diese Zuspitzung der feministischen Theorie zu verstehen, die auf den ersten Blick allen physiologischen
Tatsachen zu widersprechen scheint, kann ein Vergleich mit anderen Gegebenheiten der menschlichen Physis nützlich sein. So könnte man beispielsweise behaupten, dass die Natur das Menschengeschlecht in vier große Gruppen eingeteilt hat: Menschen ohne Leberflecken, Menschen mit Leberflecken
auf der rechten Körperhälfte, Menschen mit Leberflecken auf der linken Körperhälfte und Menschen mit Leberflecken auf beiden Körperhälften. Auf dieser unbestreitbaren, objektiven biologischen Tatsache aufbauend könnte man
eine Psychologie und eine Soziologie dieser vier Gruppen entwickeln und zu
weit reichenden Schlussfolgerungen hinsichtlich ihrer jeweiligen Intelligenz,
ihrer Attraktivität, ihrer Aggressivität und aller möglichen anderen Eigenschaften gelangen. Die Absurdität eines solchen Vorgehens macht das zentrale

Argument der neueren feministischen Theorie nachvollziehbar: Die bloße Existenz objektiv wahrnehmbarer körperlicher Unterschiede führt nicht automatisch und selbstverständlich zur Etablierung von Geschlechterrollen. Erst wenn diese Unterschiede fokussiert und semantisiert, d. h. als wichtig wahrgenommen und mit Bedeutung angereichert werden, kommt es zu einer solchen Aufteilung der Menschheit in diese oder jene Geschlechter, Rassen etc.

Der biologische Unterschied als solcher kann also die Entstehung des biologischen Geschlechtes nicht zureichend erklären. Vielmehr müssen ganz bestimmte Fokussierungs- und Semantisierungsmechanismen in Kraft treten und aktiviert werden, damit objektiv vorhandene körperliche Unterschiede für wichtig gehalten und mit bestimmten Attributen korreliert werden. Dabei liegt auf der Hand, dass Fokussierung und Semantisierung keine angeborenen, sondern erlernte und damit historisch-kulturell variable Phänomene sind. Sowohl Geschlechterrollen als auch Geschlechter, sowohl gender als auch sex, könnten also auch anders als heute üblich konstruiert werden. Jedenfalls ist es keine 'natürliche', objektive Gegebenheit, dass es nur zwei Geschlechter gibt und dass diese so definiert werden, wie es traditionell der Fall war. Im Hintergrund steht hier die Utopie einer freien, variablen und individuellen Fokussierung und Semantisierung, die es dem Einzelnen erlaubt, seine geschlechtliche Identität von Tag zu Tag neu zu definieren und zu inszenieren. Die Fortschritte der plastischen Chirurgie legen es nahe, diese Utopie von der sexuellen bis auf die somatische Ebene im Allgemeinen auszuweiten und von einer körperlichen Flexibilisierung des Individuums zu sprechen, die kaum noch als bloße Facette der sozialen Flexibilisierung zu bezeichnen wäre. Auch wenn hiermit neue ethische und identitätspsychologische Probleme geschaffen werden, so atmet dieses neue Geschlechter- und Körperverständnis jedenfalls ganz den Geist des demokratisch-pluralistischen Zeitalters. In der feministischen Kulturwissenschaft wird dabei nicht selten unterstellt, dass es zu den genuinen Aufgaben der Literatur gehört, die hergebrachten Mechanismen der Fokussierung und der Semantisierung zu entlarven, alternative Geschlechter (sex) und Geschlechterrollen (gender) zu entwerfen und damit den Modernisierungsprozess voranzutreiben.

'Psychische Flexibilisierung' als die letzte der drei epochentypischen Pluralisierungsformen meint den Umstand, dass der Einzelne sich in zunehmendem Ausmaß an wechselnde, womöglich widersprüchliche Wertordnungen und Weltanschauungen anpassen muss, weil er sich im Laufe der Jahrzehnte mit wechselnden Lebenspartnern, Arbeitskollegen, Nachbarn, Freunden und sonstigen Bezugspersonen zu arrangieren hat, die den unterschiedlichsten Regionen, Ländern, Sprachgemeinschaften, Konfessionen, sozialen Schichten usw. entstammen können. Mangelnde innere Flexibilität führt unter diesen Voraussetzungen zur Isolation oder zu ständigen inneren Konflikten. An die Stelle der fixierten individuellen Identität tritt deshalb – schon aus Gründen der

Gesundheitsvorsorge – eine innere Pluralisierung, die sich z. B. in politisch-
pädagogischem Liberalismus, in ethischem Nonkonformismus oder auch in
erkenntnistheoretischem Konstruktivismus äußern kann.

Damit ist gleichzeitig ein Hinweis auf die dominierende Hintergrundideologie des demokratisch-pluralistischen Zeitalters gegeben. War es im Feudalismus die Idee der Gottgewolltheit und im bürgerlichen Zeitalter die Ideologie
der Natürlichkeit, so ist es nun im demokratischen Pluralismus das Bekenntnis
zum Relativismus, dem die höchste Legitimationskraft zugebilligt wird. Wie
die Kosmologie der drei genannten Zeitalter vom Geozentrismus über den
Heliozentrismus zur Konzeption der parallelen Welten und des 'Multiversums'
fortschreitet, so herrscht nun auch im Kosmos des Geistes das Prinzip der
Synchronie des Ungleichartigen, dem seine jeweils eigene Entwicklungslogik
und Geltungshaftigkeit zugebilligt wird. Charakteristisch für den flexibilisierten Menschen des demokratisch-pluralistischen Zeitalters ist deshalb die habitualisierte Selbstrelativierung. Als obsolet, naiv und gefährlich gelten demgegenüber alle Einstellungen, die auf 'natürlichen' Wahrheiten, eindeutigen
Interpretationen, religiösen Prinzipien und allgemein auf kompromisslosen
Positionen zu beruhen scheinen. Dabei weist die Selbstrelativierung ein breites
Spektrum an Erscheinungsformen auf, die von der desinteressierten Gleichgültigkeit bis zur funkelnden Selbstironie und von der deprimierenden dauerhaften Identitätskrise bis zur betriebsamen Erkundung alles Fremden, Bunten,
Neuartigen reichen kann. Der Mut zur Freiheit ist freilich auch auf dem Feld
der psychischen Flexibilisierung nur ganz allmählich gewachsen. Jedenfalls
stießen bis hin zum Nationalsozialismus – besonders in den traditionalistischen
Milieus (s. u.) und bei den Modernisierungsverlierern – jene Lehren und Weltanschauungen auf reges Interesse, die den flexibilisierten, aber (auch von den
Schriftstellern) schlecht auf diese Flexibilisierung vorbereiteten Individuen im
Namen dieser oder jener 'konservativen Revolution' wieder eine stabile Identität als Volksgenosse, als Hirte des Seins, als Arier, als deutscher Christ usw.
verpassen wollten. Trotz dieser Rückzugsgefechte ist es aber speziell auf dem
Gebiet der Kultur auch in den zwölf Schreckensjahren des 'Tausendjährigen
Reiches' nicht zu einer durchgreifenden und nachhaltigen Umorientierung
gekommen:

> „Das noch heute anzutreffende Mißverständnis, das deutsche kulturelle Leben und
> die zeitgenössischen Strömungen der Populärkultur seien im Dritten Reich Gegen-
> stand radikaler Umformung gewesen, ist allenfalls ein Indiz für das hartnäckige
> Fortwirken nationalsozialistischer Selbststilisierung. Entgegen dem Eindruck, den
> eine breit angelegte Kontroll- und Lenkungsbürokratie zu erwecken versuchte, ent-
> faltete das Regime auf kulturellem Gebiet nur verhältnismäßig geringe Prägekraft.
> Alle wesentlichen massenkulturellen Entwicklungstendenzen setzten sich in der
> NS-Zeit fort oder verstärkten sich sogar noch – auch solche, die gemeinhin als De-
> mokratisierung des Zugangs zur Kultur gewertet werden. Gleichzeitig entwickelte
> sich die geistig-künstlerische Produktion, trotz des Exodus ihrer jüdischen und lin-

ken Vertreter und des damit verbundenen enormen kreativen Verlusts, in vielen Bereichen kontinuierlich weiter. Weder in der Literatur, noch in der Musik oder in den
bildenden Künsten markiert das Jahr 1933 einen völligen Bruch der Entwicklung.
Der politisch erzwungene mannigfache Abbruch personeller und institutioneller
Kontinuität, der insoweit auch das Ende einer Epoche bedeutete, fällt nicht zusammen mit einer entsprechenden kunsthistorischen Periodisierung."

(Frei 2001, S. 123f.)

Für den engeren Bereich der nationalsozialistischen Literaturpolitik hat Jan-
Dieter Barbian ein ganz ähnliches Fazit gezogen:

„Die Ausgrenzung der Juden und die Unterdrückung regimegegnerischer Abweichungen blieben der kleinste gemeinsame Nenner, auf den man sich jederzeit einigen konnte. Darüber hinaus aber traten in der Alltagsarbeit quer durch alle Behörden und Dienststellen immer wieder deutliche, zum Teil prinzipielle Differenzen
auf. [...]
Zugespitzt könnte man sagen, daß es nach dem Ende des demokratischen Pluralismus dennoch eine Vielzahl von Vorstellungen und Interessen gab, wie Literatur,
Buchhandel und Bibliothekswesen als gesellschaftliche Teilbereiche konkret ausgestaltet werden sollten. Jedenfalls gelang es weder der staatlichen Bürokratie noch
der SS, der NSDAP oder einer anderen Herrschaftsgruppierung, ein Monopol an
literaturpolitischen Leitideen und Steuerungsfunktionen zu errichten, die eine einheitliche Entwicklung garantiert hätten."

(Barbian 1995, S. 843f.)

Selbst für die große Masse der von schriftstellerischer Arbeit Lebenden war
die Situation im NS-Staat keineswegs klar und eindeutig, was zu allerlei In-
konsequenzen und Widersprüchlichkeiten führte. Barbian resümiert:

„Angesichts einer solch deutlichen Übermacht der staatlichen Behörden und partei-
amtlichen Dienststellen ist es naheliegend, eine völlige Ohnmacht der Schriftstel-
lerschaft im 'Dritten Reich' anzunehmen. Dies war jedoch nicht der Fall. Während
die 'voll-' und 'halbjüdischen' Autoren bis zum Frühjahr 1935 rücksichtslos aus der
RSK [= Reichsschrifttumskammer; J. Sch.] ausgeschlossen und für die weitere
Aufnahme gesperrt wurden, konnten ihre 'arischen' Kollegen die Bestimmungen
des Reichskulturkammerrechts zu ihren Gunsten nutzen. Zahlreiche Schriftsteller,
die in der Weimarer Republik der politischen Linken und der von ihr geförderten
Literatur der Moderne zuzurechnen waren, kamen auf diese Weise in die RSK oder
konnten erfolgreich gegen einen Kammer-Ausschluß angehen und damit auch im
nationalsozialistischen Deutschland schriftstellerisch tätig sein. Das gleiche gilt für
'jüdisch versippte' Autoren, die aufgrund ihrer Beschwerde gegen einen Kammer-
Ausschluß mit einer 'Sondergenehmigung' des Propagandaministers weiterarbeiten
konnten. Die staatliche Schrifttumsbürokratie setzte sich in zahlreichen Fällen über
die zum Teil massiven Bedenken hinweg, die von Gestapo, SD [= Sicherheits-
dienst; J. Sch.] und Parteidienststellen gegenüber der 'Zuverlässigkeit und Eignung'
eines Kammer-Mitglieds geäußert wurden. Selbst Buchverbote konnten vereinzelt

rückgängig gemacht oder abgeschwächt werden, führten jedenfalls – auch bei großer Zahl – nicht zwangsläufig zum Berufsverbot für den betroffenen Autor."

(Barbian 1995, S. 848f.)

Sowohl Frei als auch Barbian lassen selbstverständlich keinen Zweifel daran entstehen, dass der NS-Staat eine totalitäre Diktatur war, in der die Meinungsfreiheit und die künstlerische Autonomie massiv beschnitten wurden. Doch der Nationalsozialismus hat keine neuen sozialen Schichten und damit auch keine eigenständigen literarischen Kulturen hervorgebracht, sondern für einige Jahre kulturpolitisch restaurative Tendenzen gestärkt und spektakuläre unmenschlich-staatsterroristische Aktionen (Bücherverbrennung, Autorenverfolgung etc.) gegen einige, zu Exponenten des kulturellen Modernismus deklarierte Schriftsteller durchgeführt (s. auch Wehler 2003, S. 834-837). Ihm wird deshalb in der folgenden Darstellung kein gesonderter Buchabschnitt gewidmet. Innerhalb der Kapitel zu den einzelnen literarischen Kulturen wird aber beschrieben, was die Vertreter des jeweiligen Milieus am Faschismus interessieren und was sie davor zurückschrecken lassen musste. Vorausgreifend sei hier nur festgestellt, dass keines der neun nachfolgend vorzustellenden Milieus vollständig für die Ziele des Faschismus zu gewinnen war, dass aber auch keines gegen alle Facetten der totalitären Ideologie völlig immun war.

Was die Geschichte der DDR betrifft, so muss übrigens anders verfahren werden. Wie auch z. B. die Schweiz oder Österreich brachte der zweite deutsche Staat schon aufgrund seiner Existenzdauer ein eigenständiges System sozialer Schichten und damit auch ein eigenständiges, mit den Verhältnissen in der BRD nicht ohne weiteres vergleichbares Ensemble literarischer Kulturen hervor (vgl. Vester 1993, S. 61-67; SPIEGEL-Dokumentation: OUTFIT 3, 1994, S. 112-125; Burda Advertising Center 2000, S. 44-54; Korte/Weidenfeld 2001, S. 15-17, 22, 106f., 150-155 u. ö.). Die Geschichte der literarischen Kulturen in der Deutschen Demokratischen Republik bildet deshalb genug Stoff für ein eigenes Buch und kann nicht in die vorliegende Darstellung integriert werden. Biermann, Wolf, Kirsch usw. finden aber (nicht anders als Bachmann und Bernhard, Frisch und Dürrenmatt), dem in der Einleitung vorgestellten Literatur- und Kulturbegriff gemäß, selbstverständlich Berücksichtigung, insofern und insoweit die Rezeption ihrer Werke zu den typischen Elementen der literarischen Kommunikation bestimmter bundesrepublikanischer Milieus gehörte und gehört. Umgekehrt wird in einer Geschichte der literarischen Kulturen in der DDR auch danach zu fragen sein, welche Westautoren typischerweise in welchen Ostmilieus rezipiert wurden.

Bevor wir uns den einzelnen Schichten und Kulturen im Detail zuwenden, seien noch kurz die im 20. Jahrhundert besonders markanten Umbrüche in der Buch- und allgemein in der Mediengeschichte angesprochen. Sie stehen unter den Leitbegriffen 'Expansion' und 'Medienkonkurrenz'.

Was die Expansion betrifft, so kann zunächst von einem exponentiellen Wachstum sowohl der Anzahl der publizierten Werke als auch ihrer durchschnittlichen Auflagenhöhe berichtet werden. So rechnet man schon für die Mitte der 1920er Jahre mit ca. 30.000 Neuerscheinungen jährlich, eine Zahl, die kriegsbedingt jedoch wieder um einige Tausend zurückging (vgl. Krieg 1953; Schön 1999, S. 54). Im Jahr 2000 wurden in Deutschland mehr als 80.000 Titel veröffentlicht, ca. drei Viertel davon Erstauflagen (s. Thomas 2001, S. 486). Dabei kann knapp ein Fünftel aller publizierten Werke der Belletristik inkl. Kinder- und Jugendliteratur zugerechnet werden; der Rest entfällt auf Sach- und Fachbücher, Nachschlagewerke, Kochbücher, Schulbücher u. dgl. Im Hinblick auf die Gesamtgeschichte der deutschen Literatur bedeutet dies hochgerechnet, dass vom 8. bis ins 18. Jahrhundert weniger als 10 %, im 19. Jahrhundert etwas über 20 % und im 20. Jahrhundert mehr als 70 % aller jemals publizierten literarischen Werke deutscher Sprache auf den Markt gebracht wurden. Wollte man die ebenfalls stark gestiegenen durchschnittlichen Auflagenhöhen in dieser Kalkulation mitberücksichtigen, wäre der auf das 20. Jahrhundert entfallende Anteil noch erheblich höher.

Die Ursache dieser gewaltigen Expansion ist die insgesamt positive Entwicklung der deutschen Wissens- und Wohlstandsgesellschaft, die es erstmals praktisch allen Schichten erlaubte, an einer literarischen Buchkultur zu partizipieren. Die frei verfügbare Zeit liegt heute im Durchschnitt an Werktagen bei 5, an Sonntagen bei 8 Stunden; und einkommensstarke Haushalte verwenden mehr als 10 % ihrer Gesamtausgaben für Kultur, Information und Unterhaltung, einkommensschwächere immerhin noch ca. 5 % (vgl. Nolte 1962, S. 83-86; Thomas 2001, S. 493f.; Berg/Kiefer 1996, S. 117-120). Erwähnenswert ist auch der Umstand, dass die durchschnittliche Lebenserwartung innerhalb des 20. Jahrhunderts nahezu verdoppelt und eine relativ effiziente staatliche Altersvorsorge institutionalisiert werden konnte, so dass ein stetig steigender Anteil der Bevölkerung in den Genuss eines von Erwerbsarbeit freigestellten, zusätzlichen Raum für Freizeitlektüre eröffnenden Lebensabschnittes kam. Auch auf die positive Entwicklung der Zensur in der Weimarer Republik und in der BRD ist in diesem Zusammenhang zu verweisen. Zwar gab und gibt es auch hier keine völlige Freiheit von staatlicher Beaufsichtigung (vgl. Breuer 1982, S. 219-255), aber die Zensurfreiheit wurde in beiden Staaten gesetzlich verankert und sehr weitgehend durchgesetzt. Wenigstens erwähnt sei an dieser Stelle schließlich die im 20. Jahrhundert einsetzende Professionalisierung der Literaturkritik. Es entsteht das Berufsbild des Rezensenten, der ganz von seiner Besprechungstätigkeit lebt und der vor allem eine Selektionsfunktion ausübt: Was seiner Aufmerksamkeit entgeht, hat kaum noch Chancen, von der 'literarischen Öffentlichkeit' wahrgenommen und ohne intensive Flüsterpropaganda oder effizientes Literaturmarketing in größerem Stil verbreitet zu werden (s. Hohendahl 1985, S. 319; Drews 1990; Wilke/König 1997).

Alles in allem verfügt demnach die große Mehrheit der Bevölkerung im demokratisch-pluralistischen Zeitalter erstmals in der Geschichte Deutschlands über genug Geld, genug Freizeit und genug Bildung, um nach Maßgabe der eigenen Wünsche an der literarischen Kommunikation teilzunehmen. Diese individuellen Wünsche werden allerdings von schichtenspezifischen Dispositionen stark geprägt und überformt, so dass vor dem Hintergrund anwachsender Medienkonkurrenz – wie noch zu zeigen sein wird – ein facettenreiches Ensemble sehr verschiedenartiger literarischer Kulturen entstand. Unterschiede ergeben sich dabei teilweise weniger aus dem Was als aus dem Wie (Frequenz, Dauer, Intensität) der Literaturrezeption und allgemein der Mediennutzung. Besonders bemerkbar machen sie sich bei der Einführung technischer Innovationen wie z. B. in der Weimarer Republik beim Radio (vgl. Dussel 1999, S. 68-72) oder heute beim Internet, dessen Verbreitung sehr stark von Einkommen und Bildungsstand der Nutzer abhängt. Ähnlich war die Situation bei der Einführung des Fernsehens, dessen allgemeine Durchsetzung und Verbreitung mehr als ein Jahrzehnt in Anspruch nahm und erst gegen Mitte der 1960er Jahre vollendet war (vgl. Wilke 1999, S. 431f.). Es hat die Buchlektüre seit dieser Zeit in vielen Gesellschaftsschichten stark zurückgedrängt, wobei allgemein die Regel gilt, dass Vielseher und Bildungsferne tendenziell Wenigleser sind und umgekehrt (vgl. Berg/Kiefer 1996, S. 44, 56, 75f., 176, 178f., 294f., 336f.; Bonfadelli 1997; Bonfadelli 1999a, S. 113-119; Bonfadelli 2000, S. 155-180; Peiser 1996, S. 35f., 181, 258f.). Darüber hinaus existieren regionale Unterschiede im Hinblick auf die Intensität des literarischen Lebens, die z. Zt. – größtenteils aufgrund unterschiedlich massiver öffentlicher Förderung – in Zentren wie Berlin, München, Hamburg, Frankfurt a. M. und Köln erheblich größer als z. B. in Nürnberg, Karlsruhe oder Bielefeld ist (s. Institut für Länderkunde 2002, S. 99, 132-137).

b) Literarische Kommunikation in den epochentypischen Milieus

Beim Übergang vom bürgerlichen zum demokratisch-pluralistischen Zeitalter war das System der Gesellschaftsschichten einer tief greifenden Transformation unterworfen. Die Klassenhierarchie des 19. Jahrhunderts hatte eine polarisierte Gesellschaft widergespiegelt, in der die ganz überwiegende Bevölkerungsmehrheit der mittellosen Arbeiterschaft zuzurechnen war. Das 20. Jahrhundert hat demgegenüber zum ersten Mal in der deutschen Geschichte eine Wohlstandsgesellschaft hervorgebracht, in der die große Mehrheit der Bevölkerung dem Mittelstand zugeordnet werden kann. In dieser Konsum- und Wissensgesellschaft spielt der ökonomische Faktor nicht mehr die ausschlaggebende Rolle, wenn es um die Positionierung des Individuums im sozialen Raum geht (vgl. Michailow 1994, S. 115-117). Die neuere Soziologie beschreibt die sozialen Schichten des demokratischen Zeitalters deshalb nicht mehr als Klassen, sondern als 'Milieus', in denen „*Menschen ähnlicher Lebensauffassung und Lebensweise*" zusammengefasst werden (Flaig/Meyer/Ueltzhöffer 1997, S. 55). In der Definition dieser Milieus spielen die zwischen ihnen festzustellenden Einkommens- sowie die (erheblich krasseren) Vermögensunterschiede natürlich noch immer eine wichtige Rolle (vgl. Geißler 2001, S. 102f.), aber sie werden um Aspekte wie das – jeweils milieuspezifische – Arbeitsethos, Partnerschaftskonzept, Freizeitverhalten, Stilideal usw. ergänzt (zum Milieubegriff vgl. Vester 1993, S. 72-74 u. 124f.; Hofmann/Rink 1996, S. 184-189; Hradil 1996, S. 13-30; Molitor 2001, S. 6-21; 73-91). Aus literarhistorischer Sicht ist dabei von Interesse, dass der Medienkonsum und damit auch die Literaturrezeption von Milieu zu Milieu variiert.

Freilich sind die Unterschiede zwischen den Milieus in jeder Hinsicht feiner, als es die zwischen den Klassen oder zwischen den Ständen waren. Vor allem sind sie 'geistiger', basieren also weniger auf handfesten ökonomisch-juristischen Ausschlussmechanismen als vielmehr auf – schwerer zu ergründenden – Dispositionen, die leicht mit individuellen Vorlieben und Abneigungen verwechselt werden können. Selbst der Mittelloseste könnte sich in der demokratisierten Wohlstandsgesellschaft einen preisreduzierten Bibliotheksausweis beschaffen und unbehindert die literarischen Werke aller Zeiten, Länder und Bildungsschichten studieren. Das ist jedoch selten der Fall. Der Untergang der Klassen hat keine klassenlose Gesellschaft, sondern eine ausdifferenziertere Gesellschaftshierarchie hervorgebracht, in der neue, 'geistigere' Ausschlussmechanismen dafür sorgen, dass man in der Oper, im Jazzkeller und im Rockkonzert weitgehend 'unter sich' bleibt, d. h. dass immer ganz bestimmte

Milieus in den verschiedenen kulturellen Institutionen und Veranstaltungen überrepräsentiert sind. Die Unterschiede sind subtiler geworden, aber nicht verschwunden.

Durch diese Verfeinerung und Ausdifferenzierung wird die Arbeit des Kultursoziologen einerseits erschwert. Aber andererseits stehen ihm neuartige Arbeitsmethoden und -instrumente zur Verfügung, die in der Stände- und in der Klassengesellschaft noch weitgehend unbekannt waren. Die Unübersichtlichkeit der Verhältnisse wird durch die Verwissenschaftlichung der Soziologie im 20. Jahrhundert ausgeglichen. Denn zum ersten Mal liegen nun solide empirische Untersuchungen über die milieuspezifischen Rezeptionsgewohnheiten vor (z. B. Fröhner 1961; Bonfadelli 1999a). Freilich bedürfen diese Untersuchungen einer historischen Vertiefung, einer plausiblen Interpretation und auch einer ständigen Aktualisierung. Dabei spiegelt die Interpretation das Gesellschaftsverständnis des Interpreten wider. Hier wird von der Kultursoziologie Pierre Bourdieus ausgegangen (Bourdieu 1979 u. ö.), die in den 1990er Jahren aktualisiert und auf deutsche Verhältnisse übertragen worden ist (vgl. Lüdtke 1989, S. 30-36; Vester u. a. 1992; Vester 1993 u. 1994; Mörth/Fröhlich 1994a, S. 7-14).

Diese Übertragungsversuche basieren v. a. auf dem so genannten SINUS-Modell, das in den späten 1970er Jahren entstand und bis heute kontinuierlich weiterentwickelt wurde (vgl. Vester u. a. 1992, S. 244f.; Burda Advertising Center 2000, S. 4, 6f., 40-43; Molitor 2001, S. 2, 67, 78f.; kritisch: Krotz 1991, S. 317-324). Den folgenden Ausführungen liegt nicht die aktuellste, sondern die für literaturwissenschaftliche Zwecke ergiebigste, weil durch viele kulturgeschichtlich relevante Zusatzstudien ergänzte Modellvariante zugrunde. Diese von Flaig, Meyer und Ueltzhöffer 1997 ausführlich beschriebene Fassung des SINUS-Modells unterteilt die bundesrepublikanische Gesellschaft in neun verschiedene Milieus. Drei dieser Milieus gelten als traditionalistisch, d. h. sie konservieren noch die typischen Mentalitäten und Wertvorstellungen des untergegangenen bürgerlichen Zeitalters. Drei weitere werden als modernisiert bezeichnet, weil sie sich ganz dem pluralistischen Denken des demokratischen Zeitalters verschrieben haben. Die restlichen drei der neun Milieus werden teilmodernisiert genannt, weil sie zwischen der Vergangenheits- und der Gegenwartsorientierung hin und her schwanken. 1997 wurden 46 % der Bevölkerung diesen Teilmodernisierten, 34 % den Traditionalisten und 20 % den Modernisierten zugerechnet. Dabei ist der Anteil der Traditionalisten in den letzten Jahren gesunken, während die beiden anderen Gruppen zugelegt haben. In der DDR waren übrigens – um dies hier wenigstens kurz zu erwähnen – die modernisierten Milieus zusammengenommen zwar ungefähr gleich stark wie in der BRD, aber die teilmodernisierten waren nur halb so groß und die traditionellen mehr als anderthalbfach größer (vgl. SPIEGEL-Dokumentation: OUTFIT 3, 1994, S. 116).

TRADITIONELL	TEILMODERNISIERT	MODERNISIERT
Kleinbürgerliches Milieu (21 %)	Aufstiegsorientiertes Milieu (25 %)	Hedonistisches Milieu (12 %)
Konservativ-gehobenes Milieu (8 %)	Traditionsloses Arbei- termilieu (12 %)	Neues Arbeitnehmer- milieu (6 %)
Traditionelles Arbeiter- milieu (5 %)	Technokratisch-liberales Milieu (9 %)	Alternatives Milieu (2 %)

(Tabelle nach Vester 1993, S. 16; Bevölkerungsanteile in Prozent nach Flaig/Meyer/Ueltzhöffer 1997, S. 73).

In der folgenden Graphik wird die Position der einzelnen Milieus im sozialen Raum dargestellt. Dabei ist auf der y-Achse die soziale Lage und auf der x-Achse die Wertorientierung abgetragen. Die soziale Lage bemisst sich nach Einkommen, Bildungsstand und beruflicher Position. Was die Wertorientie-rung betrifft, so dominieren links traditionalistische Ideale wie Ordnung, Sau-berkeit, Heimatliebe und Familiensinn, während im rechten Bereich modernere Wertvorstellungen wie z. B. Freiheit, Selbstverwirklichung, Flexibilität und Gleichberechtigung vorherrschen.

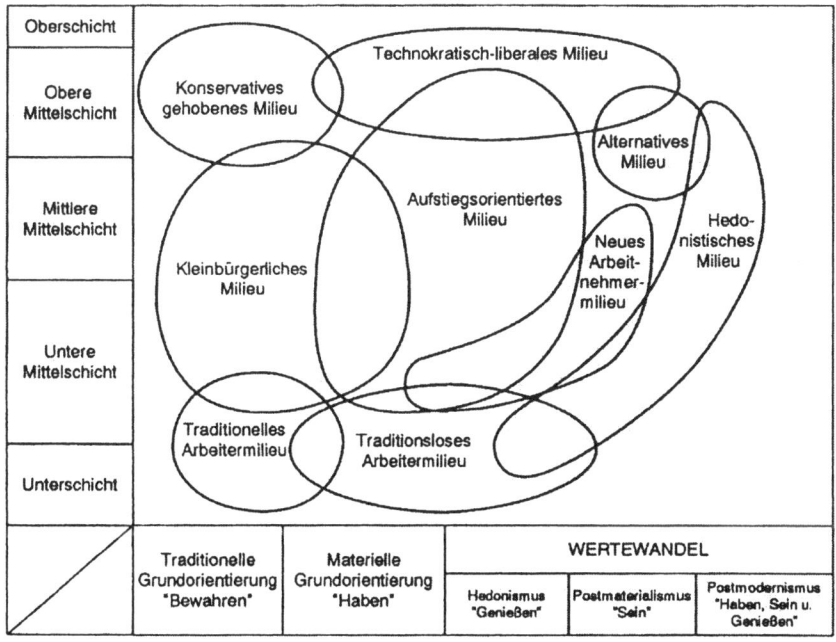

(Flaig/Meyer/Ueltzhöffer 1997, S. 74)

Die neuesten Varianten des SINUS-Modells sind darum bemüht, die aus der deutschen Wiedervereinigung resultierenden langfristigen Veränderungen des Milieu-Universums zu erfassen und zu beschreiben (z. B. Burda Advertising Center 2002, S. 50 u. ö.). Der Erfolg dieser Bemühungen ist noch nicht zuverlässig abschätzbar. Auch deshalb basiert die vorliegende Arbeit auf dem oben abgebildeten, den Stand vor der Wiedervereinigung beschreibenden Modell des sozialen Raumes, das zudem – wie bereits erwähnt – den großen Vorzug genießt, durch zahlreiche ergänzende Studien aus der Ökonomie, der Medienwissenschaft, der Sportwissenschaft etc., die hier mitberücksichtigt werden konnten, vertieft und verifiziert worden zu sein.

Es lässt sich allerdings nicht abstreiten, dass die Wiedervereinigung eine (partielle) Transformation der Schichtenhierarchie zur Folge hatte, die in Zukunft, wenn eine zuverlässige soziologische Analyse dieser Transformation vorliegt, auch in einer Geschichte der literarischen Kommunikation ihren Niederschlag finden muss, selbst wenn, wie es sich bereits abzeichnet, an der grundsätzlichen Dreiteilung in traditionalistische, teilmodernisierte und modernisierte Milieus festgehalten werden kann.

Übrigens ist damit eine grundsätzliche Problematik angesprochen, die an dieser Stelle zumindest kurz zu erörtern ist. Die Anordnung der gleich vorzustellenden neun Milieus im sozialen Raum, ihre Ausdehnung und ihre Mächtigkeit sind zwar vergleichsweise stabile Phänomene der longue durée, aber im Prinzip gibt es natürlich von Dekade zu Dekade, ja, wenn man so will, von Tag zu Tag geringfügige Verschiebungen und Konturveränderungen, die von Bedeutung für die Kommunikationsgeschichte sein können. Die vorliegende Darstellung kann und will nicht den Anspruch erheben, eine in dieser Hinsicht lückenlose Geschichtsdarstellung zu liefern. So kann z. B. nicht im Detail gezeigt werden, wie sich das alternative Milieu von der Wandervogelbewegung über die ersten Naturschutzorganisationen bis hin zur Ökologiebewegung fortentwickelte. Grundsätzlich ist dabei von struktureller, nicht aber von ideologischer oder gar personeller Kontinuität auszugehen. Kommunikationsgeschichtlich ist nur relevant, ob die Anhänger dieser oder jener Bewegung, wie es heute im alternativen Milieu der Fall ist, zu den modernisierten Fraktionen der mittleren bis oberen Bildungs- und Einkommensschicht zu rechnen sind. Hier existiert Spielraum für eine nachgerade unendliche Fülle von Einzeluntersuchungen, die z. B. aufzeigen könnten, ob und in welchem Ausmaß die Mitglieder dieser oder jener nonkonformistischen Vereinigung in dieser oder jener Region dem alternativen Milieu in dem hier definierten Sinn dieser Bezeichnung (s. Kap. 4b 9) angehörten und ob sie an der literarischen Kultur dieses Milieus partizipierten. Es ist zumindest im Falle der kleineren Milieus durchaus denkbar, dass sie im demokratischen Zeitalter nicht in allen Regionen gleichzeitig entstanden sind und dass sie nicht unterbrechungslos bis in die Gegenwart hinein existiert haben.

Die Entstehung und die historische Entwicklung der Milieus, deren jeweils eigene Form der literarischen Kommunikation nachfolgend beschrieben wird, bedarf also noch der genaueren Erforschung. *Insbesondere bleibt genauer zu untersuchen, über welche Zwischenstationen und Mischformen der gesellschaftsgeschichtliche Entwicklungsgang von den Klassen des 19. zu den Milieus des 20. Jahrhunderts führte.* Denn die Entpolarisierung der Gesellschaft, also die Expansion der neuen Mittelstandsmilieus, war ein sehr langsamer Vorgang, der sich über die ganze erste Hälfte des 20. Jahrhunderts erstreckte (s. Schulz 2000, s. 6f. u. 64-66; Wehler 2003, S. 284-289). Und die innere, geistige hinkte der äußeren, institutionellen Demokratisierung bis in die 1960er Jahre stark hinterher. In der Weimarer Republik waren deutliche Ansätze zur Entwicklung der neuen, modernisierten bzw. teilmodernisierten Milieus erkennbar, aber in der NS-Diktatur kam es zu einem massiven Rückschlag. Kleinbürgerliche Mentalitäten des 19. Jahrhunderts und teilweise sogar noch die ständestaatlichen Ordnungsvorstellungen des feudalistischen Zeitalters wurden – wenn auch zum Glück nur für einige Jahre – künstlich wieder belebt und von staatlicher Seite als verbindliches Gesellschaftsmodell propagiert. Das war auch deshalb möglich, weil der Übergang vom bürgerlichen zum demokratischen Zeitalter in weiten Kreisen der Bevölkerung zunächst nicht als Zugewinn an Freiheit, sondern als Verlust an Sicherheit erlebt wurde (s. o.). Und dabei waren es keineswegs nur die unteren, ungebildeteren Schichten, die ihr Heil im gesellschaftlichen Rückschritt suchten. Vielmehr entwickelte sich besonders im Bildungsbürgertum eine starke traditionalistische Strömung ('konservative Revolution'), die dem deutschen Totalitarismus zu einer intellektuellen Verbrämung verhalf. Insgesamt können in politikgeschichtlicher Hinsicht vier Hauptlager ausdifferenziert werden, in denen sich geistesverwandte Fraktionen aus benachbarten Sozialmilieus verbündeten: das konservative, das bürgerlich-protestantische, das katholische und das protestantisch-sozialdemokratische Lager (vgl. Lepsius 1973 sowie Vester 2001, S. 139). Der Einfluss dieser Lager auf die Ausdifferenzierung der neun Milieus und auf die Entwicklung der literarischen Kultur dieser neun Milieus erfordert Detailuntersuchungen, die im Rahmen der vorliegenden Überblicksdarstellung nicht geliefert werden können.

Hatte die literarische Intelligenz den Übergang vom feudalistischen zum bürgerlichen Zeitalter ganz überwiegend begrüßt und aktiv publizistisch befördert, so verharrte sie beim Übergang von der bürgerlichen zur demokratischen Ära oftmals in Passivität, Skepsis, Abwehr oder habitualisierter ironischer Distanz. Dabei ist es eine bis heute nicht klar zu beantwortende Frage, ob dieses Versagen eines Großteils der Hochliteratur durch die allmähliche Popularisierung einer pluralistischen, multimedialen Massenkultur amerikanischen Zuschnitts kompensiert oder verstärkt wurde. Aus der Sicht des in den 1920er Jahren untergehenden Bildungsbürgertums bedeutete der Aufstieg des klassischen Hollywood-Kinos den Triumph der Bewusstseinsindustrie über den Geist. Aber Filme wie *The Gold Rush* (1925) mit Charles Chaplin und *Queen Christina* (1934) mit Greta Garbo reflektieren im Vergleich mit Sochaczewskis *Der Scharfrichter von Berlin,* Walters *Räuberhauptmann Gustav Nessel der Schädelspalter und seine schwarze Bande* und ähnlichen populären Lesestoffen des 19. Jahrhunderts (vgl. oben Kap. 3b 1) einen beachtlichen Kultivierungsfortschritt auch in den untersten Einkommens- und Bildungsschichten. Will man nicht Unvergleichbares vergleichen, ist es jedenfalls auch und gerade in der Literaturgeschichte des 20. Jahrhunderts dringend erforderlich, zwischen den neun verschiedenen Milieus und ihren jeweiligen literarischen Kulturen zu unterscheiden. Qualitätsunterschiede werden dadurch nicht geleugnet oder verwischt, sondern allererst erklärbar gemacht.

1. Aufstiegsorientiertes Milieu

Abb. 18 und 19: Zwei Beispiele für Einrichtungsstile, die der zweiten 'Wohnwelten'-Studie zufolge zu Beginn der 1990er Jahre unter den Angehörigen des aufstiegsorientierten Milieus besonders große Zustimmung und Verbreitung fanden.

Das zentrale Lebensthema der Angehörigen dieses größten Milieus der Gegenwartsgesellschaft ist die berufliche Arbeit und der daran geknüpfte gesellschaftliche Aufstieg. Selbst auf die Gesundheit und auf die Familie wird in dieser Schicht wenig Rücksicht genommen, da nicht die Freizeitgestaltung, sondern die Verwirklichung in der Arbeit im Vordergrund des Interesses und der Lebensplanung steht. Als Triebfeder des Handelns wirkt hierbei manchmal ein egoistisch-machiavellistischer Karrierismus, oft aber auch ein rigides Arbeitsethos, das den Angehörigen dieser teilmodernisierten Schicht oft schon in ihrer familiären Sozialisation vermittelt wurde. Sie entstammen meistens dem Kleinbürger- oder dem traditionellen Arbeitermilieu. 1992 waren 25 % der Bevölkerung dem aufstiegsorientierten Milieu zuzurechnen, das 1991 in der CDU- und vor allem in der FDP-Wählerschaft stark überrepräsentiert war (s. Flaig/Meyer/Ueltzhöffer 1997, S. 143). Historisch handelt es sich um ein relativ junges Milieu, das erst in den Jahrzehnten um 1900 entstand, als die neuen Angestelltenberufe sich ausbreiteten und zu einer allmählichen Ausweitung des gesellschaftlichen Mittelstandes beitrugen (vgl. Wehler 1995, S. 757-763). Der Anteil der Beamten und Angestellten an den Mitgliedern der NSDAP scheint überdurchschnittlich hoch gewesen zu sein (vgl. Erdmann 1980, S. 52; Schulz 2000, S. 35f.). Offenbar gelang es der faschistischen Propaganda, einen beträchtlichen Anteil der Angehörigen dieser Schicht durch die Kanalisierung der milieuspezifischen Aufstiegsambitionen politisch einzubinden. Interessant ist in diesem Zusammenhang auch, dass die Jugendlichen dieser Schicht heute zu den überdurchschnittlich gewaltbereiten Bevölkerungsgruppen gerechnet werden (s. Ulbrich-Herrmann 1996, S. 229f.).

Als ästhetische Ideale des aufstiegsorientierten Milieus wurden die Prestigeorientierung und der Modernismus ausgemacht, wobei es häufig zu 'perfekten Inszenierungen' kommt, die den Beobachtern das bereits Erreichte vor Augen führen sollen. Folgerichtig werden prestigeträchtige Markenartikel und auffällige Statussymbole bevorzugt, wobei aber kein dezidierter Nonkonformismus angestrebt wird. Hochpreisige Artikel finden Akzeptanz, wenn das Markenimage stimmt und die Bedienungspolitik zurückhaltend ist (s. Schmitz/Kölzer 1996, S. 192). Produkte sollen u. a. dynamisch, sportlich und modisch sowie exklusiv und hochwertig wirken (s. Frey 1993, S. 259). In puncto Bekleidung dominiert bei Frauen ein modisch-lässiger Stil, der als chic, elegant, figurbetont, flott und farbig beschrieben wird. Bei Männern finden wir demgegenüber den korrekten und den modischen Stil, d. h. eine gepflegt-seriöse, dezente, gediegene und harmonische oder eine 'gestylte', chic-modische Kleidung (zu den Details vgl. SPIEGEL-Dokumentation: OUTFIT 3, 1994, S. 46, 50, 74 u. 78). Zu den bevorzugten Freizeitaktivitäten gehören das Ansehen von Videokassetten, die Beschäftigung mit Videospielen sowie der Besuch von Schnellrestaurants, Kinos und Fitnessstudios (s. Burda Advertising Center 2000, S. 33).

Der Medienkonsum dieses Milieus wie sein gesamtes Freizeitverhalten ist von den Erfordernissen des Berufslebens geprägt. Das Familienleben steht nicht im Vordergrund, soll aber die Voraussetzungen für eine intensive Erholung im Sinne einer effizienten Reproduktion der Arbeitskraft schaffen. Seit den 1970er Jahren wird auch den oft doppelt belasteten Frauen der nicht-traditionalistischen Milieus häufig eine eigene Berufskarriere zugestanden (vgl. Sieder 1987, S. 247). Gleichzeitig soll aber das Familienleben reibungslos funktionieren und keine zusätzlichen Belastungen verursachen. Der Medienkonsum dient entweder dem vorübergehenden Abschalten oder der beruflichen Weiterqualifikation (vgl. Flaig/Meyer/Ueltzhöffer 1997, S. 96). Das zeigt sich besonders im Bereich der Musik, die eine relativ geringe Rolle spielt. Musik wird eher nebenbei gehört; man widmet ihr nur selten Energie und Aufmerksamkeit, – vielleicht, weil die dabei gewonnenen Kenntnisse und Fertigkeiten in der Regel beruflich nicht verwertbar sind. Auch das Fernsehen wird – bei einer um ca. 3 Prozent unterdurchschnittlichen Sehdauer von täglich 196 Minuten im Jahr 2000 – vor allem als Unterhaltungsmedium genutzt, wobei Sportsendungen, Spielfilme und Krimis im Vordergrund des Interesses stehen. Unter den Sportarten genießt der Fußball besondere Beachtung (s. Isenbart 1995, S. 45). Serien finden in diesem Milieu naturgemäß nur unterdurchschnittliches Interesse: Die übermäßige berufliche Belastung geht mit verlängerten, unregelmäßigen Arbeitszeiten einher, so dass feste wöchentliche TV-Termine nicht in die Zeitplanung passen. RTL, RTL II und ProSieben waren im Jahr 2000 die bevorzugten Sendeanstalten des aufstiegsorientierten, in neueren Studien auch als 'statusorientiert' bezeichneten Milieus (s. Molitor 2001, S. 117 u. Anhang).

Wesentlich intensiver ist dagegen der Konsum im Bereich der Printmedien. Auch hier gibt es – besonders im Hinblick auf die Belletristik – eine klare Dominanz von Entspannungs- und Unterhaltungsfunktionen, doch gleichzeitig werden Bücher und Zeitschriften in diesem Milieu auch als wichtige Medien der Weiterbildung wahrgenommen und benutzt. Das gilt nicht nur für Fachbücher, die naturgemäß auf das besondere Interesse dieser ambitionierten Schicht treffen, sondern zunächst vor allem für die gerne gelesenen Zeitungen und Zeitschriften. Dazu gehören einerseits die populären Massenzeitschriften, andererseits aber auch die special-interest-Titel, zu denen etwa die Garten-, Koch- und Autoillustrierten, aber auch die für viele 'berufsnäheren' Computer- und Wirtschaftsjournale zählen. Auf überdurchschnittliche Resonanz stießen bei den Angehörigen dieses Milieus im Millenniumsjahr Zeitschriften wie *Focus*, *PC Welt* und *Fit for fun* (s. Burda Advertising Center 2000, S. 58).

Fragt man nach der Literaturrezeption im engeren Sinne, also nach der Lektüre kanonischer Werke der Belletristik, so können die Angehörigen dieser Schicht in aller Regel nicht als Intensivnutzer eingestuft werden. Gleichwohl gibt es zwei Phänomene, die aus literarhistorischer Sicht Interesse verdienen und die übrigens in puncto Absatzzahlen und Auflagenhöhen die kanonisierte Belletristik bei weitem ausstechen. Gemeint sind einerseits das unterhaltende Sachbuch und andererseits – in neuerer Zeit – das dramenähnliche Computerspiel, mit dem sich ein klar überdurchschnittlicher Anteil der Angehörigen dieses Milieus in seiner Freizeit beschäftigt (vgl. Flaig/Meyer/Ueltzhöffer 1997, S. 102).

Was zunächst das Sachbuch betrifft, so beobachten wir seit Beginn des demokratischen Zeitalters einen klaren Trend zur Ausprägung eines neuen Untertyps dieser Gattung, eines Untertyps, der den beiden Hauptfreizeitbedürfnissen des aufstiegsorientierten Milieus – Entspannung und Weiterbildung – gleichzeitig gerecht zu werden versucht. Bücher wie Heinrich Eduard Jacobs *Sage und Siegeszug des Kaffees* (1934), Kurt W. Mareks unter dem Pseudonym C. W. Ceram publizierte Studie *Götter, Gräber und Gelehrte* (1949) oder Dava Sobels *Längengrad* (1996; zuerst engl. u. d. T. *Longitude* 1995) wurden Best- und Longseller, weil sie auf unterhaltsame Weise Allgemeinbildung zu vermitteln versuchen und dabei auch vor einer rigiden Literarisierung ihrer Gegenstände nicht zurückschrecken. Zur Illustration dieses Sachverhaltes sei hier ein charakteristischer Passus aus Sobels *Längengrad* zitiert, in dem die Autorin sehr freien Gebrauch vom literarischen Stilmittel der erlebten Rede macht:

„In der ersten mondhellen Nacht, die er seit zwei Monaten erlebt hatte, erwartete Anson schließlich ruhigere See und nahm nördlichen Kurs auf das irdische Inselparadies namens Juan Fernandez. Dort würde er frisches Wasser für seine Männer finden, die Sterbenden trösten und den Überlebenden Mut zusprechen können. Bis dahin würden sie von Hoffnung leben müssen, denn bis zur Inseloase waren es noch mehrere Tage Fahrt auf der unendlichen Weite des Pazifik. Aber als der Dunst sich legte, sichtete Anson Land, genau voraus. Es war Kap Noir, am westlichen Rand von Feuerland. *Wie konnte das sein? Waren sie rückwärts gefahren?* Die starken Strömungen hatten Anson getäuscht. Obwohl er die ganze Zeit geglaubt hatte, er segele westwärts, hatte er sich kaum von der Stelle bewegt."

(Sobel 1996, S. 30)

Der zweite, der dritte und die beiden – offenbar zur Intensivierung – kursiv gesetzten Sätze in diesem Passus sind in erlebter Rede gehalten und bieten damit unmittelbare Einblicke in das Denken und Empfinden des Kapitäns George Anson. In Romanen und Erzählungen ist diese Form der Perspektivverdoppelung, bei welcher der ganz im Hintergrund bleibende Erzähler nur auszusprechen scheint, was seine Figur denkt, seit Beginn des 20. Jahrhunderts häufig anzutreffen. Der Effekt einer solchen Erzählweise besteht in der Verlebendigung und Intensivierung der Innenweltdarstellung. Der Leser kann die Wahrnehmungen und Empfindungen der Figuren unmittelbarer nachvollziehen. Er sieht die dargestellte Welt gleichsam durch ihre Augen.

Die Verwendung einer derartigen Perspektivierungstechnik im Rahmen eines Sachbuches führt einerseits zu einer stilistischen Verlebendigung des inhaltlich häufig trockenen Stoffes. Andererseits geht damit eine deutliche Fiktionalisierung der Darstellung einher, denn die Gedanken und Empfindungen
historischer Personen entziehen sich natürlich unserer Kenntnis. Was Kapitän
Anson bei seinen Segelmanövern vor Feuerland im März und April 1741
wirklich dachte, weiß auch Dava Sobel nicht. Sie nimmt sich jedoch die Freiheit, sich in historische Personen hineinzuversetzen und dadurch einige spröde
Logbucheintragungen oder Reisenotizen in eine nacherlebbare menschliche
Tragödie zu verwandeln. Bei manchen Rezipienten mag dies zu einer Verwechslung der literarischen Bearbeitung mit der historischen Quelle führen.
Bei anderen mag die Kompetenz zur Erkennung von fiktionalen Darstellungen
so hoch entwickelt sein, dass sie die Quelle aus der Erzählung heraushören
oder zumindest den literarischen Charakter des Werkes erkennen.

Dabei ist die Perspektivierung keineswegs die einzige Technik der Literarisierung, mit der moderne Sachbuchautoren arbeiten. Jacob benutzt in seiner
Geschichte des Kaffees die Stilmittel der Dramatisierung und der Emotionalisierung, indem er die geistesgeschichtlichen Dimensionen seines Gegenstandes
besonders betont. Aus der Fabrikation und Vermarktung eines Getränkes wird
so der Siegeszug eines mythischen Objektes, das eine ganze Weltanschauung
verkörpert und einem neuen Weltbild zum Durchbruch verhilft (vgl. Diederichs 1980, S. 41-46). In ähnlicher Weise setzt auch Marek in seinem archäologischen Roman auf Emotionalisierung und Spannung, indem er die Forschungsgeschichte personalisiert. Die Geschichte der Wissen*schaft* wird zur
Geschichte der Wissenschaft*ler*, deren Hoffnungen und Enttäuschungen, deren
Stärken und deren Schwächen den trockenen Stoff in ein Seelendrama verwandeln, das in wirkungsvoller Weise die Anteilnahme des Lesers erweckt.
Obwohl das moderne Sachbuch demnach nicht nur die Sache, sondern durch
Techniken der Literarisierung und der Fiktionalisierung unterschwellig auch
ein bestimmtes Weltbild vermittelt, ist diese Gattung, deren Anteil an der
Buchproduktion den der Belletristik um das Drei- bis Vierfache übersteigt, von
der Literaturwissenschaft fast völlig ignoriert worden.

In einigen Nachbarwissenschaften der Literaturwissenschaft hat das Sachbuch demgegenüber in den letzten Jahrzehnten starke Beachtung gefunden,
und zwar vor allem im Rahmen der Diskussion über die sogenannte 'Wissens-
kluft-Hypothese'. Diese These wurde erstmals 1970 von einer Forschergruppe
der University of Minnesota aufgestellt; sie besagt, dass Gebildete und Status-
hohe rascher vom Wissenszuwachs einer Gesellschaft profitieren als Ungebildete und Statusniedrige (Bonfadelli 2001, Bd. 1, S. 237). Die Wissenskluft
zwischen Gebildeten und Ungebildeten wird deshalb in der entwickelten
Informationsgesellschaft trotz der hier zu verzeichnenden Medienvielfalt nicht
kleiner, sondern größer und größer. Bestehende soziale Unterschiede werden

auf diese Weise verstärkt, und auch neue Medien wie z. B. das Internet befördern keineswegs die Demokratisierung des Wissens, sondern führen zu einer
Spaltung in einerseits versierte User, die sich alle Möglichkeiten dieser neuen
Technologie zunutze machen, und andererseits unkundigere User, die z. B.
aufgrund fehlender Fremdsprachenkenntnisse, schlechterer apparativer Ausstattung oder größerer Technikscheuheit gar nicht oder nur in geringerem
Ausmaß von den verbesserten Möglichkeiten der Informationsbeschaffung
profitieren. Nicht nur von Seiten der Pädagogik und der Soziologie, sondern
auch von Seiten der Politologie ist die These vom 'Increasing Knowledge-
Gap' mit großer Aufmerksamkeit wahrgenommen worden, denn das Funktionieren einer demokratischen Hochtechnologiegesellschaft, in der über den
Umgang mit so komplizierten Phänomenen wie Kernspaltung, Genanalyse
oder Datenschutz abgestimmt werden soll, setzt eine bestens informierte
Wahlbürgerschaft voraus. Fünf Faktoren konnte die Wissenskluft-Forschung
als maßgeblich für die beschriebene Fehlentwicklung ausmachen: Gebildetere
bzw. Statushöhere sind erstens leichter für neuartige Themen und Probleme zu
sensibilisieren. Ihr größeres Vorwissen wirkt sich zweitens positiv auf Lernmotivation und Lernleistung aus. Drittens ist ihre Kommunikations- und
Medienkompetenz, besonders was die Printmedien betrifft, höher. Viertens
nutzen sie mehrere Informationsquellen und bevorzugen die informationsrei-
cheren Printmedien. Und fünftens tauschen sie sich mit anderen, in der Regel
ebenfalls gut Informierten über aktuelle Fragen und Probleme aus (vgl. Bonfadelli 2001, Bd. 1, S. 239).

Interessant ist an diesen Untersuchungen, dass es Unterschiede zwischen
den einzelnen Medientypen gibt, was ihre tatsächliche Fähigkeit zur Informa-
tionsvermittlung angeht:

> „*Nutzung der Printmedien* (Zeitung, Zeitschrift, Buch) führt offenbar zu weit höhe-
> rem Wissenserwerb als die Nutzung der *elektronischen Medien* (Radio, TV). Vor
> allem beim Fernsehen belegen verschiedenste Studien, dass die hohe quantitative
> Nutzung dieses Mediums sich im Wissensstand kaum bemerkbar macht. Die Breite
> des inhaltlichen Angebots der Medien und selbst deren häufige Nutzung garantieren
> also keinesfalls schon entsprechende Bildungsprozesse: psychische, soziale und
> kulturelle Barrieren stehen einem optimalen Wissenstransfer im Weg."

(Bonfadelli 2001, Bd. 1, S. 235)

Dem Sachbuch kommt nach diesem Befund auch in einer ausdifferenzierten
Medienlandschaft, in der das Fernsehen als Leitmedium fungiert, eine bedeutende Rolle im Prozess der Wissensübermittlung zu. Wer sich gründlicher mit
einer Sache auseinandersetzen will, greift zum Sachbuch oder sogar – wenn
Bildungsstand und Lernmotivation dies zulassen – zum wissenschaftlichen
Fachbuch. Eine wichtige Rolle spielen TV, Radio und Pressepublikationen
jedoch bei der Selektion jener Themen, für die sich der durchschnittliche

Sachbuchleser zu interessieren beginnt. Nach Erkenntnissen der sogenannten 'Agenda-Setting-Theorie' konturieren diese Massenmedien in starkem Ausmaß das Universum der Themen, mit denen sich die Öffentlichkeit zu einem bestimmten Zeitpunkt beschäftigt. Zwar ist diese Themenhoheit der Massenmedien neueren Forschungen zufolge nicht so unumschränkt, wie dies in den frühesten Ausformulierungen der Agenda-Setting-Theorie suggeriert wurde (Bonfadelli 2001, Bd. 1, S. 231). Doch ein großer Teil der jeweils aktuellen, gut verkäuflichen Sachbücher enthält nichts anderes als vertiefende Informationen zu jenen Themen, die erst vor kurzem von den elektronischen Massenmedien auf die Agenda gesetzt wurden. In der Regel handelt es sich hierbei um gesellschaftliche Probleme wie den Terrorismus, die Aids-Bekämpfung, die Lebensmittelerzeugung (BSE usw.), den Drogenkonsum, die Wirtschaftskriminalität, die Reaktorsicherheit, die Migration, den Kindesmissbrauch, den Waffenhandel, die Genmanipulation usw. In den großen Verlagshäusern ist die Produktion derartiger aktueller Sachbücher heute dermaßen rationalisiert und professionalisiert, dass oft schon wenige Wochen nach einem Mediengroßereignis (Skandale, Kriege, Katastrophen) erste Buchtitel mit diesbezüglichen Hintergrundinformationen auf den Markt gebracht werden können.

Daneben gibt es aber auch zwei Typen von Sachbüchern, die man als Dauerbrenner bezeichnen könnte und deren Herstellung und Vermarktung nicht so stark den aktuellen Moden unterworfen ist, nämlich die Ratgeber- und Geheimnisliteratur. Zur Ratgeberliteratur zählen die vielen informativen, teils in erzählerischem Stil und teils in lexikonartiger Form verfassten Werke, die über lebenspraktische Fragen wie z. B. die Tierhaltung, die Gartenpflege, den Hausbau, das gute Benehmen, die Kindererziehung oder die Karriereplanung unterrichten. Gerade für die Angehörigen des aufstiegsorientierten Milieus, die ihre Position im sozialen Raum verbessern wollen und die sich deshalb zur Übernahme ungewohnter Dispositionen und Verhaltensweisen gezwungen sehen, können derartige Ratgeber nützliche Orientierungshilfen bieten. Die Geheimnisliteratur setzt demgegenüber stärker auf eine Befriedung von Sinn- und Unterhaltungsbedürfnissen. Ohne die schmale Grenze zur Esoterik zu überschreiten und offen für diese oder jene Weltanschauung zu werben, beschäftigt sie sich mit jenen ungelösten 'Rätseln der Menschheit', deren Thematisierung in der Wissenschaft als unseriös gilt und weitgehend vermieden wird. Zu den Dauerbrennern dieses Genres gehören z. B. Werke über das Bermuda-Dreieck, über den Yeti, über den Fluch der ägyptischen Mumien, über unbekannte Flugobjekte (Ufos), über das versunkene Atlantis und über viele ähnliche Welträtsel und -geheimnisse, deren Aufdeckung privilegierten Zugang zu schicksalsbestimmendem Arkanwissen verheißt. Soziologisch kann das gesteigerte Interesse an derartigem Arkanwissen als Folge einer Verunsicherung erklärt werden, die sich bei gesellschaftlichen Aufsteigern aus dem Verlust ihrer sozialen Heimat ergibt. Welche individuellen psychischen Faktoren hinzutreten müssen, damit sich diese Verunsicherungserfahrung in ein gesteigertes Interesse an der Geheimnisliteratur verwandelt, bedarf noch genauerer Untersuchung.

Bei der Geheimnisliteratur tritt in zugespitzter Form eine weitere Problematik zutage, die für das Sachbuch charakteristisch ist, nämlich die wissenschaftstheoretisch-sprachphilosophische Frage nach dem Wesen und nach der Vermittelbarkeit jener 'Sache', von der im Sachbuch die Rede sein soll. In ihrer Studie über *Kompetenzvermittlung durch Sachliteratur* (1984) hat Karin Nordmann-Werner herausgearbeitet, dass die für das Sachbuch im Unterschied zum wissenschaftlichen Fachbuch charakteristische Vereinfachung auf zwei ganz unterschiedlichen, ja auf den ersten Blick paradox wirkenden Vermittlungs- und Darstellungsstrategien beruht, nämlich auf der Präterition (Auslassung) und auf der Abundanz (Hinzufügung). Bei der Präterition werden im Idealfall nur jene Informationen übergangen, die sich auf unwichtige Details und Nebenaspekte beziehen, so dass der eigentliche Sachverhalt sinngemäß vollständig erläutert wird. Und bei der Abundanz entsteht unter den günstigsten Bedingungen ein Überfluss an Informationen, der lediglich einer Veranschaulichung und Exemplifizierung der besagten Sachverhalte dient. Nordmann-Werners Textanalysen stellen unter Beweis, dass viele Sachbücher von diesen Idealen weit entfernt sind. Nicht selten werden wissenschaftliche Erkenntnisse im Sachbuch nur unvollständig, nicht dem neuesten Forschungsstand gemäß oder sogar falsch wiedergegeben. Und bei den Hinzufügungen stoßen wir nicht nur auf Beispiele, Illustrationen, Aufzählungen oder ähnliche Mittel der Veranschaulichung, sondern häufig auch auf pauschale Schlussfolgerungen, schwammige metaphorische Umschreibungen, Unterstellungen, Bewertungen und direkte Handlungsempfehlungen. Dabei kann den Sachbuchautoren nur in einigen Fällen unterstellt werden, die wissenschaftlichen Forschungsergebnisse bewusst und gezielt zu manipulieren, um ihre Leserschaft weltanschaulich-politisch zu beeinflussen. In der Mehrzahl der Fälle scheint es sich hingegen um einen durchaus unerwünschten Begleiteffekt der Vereinfachung zu handeln, der die Frage nach den Grenzen der Vereinfachbarkeit aufwirft: Kann ein und derselbe Sachverhalt in verschiedenen Ausdrucksstilen und Soziolekten dargestellt werden? Oder erfordert die Darstellung wissenschaftlicher Erkenntnisse einen wissenschaftlichen Beschreibungsstil, der nicht jedermann zugänglich ist? Die Demokratisierung des Wissens setzt seine Übertragbarkeit aus der Fachsprache in die Standardsprache voraus. Auch wenn die 'Sache' des Sachbuchs nicht identisch mit der Sache des Fachbuchs ist, sind die Ähnlichkeiten zwischen beiden zumindest im Falle eines von Präterition und Abundanz maßvollen Gebrauch machenden Sachbuchs immerhin groß genug, um die von den Lesern nachgefragten Orientierungsleistungen zu erbringen. Der weiter oben beschriebene Trend zur Fiktionalisierung und Literarisierung des Sachbuchs macht allerdings deutlich, dass neben der Orientierungs- auch die Unterhaltungsfunktion in der Sachbuchrezeption eine bedeutende Rolle spielt. Trotz der seit einigen Jahrzehnten festzustellenden Professionalisierung des Wissenschaftsjournalismus besteht deshalb unverändert die Gefahr, dass durch das Sachbuch nicht der aktuelle Wissensstand der Forschung demokratisiert, sondern ein davon losgelöstes Unterhaltungswissen an seine Stelle gerückt wird. Die Vermittlungschancen einer 'Sache' scheinen jedenfalls erheblich zu sinken, wenn sie das Pech hat, nicht spannend oder amüsant präsentiert werden zu können.

Literarhistorisch von besonderer Bedeutung ist auch die intensive Beschäftigung der Aufstiegsorientierten mit dem Computerspiel. Für die meisten Angehörigen dieses Milieus gehört der routinierte Umgang mit dem Computer heute zweifellos zu den Schlüsselqualifikationen, denen sie ihren Aufstieg verdanken. Es entspricht ihrer Lebensphilosophie, dass sie auch in ihrer Freizeit oftmals Interesse an der modernen Informationstechnologie bekunden und den Umgang mit modernen Computersystemen spielerisch einüben.

Freilich müssen hierbei historische Differenzierungen vorgenommen werden, da die erste Generation der Computerspiele, also die seit Ende der 1970er Jahre verbreiteten 'shooter' im Stile von Taitos *Space Invaders*, sehr anspruchslose Reaktionsspiele waren, die im Grunde das Prinzip des Tontaubenschießens variierten und damit eher sportlichen Charakter besaßen. Auch die zweite Generation der Computerspiele, nämlich die seit den frühen 80er Jahren verkauften Labyrinth-Spiele oder 'maze games' in der Art von Namcos *Pac Man*, erreichte noch kein künstlerisches Format, sondern besaß eher den Charakter eines Geschicklichkeitsspiels. Durch 3-D-Effekte und komplexere Animationstechniken mögen Schieß- und Labyrinth-Spiele technisch aufzuwerten sein, aber die Spielidee ist zu simpel, als dass sich mehr als ein Reaktionstraining oder eine unterhaltsame Einübung in die Benutzung von Eingabegeräten daraus entwickeln ließe.

Geändert hat sich dies seit den späten 1980er Jahren durch die Einführung der 'comic adventures' in der Nachfolge von Nintendos *Donkey Kong* und *Super Mario*. Hierbei handelt es sich um komplex angelegte Abenteuerspiele, die in den 90er Jahren zu regelrechten Minidramen fortentwickelt wurden und die vor allem durch die Integration von interaktiven Elementen via Internet einen ganz neuartigen Charakter erhielten (vgl. www.sa.fh-koeln.de; www.computervisualistik.de). Viele dieser Spiele basieren auf historischen Szenarien und literarischen Handlungsmustern, die auch für Erwachsene interessant sind und die gewisse historische Kenntnisse voraussetzen. Das in diesen Spielen vermittelte, oft sehr klischeehafte Geschichtsbild wäre eine eigene Untersuchung wert.

Der Literatur nähern sich diese Computerspiele der dritten Generation deswegen an, weil sie fast alle wesentlichen Elemente des Dramas aufweisen. Dazu gehört erstens die Plurimedialität im Sinne der Kombination von optischen und akustischen sowie von verbalen und ikonischen Zeichen. Zweitens sind in diesem Zusammenhang die typischen Kompositionsstrukturen (und teilweise auch die Segmentierungstechniken) des klassischen Dramas zu nennen, also die Entwicklung der Handlung von der Einführung über die Konfliktentfaltung, den Höhepunkt und die Handlungswende bis hin zur komischen oder tragischen Auflösung des Konfliktes. Drittens finden wir häufig die traditionellen Themen und Motive der Literatur des bürgerlichen und des demokratischen Zeitalters in diesen Spielen wieder, also z. B. die Abenteuerreise, die Freierprobe, das Duell, das Inseldasein usw. Viertens und vor allem ist schließlich der Aspekt der Interaktivität bzw. Reaktivität hervorzuheben (vgl. Suter 2000, S. 31-36 u. 45f.), der das Computerspiel der dritten Generation vom Film unterscheidet und dem Drama, genauer gesagt: dem Stegreiftheater in gewisser Hinsicht annähert.

Wie im Stegreiftheater besitzt nämlich der Spieler/Zuschauer die Möglichkeit, in das Handlungsgeschehen einzugreifen und den Spielverlauf zu verändern. Wo dies via Internet im Wechselspiel mit anderen Mitspielern geschieht, kann der Übergang zur virtual reality fließend werden. Der Spieler taucht dann selbst in der Gestalt einer Bildschirmfigur in der fiktiven Welt auf und spielt eine Rolle, die er innerhalb grob vorgegebener Handlungsschemata frei gestalten kann. Kommt es zur Integration derartiger Online-Elemente in das Spielgeschehen, ist die Grenze vom Stegreifspiel zum improvisierten Amateurtheater schnell überschritten. Der eigentliche Untersuchungsgegenstand des Literaturwissenschaftlers ist hierbei nicht nur das Szenario, in dem die Handlung sich vollzieht. Vielmehr wären die konkreten einzelnen Spielverläufe zu dokumentieren und zu analysieren, weil sich in ihnen zweifellos schichtenspezifische Grundmuster des Verhaltens eruieren lassen. Technische und datenschutzrechtliche Erwägungen stehen einer derartigen Untersuchung allerdings im Wege. Spielverläufe werden in der Regel nicht gespeichert, und die Identität der Spieler, die sich hinter den Figuren verstecken, bleibt verborgen, so dass keine zuverlässigen Angaben über ihren Bildungsstand, ihr Einkommen, kurz: ihre Schichtenzugehörigkeit zu gewinnen sind. So verrät uns die Statistik bisher nur, dass Angehörige des aufstiegsorientierten Milieus unter den Computerspielbenutzern deutlich überrepräsentiert sind (39 Prozent gegenüber 26 Prozent im Gesamtdurchschnitt der Bevölkerung; s. Flaig/Meyer/Ueltzhöffer 1997, S. 102). In welche Rollen sie dabei besonders gerne und häufig schlüpfen und wie sie diese Rollen ausgestalten, ist bislang unbekannt. Interessant ist aber in diesem Zusammenhang die Beobachtung, dass die Aufstiegsorientierten einen kommunikations- und geselligkeitsorientierten Freizeitstil bevorzugen und sich offenbar gerne mit anderen Menschen treffen und austauschen (s. ebd., S. 172 u. 175). Das Computerspiel der dritten Generation erlaubt es ihnen, diese Neigungen mit ihrem überdurchschnittlich hohen Interesse an neuen Medien und Informationstechnologien zu verknüpfen. Darüber hinaus verdient der Umstand Erwähnung (und in Zukunft genauere wissenschaftliche Erforschung), dass die Benutzer derartiger Spiele ein Maß an kreativer Aktivität entfalten müssen, das selbst über das im Stegreiftheater erreichte Niveau deutlich hinausgeht und den Standard des improvisierten Amateurtheaters erreicht.

Vor diesem Hintergrund können die Angehörigen des aufstiegsorientierten Milieus gewiss nicht als literaturfern bezeichnet werden, obwohl die stille einsame Lektüre gedruckter Klassiker in der Rangliste ihrer Lieblingsbeschäftigungen weit unten rangiert. Für eine intensive Auseinandersetzung mit dem traditionellen Literaturkanon haben sie im Alltag keinen Sinn und keine Zeit, da die Arbeit und der gesellschaftliche Aufstieg das zentrale Thema ihres Lebens sind. Sie gehören durchaus zu den Vielesern, aber die Lektüre steht bei ihnen entweder im Zeichen der beruflichen Weiterbildung oder des bloßen Entspannens. Abends reicht die Energie nicht mehr zum konzentrierten Studium voraussetzungsreicher Werke der Hochliteratur. Da die Bildungsvoraussetzungen für eine solche Lektüre in diesem ambitionierten Milieu jedoch gut bis sehr gut sind (oft höhere oder akademische Schulbildung), kommt es im Urlaub u. U. zu einer intensiveren Lektüre auch anspruchsvollerer Werke. Charakteristisch für die Mediennutzung dieser Schicht bleibt jedoch der Griff zur Zeitschrift, zum literarisierten, unterhaltsamen Sachbuch und – in neuerer Zeit – zum dramenähnlichen (Online-)Computerspiel.

2. Kleinbürgerliches Milieu

Abb. 20 und 21: Zwei Beispiele für Einrichtungsstile, die der zweiten 'Wohnwelten'-Studie zufolge zu Beginn der 1990er Jahre unter den Angehörigen des kleinbürgerlichen Milieus besonders große Zustimmung und Verbreitung fanden.

Diese zweitgrößte, stark traditionalistische Gesellschaftsschicht besteht zumeist aus kleinen bis mittleren Beamten, Angestellten und Selbstständigen. Sie haben das (eigene) Haus und die Familie zum zentralen Thema ihres Lebens erhoben. Der berufliche Ehrgeiz der Angehörigen dieser Schicht ist im Allgemeinen begrenzt. Sie sind mehr am Bewahren als am Verändern interessiert. Durch Sparsamkeit, Fleiß und Bescheidenheit soll der erreichte bescheidene Wohlstand gesichert, aber nicht unbedingt maximiert werden. Die Sehnsüchte richten sich auf ein hypothekenfreies kleines Eigenheim und auf eine intakte Familie, d. h. auf eine wirtschaftlich gesicherte, stabile Kleinfamilie mit harmonischen Partner- und Eltern-Kind-Beziehungen.

Zentrale ästhetische Motive sind in diesem Milieu die Gemütlichkeit, die 'heile Welt', die Sauberkeit und die Ordnung, was sich unmittelbar im Wohnstil niederschlägt, der von einer Neigung zur nostalgischen Idylle ('altdeutsch'-rustikale Möbel) geprägt ist. Entschieden abgelehnt werden nonkonformistische und avantgardistische Einrichtungsstile (vgl. Flaig/Meyer/Ueltzhöffer 1997, S. 60f. u. 118). Wie seine Vorgängerschicht im 19. Jahrhundert kultiviert auch noch das Kleinbürgertum des demokratischen Zeitalters eine vergleichsweise strenge Vorstellung von Ordnung und Anstand, die mentalitätsgeschichtlich bis zum zünftischen Ehrbarkeitsideal des feudalistischen Bürgerstandes zurückverfolgt werden kann. Nach außen hin macht sich dies auch in den schichtenspezifischen Bekleidungsstilen bemerkbar (vgl. SPIEGEL-Dokumentation: OUTFIT 3, 1994, S. 34, 38, 42, 66, 70 u. 74). Für die – oft nicht berufstätigen – Frauen stehen hier das Dezente, das Gepflegte, das Zeitlos-Klassische und das Praktische im Vordergrund. Bei den Männern gelten ganz ähnlich das Unauffällige, das Korrekte, das Gediegene und das Preiswert-Bequeme als bevorzugte Geschmacksvarietäten. Das Einkaufsverhalten orientiert sich am Vertrauten und Soliden; man bevorzugt preisgünstige Selbstbedienungsgeschäfte mit breitem Angebot in unteren und mittleren Preislagen (vgl. Schmitz/Kölzer 1996, S. 188-190). Dementsprechend werden auch Bücher und andere Medien nicht unbedingt im Fachhandel, sondern im Kaufhaus und im Supermarkt erworben. Generell werden Produkte bevorzugt, die konventionell und rustikal wirken; das Provozierende, Unangepasste wird abgelehnt (s. Frey 1993, S. 247). Zu den bevorzugten Freizeitaktivitäten gehören die Gartenarbeit, das Stricken, das Spazieren gehen, das Kochen und das Rätsellösen (s. Burda Advertising Center 2000, S. 27).

Historisch handelt es sich um eines der ältesten Milieus, dessen Wurzeln bis in die Ära des Feudalismus zurückreichen. Sein Anteil an der Gesamtbevölkerung nimmt jedoch z. Zt. stetig ab und lag 1992 bei ca. 21 % der Bevölkerung. In politischer Hinsicht wurde für das Jahr 1991 kein Interesse an den Republikanern, sondern eine klare Präferenz bei der CDU ermittelt, was insofern interessant ist, als dieser Schicht oft eine besondere Affinität zu rechtsextremen Positionen attestiert wird (vgl. oben Kap. 3b 2). Wie bei allen anderen

Milieus dürfte der politisch-sozialpsychologische Befund aber letzten Endes vielschichtig bleiben. Unmittelbar kompatibel mit der faschistischen Ideologie waren die rigiden kleinbürgerlichen Vorstellungen von Ordnung, Sauberkeit, Anstand und 'Normalität'. Kaum damit zu vereinbaren waren hingegen seine christliche Grundorientierung und sein strikter Traditionalismus, dem jede radikale Umwälzung der Gesellschaftsordnung suspekt erscheinen musste. Gleichwohl scheint es der NS-Propaganda gelungen zu sein, den überwiegenden Teil der Kleinbürgerschaft für den aktiven Kampf gegen das angeblich 'Entartete' und 'Anormale' zu begeistern (vgl. Luger 1994, S. 187f.).

Was den Medienkonsum dieser Schicht betrifft, bemerken wir insofern eine massive Veränderung gegenüber der direkten Vorgängerschicht des bürgerlichen Zeitalters, als es zu einem fast vollständigen Medienwechsel gekommen ist. Das Kleinbürgertum der Gegenwart ist nicht mehr 'Buchmilieu', sondern seit den 1950er Jahren eines der wichtigsten 'Fernsehmilieus'. Besonders die älteren Angehörigen dieser Schicht nutzen den Bildschirm äußerst intensiv, wobei sie Volksmusiksendungen, Shows, Sport- und Nachrichtensendungen sowie Tierfilme bevorzugen. Zu den bevorzugten Showformaten gehört die Gameshow, in der eine Gruppe von Kandidaten belanglose Geschicklichkeits-, Glücks-, Wett- oder Rätselspiele durchführt. In der Musikshow werden dagegen in revueartiger loser Folge populäre Gesangs- und Tanzdarbietungen aneinandergereiht. Die Talkshow wiederum möchte die emotionale Durcharbeitung elementarer Probleme der Lebensführung ermöglichen. Und die Quizshow veranschaulicht auf der Basis eines antiintellektualistischen Bildungskonzeptes jene unmittelbare Umwandlung von kulturellem in materielles Kapital, die in der Gegenwartsgesellschaft de facto nicht mehr gewährleistet ist. Einige Quiz- und Gameshows wie *Der große Preis*, *Einer wird gewinnen* oder *Was bin ich?* konnten sich über Jahre und Jahrzehnte hinweg im Programmangebot behaupten (vgl. Hallenberger 1991, S. 159f.). Neben ihrer eigentlichen Unterhaltungsfunktion scheinen solche Erfolgssendungen einen wichtigen Beitrag zur Ausprägung und Verfestigung schichtenspezifischer Verhaltensroutinen und Beruhigungsrituale geliefert zu haben. Ähnlich wie die Groschenhefte werden die genannten Showformate nicht von Künstlern, sondern von speziellen Produktionsfirmen hergestellt, die aber in der öffentlichen Wahrnehmung völlig hinter ihrem wichtigsten, intensivierte Kundenbindung gewährleistenden Markenartikel, dem populären Moderator, zurücktreten. Das kleinbürgerliche, in neueren Studien auch als 'traditionell bürgerlich' bezeichnete Milieu wies im Jahr 2000 mit 222 Minuten eine um ca. 9 Prozent überdurchschnittliche Sehdauer pro Tag auf und zeigte eine klare Affinität zu den öffentlich-rechtlichen Sendern ARD und ZDF (s. Molitor 2001, S. 118 u. Anhang). Da in den vergleichsweise bildungsfernen Milieus „dem TV [...] mehr geglaubt [wird] als der Zeitung" (Bonfadelli 1999b, S. 264), erstreckt sich der Einfluss des Fernsehens vermutlich nicht nur auf die Freizeitgestaltung dieser

Schicht. Zeitschriften wie *Gong*, *Frau im Spiegel* und *Freizeit Revue* fanden bei den Angehörigen dieses Milieus im Millenniumsjahr überdurchschnittliche Resonanz (s. Burda Advertising Center 2000, S. 58). Musik wird hier häufig nebenher gehört, aber nicht konzentriert wahrgenommen oder gar musikgeschichtlich eingeordnet und analysiert. Neben Wunsch- und Operettenkonzerten werden insbesondere deutsche Schlager und deutsche Volksmusik bevorzugt, die man häufig über das Fernsehen rezipiert.

Auf die Frage nach ihren Lieblingsschriftstellern nennen die Angehörigen dieses Milieus an erster Stelle die Namen von Bestseller-Autoren wie Konsalik oder Simmel, deren Werke typischerweise zu einem großen Teil über Kaufhäuser, Buchclubs und Medienkaufhäuser abgesetzt werden. Die Weltgesamtauflagen derartiger Schriftsteller erreichen ungefähr das Doppelte bis Dreifache der Weltgesamtauflagen eines Heinrich Böll, eines Günter Grass oder eines Thomas Mann. Hermann Hesse ist der einzige deutschsprachige Autor der Hochliteratur, dessen Werke weltweit einen ungefähr gleich hohen Absatz erzielen wie die Titel von Simmel oder Konsalik, deren Romane in jeweils mehrere Dutzend Sprachen übersetzt wurden und auf allen Kontinenten präsent sind. Das ist insofern bemerkenswert, als wir daraus auf das Vorhandensein eines kleinbürgerlichen Pendants zum bildungsbürgerlichen Projekt einer 'Weltliteratur' schließen können. Handelte es sich dabei um eine dem Geschmacksideal des kosmopolitischen neuhumanistisch Gebildeten entsprechende, auf den Idealen der Spiritualisierung, der Intellektualisierung und der Historisierung beruhende Gemeinschaftskultur (s. oben Kap. 3b 4), so können wir im Falle der kleinbürgerlichen Weltliteratur von einer internationalen Mittelstandskultur sprechen, die insbesondere die Selbstwahrnehmung des Kleinbürgertums als des gesellschaftlichen Normalfalls reflektiert (vgl. Franke 1988, S. 214f.).

Es ist allerdings eine bis heute von der vergleichenden Literaturwissenschaft nicht beantwortete, ja nicht einmal gestellte Frage, ob diese mittelständische, expansive Kultur der Normalität kosmopolitische Züge trägt oder die spezifischen nationalen Varietäten der kleinbürgerlichen Mentalität abbildet. Auffällig ist jedenfalls, dass die literarische Kultur des deutschen Kleinbürgertums in ihren Anfängen im 19. Jahrhundert hauptsächlich auf der Rezeption übersetzter Abenteuerromane aus Amerika, England und Frankreich beruhte (Cooper, Scott, Dumas usw.) und dass in neuerer Zeit eine englische Autorin wie Rosamunde Pilcher erhebliche Erfolge im Bestsellergeschäft erzielen konnte. Umgekehrt ist es bemerkenswert, dass die Bücher des deutschen Bestsellerautors Heinz Günther Konsalik in über 40 Sprachen übersetzt und weltweit mehr als 85 Millionen mal verkauft werden konnten, obwohl gerade Konsalik eine spezifisch deutsche Thematik in den Mittelpunkt seiner Arbeit rückt. Viele seiner 155 Bücher wie z. B. *Der Arzt von Stalingrad* (1958) oder *Sie waren zehn* (1979) behandeln die Geschichte des Zweiten Weltkrieges, und zwar aus einer Perspektive, die man nicht nur als konservativ, sondern als deutsch-patriotisch und nationalistisch bezeichnen kann (vgl. Harder 1999). Gleichwohl scheint es ihm gelungen zu sein, die typischen Elemente des Kriegs- und des Liebesromans in einer Weise miteinander zu verquicken, die den Geschmack eines internationalen Massenpublikums traf und die außerdem den Kriegserfahrungen und -phantasien seiner älteren Leser entsprach. Zu den großen Publikumserfolgen Konsaliks, der in einem Interview Descartes, Schopenhauer, Nietzsche, Sartre, Hemingway, Scholochow, Remarque, Fallada und Dürrenmatt zu seinen Lieblingsautoren zählte (s. Harder 1999, S. 237f.), gehören auch die Romane *Strafbataillon 999* (1959), *Liebesnächte in der Taiga* (1966), *Frauenbataillon* (1981) und *Das Bernsteinzimmer* (1988).

Unter der Ablehnung seiner Werke durch die Literaturkritik scheint der 1999 verstorbene Konsalik, der übrigens u. a. Germanistik und Literaturgeschichte studiert hatte, weniger gelitten zu haben als der in vielerlei Hinsicht ambitioniertere Johannes Mario Simmel, dessen in mehr als 30 Sprachen übersetzte Romane weltweit in über 72 Millionen Exemplaren verkauft wurden. Simmel präsentiert sich in Interviews als moderner, antikonservativer Volksaufklärer, der aktuelle politische Themen aufgreift und der sich für Demokratie und Moral engagiert. Von den ABC-Waffen über die Genforschung und den Drogenhandel bis hin zur Umweltkriminalität gibt es kaum ein aktuelles gesellschaftliches Problem, dem Simmel nicht mindestens einen seiner Romane gewidmet hätte (vgl. Teuscher 1999, S. 117-142; Nusser 2000, S. 153-164). Dass die Beurteilung seiner Werke durch die Literaturkritik dennoch im wesentlichen ablehnend blieb, hängt mit schichtenspezifischen Geschmacksdispositionen zusammen. Simmel kultiviert den Stil des Abenteuerromans, den er mit Elementen des Kolportage- und des Liebesromans zu einer aus bildungsbürgerlicher Sicht 'ungeistigen', im Bourdieuschen Sinne 'leichten' Form des Unterhaltungsromans weiterentwickelte (vgl. Bourdieu 1987, S. 757). Sein bekanntester und erfolgreichster Roman trägt den in dieser Hinsicht vielsagenden Titel *Es muß nicht immer Kaviar sein. Die tolldreisten Abenteuer und auserlesenen Koch-Rezepte des Geheimagenten wider Willen Thomas Lieven* (1960). Simmel setzt in diesem Werk ganz auf das für klassische Abenteuerromane charakteristische Erfolgsrezept des Handlungsreichtums und der Temposteigerung, indem er seinen Protagonisten von Schauplatz zu Schauplatz hetzt und in zahlreiche spannende Episoden kriminellen und erotischen Charakters verwickelt. Der besondere Clou des Buches sind die beigefügten Kochrezepte des Protagonisten, die aus erzähltheoretischer Perspektive insofern Aufmerksamkeit verdienen, als sie auf zwar sehr handfeste, aber dadurch nicht minder irritierende Weise illusionsstörend wirken und damit ein wichtiges Gestaltungsmittel des anspruchsvollen modernen Romans aufgreifen, wenn nicht gar parodieren. Wie zahlreiche andere Werke Simmels wurde auch *Es muß nicht immer Kaviar sein* erfolgreich verfilmt. Zu den bekanntesten Welterfolgen des Autors zählen ferner die Romane *Und Jimmy ging zum Regenbogen* (1970), *Der Stoff aus dem die Träume sind* (1971), *Die Antwort kennt nur der Wind* (1973) und *Bitte, laßt die Blumen leben* (1983).

Als letztes Beispiel für den modernen Bestsellerroman sei hier das Werk der von literaturwissenschaftlicher Seite noch weniger als Simmel und Konsalik zur Kenntnis genommenen Utta Danella (d. i. Utta Schneider) genannt. Selbst in umfangreichen Nachschlagewerken zur deutschen Literatur von Frauen wird diese erfolgreichste deutschsprachige Gegenwartsautorin mit keiner Silbe erwähnt (vgl. etwa Brinker-Gabler 1988). Ihre bisher in über 50 Millionen Exemplaren verkauften Werke gelten als klassische Frauenromane, in denen es hauptsächlich um die Selbstbehauptung der Frau in Familie und Gesellschaft geht. Danella arbeitet häufig Elemente des Geschichts- und des Kriminalromans in ihre gefühlsbetonten Liebes- und Familiengeschichten ein, die überwiegend im konservativ-gehobenen Milieu spielen. Wie in den Frauenromanen des bürgerlichen Zeitalters wird auch bei Danella betont, dass die moderne Frau ihr Leben in die Hand nehmen und ihr Schicksal aktiv gestalten soll. Diese Emanzipation ereignet sich jedoch innerhalb der Grenzen der idealisierten intimisierten Kernfamilie, deren Bewahrung und harmonische Ausgestaltung ein zentrales Lebensthema des kleinbürgerlichen Milieus ist. Genauerer Untersuchung bedürfte es jedoch, ob es Danella nicht doch gelingt, Elemente eines für (teil-)modernisierte Gesellschaftsschichten charakteristischen, flexibleren Partnerschaftskonzeptes in das gerade in puncto Familienideologie extrem traditionalistische Kleinbürgertum zu verpflanzen. Eindeutig zu den klassischen Topoi der kleinbürgerlichen Literatur ist hingegen Danellas Gesellschaftskritik zu rechnen, die sich – z. B. in *Die Hochzeit auf dem Lande* (1975) – gegen die besseren Kreise richtet und damit den nach unten wie nach oben hin verteidigten Anspruch des kleinbürgerlichen Milieus auf Normalität und Normfestsetzung in Fragen der Moral und der Manieren unterstreicht. Diese Botschaft findet auch auf anderen Kontinenten Resonanz und macht die Autorin – nicht anders als Marie Louise Fischer, Barbara Noack oder Barbara Cartland, von deren über 700 Büchern weltweit mehr als 1 Milliarde Exemplare verkauft wurden – zu einer wichtigen Exponentin der kleinbürgerlichen Variante von 'Weltliteratur'. Weitere Bestseller Danellas sind z. B. *Alles Töchter aus guter Familie* (1958), *Stella Termogen* (1960), *Vergiß, wenn du leben willst* (1966), *Eine Heimat hat der Mensch* (1981) und *Die Unbesiegte* (1986).

Die zweite Form von Literatur, die im Kleinbürgertum des demokratischen Zeitalters besonders starke Verbreitung findet, begegnet uns innerhalb der sogenannten Volksmusik. Sowohl im Radio als auch im Fernsehen findet sich ein breites Angebot an entsprechenden Sendungen, in denen populäre Stars wie Hansi Hinterseer, Ernst Mosch, die Kastelruther Spatzen oder die Wildecker Herzbuben ein Forum für ihre Gesangsdarbietungen finden. Verglei-

chen wir die Texte dieser Interpreten mit den Gedichten aus den für das Kleinbürgertum des 19. Jahrhunderts charakteristischen Lyriksammlungen (s. oben
Kap. 3b 2), so stellen wir drei Gemeinsamkeiten und zwei Unterschiede fest.
Zu den Gemeinsamkeiten gehört erstens der typisch kleinbürgerliche, dezi-
dierte Lokalismus oder Regionalismus, der sich in einer demonstrativen Hei-
matverbundenheit und Bodenständigkeit äußert. In der Regel veranschaulichen
eine dialektal gefärbte Sprache und die demonstrative Verwendung folkloristi-
scher Requisiten (Trachtenkleidung) diese Facette der schichtenspezifischen
Mentalität. Zweitens ist auf die Nähe zum Militärwesen hinzuweisen, welche
vor allem die volkstümliche Marschmusik deutlich erkennen lässt. Wie auch
der ebenfalls milieutypische Schützenverein mit seiner Ästhetik des geordneten Umzuges repräsentiert der Marsch eine Kunstform, bei der keiner der Mit-
wirkenden aus der Reihe tanzen darf, wenn es 'zackig' zugehen soll (vgl.
Tibbe/Bonson 1981, S. 51-53). Die dritte Gemeinsamkeit besteht in einer starken Emotionalisierung, die aus der Sicht der das Authentische an das Individuelle knüpfenden Bildungsschichten natürlich verlogen und kitschig wirkt, weil
sie – durchaus mit Absicht und in Übereinstimmung mit dem Normalitätsan-
spruch des Kleinbürgertums – das Durchschnittsgemüt ansprechen und zugleich definieren will. Wer hier nicht mitempfinden kann – so die unterschwellig drohende Verheißung dieses Genres – ist entweder primitiv oder
eingebildet: Mach' mit, oder du gehörst nicht zu uns, die wir die Mehrheit
bilden, das Normale, den gesunden Durchschnitt!

Die Unterschiede zwischen der kleinbürgerlichen Lyrik des bürgerlichen
Zeitalters und der kleinbürgerlichen Volksmusik des demokratischen Zeitalters
liegen erstens in der industriellen Produktionsweise und zweitens in der engen
Verbindung mit der Musik. Volksmusik und Schlager werden im
20. Jahrhundert für Interpreten fabriziert, deren Name im Bewusstsein der
'Fans' folgerichtig an die Stelle des Verfassernamens tritt. Die Lieder von
Hinterseer sind also nicht in dem Sinne von Hinterseer, dass er selbst sie ge-
reimt oder komponiert hätte. Vielmehr steht hinter den Interpreten eine eigene
Volksmusik- und Schlagerindustrie, die nach den Prinzipien der rentablen
Kapitalinvestition Stars produziert, um ihre profilarmen Produkte in den Rang
unverwechselbarer Markenartikel zu erheben und damit eine stabile Kunden-
bindung zu erzeugen.

Die im 20. Jahrhundert enge Verknüpfung der kleinbürgerlichen Lyrik mit
der Musik, die den Verlegern von Lyrikanthologien den Verlust eines wichtigen Käufersegmentes bescherte, muss vor dem Hintergrund des für die bildungsbürgerliche Lyrik charakteristischen Entmetrisierungstrends gedeutet
werden (s. oben Kap. 3b 4). In dem Maße, in dem sich die hochliterarische
Lyrik vom Ideal der Sangbarkeit verabschiedete, kam es zu einer Intellektualisierung des kanonfähigen Teiles dieser Gattung. Hatte der kleinbürgerliche
Lyrikkanon – zumindest im Hinblick auf Autorennamen – bis dahin noch zahl-

reiche Überschneidungen mit dem bildungsbürgerlichen aufgewiesen, so kam
es in der Folge um 1900 zu einer weitergehenden Entmischung beider Kulturen. Mit der Volksmusik und dem Schlager nahmen dezidiert unintellektuelle,
sangbare Lyrikformen einen großen Aufschwung, der die im kleinbürgerlichen
Milieu verbreiteten Gattungskonventionen veranschaulicht. Lyrik wurde und
wird in dieser Schicht primär als Gemütskunst wahrgenommen, und die pas-
sende musikalische Untermalung soll dabei die jeweiligen Stimmungen intensivieren und durch eine klare Rhythmik reizvolle vegetative Begleiteffekte
erzeugen. Die Stabilität dieser Gattungskonventionen wird dadurch illustriert,
dass die vorübergehende Instrumentalisierung des Schlagers durch das – aus
im nächsten Kapitel zu erläuternden Gründen – zu Parodie und Kontrafaktur
neigende hedonistische Milieu weitgehend folgenlos blieb. Nachdem z. B.
dieses Milieu in Gestalt von Guildo Horn in die kleinbürgerliche Kultur ein-
gebrochen war, gelang es dem Kleinbürgertum binnen weniger Monate, die
Reihen zu schließen, die Exponenten und Anhänger des angestammten Kulturkonzeptes zu mobilisieren und Michelle als die Retterin des deutschen Schlagers zu installieren. Freilich schrumpft das Kleinbürgertum, während das
gleich vorzustellende hedonistische Milieu zulegt und außerdem zu den drei
vollmodernisierten Trendsettermilieus gerechnet wird, deren kulturelle Praktiken bis in die Randzonen der teilmodernisierten Milieus ausstrahlen.

Was den Bereich des Dramas betrifft, so ist an dieser Stelle auf den allmählichen Übergang vom Volksstück zum Bühnenschwank hinzuweisen, der
dann in das anspruchsvollere, formal wie inhaltlich modernere Boulevardstück
übergeht. Wie im Kapitel über das kleinbürgerliche Publikum des
19. Jahrhunderts gezeigt wurde, waren Ifflands und Kotzebues Volksstücke
frühe Beispiele für jenes „bürgerliche Lachtheater" (Klotz 1980), das in erster
Linie auf Unterhaltung abzielte, das aber durchaus gesellschaftliche Probleme
und Konflikte thematisierte. So attackierte beispielsweise Kotzebues Stück *Die
deutschen Kleinstädter* (1802) – wie oben gezeigt – das Titularwesen des feudalistischen Zeitalters und damit die in bestimmten Bereichen der Gesellschaft
noch bis weit in das bürgerliche Zeitalter hinein weiterwirkende Ständeordnung. Gegen Ende des 19. Jahrhunderts wird das Volksstück jedoch durch den
Bühnenschwank abgelöst, der sich inhaltlich-thematisch ganz ausschließlich
auf innerfamiliäre Konflikte konzentriert und dessen Schauplatz folgerichtig
die private Sphäre des bürgerlichen Heims ist.

Der gesellschaftsgeschichtliche Hintergrund für diese räumlich-thematische
Horizontverengung ist leicht zu erkennen. Wie im Abschnitt über das Kleinbürgertum des 19. Jahrhunderts gezeigt wurde, herrschten in dieser Gesellschaftsschicht besonders rigide Vorstellungen von Anstand und Ehrbarkeit.
Das Wertesystem der Zunftordnungen und die Sexualmoral der christlichen
Kirchen besaßen hier noch immer ein hohes Maß an Geltung und Verbindlichkeit, was sich besonders in einer Sakrierung der Institution Familie in der da-

mals relativ neuen Erscheinungsform der intimisierten Kernfamilie mit ihrer konventionellen Geschlechterrollenverteilung niederschlug. Die aus der ökonomisch-gesellschaftlichen Modernisierung resultierende räumliche, soziale und psychische Flexibilisierung setzte das kleinbürgerliche Anstandsideal jedoch von den Jahren und Jahrzehnten um 1900 an unter gewaltigen Druck. Der Bühnenschwank stellt einen Versuch dar, diesem Druck durch kontrollierte Spannungsreduktion standzuhalten.

Sein zentrales Motiv ist der Seitensprung, und zwar in einer gedoppelten Erscheinungsform als sexuelle und zugleich soziale Eskapade. In der Regel wird dieses Motiv an den schon älteren, seit langem verheirateten männlichen Hauptfiguren festgemacht, die ihre Libido nicht normenkonform kontrollieren können und die deshalb in amouröse Abenteuer mit Sängerinnen, Schauspielerinnen, Freudenmädchen und ähnlichen Frauenfiguren, die nicht den Respektabilitätsvorstellungen des bürgerlichen Mittelstands genügen, verwickelt werden. Der drohende Skandal, der endgültige Austritt aus der Gesellschaft und ihrer Ordnung, unterbleibt jedoch im Bühnenschwank, weil dem Protagonisten noch rechtzeitig die Konsequenzen eines solchen Schrittes drastisch vor Augen geführt werden. Typischerweise geschieht dies im Rahmen einer komischen Bloßstellungsszene, in der sich die sexuelle und die soziale Komponente des eskapistischen Aktes auf bezeichnende Weise überlagern. In seinem Buch *Bürgerliches Lachtheater* (1980) beschreibt Volker Klotz eine Passage aus einem 1894 publizierten Stück von Georges Feydeau, die ein gutes Beispiel hierfür liefert:

„Besonders arg wird Ferdinand de Bois d'Enghien mitgenommen, der Held von *Un fil à la patte* (deutsch: *Ein Klotz am Bein*). Zum zweiten Aktfinale bringt ihn seine eifersüchtige, klettenhafte Geliebte Lucette in eine verzweifelte Lage. Bei seinem eigenen Hochzeitsfest, wo sie, ohne daß er wußte, als Sängerin auftreten soll, lockt sie mit hinterlistigen Tricks erst ihn ins Hemd und zu sich aufs Sofa, dann die gesamte Gästeschar ins Zimmer. Skandal. Die Verbindung mit der begüterten Baronesse platzt. Nicht genug damit. Nachdem Bois völlig geschlagen nachhaus gewankt ist und sich ausgekleidet hat, um sich ins Bett zu verkriechen, sucht ihn Lucette nochmals heim. Beim streitbaren Hin und Her fliegt ihm die Wohnungstür vor der Nase zu. Halbnackt im Treppenhaus bleibt ihm nichts als ein Spielzeugrevolver, mit dem ihm Lucette eben noch eine Selbstmordszene vorgemimt hat. Damit kann er sich, fürs erste, des lästigen Buchhalters Bouzin erwehren und den auch noch zu seinem Ersatzmann am Pranger machen. Denn im Treppenhaus wimmelt es von feierlichen Gästen, die eine Hochzeit im obersten Stockwerk besuchen.
BOUZIN (lacht): Was machen Sie denn in Unterhosen auf der Treppe?
BOIS (grimmig): Was werde ich schon machen – ich freue mich meines Lebens.
BOUZIN: Hä, Hä – lustig!
BOIS (wütend): Finden Sie? Für Sie vielleicht – Sie sind ja angezogen. (läßt sich auf die Bank fallen, setzt sich dabei auf den Revolver) Oh! (sieht den Revolver) Oh – das ist eine Idee! (er nimmt den Revolver, versteckt ihn auf dem Rücken – geht zu Bouzin und sagt sehr freundlich) Bouzin!
BOUZIN (lächelt ihm ins Gesicht): Monsieur Bois?

BOIS: Sie könnten mir einen großen Gefallen tun.
BOUZIN: Ich?
BOIS (immer noch liebenswürdig): Geben Sie mir Ihre Hose!
BOUZIN (lacht): Sie sind verrückt!
BOIS (ändert den Ton und geht einen Schritt auf Bouzin zu): Oh ja – das bin ich.
Sie sagen es: ich bin verrückt. Geben Sie mir Ihre Hose! (er richtet den Revolver
auf Bouzin)
BOUZIN (entsetzt): Oh, mein Gott, Monsieur Bois, ich flehe Sie an!
BOIS: Schnell! Ihre Hose! Oder ich schieße!
BOUZIN: Ja, Monsieur Bois. (entsetzt beginnt er, ans Treppengeländer gelehnt,
seine Hose auszuziehen) Mein Gott, was für eine fürchterliche Situation! Ohne
Hose, auf der Treppe, in einem fremden Haus."

(Klotz 1980, S. 176f.)

In seiner sechs Jahre nach Feydeaus Stück veröffentlichten *Traumdeutung*
wird Sigmund Freud derartige Entblößungs- und Bloßstellungsphantasien in
den Albträumen seiner bürgerlichen Klientel wiederfinden und als imaginäre
Befreiungsschläge der Ich-Instanz interpretieren, die den überschüssigen
Triebenergien eine nächtlich-private, sozialverträglich bleibende, vorübergehende Befreiung von der Kontrolle durch die in Gestalt des Über-Ich bis in das
Individuum hineinwirkenden Normen und Konventionen gestatten muss. Erst
beim Aufwachen werden solche Wunscherfüllungsphantasien nachzensiert und
zu Albträumen verzerrt, woraus ihr ambivalenter, zwischen Angst und Lust
pendelnder Gesamtcharakter resultiert. Auch der literarische Text kann nach
Freud in gewisser Hinsicht als Traum aufgefasst werden, als ein Tagtraum, der
im Schutz der Fiktionalität verdrängte Triebimpulse auszuagieren erlaubt. Aus
tiefenpsychologischer Perspektive ist die Dominanz des Seitensprung-Motivs
im Bühnenschwank demnach als natürliche Reaktion auf den Modernisie-
rungsdruck zu interpretieren, dem die Sexualmoral und die Geschlechterrollenkonzeption des bürgerlichen Mittelstandes seit ca. 1900 ausgesetzt sind.
    Da der Seitensprung im kleinbürgerlichen Bühnenschwank nicht nur als
sexuelle, sondern auch als soziale Eskapade dargestellt wird, bedarf die tiefen-
psychologische Analyse freilich einer soziologischen Ergänzung. Der Übergang vom Volksstück zum Schwank geht mit einer Neubestimmung der 'geg-
nerischen' Schichten einher, von denen man sich verstärkt abzugrenzen und
die man jetzt häufiger zu verlachen versucht. Noch immer wird in diesem
Genre auf die Normalität der Mitte gepocht, so dass sich der Distinktionsges-
tus sowohl nach oben als auch nach unten richtet. Aber am oberen Ende der
Schichtenhierarchie ist es nicht mehr der Adel, gegen den sich die Komik des
Schwanks richtet, sondern die Bildungselite, die im Übergang zur Wissens-
und Informationsgesellschaft des 20. Jahrhunderts mehr und mehr an Reputation und Macht gewinnt. Am anderen Ende der Skala sind es nicht mehr die
'unkultivierten' Bauern und Arbeiter, die zur Zielscheibe des Spotts werden,

sondern die nonkonformistischen Außenseiter, deren freiere Sexualmoral nicht als gleichrangige Lebensalternative anerkannt, sondern als Ausdruck von Charakterschwäche oder Perversität dargestellt wird. Der weltfremde, tolpatschige Akademiker und die lüsterne Leichtlebige gehören deshalb zum Typeninventar des Bühnenschwanks, an dessen Ende immer die Wiederherstellung des Familienfriedens als des erwünschten Normalzustandes steht.

Bis es zu dieser Wiederherstellung der bürgerlichen Ordnung kommt, bedarf es in der Regel der Aufdeckung sehr zahlreicher Intrigen und Verwechslungen, denn zur Erzeugung von Spannung, Tempo und Situationskomik spart der Schwank nicht mit überraschenden, ja oft geradezu bizarren Handlungsumschwüngen, die den Protagonisten vor immer neue Rätsel stellen und unverschuldet in kompromittierende Situationen versetzen. Der Schwank verdankt seine unbestrittene Bühnenwirksamkeit zu einem guten Teil der karnevalesken Phantasie, mit der die Autoren ihre Protagonisten in ausweglos scheinende Zwickmühlen bringen und wieder daraus befreien.

Zu den bekanntesten dieser Autoren zählen Franz Arnold und Ernst Bach (u. a. *Die schwebende Jungfrau*; 1915), der schon zitierte Georges Feydeau (u. a. *Le dindon*; 1896), Eugène Labiche (*La cagnotte*; 1864), Carl Lauffs (*Pension Schöller*; 1889) sowie Brandon Thomas (*Charley's Aunt*; 1892). Im frühen 20. Jahrhundert rückten an ihre Stelle Bühnenautoren wie Sacha Guitry (*Deburau*; 1918), Curt Goetz (*Dr. med. Hiob Prätorius*; 1934) und Noël Coward (*Blythe Spirit*; 1941), die sich stärker den Wertvorstellungen der neuen, (teil-)modernisierten Mittelschichten des demokratisch-pluralistischen Zeitalters anpassten und die damit den Übergang vom Schwank zum Boulevardstück vollzogen. Das Seitensprung-Motiv und die Sexualitätsthematik treten nun in den Hintergrund, die Konversation der Bühnenfiguren wird geistvoller und das happy ending ist nicht mehr obligatorisch oder beschränkt sich jedenfalls nicht bloß auf die Reinszenierung eines traditionellen Familienmodells. Normalität wird in diesen Stücken neu und liberaler definiert; die Grenze zum anspruchsvollen Problemstück ist nicht immer leicht zu ziehen. Dennoch bleibt die Unterhaltungsfunktion in diesen Werken stets dominant, weshalb Spannung, Komik und Tempo auch in dieser aktuellsten Erscheinungsform des Lachtheaters für die bürgerliche Mittelschicht eine bedeutende Rolle spielen. Stärkeren Widerhall als im Boulevardstück findet die Mentalität des traditionalistischen Kleinbürgermilieus der Gegenwart aber auf jeden Fall im Schwank, wie er noch heute z. B. vom Hamburger Ohnsorg-Theater und vom Kölner Millowitsch-Theater gepflegt wird.

Wir können zusammenfassend konstatieren, dass die literarische Kultur des kleinbürgerlichen Milieus wie dieses Milieu selbst als traditionalistisch bezeichnet werden muss. Für eine intensive Auseinandersetzung mit der Hochliteratur hätten die Angehörigen dieser Schicht zwar genug Zeit und Geld, aber es fehlt der dazu erforderliche Intellektualismus, der aus ihrer Sicht anormal und lebensfern ist. Ihre Lektüre konzentriert sich deshalb auf die gängigen Bestseller, deren weite Verbreitung nicht als Hinweis auf ihre Anspruchslosigkeit, sondern als Indiz für ihre – positiv bewertete – Normalität und Durchschnittlichkeit aufgefasst wird. Charakteristischer als die Buchlektüre ist für den Medienkonsum dieser Exponenten des „begrenzten Bewußtseins" (Althaus 2001) aber ohnehin das Radiohören und das Fernsehen. Literatur begegnet ihnen in diesen Medien besonders häufig in der Form der Volksmusik, mit deren Hilfe die obsolete Familien-, Heimat- und Naturideologie des bürgerlichen Zeitalters an eine Schicht verkauft wird, die sich – mit allmählich abnehmendem Erfolg – den gegenwartstypischen Flexibilisierungsprozessen zu entziehen versucht. Aus der unwissenschaftlichen Befürchtung heraus, dass die Qualität ihrer Forschungen nicht von der Wissenschaftlichkeit ihrer Methoden, sondern von der Komplexität ihrer Gegenstände abhängt, hat die Literaturwissenschaft die literarische Kultur des kleinbürgerlichen Milieus bisher fast vollständig ignoriert.

3. Hedonistisches Milieu

Abb. 22 und 23: Zwei Beispiele für Einrichtungsstile, die der zweiten 'Wohnwelten'-Studie zufolge zu Beginn der 1990er Jahre unter den Angehörigen des hedonistischen Milieus besonders große Zustimmung und Verbreitung fanden.

'Ich will Spaß hier und jetzt' könnte das Motto des mit einem Bevölkerungsanteil von 12 % im Jahre 1992 drittgrößten und weiter expandierenden Milieus
lauten, dem überdurchschnittlich viele Nicht-Etablierte bzw. Noch-nicht-Eta-
blierte (Schüler, Studenten, Auszubildende, Ausbildungsabbrecher etc.) angehören. Die einzige, aber mit umso größerer Strenge befolgte Norm ist in dieser
Schicht die Konvention der Unkonventionalität. Zentraler Lebensinhalt ist
nicht der Beruf, das Haus oder die Familie, sondern die Freizeitgestaltung, die
ganz im Zeichen der Geselligkeit, der Selbstverwirklichung und des Nonkonformismus steht. In der Wohnungseinrichtung macht sich dieser forcierte
Individualismus in einer Neigung zu Stilbrüchen, zu starken ästhetischen
Reizen und zur Dysfunktionalität ('Verrücktheiten') bemerkbar. Radikal
abgelehnt werden der für spießig gehaltene rustikal-altdeutsche und der mu-
seal-nostalgische Stil (Flaig/Meyer/Ueltzhöffer 1997, S. 67f. u. 118). Rustikale
Versatzstücke können aber verwendet werden, wo sie ausreichend deplatziert
und skurril wirken.

In der Bekleidung dominieren bei beiden Geschlechtern das Schrille, das
Extravagante, das Individualistische und das Provokante, bei Frauen zudem
noch das Lässige und das Erotische (vgl. SPIEGEL-Dokumentation: OUTFIT
3, 1994, S. 50, 54, 58, 86 u. 90). Generell bevorzugt man originelle Produkte,
die durchaus dissonant, 'laut', herausfordernd und extrovertiert wirken dürfen
(s. Frey 1993, S. 267). Dabei ist das Einkaufsverhalten von Preisbewusstheit
und der Orientierung an persönlichen Empfehlungen gekennzeichnet. Groß-
märkte werden nur ungern und aus finanziellen Gründen frequentiert. Lieber
besucht man kleine Geschäfte in Szenevierteln, 'wo man bekannt ist' und wo
man 'von seinesgleichen' beraten wird (vgl. Schmitz/Kölzer 1996, S. 196).
Auch Bücher und andere Medien erwirbt man lieber im entsprechend dimen-
sionierten und dekorierten kleinen Fachgeschäft als im anonymen Medien-
kaufhaus. Dabei konzentriert man seine Aufmerksamkeit nicht auf Bestseller
oder auf kanonisierte Werke, sondern auf Underground- und Kleinverlage,
independent labels, Geheimtipps u. dgl.

Die geschichtliche Entwicklung des hedonistischen Milieus kann bis in die
Weimarer Republik zurückverfolgt werden. Auch zuvor hatte es selbstverständlich schon einzelne Nonkonformisten gegeben, wie die Geschichte der
Bohème im mittleren und späten 19. Jahrhundert lehrt. Erst die demokratisch-
pluralistische Gesellschaft mit ihren sozialen Sicherungssystemen hat aber die
Voraussetzungen dafür geschaffen, dass der programmatische Nonkonformismus und Individualismus zum Lebensstil einer ganzen Gesellschaftsschicht
werden konnte. Damit ist auch verdeutlicht, dass es sich bei der Geisteshaltung
dieser Schicht keineswegs um eine Aussteiger-, sondern eher um eine Pioniermentalität handelt. Das hedonistische Milieu, in dem die Gleichstellung der
Geschlechter sehr weitgehend verwirklicht ist, richtet sich scharf gegen Weltanschauung und Lebensstil der traditionalistischen Milieus. Das wichtigste

Ziel seiner Attacken und Provokationen ist die Gesellschaftsordnung des bürgerlichen Zeitalters, die ja noch keineswegs völlig überwunden und ersetzt ist. Man könnte das hedonistische Milieu deshalb als ein wichtiges Ferment des Pluralisierungsprozesses bezeichnen, was sich an den frühen Avantgarde-bewegungen wie z. B. dem Dadaismus zeigen ließe, der mit seiner Ästhetik des Schocks, der Provokation und der losen geselligen Verbindung von Individualisten eine der ersten Kulturströmungen war, die das Gepräge der hedonistischen Mentalität tragen. In politischer Hinsicht steht das hedonistische Milieu, wie ja auch schon das Schicksal der dadaistischen Kunst im Nationalsozialismus zeigt, den linken und alternativen Bewegungen nahe (vgl. Flaig/Meyer/Ueltzhöffer 1997, S. 143). Ein Teil dieser Schicht treibt den Nonkonformismus jedoch bis zur Ablehnung der Parteiendemokratie und übt sich in Wahlverzicht. Ein kleiner Prozentsatz ist darüber hinaus – besonders im Jugendalter – für extreme Formen des Protestes zu gewinnen und kokettiert mit dem Gedankengut eines heroischen Amoralismus (Ästhetizismus, Futurismus, Surrealismus) oder steigert den Nonkonformismus sogar bis zum gewalttätigen Untergrundkampf, der anarchistisch und manchmal auch rechtsradikal motiviert sein kann (vgl. ebd., S. 67f. u. 143; Ulbrich-Herrmann 1996, S. 225-228). (Auto-)Aggressive Züge kann auch die sportliche Betätigung zeigen, die in dieser Schicht von einer gesteigerten Affinität zu schnellen Spielen wie Squash und zu riskanten Fun- und Extremsportarten bzw. zu den erhöhten Nervenkitzel verheißenden Angeboten der Freizeitparks gekennzeichnet ist (vgl. Burda Advertising Center 2000, S. 39). Auch für den Radsport sowie für Jogging, Bodybuilding, Schwimmen und Basketball besteht hier überdurchschnittlich großes Interesse (vgl. Isenbart 1995, S. 42).

Die Mediennutzung der Angehörigen des hedonistischen Milieus steht im Zeichen des intensivierten Musikkonsums. Dabei werden Rock und Modern Pop bevorzugt, aber es existiert auch eine gewisse Aufgeschlossenheit für Klassik. Generell stehen nicht die Hitparadensieger und der mainstream im Vordergrund, sondern der auf der Basis großer Kennerschaft gewonnene Geheimtipp. Man ist 'nah dran' an den neuesten Entwicklungen, kennt die 'Szene', 'bleibt up-to-date'. Überhaupt spielt das Neue, das Aktuelle, das Avantgardistische eine herausragende Rolle in diesem Trendsetter-Milieu, dessen Lebensstil in abgeschwächter Form und mit zeitlichem Sicherheitsabstand in bestimmten Fraktionen der teilmodernisierten Milieus imitiert wird.

Stilistisches Hauptprinzip ist der nonkonformistische Stilbruch, also die vor allem aus dem Dadaismus, der konkreten Poesie, der Performance-Kunst, dem Poème trouvé, der Nonsense-Literatur und ähnlichen Formen der experimentellen Kunst bekannte, verfremdende, komische oder tabuverletzende Zusammenstellung heterogener Töne, Texte und Bilder, wie sie uns z. B. in den Werken von Herbert Achternbusch, Rosa von Praunheim, Christoph Schlingensieff oder Helge Schneider begegnet. Wie schon im letzten Kapitel am Beispiel des

Schlagers illustriert wurde, ist dabei die Nichtbeachtung traditioneller Grenzen charakteristisch für die Kultur dieses Milieus. Vom ursprünglich unterschichtenspezifischen tattooing und piercing bis zur eher oberschichtentypischen klassischen Musik werden die Kulturen anderer Schichten nach interessanten Elementen durchforscht, deren verfremdende Rekombination intensive ästhetische Reize erzeugen kann. Aus der Sicht der jeweils 'angezapften' Milieus kann ein solcher Übergriff als ärgerliche Fremdeinmischung, aber auch – was in Bildungsschichten häufiger der Fall ist und den Hedonisten u. U. unverhoffte Aufstiegschancen eröffnet – als geistreiche Ironisierung missverstanden werden. Dabei soll es weder das eine noch das andere sein, sondern eine eigene Kultur mit eigenen ästhetischen Konzepten erzeugen. Der hedonistische Stil zielt nicht auf eine kommentierende Metakultur, die hauptsächlich Innovationsleistungen und Katalyseeffekte für andere Kulturen erbringt. Vielmehr soll der radikale Stilmix den programmatischen Pluralismus und Individualismus dieses Milieus veranschaulichen, dessen vielseitiger Geschmack die Musiktraditionen aller Zeiten, Schichten und Kontinente als Reservoir gleichrangiger Stile aufzufassen erlaubt, deren freie und extravagante Rekombination interessante neue Klangformationen erzeugen kann ('Fusion', 'Crossover'). Der TV-Konsum dieser Schicht ist von extremen Schwankungen der Nutzungsintensität gekennzeichnet (s. Flaig/Meyer/Ueltzhöffer 1997, S. 97). Im Jahr 2000 erreichte die Sehdauer 218 Minuten pro Tag und lag damit um ca. 7 Prozent über dem Durchschnitt aller Milieus; private Programmanbieter wie RTL, RTL II, ProSieben, Kabel 1 und SAT 1 werden klar bevorzugt, und auch bestimmte Serien (wohl vor allem die jeweils aktuellen 'Kultserien') werden von den Angehörigen des hedonistischen Milieus regelmäßig verfolgt (s. Molitor 2001, S. 119 u. Anhang). Zu den von ihnen gerne gelesenen Zeitschriften gehörten im Jahr 2000 Titel wie *TV Today*, *Computer Bild* und *Fit for fun* (s. Burda Advertising Center 2000, S. 58).

Auch die Literaturrezeption dieser Schicht steht im Zeichen des Nonkonformismus, der Flexibilität, der individuellen Freiheit und der Intensivierung. Es ist deshalb weniger ein milieuspezifischer Kanon von Gattungen und Autoren als vielmehr ein typischer Lesestil, der das Rezeptionsverhalten prägt. Im Hinblick auf die Textauswahl wäre dabei erstens die konsequente Nichtanerkennung des Unterschiedes zwischen 'E' und 'U' hervorzuheben. Bizarre Büchersammlungen, in denen Moses Mendelssohn neben Micky Maus und die *Geschichte der O* neben der *Marquise von O...* steht, gehören zu den wichtigsten Statussymbolen einer Schicht, die alles liest, was in einem gegebenen Moment starke Reize intellektueller, seelischer oder körperlicher Art hervorbringt und damit ein intensives Lebensgefühl erzeugt. Genauer muss in diesem Zusammenhang – zweitens – von einer Dominanz des persönlichen und des situativen Involvement über das Produktinvolvement gesprochen werden (vgl. Felser 1997, S. 65f.). Das bedeutet, dass es weniger die Eigenschaften und der innere Wert des Produktes als vielmehr die persönlichen Neigungen und die aktuellen Bedürfnisse des Benutzers sind, die zur tatsächlichen Nutzung führen. Im Falle eines Buches kommt es also nicht deshalb zur Lektüre, weil dem jeweiligen Text an sich ein inhaltlicher Wert unterstellt wird, den man sich aneignen und erarbeiten will. Vielmehr wird umgekehrt von den eigenen Interessen ausgegangen und nach Texten gesucht, die das jeweilige Bedürfnis befriedigen. Damit ist ein wichtiger dritter Punkt angesprochen, nämlich die stark schwankende Lektüredisziplin. Kommt ein Buch den augenblicklichen Interessen und Bedürfnissen des Lesers entgegen, so kann es in einem Zug gelesen werden, selbst wenn es sehr lang oder äußerst anspruchsvoll ist. Entspricht es jedoch nicht der augenblicklichen Stimmung, erzeugt die Lektüre also Unlust oder Langeweile, kommt es schnell zum Lektüreabbruch. Der Medienkonsum soll in dieser Schicht 'nicht in Arbeit ausarten'. Man sieht keine Notwendigkeit, sich zur Lektüre zu zwingen. Was gelesen wird, muss einen ansprechen, muss einem etwas sagen, muss einem etwas geben. Wo das freilich der Fall ist, kommt es – viertens – zu einer besonders intensiven Lektürewirkung, weil die Rezeption nicht unter Zwang geschieht, sondern den persönlichen Bedürfnissen des Lesers entgegenkommt. Angehörige dieses Milieus kennen deshalb häufig einen kleinen persönlichen Kanon wichtiger Bücher, die ihnen 'wirklich etwas gegeben haben', in die sie 'richtig abgetaucht' sind, aus denen sie 'eine Menge gelernt' haben. Darin liegt ein wichtiger Unterschied zu vielen anderen Milieus, in denen die Lektüre entweder der folgenlosen Entspannung dient oder umgekehrt als zwar bereichernde, aber anstrengende Pflichtübung wahrgenommen wird. Der ostentative Anti-Intellektualismus mancher Hedonisten muss vor diesem Hintergrund beurteilt werden und unterscheidet sich beträchtlich von dem Anti-Intellektualismus des auf die 'gesunde Mitte' pochenden kleinbürgerlichen Milieus.

Im Einzelfall ist dabei freilich immer zu hinterfragen, ob die programmatische Unkonventionalität dieser Schicht vom Individuum auf zwanglos-natürliche Weise gelebt wird oder ob sie ihrerseits zu einer Konvention erhoben wurde, der man sich nolens volens unterwirft. Die Kultur dieses Milieus ist von der professionellen Vereinnahmung durch eine Kultur- und Konsumgüterindustrie bedroht, die gewiss nichts lieber hat als einen freizeit- und innovationsorientierten Lebensstil, der auf mitgliederstarke Nachbarschichten ausstrahlt. Die kulturellen Praktiken des hedonistischen Milieus stehen unter ständiger professioneller Beobachtung von allerlei Trendforschern und Talentscouts, die auf der Suche nach den Bekleidungs-, Musik- und Literaturmoden von morgen durch die Szene streifen, um kostengünstig das milieuspezifische Surplus an Kreativität abzuschöpfen und in den Massenmarkt einzuspeisen. Diesen Vorgang illustriert deutlich die neuere Entwicklung der Poplyrik, die in den 1990er Jahren in den Sog der Kulturindustrie geriet und auf den Massenmarkt der teilmodernisierten Milieus transferiert wurde. Unter Pop-

kunst verstand man ursprünglich eine seit den 1950er Jahren in den USA verbreitete Strömung, die z. B. in der Malerei durch Andy Warhol und Roy Lich-
tenstein, in der Literatur durch Tom Wolfe und Charles Bukowski vertreten
wurde. Bei allen individuellen Unterschieden trafen sich diese Künstler in
einem nonkonformistischen Lebensstil, in der Ästhetisierung von Elementen
der Alltagswelt, in der Anhäufung von Stil- und Tabubrüchen, in einer forcierten Modernität und Zukunftsgerichtetheit sowie in der Vorliebe für verfremdende Techniken der Collage und der Montage.

Das kritische Potential der zwischen Verweigerung und Affirmation
schwankenden Popkunst verdankt sich eher philosophischen und psychologischen als politischen Konzepten und Erwägungen. Die moderne Industriegesellschaft wird hier als eine in sich widersprüchliche künstliche Welt entlarvt,
die einen perfekten schönen Schein produziert, der auf Verdrängung und
Wahrnehmungstrübung beruht. Demgegenüber soll nun die Intensität der
Wahrnehmung gesteigert und soll das geknebelte Triebpotential befreit werden. Dabei geht es weniger um eine Veränderung dieser künstlichen Welt als
um eine subversive Umorganisation des individuellen Bewusstseins. Popkunst
plädiert für die Wahrnehmung und Ausnutzung der Freiheitsspielräume, die
das Individuum in der modernen Gesellschaft besitzt, die aber aufgrund obso-
leter Tabus und Mentalitäten zumeist ungenutzt bleiben. Das macht noch einmal deutlich, dass die Schicht, die diesem Aufruf folgt, keine Aussteiger-,
sondern eine Pioniermentalität kultiviert.

In Deutschland wurden die Konzepte der Popkunst anfangs besonders von
den zeitgenössischen Lyrikern aufgegriffen. Rolf Dieter Brinkmann ist der
wichtigste Exponent dieser Strömung, die hier erst gegen Ende der 1960er
Jahre größere Resonanz fand. In seinen 1969 publizierten Anthologien *ACID*
und *Silver Screen* druckte Brinkmann Beispieltexte der amerikanischen Unter-
grundszene ab, und in seinen Gedichtbänden *Godzilla* (1968), *Die Piloten*
(1968), *Standphotos* (1969) und *Gras* (1970) probierte er selbst die stilistischen Verfahren seines großen Vorbildes Frank O'Hara aus. Der von Malern
wie Willem de Kooning und Jackson Pollock beeinflusste O'Hara hatte vor
allem in seinen *Lunch Poems* (1964), die Brinkmann 1969 in deutscher Übersetzung publizierte, eine Ästhetik der Momentaufnahme entwickelt, die auf
eine Fixierung und Ästhetisierung alltäglicher Zufallswahrnehmungen abzielte.
Das wahrscheinlich berühmteste Beispiel für dieses Verfahren lieferte Brinkmann in seinem postum publizierten Gedichtband *Westwärts 1&2* (1975) mit
dem folgenden Text:

„Einen jener klassischen

Schwarzen Tangos in Köln, Ende des
Monats August, da der Sommer schon

Ganz verstaubt ist, kurz nach Laden
Schluß aus der offenen Tür einer

dunklen Wirtschaft, die einem
Griechen gehört, hören, ist beinahe

ein Wunder: für einen Moment eine
Überraschung, für einen Moment

Aufatmen, für einen Moment
eine Pause in dieser Straße,

die niemand liebt und atemlos
macht, beim Hindurchgehen. Ich

schrieb das schnell auf, bevor
der Moment in der verfluchten

dunstigen Abgestorbenheit Kölns
wieder erlosch."

(Brinkmann 1975, S. 25)

Brinkmanns Text weist keine regelmäßige Betonungsverteilung und keinen
Reim auf. Als wichtigstes Gestaltungselement fungiert eine spezifische An-
ordnung der Textzeilen, die man als 'Pseudostrophik' bezeichnen kann.
'Pseudo-' deshalb, weil die Zeilen dieses Gedichtes keine Übereinstimmung in
Versmaß und Reimordnung aufweisen, wie es sonst bei Strophen der Fall ist.
Ob die Leerzeilen, die auf dem Papier wie Pausenzeichen wirken, beim lauten
Lesen realisiert werden müssen, ist nicht sofort erkennbar. Aber die ungram-
matische Worttrennung am Ende der dritten Zeile („Laden Schluß") scheint
darauf hinzuweisen, dass die Zeilenenden rezitatorisch in der Tat zu markieren
wären. Der schneidige Rhythmus des Tangos wäre demnach durch den Zeilenumbruch veranschaulicht sowie durch die Leerzeilen, welche den nur zwei
Sätze umfassenden Text in acht strophenartige Gebilde zerteilen. Zeilenumbruch, Leerzeilen und Pseudostrophik bilden also die entscheidenden Gestaltungselemente in Brinkmanns Text. Ihre Funktion besteht in der sinnlich-
klanglichen Veranschaulichung und typographischen Markierung jener effekt-
starken Verwendung von Pausen, die den Rhythmus des Tangos prägt. Diese –
übrigens auch für den ausgebildeten Pianisten O'Hara ganz typische – Imita-
tion musikalischer Strukturen erlaubt eine gestalterische Dehnung und Fixierung jenes herausgehobenen Momentes des 'Aufatmens' in einer atemlos machenden Umgebung, von dem der Text spricht und der die Wahrnehmung
schärft und konzentriert.

Die in Brinkmanns Gedicht thematisierte Intensivierung des Erlebens steht im Zentrum der Ästhetik des hedonistischen Milieus, ohne dass freilich immer ein entsprechend hoher Anspruch an die Literaturrezeption gestellt würde. Das zeigt die Entwicklung des so genannten Social Beat (Poetryslam), der die ästhetischen Prinzipien der Popkunst mit dem Freizeitstil des hedonistischen Milieus zu verbinden versucht (vgl. Ernst 2001, S. 80-83). Dieser Stil ist primär von dem Bedürfnis nach 'fun and action' geprägt, was sich an einer besonderen Vorliebe für amüsante und unterhaltsame Treffen in geselligem Kreis festmachen lässt (vgl. Flaig/Meyer/Ueltzhöffer 1997, S. 172 u. 175). Die diesen Dispositionen entgegenkommende, seit den 1980er Jahren in den USA und mit der üblichen Verzögerung auch in Deutschland verbreitete Form des Poetryslam ist ein regelmäßig veranstalteter, spaßbetonter Amateurdichterwettbewerb in einer Kneipe oder einem Café, bei dem das Publikum und eine Laienjury über die Produkte von Hobbyautoren urteilen, die im Drei- oder Fünfminutenrhythmus das Podium betreten (vgl. www.poetryslam.com). Wer die besten Noten erreicht, erhält einen witzigen kleinen Preis, vielleicht auch eine Einladung zum stadt-, landes- oder bundesweiten Wettbewerb, bei dem höhere Ehren zu erlangen sind. Der Eventcharakter des oft tumultuösen Bühnengeschehens, die Spontaneität und Unkonventionalität der Darbietung und das Gemeinschaftserlebnis ziehen besonders das hedonistische Milieu an, dessen Neigung zur forcierten Entauratisierung von Kunst und Künstlertum durch diese Präsentationsform unterstützt und zum Ausdruck gebracht wird. Autoren wie Benjamin von Stuckrad-Barre und Bert Papenfuß-Gorek sind als Exponenten der Poplyrik breit vermarktet worden, was die Neigung der teilmodernisierten Nachbarmilieus illustriert, mit Wertordnung, Lebensstil und Ästhetik des hedonistischen Milieus zumindest zu kokettieren.

Zu den aufschlussreichsten Dokumenten der hedonistischen Kultur gehört ein 1999 in Berlin geführtes Gespräch zwischen fünf Protagonisten der neuen Popliteratur, das von Joachim Bessing aufgezeichnet und in Teilen publiziert wurde (Bessing 1999). Darin wird u. a. das Grundproblem des modernen Nonkonformismus diskutiert, dass nämlich die Abweichung schwer zu praktizieren ist, wenn sie in Folge einer allgemeinen Liberalisierung selbst zur gesellschaftlichen Norm geworden ist:

„JOACHIM BESSING Gibt es denn eigentlich überhaupt noch sogenannte gesellschaftliche Tabus?
ALEXANDER V. SCHÖNBURG Die katholische Kirche zu verteidigen ist zum Beispiel ein modernes Tabu. Es ist ein Allgemeinplatz, für die Antibabypille und gegen die Familienpolitik des Papstes zu sein. Wer heute, wie ich, sagt: Ich bin für den Papst und gegen die 'Pille danach', bricht ein gesellschaftlich vereinbartes Tabu. Vielleicht ist es auch ein ähnlicher Tabubruch, wenn eine Frau sagt: Ich gehöre hinter den Herd und möchte gerne meine Kinder erziehen. Ich möchte gar nicht in die Drei-Wetter-Taft-Welt eintreten.

BENJAMIN V. STUCKRAD-BARRE Also ist nach dem Bruch aller Tabus das re-
aktionäre Verhalten tabu?
CHRISTIAN KRACHT Nein, das von Alexander von Schönburg beschriebene
Verhalten ist doch nicht reaktionär. Die Drei-Wetter-Taft-Welt stellt doch die Norm
dar. Also ist alles andere außergewöhnlich.
BENJAMIN V. STUCKRAD-BARRE Der Vorgang des Tabubruchs, um hier noch
einmal meinen Gedanken des Reaktionären aufzugreifen, ist doch, genau das zu
tun, was sich nicht schickt. Daß es also durch die Allgegenwart der Analglöckchen-
bimmler zum Tabubruch geworden ist, sich reaktionär zu verhalten.
CHRISTIAN KRACHT Aber es ist nicht reaktionär. Dieses Verhalten außerhalb
der vereinbarten Norm.
Benjamin von Stuckrad-Barre zerbricht seine imaginäre Brille.
BENJAMIN V. STUCKRAD-BARRE Dann eben restaurativ, also alte Regeln, und
damit auch alte Tabus, wiederherstellend. Das müßte nun aber endlich stimmen, bei
diesem Beispiel mit dem Papst.
CHRISTIAN KRACHT Oder bei diesen grauenvollen dänischen Regisseuren um
den spektakulär schlechten Lars von Trier mit ihrem Zucht- und Ordnungsverein
Dogma. Filmen ohne Licht, ohne Sound, ohne Schauspieler – in letzter Konse-
quenz: ganz ohne Film.
ALEXANDER V. SCHÖNBURG Tellement intéressant!
ECKHART NICKEL In diesem Zusammenhang würde mich eine Antwort auf die
Frage interessieren, ob ein Ehepaar, das erfährt, daß ihr erwartetes Kind schwer be-
hindert sein wird, sich zu einer Abtreibung durchringen sollte.
CHRISTIAN KRACHT Das ist ehrlich gesagt eine Partyfrage.
BENJAMIN V. STUCKRAD-BARRE Nein, das ist genau die Sorte Frage, die auch
während der Musterung gestellt wird. Ähnlich wie der Fragenklassiker 'Würden Sie
einen Menschen erschießen, der gerade ihre Frau vergewaltigt?'
ALEXANDER V. SCHÖNBURG Ein weiteres Beispiel für ein Tabu der modernen
Gesellschaft ist die Liberalität. Es ist ein allgemein akzeptierter Zustand, daß es
keinen Spaß mehr macht zu rebellieren, weil die Rebellion schon Teil des Systems
ist. Die Hausbesetzer der Hafenstraße in Hamburg waren früher einmal gegen den
Staat und gegen den Hamburger Senat. Heute verkaufen sie in ihrer sanierten Hafenstraße Spiegeleier an die Touristen. Jeder kann die Hafenstraße betreten, ohne
mit einem Mistkübel übergossen zu werden, und dort ein öko-alternatives Rebelli-
ons-Spiegelei bestellen."

(Bessing 1999, S. 118f.)

Der Tabubruch setzt die Existenz von Tabus voraus. Kommen diese abhanden,
stellt der Kampf für Tabus den letzten Tabubruch dar. So wird es möglich, für
den Papst, gegen die Frauenemanzipation und gegen die Hausbesetzer zu sein,
und zwar nicht aus neokonservativer Überzeugung, sondern weil es 'Spaß'
macht, das liberale System mit solchen statements, die sich morgen in ihr Gegenteil verkehren können, zu provozieren. Der Relativismus als die große
Hintergrundideologie des demokratisch-pluralistischen Zeitalters wird auf
diese Weise keineswegs negiert, sondern bis zu jenem Grenzwert gesteigert, an
dem seine Verwundbarkeit offenkundig wird. Der eigentliche Gegner bleibt
jedoch die 'Drei-Wetter-Taft-Welt', also das Arbeits- und Leistungsethos der

funktionierenden business world, in der traditionelle Mittelstandstugenden wie Fleiß, Disziplin, Ordnung, Anstand, Pünktlichkeit, Ehrlichkeit, Sparsamkeit, Sauberkeit usw. für die Profitmaximierung instrumentalisiert werden. Die fünf Gesprächsteilnehmer üben sich deshalb ostentativ in Dandyismus: Man schlürft Champagner, ohne einen Pfennig in der Tasche zu haben, man ist ständig genervt und gelangweilt, man plaudert geistreich und scharfsinnig, man kultiviert Narzissmus und Egozentrik, kurzum: man tut alles Erdenkliche, um sich den Zorn derer zuzuziehen, die ihr Lebensglück auf Anpassungs- und Leistungsbereitschaft gründen wollen und die sich deshalb den Zwängen der Arbeits- und Konsumwelt beugen. Zur Attitüde des Verweigerers gehört auch das Kokettieren mit dem Totalausstieg, das sich bis zur terroristischen Gewalt-phantasie steigern kann:

„ALEXANDER V. SCHÖNBURG Also ist Politik Scheinwelt. Mode ist Schein-welt. Der einzige Ausweg aus diesem Teufelskreis der Kollektivierung des Indivi-dualismus ist vielleicht die Spiritualität, für mich im Christentum, andere mögen es Rock nennen, diffamierend, wenn du so willst. Aber wahrscheinlich ist es am Ende das.
CHRISTIAN KRACHT Es gibt noch einen anderen Ausweg, und das ist wiederum der Krieg.
JOACHIM BESSING Von innen bomben. Das wäre mein Vorschlag.
ALEXANDER V. SCHÖNBURG Ein interessanter und trauriger Vorschlag.
JOACHIM BESSING Bomben aus Semtex bauen und die dann in Prada-Rucksä-cken an die Art-Direktoren schicken, per Kurier. Oder das Café Costes oder das Adlon sprengen. Ich glaube eben die Bombardierung der Stätten des Falschen von innen heraus wird die Zukunft sein.
ALEXANDER V. SCHÖNBURG Interessant. Eine neue Form des urbanen Terro-rismus als Anti-Konsum-Terror, wie es ihn in Moskau bereits gibt.
JOACHIM BESSING Anzüge in Armani-Boutiquen hängen, die innen mit Kon-taktgift bestrichen sind, so daß der Käufer sofort stirbt.
BENJAMIN V. STUCKRAD-BARRE Aber das ist doch lediglich eine sofort er-kennbare, destruktive Veränderung, wohingegen die RAF auch nichts anderes be-wirkt hat, aber deren Ziel es zumindest war, nach der Zerstörung etwas Neues zu schaffen. Oder sie hatten das, was früher – in Zeiten von Jutta Ditfurth – einmal Utopie hieß oder auch Vision. Die wollten also etwas zerstören für einen Neuan-fang, von dem sie eine konkrete Vorstellung hatten. Das ist bei Joachim Bessings Vision exakt nicht so.
ALEXANDER V. SCHÖNBURG Bei den Grünen auch nicht.
BENJAMIN V. STUCKRAD-BARRE Nein.
JOACHIM BESSING Natürlich gibt es da keine konkrete Vorstellung vom Danach. Es führt ins Garnichts. Es gibt auch nicht so etwas wie einen Inhalt –
BENJAMIN V. STUCKRAD-BARRE Ah, und das interessiert mich jetzt wieder: Was ist denn dann die erreichte höhere Stufe des Bewußtseins? Wer ist eher zu be-neiden? Die Prada-Rucksackverschicker mit den Bomben, die wissen, daß nichts danach kommt, oder die RAF-Leute, die ein Glühen in den Augen haben, zumin-dest für ein paar Jahre ihres Lebens? Die eben an etwas glauben können. Das be-deutete ja auch zutiefst gläubig sein. Es funktionierte wie eine Religion.

JOACHIM BESSING Alles, was jemand im Laufe seines Lebens tut, hat damit zu
tun, daß er sich danach sehnt – wie es bei den Cardigans heißt: 'Erase and Rewind'.
Wie bei dieser Zaubertafel, die es früher gab – man malt darauf, dann zieht man am
Schieber, die Fläche ist wieder blank, und alles ist weg, vielleicht nur die Hälfte da-
von, aber man kann jetzt von neuem anfangen.
ALEXANDER V. SCHÖNBURG Ein wirklich schönes Bild.
JOACHIM BESSING Zum Beispiel Drogen im Übermaß genossen führen allein
dazu, einmal den Speicher komplett zu –
ECKHART NICKEL löschen.
JOACHIM BESSING – zu entleeren, und es bleibt ja komischerweise immer wie-
der ein Etwas zurück, daß [sic!] dann konstituierend ist und zum Neuaufbau der
gleichen Gedanken und Pläne führt. Deshalb glaube ich, daß Spiritualität oder
Bombenwerfen nicht anderes sind, als Versuche, eine weiße Leinwand herzustellen,
auf der wir noch einmal anfangen könnten.
ECKHART NICKEL Sonst hätte es auch keinen Sinn, Kunst zu machen – meine
Leinwand ist die Gesellschaft, und sie ist stark gespannt.
BENJAMIN V. STUCKRAD-BARRE Das habe ich auch nicht bestritten. Nur, daß
die RAF im Gegensatz zu uns auch behauptete, die Fingerfarben im Hinterzimmer
zu haben und ein zu Bild kennen, das sie dann auf dieser Leinwand zu malen vor-
hatte.
CHRISTIAN KRACHT Aber alles an diesem Bild war abstrus.
BENJAMIN V. STUCKRAD-BARRE Natürlich abstrus.
CHRISTIAN KRACHT Massenvernichtungslager stalinistischer Prägung, wie die
RAF sie nachweislich plante, das ist doch –
BENJAMIN V. STUCKRAD-BARRE Ich sage doch auch gar nicht, daß es gut
war. Aber sie hatten ein Programm. Wir haben keines, hoffe ich."

(Bessing 1999, S. 155-157)

'Vorsicht, Kunst!' müsste man hier rufen, wenn nicht die in dieser Passage
diskutierte Frage des Kriegs als eines Auswegs aus dem Elend des Relativismus einen Topos der Kunst des demokratisch-pluralistischen Zeitalters darstellte. Schon von 1909 an gab es bei den Futuristen und anderen Vertretern
der Klassischen Avantgarde die Vorstellung, dass der Krieg die einzige mögliche Antwort auf den zum Nihilismus gesteigerten Relativismus des neuen
Zeitalters sein könnte (s. Plumpe 1995, S. 177-230). Und sogar an einem Autor
wie Hofmannsthal, der vom Exponenten des 'Jungen Wien' zum Protagonisten
der 'konservativen Revolution' wurde, lässt sich demonstrieren, wie ein zugespitzter, zum Extrem gesteigerter Modernismus die Empfindung von Orientierungslosigkeit steigern und in Antimodernismus umschlagen kann. Die Leistung der hedonistischen Popliteratur unserer Tage besteht also nicht darin,
ganz neuartige Fragen zu formulieren, sondern eher darin, die in der literarischen Hochkultur um 1900 diskutierten Probleme in breitere Bevölkerungsschichten zu transportieren und durch teilweise Entschärfung in die lebbare
Form eines Freizeitstils zu übertragen.

Gleichwohl kann der hedonistischen Kultur damit keine pauschale Unbe-
denklichkeitsbescheinigung ausgestellt werden. Das Spiel mit dem Feuer wird

ernst, wo der Liberalismus den ethisch-juristischen Rahmen zur Disposition stellt, dem er seine praktische Existenz verdankt. Hier fehlt es an konkreter sozialpsychologischer Selbstreflexion und -relativierung. Insbesondere ist hier auf den Umstand hinzuweisen, dass sich das hedonistische Milieu im Schichtenuniversum des SINUS-Modells partiell mit dem traditionslosen Arbeitermilieu überschneidet, das viele Deklassierte und Modernisierungsverlierer beinhaltet. Die hedonistische Mentalität kann zu einer Falle bzw. zu einer bequemen Selbstrechtfertigung werden, wenn Leistungsunfähigkeit als Leistungsverweigerung, Haltlosigkeit als Flexibilität oder Geldverschleuderung als Postmaterialismus missdeutet und maskiert wird. Man muss sich den Hedonismus leisten können, um nicht daran zugrunde zu gehen. Bei den fünf Gesprächsteilnehmern ist dies der Fall. Aufgrund ihrer geistig-sprachlichen Talente, ihrer Schulabschlüsse, ihrer beruflichen Karriere und z. T. auch ihres familiären Hintergrundes können sie ohne größeres Risiko die Rolle von Modernisierungspionieren übernehmen. Mit einem Bevölkerungsanteil von 12 % ist der Kreis derer, für die gleiches gilt, heute aufgrund des Entwicklungsstands der sozialen Sicherungssysteme in der Wohlstandsgesellschaft erstaunlich groß. Er ist jedoch nicht unbegrenzt, und er kann vor allen Dingen nicht in soziologisch naiver Weise mit einer Alterskohorte identifiziert werden. Es verrät nicht nur Erwerbsgeschick, sondern auch fehlende Selbsterkenntnis, wenn Joachim Bessing in der Einleitung seiner oben zitierten Gesprächsdokumentation ankündigt, mit den besagten Gesprächen „ein Sittenbild unserer Generation" (Bessing 1999, S. 11) liefern zu wollen. Allen Angehörigen einer Altersstufe ohne Ansehen ihrer Position im sozialen Raum unterschiedslos eine Aversion gegen die 'Drei-Wetter-Taft-Welt' einimpfen oder unterstellen zu wollen, wäre nicht minder naiv als die nochmalige rhetorische Instrumentalisierung der Jung/Alt-Dichotomie für kulturpolitische Zwecke im Stile des 'Jungen Wien' oder der 'Jungen Wilden'. Das Ennui der Spätgeborenen wird zur Pose und verliert an Provokationskraft, wenn es nicht auf historisch-soziologischer Selbstrelativierung basiert.

Wir können zusammenfassend konstatieren, dass der Medien- und Kulturkonsum in diesem freizeit- und genussorientierten Milieu eine herausragende Rolle spielt. Die Musik rangiert zwar eindeutig vor der Literatur, aber eine spezifische Rezeptionshaltung führt dazu, dass die Lektüre u. U. tiefer und nachhaltiger wirkt als in jenen Schichten, für die das Lesen eine bloße Entspannung oder eine erzwungene Pflichtübung darstellt. Die beschriebene Dominanz des subjektiven und des situativen Involvement machte der auf Lektüredisziplin pochenden Philologie den hedonistischen Rezeptionsstil suspekt und führte zu einer weitgehenden Skotomisierung des noch nicht breiter vermarkteten Teiles der literarischen Kultur dieser inzwischen drittgrößten, aber nach wie vor expandierenden und die teilmodernisierten Nachbarmilieus stark beeinflussenden Gesellschaftsschicht.

4. Traditionsloses Arbeitermilieu

Abb. 24 und 25: Zwei Beispiele für Einrichtungsstile, die der zweiten 'Wohnwelten'-Studie zufolge zu Beginn der 1990er Jahre unter den Angehörigen des traditionslosen Arbeitermilieus besonders große Zustimmung und Verbreitung fanden.

Zu dieser im Jahre 1992 viertgrößten Bevölkerungsschicht gehören im Wesentlichen die Erfolglosen, die Deklassierten, die Modernisierungsverlierer, die am unteren Ende der Gesellschaftshierarchie rangieren. Sie besitzen geringe formale Bildung, ein niedriges Vermögen und Einkommen, oft auch nur wenige stabile, dauerhafte Sozialkontakte. Häufig stammen sie aus Problemfamilien, in denen sie frühzeitig Erfahrungen mit körperlicher und seelischer Gewalt machen mussten. Der Versuch, nicht endgültig den gesellschaftlichen Anschluss zu verlieren, bildet in der Regel ihr zentrales Lebensthema. Die meisten Angehörigen dieses Milieus bemühen sich deshalb verzweifelt, mit geringsten Mitteln den Lebensstil der 'respektablen' Nachbarmilieus, also der etablierten, traditionellen Arbeiterschaft oder des Kleinbürgertums, zu realisieren oder wenigstens zu imitieren. Aufgrund fehlender Aufstiegschancen, überdurchschnittlich häufiger Arbeitsplatzwechsel und fehlender langfristiger Berufsperspektiven entwickelt sich bei ihnen jedoch häufig eine starke Unzufriedenheit, die zur Depression, u. U. aber auch zu Apathie oder – schon unter Jugendlichen – zu erhöhter Aggressivität führen kann (s. Ulbrich-Herrmann 1996, S. 232f.). Selbstaufgabe, Alkoholmissbrauch und Verwahrlosung auf der einen Seite, Gewalt- und Kleinkriminalität auf der anderen Seite sind die Gefahren, deren sie sich unter den geschilderten Lebensumständen immer wieder zu erwehren haben und denen sie oft nur mit besonderer staatlicher Unterstützung zu entkommen vermögen (vgl. allg. Flaig/Meyer/Ueltzhöffer 1997, S. 63). Eine langfristige Berufs- und Lebensplanung findet nur selten statt; man wartet, was der Tag bringt, und sucht sein Heil im Konsum, im Materialismus, im Sensualismus.

Die Geschlechterrollen werden in diesem Milieu sehr traditionell interpretiert, was sich auch in den typischen Bekleidungsstilen niederschlägt, die bei Frauen oft figurbetont und gewagt-erotisch, bei Männern sportlich oder schlicht-unauffällig ausfallen (vgl. SPIEGEL-Dokumentation: OUTFIT 3, 1994, S. 54, 66, 70, 86). In der Wohnungseinrichtung finden wir eine Kombination aus kleinbürgerlich-rustikaler Gemütlichkeit und einer Ästhetik der starken sinnlichen Reize, die sich in einer Vorliebe für einzelne schrille Blickfänger niederschlägt. Am stärksten abgelehnt werden modern-avantgardistische und konsequent antikonventionelle Stile (vgl. Flaig/Meyer/Ueltzhöffer 1997, S. 133f.). Das Einkaufsverhalten ist von einem beständigen Konflikt zwischen Preis- und Prestigeorientierung geprägt. Produkte sollen einerseits einfach und vertraut sein, andererseits aber auch opulent, verschwenderisch und schrill wirken (s. Frey 1993, S. 255). Man konzentriert sich nolens volens auf das Niedrigpreissegment und interessiert sich für Schnäppchen und Sonderangebote, möchte aber gleichzeitig prestigeträchtige, auffällige Luxusartikel erwerben, die der sozialen Umgebung gesellschaftliche Dazugehörigkeit signalisieren sollen. Anonyme Selbstbedienung wird bevorzugt (vgl. Schmitz/Kölzer 1996, S. 202-204).

Auch im Medienerwerb schlagen sich diese Verhaltensdispositionen nieder, wobei zudem ins Gewicht fällt, dass bei einem Teil der Angehörigen dieser Schicht aufgrund eigenen schulischen Misserfolgs eine generalisierte Aversion gegen Bildungs- und Kulturinstitutionen besteht, deren Angebote als nutzlos ('bringt nichts für's wirkliche Leben') bzw. als reine Schikane wahrgenommen werden. Wie um Schulen, Bibliotheken und Museen macht man deshalb oft auch um Buchläden einen Bogen und besorgt sich seine Lesestoffe eher en passant in den Medienabteilungen der großen Kaufhäuser, an Kiosken, Tankstellen, Zeitungsständen usw. Meistens spielt die Lektüre innerhalb der Freizeitgestaltung eine geringere Rolle als der Besuch von Sportstadien und -vereinen, von Spielhallen, Jahrmärkten, einfachen Gaststätten etc. Zu den bevorzugten Freizeitaktivitäten gehören außerdem das Schneidern, der Besuch von Schnellrestaurants und das Autofahren ('Spritztouren') (s. Burda Advertising Center 2000, S. 37).

Historisch hat sich das traditionslose Arbeitermilieu aus den deklassierten Fraktionen der Land- und Industriearbeiterschaft des 19. Jahrhunderts sowie aus bestimmten Minderheiten und Randgruppen entwickelt, die aufgrund politischer, religiöser und kultureller Vorurteile, aufgrund unausgetragener interkultureller Konflikte oder aufgrund ideologisch instrumentalisierter Ressentiments auch von der demokratisch-pluralistischen Gesellschaft des 20. Jahrhunderts nicht adäquat integriert wurden. Politisch ist dieses Milieu stark gespalten; es tendiert teilweise zur Sozialdemokratie und teilweise zur extremen Rechten. Darüber hinaus ist ein sehr großer Anteil dieser Schicht, die 1992 ca. 12 % der (westdeutschen) Bevölkerung stellte und weiterhin anwächst, politisch desorientiert oder desinteressiert und übt sich in Wahlenthaltung (vgl. Flaig/Meyer/Ueltzhöffer 1997, S. 143). Wie in allen anderen Gesellschaftsschichten so scheint auch im traditionslosen Arbeitermilieu die Einstellung gegenüber dem Nationalsozialismus von Ambivalenz geprägt gewesen zu sein. Der Verheißung einer Restrukturierung der Gesellschaftshierarchie, von der die Schlechtestplatzierten nur profitieren konnten, stand die reale Erfahrung neuerlicher Diskriminierung gegenüber, die sich im Falle der Linksorientierten und der nicht integrierten Minderheiten und Randgruppen bis zur offenen staatlichen Verfolgung steigern konnte. Den davon nicht Betroffenen musste der faschistische Hang zur Disziplinierung, zur Überregulierung und zur Bürokratisierung suspekt erscheinen. Ihr Verhalten folgt eher einer Logik der Improvisation, die sich dann ja auch unter Kriegsbedingungen gerade für die Unterprivilegierten als überlebenswichtig erweisen sollte. Mit ihrem Autoritarismus, ihrem Auserwähltheitsdenken, ihrer Gewalttätigkeit und ihrem Antiintellektualismus konnten die Nationalsozialisten jedoch auch in dieser Gesellschaftsschicht Proselyten machen.

Der Medienkonsum des traditionslosen Arbeitermilieus ist nicht von Buchlektüre geprägt. Von herausragender Bedeutung sind in der Gegenwart vielmehr der Videofilm und das Fernsehen, das sehr intensiv genutzt wird (vgl. Flaig/Meyer/Ueltzhöffer 1997, S. 95). Dabei stehen die starken sinnlichen Reize im Vordergrund, was sich an einer besonderen Vorliebe für handlungs- und temporeiche Stoffe, spektakuläre Effekte und Gewaltszenen festmachen lässt (Action-Film). Auch Shows und Serien finden in diesem neuerdings auch als 'konsum-materialistisch' bezeichneten Milieu viel Beachtung, wobei am häufigsten RTL, ARD, ZDF und SAT 1 auf dem Programm stehen; die tägliche Sehdauer lag im Jahr 2000 mit 250 Minuten um 23 Prozent über dem Durchschnitt (s. Molitor 2001, S. 118f. u. Anhang). Bei den Sportarten nimmt dabei der Fußball eine wichtige Position ein (s. Isenbart 1995, S. 45). Oft interessiert man sich auch für die Angebote der Freizeitparks sowie für Rummelplatzvergnügungen, und im Zeitalter der elektronischen Medien spielt zudem der Musikkonsum eine sehr wichtige Rolle. In der älteren Generation werden dabei die Volks- und Unterhaltungsmusik favorisiert, in der jüngeren Generation bevorzugt man die martialischeren Spielarten der neueren Popmusik (Hard Rock, Heavy Metal usw.).

Das Lesen ist in diesem Milieu eine nicht sehr hoch bewertete Tätigkeit, der man wenig Energie und Aufmerksamkeit opfert. Mit anspruchsvolleren literarischen Werken wird man nur in der – nicht selten verhassten oder verachteten – Schule konfrontiert. Danach meidet man die etablierten Kultur- und Bildungsinstitutionen und kommt allenfalls über das Medium des Fernsehfilms (massenwirksame Literaturverfilmungen) oder des Musicals mit kanonisierten Stoffen in Berührung. Gleichwohl hat die moderne Literaturindustrie auch für dieses Käufersegment spezifische Formate entwickelt, die ihr eine Abschöpfung des Marktpotentials ermöglichen.

An erster Stelle sind in diesem Zusammenhang die modernen Illustrierten und special-interest-Titel zu nennen, die sich mit Themen wie Auto, Motorrad, Fußball, Fitness, Erotik, Prominentenklatsch, Kochen usw. beschäftigen. Literarhistorisch sind diese Publikationen insofern relevant und von Interesse, als ihr Fiktionalitätsgehalt von verschiedenen Bildungsschichten verschieden beurteilt wird. Wie Christian Berthold in seiner Studie über *Fiktion und Vieldeutigkeit* (1993) zeigen konnte, hat sich die Fiktionalitätserkennungskompetenz erst allmählich historisch entwickelt und gesteigert, wobei es zu bemerkenswerten Unterschieden und Asynchronien zwischen den einzelnen Bildungsschichten kam. So wird z. B. ein Angehöriger der Bildungsmilieus in unseren Tagen eine Sensationsmeldung in einem Massenblatt von vorneherein als kommerziell motivierte Erfindung oder Übertreibung auffassen, während er andererseits selbst den phantastischsten und ältesten Werken der Hochliteratur u. U. eine überzeitliche Geltung und Wahrheit zu attestieren bereit ist. Umgekehrt wird in den bildungsferneren Milieus diesen Werken praktisch keinerlei Lebens-, Gegenwarts- und Wirklichkeitsrelevanz zugebilligt, während die von den Massenmedien konstruierte Wirklichkeit als das 'eigentliche Leben', das

Hier und Jetzt, gilt. Das sensationelle Berufs- oder Lebensdrama der Prinzessin X, des Fußballers Y oder des Filmstars Z ist in den Augen dieser Klientel keine bloße mediale Inszenierung, sondern ein wichtiger Bestandteil des Alltags. Und während der Gebildete stolz darauf ist, dass Faust und Adrian Leverkühn für ihn keine toten Hirngespinste, sondern lebendige Bestandteile seiner geistigen Wirklichkeit sind, nimmt der passionierte Leser der einschlägigen Illustrierten eifrigen Anteil am Geschick der Prominenten, mit deren Verhalten er sich mal kritisch und mal bewundernd auseinandersetzt. Die Illustriertenlektüre erbringt damit – wenn auch auf niedrigem intellektuellen Niveau – für den 'gläubigen' Leser durchaus wichtige Orientierungsleistungen. Am lebendigen, durch partielle Fiktionalisierung schärfer konturierten und anschaulicher gemachten Beispiel kann er abschreckende und vorbildliche Verhaltensweisen studieren, aus denen sich alltagspraktische Lebensmaximen ableiten lassen. Überdurchschnittlich häufig wurden im traditionslosen Arbeitermilieu im Jahr 2000 Zeitschriften wie *Sport Bild*, *Praline* und *Vital* rezipiert (s. Burda Advertising Center 2000, S. 58).

Die einzige im engeren Sinne literarische Form, die in der Lektürepraxis dieser Schicht eine Rolle spielt, ist der Heftchenroman, der meistens mehr als 49 Seiten umfasst und deshalb nach UNESCO-Definition als Buch gilt. In diesem Marktsegment aktiv sind z. Zt. etwa der Bastei-Verlag mit seiner Horrorserie *John Sinclair*, seiner in mehr als ein Dutzend Sprachen übersetzten und weltweit in über 750 Millionen Exemplaren verkauften Krimiserie *Jerry Cotton* (vgl. Teuscher 1999, S. 58f.; Foltin/Mundhenke 1999, S. 219) und seinen diversen Frauenromanserien sowie der zur Heinrich-Bauer-Gruppe gehörende Pabel-Moewig Verlag mit seiner seit 1961 in mehr als 1,5 Milliarden (!) Exemplaren verbreiteten Science-Fiction-Serie *Perry Rhodan* (vgl. Teuscher 1999, S. 88) und seiner besonders problematischen Serie *Der Landser*, die 'Erlebnisberichte zur Geschichte des Zweiten Weltkrieges' verbreitet.

Hergestellt werden die zumeist wöchentlich erscheinenden Heftchenreihen von festangestellten Autoren, die häufig arbeitsteilig vorgehen und ästhetisch-stilistische Vorgaben des Verlages zu erfüllen haben (vgl. Foltin/Mundhenke 1999, S. 222f.; Strobel 2000, S. 246-251). Anfang der 1990er Jahre wurden insgesamt ungefähr 6 Millionen Heftromane pro Woche verkauft (vgl. Nusser 1991, S. 39). Bis zum Ende der 1990er Jahre soll sich diese Zahl nicht wesentlich verändert haben (s. Nutz 1999, S. 319).

Der 1945 geborene *John Sinclair*-Autor Jason Dark (d. i. Helmut Rellergerd) verfasste über 1.300 Heftchen- und mehr als 650 Taschenbuchromane und erzielte damit die phantastische, selbst Autoren wie Hesse oder Thomas Mann, Simmel oder Konsalik weit in den Schatten stellende Auflage von über 270 Millionen verkauften Exemplaren. Gleichwohl fehlt der Name Rellergerd in allen großen Autorenlexika zur deutschen Literatur. Weltbild, ethisch-politische Orientierung und ästhetische Prinzipien dieses Autors sind der Philologie praktisch völlig unbekannt, während mehrere Dutzend Fanclubs seine Produkte diskutieren, archivieren und kommentieren (vgl. www.gruselromane.de/frames/sinclair). Rellergerd versteht sich als Katholik, der selbst nicht an Geister glaubt und u. a. gegen den Rechtsradikalismus eintritt.

Inhaltlich orientieren sich die Hefte vielfach an der Ästhetik des Action-Films (Handlungsreichtum, Tempo, viele Schauplatzwechsel, bipolare Konfiguration, Spannungssteigerung, Gewaltszenen usw.) oder an der des Melodramas (Emotionalisierung, Personalisierung von Konflikten, romantische Liebeskonzeption, Softerotik, happy ending usw.). Dass hierbei – wie schon im Kolportageroman des 19. Jahrhunderts – die Grenzen des aus staatlicher Sicht Zulässigen manchmal überschritten werden, zeigt die Tatsache, dass nach Inkrafttreten des Jugendschutzgesetzes von 1977 mehrere Hefte der Horrorreihen *Dämonenkiller* und *Dr. Morton* indiziert wurden und diese beiden Reihen für ein Jahr nicht erscheinen durften. Danach wurden die *Dämonenkiller* in überarbeiteter Form fortgesetzt, *Dr. Morton* wurde unter dem Titel *Der Lord* weitergeführt. In politisch-ethischer und wirkungspsychologischer Hinsicht äußerst problematisch ist die von der Philologie nahezu vollständig ignorierte, seit Jahrzehnten erfolgreich vermarktete Reihe *Der Landser* (Geiger 1975; vgl. auch Nutz 1999, S. 81-87). Das 2383. Heft dieser frei verkäuflichen, an allen größeren Kiosken erwerbbaren Reihe erschien im November 2003. Es trägt den Titel *Kampf auf Korsika. September 1943 – Einheiten von Heer und Waffen-SS in schweren Gefechten gegen Franzosen, Italiener und korsische Freischärler* und schildert den Rückzug der deutschen Truppen von der Mittelmeer-Insel im Herbst 1943. Gegen Ende des Heftes wird beschrieben, wie sich der für die Rückzugsaktion verantwortliche Generalleutnant Fridolin von Senger und Etterlin (1891-1963) auf das Schiff begibt:

> „Ein Sicherungsboot wird herbeigerufen, und der Generalleutnant klettert an Bord. Aber noch will er den Hafen nicht verlassen. Noch einmal geht sein schwimmender Untersatz dicht an die Kaimauern heran, um die letzten Einschiffungen zu überwachen.
> Endlich, gegen 23 Uhr, erreicht von Senger und Etterlin die Nachricht, daß die letzten deutschen Soldaten soeben Bastia verlassen. Trotzdem bleibt der Generalleutnant noch einige Zeit in der Nähe der großen Landungsbrücke, um eventuelle Nachzügler aufnehmen zu können.
> Erst als seine Eskorte und die Schiffsführung ihn drängen, gibt er widerwillig den Befehl abzulaufen. Die anderen Boote sind längst verschwunden, und so geht das Sicherungsboot sofort auf Nordkurs, um gefährliche Begegnungen mit gegnerischen Flotteneinheiten zu vermeiden.
> Unter den funkelnden Sternen, die nun nach tagelangem Regen wieder erscheinen, legt sich von Senger und Etterlin, in seinen Mantel gehüllt, auf das Deck nieder. Er schläft tief und fest. Erst beim Festmachen in Livorno wird er wach.

Tage später erreicht ihn ein Telegramm Hitlers, der ihn [sic!] zur erfolgreichen Räumung Korsikas gratuliert. Nur durch das Können und den persönlichen Einsatz dieses untadeligen Offiziers wurde die Räumung Sardiniens und Korsikas überhaupt ermöglicht. Daß nebenbei der Versuch des Gegners, sie durch eigene Seelandungen zu verhindern, vereitelt wurde, unterstreicht seine Leistung noch.
Vor dem Hintergrund der Katastrophen von Stalingrad und Nordafrika war der erfolgreiche Rückzug eine bemerkenswerte Tat. Die entstandenen Verluste, die seriöse Historiker mit 3000 deutschen Soldaten angeben, waren angesichts der Lage unvermeidlich."

(Laage 2003, S. 64)

Wer vorwiegend Druckerzeugnisse dieses Typs rezipiert, wird nicht leicht für das curriculare Lektüreprogramm zu gewinnen sein. Hier bleibt noch Basisarbeit zu leisten, – nicht nur von Philologen, sondern auch von Historikern, Soziologen und Psychologen. Denn zu den prekären Inhalten tritt eine spezifische Leseroutine hinzu, die im Unterschied zur schulisch-distanzierten Leseweise vor allem auf Identifikation setzt. Man könnte einwenden, dass dann lediglich einige Ewiggestrige von solchen Texten zu erreichen sein dürften, aber dieses Argument geht an der Wirklichkeit des Identifikationsprozesses vorbei. Nicht Alter, Geschlecht, sozialer Status und ähnliche 'Äußerlichkeiten' ermöglichen dem Leser die Identifikation mit literarischen Figuren, sondern vielmehr die Gleichartigkeit der aktuell zu bewältigenden seelischen Konflikte (vgl. Schönau 1991, S. 59). Ein Mann und auch eine Frau unserer Gegenwart kann sich deshalb – trotz der Andersartigkeit der ganzen Umstände – durchaus mit der Truppe des Generalleutnants von Senger und Etterlin identifizieren, sofern die Lebens- und Seelenproblematik grundsätzlich vergleichbar ist. Hier soll dies der heroische Rückzugskampf gegen eine weit überlegene feindliche Armee sein, – ein Motiv, das im Seelenleben von gesellschaftlich Deklassierten und Modernisierungsverlierern, wie sie im traditionslosen Arbeitermilieu stark überrepräsentiert sind, vielfachen Widerhall finden kann. Eine Frage wie die, ob Erich Kästners Verhalten zwischen Januar 1939 und Dezember 1942 als unethisch zu bewerten ist (vgl. Barbian 1995, S. 376), darf beinahe als Marginalie bezeichnet werden, wenn Texte des zitierten Typs – von den zuständigen Fachwissenschaften praktisch unbemerkt – über Jahrzehnte hinweg in Bestsellerauflagen vertrieben wurden und werden.
Größeres Interesse der Literaturpsychologie verdiente auch eine Entwicklung innerhalb der Heftliteratur, die im Zusammenhang mit dem Kolportageroman des 19. Jahrhunderts schon kurz angesprochen wurde (s. Kap. 3b 1). Gemeint ist der ursprünglich durchaus zivilisierende Effekt dieser Texte, in denen es anders als in der Unterschichtenliteratur des feudalistischen Zeitalters keine direkten Derbheiten und Obszönitäten mehr gibt. Das Rülpsen, Furzen, Kotzen, Spucken usw. gehörte, wie oben erwähnt, bis ins 18. Jahrhundert zu den unverzichtbaren Elementen derartiger Werke. Die Rezipienten empfanden

offenbar eine urtümliche, heute kaum noch nachvollziehbare Lust an der
Darstellung dieser Körperäußerungen. Der große Zivilisierungsfortschritt des
19. Jahrhunderts bestand dann darin, diese Lust auch innerhalb der Unterschichten und ihrer Kultur umgeformt und kanalisiert zu haben. Die Sexualität
und die körperliche Gewalt wurden die beiden einzigen Bereiche, in denen
unkontrollierte Affekt- und Körperregungen als erlaubt galten. Deftige Liebes-
szenen und Prügeleien gehörten deshalb zum festen Arsenal der Kolportageromane.

Im Groschenheft des 20. Jahrhunderts sehen wir eine bemerkenswerte
Fehlentwicklung dieser Zivilisierungstendenz, und zwar insofern, als nun die
Sexualität und die körperliche Gewalt weitergehenden, zusätzlichen Diszipli-
nierungsmaßnahmen unterworfen werden. Zur Veranschaulichung dieses
Sachverhaltes diene hier der Werbetext des Bastei-Verlages für das 2333. Heft
seiner Krimiserie *Jerry Cotton*:

> „2333 – Wir jagten den Eiskiller
>
> Es war der schlimmste Winter seit Jahrzehnten. Eisklirrende Kälte, Wind und
> Schnee peitschten durch die Straßenschluchten New Yorks. In dieser furchtbaren
> Kälte und in den Nächten schlich eine düstere Gestalt durch die Straßen und Gassen
> auf der Suche nach Opfern, denen die Rache der mordenden Bestie galt.
> Bereits zum dritten Mal in diesem schrecklichen Winter standen Phil und ich vor
> der Leiche einer jungen Frau. Halb nackt, erniedrigt und jämmerlich erfroren. Der
> Killer hatte ihr nicht mal Gewalt antun müssen, hatte sie nur bedroht, sie hatte sich
> ausziehen müssen, und er hatte zugeschaut, wie die junge Frau in der eisigen Kälte
> erfror. Wir aber schworen uns, seinem grauenhaften Treiben ein Ende zu machen,
> und begannen mit der Jagd auf den Eiskiller…"
>
> (http://www.bastei.de/cotton/vorschau.php3 [19. Februar 2002])

Im Unterschied zu den mit vollem Körpereinsatz raufenden und liebenden
Räuberhauptmännern der Kolportageromane des 19. Jahrhunderts legt der hier
gejagte 'Eiskiller' nicht mehr selbst Hand an. Der Einsatz von Distanzwaffen
tritt an die Stelle des Nahkampfes; die Kopulation wird durch den Voyeuris-
mus ersetzt. Diese Substitution der direkten körperlichen Auseinandersetzung
durch die distanziertere Augenlust und Augenangst folgt ganz der von Norbert
Elias beschriebenen Entwicklungslogik des Zivilisationsprozesses (vgl. Elias
1976 II, S. 406f.). In der Applikation auf die Gewalthandlung erweist sich die
vorgeführte äußerste Erkaltung der Affekte jedoch nicht mehr als eine Zivilisierung, die diesen Namen verdiente, sondern als Intensivierung der Aggres-
sion. Der sich selbst beherrschende, teilnahmslos seine Opfer zu Tode fol-
ternde Mörder ist eine typische Figur des 20. Jahrhunderts, in dem – wie die
einschlägigen Berichte über die nationalsozialistischen Erfrierungsexperimente
beweisen (vgl. Mitscherlich/Mielke 1979, S. 51-71) – eine nicht von ethischen

Reflexionen begleitete und gesteuerte Disziplinierung der Affekte den Wir-
kungsgrad der industriell organisierten Tötungsmaschinerie bis ins Perverse zu
steigern erlaubte.

Natürlich kann vom einzelnen Textbeispiel nicht auf die Dispositionen einer ganzen Leserschicht geschlossen werden. Aber es bleibt eine wichtige
Frage, ob der Heftroman des 20. Jahrhunderts durch die Verfeinerung der in
ihm demonstrierten Selbstdisziplinierungstechniken im Vergleich mit dem
Kolportageroman des 19. Jahrhunderts einen Fortschritt oder einen Rückschritt
darstellt. Die kalte Grausamkeit des unmenschlichen, berechnenden Killers ist
eine gefährlichere Waffe als die blinde Wut des sich leidenschaftlich prügeln-
den Räubers. Wer mit dieser Waffe vertraut gemacht wird, sollte auch in intellektueller, ethischer und psychologischer Hinsicht höher gebildet sein, um
nicht womöglich ein Unheil zu billigen oder anzurichten, das er nicht einmal
mehr übersieht. Da im traditionslosen Arbeitermilieu, für welches die Heftro-
manlektüre besonders charakteristisch ist, altmodische Geschlechterrollenin-
terpretationen vorherrschen, gilt dies besonders für die männlichen Angehörigen dieser Gesellschaftsschicht. Die Kompensierung realer Statusängste durch
identifikatorisch-imaginäre Statussicherung und -erhöhung nimmt in den für
sie typischen, gewaltbetonten Untergattungen (Western, Science Fiction, harter
Krimi) oft einen verbissenen, aggressiv-zwanghaften Charakter an, was sich
auch auf anderen Gebieten – z. B. in einem besonderen Interesse an harten
Kampfsportarten wie Wrestling oder Chinese Boxing – niederschlagen kann.

Die für Frauen geschriebenen Liebesromane verfolgen demgegenüber eine
defensivere Strategie der eskapistischen Ausmalung harmonistischer Wunsch-
träume (vgl. Nutz 1999, S. 108, 156f.). Das lässt sich zum Beispiel an den
schon erwähnten Frauenromanen des Bastei-Verlages illustrieren, zu denen
auch die auflagenstarke Reihe *Chefarzt Dr. Holl. Sein Leben, seine Liebe,
seine Patienten* gehört. Sie beschreibt die Geschichte und Erlebnisse des
sympathisch gezeichneten, allgemein respektierten Frauenarztes Dr. Stefan
Holl, der eine Privatklinik leitet und dessen Angestellte, Patienten und Famili-
enangehörige den Stoff für das in der Regel melodramatische Geschehen liefern, das den Inhalt der Romane bildet. Die Serie erscheint kontinuierlich seit
1978, und zwar wöchentlich, so dass inzwischen mehr als 1.300 Folgen produziert wurden. Wer die Hefte über Jahre hinweg kontinuierlich bezieht, bringt es
leicht auf einen Lektüreumfang von mehreren Zigtausend Seiten; Dr. Holl
kann zu einer festen Institution in seinem Leben werden.

Band 1314 der Reihe wurde 2003 publiziert und trägt den Titel *Liebe – für
alle Ewigkeit? Dr. Holl und der Herzensirrtum einer schönen Schwester.* Das
Heft umfasst 68 Seiten, von denen etwa 56 für den eigentlichen Romantext
reserviert sind. Auf den restlichen 12 Seiten findet man zunächst das Titelco-
ver mit einem Photo im Format 12,8 x 15,5 cm, das einen Mann im Arztkittel
zeigt, der sich einer jüngeren Frau in ärmellosem Kleid zuwendet, die neben

ihm steht und auf deren Arm er in fürsorglichem Gestus seine Hand legt. Dazu kommen Werbeanzeigen für Feuchtigkeitscreme, für Venenkapseln zur Bekämpfung von Krampfadern und geschwollenen Beinen, für ein Mittel gegen verspannte Schulter- und Nackenmuskulatur sowie für ein weiteres Mittel gegen Krampfadern. Die übrigen Seiten enthalten einen zum Kauf anregenden Klappentext, einen Hinweis darauf, dass es sich garantiert um eine Erstveröffentlichung handelt, reichlich Werbung für andere Heftromanserien des Bastei-Verlages, das Impressum mit einem ausdrücklichen Hinweis darauf, dass Handlung, Personen und Orte frei erfunden sind, eine Vorschau auf den nächsten Band sowie drei Coupons für die Nachbestellung noch lieferbarer *Dr. Holl*-Hefte bzw. für die Abonnierung der Reihe.

Als Verfasserin des Bandes 1314 wird auf dem Heft Katrin Kastell genannt. Dabei handelt es sich um ein Pseudonym, unter dem Jutta Ploessner und andere Erfolgsautoren des Bastei-Verlages abwechselnd für die *Dr. Holl*-Reihe schreiben. Ein solches Herstellungsverfahren ist im Heftromangeschäft üblich, denn die Regelmäßigkeit des Erscheinens ist hier ein wichtiger Faktor der Kundenbindung. Der Verlag kann sich nicht von der Kreativität und von der Gesundheit eines einzigen Autors abhängig machen. Die neuen Hefte müssen pünktlich jede Woche ausgeliefert werden, und wenn Jutta Ploessner die nächste Episode nicht rechtzeitig liefern kann oder will, muss eben ein anderer Bastei-Autor einspringen. Wie bei TV-Serien spielt auch hier der Verfassername keine bedeutende Rolle. Die Leser wollen nicht das schriftstellerische Werk des Autors X oder Y studieren, sondern in die Welt des Dr. Holl eintauchen. Nur die ganz Großen des Heftromangeschäftes wie der *John Sinclair*-Verfasser Helmut Rellergerd werden berühmt und zum Gegenstand der Verehrung einiger Fan-Clubs, die mit Hilfe von Fan-Magazinen und Internet-Foren allerlei Informationen über ihr Idol und seine Publikationen austauschen. Die fachgeschichtliche und wissenschaftssoziologische Aufarbeitung dieser grauen Philologie gehört zu den Desideraten der Kulturwissenschaft.

Worum geht es nun aber in *Liebe – für alle Ewigkeit?*, dem 1314. Band der Reihe *Chefarzt Dr. Holl*? Der Plot wirkt zunächst recht konventionell: Philip, ein eitler brutaler Emporkömmling und Schürzenjäger, betrügt seine vermögende Frau Marisa mit der gutgläubigen Krankenschwester Lisa. Als diese schwanger wird, verlangt Philip von ihr die Abtreibung. Doch Lisa weigert sich, obwohl Philip sie zu bestechen versucht und schließlich sogar offen bedroht. Auf Umwegen erfährt jedoch die inzwischen ebenfalls schwangere Marisa von seiner Affäre mit Lisa und reicht die Scheidung ein, was Philip nur mit einem Lächeln quittiert, da er auf illegalen Wegen genug Geld aus der Firma seiner Frau abgezweigt hat, um eine Weile davon zu leben und sich „in aller Ruhe nach einem neuen Opfer umzuschauen" (S. 60). Der Schurke wird also zwar entlarvt und verjagt, kann aber weiterhin sein Unwesen treiben. Dennoch finden die beiden Frauen, die er enttäuscht und betrogen hat, ihr persönliches Glück: Marisa liiert sich mit ihrem früheren Verehrer Paul, einem Kavalier der alten Schule mit sanften Augen, der Filmmusik komponiert und in einem romantischen, renovierten Bauernhof lebt. Und Lisa geht eine neue, glücklichere Verbindung mit Dr. Niklas Lindner ein, einem verwitweten Landarzt, dessen kranken Sohn sie pflegt und der sich sogleich in sie verliebt.

Seine besondere Note gewinnt dieses konventionelle happy ending durch den Umstand, dass sowohl Paul als auch Niklas keinen Anstoß daran nehmen, dass ihre neuen Frauen bei ihrem Eintritt in die Beziehung bereits in anderen Umständen sind. Dass Lisa ein Kind von dem Erzschurken Philip erwartet, ist für ihren neuen Liebhaber offenbar vollkommen gleichgültig, so dass er ihre diesbezüglichen Bedenken ohne weiteres vom Tisch fegt:

> „'Lisa, Lisa!' Er schüttelte nachsichtig lächelnd den Kopf. 'Kinder werden nicht gefragt, ob sie auf diese Welt kommen wollen. Sie sind ein Geschenk, und so sollte man sie auch behandeln. Ist es so wichtig, wer das Kind zeugte? Ich liebe Kinder.'"

(Kastell 2003, S. 49)

Nicht minder tolerant-josefinisch verhält sich Paul, als ihm Marisa eröffnet, nicht zu wissen, ob er selbst oder Philip der Vater des Kindes ist, das sie erwartet:

> „'Marisa!' Paul rannte, als ginge es um sein Leben. Atemlos ließ er sich neben Marisa auf den Beifahrersitz fallen. 'Warum hast du mich so lange warten lassen? Ich bin schon halb verrückt vor Sehnsucht.'
> 'Das höre ich gern.' Sie lachte spitzbübisch. 'Ich hatte noch einiges zu erledigen. Zum Beispiel musste ich die Scheidung einreichen.'
> 'Ist das wahr? Du ... du hast dich für mich entschieden?'
> 'Das weiß ich noch nicht.' Marisa stieg aus und ging ein paar Schritte. Am Waldrand setzte sie sich und wartete, bis Paul sich neben ihr niederließ.
> 'Warum bist du gekommen, wenn du mich nicht willst?' Seine Stimme klang heiser, nervös riss er ein paar Grashalme aus dem Boden. 'Ich liebe dich, Marisa, und ich möchte mit dir leben. Ob hier oder in München – das spielt keine Rolle.' Er schaute sie von der Seite an, und fragte sich, ob sie nur gekommen war, um ihm den Todesstoß zu versetzen.
> 'Marisa, sag doch etwas', flehte er.
> 'Ich bekomme ein Kind, Paul.' Sie wandte den Kopf und lächelte wehmütig. 'Vielleicht ist es von dir, aber mit Sicherheit kann ich es nicht sagen.'
> 'Ein Kind?' Sekunden verstrichen, bis sich ein strahlendes Lächeln auf seinem Gesicht ausbreitete. 'Das ist ja wunderbar! Du, vielleicht wird es ein Mädchen, das genau so hübsch und gescheit ist wie du?'
> 'Und wenn es ein Junge wird, der aussieht wie Philip?' Sie wirkte niedergeschlagen. 'Ich möchte nicht, dass du später irgendetwas bereust, Paul.'
> 'Was redest du da? Ich liebe Kinder, und ganz besonders, wenn sie von dir sind.' Zaghaft berührte er ihre Hand. 'Ist das alles, was dich davon abhält, zu mir zu kommen?'

'Ist das nicht genug?' Sie räusperte sich leicht. 'Übrigens, Philip weiß nichts von
der Schwangerschaft. Ich habe ihm nichts gesagt, weil ... weil ich mir fast sicher
bin, dass es unser Kind ist. Aber ich musste ehrlich zu dir sein, denn ich möchte
keine Beziehung auf einer Täuschung aufbauen.'
Marisa lehnte den Kopf an seine Schulter und ließ den Blick über die sanfte Senke
gleiten, in der Pauls Bauernhof lag. 'Ich glaube, wir werden hier leben', sagte sie.
'Für Kinder ist das hier ein Paradies.'
'Kinder?' Er legte zwei Finger unter ihr Kinn. 'Möchtest du mehr als eins?' Sein
zärtliches Lächeln ging ihr unter die Haut. 'Ich kann es kaum erwarten, kleine
schnelle Trippelschrittchen im Haus zu hören.'
'Und Kinderlachen im Garten', ergänzte sie und verlor sich im sanften Braun seiner
Augen. Endlich habe ich dich wieder, Paul, und ich schwöre dir, ich lasse dich nie
mehr los.'
'Ich nehme dich beim Wort', flüsterte er und zog sie in die Arme."

(Kastell 2003, S. 63f.)

Dass Ehebruch und außereheliche Schwangerschaft in der Welt von Chefarzt
Dr. Holl, der Marisa zur Trennung von Philip rät, keine Verbrechen sind, unterscheidet den Roman von den in dieser Hinsicht konventionelleren Werken
für das traditionalistische Kleinbürgertum. Die Erklärung hierfür liegt auf der
Hand. Unbürgerliche Familienverhältnisse sind für das traditionslose Arbeitermilieu charakteristisch, und auch die Sexualmoral ist hier freier, so dass die
Problematik der Unehelichkeit größeres Identifikationspotential besitzt. Die
Intention des Textes richtet sich offenbar darauf, an einem leicht nachvollziehbaren Beispiel darzustellen, dass ein harmonischer Übergang von unterbürger-
lichen zu bürgerlichen Lebensverhältnissen möglich ist, auch wenn – z. B. in
Gestalt unerwünschter oder sonstwie problematischer Schwangerschaften wie
hier – äußere Umstände dem entgegen stehen. Die Spiegelung von Lisas
Schicksal in der Figur Marisas soll hierbei suggerieren, dass das besagte Problem bei Arm und Reich gleichermaßen vorkommen kann. Auffällig ist außerdem die Gleichartigkeit der Glücksvorstellung beider Frauen, zu der fünf Elemente gehören, nämlich ein zuverlässiger Partner, kleine Kinder, materielle
Sicherheit, ein Leben auf dem Land in einer „Oase des Friedens" (S. 18) sowie
– nicht zuletzt – Tradition und Geschichte. Der letztgenannte Faktor lässt sich
daran festmachen, dass Niklas ein seit 1791 in Familienbesitz befindliches
Fachwerkhaus sein eigen nennt und dass Paul ein „altes Bauernhaus" mit „alten Fresken" und einem Kamin aus einem „alten Herrenhaus" bewohnt (S. 18).
Zum perfekten Glück gehört also auch die nachträgliche Aneignung familiärer
und kultureller Traditionen –, aus dem Blickwinkel des traditionslosen Arbeitermilieus ohne Frage ein wichtiges Ingrediens der erträumten Etablierung.
      Eine gesellschaftspolitische Dimension erhält der Text durch die Themati-
sierung der Abtreibungsproblematik. Als moralische Autorität tritt hier Dr.
Holl auf den Plan, der ansonsten in diesem Band der Reihe eher eine Neben-
rolle spielt. „Für mich", so erklärt er der anfangs durchaus abtreibungswilligen

Lisa, „ist eine Abtreibung ohne Not Mord" (S. 6). Als sich Landarzt Niklas
Lindner für sie zu interessieren beginnt, entfallen die sozialen Argumente, die
Lisa dieser Einstellung Dr. Holls zunächst entgegensetzt. Und das demonstrative Desinteresse, das ihr neuer Liebhaber der Vaterschaftsfrage entgegen-
bringt, tut ein Übriges, um sie endgültig umzustimmen. Band 1314 kann demnach auch als konservativer Antiabtreibungsroman gelesen werden, der unter
Beweis stellen will, dass selbst eine von einem Erzschurken geschwängerte,
sitzengelassene, mittellose Krankenschwester nicht abzutreiben braucht, um
ihr Lebensglück zu finden. Die Liebe ist hier eine unkalkulierbare Himmels-
macht, die Angehörige sehr unterschiedlicher Bildungs- und Gesellschaftsschichten auf Dauer zusammenschweißen und damit den Unterprivilegierten
einen unverhofften Aufstieg ermöglichen kann.
    Der Roman trägt damit alle Kennzeichen einer tagtraumartigen, konsolato-
rischen Wunscherfüllungsphantasie. Er thematisiert keine geistigen Probleme
und stellt keine sprachlich-intellektuellen Anforderungen an den Leser, sondern behandelt in alltagssprachlichem Stil die privaten seelischen Konflikte
von einfachen Leuten, die ohne (große, moralische) Schuld in Schwierigkeiten
geraten und dennoch aufgrund ihrer seelisch-charakterlichen Qualitäten ein
bürgerliches Glück finden. Groschenromane für Frauen scheinen sich in dieser
Hinsicht nach wie vor von den Heftromanen für die männlichen Leser zu unterscheiden, in denen dieses Glück durch Mut und Muskelkraft erzwungen
wird.
    In der Überschau lässt sich resümieren, dass die Verbreitung der elektroni-
schen Medien im traditionslosen Arbeitermilieu zu einer weiteren Entfernung
vom Buch und von der kanonisierten Literatur geführt hat. Bestimmte Roman-
heftserien finden in dieser Schicht eine Verbreitung, die ihnen den Dauerspit-
zenplatz auf allen Bestsellerlisten garantieren würde, wenn nicht diese Listen
für die Lesestoffe der gebildeteren Bevölkerungsschichten reserviert blieben.
Da die Heftromane kein geistiges Bildungserlebnis vermitteln, sondern als Instrumente der Zivilisierung und der psychischen Stabilisierung fungieren, sind
sie von der an tatsächlichen Textwirkungen und psychohistorischen Massen-
trends kaum interessierten Literaturgeschichtsschreibung bisher nur ganz am
Rande beachtet worden.

5. Technokratisch-liberales Milieu

Abb. 26 und 27: Zwei Beispiele für Einrichtungsstile, die der zweiten 'Wohnwelten'-Studie zufolge zu Beginn der 1990er Jahre unter den Angehörigen des technokratisch-liberalen Milieus besonders große Zustimmung und Verbreitung fanden.

Mit einem Bevölkerungsanteil von 9 % bildet diese 'neue Oberschicht' des
20. Jahrhunderts die fünftgrößte Gesellschaftsschicht. Während die 'alte Oberschicht', also das die Werte der Besitzbürger des 19. Jahrhunderts pflegende
konservativ-gehobene Milieu, stark traditionalistisch geprägt ist, fühlt sich das
technokratisch-liberale Milieu den Werten des demokratischen Pluralismus
verpflichtet. Dazu gehören Freiheit und Kreativität, Selbstverwirklichung, die
räumliche, soziale und psychische Mobilität, die Gleichberechtigung der Geschlechter sowie bis zu einem gewissen Grad auch der Nonkonformismus und
die Aufgeschlossenheit gegenüber neuen Wohn- und Lebensformen, soweit sie
respektable Alternativen zum traditionell-bürgerlichen Standardmodell der
intimisierten Kernfamilie bieten.

Das Lebensthema dieser Schicht könnte mit der Formel 'Spitzenleistung
plus Savoir-vivre' zusammengefasst werden; man kann und will im Beruf und
in der Gesellschaft viel leisten und das Erreichte in seiner Freizeit selbst genießen. Die meisten Angehörigen dieser Schicht bekleiden anerkannte und gut
dotierte Führungspositionen, viele sind selbstständig oder freiberuflich tätig
(Juristen, Ärzte, Architekten etc.). Das Bildungsniveau ist außerordentlich
hoch, d. h. sie verfügen in der Regel über eine gute akademische Ausbildung.
Aufgrund der großen beruflichen Anspannung werden trotz des hohen Erfolgs
und Sozialprestiges gelegentlich Aussteigerträume kultiviert, die jedoch in der
Praxis selten verwirklicht und ersatzweise in Form von exklusiven Sportakti-
vitäten, kostspieligen Sammelleidenschaften etc. ausgelebt werden. Dabei sind
die Geschlechterbeziehungen und das Familienleben von demonstrativer Un-
verkrampftheit und Liberalität geprägt; Mann und Frau haben ihren eigenen
Beruf und entwickeln und verwirklichen ihre jeweils eigene Persönlichkeit
(vgl. Flaig/Meyer/Ueltzhöffer 1997, S. 66).

Der Lebensstil dieses Milieus kann als gehoben bis exklusiv bezeichnet
werden. Man glaubt, sich eine stil- und geschmackssichere Selbstinszenierung
schuldig zu sein, und versucht sich deshalb durch Kennerschaft und Understatement von den erfolgloseren und traditionsverhafteteren Milieus abzugrenzen.
In der Wohnungseinrichtung schlägt sich dies in einem Hang zu klassisch-
modernen und avantgardistischen Stilen nieder; am stärksten abgelehnt werden
der rustikal-altdeutsche und der konventionell-gemütliche Stil (s.
Flaig/Meyer/Ueltzhöffer 1997, S. 126, 128, 132, 134). Auch in der Bekleidung
machen sich die spezifischen Dispositionen dieser Schicht bemerkbar, die im
Produktmarketing als wichtiges Trendsetter-Milieu eingestuft wird. Beide
Geschlechter favorisieren in deutlicher Abgrenzung von der primär auf Korrektheit bedachten alten Oberschicht einen zwar durchaus kostspieligen, aber
eher lässigen, authentischen, ungezwungen-individualistischen Bekleidungsstil
(vgl. SPIEGEL-Dokumentation: OUTFIT 3, 1994, S. 50, 58, 90). Das Einkaufsverhalten ist von Vertrauen in die eigene Geschmackskompetenz und von
der Prestigeorientierung geprägt. Man bevorzugt hochwertige, innovative Pro-

dukte in reduziertem, minimalistischem Design (s. Frey 1993, S. 263). Man hat 'seine' Geschäfte, weiß, was man sucht und was man wo findet, akzeptiert auch hohe Preise, wenn Sortimentspolitik und Präsentationsstil stimmen (vgl. Schmitz/Kölzer 1996, S. 187f.).

Für den Medienerwerb bedeutet dies, dass man kleine und mittlere, modern ausgestattete Fachgeschäfte mit anspruchsvollem Sortiment bevorzugt. Für ein 'schönes', aufwändig aufgemachtes Buch in modernem Design zahlt man bereitwillig höhere Preise. Da das Einkaufen in dieser Schicht oft als Freizeitbeschäftigung bewertet wird, finden Gestaltungselemente Beifall, die auf eine Entökonomisierung und Entpragmatisierung der Verkaufssituation abzielen (z. B. Espresso-Bar oder Ruhezone im Buchladen). Dabei ist freilich zu berücksichtigen, dass dieses 'Bindestrichmilieu' streng genommen in zwei Geschmacksfraktionen zerfällt. Auf der einen Seite stehen die liberalen, stark an Kultur und Kommunikation interessierten 'Intellektuellen'. Auf der anderen Seite finden sich die nüchterneren 'Experten' oder 'Macher', denen eher an Effizienz, Übersichtlichkeit und Sachlichkeit gelegen ist und in deren Bewusstsein die Technokratie den Rang einer dominierenden „Hintergrundideologie" annehmen kann (vgl. Habermas 1968, S. 81, 88, 100). Klassisch-modernes (Laden-)Design und allgemein ein ästhetisierter Funktionalismus scheinen den Geschmacksdispositionen beider Fraktionen entgegenzukommen.

Was die Mediennutzungsgewohnheiten betrifft, so können die Angehörigen dieser Schicht als ausgesprochene Vielleser bezeichnet werden. Ferner spielt die Musik – vor allem Klassik, aber auch traditioneller Rock und Jazz – eine wichtige Rolle, während das Fernsehen nur als Informationsmedium (Kulturmagazine etc.) sowie gelegentlich zum 'Relaxen' benutzt wird. Was Sportsendungen angeht, so favorisiert man die Übertragung von Leichtathletik-Veranstaltungen (s. Isenbart 1995, S. 45). Insgesamt steht vergleichsweise viel Zeit für die Buchlektüre zur Verfügung, wobei freilich die Fachliteratur aufgrund des für höhere berufliche Positionen typischen Zwangs zu ständiger beruflicher Fortbildung einen wichtigen Platz einnimmt. Doch auch in puncto Literatur will man möglichst 'auf dem Laufenden sein', 'auf der Höhe der Zeit bleiben'. Während also – zugespitzt formuliert – für viele Angehörige der alten Oberschicht die Kulturgeschichte im Grunde mit Brahms, Cézanne und Thomas Mann endet, setzt sie hier mit Schönberg, Picasso und Joyce erst richtig ein. Demgemäß kauft man z. B. die neue Jelinek, den neuen Grass, den neuen Handke usw. Hinweise auf anspruchsvolle Neuerscheinungen dieses Typs entnimmt man den Feuilletons der einschlägigen Intelligenzblätter (*Neue Zürcher Zeitung*, *Die Zeit*, *Süddeutsche Zeitung*, *FAZ* usw.). Man wartet mit dem Kauf nicht ab, bis diese neuen Werke in preisgünstigen Taschenbuchausgaben vorliegen.

Die reiche, vielgestaltige literarische Kultur dieser Vielleser und eifrigen Theater-, Konzert- und Kinobesucher zusammenfassend zu charakterisieren, ist ein gewagtes Unterfangen. Einige zentrale Aspekte lassen sich jedoch benennen. Insbesondere zeichnen sich die von diesem Milieu favorisierten Werke durch Kosmopolitismus, Wertrelativismus, Selbstrelativierung, Individualismus, Voraussetzungsreichtum, Problemorientierung und kritisches Engagement aus. Das sei im Detail erläutert.

Der Kosmopolitismus dieser Schicht äußert sich zunächst darin, dass sie aufgrund ihres hohen Bildungsstandes überdurchschnittlich polyglott ist und deshalb nicht nur deutschsprachige Werke rezipiert. Dazu tritt eine programmatische Weltoffenheit, die in direktem Widerspruch zu traditionalistischen Vorstellungen von einem nationalen Kulturerbe, einer 'deutschen Leitkultur' u. dgl. stehen. Die Kulturen aller Länder und Kontinente werden vielmehr als gleichrangig und gleich interessant erachtet. Über die Herkunft der Werke hinaus betrifft das auch ihren Inhalt. So können natürlich die exotischen Reiseschilderungen eines Grass (*Zunge zeigen*; 1988), eines Hubert Fichte (*Xango*; 1976) oder eines Cees Nooteboom (*Der Buddha hinter dem Bretterzaun*; 1985, dt. 1993), aber auch z. B. die Werke von Literaturnobelpreisträgern wie García Márquez, Soyinka oder Mahfuz der wohlwollenden Aufmerksamkeit dieser Leserschicht gewiss sein.

Was den Werterelativismus betrifft, so äußert er sich besonders in einer Zurückweisung der Natürlichkeitsideologie, die für das bürgerliche Zeitalter so charakteristisch war und die in den traditionalistischen Milieus der Gegenwart weiterhin Anhänger findet. Stattdessen dominieren Konsenstheorien, denen zufolge über die Geltung ethischer Normen je und je zu verhandeln ist. So ist dieser Schicht, wie allen nichttraditionalistischen Milieus, im Prinzip 'nichts mehr heilig', d. h. Tabubrüche werden nicht prinzipiell abgelehnt, sondern als Voraussetzung für eine weitere geistig-seelische Befreiung begrüßt. Die Exponenten dieses Milieus verlassen deshalb nicht türenknallend den Theatersaal, wenn auf der Bühne wie bei Edward Bond ein Säugling im Kinderwagen gesteinigt wird (*Saved*; 1965), wenn wie bei Franz Xaver Kroetz ein Durchschnittsbürger als dämonischer Spießer entlarvt wird (*Mensch Meier*; 1978) oder wenn wie bei Handke der – fiktive und/oder reale – Zuschauer mit drastischen Worten explizit geschmäht wird (*Publikumsbeschimpfung*; 1966). Ihre sichere Beherrschung der distanzierten ästhetischen Einstellung (Bourdieu) erlaubt es den Angehörigen der neuen Oberschicht, selbst das provokanteste und absurdeste Geschehen auf der Bühne oder im Roman als legitimes Gedankenexperiment innerhalb der Grenzen einer als autonom deklarierten und wahrgenommenen Kunst aufzufassen.

Eng damit verknüpft, aber nicht identisch damit ist der Aspekt der Selbstrelativierung. Er schlägt sich gestalterisch im echten Polyperspektivismus nieder, der nicht nur mehrere Ansichten zu einem Sachverhalt präsentiert, sondern bis zuletzt auf die Privilegierung einer dieser Ansichten verzichtet. In der Erzählkunst kann z. B. die seit Anfang des 20. Jahrhunderts in der an-

spruchsvolleren Prosa erkennbare Tendenz zur Entauktorialisierung diese
Technik veranschaulichen (vgl. Stanzel 1995, S. 242f.). Thomas Mann, der
letzte anspruchsvolle Erzähler des bürgerlichen Zeitalters, arbeitet noch mit
sehr starken, häufig allwissenden, dem Leser gleichsam hinter dem Rücken der
handelnden Figuren beständig zuzwinkernden Erzählinstanzen. Mit Kafka,
Schnitzler und Döblin tritt die Erzählerfigur immer mehr in den Hintergrund;
so dass z. B. in der Erlebten Rede und im Inneren Monolog das Bewusstsein
des Protagonisten den Standpunkt bildet, von dem aus der Leser das Handlungsgeschehen präsentiert bekommt und wahrnimmt. Der damit verbundene
Verzicht auf die olympische Vogelperspektive des allwissenden Erzählers
impliziert die Stärkung der subjektiven, individuellen Meinung, den Vorrang
der relativen vor der absoluten Wahrheit, welche geleugnet und in Frage gestellt wird.

Der Individualismus, die persönlich gefärbte Sicht auf die Dinge, gewinnt
also an Geltung und Verbindlichkeit, was freilich gravierende gestalterische
Probleme nach sich zieht. Denn die Sprache als ein überindividuelles, vorgän-
giges System verweigert sich – wie immer deutlicher erkannt wurde – dem
unmittelbaren, verlustfreien Ausdruck des Individuellen. Will man bloß das
zum Ausdruck bringen, was laut Wörterbuch unter einem bestimmten Begriff
zu verstehen ist, kann man sich ohne weiteres dieser Vokabel bedienen. Hat
man jedoch eine ganz spezielle, höchst individuelle Vorstellung von diesem
Begriff im Kopf, wäre die Verwendung dieses Wortes irreführend. Dies ist
einer der Gründe, weshalb wir in der anspruchsvollen modernen Literatur eine
starke Neigung zum Hermetismus beobachten. Autoren wie Paul Celan
(*Atemwende*; 1967), Ilse Aichinger (*Meine Sprache und ich*; 1978) oder Rose
Ausländer (*Mein Venedig versinkt nicht*; 1982) treiben die Wortneuschöpfung
hierbei bis an die Grenze zur reinen Privatsprache, deren Erlernung eine intensive Auseinandersetzung mit der geistigen Welt des jeweiligen Autors voraussetzt. Einem voreiligen, allzu schnellen und oberflächlichen Verstehen entge-
genwirken will auch die Technik der Kohärenzverminderung, bei der es zu
ständiger Unterbrechung des Sinnzusammenhanges kommt. Stellt man irgendwelche zwei Sätze oder Satzteile hintereinander, so ergibt das noch keine
sinnvolle Äußerung. Erst die äußerlich-grammatische und vor allem die inner-
lich-thematische Verknüpfung sorgen dafür, dass hintereinander Stehendes als
zusammengehörige Einheit aufgefasst und verstanden werden kann. Die Rekonstruktion dieser Sinneinheit ist im Falle vieler Texte von Celan, Aichinger
oder Ausländer ein mühsames Geschäft, das eine sehr gute Allgemeinbildung,
umfangreiche philologische Kommentare, Phantasie, Zeit, Geduld und einen
reich mit Nachschlagewerken bestückten Bücherschrank erfordert. Der Lohn
dieser Mühe ist eine intensive Erfahrung von Originalität, Authentizität und
Individualität, wie sie in der Weltanschauung und Werteordnung der neuen
Oberschicht eine wichtige Rolle einnimmt. Der Wert dieser Erfahrung wird

nicht beeinträchtigt, wenn im Laufe der Lektürearbeit die Individualität des literarischen Aussagesubjektes – ganz in Übereinstimmung mit der milieutypisch defensiveren Interpretation von persönlicher Identität (psychische Pluralisierung) – als ephemerer kaleidoskopischer Effekt entlarvt wird und nicht mehr an einen stabilen Wesenskern der Autorpersönlichkeit zu heften ist.

Dass sich die Angehörigen der neuen Oberschicht – wenn auch gewiss nicht alle – mit Texten beschäftigen, die ansonsten fast nur in Lehr-/Lern-Situationen rezipiert werden, ist Ausdruck ihrer Niveauansprüche und ihres Distinktionsverhaltens. Vor allzu seichten, trivialen Lesestoffen empfindet man auch hier jenen „Ekel vor dem 'Leichten'" (Bourdieu 1987, S. 757), der schon für das Bildungsbürgertum des 19. Jahrhunderts charakteristisch war. Gelehrte Anspielungen und Zitate, subtile Formen des Humors und der Ironie, Fremdwörter, Rara und Neologismen werden nicht nur toleriert, sondern geradezu erwartet und als wichtiges Indiz für Kompetenz und intellektuelle Autorität des Schreibenden gewertet.

Nur schwer vereinbar mit den Dispositionen der neuen Oberschicht ist dagegen der spielerische, u. U. bis zur Egozentrik gesteigerte Selbstverwirklichungsanspruch des hedonistischen Milieus. Das hängt nicht mit angeborenen Charakterunterschieden zusammen, sondern mit der typischerweise sehr unterschiedlichen Lebens- und Berufssituation. Aufgrund ihrer beruflichen Führungspositionen sind die Angehörigen der Oberschicht nicht nur theoretisch mit der Lösung überindividueller, nicht-privater, gesellschaftsrelevanter Probleme beschäftigt. Ihre Handlungen und Entscheidungen haben häufig eine große Tragweite und erfordern ein hohes Maß an Ernsthaftigkeit, Verbindlichkeit, Verantwortungsbewusstsein. Von der intellektuellen Elite und damit auch von den ('legitimierten') Künstlern erwartet man deshalb nicht nur fun and action, sondern einen ernstzunehmenden Beitrag zur öffentlichen Erörterung jener Probleme, an deren Lösung man in seinem Berufsalltag an leitender Position mitarbeitet. Das heißt nicht, dass man sich nicht auch gelegentlich über Gernhardt oder Stuckrad-Barre amüsiert. Aber wenn es um 'richtige' Literatur geht, muss aus der Sicht des technokratisch-liberalen Milieus jene Ernsthaftigkeit mit im Spiel sein, die man z. B. bei Künstlern wie Ingeborg Bachmann (*Malina*; 1971), Thomas Bernhard (*Beton*; 1982), Christa Wolf (*Kassandra*; 1983) oder Volker Braun (*Hinze-Kunze-Roman*; 1985) wahrnimmt.

Oft geht diese Problemorientierung mit einem kritischen Engagement einher, das weniger aus subjektiver moralischer Empörung oder Betroffenheit als vielmehr aus der Erfahrung gespeist wird, den eigenen Einfluss und die eigene Machtposition sinnvoll und erfolgreich für politische, kulturelle oder karitative Initiativen einsetzen zu können. Die öffentlichen Appelle eines Grass, eines Böll, eines Habermas oder eines Biermann bleiben in dieser Schicht nicht unbeachtet. Dabei ist mit der Zusammenstellung dieser vier Namen bereits ein

Hinweis auf die politische Orientierung der neuen Oberschicht gegeben: Sie ist im linksliberalen bis grün-ökologischen Spektrum angesiedelt und weist damit auch eine gewisse Geistesverwandtschaft mit dem alternativen Milieu auf (s. Flaig/Meyer/Ueltzhöffer 1997, S. 143). Was die Stellung der neuen Oberschicht im Dritten Reich betrifft, so lässt sich nur von einer ambivalenten Haltung sprechen. Einerseits waren der milieutypische Liberalismus, Kosmopolitismus und Wertrelativismus mit den politischen Grundpositionen des Nationalsozialismus völlig unvereinbar. Andererseits stellten das technokratische Denken, der Funktionalismus und bei manchen offenbar auch der Futurismus mit seinem neoästhetizistischen Amoralismus veritable ideologische Brückenglieder dar, die manchem Exponenten der neuen Oberschicht eine Konversion zum Nationalsozialismus ermöglichten (vgl. Lange 1980). Zwar scheint das technokratisch-liberale Milieu unter den Exilanten des Jahres 1933 und der Folgezeit statistisch überrepräsentiert gewesen zu sein, aber viele konnten sich offenbar doch – und sei es nur im Rahmen einer 'inneren Emigration' – mit den Verhältnissen arrangieren (vgl. Frei 2001, S. 47f., 98f., 110-112, 128f.). Zur besonderen Ehre gereicht es freilich der neuen Oberschicht, dass sie im deutschen Widerstand, z. B. im Kreisauer Kreis und in der Strassmann-Gruppe, eine wichtige Rolle spielte (vgl. Benz/Pehle 1994, S. 247-253, 306-308 u. ö.).

Als Beispiel für ein literarisches Werk, das den Lektüreanforderungen und Mediennutzungsgewohnheiten des technokratisch-liberalen Milieus in besonderem Maße entspricht, sei hier Ingeborg Bachmanns *Malina* genannt. Der 1971 publizierte Roman schildert die Geschichte einer Schriftstellerin, deren Kindheit und Jugend von den Ereignissen des Zweiten Weltkriegs überschattet ist, die als Erwachsene zahlreiche Enttäuschungen und Demütigungen durch Freunde, Verwandte und Liebhaber erdulden muss und die sich in eine Liebesbeziehung zu Ivan, einem in Wien lebenden Ungarn, flüchtet, um von ihren schweren seelischen Verletzungen zu genesen. Doch auch diese Beziehung scheitert. Ivan verlässt die Protagonistin des Romans, die daraufhin eine tiefgreifende, bis an die Grenze zur Vernichtung reichende Persönlichkeitsverwandlung erfährt. Neben der Gefährdung des Individuums durch eine nur scheinbar befriedete, in Wirklichkeit von Konkurrenzdenken und Teilnahmslosigkeit beherrschte Gesellschaft bildet damit das Problem der Identitätsbildung ein zentrales Thema des Romans. Und dieses Thema prägt nicht nur den Handlungsverlauf und die Figurenkonstellation, sondern auch die erzählerische Komposition des Werkes (s. Schneider 1999, S. 265-293). Denn wie kann die Geschichte einer Person erzählt werden, wenn die Zerstörung der Identität dieser Person einen Hauptgegenstand der Erzählung bildet? Schon die Benennung der Person mit einem Namen oder die Schilderung ihrer Biographie könnte falsche Vorstellungen erwecken und suggerieren, dass der Leser es mit einer abgerundeten, mit sich selbst identischen Figur zu tun hat.

Bachmann bedient sich deshalb diverser subtiler Gestaltungstechniken, die dem Leser von Anbeginn verdeutlichen sollen, dass die Identitätsproblematik zu den zentralen Themen ihres Romans gehört. An erster Stelle ist hierbei die Verwendung der so genannten 'quasi-autobiographischen' Erzählsituation zu nennen, bei der eine Bewusstseinsinstanz in der Rückschau ihre eigene Lebensgeschichte erzählt. Die Bezeichnung für diese Erzählsituation könnte zu der Annahme verleiten, dass die Autorin Ingeborg Bachmann in verschlüsselter Form ihr eigenes Leben habe darstellen wollen. Doch obwohl natürlich hier und dort die individuellen Lebenserfahrungen und Kenntnisse der Verfasserin durchschimmern, ist diese Annahme falsch. Bachmann hat die quasi-autobiographische Erzählsituation nicht gewählt, um ihre eigene Lebensgeschichte zu erzählen, sondern weil diese Erzählsituation den natürlichen Vorteil bietet, eine Person in zwei Figureninstanzen aufzuspalten: Auf der einen Seite ist dies das 'erzählende Ich' von heute, das hier und jetzt seine Geschichte erzählt; auf der anderen Seite ist es das 'erlebende Ich', das diese Geschichte damals durchlebt hat. (In dem Satz '*Ich* weiß noch, wie *ich* als Schuljunge immer Rollschuh gefahren bin' ist das erste 'Ich' das erzählende, das zweite dagegen das erlebende Ich.)

Der Abstand zwischen dem erlebenden und dem erzählenden Ich kann sehr gering sein, wenn die erzählende Figur mit sich selbst ganz im Reinen ist und wenn z. B. Ereignisse dargestellt werden, die nur kurze Zeit zurückliegen. Der Abstand kann jedoch auch sehr groß sein, etwa wenn der Erzähler sich sehr stark verändert hat oder auf die entfernteste Vergangenheit zurückblickt. In Bachmanns Roman *Malina* finden wir den seltenen Fall vor, dass der besagte Abstand ständig variiert wird. Das erzählende Ich scheint gewissermaßen keine klare Einstellung zu sich selbst zu gewinnen. Das erlebende Ich scheint ihm mal ganz nah und mal ganz fern zu stehen. Der schwierige Prozess der Identitätsfindung wird auf diese Weise auch formal, gestalterisch, erzähltechnisch veranschaulicht. Dabei wirkt es besonders irritierend, dass sich die Protagonistin am Ende des Buches, als Ivan sie verlassen hat, gezwungen sieht, ganz in die Rolle des erzählenden Ichs einzugehen, d. h. ihr erlebendes Ich aufzugeben und ihr Leben rückwirkend als bloße Fiktion auszugeben, um es überhaupt ertragen zu können. Diese erzwungene nachträgliche Entwirklichung wird von Bachmann in einer eindrucksvollen Schlussszene dargestellt, in der das erlebende Ich in einer Wand verschwindet, also förmlich eingemauert wird. Neben die politisch-gesellschaftskritische und die identitätspsychologische tritt damit eine dritte Bedeutungsdimension des Textes, nämlich eine poetologisch-ästhetische. *Malina* behandelt nicht nur die identitätsgefährdende unterschwellige Gewaltsamkeit der angeblich befriedeten Nachkriegsgesellschaft, sondern auch die Frage nach den Möglichkeiten der Literatur und ihrer Verfasser, sich solchen Gewalterfahrungen auszusetzen, um sie künstlerisch zu thematisieren und bearbeiten zu können. Es bedarf, wie Bachmann zeigt, großer intellektueller und seelischer Anstrengungen, um sich dem üblichen Hang zum Vergessen und Verdrängen zu entziehen und die Ursachen sowohl für die Entstehung des faschistischen Totalitarismus als auch für das Fortleben der ihn begünstigenden Mentalitäten und Gesellschaftsstrukturen wahrzunehmen. Das zweite, mittlere Kapitel des Romans enthält eine Reihe von albtraumähnlichen Szenen, in denen die Erinnerung an persönliche Leiderfahrungen mit der Bewusstmachung historischer und gesellschaftlicher Katastrophen verschmilzt. Einer dieser Träume zeigt die Protagonistin in der Rolle eines Opfers von Erfrierungsexperimenten, wie sie bekanntlich in den Konzentrationslagern der Nationalsozialisten durchgeführt wurden:

> „Mein Vater ist aus Rußland zurückgekommen, es hat ihm geschadet. Er hat nicht die Eremitage gesehen, sondern die Torturen studiert, er hat die Zarin Melanie mitgebracht. Ich muß mit Bardos auf das Eis, in einen graziösen, kunstvollen Eispavillon, beklatscht von ganz Wien und der Welt, denn die Vorstellung wird über den Satelliten übertragen, es soll an dem Tag sein, an dem die Amerikaner oder die Russen oder alle miteinander zum Mond fahren. Meinem Vater kommt es nur darauf an, daß die Wiener Eisschau die ganze Welt den Mond und die Weltmächte vergessen läßt. Er jagt in einer pelzbeschlagenen Kutsche um den ersten und dritten Bezirk, läßt sich noch einmal bestaunen mit der jungen Zarin, ehe das große Spektakel beginnt.
> Zuerst werden alle über Lautsprecher aufmerksam gemacht auf die erfinderischen Details des Eispalastes, auf Fenster, die dünnste Eisplatten, durchsichtig wie das schönste Glas, als Scheiben haben. Hunderte von Eiskandelabern erleuchten den Platz, und zum Staunen ist die Einrichtung, die Diwane, Taburette, die Kredenzen mit dem zerbrechlichsten Service, Gläsern und Teegeschirr, alles aus Eis gefertigt und in lebhaften Farben, bemalt wie das Augarten-Porzellan. Im Kamin liegt Holz aus Eis, das, mit Nafta überstrichen, zu brennen scheint, und über das große Himmelbett kann man durch die spitzenartigen Eisvorhänge sehen. Die Zariza, die meinen Vater ihren 'Bären' nennt, neckt ihn, sie meint, es müsse ein Vergnügen sein, in diesem Palast zu wohnen, aber doch etwas zu kalt zum Schlafen sein. Mein Vater beugt sich zu mir und sagt im frivolsten Ton: Ich bin überzeugt, daß du nicht erfrieren wirst, wenn du mit deinem Herrn Bardos heute dieses Lager teilst, er soll doch dafür sorgen, daß zwischen euch das Feuer der Liebe nicht zum Erlöschen kommt! Ich werfe mich vor meinem Vater nieder, ich bitte nicht um mein Leben, sondern um Gnade für den jungen Bardos, den ich kaum kenne, der mich kaum kennt und mich verständnislos, am Erfrieren schon ohne Verstand, ansieht. Ich verstehe nicht, warum auch Bardos mitgeopfert werden soll bei dieser Volksbelustigung. Mein Vater erklärt der Zariza, daß auch mein Mitschuldiger sich ausziehen müsse und so lange mit den Wassern aus der Donau und aus der Newa begossen werde, bis wir beide zu Eisstatuen werden. Aber das ist ja entsetzlich, antwortet Melanie affektiert, mein großer Bär, du wirst die Unglücklichen doch früher töten lassen. Nein, meine kleine Bärin, erwidert mein Vater, denn sonst würden den beiden die natürlichen Bewegungen, die nach dem Gesetz der Schönheit unerläßlich sind, fehlen, ich werde sie lebendig begießen lassen, wie könnte ich mich bloß an der Todesangst belustigen! Du bist grausam, sagt Melanie, aber mein Vater verspricht ihr eine Ekstase, er weiß, wie verwandt die Grausamkeit und die Wollust sind. Wenn man in einen Pelz gehüllt ist, ließe sich das leicht und gut ansehen, verspricht er und hofft,

Melanie werde auch an Grausamkeit einmal alle anderen Frauen übertreffen. Die Leute von der Straße und die Wiener Gesellschaft jubeln: So was sieht man nicht alle Tage! Wir stehen bei 50 Grad Kälte, entkleidet, vor dem Palast, müssen die befohlenen Positionen einnehmen, im Publikum seufzen manche, doch jeder denkt, daß Bardos, der unschuldig ist, mitschuldig ist, weil man anfängt, die Ströme eisigen Wassers über uns zu gießen. Ich höre mich noch wimmern und eine Verwünschung ausstoßen, das letzte, was ich wahrnehme, ist das triumphierende Lächeln meines Vaters, und sein befriedigtes Seufzen ist das letzte, was ich höre. Ich kann nicht mehr um das Leben von Bardos bitten. Ich werde zu Eis."

(Bachmann 1971, S. 210-212)

In Szenen wie dieser schildert *Malina*, stets aus der Perspektive des Opfers, die Vernichtung der Tochter durch den Vater, der Frau durch den Mann, des Machtlosen durch den Mächtigen, des Einzelnen durch die Masse. Um gemäß ihrer Theorie des permanenten Krieges die Allgegenwart der Gewalt in Geschichte und Gegenwart zu veranschaulichen, erzählt Bachmann fast den gesamten Roman im Präsens. Konventionelle Erwartungen an einen Roman werden dadurch genauso zerstört wie durch die Entkonkretisierung der Chronologie, die bis zur Inkohärenz reichende Aufsplitterung des Handlungsgeschehens in nur lose miteinander verbundene Abschnitte und die zahlreichen Anspielungen auf Schönberg, Beethoven, Flaubert, Rimbaud und viele andere Exponenten der kanonisierten Hochkultur. Den Lektüreanforderungen und Mediennutzungsgewohnheiten der Angehörigen des technokratisch-liberalen Milieus kommt diese Gestaltungsweise in vielerlei Hinsicht entgegen: Bachmann behandelt ein sehr ernstes, komplexes Thema, und zwar aus einer kritisch-engagierten, antifaschistischen Grundhaltung heraus. Sie bedient sich dabei sehr moderner, anspruchsvoller Stilmittel des Erzählens, ohne aber nur noch für Berufsleser verständlich zu sein. Wer *Malina* mit Interesse und Gewinn lesen will, benötigt eine solide literarische Grundbildung, gute Kenntnisse in Geschichte, Musik und Philosophie, viel Aufgeschlossenheit für moderne innovative Erzähltechniken, eine ordentlich ausgestattete Privatbibliothek sowie die Fähigkeit und die Bereitschaft, sich mit Hilfe von Nachschlagewerken die Bedeutung besonders anspielungsreicher und schwerverständlicher Textpassagen zu erschließen. Das ist mehr, als der durchschnittliche Romanleser bei seiner Freizeitbeschäftigung aufzubringen pflegt, aber nicht mehr, als ein gut ausgebildeter, an künstlerischen Neuerungen interessierter Zeitgenosse aufbringen könnte. Natürlich kann nicht unterstellt werden, dass sämtliche Angehörigen der neuen Oberschicht des demokratisch-pluralistischen Zeitalters ständig literarische Werke vom Niveau des Bachmannschen Romans durchstudieren. Verschärfte berufliche Anforderungen können auch hier bewirken, dass an die Stelle adäquater Entspannung eine bloße Erschlaffung tritt, dass also Leser dieser Schicht hinter ihren intellektuellen Rezeptionsmöglichkeiten zurückbleiben. Im Zeichen der Postmoderne kann eine solche Mattheit sogar als zeitgemäße Unkonventionalität maskiert werden. Doch trotz alledem ist und bleibt das technokratisch-liberale Milieu eine der Hauptzielgruppen der anspruchsvollen Gegenwartsliteratur. Bei entsprechender Lesesozialisation in Schule und Elternhaus können manche Angehörige dieser Schicht sogar zu veritablen Hobby-Philologen werden, die historisch-kritische Werkausgaben kaufen, literaturwissenschaftliche Fachzeitschriften abonnieren oder sogar als Literaturmäzene in Erscheinung treten.

Eine weitere literarische Institution, in der typischerweise alle aufgelisteten Geschmacksdispositionen des technokratisch-liberalen Milieus bedient werden, ist das anspruchsvolle, politisch-literarische Kabarett. In geschliffener, anspielungsreicher und hintergründig-selbstironischer Weise befassen sich Meister dieses Genres wie Lore Lorentz, Dieter Hildebrandt, Wolfgang Neuss, Hanns Dieter Hüsch, Mathias Beltz oder Gerhard Polt mit gesellschaftlichen Missständen, die durchaus mit Ernsthaftigkeit, aber gleichzeitig ohne den Anspruch auf absolute Wahrheit enthüllt und kritisiert werden. Es überrascht nicht, dass diese Institution zeitgleich mit der demokratisch-pluralistischen Gesellschaftsordnung in der Zeit um 1900 entstand. Bühnen wie das Berliner 'Überbrettl' (ab 1901), die Münchner 'Elf Scharfrichter' (ab 1901) oder die ebenfalls in München beheimatete 'Pfeffermühle' (ab 1933), an denen Künstler vom Rang eines Ernst von Wolzogen, eines Frank Wedekind und einer Erika Mann arbeiteten, setzten schon früh Maßstäbe für diese neue Gattung politisch-literarischer Songs und Sprechtexte, die der Mentalität, dem Bildungsanspruch und dem von Kultur und Geselligkeit geprägten Freizeitstil der neuen Oberschicht in besonderem Maße entspricht. Man versteht Spaß, wenn er Niveau hat; und die ästhetische Einstellung wird so souverän beherrscht, dass auch Tabubrüche und schonungslose Publikumskritik ohne weiteres akzeptiert und sogar goutiert werden. En passant sei in diesem Zusammenhang noch einmal auf das für die Zuordnungen bestimmter Gattungen zu bestimmten Gesellschaftsschichten maßgebliche Kriterium der Überrepräsentanz verwiesen. Wenn das Kabarett hier der neuen Oberschicht zugeordnet wird, besagt das nicht etwa, dass mehr als die Hälfte aller Kabarettbesucher dem technokratisch-liberalen Milieu angehören. Es bedeutet jedoch, dass von den Besuchern deutlich mehr dieser Schicht angehören als jene 9 Prozent, die ihrem Anteil an der Gesamtbevölkerung entsprechen. Wenn also 14 von 100 Besuchern einer Kabarettvorstellung dem technokratisch-liberalen Milieu zuzuordnen wären, so wäre diese Schicht bereits um mehr als 50 % überrepräsentiert. Dabei ist natürlich davon auszugehen, daß auch noch einige andere Milieus über-, andere dagegen unterrepräsentiert sind. Vorsorglich sei noch einmal betont, dass hier speziell vom anspruchsvollen, politisch-literarischen Kabarett die Rede war, das nicht mit Comedy, Varieté, Revue, Chansonabend und verwandten Gattungen der Kleinkunst verwechselt werden darf.

Zusammenfassend lässt sich feststellen, dass es sich beim technokratisch-liberalen Milieu um die Schicht der Modernisierungsgewinner handelt, die aufgrund ihrer materiellen Lage und ihrer geistig-seelischen Flexibilität die Freiheitsspielräume der demokratisch-pluralistischen Gesellschaftsordnung ohne Sicherheitsverluste voll ausschöpfen können. Dass die permanente Selbstinfragestellung und allgemein die kritische Reflexion zu den konstitutiven Bestandteilen ihres Habitus gehört, hat sie bisher vor dem à la longue fatalen Fehler der alten Oberschichten (Krieger; Adel; Besitzbürgertum) bewahrt, die den für sie vorteilhaften Status quo mit Hilfe einer Rechtfertigungsideologie (Bund mit Natur- oder Schicksalsmächten; Gottgewolltheit; Natürlichkeit) zu zementieren versuchten und die sich dadurch von der wirtschaftlichen, technischen und politischen Entwicklungsdynamik abkoppelten. Die Lektüre anspruchsvoller Bücher gehört zu den bevorzugten Freizeitaktivitäten der neuen Oberschicht, die in den Erzeugnissen der modernen Hochliteratur ihren weitreichenden Anspruch auf innere und äußere Freiheit sowohl in formaler als auch in inhaltlicher Hinsicht widergespiegelt und bestätigt sieht. Die heutige Literaturwissenschaft widmet einen Großteil ihrer Kraft der Erforschung, Kanonisierung und öffentlichen Verbreitung der vom technokratisch-liberalen Milieu bevorzugten Lesestoffe.

6. Konservativ-gehobenes Milieu

Abb. 28 und 29: Zwei Beispiele für Einrichtungsstile, die der zweiten 'Wohnwelten'-Studie zufolge zu Beginn der 1990er Jahre unter den Angehörigen des konservativ-gehobenen Milieus besonders große Zustimmung und Verbreitung fanden.

Mit einem Bevölkerungsanteil von 8 Prozent bei leicht sinkender Tendenz rangiert diese 'alte Oberschicht' knapp hinter ihrem modernisierten Pendant, dem technokratisch-liberalen Milieu. Was die alte mit der im vorigen Kapitel beschriebenen neuen Oberschicht verbindet, sind die materielle Sicherheit und das hohe Bildungsniveau. Hier wie dort handelt es sich um leitende Beamte und Angestellte, Freiberufler und Unternehmer, also um beruflich erfolgreiche Menschen, die in der Regel über eine sehr gute, oft akademische Ausbildung verfügen.

Im Unterschied zur neuen orientiert sich jedoch die alte Oberschicht im wesentlichen am Habitus ihrer direkten Vorgängerin, d. h. der Besitzbürger-klasse des 19. Jahrhunderts. Die Mentalität des konservativ-gehobenen Milieus muss deshalb als traditionalistisch bezeichnet werden. Wie bei den nichtmo-dernisierten Milieus der Mittel- und der Unterschicht, also dem Kleinbürger-tum und der traditionellen Arbeiterschaft, macht sich dies unter anderem in der Organisation der Sozialbeziehungen bemerkbar. Die Geschlechterrollen wer-den in diesem Milieu sehr konservativ interpretiert, wobei es bemerkenswerter Weise nur selten zu Konflikten kommt. Offenbar wird es hier nach wie vor von beiden Geschlechtern als wichtiges Status- und Distinktionsmerkmal wahrgenommen, dass man es sich leisten kann, ein arbeitsfähiges Familien-mitglied ganz von der Erwerbstätigkeit freizustellen. Und zudem stellen das Haus und die Familie, wie im Kleinbürgertum, zentrale Lebensinhalte dar, deren Pflege viel Aufmerksamkeit gewidmet wird. Die 'Frau des Hauses' ist deshalb vollauf damit beschäftigt, 'das Haus zu führen', die Kinder aufzuzie-hen und zu fördern, das (Eigen-)Heim zu pflegen und zu dekorieren, den Gar-ten herzurichten, Familienfeiern zu organisieren etc. Wie im Kleinbürgertum engagiert man sich zudem gerne ehrenamtlich in Vereinen, nur dass es sich natürlich nicht mehr um den Schützen-, den Skat- oder den Minigolfverein handelt, sondern z. B. um den (exklusiven, hohe Aufnahmegebühren fordern-den) Polo-, Bridge- oder Golfclub.

Hinzu kommen in vielen Fällen freiwillige Arbeiten im Rahmen einer Tä-tigkeit zum Wohle karitativer oder kultureller Einrichtungen. Im Vordergrund steht dabei die Überzeugung, seiner Herkunft und seinem 'guten' Namen et-was schuldig zu sein, in der Familie und in der Gesellschaft Verantwortung übernehmen zu müssen. Generell empfindet man die funktionierende traditio-nelle Familie als das Rückgrat des Staates und die 'guten', 'alteingesessenen' Familien als die gesellschaftliche Elite, in deren Verantwortung es liegt, die humanistische Tradition, die christlichen Werte, das nationale Kulturerbe etc. zu bewahren. Die politischen Präferenzen des konservativen gehobenen Mi-lieus lagen in der Erhebung von 1991 eindeutig bei der CDU und der FDP (vgl. Flaig/Meyer/Ueltzhöffer 1997, S. 59f. u. 143).

Was die geschichtliche Entstehung dieser Schicht betrifft, kann von einer direkten Anknüpfung an Status, Kultur und Mentalität des Besitzbürgertums

gesprochen werden. Innerhalb der demokratisch-pluralistischen Gesellschaftsordnung haben die für beide Schichten typischen Dispositionen freilich eine
ganz andere Bedeutung als unter den Bedingungen der rigiden Klassenhierarchie des 19. Jahrhunderts. Was dort ein mit Händen zu greifender Unterschied
war, wurde in der Wohlstandsgesellschaft fast zu einem Allgemeingut, dessen
Vorhandensein zu immer subtileren, raffinierteren Formen des Luxus und der
Distinktion zwingt. Diese verfeinerte Distinktions- und Distinktionserken-
nungskompetenz beeinflusste auch maßgeblich die Haltung des konservativ-
gehobenen Milieus gegenüber den Nationalsozialisten. Denn die führenden
Köpfe dieser 'Bewegung' waren aus der Sicht dieser alten Oberschicht alles
andere als respektabel, weshalb Hindenburgs Unterstützung des 'Führers' hier
als ein wichtiger Schritt zu dessen gesellschaftlicher Anerkennung wahrgenommen wurde.

Tatsächlich mischt sich in die konservativ-bürgerliche Kritik an Hitler in
dieser Schicht häufig ein prekäres sozialdistinktives Motiv. Hitler und seine
Komplizen wurden hier nicht selten als gesellschaftlich 'unmögliche', par-
venühafte Knallchargen verspottet, denen es an Kultur und Konduite mangelt.
Dies war schon deshalb unaufrichtig, weil gleichzeitig – und von beiden Seiten
aus – ein sehr weitgehender Schulterschluss zwischen Wirtschaftslenkern,
Politikern und hoher Administration hergestellt wurde. Auch die alte Oberschicht stand dem Faschismus also ambivalent gegenüber. Einerseits stimmte
man mit den Nationalsozialisten u. a. in Fragen der Wirtschaftspolitik, der
Außenpolitik und der Lebensführung ('Anstand', 'Ordnung und Sauberkeit'
etc.) zumindest auf der Ebene des Rhetorischen weitgehend überein. Andererseits schreckte man vor ihrem martialischen Habitus, ihrer Gewalttätigkeit
sowie vor ihrer humanitätsfeindlichen und unchristlichen Gesinnung zurück.
Vor dieses Dilemma gestellt, entschieden sich die meisten Angehörigen der
alten Oberschicht zunächst für einen abwartenden Legalismus. Mit zunehmen-
der Brutalisierung des Regimes wuchsen jedoch auch in diesem Milieu Wider-
standskräfte heran, die schließlich sogar in spektakuläre Befreiungsversuche
wie das Hitler-Attentat vom 20. Juli 1944 einmündeten (vgl. Mommsen 2001).

Ästhetische Leitmotive im konservativ-gehobenen Milieu sind die Tradi-
tionalität, die Individualität und die Dezenz. In der Wohnungseinrichtung
schlägt sich dies in einem besonderen Faible für Antiquitäten und Unikate
nieder. Es dominiert ein bürgerlich-nostalgischer Einrichtungsstil, während
antikonventionelle und avantgardistische Stile mit großer Vehemenz abgelehnt
werden (s. Flaig/Meyer/Ueltzhöffer 1997, S. 127, 129, 133f.). Antiquitäten
empfindet man als echt, natürlich und edel; man will auf keinen Fall parvenü-
artig protzen, sondern durch Geschmack und Understatement auf dezente
Weise sein Niveau unter Beweis stellen. Sehr wichtig sind zentral platzierte
Erbstücke, die auf die Geschichte der eigenen Familie verweisen. Im Gespräch
erinnert man gelegentlich an seine 'Ahnengalerie'; schon der Vater oder der

Urgroßvater hat die und die Firma gegründet, den und den Brunnen gestiftet, die und die Ämter bekleidet etc.

Wie man sieht, nimmt die alte Oberschicht bis zu einem gewissen Grad jene halb superiore und halb prekäre Position in der Gesellschaft ein, die im 19. Jahrhundert der Adel innehatte. Von ihm hat – ausgerechnet – das konservativ-gehobene Milieu das Anciennitätsprinzip übernommen, das schon immer die letzte Waffe im Kampf gegen das neue Denken, die neuen Werte, das neue Geld war: Das Einzige, was die neue Oberschicht der Modernisierungsgewinner per definitionem nicht haben kann, ist Tradition. Zur Abgrenzung gegenüber dieser konkurrierenden neuen Oberschicht, dem technokratisch-liberalen Milieu, wird deshalb dieselbe Strategie benutzt, die der Adel im 19. Jahrhundert zur Auseinandersetzung mit dem Besitzbürgertum verfolgte, nämlich die so dezente wie demonstrative Betonung der (Familien-)Geschichte. In der demokratisch-pluralistischen Gegenwartsgesellschaft besitzen freilich die symbolischen Auseinandersetzungen zwischen rivalisierenden Schichten längst nicht mehr die existenzielle Dramatik der Klassenkämpfe des 19. Jahrhunderts. Der Antiquitätenhandel liefert potentielle Familienerbstücke in jedermanns Haus; und die Nachkommenschaft der alten Oberschicht scheint sogar, wie die milieuspezifischen Altersstrukturen zeigen, zum überwiegenden Teil ohne größere Adaptionsprobleme in das technokratisch-liberale Milieu mit seinem moderneren Habitus überzulaufen.

Was die Bekleidungsstile betrifft, so gibt es im konservativ-gehobenen Milieu vergleichsweise geringe Wahlfreiheiten. Durchgängig und geschlechterübergreifend optieren die Angehörigen dieser Schicht für Dezenz und Korrektheit, also für klassisch-elegante, gediegen-harmonische Kleidung, die sehr sorgfältig gepflegt ist. Auf keinen Fall will man mit einem Markenlabel oder mit auffälligen Accessoires renommieren, wie es für das aufstiegsorientierte Milieu so charakteristisch ist. Stattdessen bevorzugt man Kleidungsstücke aus edlen, natürlichen Materialien wie Seide oder Cashmere, denen man ansieht, 'dass sie nicht von der Stange sind' und dass man – auch dies eine wichtige Parallele zum Kleinbürgertum – auf Ordnung und Sauberkeit achtet (vgl. SPIEGEL-Dokumentation: OUTFIT 3, 1994, S. 42 u. 74).

Das Einkaufsverhalten ähnelt dem der neuen Oberschicht mit dem Unterschied, dass die persönliche Beziehung zu den jeweiligen Geschäften eine große Rolle spielt. Im Idealfall kennt man 'seinen' Herrenausstatter, 'seinen' Weinhändler oder 'seinen' Juwelier persönlich, weil u. U. schon die Eltern oder Großeltern dort gekauft haben. Man schätzt es, an der Tür mit seinem 'guten' Namen begrüßt, zuvorkommend behandelt und geschmackssicher bedient zu werden. Generell bevorzugt man exklusive Produkte in harmonisch-dezentem, klassisch-konservativem Design (s. Frey 1993, S. 243). Man akzeptiert hohe Preise, die als Indiz für Qualität gedeutet werden (vgl. Schmitz/Kölzer 1996, S. 184f.). Im Hinblick auf den Medienerwerb bedeutet

dies, dass man kleinere, alteingesessene Buchhandlungen und Musikfachge-
schäfte in 'guter', vornehmer Lage bevorzugt. Dort möchte man eine kultivierte, gediegene Atmosphäre (Teppiche, Ölbilder, Antiquitäten) vorfinden.
Bibliophile Raritäten, repräsentative Luxus- und Gesamtausgaben sowie aufwändig gestaltete Bildbände finden natürlich mehr Interesse als Bestseller,
Taschenbücher oder preisreduzierte Remittenden.

Die Mediennutzungsgewohnheiten der alten Oberschicht sind von einer
starken Qualitätsorientierung, zugleich aber in überraschendem Ausmaß von
einer Hinwendung zu den elektronischen Medien geprägt. Genauer gesagt wird
zwar in dieser Schicht häufig Klage über das niedrige Niveau der Massenmedien geführt, de facto gehören ihre Mitglieder jedoch zu denjenigen Bevölkerungsgruppen, die besonders häufig fernsehen (vgl. Flaig/Meyer/Ueltzhöffer
1997, S. 94). Dabei selektieren sie allerdings sehr scharf. Sie favorisieren
Nachrichten, informative Magazinsendungen, Wiederholungen älterer Spielfilme mit den Leinwandstars ihrer Jugendzeit sowie intelligente Kriminalfilme,
in denen nicht Gewalt und Action, sondern psychologische Subtilität und de-
tektivischer Spürsinn im Vordergrund stehen. Was den Musikkonsum betrifft,
bevorzugt man eindeutig die klassische Musik. Häufig werden Oper, Operette
und Konzert besucht, viele Angehörige dieser Schicht besitzen entsprechende
Abonnements und gehen auch überdurchschnittlich häufig in Museen, Schau-
spielhäuser und Galerien, während sie im Kino nur selten anzutreffen sind und
übrigens auch – wie kaum anders zu erwarten – wenig Interesse für Computerspiele zeigen (s. Flaig/Meyer/Ueltzhöffer 1997, S. 94 u. 101f.).

Was die Lesegewohnheiten betrifft, so steht in dieser Schicht die Bildungsabsicht im Vordergrund. Literatur liest man nicht der Zerstreuung oder der
oberflächlichen Unterhaltung wegen. Vielmehr öffnet man den Buchdeckel mit
einem gewissen Respekt und in der Erwartung, auf formal und inhaltlich hohem Niveau belehrt zu werden. Die Lektüreauswahl orientiert sich relativ eng
am klassischen Kanon, wobei besonderer Wert auf eine gepflegte Diktion
gelegt wird. Literatur soll der Orientierung dienen und eingedenk der christ-
lich-humanistischen Werte kultivieren und Sinn stiften. Im Hinblick auf Gattungen und Inhalte äußern die Befragten ein besonders großes Interesse an
Geschichte und geschichtlichen Darstellungen. Aufgabe der Künste soll es
außerdem sein, den Menschen von Zeit zu Zeit aus den Niederungen des Alltags zu reißen; 'Literatur' ist im konservativen gehobenen Milieu kein de-
skriptiver, sondern ein normativer Terminus.

Das zeigt sich auch und gerade dort, wo die nüchterne Ereignisgeschichte
das Fundament der künstlerischen Darstellung bildet, nämlich in der laut Be-
fragungsergebnis in dieser Gesellschaftsschicht besonders hoch geschätzten
und gerne gelesenen historischen Erzählung. Neben Werken wie Gustav Frey-
tags *Die Ahnen* (1873-81), Felix Dahns *Ein Kampf um Rom* (1876) und Conrad
Ferdinand Meyers *Jürg Jenatsch* (1876) gehören die Werke Theodor Fontanes

zu den prominentesten Erzeugnissen dieser Gattung. Neben seinen Berliner Gesellschaftsromanen (u. a. *Irrungen Wirrungen*, 1888; *Effi Briest*, 1895) sind hier vor allem die *Wanderungen durch die Mark Brandenburg* (1862-82) zu nennen. In ihnen spiegelt sich jene paternalistische Mischung aus Führungsanspruch und Barmherzigkeitsethos wider, die im 19. Jahrhundert für die besitzbürgerliche Leserschaft die Realität und für das kleinbürgerliche Massenpublikum ein gesellschaftliches Vorbild darstellte. Denn einerseits liefert Fontanes Text – neben einer Vielzahl lokalistisch-lokalpatriotischer Orts- und Landschaftsbeschreibungen – eine bunte Palette von Porträts 'großer Männer' und kauziger Originale, die der Zeit und der Region ihren Stempel aufdrückten. Und andererseits werden aus einem karitativen Blickwinkel die Folgen der Industrialisierung für das Proletariat aufgedeckt, ohne dass es freilich zu einer expliziten strukturgeschichtlichen Situationsanalyse käme. An ihre Stelle tritt wie auch in seinen Romanen der gütige Humanismus eines Erzählers, dem nichts Menschliches fremd ist und der die politischen Probleme seiner Zeit mit ethischen Mitteln zu lösen auffordert. Kritische Sozialgeschichte erscheint im Angesicht des heiteren Charmes dieser Barmherzigkeitsphilosophie fast wie eine zänkische Ruhestörung. Jeder kann und soll bei Fontane mit der Gesellschaft seinen Frieden machen, selbst wenn er an ihrer Ordnung zerbrochen ist. Diese Ordnung aber ist die einzige mögliche, neben der es keine weiteren Ordnungen geben kann. Fontanes Denken ist hochmoralisch und nicht einmal per se undemokratisch, jedoch strikt antipluralistisch. Einem Autor des bürgerlichen, de facto noch nicht pluralistischen Zeitalters kann man dies freilich nicht vorwerfen. Aber in der demokratisch-pluralistischen Gegenwartsgesellschaft kann es in wirklichkeitsferne Nostalgie ausarten, wenn die Rückkehr zur 'natürlichen' Ordnung als Königsweg zur individuell-seelischen und zur gesamtgesellschaftlichen Harmonie aufgefasst wird.

Dass die Gefahr einer solchen Interpretation im Falle des konservativ-gehobenen Milieus tatsächlich besteht, zeigt ein Blick auf die Namen der von den Befragten ausdrücklich genannten Lieblingsautoren: Stefan Zweig, Thomas Mann und Hermann Hesse. Zweifellos handelt es sich hier um anspruchsvolle, lesenswerte Schriftsteller, deren Nennung das hohe Niveau der literarischen Bildung in der alten Oberschicht veranschaulicht. Aber alle drei zählen auch – neben Dichtern wie Rilke, George und Hofmannsthal sowie Philosophen wie Nietzsche und Heidegger – zu den Exponenten des Antipluralismus, denen modern-wertrelativistische Autoren wie Schnitzler, Kafka oder Wedekind gegenüberzustellen wären. Der Niedergang der bürgerlichen Gesellschaft des 19. Jahrhunderts wird von den konservativen Autoren als Niedergang der Gesellschaft schlechthin, als Niveauverlust, als Nivellierung auf unterster Ebene wahrgenommen. Mit der Demokratie kann man sich arrangieren, aber Visionen zur Gestaltung des damit einhergehenden Pluralismus sucht man hier vergebens. Anders als in den Jahren um 1800, als die literarische Elite sehr we-

sentlich zur Neukonzipierung der bürgerlichen Wert- und Gesellschaftsordnung beitrug, verharrte sie um 1900 ganz überwiegend in reservierter, skeptischer Distanz zur anstehenden gesellschaftlichen Erneuerung.

Zu den literarischen Werken, die den Lektüreanforderungen und Medien-
nutzungsgewohnheiten des konservativ-gehobenen Milieus in besonderem
Maße entgegenkommen, kann Stefan Zweigs autobiographische Schrift *Die
Welt von Gestern. Erinnerungen eines Europäers* (1944) gerechnet werden.
Der 1881 in Wien geborene, 1934 ins Exil gedrängte Autor, dessen Bücher ab
1936 in Deutschland nicht mehr verkauft werden durften und der zusammen
mit seiner Frau 1942 den Freitod wählte, blickt in diesem sehr gut lesbaren
Werk auf sein eigenes Leben und damit auf die entscheidenden Jahrzehnte des
Übergangs vom bürgerlichen zum demokratisch-pluralistischen Zeitalter zurück. Seine Gesamtbilanz ist dabei negativ, und zwar vor allen Dingen deshalb, weil er die beiden in seinen Beobachtungsraum fallenden Weltkriege
nicht als Symptome eines Antimodernismus, sondern als direkte Konsequenzen des gesellschaftlichen Modernisierungsprozesses selbst bewertet. Zweig
registriert durchaus den Zugewinn an Freiheit, der mit diesem Modernisierungsprozess einherging, aber noch deutlich tiefer empfindet er den unbestreitbar damit verbundenen Verlust an Sicherheit:

> „Wenn ich versuche, für die Zeit vor dem Ersten Weltkriege, in der ich aufgewach-
> sen bin, eine handliche Formel zu finden, so hoffe ich am prägnantesten zu sein,
> wenn ich sage: es war das goldene Zeitalter der Sicherheit. Alles in unserer fast tau-
> sendjährigen österreichischen Monarchie schien auf Dauer gegründet und der Staat
> selbst der oberste Garant dieser Beständigkeit. Die Rechte, die er seinen Bürgern
> gewährte, waren verbrieft vom Parlament, der frei gewählten Vertretung des Vol-
> kes, und jede Pflicht genau begrenzt. Unsere Währung, die österreichische Krone,
> lief in blanken Goldstücken um und verbürgte damit ihre Unwandelbarkeit. Jeder
> wußte, wieviel er besaß oder wieviel ihm zukam, was erlaubt und was verboten
> war. Alles hatte seine Norm, sein bestimmtes Maß und Gewicht.“

(Zweig 1944, S. 15)

Allein in dieser Sphäre der Sicherheit kann sich für Zweig die wahre Freiheit
des Individuums entfalten, während die noch viel größeren Freiheiten, die das
demokratisch-pluralistische Zeitalter mit sich brachte, aus seiner Perspektive in
reine Willkür und Orientierungslosigkeit einmündeten. Seine 'Welt von Gestern' ist allerdings nur die Welt des liberalen Besitzbürgertums, in der tatsächlich jene Sicherheit herrschte, die Zweig beschreibt. In ihrem aufschluss-
reichen Buch *Hitlers Wien. Lehrjahre eines Diktators* (1996) hat die Historike-
rin Brigitte Hamann demgegenüber das Wien der Arbeitslosen, der Einwande-
rer und der Rassenfanatiker geschildert, in dem von 1908 bis 1913 Adolf Hitler
die wesentlichen Elemente seiner menschenverachtenden Ideologie zusam-

menklaubte. Zweig scheint von den sozialen Spannungen und politischen
Kontroversen jener Zeit ganz unberührt geblieben zu sein:

> „Man lebte gut, man lebte leicht und unbesorgt in jenem alten Wien, und die Deut-
> schen aus dem Norden sahen etwas ärgerlich und verächtlich auf uns Nachbarn an
> der Donau herab, die, statt 'tüchtig' zu sein und straffe Ordnung zu halten, sich ge-
> nießerisch leben ließen, gut aßen, sich an Festen und Theatern freuten und dazu
> vortreffliche Musik machten. Statt der deutschen 'Tüchtigkeit', die schließlich allen
> andern Völkern die Existenz verbittert und verstört hat, statt dieses gierigen Allen-
> andern-vorankommen-Wollens und Vorwärtsjagens liebte man in Wien gemütlich
> zu plaudern, pflegte ein behagliches Zusammensein und ließ in einer gutmütigen
> und vielleicht laxen Konzilianz jedem ohne Mißgunst seinen Teil. 'Leben und leben
> lassen' war der berühmte Wiener Grundsatz, ein Grundsatz, der mir noch heute
> humaner erscheint als alle kategorischen Imperative, und er setzte sich unwider-
> stehlich in allen Kreisen durch. Arm und reich, Tschechen und Deutsche, Juden und
> Christen wohnten trotz gelegentlicher Hänseleien friedlich beisammen, und selbst
> die politischen und sozialen Bewegungen entbehrten jener grauenhaften Gehässig-
> keit, die erst als giftiger Rückstand vom Ersten Weltkrieg in den Blutkreislauf der
> Zeit eingedrungen ist. Man bekämpfte sich im alten Österreich chevaleresk, man
> beschimpfte sich zwar in den Zeitungen, im Parlament, aber dann saßen nach ihren
> ciceronianischen Tiraden dieselben Abgeordneten freundschaftlich beisammen
> beim Bier oder Kaffee und duzten einander; selbst als Lueger als Führer der anti-
> semitischen Partei Bürgermeister der Stadt wurde, änderte sich im privaten Verkehr
> nicht das mindeste, und ich persönlich muß bekennen, weder in der Schule, noch
> auf der Universität, noch in der Literatur jemals die geringste Hemmung oder Miß-
> achtung als Jude erfahren zu haben. Der Haß von Land zu Land, von Volk zu Volk,
> von Tisch zu Tisch sprang einen noch nicht täglich aus der Zeitung an, er sonderte
> nicht Menschen von Menschen und Nationen von Nationen; noch war jenes Her-
> den- und Massengefühl nicht so widerwärtig mächtig im öffentlichen Leben wie
> heute; Freiheit im privaten Tun und Lassen galt als eine – heute kaum noch vor-
> stellbare – Selbstverständlichkeit; man sah auf Duldsamkeit nicht wie heute als eine
> Weichlichkeit und Schwächlichkeit herab, sondern rühmte sie als eine ethische
> Kraft.
> Denn es war kein Jahrhundert der Leidenschaft, in dem ich geboren und erzogen
> wurde. Es war eine geordnete Welt mit klaren Schichtungen und gelassenen Über-
> gängen, eine Welt ohne Hast. Der Rhythmus der neuen Geschwindigkeiten hatte
> sich noch nicht von den Maschinen, von dem Auto, dem Telephon, dem Radio, dem
> Flugzeug auf den Menschen übertragen. Zeit und Alter hatten ein anderes Maß."

(Zweig 1944, S. 40f.)

Dass Zweig hier eine sehr subjektive, vom persönlichen Erfahrungshintergrund
geprägte Perspektive einnimmt, mag aus geschichtswissenschaftlicher Sicht
ein Ärgernis sein, ist aber nicht einmal der hier entscheidende Faktor. Was
Zweig zu einem Protagonisten des Traditionalismus werden lässt, ist die Verknüpfung seines demokratischen Pazifismus mit einem Antipluralismus, der
das Natürlichkeitsideal des bürgerlichen Zeitalters nicht als legitimierende
Hintergrundideologie durchschaut, sondern für bare Münze nimmt:

„Mit einem Ruck emanzipierte sich die Nachkriegsgesellschaft brutal von allem bisher Gültigen und wandte jedweder Tradition den Rücken zu, entschlossen, ihr Schicksal selbst in die Hand zu nehmen, weg von alten Vergangenheiten und mit einem Schwung in die Zukunft. Eine vollkommen neue Welt, eine ganz andere Ordnung sollte auf jedem Gebiete des Lebens mit ihr beginnen; und selbstverständlich begann alles mit wilden Übertreibungen. Wer oder was nicht gleichaltrig war, galt als erledigt. Statt wie vordem mit ihren Eltern zu reisen, zogen elfjährige, zwölfjährige Kinder in organisierten und sexuell gründlich instruierten Scharen als 'Wandervögel' durch das Land bis nach Italien und an die Nordsee. In den Schulen wurden nach russischem Vorbild Schülerräte eingesetzt, welche die Lehrer überwachten, der 'Lehrplan' umgestoßen, denn die Kinder sollten und wollten bloß lernen, was ihnen gefiel. Gegen jede gültige Form wurde aus bloßer Lust an der Revolte revoltiert, sogar gegen den Willen der Natur, gegen die ewige Polarität der Geschlechter. Die Mädchen ließen sich die Haare schneiden, und zwar so kurz, daß man sie in ihren 'Bubiköpfen' von Burschen nicht unterscheiden konnte, die jungen Männer wiederum rasierten sich die Bärte, um mädchenhafter zu erscheinen. Homosexualität und Lesbierinnentum wurden nicht aus innerem Antrieb, sondern als Protest gegen die althergebrachten, die legalen, die normalen Liebesformen große Mode."

(Zweig 1944, S. 341f.)

Zweig hat die Vorteile der nach 1918 einsetzenden Liberalisierung – vor allem was den Bereich der Kunst und der Sexualität betrifft – durchaus wahrgenommen und gewürdigt (vgl. ebd., S. 62f. u. 112f.). Viele seiner Novellen entlarven die unnatürlichen, gesellschaftlichen Zwänge, unter denen in der „Welt von Gestern" Sexualität und Erotik zu ersticken drohten. Doch auch hier geht es ihm nicht um eine Pluralisierung der Liebe, der Kunst, der Lebensweisen etc., sondern um eine Rückkehr zur Natürlichkeit, die – wie er einräumt – im 'Zeitalter der Sicherheit' hier und dort den Konventionen geopfert worden war. Man könnte Zweigs Position deshalb als demokratischen Antipluralismus bezeichnen. Und gerade diese paradoxe Mentalität, die Bejahung des ökonomisch-politischen Fortschritts bei gleichzeitiger Verneinung des damit unauflöslich verbundenen Pluralisierungsprozesses, kann als typisch für die Mentalität der heutigen traditionalistischen Milieus gelten.

Was Zweig darüber hinaus zu einem Favoriten des gesellschaftlich höchstrangigen dieser drei Milieus, also des konservativ-gehobenen Milieus, macht, ist natürlich das sprachliche und geistige Niveau seiner Werke. *Die Welt von gestern* ist wahrlich kein unterhaltsam-naiver Lebensbericht, sondern ein frappierendes Dokument jener Kulturhöhe, die um 1900 in manchen Fraktionen des Wiener Bürgertums gelebte Realität war. Was Zweig vor den Augen seiner Leser ausbreitet, ist ein sehr reiches, erfülltes Dasein, in dem Literatur und Malerei, Musik, Philosophie und Historiographie genauso ihren Platz haben wie das familiäre und das gesellschaftliche Leben. Zweig bereist die geistigen und künstlerischen Zentren seiner Epoche, nimmt persönlichen Kontakt mit vielen prominenten Zeitgenossen auf, setzt sich intensiv mit den wissenschaftlichen und philosophischen Tendenzen seiner Zeit auseinander und entwickelt seine Persönlichkeit und seine künstlerischen Talente unter dem Einfluss all dieser Anregungen und Begegnungen produktiv weiter. Seine Autobiographie kann ein reines Unterhaltungsbedürfnis deshalb kaum befriedigen; wer mit Namen wie Balzac und Dostojewski, Freud, Hofmannsthal, Mozart, Rolland oder Verhaeren nichts verbindet, wird an der Lektüre dieses Werkes wenig Freude haben.

Daran kann auch die vergleichsweise konventionelle Darstellungsweise Zweigs wenig ändern, die zur Entstehungszeit des Werkes bereits einigermaßen obsolet war und den stilistischen Traditionalismus Zweigs widerspiegelt, der in seiner Autobiographie nicht anders als in seinen Erzählungen an einem einfachen Realismus festhält. Dabei hatten Werke wie Walter Benjamins *Berliner Kindheit um Neunzehnhundert* (1932ff.), Gertrude Steins *Autobiography of Alice B. Toklas* (1933) oder Michel Leiris' *L'âge d'homme* (1939) bereits spezifisch moderne Gestaltungstechniken wie die Collage, die Kohärenzstörung und den Perspektivwechsel in die Gattung der Autobiographie eingeführt, um auf diese Weise der zeittypischen Sprach- und Identitätskrise Ausdruck zu verleihen, die aus dem Einbrechen des Pluralismus in das Individuum resultiert. Es ist freilich nur konsequent, dass Zweig auch durch die Form seiner Autobiographie den Prozess der psychischen Flexibilisierung dementiert und stattdessen ein an Goethes Autobiographie-Konzept und damit am Identitätsbegriff des bürgerlichen Zeitalters orientiertes Modell der Selbstbeschreibung favorisiert.

Der Gestaltungskraft des in diesem Sinne jederzeit mit sich selbst übereinstimmenden, superioren Geistes hatte Zweig auch schon in seinem vielleicht erfolgreichsten Werk, den *Sternstunden der Menschheit* (1927; erw. Ausg. 1943), ein Denkmal gesetzt. Er schildert darin herausragende Taten und Geschehnisse wie die Entstehung der 'Marseillaise' oder die Schlacht bei Waterloo, wobei es immer einzelne Menschen sind, die durch ihr Handeln an den entscheidenden Wendepunkten der Geschichte die Weichen umlegen und das Schicksal der Menschheit im Positiven wie im Negativen prägen.

Diese optimistische, freilich auch schon bei Zweig im Modus der melancholischen Rückschau vorgetragene Handlungsphilosophie ist bei Thomas Mann nicht mehr zu finden. Kunst und höhere Kultur erscheinen bei ihm, etwa in seinem bis 1997 fast fünf Millionen mal in deutscher Sprache verkauften Roman *Buddenbrooks* (1901) oder in *Wälsungenblut* (1921), als Produkte des Niedergangs, der Auflösung jener inneren Ordnung, die vordem Humanität ermöglichte (vgl. Bender 1999, S. 167f.). In seinem 1950 an der Universität Chicago gehaltenen Vortrag *Meine Zeit* hat Mann diesen Sachverhalt mit Worten beschrieben, die auf den ersten Blick wie das naive Credo eines Bildungsbürgers des 19. Jahrhunderts wirken:

„Gerade der Antihumanismus der Zeit machte mir klar, daß ich nie etwas getan hatte – oder doch hatte tun wollen –, als die Humanität zu verteidigen. Ich werde nie etwas anderes tun.

Meine Zeit – sie war wechselvoll, aber mein Leben in ihr ist eine Einheit. Die Ordnung, in der es zahlenmäßig zu ihr steht, erregt mir das Wohlgefallen, das ich an aller Ordnung und Stimmigkeit finde."

(Mann 1950, S. 194f.)

Nur wenige Seiten später gibt Mann jedoch zu erkennen, dass sein Plädoyer für Ordnung und Humanismus keineswegs bloß ein mitgeschlepptes Ideologem aus einer verklärten Vergangenheit ist, sondern auf ernsthafter gedanklicher Auseinandersetzung mit einem nicht zu leugnenden Grundproblem des demokratischen Pluralismus beruht:

„Beinahe vom Augenblick ihrer Geburt an war die Freiheit ihrer selbst müde und spähte aus nach neuer Bindung, neuer Einschränkung, nach etwas absolut Ehrfurcht Gebietendem, einem zentripetalen Ideen- und Moralsystem. Es stellte sich heraus, daß in der individualistischen Diaspora der Mensch nicht zu leben vermag, daß es in ihr wohl gar keine Menschheit geben kann. Nichts ist so naiver, als die Freiheit fröhlich moralisierend gegen den Despotismus auszuspielen, denn sie ist ein beängstigendes Problem, beängstigend in dem Maße, daß es sich fragt, ob der Mensch um seiner seelischen und metaphysischen Geborgenheit willen nicht lieber den Schrecken will als die Freiheit."

(ebd., S. 198)

Der Verlust der 'Geborgenheit' ist für den – nolens volens – räumlich, sozial und psychisch flexibilisierten Menschen des demokratisch-pluralistischen Zeitalters tatsächlich ein Problem ersten Ranges, und die – wie Mann selbst hinzufügt – im *Zauberberg* (1924) und im *Doktor Faustus* (1947) zu findende Erörterung seiner geistesgeschichtlichen Hintergründe verdient zweifellos Beachtung (vgl. allg. Kluwe/Schneider 2001). Gleichwohl kann kein Zweifel daran bestehen, dass Mann den Werterelativismus mit Nietzsche als einen versteckten, in erster Linie beängstigenden Nihilismus auffasste, auf den grundsätzlich keine 'Ordnung' zu gründen ist. Das ist vielleicht nicht der einzige, aber sicherlich einer der wichtigsten Gründe für Manns Festhalten an der seit Henry James kaum noch zeitgemäßen auktorialen Darstellungsweise, die bei dem Erzählvirtuosen Mann zwar zuweilen bis auf den habitualisierten Ironisierungsgestus einer nur noch ex negativo zu beschreibenden Kommentierungsinstanz zurückgeschraubt wird, die sich aber so oder so einer polyperspektivischen Nebeneinanderstellung gleichrangiger Bewusstseinspositionen verweigert.

Komplizierter als bei Fontane und Zweig liegen die Verhältnisse auch bei Hermann Hesse, dem dritten der von den Befragten namentlich genannten

Autoren. Wenn sich Harry Haller, der Protagonist seines Erfolgsromans *Der Steppenwolf* (1927), der Unvereinbarkeit seiner vielen inneren Impulse und Seelenfacetten bewusst wird, hat es auf den ersten Blick den Anschein, als sei Hesse ein direkter Vorgänger von Max Frisch, der in seinen Werken wiederholt die psychischen und ethischen Probleme des flexibilisierten Menschen mit seiner proteusartigen, kaleidoskopischen Identität thematisiert hat (vgl. etwa Frischs *Mein Name sei Gantenbein*, 1964). Anders als bei Frisch gibt es aber bei Hesse noch die Vorstellung einer Gleichursprünglichkeit und damit einer inneren Gleichartigkeit der unvereinbar wirkenden Seelenfacetten. Dass die letzten Endes in der Lebendigkeit des Geistes wurzelnde innere Zerrissenheit des modernen Menschen deshalb vom Standpunkt eines höheren Humors aus akzeptiert und bejaht werden kann, zeigen die späteren Werke Hesses wie z. B. *Narziß und Goldmund* (1930) oder *Das Glasperlenspiel* (1943) mit größerer Deutlichkeit auf als sein *Steppenwolf*.

In der Überschau können wir feststellen, dass die literarische Kultur des konservativ-gehobenen Milieus dem Humanitätsideal und der Wertordnung des bürgerlichen Zeitalters verpflichtet ist. In den einfacheren Fällen handelt es sich dabei bloß um das ideologische Rückzugsgefecht der alten Oberschicht, die sich in Verkennung ihrer Situation einer Wahrnehmung und Anerkennung der neuen Oberschicht, also des technokratisch-liberalen Milieus, sowie einer Angleichung an deren zeitgemäßeren Habitus widersetzt und an einem nostalgischen Traditionalismus festhält. Auf dem Niveau eines Hesse und erst recht eines Thomas Mann liegt dieser Modernisierungsverweigerung jedoch die Einsicht in ernstzunehmende, noch keineswegs befriedigend gelöste Grundprobleme des Flexibilisierungsprozesses zugrunde. Die Philologie hat der Erforschung und Verbreitung der literarischen Kultur des konservativ-gehobenen Milieus, das sich von der Lektüre anspruchsvoller, kanonisierter Werke Bildung und Orientierung verspricht, sehr viel Energie gewidmet.

7. Neues Arbeitnehmermilieu

Abb. 30 und 31: Zwei Beispiele für Einrichtungsstile, die der zweiten 'Wohnwelten'-Studie zufolge zu Beginn der 1990er Jahre unter den Angehörigen des neuen Arbeitnehmermilieus besonders große Zustimmung und Verbreitung fanden.

Vielleicht die wichtigste, für die künftige Gesamtentwicklung der demokratisch-pluralistischen Gesellschaft entscheidende Schicht ist das neue Arbeitnehmermilieu. Es existiert erst seit wenigen Jahrzehnten und besaß 1992, bei steigender Tendenz, einen Bevölkerungsanteil von ca. 6 Prozent. Seine außerordentliche Bedeutung resultiert aus seiner Stellung als potentieller moderner Nachfolgeschicht des traditionellen Kleinbürgertums als der bisher dominierenden, 'Normalität' definierenden Mittelschicht. Während die anderen beiden modernisierten Gesellschaftsschichten, also das hedonistische und das alternative Milieu, avantgardistisch-nonkonformistische Pioniergruppen darstellen, die zwar sehr einflussreich ('Trendsetter'), aber letzten Endes nicht mehrheitsfähig sind, hat das neue Arbeitnehmermilieu als einziges das Potential, das moderne Leben im demokratischen Pluralismus als gesellschaftlichen Normalfall zu etablieren.

Eine erste Schwierigkeit bei der Durchsetzung der neuen Normalitätskonzeption ergibt sich aus der inneren Selbstwidersprüchlichkeit eines zur Norm erhobenen Pluralismus. Während die alte Normalitätsvorstellung des Kleinbürgertums positiv in Gestalt von konkreten Verhaltensvorschriften formuliert werden konnte, lässt sich die neue Normalität nur negativ in der Form von Umrisslinien beschreiben, die den Spielraum des Verhaltens äußerlich begrenzen und deren Innenfläche vom Individuum frei auszugestalten ist. Wer sich dieser Gestaltungsaufgabe nicht gewachsen fühlt, könnte ein Recht auf partielle entlastende Fremdbestimmung geltend machen. Damit dies nicht geschieht, müssen die Bildungseinrichtungen die Fähigkeit zur Selbstbestimmung beständig sichern und nach Möglichkeit steigern.

Die zweite Schwierigkeit liegt darin, vor diesem Hintergrund lebbare und mehrheitsfähige Lebensstile und Verhaltensroutinen bereitzustellen, die es erlauben, soviel Freiheit wie möglich bei soviel Sicherheit wie nötig zu realisieren, ohne dass jeder einzelne sämtliche zu ihrer Erprobung erforderlichen Lebensexperimente von Anfang bis Ende selbst durchspielen muss. In den freien Spielraum des Verhaltens müssen also gleichsam erprobte Wege vorgezeichnet werden, denen zwar nicht gefolgt werden muss, denen aber jedenfalls gefolgt werden kann, ohne dass es zu Krisen und Katastrophen kommt. Dass sich derartige entlastende Konventionen und 'Tourenvorschläge' tatsächlich herausgebildet haben, konnte seit den 1980er Jahren von der Soziologie beobachtet werden, die sich dabei aber mit dem Problem konfrontiert sah, dass das Spektakuläre grundsätzlich einfacher zu beschreiben ist als das Alltägliche. Charakteristisch für das neue Arbeitnehmermilieu sind statistische Durchschnittswerte, die eine Identifikation dieser Schicht als einer eigenen sozialen Entität erschweren. Das Profil der Normalität ist die Profillosigkeit. Aber dieser Umstand darf nicht dazu verleiten, das Mittlere als bloße Schnittmenge sich überlappender Extreme aufzufassen.

Was nun die konkreten Eigenschaften des neuen Arbeitnehmermilieus betrifft, so lässt sich zunächst feststellen, dass seine Exponenten typischerweise über eine mittlere formale Bildung (z. B. Realschulabschluss oder Fachabitur) verfügen und in mittleren Positionen tätig sind (z. B. Optikerin, Bürokaufmann, Zahnarztgehilfin, Systemadministrator u. dgl.). Die Geschlechterrollen werden meistens in nicht-traditionalistischer Weise interpretiert, d. h. die Frauen sind oft berufstätig und die Männer übernehmen einen – allerdings noch steigerungsfähigen – Anteil an der Haus- und Erziehungsarbeit. Die 'Ehe ohne Trauschein' wird akzeptiert; wenn man heiratet, geschieht dies vergleichsweise oft nicht aus Hochachtung vor der 'heiligen' Institution Ehe, sondern aus steuerlichen oder ähnlich pragmatischen Gründen.

Anders als im Kleinbürgertum ist nicht mehr die Familie die wichtigste Bezugsgruppe, sondern der Freundeskreis. Im häufigen Gespräch mit frei gewählten Freunden vertreibt man sich die Zeit, gewinnt aber zugleich auch weltanschauliche Orientierung und Bestätigung. Dabei spielen bis zu einem gewissen Grad auch Stilmotive aus den benachbarten modernisierten Trendmilieus (Hedonisten, Alternative) und aus dem aufstiegsorientierten Milieu eine Rolle. Man 'leistet sich ein paar kleine Verrücktheiten' und sympathisiert mit gemäßigtem ökologischen Gedankengut, aber man kultiviert keine Aussteigermentalität und will auch beruflich ein bisschen weiterkommen. Die Arbeit soll dabei allerdings nicht in Stress ausarten; man 'will etwas von seinem Leben haben' (vgl. allgemein Flaig/Meyer/Ueltzhöffer 1997, S. 64f. u. 96). Der für das Kleinbürgertum so typischen Vereinskultur steht man ablehnend gegenüber, weil man sie mit einem Gespinst gegenseitiger Abhängigkeiten und Verpflichtungen in Verbindung bringt, dem man die freiere, spontanere, ungezwungenere gesellige Assoziation des selbstgewählten, variablen Freundeskreises vorzieht. Es wird in der Politik mit Sorge gesehen und trägt wesentlich zur Verschärfung des parteipolitischen Kampfes um die 'neue Mitte' bei, dass diese aus dem milieuspezifischen Gesellungsstil resultierende Ablehnung des Vereinswesens offenkundig auch auf Parteien und Gewerkschaften übertragen wird. Jedenfalls ist ein weit überdurchschnittlicher Anteil der neuen Arbeitnehmer zu den Nichtwählern zu rechnen; daneben existiert eine schwach ausgeprägte, relativ instabile Affinität zu der SPD und zu den Grünen (vgl. ebd., S. 143 u. 146f.).

In der Wohnungseinrichtung schlagen sich die milieuspezifischen Dispositionen in einem Hang zu gemäßigtem Modernismus nieder (neuer 'IKEA-Stil'). Abgelehnt werden dagegen sowohl der avantgardistische als auch der kleinbürgerliche, altdeutsch-rustikale Stil (s. ebd., S. 91 u. 118). Beide Geschlechter bevorzugen die gleiche lässig-pfiffige und sportlich-legere Bekleidung, die aber bei den Männern aufgrund der unter ihnen im Durchschnitt aller Milieus stärker als bei Frauen verbreiteten Neigung zum Unauffälligen etwas ungewöhnlicher und individualistischer wirkt (vgl. SPIEGEL-Dokumentation:

OUTFIT 3, 1994, S. 50, 82 u. 90). Stilbrüche, Schrillheiten und starke Reize werden in der Wohnungseinrichtung wie auch in der Bekleidung abgelehnt oder nur ganz punktuell zugelassen. Man kultiviert eine eher gediegene Modernität, wobei auch Gesichtspunkte wie Gemütlichkeit, Einfachheit, Behaglichkeit und Funktionalität eine Rolle spielen.

Das Einkaufsverhalten der neuen Arbeitnehmer ist vom Konflikt zwischen Qualitätsorientierung und Preisbewusstheit gekennzeichnet. Man bevorzugt anerkannte Handelsmarken, kann und will aber für das Prestige nicht jeden Preis zahlen. Der Einkauf wird häufig den Freizeitbeschäftigungen zugerechnet. Originelle, intelligente und witzige Werbung oder Ladengestaltung findet Beachtung und Zustimmung, wobei aber die feine Grenze zum Übertriebenen nicht überschritten sein darf (vgl. Schmitz/Kölzer 1996, S. 198f.). Für den Medienerwerb bedeutet dies alles, dass Bücher und Tonträger nicht en passant an der Tankstelle oder im Supermarkt, aber auch nicht im spezialisierten kleineren Fachhandel besorgt werden. Den spezifischen Dispositionen dieser Schicht entsprechen vielmehr in besonderem Maße die großen städtischen Buchmärkte und Medienkaufhäuser mit ihren Verweilzonen und integrierten Cafés, mit ihrer hohen Sortimentstiefe und -breite sowie ihrer ungezwungenen Atmosphäre. Das Warenangebot dieser Verkaufsstätten orientiert sich am mainstream, bietet also z. B. keine Groschenhefte und keine wissenschaftliche Fachliteratur, deckt aber die Sparten Bestseller, Unterhaltungsliteratur, Kochbuch, Reiseliteratur, Kinderbuch u. dgl. in der geforderten Breite ab.

Die Mediennutzung des neuen Arbeitnehmermilieus, das heute zuweilen auch 'adaptives Milieu' genannt wird, kann generell als intensiv und reichhaltig bezeichnet werden. Man nutzt eifrig die neuen elektronischen Medien und hört häufig Musik, aber gleichzeitig wird auch viel gelesen. Für das Fernsehen bleibt aufgrund dieser Vielfalt in der Mediennutzung nur vergleichsweise wenig Zeit übrig. Mit 166 Minuten pro Tag lag die Sehdauer im Jahr 2000 jedenfalls um ca. 18 Prozent unter dem Durchschnitt aller Milieus, wobei RTL II und ProSieben favorisiert wurden, während man besonders den öffentlich-rechtlichen Programmanbietern (ARD, ZDF) skeptisch gegenüberstand. Die bevorzugten Fernsehsendungen gehörten v. a. den Sparten Sport und moderner Spielfilm an, während das Interesse an Shows und Informationssendungen eher unterdurchschnittlich ausgeprägt war (s. Molitor 2001, S. 116f. u. Anhang). Zu den favorisierten Sportarten zählen dabei der Motorsport sowie die modernen Extrem- und Funsportarten (s. Isenbart 1995, S. 42). Das Spektrum der musikalischen Vorlieben ist vergleichsweise breit. Man hat auch in dieser Hinsicht 'seine eigenen Vorstellungen', 'seinen eigenen Geschmack'. Diese persönliche Note wird freilich nur selten bis zur Exzentrizität gesteigert; in der Regel favorisiert man Musikstile aus dem Bereich des traditionellen Rock und des aktuellen Pop, gelegentlich gibt es auch Interesse an klassischer Musik (vgl. Flaig/Meyer/Ueltzhöffer 1997, S. 96).

Die Lektüreauswahl steht im Zeichen des Unterhaltungsbedürfnisses. Anders als in den zuvor charakterisierten Oberschichten öffnet man den Buchdeckel nicht in der Hoffnung auf geistige Bildung, auf ethische und weltanschauliche Orientierung oder auf Teilhabe am regionalen, nationalen, europäischen oder globalen Kulturerbe. Stattdessen will man sich zerstreuen, seine Phantasie betätigen, sich von einer spannenden Geschichte gefangen nehmen lassen oder über humoristische Schilderungen schmunzeln. Dieser Befund mag aus der Sicht des Literaturkritikers oder des Literaturpädagogen enttäuschend sein. Doch wir können von einem wichtigen kulturhistorischen Fortschritt sprechen, wenn wir diese Lektürepräferenzen im Detail mit den Lesegewohnheiten der alten Mittelschicht, also des Kleinbürgertums, vergleichen. An erster Stelle fällt hierbei die souveräne, ausgewogenere Nutzung der konkurrierenden Medien auf. Während das Kleinbürgertum seit den 1950er Jahren fast vollständig zu einem TV-Milieu geworden ist, beobachten wir im neuen Arbeitnehmermilieu eine gleichmäßigere Verteilung des Freizeitbudgets auf die Print- und die elektronischen Medien. Das hängt zweifellos mit dem durchschnittlich etwas höheren Bildungsniveau zusammen, das mit einer intensiveren beruflichen Fortbildung und ergo mit der Gewöhnung an das Studium anspruchsvollerer Druckwerke einhergeht. Überdurchschnittlich häufig wurden so im neuen Arbeitnehmermilieu im Jahr 2000 z. B. Zeitschriften wie *Capital*, *TV Movie* und *Der Spiegel* gelesen (s. Burda Advertising Center 2000, S. 58).

Auch der Unterschied im Musikgeschmack sollte in diesem Zusammenhang noch kurz gewürdigt werden. Der Schritt vom deutschen Schlager zur internationalen Rock- und Pop-Musik setzt eine gewisse Vertrautheit mit der englischen Sprache voraus, die in dieser Schicht tatsächlich gegeben ist. Zwar kann meistens nicht von echter Polyglottie und der Lektüre anspruchsvollerer fremdsprachiger Texte die Rede sein, aber es ist jedenfalls ein bemerkenswertes Novum in der Geschichte des deutschen Mittelstandes, dass fremdsprachige Songtexte verstanden und memoriert werden können. Was den Inhalt dieser stark von der noch zu besprechenden Jugendkultur geprägten Songtexte betrifft, kann zudem von einer im Vergleich zum traditionalistischen Schlager wesentlich stärkeren Modernitätsorientierung und Modernitätsfreundlichkeit – etwa im Hinblick auf Geschlechterrollenideale – gesprochen werden.

Darüber hinaus ist auch das Spektrum der rezipierten literarischen Gattungen und Autoren in der neuen Mittelschicht erheblich breiter als in der alten. Werden von den befragten Exponenten des kleinbürgerlichen Milieus immer wieder dieselben Bestsellerautoren genannt (Konsalik, Simmel usw.), so stoßen wir hier u. U. auch auf populäre Klassiker wie z. B. E. T. A. Hoffmanns *Nachtstücke* (1817), Storms *Immensee* (1850), Fontanes *Unwiederbringlich* (1891), Hesses *Demian* (1919) und ähnliche Werke, die zusätzlich zu ihrer

geistesgeschichtlichen Bedeutung einen hohen Unterhaltungswert besitzen.
Mag diese Nutzung bestimmter Klassiker zu Freizeit- und Unterhaltungszwe-
cken aus philologischer Perspektive auch reduktionistisch sein, so illustriert sie
doch die neue Ungezwungenheit und Selbstverständlichkeit, mit der in dieser
Schicht den Produkten der Hochkultur begegnet wird. Im Vergleich zur bil-
dungsorientierten oder gar professionellen Klassikerlektüre ist dies vielleicht
eine Profanierung, im – wichtigeren und angemesseneren – Vergleich mit der
Lektürepraxis der alten Mittelschicht hingegen ein wichtiger Fortschritt in
puncto Horizonterweiterung und Kulturaneignung.

Der Fokus der Lektüreinteressen liegt freilich in dieser Schicht auf der modernen Unterhaltungsliteratur. Und dabei lässt sich eine geschlechtsspezifische
Aufteilung von Lektürepräferenzen beobachten, die dem modernen Geschlechterrollenverständnis dieser Schicht auf den ersten Blick widerspricht.
So findet sich bei Frauen ein stärkeres Interesse an Liebes- und Familienroma-
nen, bei Männern eine intensivere Zuwendung zur Science-Fiction-Literatur.
Bei der Analyse und Bewertung dieser Präferenzen ist jedoch Vorsicht gebo-
ten. Denn es sind nicht die klischeehaften Erzeugnisse der Heftchenindustrie,
die hier im Zentrum des Interesses stehen, sondern die anspruchsvolleren,
moderneren Fortentwicklungen beider Gattungen. Man denke etwa im Bereich
des Liebesromans an jenen emanzipatorischen Traditionsstrang, der schon bei
Vicki Baum (*Die Karriere der Doris Hart*; 1936) einsetzt und über Luise Rin-
ser (*Mitte des Lebens*; 1950) bis hin zu Gegenwartsautorinnen wie Eva Heller
(*Beim nächsten Mann wird alles anders*; 1987), Doris Dörrie (*Bin ich schön?*;
1994), Hera Lind (*Das Superweib*; 1994) und Andrea Parr (*Herzen pflastern
ihren Weg*; 1997) führt. Die in solchen Werken vertretenen Emanzipations-
konzepte mögen nicht dem letzten Stand der Gender Studies entsprechen,
gehen jedoch unzweifelhaft über die traditionalistische Liebes- und Ehedar-
stellung des Groschenromans hinaus. Sie kreisen nicht mehr um passive
Aschenputtel-Figuren, sondern beschreiben die Probleme der modernen Frau,
die beruflich erfolgreich, sexuell aktiv und intellektuell selbstständig ist. In den
aktuelleren Erzeugnissen dieses Texttyps dominiert eine betont kecke, pfiffig-
schlagfertige Diktion, die diesen Selbstständigkeitsanspruch stilistisch widerspiegelt.

Auch im Bereich der Science-Fiction-Literatur beobachten wir außerhalb
der Heftromanreihen in den letzten Jahrzehnten die Entwicklung einer anspruchsvolleren, kritisch-engagierten und stilistisch innovativen Schreibtradi-
tion. Unter Anknüpfung an ausländische Vorbilder wie Brian W. Aldiss, Ray
Bradbury oder Kurt Vonnegut verfassten Carl Amery (*Der Untergang der
Stadt Passau*; 1975), Herbert W. Franke (*Sirius Transit*; 1979), Wolfgang
Jeschke (*Der letzte Tag der Schöpfung*; 1981) und andere Schriftsteller viel-
gelesene Werke, die dem Technizismus der action-betonten *Perry Rhodan*-
Hefte eine ethisch oder ökologisch motivierte Kulturkritik entgegenstellen.

In den anspruchsvolleren Erzeugnissen dieses Genres werden darüber hinaus implizit jene psychologisch-philosophischen Probleme thematisiert, die beim Übergang von der bürgerlichen zur demokratisch-pluralistischen Gesellschaft entstanden und die um 1900 in der anspruchsvollsten Literatur der Bildungseliten (Schnitzler, Kafka, Döblin usw.) erstmals ausführlich erörtert worden waren. Dies sei am Beispiel von *Solaris*, dem 1961 publizierten und 1972 ins Deutsche übertragenen Romanklassiker von Stanislaw Lem, kurz erläutert. Darin geht es um die Erforschung eines geheimnisvollen Ozeans auf einem fernen Planeten. Der dorthin aufgebrochene Kelvin und seine drei Kollegen müssen feststellen, dass dieser Ozean die Fähigkeit besitzt, ihre besonders fest ins Gedächtnis eingebrannten, aber aufgrund ihres belastenden Charakters verdrängten traumatischen Erfahrungen und Phantasien Realität werden zu lassen. In seiner Grundstruktur ähnelt der Roman damit einer konventionellen Gespenstergeschichte, denn auch Gespenster oder Widergänger sind in der Regel – mehr oder minder maskierte – Materialisationen von Wesen, die mit dem sie Erblickenden 'noch eine Rechnung offen haben', d. h. in irgendeiner Weise von ihm gekränkt oder übervorteilt worden sind. Das Raumschiff wird demgemäß von allerlei unheimlichen Gästen aus dem Jenseits besucht, die die Raumforscher an eine besonders dunkle Epoche ihres Lebens erinnern.

Die Reise ins Weltall wird damit zu einer Begegnung mit den Abgründen des eigenen Bewusstseins:

> „Der Mensch ist anderen Welten entgegengezogen, anderen Zivilisationen, ohne die eigenen Winkel durch und durch kennengelernt zu haben, Sackgassen, Schächte, dunkle verrammelte Türen."

(Lem 1961, S. 210)

Wert und Bedeutung erhält der Roman dadurch, dass diese Fremdheitsthematik mit den epochentypischen Grunderfahrungen der räumlichen, der sozialen und der psychischen Flexibilisierung verknüpft wird. Was zunächst die räumliche Flexibilisierung betrifft, so schwelgt Lem nicht nur in phantasievollen Beschreibungen extraterrestrischer Gefilde, sondern dringt bis zum eigentlichen Kern des Problems vor, der Erfahrung des Heimatverlustes. Der Protagonist und Ich-Erzähler Kelvin muss im Verlauf der Geschichte erkennen, dass er „nirgends daheim" (S. 260) wäre, selbst wenn es ihm nach seinen Erlebnissen auf dem Planeten Solaris gelingen sollte, wieder die Erde zu erreichen und ein normales, alltägliches Leben zu führen. Das Gefühl der Sicherheit und der Vertrautheit ist ihm unwiederbringlich abhanden gekommen; die Erde ist für ihn keine Heimat mehr.

Einer noch weiterreichenden Auflösung bzw. Entsubstanzialisierung sind Kelvins Sozialbeziehungen unterworfen. Das beginnt bei seinem persönlichen

'Gast'-Gespenst, seiner früheren Geliebten Harey, die er vor Jahren zum Selbstmord getrieben hat und die nun plötzlich, als wäre nichts geschehen, in seiner Kabine auftaucht und nicht mehr von seiner Seite weicht. Um sich von ihrer Materialität und Realität zu überzeugen, legt er einen Tropfen von Hareys Blut unter das Mikroskop, das jedoch in der stärksten Vergrößerung nur noch Leere anzeigt:

> „Ich hätte flimmernde Nebelchen von Atomen sehen müssen, etwas wie gallertiges Zittergras, aber da waren keine. Der Schirm flammte in makellosem Silber. Ich schob den Hebel bis ans Ende. Das Surren schwoll zornig an, aber weiterhin sah ich nichts. Ein wiederholtes Summersignal zeigte mir an, dass die Apparatur überlastet war. Ich blickte noch einmal in die silberne Öde und schaltete den Strom aus. Ich blickte zu Harey hin. Sie öffnete eben den Mund zum Gähnen, geschickt machte sie ein Lächeln daraus.
> – Nun, wie steht es um mich? – fragte sie.
> – Sehr gut – sagte ich. – Ich denke, dass es... gar nicht besser sein könnte.
> Ich schaute sie immerzu an und spürte wieder dieses Kribbeln in der Unterlippe. Was war da eigentlich geschehen? Was bedeutete das? Dieser Körper, dem Anschein nach so zerbrechlich und zart – in Wahrheit unvernichtbar –, zeigte sich in seinem endgültig letzten Grunde aus nichts zusammengefügt? Ich schlug mit der Faust auf das zylindrische Gehäuse des Mikroskops. Vielleicht ein Defekt? Vielleicht fokussieren die Felder nicht? – Nein, ich wußte, die Apparatur war betriebstüchtig. Alle Stufen war ich hinabgestiegen, zur Zelle, zum Eiweißkonglomerat, zum Molekül, alle sahen genauso aus wie bei Tausenden von Präparaten, die ich gesehen hatte. Aber der letzte Schritt abwärts führte ins Nichts."

(Lem 1961, S. 135f.)

Kelvin bekommt hier anschaulich demonstriert, dass seine Geliebte nichts weiter als eine Projektion und seine Beziehung zu ihr buchstäblich auf „nichts" gegründet ist. Die Frau in seinem Bett erweist sich als alien; das Fremde wohnt nicht irgendwo da draußen, sondern direkt an seiner Seite.

Der letzte Schritt, der Übergang von der sozialen zur psychischen Flexibilisierung ergibt sich damit fast von alleine. Als Kelvin im Gespräch mit Harey darüber rätselt, weshalb der Ozean sie ihm überhaupt an die Seite gestellt hat, wird ihm auch seine eigene Identität fragwürdig:

> „Vielleicht sollte dein Erscheinen eine Folter sein, vielleicht eine Gefälligkeit, vielleicht nur eine mikroskopische Untersuchung. Ein Ausdruck der Freundschaft, ein tückischer Schlag, vielleicht Spott? Vielleicht alles auf einmal, oder, was mir am wahrscheinlichsten vorkommt, überhaupt etwas völlig anderes; aber was könnten mich und dich die Absichten unserer Eltern angehen, so verschieden die auch voneinander gewesen sein mögen? Du kannst sagen, daß von diesen Absichten unsere Zukunft abhängt, und dem stimme ich zu. Ich vermag nicht vorauszusehen, was sein wird. Genausowenig wie du. Ich kann dir nicht einmal dafür bürgen, daß ich dich immer lieben werde. Wenn schon soviel geschehen ist, dann kann alles ge-

schehen. Vielleicht werde ich morgen zu einer grünen Meduse? Das hängt nicht von uns ab."

(Lem 1961, S. 196f.)

Neben das Gefühl der Heimatlosigkeit und die Einsicht in den Projektionscharakter von Sozialbeziehungen tritt an dieser Stelle die Erkenntnis der Instabilität der eigenen Identität. Damit sind die drei zentralen Aspekte der literarisch seit 1900 immer wieder thematisierten Modernisierungs- und Pluralisierungsproblematik vollzählig versammelt, nämlich die räumliche, die soziale und die psychische Flexibilisierung. Besonders hervorzuheben ist es, dass Lems Roman nicht mit einer antimodernistischen Wende, einem irdisch-bürgerlichen happy ending, schließt. Stattdessen formulieren die letzten Zeilen des Romans eine zwar nicht optimistische, aber dennoch unerschütterliche Zukunftsorientierung, die das Heil eher im Kommenden als im Gewesenen sieht:

„Hoffnung hatte ich nicht. Aber in mir lebte das letzte, was mir davon noch verblieben war: die Erwartung. Auf welche Erfüllungen, welchen Spott, welche Qualen war ich noch gefaßt? Ich wusste nichts, und so verharrte ich im unerschütterlichen Glauben, die Zeit der grausamen Wunder sei noch nicht um."

(Lem 1961, S. 272)

Man wird Lem also jedenfalls nicht vorwerfen können, einem versteckten Antimodernismus zu huldigen, auch wenn sein Protagonist Kelvin auf dem Planeten Solaris letzten Endes nicht sein Glück findet. Eher schon bleibt zu bemängeln, dass die Analyse der drei Flexibilisierungsphänomene nicht weit genug getrieben wird. Ursache aller Irritationen ist der geheimnisvolle intelligente Ozean, der allerlei bunte Müsterchen im psychedelischen Design-Stil der 1960er Jahre produziert. In ausgedehnten Exkursen überzieht Lem alle wissenschaftlichen Bemühungen, seinem Geheimnis auf die Spur zu kommen, mit satirischem Spott. Doch diese Form der Selbstreflexion ändert nichts daran, dass die Modernisierungsproblematik in seinem Roman eben nicht begrifflich-gedanklich bewältigt, sondern symbolisch-emotional durchgearbeitet wird. *Solaris* ist ein unterhaltsamer psychologischer Roman im technischen Gewand, der epochentypische Grunderfahrungen behandelt, ohne in Technizismus oder Utopismus einzumünden. Er folgt jedoch letzten Endes den Spielregeln der Unterhaltungsliteratur, was sich vor allem bei der Erzählsituationsanalyse ganz klar herausstellt. Wenn „Höhenkammautoren" wie Schnitzler oder Bachmann das Identitätsthema behandeln, schlägt sich das nicht nur im Inhalt, sondern stets auch in der Form ihrer Werke nieder. Denn es wirkt kurios, wenn eine Bewusstseinsinstanz, die sich ihrer eigenen Identität nicht mehr sicher sein kann, so erzählt, als bildete sie einen archimedischen Punkt, an dem die erzählte fiktionale Welt zuverlässig vertäut werden kann. Doch genau dies ist bei

Lem der Fall. Kohärenzstörungen, Ich-/Er-Wechsel, Achronien, Informations-
divergenzen und ähnliche Stilmittel, die bei Schnitzler, Bachmann, Joyce,
Frisch usw. den Prozess der Ich-Auflösung stilistisch veranschaulichen, fehlen
bei ihm. Doch gerade diese Kombination aus unmoderner, leserfreundlicher
Form und modernen Inhalten scheint den Lektüreanforderungen einer Leserschicht zu entsprechen, die durchaus modern denkt, die aber wenig Neigung
entwickelt, das Lesen in Arbeit ausarten zu lassen.

Übrigens soll der Hinweis auf Lems *Solaris* nicht suggerieren, dass sämtliche Science-Fiction-Romane quasi genrebedingt die Modernisierungsproblematik thematisieren. Viele dieser Werke orientieren sich vielmehr am traditionellen, ideologisch konservativen Abenteuer- und Superhelden-Roman bzw.
am Horror-Roman, imitieren also bewährte Muster der älteren Unterhaltungs-
und der kompensatorischen Heftromanliteratur. Das mag mit eine der Ursachen dafür sein, dass Science-Fiction-Romane auch im neuen Arbeitnehmermilieu noch immer überwiegend von Männern gelesen werden.

Gleichermaßen oft und gerne werden hingegen in dieser Schicht von Männern wie von Frauen Kriminalromane rezipiert, und auch hier sind es nicht die
einschlägigen Heftchenserien, sondern die Taschenbuchreihen von Verlagen
wie Diogenes, Rowohlt, Heyne oder Scherz, denen das Hauptaugenmerk gilt.
Nur etwa ein Viertel der jährlichen Kriminuerscheinungen entfällt auf
deutschsprachige Titel, der Rest ganz überwiegend auf Übersetzungen aus dem
Englischen. Es gehört zu den Eigenarten des Genres, dass ältere Erfolgstitel
immer wieder neu aufgelegt werden und somit in einem Umfang auf dem
Buchmarkt präsent sind, wie man dies sonst nur noch von Klassikern kennt. So
sind etwa die Texte von Edgar Wallace und Rex Stout, Arthur Conan Doyle,
Dorothy L. Sayers und Agatha Christie in fast allen Buchhandlungen präsent
(vgl. Suerbaum 1984, S. 197-199). Seit einigen Jahrzehnten existiert auch eine
eigenständige deutsche Krimitradition. Dabei weist der 'neue deutsche Kriminalroman', für den Namen wie Hansjörg Martin, Richard Hey, Irene Rodrian,
Jacques Berndorf oder Friedhelm Werremeier stehen, einige bemerkenswerte
Besonderheiten auf, die besonders die Gestalt des Fahnders, die Handlungsfüh-
rung und die thematische Ausrichtung betreffen:

> „Der deutsche Krimi, seinen Strukturen und Erzählweisen nach nicht sonderlich
> aufschlußreich, ist unter dem Aspekt einer Gattungsanalyse besonders deshalb inte-
> ressant, weil man hier beobachten kann, was geschieht, wenn aus anderen Ländern
> und Nationalkulturen importierte Formen, die ursprünglich deren Denk- und Sicht-
> weisen reflektieren, mit neuen, einheimischen Materialien gefüllt werden. Es zeigt
> sich dabei, daß die Adaptionen auf jeder Ebene die Mentalitäten, die Tabus und
> Vorlieben des importierenden Landes widerspiegeln, und zwar auch da, wo das gar
> nicht intendiert ist.
> Schon beim Polizeikrimi, der nichts anderes bezweckt als Spannung und Unterhal-
> tung bei der Lektüre oder beim Fernsehen, hat sich als Resultat einer relativ kurzen
> Entwicklung ein Typus des deutschen Kommissars herausgebildet, der anders ist als

seine ausländischen Kollegen. Er ist ernsthaft, gesetzt, pflichtbewußt, zuverlässig und unemotional; kein Einzelgänger im Polizeiapparat wie [Nicolas Freelings Kriminalpolizist] Van der Valk oder [George Simenons Kommissar] Maigret, sondern eingeordnet zwischen dem Vorgesetzten – einem dümmlichen und ineffizienten Akademiker – und den Untergebenen, die ihm, einer manchmal grantigen, meist jedoch freundlichen Vaterfigur, mit Respekt und Loyalität zuarbeiten. Er verabscheut Gewalt – kein ausländischer Romanpolizist schießt so wenig wie unsere Kommissare; er hat keine Vorurteile; er sieht die Schwächen unserer Gesellschaft, aber er tut seine Pflicht ohne jenen Defätismus, von dem [Maj Sjöwalls und Per Wahlöös Polizeifahnder] Beck und seine Kollegen angekränkelt sind. [...]
Die wohl wichtigste inhaltlich-thematische Besonderheit des neuen deutschen Kriminalromans ist die Allgegenwart der Gesellschaftskritik – auch auf den einfachen Ebenen, die in anderen Ländern von jeder bewußt kritischen Komponente frei sind – und die Diskussion aktueller – nicht nur genereller und unspezifischer – politisch-gesellschaftlicher Probleme auf den anspruchsvolleren Ebenen."

(Suerbaum 1984, S. 200f.; Hinzufügungen von mir, J. Sch.)

Wie in den populären deutschen Fernsehkrimiserien *Tatort* und *Derrick* steht also auch im deutschsprachigen Kriminalroman nicht das Action-Element im Vordergrund, sondern einerseits der Detektionsvorgang und andererseits der gesellschaftliche Konflikt, der sich in der Psyche des Mörders widerspiegelt und der in der Mordtat zum Ausbruch kommt. Das könnte zu optimistischen Prognosen hinsichtlich der Lektüreabsichten im neuen Arbeitnehmermilieu verleiten, wenn nicht, wie weiter oben ausgeführt, ein Hauptkennzeichen der Gattung Kriminalroman die außerordentliche Spannbreite des formalen und inhaltlichen Anspruchsniveaus wäre. Der 'Krimifan' dürfte also in der Regel sowohl einfache als auch schwierige, sowohl oberflächliche als auch tiefgründige Werke in bunter Folge, je nach aktuellem Bedürfnis, rezipieren. Gerade in dieser Flexibilität liegt nun aber das sowohl Gattungs- als auch Milieutypische. Denn in den Unterschichten kann man, aufgrund von Bildungsdefiziten, keine voraussetzungsreichen, in den Oberschichten dagegen, aufgrund des beschriebenen 'Ekels vor dem Leichten' (Bourdieu), keine voraussetzungslosen Texte lesen und verstehen. Es ist das Privileg der Mittelschicht, Zugang zu allen Qualitätsstufen des Genres zu besitzen. Und es ist darüber hinaus das spezielle Privileg der neuen Mittelschicht, dabei auch nicht von Kultur- und Sprachbarrieren behindert zu werden, wie dies im kleinbürgerlichen Milieu häufiger der Fall ist, wo man u. U. englische Namen nicht richtig auszusprechen weiß, wo Ausdrucksweise und Manieren eines Mike Hammer (Detektivfigur von Mickey Spillane) u. U. Befremden erzeugen und wo generell die 'Denk- und Sichtweisen' (Suerbaum) eines Amerikaners weniger leicht nachvollziehbar sind. Das heißt nicht, dass in der alten Mittelschicht keine Krimis rezipiert würden. Es heißt aber sehr wohl, dass nur die neue Mittelschicht das Spektrum dieser Gattung in seiner ganzen Breite ausschöpfen kann. Jedenfalls nimmt es nicht wunder, dass diese flexible Schicht das flexibelste Genre bevorzugt. Und auch distinktionsstrategisch scheint es sich dabei um einen guten Griff zu handeln. Denn in der Tat scheint es zur 'neuen Normalität' zu gehören, dass 'wir alle' Krimis lesen: seien es nur Stout und Spillane, oder immerhin Sayers und Christie, oder sogar Chandler, Patricia Highsmith und Elizabeth George.

Zusammenfassend können wir feststellen, dass die literarische Kultur der neuen Mittelschicht zwar genau wie die der alten nicht vom Bildungsanspruch, sondern vom Unterhaltungsbedürfnis geprägt ist, dass aber dennoch im Vergleich beider Milieus ein Kultivierungs- und Modernisierungsfortschritt erkennbar ist. Dabei bietet seine Präferenz für die Gattung Kriminalroman dem neuen Arbeitnehmermilieu offenbar die besten Chancen, seine eigene Lektürepraxis als den neuen Normalfall von literarischer Kommunikation zu etablieren. Dem hat auch die Literaturwissenschaft in gewissem Ausmaß bereits Tribut gezollt, die den von dieser Schicht favorisierten Gattungen seit den 1970er Jahren eine nicht geringe Anzahl wissenschaftlicher Untersuchungen, darunter freilich – wie beim Umgang mit Unterhaltungs- und Trivialliteratur noch immer üblich – nur wenige Einzeltextanalysen, gewidmet hat (vgl. Nusser 1991, S. 10-20 u. 104-118).

8. Traditionelles Arbeitermilieu

Abb. 32 und 33: Zwei Beispiele für Einrichtungsstile, die der zweiten 'Wohnwelten'-Studie zufolge zu Beginn der 1990er Jahre unter den Angehörigen des traditionellen Arbeitermilieus besonders große Zustimmung und Verbreitung fanden.

An keiner anderen Gesellschaftsschicht lässt sich der wirtschafts- und gesellschaftsgeschichtliche Umbruch der letzten zwei Jahrhunderte so sinnfällig veranschaulichen wie am traditionellen Arbeitermilieu. Denn waren bis ins späte 19. Jahrhundert mehr als zwei Drittel der Erwerbstätigen mitsamt ihren Familien der Arbeiterschaft zuzurechnen, so sank diese Quote im demokratisch-pluralistischen Zeitalter drastisch ab und erreichte in den 1990er Jahren einen Wert von gerade noch 5 Prozent der Bevölkerung. Dabei handelt es sich um Angelernte, Ungelernte und Facharbeiter mit geringem Einkommen und relativ niedrigem Bildungsstand (Schulabbruch, Hauptschulabschluss, u. U. Lehre). Es gehört zu den wichtigsten Leistungen der Gewerkschaftsbewegung, der im bürgerlichen Zeitalter noch massiv von Pauperisierung bedrohten Arbeiterschaft allmählich eine gesicherte gesellschaftliche Position erkämpft zu haben. Der Lebensstil in den etwas besser gestellten Fraktionen dieses Milieus erreicht heute nahezu kleinbürgerliches Niveau. Dazu kann sogar der Besitz eines kleinen Eigenheims in einer der subventionierten Arbeitersiedlungen gehören, die im Ruhrgebiet, im Saarland und in vergleichbaren Industrierevieren entstanden, als die Schwerindustrie noch expandierte und große Massen in- und ausländischer Arbeitsmigranten an sich zu binden versuchte. In der Regel wohnt man jedoch zur Miete, und zwar häufig in einer der vielen Werks- oder Genossenschaftssiedlungen, die in der Umgebung der großen Fabriken liegen und deren Bewohnerschaft ursprünglich sehr homogen war. Nicht selten waren hier – nicht anders als in den Eigenheimsiedlungen – die Nachbarn zugleich auch Arbeitskollegen, Vereinskameraden oder sogar Freunde (vgl. allgemein Flaig/Meyer/Ueltzhöffer 1997, S. 61f.).

Wie in den beiden anderen traditionalistischen Milieus, also dem Kleinbürgertum und dem konservativen gehobenen Bürgertum, werden die Geschlechterrollen meistens nach überkommenen Mustern interpretiert und ausgestaltet. Der Haushaltsvorstand 'hat das Sagen' und sorgt für den Unterhalt, während die Frau im Haus bleibt, die Kinder versorgt und allenfalls im Rahmen einer Teilzeitbeschäftigung etwas dazuverdient. Ein wichtiger Unterschied zur Arbeiterschaft des 19. Jahrhunderts, die ja – wie gezeigt – extrem häufige Nahumzüge hinnehmen musste, liegt im Erreichen der Sesshaftigkeit, die im Sinne einer Angleichung an das betont lokalistische Kleinbürgertum als bedeutender Fortschritt und als Statusverbesserung wahrgenommen wurde. Fatal, dass dieser Erfolg erst erzielt wurde, als er dem neuen gesellschaftsgeschichtlichen Großtrend zur räumlichen, sozialen und psychischen Flexibilisierung geradewegs zuwiderlief. Der Aufstieg führte ins Abseits; der Weg nach oben wies zugleich nach hinten.

Das hängt auch damit zusammen, dass das kritisch und angstvoll beäugte teilmodernisierte Nachbarmilieu, die traditionslose Arbeiterschaft, nicht den Sprung über die Respektabilitätshürde schaffte. Flexibilisierung war deshalb aus der Sicht der traditionellen Arbeiterschaft nicht mit positiven Werten wie

Freiheit oder Selbstverwirklichung, sondern mit Kriminalität, Verwahrlosung, Sucht, Armut und anderen erheblichen Lebensrisiken assoziiert. Erst im Zuge der Bildungsreform der 1960er Jahre, von der die Nachkommenschaft des traditionellen Arbeitermilieus stark profitierte, begegneten ihm in seiner sozialen Nahumgebung Modernisierungsgewinner, deren Vorbild dem in dieser Schicht verbreiteten 'linken Antimodernismus' allmählich den Nährboden entzog. Dass dies zuvor nur in Ansätzen gelungen war, zeigt das Verhalten der Arbeiterschaft im Dritten Reich. Als die ersten Befürchtungen hinsichtlich der mit politischen Umstürzen einhergehenden wirtschaftlichen Unsicherheiten abgeklungen waren, arrangierte sich der Großteil dieser Schicht mit dem Regime, von dem sich zudem viele – wie für traditionalistische Milieus typisch – einen Abbruch des Experimentes Moderne und eine Rückkehr zur Gesellschaftsordnung des bürgerlichen Zeitalters erhofften. Freilich wurde dennoch eine beachtliche Anzahl sozialdemokratischer, gewerkschaftlicher und linkssozialistischer Widerstandsgruppen aus den Kreisen der Arbeiterschaft gespeist (vgl. Mehringer 2001, S. 42-47).

Auch nach 1945 blieb die Sicherung des Erreichten das zentrale Lebensthema der traditionellen Arbeiterschaft. Sichere Löhne und sichere Renten, stabile Mieten, geringe Inflation und weitreichender Kündigungsschutz stehen weit oben auf der politischen Agenda dieses Milieus, das in seiner Mehrheit deutlich der Sozialdemokratie zuneigt (s. Flaig/Meyer/Ueltzhöffer 1997, S. 143). Auch die Bekleidungssitten dieser Schicht reflektieren ihren Traditionalismus. Beide Geschlechter bevorzugen einen konventionell-unauffälligen Stil, wie er in den Postwurfsendungen der großen Textilkaufhausketten von Saison zu Saison mit kleinen Variationen neu definiert wird. Kleidungsstücke sollen vor allem preiswert, schlicht und bequem sein. Wie in den beiden anderen traditionalistischen Milieus spielen zudem Ordnung und Sauberkeit eine herausragende Rolle (vgl. SPIEGEL-Dokumentation: OUTFIT 3, 1994, S. 34, 38, 66, 70).

Das gilt auch für die Wohnungseinrichtung, die einerseits vom Zwang zur Sparsamkeit, andererseits vom Willen zur Ausschmückung geprägt ist ('Nippessammlungen'). Der rustikal-altdeutsche und der konventionell-gemütliche Stil finden die größte Zustimmung, während alles 'übertrieben' Moderne und Unkonventionelle stark abgelehnt wird (s. Flaig/Meyer/Ueltzhöffer 1997, S. 126, 128, 131f.). Trotz beengter Wohnverhältnisse gönnen sich einige Angehörige dieser Schicht zudem ein selten benutztes 'Vorzeigezimmer' mit 'guten' Möbeln, die materiellen Überfluss demonstrieren sollen. Generell rechnet man sich nicht einer deklassierten Unterschicht zu, sondern – in betonter Abgrenzung vom traditionslosen Arbeitermilieu – den einfachen, aber ehrlichen Durchschnittsmenschen, die 'immer gearbeitet' und 'einiges erreicht' haben. Zu den beliebtesten Freizeitaktivitäten gehören heute das Rätsellösen, das Fernsehen, das Heimwerken und das Radiohören (s. Burda Advertising Center 2000, S. 29).

Das Einkaufsverhalten der Angehörigen des traditionellen Arbeitermilieus ist in erster Linie von der Preisorientierung geprägt. Produkte müssen lange benutzt werden können und sollen deshalb u. a. stabil und massiv, angepasst und konventionell sein (s. Frey 1993, S. 251). Man studiert Prospekte mit Sonderangeboten und besucht die bekannten Niedrigpreisanbieter. Darüber hinaus bevorzugt man die in der direkten Nachbarschaft gelegenen Geschäfte, sofern sie preisgünstig sind und eine breite Auswahl bieten. Gegenüber neuen Trends und Moden ist man eher misstrauisch und hält sich lieber an das Bewährte (vgl. Schmitz/Kölzer 1996, S. 200-202). Für den Medienerwerb bedeutet dies, dass der Kauf im Fachhandel eher die Ausnahme darstellt. Denn trotz der Buchpreisbindung gibt es ja eine Fülle von Möglichkeiten, Bücher zu vergünstigten Preisen zu kaufen und zu verkaufen. Dabei spielten in der zweiten Hälfte des 20. Jahrhunderts die Buchgemeinschaften eine wichtige Rolle, die im Rahmen einer anonymen Kaufsituation eine Vorauswahl gängiger Publikationen in preisreduzierten Lizenzausgaben an den Kunden brachten. Organisationen wie der 'Bertelsmann Lesering', der 'Deutsche Bücherbund' oder die 'Büchergilde Gutenberg' erreichten mit dieser Strategie ein Millionenpublikum und erschlossen offenbar neue, bis dahin buchferne Leserschichten (vgl. Dörrich 1991, S. 54-57). Auch der Warenhausbuchhandel, spezielle Bestseller-Ladenketten wie 'Montanus Aktuell' oder 'Bestseller-International' sowie die neuen Großflächenbuchhandlungen (Prinz, Stern-Verlag, Gonski, Mayer'sche, Hugendubel usw.) müssen in diesem Zusammenhang erwähnt werden (vgl. ebd., S. 57-64). Die Gestaltung der Eingangsbereiche dieser Verkaufsstätten zielt auf eine Verwischung der Innen-Außen-Grenze ab und senkt damit die besonders für bildungsferne Schichten charakteristische Schwellenangst beim Betreten eines Buchgeschäftes. Das in diesen Eingangszonen präsentierte Sortiment ist auf diese Klientel abgestimmt. Von Remittenden und Restauflagen über Mängelexemplare bis hin zu Sonderausgaben findet man hier das ganze Spektrum des 'modernen Antiquariats' mit seinen vielfältigen Buchsonderangeboten. Anders als in den weiter vom Eingang entfernten Ladenzonen wird hier mit 'lauter' Werbung und auffällig-aggressiver Preisauszeichnung gearbeitet. Mag sich der 'Buchmensch' von solchen Marketingstrategien vielleicht peinlich berührt fühlen, so ist doch damit aus milieugeschichtlicher Perspektive ein bedeutender Fortschritt gegenüber dem 19. Jahrhundert zu verzeichnen, als die Arbeiterschaft ganz überwiegend durch den Kolportagehandel mit Druckerzeugnissen versorgt wurde. Das Niveau der in heutigen Bestsellerläden offerierten Sonderangebote bleibt jedenfalls gewiss nicht hinter dem Niveau der damals vom Kolporteur ins Haus gebrachten Liebes- und Räuberromane zurück.

Freilich ist zu konstatieren, dass die Arbeiterschaft trotz aller Verkaufsför-
derungsmaßnahmen auch im demokratisch-pluralistischen Zeitalter kein
'Buchmilieu' geworden ist. Untersucht man die schichtenspezifischen Mediennutzungsgewohnheiten, stellt sich heraus, dass die traditionelle Arbeiterschaft in der zweiten Hälfte des 20. Jahrhunderts eindeutig zu einem 'TV-Milieu' wurde, dessen Angehörige einen Großteil ihrer Freizeit vor dem Fernseh-
gerät verbringen. Der Besuch kultureller Veranstaltungen wird von ihnen als
zu umständlich und zu kostspielig bezeichnet; in der Oper, im Schauspielhaus
und selbst im Kino ist diese Schicht deshalb unterrepräsentiert (vgl.
Flaig/Meyer/Ueltzhöffer 1997, S. 95 u. 101). Auf Interesse stoßen dagegen
Vereinsfeste, der 'Tanz in den Mai' und ähnliche Feiern, die in der Kultur der
Arbeiterschaft Tradition besitzen.

Zu den vom traditionellen Arbeitermilieu bevorzugten Fernsehformaten
gehören zunächst die Fernsehserien, deren Rezeption die Regelmäßigkeit des
Tages- und Wochenablaufs voraussetzt und noch verstärkt. Beliebte Genres
sind dabei z. B. die Krimi-, die Familien-, die Arzt- und die Anwaltserie (vgl.
Giesenfeld/Prugger 1994). Serien ermöglichen die emotionale Durcharbeitung
alltäglicher Lebensprobleme auf der Basis rezidivierender Identifikationspro-
zesse und illustrieren damit einmal mehr die Tatsache, dass es hier primär –
wie in den Kulturen aller vergleichsweise bildungsfernen Schichten – nicht um
Bewusstmachung, kritische Reflexion oder Distanzierung geht, sondern um die
Einfühlung, um das Nacherleben, um das emotionale Ergriffenwerden. Die
Wirkungsforschung hat festgestellt, dass diese nicht-gedankliche Form der
Verarbeitung den Rezipienten keineswegs unverändert lässt, sondern psychisch beeinflusst und – jedenfalls in der Regel – weiterentwickelt oder stabilisiert (vgl. Groeben/Vorderer 1988, S. 205-219). Man kann daraus die Frage
ableiten, ob es so etwas wie Unterhaltung im Sinne folgenloser Zerstreuung
überhaupt gibt und geben kann. Das gilt auch für die Shows und sogar für die
Sportsendungen, die ebenfalls zu den Lieblingsprogrammen dieser Schicht
zählen. Denn nicht anders als im Film werden auch die prominenten Sportstars
als Identifikationsfiguren inszeniert, deren Erfolge und Niederlagen auf anre-
gende Weise die entsprechenden Saiten im Seelenhaushalt eines 'mitfiebern-
den' Betrachters zum Klingen bringen können. Mit einer täglichen Sehdauer
von 241 Minuten lag das traditionelle Arbeitermilieu im Jahr 2000 um ca. 19
Prozent über dem Durchschnitt aller Milieus, wobei RTL, ARD, ZDF und
Kabel 1 den größten Zuspruch fanden (s. Molitor 2001, S. 118 u. Anhang).

Reges Interesse bekunden die Angehörigen dieses Milieus auch am Klatsch
über Prominente. Man informiert sich in der Regenbogenpresse über das Pri-
vatleben seines Lieblingsfußballers, über die Skandale im Haus der Royals
oder über die Liebesaffären aktueller Filmstars. Literarhistorisch ist dieser
Vorgang insoweit von Interesse, als er nur schwer von der Rezeption fiktionaler Texte abgegrenzt werden kann. Denn die Frage nach dem fiktionstheoreti-

schen Status entsprechender yellow-press-Artikel ist nicht leicht zu beantworten. Im sprechakttheoretischen Sinne handelt es sich jedenfalls weder um Lügen noch um Irrtümer, sondern um freie Phantasien in der Art von Tagträumen, Rachephantasien, Zukunftsvisionen und dergleichen. Fast immer steht
hierbei die imaginäre Wuscherfüllung im Vordergrund, wobei hauptsächlich
die Sehnsucht nach Sicherheit (Reichtum), nach Dominanz (sportlicher Sieg)
oder nach Teilhabe am Außeralltäglichen (Prominenz) befriedigt werden soll.
Wie bei der Rezeption literarischer Fiktionen scheint es sich dabei um ein
kontrolliertes Spiel zu handeln, bei dem sich der Lesende einerseits auf die
Darstellung einlässt, andererseits aber keinen wirklichen Realitätsverlust im
psychiatrischen Sinne erleidet. Gerade dieses routinierte Changieren zwischen
Illusionsgläubigkeit und nüchternem Pragmatismus macht die Eigenart der
Kultur des traditionellen Arbeitermilieus aus, womit nicht abgestritten sein
soll, dass sich der Fankult im Ausnahmefall bis zum pathologischen Fanatismus steigern kann. Viel erstaunlicher und kulturgeschichtlich relevanter ist
jedoch die Souveränität, mit der in dieser Schicht typischerweise von Illusion
auf Wirklichkeit umgeschaltet wird, wobei die Kluft zwischen beiden Sphären
wohl nur noch im traditionslosen Arbeitermilieu eine ähnliche Tiefe erreicht
(vgl. Kaczerowski 1997, S. 111 u. 122). Hat der Eskapismus dort aber etwas
Verbissen-Kompensatorisches an sich, so ähnelt er hier eher dem gemäßigte-
ren des Kleinbürgertums, dessen Lesestoffe freilich erkennbar 'literarischer'
sind. Oft gelesen wurden im traditionslosen Arbeitermilieu im Jahr 2000 Zeitschriften wie *Bild der Frau*, *Neue Revue* und *Das Neue Blatt* (s. Burda Advertising Center 2000, S. 58).
    Das gilt freilich nicht für jenen Bereich, in dem das traditionelle Arbeiter-
milieu am relativ häufigsten mit Literatur in Berührung kommt: nämlich für
die vertonte Lyrik, die man allerdings in manchen Fällen besser als betextete
Unterhaltungsmusik bezeichnen würde. Gemeint sind der deutsche Schlager
und die populäre Volks- und Blasmusik, deren Lokalismus, Militarismus und
Irrationalismus bereits oben im Kapitel über das kleinbürgerliche Milieu dargestellt worden sind. Das dort Gesagte gilt auch hier – mit einem Unterschied:
Das romantische Liebeskonzept des Schlagers deckt sich im Kleinbürgertum
mit der affektiv aufgeladenen Vorstellung von der heiligen Institution Ehe und
ihrem ewigen Wert für Staat und Gesellschaft. Im traditionellen Arbeitermilieu
dominiert demgegenüber eine erheblich nüchternere Auffassung von Liebe,
Ehe, Sexualität und Familie. Die Partnerschaft wird hier nur selten mit überzo-
genen Glücksansprüchen belastet und stattdessen eher funktionalistisch als
Solidargemeinschaft interpretiert (vgl. Flaig/Meyer/Ueltzhöffer 1997, S. 62).
Die nicht selten bis zur religionsartigen Erlösungshoffnung zugespitzte Liebeskonzeption des Schlagers ist deshalb aus der Sicht des traditionellen Arbeitnehmermilieus nur eine schöne Illusion, der man sich zu sehnsuchtsvollen
Tagträumen vorübergehend hingibt, aus dem Blickwinkel des kleinbürgerli-

chen Milieus hingegen ein zwar poetisch überhöhtes, aber im Prinzip gültiges Leitbild für die Gestaltung konkreter Partnerschaften.

Die Liebeskonzeption des deutschen Schlagers lässt sich allerdings nicht alleine auf den Typus der romantischen Liebe reduzieren. Vielmehr können mindestens drei verschiedene Hauptformen der Liebe unterschieden werden, die sich mit menschlichen Entwicklungsphasen korrelieren lassen und die zusammen mit einem oder aber mit wechselnden Partnern realisiert werden können.

Die erste dieser drei Hauptformen ist 'die erste große Liebe', zu deren besonderen Merkmalen die Frische, die Gefühlsintensität, das Überwältigtsein und die jugendliche Unbekümmertheit, aber auch die Naivität und die Verletzbarkeit zählen. Es gehört zu den Topoi des Schlagers, den besonderen 'Zauber der ersten großen Liebe' heraufzubeschwören, wobei aber in aller Regel retrospektiv verfahren wird: Verklärte Erinnerungen an die Zeit des ersten Verliebtseins finden sich häufiger als Darstellungen, die aus dem Blickwinkel des oder der zum ersten Mal Verliebten formuliert sind, was wohl auf die Altersstruktur des typischen Schlagerpublikums zurückzuführen sein dürfte.

Der zweite Haupttypus ist 'die Liebe meines Lebens', d. h. die unendliche, 'ganz große' Liebe, die auch als 'ewige' oder 'romantische' Liebe bezeichnet wird. Zu ihren spezifischen Eigentümlichkeiten gehört eine Absolutheitserfahrung, die unter psychologischen Aspekten als Resymbiotisierung und aus geistes- oder neutralitätsgeschichtlicher Perspektive als säkularisiertes Salvationserlebnis aufgefasst werden kann. 'Resymbiotisierung' meint die Wiedergewinnung jener Einheitsempfindung, die der Mensch als Säugling und Kleinkind in der Mutter-Kind-Dyade erfährt und die sich in der romantischen Liebe als völlige Unzertrennlichkeit der in ihrem 'Liebesnest' Geborgenen darstellt; der geliebte Partner wird dabei als Teil des eigenen Ichs erlebt. 'Säkularisierte Salvation' meint die Steigerung der zwischenmenschlichen Liebe zu einem im Kern religiösen, in der entzauberten Welt jedoch profanierten Erlösungs- und Entgrenzungserlebnis (s. Rougemont 1987). Der oder die Geliebte wird hierbei zu einem Seelenretter oder Heilsbringer stilisiert und im Rahmen einer 'geheiligten' Liebe mit quasi-religiösen Attributen ausgestattet. Die Beschreibung der 'ewigen', 'ganz großen' Liebe greift deshalb nicht selten auf die Formeln und Motive der Christus- bzw. der Marienverehrung zurück.

Als dritter Haupttypus der Liebe im deutschen Schlager ist 'die erprobte Liebe' zu nennen. Gemeint ist damit die reife, verlässliche Liebe, die nach dem Motto „alte Liebe rostet nicht" verfährt und die sich im Unterschied zur stürmischen 'ersten' und zur weltentrückten 'großen' Liebe als Stütze im Alltag bewährt. Diese vergleichsweise prosaische Form der Liebe basiert auf Lebenserfahrung und Lebensklugheit und zeichnet sich durch Beständigkeit und Solidität aus. Im Schlager wird sie als die dritte und letzte Entwicklungsphase in der 'education sentimentale' des Individuums dargestellt.

Die sorgfältige Unterscheidung zwischen den drei genannten Liebeskon-
zepten ist wichtig, weil der Schlager in vielen Fällen die Übergänge von der
einen zur anderen Phase thematisiert oder die Besonderheiten der einen aus
dem Blickwinkel einer anderen Phase kommentiert. So kann etwa vom Standpunkt der erprobten Liebe aus auf den Zauber oder auf die Gefahren der ersten
Liebe zurückgeschaut werden. Oder es kann die Sehnsucht nach einem Wechsel von der ersten zur zweiten Phase dargestellt und ausgemalt werden. Das
Wort 'Liebe' kann in solchen Fällen von Strophe zu Strophe, ja von Satz zu
Satz seine Bedeutung verändern, was auf den ersten Blick, bei Nichtbeachtung
dieser Veränderung, Widersprüche erzeugt. Zu den literaturwissenschaftlichen
Standardargumenten gegen den Schlager gehört jedenfalls der Hinweis auf
seine mangelnde Logik; die Texter, so heißt es, reihten Floskeln und Formeln
aneinander, ohne sich um innere Stimmigkeit zu bemühen (s. Busse 1976,
S. 55-58). Dieser oft wiederholte Vorwurf erinnert an die gegen das Sprichwort, besonders gegen die Wetterregeln des Bauernkalenders, erhobenen Einwände, die in ähnlicher Weise zu kurz greifen. Wie das Sprichwort, so liefert
auch der Schlager kein System und keine Theorie, sondern die sprachliche
Fixierung ganz bestimmter Einsichten, die bei Vorliegen bestimmter Kontextbedingungen – und eben nur dann! – als gültig erkannt und aktualisiert werden.
Die Leistung des routinierten Schlagerhörers besteht darin, den Inhalt eines
Liedes in das beschriebene Drei-Stufen-Schema einzuordnen und sich damit
der Relativität der sehr unterschiedlichen Liebeserfahrungen, wie sie die erste,
die große und die erprobte Liebe mit sich bringen, bewusst zu werden.
    Es geht demnach an der Wirklichkeit des Rezeptionsprozesses vorbei,
wenn dem Schlager – wie ebenfalls regelmäßig zu lesen – unterstellt wird, er
fördere rückhaltlos den Eskapismus, indem er die Hörer durch das Instrument
der Identifikation in die Sphäre der ewigen, romantischen Liebe entrücke und
dadurch von der Auseinandersetzung mit seinen eigentlichen Lebensproblemen abhalte. Eher schon wäre der Vorwurf zu erheben, dass das beschriebene
Drei-Stufen-Schema als Naturgegebenheit, als unveränderliches menschliches
Schicksal, präsentiert wird, was weder der Historizität des Phänomens Liebe
noch seiner Schichtenspezifik gerecht wird. Tatsächlich bilden ja die drei Ent-
wicklungsstufen unverkennbar die Liebes-, Ehe- und Geschlechtsrollenkon-
zeptionen des bürgerlichen Zeitalters ab, die den Lebensidealen und
-umständen des modernisierten und des teilmodernisierten Milieus des demokratisch-pluralistischen Zeitalters nicht mehr entsprechen. Es bleibt abzuwar-
ten, ob der 'neue deutsche Schlager' diese Situation nachhaltig verändern und
das Drei-Stufen-Schema durch ein zeitgemäßeres Modell ersetzen kann.
    Um an einem konkreten Text die Wirkungsweise des besagten Schemas zu
demonstrieren, sei hier einer der bekanntesten Evergreens des deutschen
Schlagers kurz analysiert. Es handelt sich um den Titel *Liebeskummer lohnt*

sich nicht von 1964, für den seine Interpretin, die Schwedin Siv Malmkvist, im selben Jahr den ersten Preis bei den deutschen Schlagerfestspielen errang:

„Liebeskummer lohnt sich nicht, my Darling
Schade um die Tränen in der Nacht
Liebeskummer lohnt sich nicht, my Darling
Weil schon morgen Dein Herz darüber lacht.

Im Hof da spielte sie mit Joe von vis a vis
Doch dann zog er in eine and're Stadt
Wie hat sie da geweint um ihren besten Freund
Da gab ihr die Mama den guten Rat:

Liebeskummer lohnt sich nicht, my Darling – *oh no*
Schade um die Tränen in der Nacht – *yeah, yeah*
Liebeskummer lohnt sich nicht, my Darling
Weil schon morgen Dein Herz darüber lacht.

Mit achtzehn traf sie Jim, sie träumte nur von ihm.
Zum ersten Mal verliebt, das war so schön
Doch Jim, der war nicht treu und alles war vorbei
Da konnte sie es lange nicht versteh'n.

Liebeskummer lohnt sich nicht, my Darling.
Schade um die Tränen in der Nacht
Liebeskummer lohnt sich nicht, my Darling
Weil schon morgen Dein Herz darüber lacht.

Bis dann der eine kam, der in den Arm sie nahm
Nun geh'n sie durch ein Leben voller Glück
Und gibt's von Zeit zu Zeit mal einen kleinen Streit
Dann denkt sie an das alte Lied zurück:

Liebeskummer lohnt sich nicht, my Darling – *oh no*
Schade um die Tränen in der Nacht – *yeah, yeah*
Liebeskummer lohnt sich nicht, my Darling.
Weil schon morgen Dein Herz darüber lacht
Weil schon morgen Dein Herz darüber lacht."

(Text nach: maronis-world.de/Musik/Schlagertexte/LiebeskummerLohnt.htm [23.9.2003])

In der ersten, dritten, fünften und siebten Strophe, der Refrainstrophe, wird aus dem Blickwinkel der 'erprobten' Liebe denen Trost zu spenden versucht, die den schmerzlichen Übergang von der 'ersten' zur 'großen' (4. Strophe) bzw. von der 'großen' zur 'erprobten' Liebe (6. Strophe) zu durchleiden haben. Um die Kraft der Entwicklungsdynamik des Drei-Stufen-Schemas zu betonen, wird dabei in der zweiten Strophe die Liebe des Kindes zu seinem Spielkameraden

als gewissermaßen 'nullte', noch vor der 'ersten' Liebe liegende Beziehungs-
und Verlusterfahrung dargestellt: Es wäre demnach geradezu kindisch, sich der
Abfolge der drei Liebesphasen entgegen zu stellen und den Blick nicht nach
vorne zu richten. Um diese tröstliche Botschaft zu unterstreichen, folgt die
Musik in Rhythmik und Melodik dem von Reimund Hess als „Happy"-Typus
bezeichneten und vom sentimental-verträumten „Soft"- bzw. vom bewegungs-
stimulierenden „Beat"-Typus abgegrenzten Gestaltungsmuster (Hess 1972,
S. 41-48). Malmkvists Hit wirbt damit für die freiwillige Ergebung in die
Schicksalhaftigkeit der Drei-Phasen-Entwicklung, die das Ende sowohl der
'ersten' als auch der 'großen' Liebe als unvermeidlichen Vorgang der individuellen Reifung aufzufassen und damit zu ertragen erlaubt.

Man könnte einwenden, dass es sich hier um einen Sonderfall handelt und
dass die meisten anderen Schlager ganz in der Beschwörung des 'Zaubers der
ersten Liebe' bzw. des Resymbiotisierungs- und Salvationspotentials der 'ganz
großen Liebe' aufgehen. In der Tat lässt sich nicht abstreiten, dass Schlager
wie Roy Blacks *Ganz in weiß* (1965) oder Drafi Deutschers *Marmor, Stein und
Eisen bricht* (1965) die Möglichkeit der Trennung und des Abschieds negieren
oder zumindest skotomisieren. Doch der Schlager ist eine Gattung, die nicht en
détail, sondern en gros produziert, distribuiert und auch konsumiert wird, so
dass dem Höhenflug fast unvermeidlich der Abstieg in die Prosa der unroman-
tischen Alltagsverhältnisse folgt. Dieser Mechanismus führt zu dem schichtenspezifischen, weiter oben im Zusammenhang mit der Regenbogenpresse beschriebenen Phänomen des routinierten Changierens zwischen Illusionsgläubigkeit und nüchternem Pragmatismus zurück. Für den Schlagerfan ist es keine
Überraschung und kein Widerspruch, wenn Roy Blacks *Sand in deinen Augen*
(1977) oder Drafi Deutschers *Denkst Du immer noch an ihn* (1971) plötzlich
doch die Vergänglichkeit der Liebe und das Unglück des Liebeskummers
beschreiben. Freilich ist damit nicht behauptet, dass der typische Schlagerfan
die einzelnen Liedtexte in der Weise als Rollenlyrik auffasst, wie dies der
gebildete Gedichtleser kraft seiner ästhetischen Einstellung zu tun pflegt. Denn
Art und Anzahl der im Schlager möglichen Rollen sind vorbestimmt. Das
Drei-Stufen-Schema bildet den Rahmen des Spieles, in dem diese Rollen
verortet sind, so dass der – je nach Standort als stabilisierend oder als
enervierend empfundene – Repetitionseffekt entsteht, der die industriemäßige
Produktion von Schlagern widerspiegelt und ermöglicht. Die Funktion dieser
Repetition und allgemein die Dominanz des Liebesthemas im Schlager lässt
sich nicht aus Evasionstheorien ableiten, sondern nur aus der spezifischen
Lebenssituation der Angehörigen des traditionellen Arbeitermilieus (und des
kleinbürgerlichen Milieus) heraus verstehen. Ihre Bildungsferne, ihre relativ
inferiore gesellschaftliche Position und ihre Orientierung an einer traditionellen Wertordnung, die das privat-häusliche Leben zum Hauptgegenstand ihrer
Ambitionen macht, führen zu einer Horizontverengung, die ihnen das körperli-

che und seelische Wohlergehen als zentrales Lebensziel erscheinen lässt. Geistige Erlebnisse und Glückserfahrungen spielen demgemäß kaum eine Rolle, während die glückliche harmonische Liebe den besten Garant für körperliche und seelische Erfüllung zu bieten scheint. Die Einübung in die Logik des Drei-Stufen-Schemas erlaubt es, die diesbezüglichen Wünsche mit der Prosa der Verhältnisse zu vermitteln und alle Freuden und Leiden der 'ersten', der 'ganz großen' und der 'erprobten' Liebe sowohl in der Erinnerung durchzuarbeiten als auch in der Antizipation durchzuspielen. Das ist weniger, als die Liebeskonzeption der gebildeteren und der modernisierten Bevölkerungsschichten zu tun gestattet, die das Drei-Stufen-Schema einerseits historisch relativiert und andererseits praktisch überwindet. Es ist jedoch auch deutlich mehr, als die ideologiekritische Schlagerforschung der 1970er Jahre diesem Genre als Leistung attestieren wollte: Der Schlager ist keine einfache Fahrkarte ins Paradies, sondern ein umfangreiches Tourenpaket mit genauer Wegbeschreibung, mit Erste-Hilfe-Set und – mit Rückfahrkarte.

Die fortschreitende gesellschaftliche Modernisierung entzieht dem Drei-Stufen-Schema freilich mehr und mehr seine Plausibilität. Seit den 1970er Jahren gibt es deshalb eine öffentliche Diskussion über die Krise des deutschen Schlagers. Mögliche Auswege wurden in der ironisierenden Verfremdung (z. B. Guildo Horn), in der Annäherung an das Chanson (Reinhard Mey) oder an die Pop-Musik (Peter Maffay), in der Thematisierung politisch-gesellschaftlicher Probleme (Juliane Werding) und in der Anknüpfung an die Tradition des Nonsense- und des Karnevalsschlagers (Gottlieb Wendehals) gesehen (vgl. Moritz 2001). Eine erfolgreiche Modernisierung des deutschen Liebesschlagers setzt aber in erster Linie die Ersetzung des Drei-Stufen-Schemas durch ein zeitgemäßeres, den Bedürfnissen der (teil-)modernisierten Mittel- und Unterschichten gerecht werdendes Liebeskonzept voraus. Der Schlager wird ein solches neues Modell nicht selbst schaffen, aber popularisieren können.

Wir können in der Überschau resümieren, dass das traditionelle Arbeitermilieu im wesentlichen mit der Sicherung seiner trotz niedrigem Bildungs- und Einkommensniveau erreichten Integration in die moderne Gesellschaft beschäftigt ist. Literatur im engeren wie im weiteren Sinne des Wortes spielt eine so geringe Rolle wie in keiner anderen Schicht (vgl. Maase 1975; Ludwig 1976, S. 29). Man pflegt einen kontrollierten Eskapismus, befriedigt die dabei maßgeblichen Wünsche nach Sicherheit und Harmonie aber mit Hilfe der Regenbogenpresse und der dazu geeigneten Fernsehsendungen, so dass praktisch kein zusätzlicher Bedarf an literarischer Kommunikation besteht. Den rezeptionspsychologisch interessanten Konflikt zwischen Pragmatismus ('ich bin Realist') und Eskapismus ('ein bisschen träumen') löst man durch Disziplin und Selbstkontrolle. Man versetzt sich in Gedanken gerne mal in das Leben einer Prinzessin oder eines Lottokönigs, steht aber sofort wieder 'mit beiden Beinen fest auf der Erde', wenn es darauf ankommt.

Mit diesen Feststellungen könnte zum nächsten Kapitel übergegangen werden, wenn nicht noch an die lange Geschichte der Versuche zu erinnern wäre, an dieser ausgeprägten Buch- und Literaturferne etwas zu ändern. Erinnert sei hier etwa an den 1912 gegründeten 'Bund der Werkleute auf Haus Nyland', an die 'Gruppe 61' und an den 1970 davon abgespaltenen 'Werkkreis Literatur der Arbeitswelt'. Alle diese Unternehmungen zielten darauf ab, einfache Arbeiter und Angestellte zum Lesen und Schreiben literarischer Werke zu veranlassen und die moderne Arbeitswelt als Reservoir neuer Themen und Stoffe zu erschließen. Die Motive hierfür waren überwiegend gesellschaftspolitischer und ästhetischer Natur. Man suchte den Schulterschluss zwischen der (linken) Intelligenz und der Arbeiterschaft, und man hoffte auf die Entdeckung neuer Stilvaleurs. Als Beispiel sei hier eine Passage aus Erika Runges *Bottroper Protokollen* von 1968 angeführt:

"Ein Jahr ham wir bei meine Eltern gewohnt, die hatten da ein Zimmer freigemacht. Da haben wir tagsüber drin gesessen, und wenn Besuch kam, wurde sich dann aufgehalten. Stand allerdings n Bett drin. Das war denn unser. Jetzt hatten aber Vatter und Mutter n Großvater und ne Tante noch bei sich. 3 Räume hatte das Haus, Küche und zwei Zimmer. Und eine Schwester war noch zu Haus. 7 Personen und das Kind. Und dann hab ich nachher, wie das Kind ein halbes Jahr alt war, hab ich ein Zimmer gekriegt, ne Mansarde. Da haben wir gewohnt bis 30 [sc. 1930; J. Sch.]. Und 30 haben wir dann ne Wohnung gekriegt, da kam aber unser 2. Kind."

(Runge 1968, S. 76)

Die promovierte Philologin Erika Runge hatte ihre 'Protokolle' aus Interviews zusammengestellt, die sie mit Einwohnern der Stadt Bottrop im Kontext einer gerade anstehenden Zechenstilllegung durchgeführt hatte. Zu ihnen gehörte auch die Putzfrau Maria B., als deren Äußerung Runge u. a. das angeführte Zitat präsentiert. Weshalb landeten nun aber, wie wir heute wissen, die *Bottroper Protokolle* nicht in den Wohnzimmerschränken der Arbeiterschaft, sondern – zusammen mit den anderen Bänden der Suhrkamp-Reihe, in der sie erschienen – in den Büchersammlungen der gebildeten Vielleser? Weil der Dokumentarismus das genaue Gegenteil des vom traditionellen Arbeitermilieu praktizierten kontrollierten Eskapismus erfordert, nämlich die habitualisierte kritisch-distanzierte Reflexion über Politik und Gesellschaft bzw. über die Möglichkeiten und Grenzen bestimmter Ausdrucksstile. Diese Reflexion ist im Arbeitermilieu – auf welchem Niveau auch immer – keineswegs unbekannt. Aber sie wird dort nicht im Medium der Kunst realisiert, sondern im Gespräch mit Kollegen, Nachbarn, Vereinskameraden. Den Künsten wird stattdessen die Aufgabe der Unterhaltung im oben explizierten Sinne zugewiesen. Diese Funktionsteilung mag man beklagen. Aber wer dies ändern will, darf nicht nur punktuell ansetzen, sondern muss das gesamte Funktionsgefüge umstrukturieren und in eine neue Balance bringen.

Runges Umwandlung von Gesprächsaufzeichnungen in monologische 'Protokolle' ist deshalb kein unwesentlicher, sondern ein entscheidender Eingriff, mit dem die Kunstgrenze und mit ihr eine Milieugrenze unbemerkt überschritten wird. Aus einem politischen Gespräch mit einer Arbeiterin wird unversehens 'Arbeiterliteratur' für die Bildungsschichten. Demgemäß nimmt es nicht wunder, dass Arbeiter unter den Verfassern und Lesern dieses Genres Seltenheitswert hatten und haben. Tatsächlich sind selbst die zahlreichen Literaturwerkstätten des 'Werkkreises Literatur der Arbeitswelt' schon wenige Jahre nach ihrem Entstehen zu volkshochschulartigen Kreativkursen geworden, wie sie besonders bei den gebildeteren, stark an Ichfindung und Selbstverwirklichung interessierten Angehörigen der modernisierten und teilmodernisierten Milieus en vogue sind (vgl. Ludwig 1976, S. 120). Sie erfüllen damit übrigens durchaus eine wichtige Aufgabe und nähern sich paradoxerweise sogar den ursprünglichen Zielen des Werkkreises stark an, da die Arbeitswelt, um die es ja ursprünglich ging, heute nur noch selten die des Arbeiters ist.

Um Texte für Arbeiter handelt es sich bei den Publikationen dieser Werkstätten höchstens in dem Sinne, dass sie nach den politischen oder volksaufklärerischen Intentionen ihrer Verfasser auch und gerade von Arbeitern gelesen werden *sollten*. Im Einzelfall kann dieses Ziel vielleicht sogar einmal erreicht werden. Analysiert man jedoch, wie es hier versucht wurde, den Gesamthabitus des traditionellen Arbeitermilieus und die Funktion der literarischen Kommunikation innerhalb seiner spezifischen Kultur, so wird man die Verbreitungs- und Wirkungschancen derartiger Texte von Beginn an pessimistisch einschätzen müssen. Die Werke eines Max von der Grün (*Irrlicht und Feuer*, 1963) und eines Günther Wallraff (*Ganz unten*, 1985) waren nicht Verkaufserfolge, weil, sondern obwohl sie zur Arbeiterliteratur gerechnet werden konnten, d. h. weil sie ein weit über die Milieugrenzen hinausreichendes Publikum ansprachen. Die im engeren Sinne als Arbeiterdichter zu bezeichnenden Autoren wie z. B. Ernst Preczang (*Der verlorene Sohn*, 1900) oder Bruno Gluchowski (*Blutiger Stahl*, 1969) sind jedenfalls weithin unbekannt geblieben. Die Pflege ihres Andenkens obliegt speziellen wissenschaftlichen Instituten wie dem Dortmunder 'Fritz-Hüser-Institut für deutsche und ausländische Arbeiterliteratur' (vgl. Fähnders 1996).

9. Alternatives Milieu

Abb. 34 und 35: Zwei Beispiele für Einrichtungsstile, die der zweiten 'Wohn-welten'-Studie zufolge zu Beginn der 1990er Jahre unter den Angehörigen des alternativen Milieus besonders große Zustimmung und Verbreitung fanden.

Das neunte und letzte der hier zu behandelnden Milieus ist einerseits die kleinste Gesellschaftsschicht, andererseits aber neben dem hedonistischen und dem
technokratisch-liberalen eines jener drei einflussreichen Trendsetter-Milieus
der letzten Jahrzehnte, deren Lebensstil stark in die benachbarten Gesellschaftsschichten ausstrahlt. Sein Anteil an der Gesamtbevölkerung ist allerdings seit den 1980er Jahren stark abgesunken und wurde 1990 nur noch mit
2,3 Prozent veranschlagt (vgl. Flaig/Meyer/Ueltzhöffer 1997, S. 72). Seither
scheint er sogar weiter abgenommen zu haben, so dass dieser Schicht in einigen neueren Studien nicht einmal mehr der Status eines eigenständigen Milieus zugebilligt wird (vgl. Vester 2001, S. 148-153). Selbst für den Fall des
völligen Verschwindens bleibt aber hier zu konstatieren, dass das alternative
Milieu mehrere Jahrzehnte lang das gesellschaftliche Leben in Deutschland
mitgeprägt und eine eigenständige Form der literarischen Kommunikation
entwickelt hat, die in einer literarhistorischen Darstellung keinesfalls unbe-
rücksichtigt bleiben darf.

Die Geschichte der Alternativen kann bis ins frühe 20. Jahrhundert zurückverfolgt werden, als der Übergang vom bürgerlichen zum demokratischen
Zeitalter und die damit einhergehenden Orientierungskrisen eine Vielzahl von
Reform- und Aussteigerbewegungen hervorbrachten (Vegetarismus, Naturis-
mus, Reformpädagogik u. v. a.). Einige dieser Gruppen besaßen geistige und
personelle Verbindungen zur Jugendsubkultur und waren im Dritten Reich an
den aus dieser Richtung kommenden Widerstandsaktivitäten beteiligt (vgl.
Zarusky 2001). Viele scheinen aber nolens volens den gefahrloseren Wechsel
von der Lebensphilosophie zur germanisch-neuheidnischen Blut-und-Boden-
Ideologie vollzogen zu haben, so dass in den 1950er Jahren nur noch schwa-
che, eher konservativ orientierte bzw. politikferne und deshalb unauffällig
bleibende Reste der frühen Reformbewegungen vorhanden waren (s. Simek
2003, S. 15). Erst die ökologische Wende der folgenden zwei Jahrzehnte führte
zu einer Expansion des alternativen Milieus, dessen Lebenseinstellung in der
abgeschwächten Form des 'Öko-Trends' bis weit in die Nachbarmilieus (aufstiegsorientiertes, neues Arbeitnehmer-, technokratisch-liberales und hedonistisches Milieu) und teilweise sogar weit darüber hinaus ausstrahlte.

Als Lebensthema der Alternativen könnte man den Versuch bezeichnen,
sich dem Konsumismus und Technizismus der spätkapitalistischen Gesellschaft zu entziehen und im Einklang mit der Natur und mit den Zielen eines
ethisch-politischen Altruismus die eigene Persönlichkeit zu verwirklichen.
Natürlichkeit, Kreativität und Geselligkeit sind zentrale Werte für die Angehörigen dieser Schicht, die sich folgerichtig für eine ökologische Erneuerung, für
eine authentische Kultur und oft auch für basisdemokratische Vereinigungen
(Greenpeace etc.) engagieren. Viele dieser Themen sind in den 1990er Jahren
– wenn auch z. T. in abgeschwächter Form – von Politik und Wirtschaft aufgegriffen und innerhalb fast aller Milieus zu gedanklichem Allgemeingut ge-

macht worden. Sollte das alternative Milieu inzwischen tatsächlich ganz untergegangen sein, ließe sich als Todesursache deshalb wohl die Assimilation durch (Nachbar-)Schichten angeben.

Freilich ist ein Unterschied festzustellen zwischen der breiten Masse derjenigen, die inzwischen mit ökologischem Gedankengut sympathisieren, und der schmalen Schicht jener, die wirklich einen alternativen Lebensstil pflegen. Zu letzterem gehören beispielsweise die aufwändige Zubereitung besonders gesunder Nahrungsmittel, die Beschaffung oder sogar selbstständige Anfertigung textilchemisch einwandfreier Kleidungsstücke, die zeitaufwändige Mitwirkung in Bürgerinitiativen oder Selbsthilfegruppen, die mühsame Durchsetzung der völligen Gleichberechtigung der Geschlechter und der demonstrative Verzicht auf die typischen Statussymbole der Konsumgesellschaft. Offensichtlich erfordert der alternative Lebensstil eine 'komplizierte Einfachheit' der Lebensführung, die mit wirklich einfachen Mitteln kaum zu realisieren ist. Tatsächlich wird das alternative Milieu keineswegs der Unterschicht, sondern der oberen bis mittleren Mittelschicht zugerechnet. Einkommenshöhe und Bildungsstand liegen in der Regel über dem Durchschnitt; oft handelt es sich um Hochschulabsolventen, die in pädagogischen, medizinischen oder künstlerischen Berufen mit hohem Altruismus- und Selbstverwirklichungspotential tätig sind (vgl. Flaig/Meyer/Ueltzhöffer 1997, S. 68f.).

Was die Wohnungseinrichtung betrifft, so schlagen sich die genannten Dispositionen in einer Vorliebe für unbehandelte Materialien (Massivholz, Naturstoffe), für funktional-ehrliches Design und für alles Selbstentworfene und Selbstverfertigte nieder. Unkonventionelle und modern-individualistische Stile werden folgerichtig favorisiert, während altdeutsch-rustikale und konventionell-'möbelhausartige' Stile scharf zurückgewiesen werden (s. Flaig/Meyer/Ueltzhöffer 1997, S. 118, 126, 131-133). Ähnliche Befunde ergibt eine Analyse der Bekleidungsstile, wobei das Wahlspektrum der Frauen etwas eingeschränkter ist als das der Männer. Bei beiden Geschlechtern begegnen wir dem nonkonformistischen, lässigen Individualismus, aber bei den Männern ist zudem auch der sportlich-legere, unauffällige Stil verbreitet (vgl. SPIEGEL-Dokumentation OUTFIT 3, 1994, S. 58, 66, 82, 90). Das Einkaufsverhalten ist von Konsumaskese, Ökologieorientierung und einer Abneigung gegen alles Schrille, Reißerische, Aufdringliche und 'Überflüssige' geprägt. Produkte sollen natürlich, harmonisch, warm und einfach wirken (s. Frey 1993, S. 271). Man will kein buntes Drumherum, keine laute Werbung oder Preisauszeichnung und auch keine 'kommerzielle' Massenabfertigung (vgl. Schmitz/Kölzer 1996, S. 193-195). Stattdessen besucht man kleinere Geschäfte, die man von Freunden empfohlen bekommen hat und die in entsprechender Atmosphäre (rohe Wände, Holzregale, Dielenbretter) ein spezielles Sortiment umweltfreundlicher und 'fair' gehandelter Produkte bereithalten. Für den Medienerwerb bedeutet dies, dass man nach Möglichkeit große ano-

nyme Medienkaufhäuser meidet und stattdessen 'politische Buchläden' oder
Fachgeschäfte für Alternativlabels aufsucht, wie man sie z. B. in den Szene-
und Studentenvierteln der Universitätsstädte findet. Das dort vorgehaltene
Sortiment orientiert sich nicht am mainstream oder an den aktuellen Bestsellerlisten, sondern am schichtenspezifischen Kanon des für authentisch, indivi-
duell, kreativ, nonkonformistisch und kritisch Gehaltenen.

Wie im Falle des hedonistischen Milieus lässt sich von einer dynamischen
– wenn auch inhaltlich ganz anders gearteten – Kultur der Geheimtipps sprechen, die sich in einer Vorliebe für Klein- und Alternativverlage, für ausgefal-
lene Werke und für unbekannte Autoren äußert. Hier stets auf dem Laufenden
zu bleiben, erfordert ständigen Kontakt zur Szene, eifriges Studium der einschlägigen Periodika (taz, Stadtteilmagazine u. ä.) sowie den diesbezüglichen
Austausch mit gleichgesinnten Freunden, wie er ohnehin für den geselligen,
kultur- und kommunikationsorientierten Freizeitstil des alternativen Milieus
charakteristisch ist. Es nimmt nicht wunder, dass die Angehörigen dieser
Schicht ausgesprochene Vielleser sind, die einen großen Teil ihrer Freizeit mit
der Buchlektüre und übrigens auch mit dem Besuch von Dichterlesungen,
Theateraufführungen, Kleinkunstdarbietungen, Filmvorführungen (Programm-
kinos), Kreativkursen etc. verbringen. Eine sehr große Rolle spielt die Musik,
wobei von der Klassik über den Jazz bis hin zur Rockmusik ein breites Spektrum an Stilen auf Interesse stößt. Auch hierbei orientiert man sich nicht am
Massengeschmack, sondern bevorzugt unbekanntere Musiker, die – angeblich
oder tatsächlich – noch nicht vom kommerziellen Sog der Kulturindustrie
erfasst und 'vereinnahmt' worden sind. Folgerichtig steht man auch den Pro-
grammangeboten der Fernsehanstalten meistens ablehnend oder skeptisch
gegenüber. Man befürchtet, dass die Massenmedien die eigene Kreativität
hemmen und das eigene Kommunikationsvermögen unterdrücken könnten.
Unterhaltungssendungen werden deshalb abgelehnt; Akzeptanz finden nur die
Nachrichtenmagazine und die anspruchsvolleren Talkshows sowie vergleichbare wort- und informationsorientierte Formate (vgl. Flaig/Meyer/Ueltzhöffer
1997, S. 98).

Literarische Texte stoßen in diesem kulturell äußerst regen und aktiven
Milieu auf breites Interesse. Um weiterempfohlen zu werden, was in dieser
Schicht für die Verbreitung sehr wichtig ist, müssen sie jedoch einige spezifische Anforderungen erfüllen. Dazu gehört an erster Stelle eine Qualität, die
man als 'emotionales Niveau' bezeichnen könnte. Gemeint ist damit jene spezifische Ernsthaftigkeit, Echtheit, Wahrhaftigkeit, Aufrichtigkeit und Natürlichkeit der Diktion, die häufig mit der schwer fassbaren Kategorie 'Authentizität' umschrieben wird. Bevorzugt werden Texte, die den Eindruck vermitteln, der Autor wolle ein wirkliches Anliegen zur Sprache bringen, sich also
nicht in leerem Virtuosentum üben oder bloß irgendwie Geld verdienen. Mit
diesem Faible für ein – altmodisch ausgedrückt – idealistisches Engagement

geht zudem ein sehr spezifischer moralischer und politischer Anspruch einher. Man erwartet vom Autor eine kritisch-progressive Grundeinstellung; völlig unakzeptabel sind also z. B. Konsalik und Danella, aber auch Eichendorff und Fontane wird man nicht zu den Lieblingsautoren dieser Schicht rechnen können. Stattdessen beschäftigt man sich eher mit den Gescheiterten und Verzweifelten, mit den politisch Verfolgten und Außenseitern ihrer Zeit wie z. B. Heine, Büchner, Trakl, Tucholsky, Jahnn, Biermann oder Koeppen. Diese Liste müsste um zahlreiche ausländische Namen wie Cheikh A. Ndao, Derek Walcott, Alejo Carpentier, Buchi Emecheta, Louise Erdrich oder Ariyoshi Sawako ergänzt werden, wobei insbesondere die engagierten Autoren der Entwicklungsländer mit dem ehrlichen Interesse der Alternativen rechnen dürfen.

Die genannten Namen lassen erkennen, dass nicht nur das inhaltliche, sondern auch das stilistische Anspruchsniveau in dieser Schicht überdurchschnittlich hoch ist. Man ist relativ gut mit dem traditionellen Literaturkanon vertraut, und darüber hinaus steht man auch der modernen und der experimentellen Literatur aufgeschlossen gegenüber. Stil- und Tabubrüche werden als Ausdruck eines nonkonformistischen Freiheitsstrebens wahrgenommen und akzeptiert; Kohärenzstörungen, Neologismen und kühne Metaphern finden Zustimmung, sofern sie nicht als leeres Virtuosentum, sondern als Mittel der Authentizitätssteigerung gelten können. Die Lektüredisziplin ist in dieser Schicht hoch. Wenn man davon ausgehen darf, dass der Autor 'auf der richtigen Seite steht' und 'ein wirkliches Anliegen hat', kämpft man sich auch durch unzugängliche und schwerverständliche Texte. Wo esoterisches Geheimwissen mit ins Spiel kommt, kann die Lektüre sogar den Charakter einer intensiv erlebten geistigen Initiation annehmen.

Damit ist en passant auf eine Eigenart verwiesen, die der Expansion des alternativen Kulturkonzeptes gewisse Grenzen setzt. Gemeint ist die häufig – und bei Frauen anscheinend häufiger als bei Männern – zu findende Affinität zu esoterischen Geheimlehren, die vom Handauflegen über den Schamanismus bis hin zum sektiererischen Irrationalismus und zur schwarzen Magie reichen können. Gemeinsam haben alle diese Denkrichtungen, dass sie zu einem guten Teil über das Medium Buch vermittelt werden, und so gibt es inzwischen kaum einen größeren Verlag, der nicht entsprechende Publikationen über Reiki, Tantra, Yoga, Ayurveda, Feng-Shui, Aromatherapie, Traumdeutung, Kartenlegen, Astrologie und dergleichen im Programm hat. Dabei sehen es die Merchandising-Experten der Verlage nicht ungern, dass die Lektüre derartiger Werke häufig Folgeinvestitionen nach sich zieht; zuweilen lassen sich direkt mit dem Buch zusammen die jeweils erforderlichen Requisiten wie z. B. heilende Steine, Räucherstäbchen, Tarotkarten, Meditationskissen, Massageöle usw. an den Kunden bringen. Erfolgsautoren dieses Genres wie z. B. Manfred Dimde (*Das Siegel des Nostradamus*; 2001), Silver Raven Wolf (*Zauberschule*

der Neuen Hexen; 2002), Clarissa Pinkola Estes (*Die Wolfsfrau*; 1997) oder
Anselm Grün (*Jeder Mensch hat einen Engel*; 1999) sind in der Regel mit
mehreren themenverwandten Dauerbrennern auf dem Buchmarkt präsent, ohne
jedoch jemals in einer der bekannteren Bestsellerlisten aufzutauchen. Immerhin stehen sie teilweise unter der wissenschaftlichen Beobachtung von Psychologen, Soziologen und Religionswissenschaftlern; von der Literaturwissenschaft wurden und werden sie dagegen völlig ignoriert.

Dabei ist die Vermischung von kritischem Engagement und quietistischem
Aberglauben ein mentalitätsgeschichtlich sehr bedenkenswertes Phänomen.
Denn Demokratie und Pluralismus werden im alternativen Milieu gelebt und
offensiv verteidigt. Aber gleichzeitig erzeugt hier die moderne Gesellschaft
mit ihrem Technizismus und Ökonomismus starke Empfindungen der Angst,
der Unsicherheit und der Sorge. Man versichert sich deshalb der Unterstützung
mächtiger Komplizen (Naturkräfte, Schicksalsmächte), um sich in Alltag und
Beruf behaupten zu können. Trotz einer in mancher Hinsicht ähnlichen Position im sozialen Raum unterscheidet sich das alternative Milieu damit sehr
deutlich von den anderen beiden Trendmilieus. Denn typisch für das technokratisch-liberale Milieu war ja die selbstsichere, souveräne Ausnutzung der im
demokratischen Pluralismus erweiterten Verhaltensspielräume des Individuums. Und charakteristisch für das hedonistische Milieu war die risikofreu-
dige, lustbetonte Ausschöpfung der eigenen Freiheit zum Zwecke der Selbstverwirklichung. Hier bei den Alternativen gelten diese Mentalitäten als zu
oberflächlich, zu kurzsichtig, zu angepasst, zu materialistisch und zu konsu-
mistisch. Man will nicht 'erfolgreich sein und gut leben', sondern 'seinen inneren Frieden finden', 'den Einklang mit der Natur wiederherstellen', 'sich auf
das Wesentliche zurückbesinnen'. Intensive Buchlektüre gilt hierbei als wichtiges Mittel zur Erforschung der eigenen Spiritualität. Man liest nicht zur
Unterhaltung, sondern 'gläubig', d. h. hungrig nach Orientierung und Bewusst-
seinserweiterung.

Die Literaturgeschichte kennt einige Klassiker der Esoterik, die diesen
Lektüreanforderungen offenbar in besonderem Maße entsprechen und die
deshalb bis in die Gegenwart hinein immer wieder neu aufgelegt werden. Dazu
zählt z. B. Theophrastus Bombastus von Hohenheim (Paracelsus) mit seinem
Buch Paramirum (1562), das eine naturphilosophisch, alchimistisch und as-
trologisch fundierte Heilkunde enthält. Der Arzt und Astrologe Michel de
Nostredame (Nostradamus) lieferte in seinen *Prophéties* (1555-68) eine
Sammlung vierzeiliger Orakelsprüche, deren Vieldeutigkeit ihre universelle
Anwendbarkeit sicherte und das Werk zu einem der meistverkauften Titel der
Weltliteratur machte. Heinrich Khunrath propagierte in seinem *Amphitheatrum
sapientiae aeternae solius verae* (1595/1609) die theologisch fundierte Idee
einer wundertätigen Universalarznei. Jacob Böhmes *Aurora* (1634) entwickelt
das System einer christlich-mystischen Astrologie. Daniel Stoltz von Stoltzen-

bergs *Hortulus hermeticus* (1627) mit seinen alchemistischen Emblemen fand unter Anthroposophen lebhaften Widerhall. Und Karl von Eckartshausen schrieb ein Buch *Ueber die Zauberkräfte der Natur* (1819), dem er schon etliche vergleichbare Schriften vorangeschickt hatte, die teilweise in mehrere Fremdsprachen übersetzt wurden und ihren Verfasser zu einem der meistzitierten Esoteriker weltweit machten.

Die Lektüre dieser und ähnlicher Schriften wirkt offenbar insofern stabilisierend, als sie eine Teilhabe an wichtigem Geheimwissen und damit Einfluss auf die Triebfedern eigenen und fremden Handelns verheißt. Interessanterweise gilt Anciennität hierbei nicht als Makel, sondern als Vorzug und steigert die Autorität des Geschriebenen. Während Literatur aus der Zeit vor Lessing normalerweise schwer vermittelbar ist, stößt sie hier auf die spezielle Motivation einer Leserschaft, deren Lektürediszplin teilweise noch aus dem geheimnisvollen Reiz gespeist wird, der von seltenen alten Zauberbüchern und Beschwörungsformeln ausgeht. Ob diese Textaneignung mit einer fragwürdigen Enthistorisierung einhergeht, lässt sich nicht zuverlässig sagen. Denn die Diskussion über Esoterik kreist bisher nicht um empirisch nachgewiesene Wirkungen, sondern nur um vermutete Wirkungspotentiale. Von der Literaturwissenschaft sind in dieser Hinsicht kaum genauere Aufschlüsse zu erwarten, weil die Esoterik hier wie die Trivialliteratur zu den unvornehmen Gegenständen gerechnet wird, mit denen man sich besser nicht beschäftigt. Für die moderne Mentalitätsgeschichtsschreibung, für die Sozialpsychologie und für die Politologie ist dies ein Schaden. Denn es verdient hohes Interesse, dass zu den modernisierten Milieus auch eine Gesellschaftsschicht zu rechnen ist, die den Modernisierungsprozess einerseits maßgeblich mitträgt und mitprägt, die aber andererseits dieses Fortschritts offenbar nicht recht froh wird und die deshalb der Tröstung und Stabilisierung durch eine teilweise auf vormodernem Aberglauben beruhende Spezialkultur bedarf.

Freilich soll hier nicht der Eindruck erweckt werden, als gehöre die Esoterik notwendig zu einem Leben im alternativen Milieu dazu! Vielmehr schwankt die Kultur dieser Schicht zwischen Geheimlehren und anerkannten Wissenschaften offenbar hin und her. Auch die Lektüre anspruchsvoller Sach- und Fachbücher ist jedenfalls in diesem Milieu weit verbreitet. Besonders bevorzugt werden hierbei die Themenbereiche Psychologie, Ökologie, Politik und Kultur. Was die Belletristik betrifft, so ist noch auf die Frauen- bzw. Emanzipationsliteratur hinzuweisen, die in dieser Schicht reges Interesse findet. Neben den großen historischen Vorbildern wie Louise Aston (*Wilde Rosen*; 1846) oder Lou Andreas-Salomé (*Fenitschka*; 1898) sind es vor allem Gegenwartsautorinnen wie Verena Stefan (*Häutungen*; 1975), Irmtraud Morgner (*Amanda*; 1983) oder Sarah Kirsch (*Katzenleben*; 1984), deren Werken die Aufmerksamkeit der Leser und besonders der Leserinnen gewiss ist.

Unbedingt noch anzusprechen ist ferner die Institution der 'Liedermacher', deren engagierte Protestsongs besonders in den 1960er und 1970er Jahren viel Beachtung fanden. Wichtige Exponenten dieses Genres sind z. B. Georg Kreisler (*Nichtarische Arien*; 1966), Franz Josef Degenhardt (*Spiel nicht mit den Schmuddelkindern*; 1967), Wolf Biermann (*Mit Marx- und Engelszungen*; 1968), Stephan Krawczyk (*Wieder stehen*; 1988) und Konstantin Wecker (*Sage nein!*; 1993). Wie schon erwähnt, gehört der regelmäßige Besuch von Konzerten, Lesungen und sonstigen Kulturveranstaltungen zu den typischen Freizeitbeschäftigungen der Angehörigen des alternativen Milieus. Der eindringlich und atmosphärisch gestaltete Vortrag von Protestliedern, 'die unter die Haut gehen', kommt ihren Dispositionen in besonderem Maße entgegen. Der erfolgreiche Liedermacher spult keine durchgeplante Bühnenshow ab, sondern zeigt sich möglichst sensibel, ungekünstelt, spontan, engagiert und glaubwürdig. Seine Songs vermitteln gerechten Zorn, aufrichtiges Liebesempfinden, historische Einsicht, intensive Sinnlichkeit und ähnliche Haltungen, die sich nur im einfühlsamen Eingehen auf Reaktionen und Stimmungen des anwesenden Publikums auf authentische Weise transportieren lassen. Liedermacher muss man deshalb auf der Bühne erleben oder zumindest im Livemitschnitt hören. Die stille, einsame Lektüre kann natürlicherweise nicht jene Gänsehaut erzeugen, auf die es bei diesem Genre hauptsächlich ankommt und die einen wichtigen Unterschied zur distanzierteren literarischen Kultur der beiden Oberschichten und der – im nächsten Kapitel zu besprechenden – Berufsleser ausmacht. Die Wirkung eines Konzerts von Biermann oder Krawczyk liegt weniger in konkreten politischen Aktionen oder in Verhaltensänderungen als vielmehr darin, dass der Besucher in Gestalt des Liedermachers einen Gedankenfreund und Herzensbruder gewinnt bzw. wiedertrifft. Dieses Erlebnis der geistig-seelischen Übereinstimmung wirkt bestätigend und stabilisierend.

Um eine Vorstellung von Art und Inhalt der alternativen Protestsongs zu vermitteln, soll hier ein Beispieltext vorgestellt werden, und zwar Wolf Biermanns *Gorleben-Lied*, das 1978 auf der LP *Trotz alledem!* und 1980 auf der Doppel-LP *Eins in die Fresse mein Herzblatt* veröffentlicht wurde. Der Text rekurriert unmittelbar auf die politische Situation jener Zeit: Am 22. Februar 1977 hatte der damalige niedersächsische Ministerpräsident Ernst Albrecht bekannt gegeben, dass die nahe der Grenze zur DDR im Landkreis Lüchow-Danneberg gelegene Gemeinde Gorleben Standort des bundesdeutschen nuklearen Entsorgungszentrums werden sollte. Geplant war die Errichtung eines Zwischenlagers für schwach und mittelstark strahlende Abfälle, einer Lagerhalle für Castor-Behälter mit hochradioaktivem Material, einer nuklearen Wiederaufbereitungsanlage sowie eines Atommüll-Endlagers im Salzstock Gorleben-Rambow. Schon wenige Tage nach Bekanntgabe dieser Pläne wird jedoch eine Bürgerinitiative gegründet, und bereits am 12. März 1977 findet in Gorleben eine Aufsehen erregende Großdemonstration mit ca. 20.000 Teilnehmern statt. Nach zahlreichen weiteren Protestaktionen der Anwohner und der nationalen und internationalen Anti-AKW-Bewegung werden die Baupläne im Mai 1979 reduziert. Das Projekt Wiederaufbereitungsanlage wird fallen gelassen, doch die vorbereitenden Untersuchungen für die Errichtung des atomaren Endlagers werden fortgesetzt. Vom 3. Mai bis zum 4. Juni 1980 kommt es deshalb zu jener großen Protestaktion, die den Namen Gorleben international bekannt macht und die zu einem Fixpunkt in der Geschichte der deutschen Alternativbewegung wird: Kernkraftgegner besetzen die Tiefbohrstelle 1004 und errichten ein Hüttendorf mit Gärten, Viehställen und einer Solaranlage zur Strom- und Warmwasserversorgung. Schlagbäume werden errichtet, die diese improvisierte 'Republik Freies Wendland' demonstrativ von der Umgebung abgrenzen und die verdeutlichen, dass es sich nicht nur um eine Protestaktion gegen ein technisches Großprojekt handelt, sondern um ein politisch-soziales Experiment, das den Zusammenhang zwischen einer bestimmten Lebensweise, einer Weltanschauung und einer Naturauffassung herstellen und veranschaulichen soll. Bis zu 10.000 Menschen bevölkern diese Republik, der neben vielen anderen Prominenten der links-alternativen Szene auch Wolf Biermann einen Besuch abstattet. Die Räumung der 'Republik Freies Wendland' durch Bundesgrenzschutz- und Polizei-Beamte kann nicht verhindern, dass 'Gorleben' seither als Synonym für eine neue soziale Bewegung steht, die den Protest gegen konkrete Großtechnologie-Projekte mit einer grundsätzlichen Kritik an der politisch-gesellschaftlichen Gesamtentwicklung zu verknüpfen versucht. Wolf Biermanns Lied greift diesen Gedanken auf. Es ist dem IG-Metall-Funktionär Heinz Brandt gewidmet, der sich energisch für die Antikernkraftbewegung und für die 'Republik Freies Wendland' engagiert und damit auch in seinen eigenen Reihen erregte Debatten ausgelöst hatte.

„GORLEBEN-LIED
(*für Heinz Brandt*)

1
Auf! Chauvies und Emanzen
Kommt mit uns paar Bäume pflanzen!
Und dann einen trinken! tanzen!
das wolln wir.
Du, komm! Wir pflanzen grade
Eine grüne Barrikade
Gegen diesen atomaren
Wahnsinn hier.
Gorleben soll leben!
Ja, ja, es soll leben
– der Rest der Welt solls auch.
Ja, du pflanzt die Birke
Und ich den Strauch.

2
Trink Wein! gleich aus der Flasche
Ein Stück Käse aus der Tasche
Pellkartoffeln aus der Asche
das schmeckt gut.
He, Langer! komm mal rüber,
Blas mal nicht die Flöte, lieber
Blas mal kräftig, daß uns warm wird
in die Glut!
Gorleben soll leben!
Ja, ja, es soll leben
– der Rest der Welt solls auch.
Ja, du kriegst die Zwiebel.
Und ich das Lauch.

3
Sacht geht die Nacht zur Neige
Und von Osten durch die Zweige
Kommt schon Licht. Die Dudel-Geige
kratzt ein Lied.
Die Liebespaare liegen
Längst im Wind in ihren Wiegen
Weil sie mit den Enten fliegen
Tiefs [sic!] ins Ried.
Gorleben soll leben!
Ja, ja, es soll leben
– der Rest der Welt solls auch.
Ja, dir tut der Rücken weh,
Mir der Bauch.

4
Die Starenschwärme hasten
In die Weiden. Lass den Kasten,
Lass die Tasten, komm mal her
– mit mir spiel was!
Pass auf, du Dickmadonne
Guck mal! sahst Du schon mal solche
Blutigrote Morgensonne
blühn im Gras?
Gorleben soll leben!
Ja, ja, es soll leben
– der Rest der Welt solls auch.
Ja, du bist das Feuer
Und ich der Rauch.

5
Was wird es heute geben?
Morgenrot bedeutet Regen,
Liebemachen auch. Grad eben,
so wie wir.
Jetzt schlaf! wir brauchen Kräfte

Für die grüne Barrikade
Gegen diesen atomaren
Wahnsinn hier.
Gorleben soll leben!
Ja, ja, es soll leben
– der Rest der Welt solls auch.
Ja, du pflanzt die Birke
Und ich den Strauch.

NACHSATZ FÜR DIE HERRN DA OBEN
Glaubt nun ja nicht, daß wir zittern
Kindlich vor Naturgewalten!
Glaubt ihr wirklich, daß wir zittern
So vor dem Atomkern-Spalten?
Nein! Vor E u c h und Euresgleichen,
Vor den Mächtigen und Reichen,
Vor den Bossen, die nur messen
Alles nach Profit-Interessen,
Nein, vor euch müssen wir zittern!
Ihr! Ihr seid uns nicht geheuer!
Ihr! Euch können wir nicht traun!
Ihr könnt mit dem Sonnenfeuer
Nichts als Scheiße baun.

Gorleben soll leben
Ja, ja, es soll leben
– der Rest der Welt solls auch.
Ja, du pflanzt die Birke
Und ich den Strauch."

(Biermann 1978, S. 302-305)

Biermann greift den seit Herbst 1977 nachweisbaren Slogan 'Gorleben soll leben!' auf, verleiht dem Begriff des 'Lebens' aber jene charakteristische Färbung, die literarhistorisch vor allem auf den sensualistischen, gegen das blutarm-idealistische 'Nazarenertum' gerichteten 'Hellenismus' von Biermanns Vorbild Heinrich Heine zurückgeführt werden kann. Dazu gehört die unverfälschte Freude an herzhaften Speisen und Getränken (Wein, Käse und Pellkartoffeln in Strophe 2), an der freien Liebe (s. Strophen 3 und 5) und an ähnlichen sinnlichen Genüssen (Wärme in Strophe 2). Charakteristisch hierfür ist auch eine deftig-joviale Wortwahl („Dickmadonne", „Scheiße baun"). Dazu kommt ein schlichtes Naturempfinden, das den lutherischen Gestus des Baumpflanzens grün-ökologisch aktualisiert.

Die Integrationsfunktion des Textes lässt sich nicht nur an der Vagheit des Feindbildes („atomarer Wahnsinn"; die „Herrn da oben"; „die Profit-Interessen") festmachen, sondern auch an den sehr zahlreichen Appellen und Imperativen, die das Lied durchziehen („Du, komm!"; „He, Langer!"; „Guck mal!"

usw.). Die wiederholte vertrauliche Hörer-Anrede gehört zu den typischen
Stilmitteln einer politischen Fraternisierungsrhetorik, die weniger auf die Um-
stimmung Andersdenkender als vielmehr auf die Stärkung des Wir-Gefühls in
einer bereits konstituierten Gruppe von Gesinnungsgenossen abzielt. Die zentrale Botschaft des Liedes lautet demnach: Du bist nicht alleine in Deinem Widerstand! Nonkonformismus kann – im alternativen offenbar wesentlich stärker als im hedonistischen Milieu – Angst, Zweifel und Unsicherheit erzeugen.
Öffentlicher Protest gegen die Regierung, illegitime Besetzung von Bauge-
lände und Konfrontation mit der Staatsgewalt: Alle diese Aktionen sind
Selbstbefreiungsakte mit hohen seelischen Nebenkosten. Nicht nur Kreativität
und Spontaneität, sondern auch Mut, Zivilcourage, Durchhaltevermögen und
Selbstbewusstsein sind erforderlich, um sich den Wasserwerfern und der öffentlichen Meinung entgegenzustellen. Biermann hat dies erkannt und mit seinem *Gorleben-Lied* einen auf die Situation zugeschnittenen Text verfasst, der
Ängste zu zerstreuen und Selbstvertrauen zu verleihen versucht, indem er das
– hier betont marxistisch interpretierte – politische Anliegen der Demons-
tranten mit einer optimistischen, sensualistischen Lebensphilosophie verknüpft. Andere Liedermacher wie Walter Mossmann (LP *Frühlingsanfang*;
1979), Bettina Wegner (LP *Weine nicht, aber schrei*; 1983) oder Hannes Wa-
der (*Daß nichts bleibt, wie es war*; 1984) haben ähnliche Werke publiziert und
dazu beigetragen, der 'Liedermacher'-Bewegung einen wichtigen Platz in der
von Walter Mehring über Bertolt Brecht und Kurt Tucholsky bis hin zu Konstantin Wecker reichenden Geschichte des deutschsprachigen Protestsongs zu
erobern. Aufgrund seiner politisch-weltanschaulichen Disposition, seiner
Lektüre- (bzw. Hör-)Anforderungen und seiner Mediennutzungsgewohnheiten
bringt das alternative Milieu diesem Genre überdurchschnittliches Interesse
entgegen.

Zusammenfassend können wir die literarische Kultur des alternativen Milieus als vielfältig, anspruchsvoll und geradezu unentbehrlich bezeichnen.
Letzteres deshalb, weil Literatur in dieser Schicht keine bloße Zerstreuung und
Unterhaltung liefert, sondern einen wichtigen Beitrag zur Bewältigung der
milieutypischen Ängste und Sorgen darstellt. Die Literaturwissenschaft hat
sich bisher nur mit den in diesem Milieu unter anderem gelesenen Klassikern,
nicht jedoch mit der dort verbreiteten Art ihrer Rezeption und auch nicht mit
den sonstigen Lesestoffen dieser Schicht beschäftigt. Das ist bedauerlich, weil
diese Schicht den bedenkenswerten Sonderfall eines einflussreichen Trendmilieus darstellt, das die gesellschaftliche Modernisierung aktiv vorantreibt, dabei aber der Tröstung durch eine psychisch stabilisierende Spezialkultur bedarf.

Abb. 36: Jugendliche an einem Stand der Frankfurter Buchmesse

Seit 1993 werden auf der Frankfurter Buchmesse auch multimediale Produkte ausgestellt. In ihrer Eigenschaft als Graphemsequenzen sind literarische Werke nicht auf das Buch angewiesen, sondern können in einer Vielzahl von Speicher- und Transportmedien zu den Rezipienten gelangen.

Wie im feudalistischen und im bürgerlichen so gibt es auch und gerade im demokratisch-pluralistischen Zeitalter einige literarische Kulturen, unter deren Rezipienten die Angehörigen keiner Schicht deutlich überrepräsentiert sind. An diesen Sonderkulturen teilzuhaben, ist so leicht wie nie zuvor, weil es kaum noch direkte Ausschlussmechanismen gibt, die eine solche Partizipation von vornherein unmöglich machen. Der Landarbeiter des 17. Jahrhunderts erhielt schlechterdings keinen Zutritt zum Hoftheater, der Fabrikarbeiter des 19. Jahrhunderts besaß kaum Geld für Bücher. In der Wissens- und Wohlstandsgesellschaft des 20. Jahrhunderts verfügt demgegenüber erstmals praktisch jedermann über genug Zeit, Geld und Bildung, um nach Belieben an der literarischen Kommunikation teilzunehmen. Dass es subtile Zwangsmechanismen gibt, die diese Freiheit immer noch stark einschränken, ist in den vorigen neun Kapiteln ausführlich beschrieben worden. Und doch können wir feststellen, dass einige Sonderkulturen existieren, die sich keiner einzelnen Gesellschaftsschicht zuordnen lassen, und zwar Teile der Kinder- und Jugendliteratur, Teile der Pornographie und nicht zuletzt die Hochliteratur der in Kulturberufen tätigen Berufsleser.

Was zunächst die Kinder- und Jugendliteratur betrifft, so ist auf die Entstehung neuer Medien und Formate wie z. B. des Kinderfernsehens und der in Millionenauflagen verkauften Kinderkassetten hinzuweisen (s. Stötzel/Merkelbach 1991; Wild 2002, S. 441). Außerdem bleibt eine wichtige Ergänzung hinsichtlich der neu entstandenen Jugendkultur zu machen. Die entscheidende Voraussetzung für die Entstehung einer schichtenunabhängigen Kinderliteratur im 19. Jahrhundert war ja die ganz der Logik des kapitalistischen Gesellschaftsmodells entsprechende Annahme, dass die soziale Position eines Individuums anders als in der Ständegesellschaft nicht mit der Geburt determiniert ist, sondern erst aufgrund seiner auf dem Markt geltend gemachten Arbeitsleistung festgelegt wird. Folgerichtig wurde dem Einzelnen vor seinem Eintritt in die soziale Hierarchie eine gleichsam klassenlose Orientierungsphase zugebilligt, an deren Ende sein kulturelles Kapital abgemessen, über seinen Beruf entschieden und seine gesellschaftliche Stellung bestimmt wurde. Das Kind war nicht ab ovo Arbeiter, Kleinbürger oder Fabrikant, sondern gemäß den Prinzipien der zu diesem Wirtschaftssystem passenden, egalitären Pädagogik gleichsam Kind und nichts als Kind. Das meint die Redeweise von der 'Erfindung der Kindheit' (Ariès), also der Schaffung einer eigenen Kinderwelt mit speziellen Kindermöbeln, Kinderkleidern und auch Kinderbüchern. Dass die Prinzipien dieser Pädagogik in der gesellschaftlichen Praxis vielfach unterlaufen wurden, ist weiter oben bereits ausgeführt worden. Aber dennoch wäre es verfehlt, den Egalitarismus deshalb als bloße Illusion oder Ideologie abzutun. Zwar gibt es auch schichtenspezifische Formen der Kinderkultur, aber *Pinocchio*, *Pippi Langstrumpf* und *Harry Potter* sind in praktisch keinem Kinderzimmer unbekannt und konstituieren jenes Universum der Kinder mit, in dem die gesellschaftliche Hierarchie nicht (wie z. B. im Falle der 'Weltliteratur') nur der Idee nach, sondern auch de facto zumindest zeitweise ausgeblendet bleibt.

Der entscheidende Unterschied zwischen dem bürgerlichen und dem demokratischen Zeitalter ergibt sich nun daraus, dass die Ansprüche an das Bildungsniveau mit dem Übergang von der Industrie- zur Dienstleistungsgesellschaft erheblich steigen, so dass die Ausbildungsphase sich verlängert und der Berufs- und Milieueintritt sich verzögert. Zusätzlich zur 'klassenlosen' Kinderkultur entwickelte sich deshalb seit der Jahrhundertwende eine tendenziell 'milieulose' Jugendkultur, die sich u. a. in spezifischen Musikstilen, Umgangsformen, Bekleidungsgewohnheiten, Ausdrucksweisen und auch Lektürepräferenzen manifestiert. 'Milieulosigkeit' bedeutet hierbei keineswegs soviel wie Homogenität. Ganz im Gegenteil zerfällt die Jugendkultur in eine Vielzahl von Richtungen, die aber eben nicht mit der Ausdifferenzierung der Gesellschaft in soziale Milieus kongruiert (vgl. Gluchowski 1988; Saxer/Landolt 1995, S. 73-79). Anstelle der soziologischen regieren vielmehr psychologische Differenzierungskriterien. Die einzelnen Stile, Richtungen und Moden reflektieren also nicht Positionen im sozialen Raum, sondern bestimmte Haltungen, Stimmungen und Einstellungen, die im Prinzip von den Angehörigen der unterschiedlichsten Milieus eingenommen werden können. Wie schon im Falle der 'klassenlosen' Kinderkultur ist es allerdings schwierig, bei der Beschreibung dieser Jugendkulturen die Mitte zwischen soziologischer Ignoranz und deterministischem Soziologismus zu treffen. Als Mitglied einer Familie ist der Jugendliche natürlich in diesem oder jenem Milieu positioniert, aber als Jugendlicher unter Jugendlichen kann er eben immer wieder daraus ausbrechen.

Der Lebenssituation der Jugendlichen, zu denen man üblicherweise die 12- bis 25-Jährigen rechnet, entsprechen die dominierenden Themen der Jugendkultur, zu denen etwa die Liebe, die Identitätssuche, das Verhältnis von Individuum und Gesellschaft sowie das politische Engagement gehören. Bevorzugte Formate sind in unseren Tagen der Popsong, das Musikvideo, das Computerspiel und der Comic, also jene plurimedialen und deshalb besonders 'lebendig' wirkenden Gattungen, in denen Sprache, Musik und/oder Bilder miteinander verknüpft werden. Es kann nicht überraschen, dass die Jugendkultur inzwischen starken Einfluss auf die übrigen, besonders aber auf die modernisierten und teilmodernisierten Kulturen ausübt. Denn im Zeitalter des 'life-long-learning' wird die endgültige berufliche und gesellschaftliche Etablierung oft erst im vierten oder fünften Lebensjahrzehnt erreicht, was umgekehrt als extreme Verlängerung der Jugendphase interpretiert werden kann. Die Jugendkultur bietet deshalb auch jenen Einstiegsverweigerern bzw. Aussteigern eine soziale Heimat, die sich nicht als Sonderlinge oder Gesellschaftsgegner verstehen. So gibt es heute das Phänomen der ewigen Jugendlichen, die bis ins Rentenalter den Habitus des Jugendlichen pflegen. Auch für integrationswillige Aufstiegs-

orientierte gilt allerdings: Wer noch etwas werden will oder muss, darf nicht
'gesetzt' wirken, muss sich also einen Aspekt von Jugendlichkeit und Flexibilität bewahren.

Umgekehrt wirkt die Streckung der Jugendphase allerdings auch auf die ursprünglich jugendtypischen Gattungen zurück. So können wir beispielsweise
eine starke Ausdifferenzierung, eine Niveausteigerung und damit ein 'Erwach-
senwerden' der anfangs überwiegend belächelten und nicht zur 'legitimen',
kanonfähigen Literatur gerechneten Comics beobachten (vgl. Platthaus 2000).
Dominierten hier anfangs Titel für die jüngere Leserschaft wie *Donald Duck*,
Micky Maus, *Supermann*, *Fix und Foxi* oder *Die Peanuts*, so gibt es inzwischen eine breite Fülle an Angeboten für die unterschiedlichsten Lesergruppen.
Zeichner wie Art Spiegelman oder Lewis Trondheim wenden sich an eine
gebildete, 'jung gebliebene' Leserschaft mittleren Alters und schrecken nicht
vor gelehrten Anspielungen, überraschenden Perspektivwechseln und ähnlichen Gestaltungsmitteln zurück, die man sonst nur in der literarischen und
graphischen Hochkultur erwartet. Den engeren Bereich der Jugendkultur überschreiten auch die vielgekauften Fantasy-Romane wie z. B. Robert E. Howards
Conan-Geschichten (1932ff.), John Ronald Reuel Tolkiens *The Lord of the
Rings* (1954f.) oder Michael Endes *Unendliche Geschichte* (1979), die sich
eines außerzeitlichen settings und starker Identifikationsanreize bedienen, um
elementare Orientierungsbedürfnisse zu befriedigen, wie sie besonders bei
Jugendlichen und anderen Noch-nicht-Etablierten auf Interesse stoßen. Die
hochgelobten und preisgekrönten, auf Kritik und Reflexion setzenden Klassiker der hohen Jugendliteratur wie z. B. Frederik Hetmanns Che-Guevara-Bio-
graphie *Ich habe sieben Leben* (1972) oder Leonie Ossowskis beeindruckendes, auch für das Fernsehen verfilmtes Meisterwerk *Die große Flatter* (1977)
haben im Vergleich mit solchen Kassenschlagern nur Außenseiterchancen auf
dem Markt der 'jugendlichen' Belletristik.

Was die Pornographie angeht, so muss ebenfalls das in Kapitel 3b 5 Gesagte wiederholt und in einigen Punkten ergänzt werden. Natürlich gibt es viel
schichtenspezifisches erotisches Schrifttum, das den oben beschrieben literarischen Kulturen der neun Milieus zugerechnet werden kann. Aber darüber hinaus existiert im 20. wie schon im 19. Jahrhundert eine schichtenübergreifende
Spielart von Pornographie, die den (immer noch ganz überwiegend männlichen) Leser in allgemeinverständlicher Sprache ausschließlich als triebhaftes
Naturwesen anspricht, wie es eben jeder Rezipient, unerachtet seiner Position
im sozialen Raum, immer auch ist und bleibt. Bildungs- und Milieuunter-
schiede spielen dann praktisch keine Rolle mehr, und stattdessen rücken psychische Nuancen und Differenzen in den Vordergrund, wie sie sich z. B. in der
Einstellung zu den verschiedenen Sexualpraktiken äußern. Was von Milieu zu
Milieu sehr stark variiert, ist natürlich die Offenheit, mit der über Erotik und
Pornographie gesprochen wird. Und auch die Aufmachung der entsprechenden

Werke reicht vom Luxuseinband für den sammelnden Connaisseur bis zum billigen Heftchen aus dem Angebot der Tankstellen. Das nackte Faktum bleibt jedoch häufig, in der Abbildung wie im Wortlaut, dasselbe. Dabei spielt das Bild im 20. Jahrhundert eine erheblich größere Rolle als die Sprache. Das gilt auch für die in diesem Themensegment besonders erfolgreichen Zeitschriften wie *Praline, Neue Revue* oder *Playboy*, die in jedem Zeitungsladen erhältlich sind und die zusammen mit dem entsprechenden Videofilm- und Internetangebot die Vermassung und Enttabuisierung des Erotischen bezeugen, das im bürgerlichen Zeitalter noch überwiegend unter dem Tisch verkauft wurde. Auch im Buchbereich gibt es pornographische Bestseller wie etwa die in den 1970er Jahren publizierten *Emmanuelle*-Romane von Emmanuelle Arsan (d. i. Maryat u. Louis Rollet-Adrienne) oder die *Histoire d'O* (1954) von Pauline Réage (d. i. Anne Declos). Gleichberechtigung und Moral spielen in diesen schichtenübergreifend gelesenen Kassenschlagern so wenig eine Rolle wie eh und je, was aber die großen Verlage im Zeitalter der sexuellen Revolution nicht daran hindert, Arsan und Réage in preisgünstigen Taschenbuchausgaben massenhaft zu vermarkten. In der zweiten Hälfte des 20. Jahrhunderts lässt sich übrigens beobachten, dass in kanonisierten Werken der Hochliteratur vermehrt explizite Darstellungen sexueller Handlungen vorkommen (vgl. Hecken 1997). Ob ein Text der Pornographie zuzurechnen ist, lässt sich deshalb anders als im 19. Jahrhundert nicht mehr am Vorkommen, sondern nur noch an der Fähigkeit derartiger Darstellungen zur Aktivierung der ästhetischen Einstellung festmachen. In der Sexualwissenschaft herrscht keine Einigkeit darüber, ob die gegenwartstypische Veralltäglichung und Enttabuisierung der Pornographie als Indiz für eine stressbedingte, zu massenhafter medialer Ersatzbefriedigung führende Entsexualisierung der Partnerschaften oder als natürlicher Ausdruck einer wirklichen sexuellen Befreiung anzusehen ist.

Die letzte und wichtigste der nicht an Schichten gebundenen literarischen Kulturen ist den in Kultur- und Bildungseinrichtungen tätigen Berufslesern zuzuordnen. Ihr Zugang zur Literatur ist von den Methoden und Fragestellungen der modernen Literaturwissenschaft geprägt. Es handelt sich also um Menschen aus verschiedenen Gesellschaftsschichten, deren individuelle und milieuspezifische Lektürepräferenzen und Rezeptionsgewohnheiten maßgeblich von den Anforderungen der offiziellen literarischen Hochkultur überformt werden, weil sie beruflich mit der Pflege oder Vermittlung dieser Hochkultur beschäftigt sind (s. Grimm 1977, S. 77 u. ö.). Dazu gehören z. B. die an Schulen, Hochschulen, Volkshochschulen und anderen Bildungseinrichtungen tätigen Sprach- und Literaturlehrer. Aber auch von einem Kunst-, Musik- oder Geschichtslehrer, von einem Übersetzer, einem Feuilletonjournalisten, einem Schauspieler oder einem Bibliothekar würde man selbstverständlich erwarten, dass er bzw. sie in überdurchschnittlichem Ausmaß mit dem literarischen Kanon vertraut ist. Zu den Berufslesern können ungefähr zwei Prozent der

Erwerbstätigen gerechnet werden. Denn nach Angaben des Statistischen Bundesamtes waren im Jahr 2000 ungefähr 574.000 Menschen in künstlerischen und publizistischen Berufen tätig (vgl. Thomas 2001, S. 485). Zudem gab es in Deutschland im Schul- und Studienjahr 1999/2000 mehr als 780.000 Lehrer und mehr als 157.000 hauptberufliche Lehrkräfte an Hochschulen (s. www.destatis.de/cgi-bin/printview.pl [17.03.2002]). Die Gesamtzahl der Erwerbstätigen lag im Mai 2000 bei 36,6 Millionen Menschen (s. ebd.). Das ergibt für die genannten Berufsgruppen eine Quote von 4,13 Prozent, von der freilich der schwer zu beziffernde Anteil derer zu subtrahieren ist, die z. B. als Physik- oder Sportlehrer, als Photograph oder als Wirtschaftsjournalist nicht notwendigerweise Anteil an der literarischen Hochkultur nehmen müssen, obwohl auch ihnen in jedem Fall eine gute Allgemeinbildung unterstellt und abverlangt wird. Selbst bei vorsichtigster Schätzung wird man aber mindestens auf die oben genannte Quote von ca. 2 % aller Erwerbstätigen kommen, d. h. auf mehr als 700.000 Menschen oder ein knappes Prozent der Gesamtbevölkerung. Diese Quote ist ungefähr fünfmal so hoch wie der prozentuale Anteil der Bildungsbürger an der Bevölkerung des Deutschen Reiches um 1870 (vgl. auch Institut für Länderkunde 2002, S. 140f., sowie oben Kap. 3b 4).

Noch viel wichtiger als dieser quantitative ist freilich ein qualitativer Unterschied zwischen den Bildungsbürgern des 19. und den Berufslesern des 20. Jahrhunderts. Gemeint ist die Tatsache, dass die heutigen Berufsleser keine eigene Gesellschaftsschicht bilden, sondern – wenn auch nicht gleichmäßig – auf die oben vorgestellten Milieus verteilt sind. Die Ursache hierfür liegt in der Verbreitung und Veralltäglichung der höheren Bildung. So gab es beispielsweise im Jahr 1860 an allen deutschsprachigen Universitäten zusammen nur 923 Professoren (s. Ellwein 1992, S. 333). Demgegenüber zählte das Statistische Bundesamt im Jahr 2000 nicht weniger als 37.794 Professoren an deutschen Hochschulen, vom sonstigen Lehrpersonal nicht zu reden (s. www.destatis.de/cgi-bin/printview.pl [17.03.2002]). Dieser Vervierzigfachung steht im gleichen Zeitraum eine Zunahme der Gesamtbevölkerung um weniger als das Zweieinhalbfache gegenüber. Und in anderen Berufen, die eine akademische oder gymnasiale Ausbildung erfordern, liegen die Verhältnisse nicht anders. Der Bildungsbürger des 19. Jahrhunderts gehörte einer besonderen Gesellschaftsschicht mit spezifischem Bildungsstand, Image und Selbstverständnis und mit einer spezifischen Art der Lebensführung an, einer Schicht, die 'ihre Kultur lebte', d. h. im öffentlichen wie im privaten Leben vertrat und repräsentierte. Der Berufsleser unserer Tage lebt dagegen in der Regel so, wie es dem Habitus seines Milieus entspricht, und darüber hinaus geht er eben seiner Arbeit in dieser oder jener Einrichtung des Bildungswesens oder der Kulturwirtschaft nach.

Die Teilhabe an der Hochkultur der Berufsleser gehört nicht zu den Charakteristika der genuinen, 'natürlich gewachsenen' literarischen Kultur irgendeines Milieus. Vielmehr korreliert sie mit der Bildung und der Berufszugehörigkeit. Nun ist zwar Bildung selbst einer der wichtigsten Faktoren bei der Determination von Positionen im sozialen Raum. Und insofern ist die Teilhabe an der Hochkultur der Berufsleser gewiss ein soziologisch relevantes und erfassbares Phänomen. Aber dennoch macht es einen entscheidenden Unterschied aus, ob die Teilhabe an einer solchen Kultur die 'natürliche' Folge der Zugehörigkeit zu einem bestimmten Milieu oder die Konsequenz einer Berufswahl ist.

Dabei kann es offenbar zu unterschiedlich großen Diskrepanzen zwischen einerseits dem milieuspezifischen und andererseits dem berufsspezifischen Rezeptionsverhalten kommen. Relativ große Übereinstimmungen zwischen milieu- und berufsspezifischen Rezeptionsroutinen gibt es bei den beiden Oberschichten, also bei Berufslesern aus dem konservativ-gehobenen und aus dem technokratisch-liberalen Milieu, die fast nur 'ihr Hobby zum Beruf zu machen' brauchen, um als Berufsleser zu reüssieren. Schon geringer sind die Überschneidungen bei Angehörigen des aufstiegsorientierten, des alternativen und des hedonistischen Milieus. Und markante Diskrepanzen gibt es bei Berufslesern aus den restlichen Milieus, zu deren Habitus es ja gehört, literarische Werke ganz überwiegend zu Unterhaltungs- bzw. zu Kompensationszwecken zu rezipieren. Übrigens hat sowohl die Diskrepanz als auch die Übereinstimmung ihre spezifischen Nachteile. Denn der Berufsleser aus den Oberschichten läuft Gefahr, seine milieu- und habitusbedingte Affinität zur kanonisierten Literatur mit einem angeborenen persönlichen Gespür für Qualität zu verwechseln, seine habitualisierte Lektürepraxis der methodisch-wissenschaftlichen Texterschließungsarbeit überzuordnen und damit letzten Endes seinen Beruf wie ein bloßes Hobby zu betreiben. Umgekehrt kann eine besonders große Diskrepanz zwischen milieu- und berufsspezifischer Lektürepraxis die Empfindung erzeugen, dass die Hochliteratur und die Literaturwissenschaft künstliche Welten sind, deren vermeintliche Abgehobenheit dann in übertriebener Weise als Funktionslosigkeit beklagt und/oder als Autonomie gefeiert wird. Hier liegt viel Stoff für eine noch zu schreibende Wissenssoziologie der Literaturwissenschaft und der literaturwissenschaftlichen Methoden. Aber so oder so ist schon jetzt zu konstatieren, dass die literarische Hochkultur im demokratischen Zeitalter erstmals in der deutschen Geschichte keinen 'natürlichen' Sitz im sozialen Raum besitzt. Während die Gelehrten des feudalistischen und die Bildungsbürger des bürgerlichen Zeitalters eine für die Pflege der Hochkultur zuständige und in dieser Funktion wahrgenommene und anerkannte Gesellschaftsschicht bildeten, ist die Hochkultur im 20. Jahrhundert gleichsam der festen sozialen Heimat in dieser oder jener Gesellschaftsschicht beraubt und unter den in verschiedenen Milieus lebenden Berufslesern ausgestreut worden. Diese Loslösung hat einen Nachteil und einen großen Vorteil.

Der Nachteil besteht in einem offenkundigen Funktionsverlust. Es gibt in der Gegenwart keine soziale Schicht mehr, deren Angehörige sich hauptsächlich über ihre Teilhabe an der nationalen und internationalen Hochkultur definieren. Das gilt auch für die beiden Oberschichtmilieus, deren Lektürepräferenzen zwar relativ große Überschneidungen mit dem offiziellen Kanon aufweisen, deren Leseintentionen und Rezeptionsstile jedoch nicht bzw. nur partiell die moderne wissenschaftliche Texterschließungspraxis der Berufsleser nachahmen. Von vereinzelten Enthusiasten und Individualisten abgesehen, die es in allen Gesellschaftsschichten geben kann, sind es nur die Berufsleser, die historisch-kritische Ausgaben benutzen, systematisch bibliographieren, Sekundärliteratur auswerten und ihre eigene Textdeutung in die Interpretationsgeschichte des jeweiligen Werkes einordnen. Es verrät kultursoziologische Naivität und literaturpädagogische Phantasielosigkeit, wenn ausgerechnet diese einzige Leseweise, die heute keinen natürlichen Sitz im literarischen Leben der sozialen Schichten hat, zur allein legitimen erklärt wird. Aufgabe der Literaturwissenschaft kann es nicht sein, die genuinen literarischen Kulturen der neun Milieus zu bekämpfen und durch die wissenschaftliche Rezeption von Hochliteratur zu ersetzen.

Der besagte Funktionsverlust bringt andererseits, wie oben kurz erwähnt, unzweifelhaft einen großen Vorteil mit sich. Denn die in die Obhut von Berufslesern gegebene literarische Hochkultur verliert ihre Schichtenspezifik, öffnet sich also den Erfahrungen, Ansichten und Lebenseinstellungen der unterschiedlichsten sozialen Milieus. Nach der Ständeklausel fällt nun auch die nirgends explizit formulierte, aber durchaus wirksame 'Klassenklausel'. Und eine 'Milieuklausel' entstand erst gar nicht. Dies bedeutet einen entscheidenden Schritt in Richtung auf eine wirkliche Autonomisierung sowohl der Hochliteratur als auch der Literaturwissenschaft. Autonomie meint hierbei nicht das, was Kant und Hegel darunter verstanden und was sich im nachhinein als Verabsolutierung der dem bildungsbürgerlichen Habitus entsprechenden Rezeptionshaltung entpuppte (vgl. Bourdieu 1987, v. a. S. 756-783; Schmitz 1993, S. 154 f.). Autonomie meint vielmehr die freie, von den Dispositionen spezieller Schichten unabhängige, thematische und stilistische Öffnung und Ausdifferenzierung der Hochliteratur und der Literaturwissenschaft.

Diese Autonomie schlägt sich auf Seiten der Wissenschaft in einem Pluralismus der Methoden nieder, wie er sich um die Jahrhundertwende herum, also zu Beginn des demokratischen Zeitalters, in der deutschen Literaturwissenschaft tatsächlich entwickelt hat (vgl. Hermand 1994, S. 66f.). Seither existieren soziologische, psychologische, ideengeschichtliche, rezeptionsästhetische, strukturalistische und viele weitere Deutungsansätze, die einander ergänzen oder zumindest tolerieren (zu den einzelnen Methoden vgl. Schneider 2000, S. 208-243). Auf Seiten der Hochliteratur selbst können wir analog von einer Ausweitung des Gestaltungsspektrums in sowohl inhaltlicher als auch themati-

scher Hinsicht sprechen. War die Ästhetik des Bildungsbürgertums noch recht
deutlich von seinen Moralvorstellungen, von seinen Scham- und Peinlichkeitsstandards sowie von seinen politischen (d. h. oft auch nationalistischen) Einstellungen überformt worden, so regiert in der Ästhetik der Berufsleser des
demokratisch-pluralistischen Zeitalters ein fast schrankenloser Relativismus
und Liberalismus. Von Frank Wedekinds *Erdgeist* (1895) über Hans Arps
Wortträume und schwarze Sterne (1953) bis hin zu Wolfgang Bauers *Magic
Afternoon* (1968) gibt es zwar immer noch eine ganze Reihe von sperrigen und
skandalösen Werken, die im breiteren Publikum für Achselzucken oder Kopf-
schütteln sorgen. Aber auf die Kanonisierung dieser Werke durch die dafür
hauptverantwortliche Berufsleserschaft hat das kaum noch einen Einfluss.
Jedenfalls sind Amoralismus, Obszönität oder fehlender Patriotismus kein
Kanonisierungshindernis mehr.

Wie das Bildungsbürgertum die dominierende Hintergrundideologie seines
Zeitalters, die Natürlichkeitsphilosophie, propagierte und alles Widernatürliche
im Denken, Empfinden und Verhalten sanktionierte, so erhebt sich die Berufsleserschaft   zum   Anwalt   der   neuen   Hintergrundideologie   des
20. Jahrhunderts, also des Relativismus (s. o. Kap. 4a). Toleriert wird demnach
alles außer der Intoleranz. Auch das zuvor geschmähte 'Widernatürliche' findet Gehör, solange es nicht mit Fanatismus, Extremismus, Wahrheitsabsolu-
tismus einhergeht. Man darf diesen Wechsel von der Natürlichkeitsideologie
zum programmatischen Relativismus als bedeutenden kultur- und mentalitätsgeschichtlichen Fortschritt bezeichnen. Problematisch ist es jedoch, dass dieser
Relativismus häufig sich selbst von der Relativierung ausnimmt und als ewige
Wahrheit auftritt. Das geschieht etwa dort, wo die Kultur des bürgerlichen oder
sogar die des feudalistischen Zeitalters gewaltsam zu einer selbst schon relativistischen Kultur uminterpretiert wird. Offenbar soll es dem Relativismus die
Würde der Anciennität verleihen, wenn sogar Autoren wie Brockes, Herder
oder Fontane als Konstruktivisten avant la lettre präsentiert werden, die angeblich schon modern waren. Wert und Ehre eines Klassikers bemessen sich
dann nur noch daran, bis zu welchem Grad er bereits die relativismustypischen
Gegenwartsprobleme (Identitätsverlust, Wirklichkeitszerfall, Sprachkrise usw.)
'vorweggenommen' hat. Der Relativismus kann offenbar einen geradezu ge-
schichtsimperialistischen Zug annehmen, wenn er sich nicht selbst historisch
relativiert.

Übrigens liegt darin eine bemerkenswerte Parallele zu der geschichtsblin-
den Selbstgerechtigkeit, mit der die bürgerliche Literaturwissenschaft des
frühen 19. Jahrhunderts die literarischen Kulturen des feudalistischen Zeitalters an der Elle der neuen Natürlichkeitsideologie maß. Dass bei dieser
Durchmusterung einige Autoren und Gattungen wie z. B. Johann Christian
Günther oder das Volkslied aufgespürt wurden, denen man tatsächlich schon
Natürlichkeit und Authentizität attestieren konnte, ändert nichts an der prinzi-

piellen Unangemessenheit der Vorgehensweise. Der Relativismus ist also eine
Besonderheit des demokratischen Zeitalters, so wie die Natürlichkeitsphilosophie ein typisches Phänomen des bürgerlichen Zeitalters war. Wie alle anderen
so haben auch diese beiden Denkrichtungen philosophieintern eine jahrhun-
dertlange Vorgeschichte. Doch der geistesgeschichtliche Vorlauf ist bloß eine
notwendige, aber keine hinreichende Bedingung für einen gesellschaftsgeschichtlichen Umbruch.

Dass konstruktivistische Aktualisierungen der literarischen Werke des bür-
gerlichen Zeitalters überhaupt möglich sind, hängt auch mit der zeittypischen
Verabsolutierung und Enthistorisierung der relativistischen Semiotik und
Interpretationsmethodik zusammen. Pünktlich zu Beginn des pluralistischen
Zeitalters 'entdeckte' die Zeichentheorie in Gestalt der erstmals 1906 gehalte-
nen Vorlesungen Ferdinand de Saussures (*Cours de linguistique générale*,
Erstdr. 1916), dass das sprachliche Zeichen keine natürliche, unumstößliche
Verbindung aus Bedeutetem und Bedeutendem darstellt, sondern im Akt der
Zeichenverwendung konstituiert wird. Unter Anknüpfung an diese Vorstellung
und unter Einbeziehung neuer rezeptionsästhetischer Ansätze entwickelte sich
im 20. Jahrhundert von Sartre über Eco bis hin zu Iser, Barthes, Kristeva u. a.
ein bunter Strauß ganz verschiedenartiger Interpretationstheorien, die jedoch in
einer Hinsicht alle übereinstimmten: Die Lektüre wurde nicht mehr als passiver, sondern als aktiver Prozess definiert, der nicht auf die Rekonstruktion des
vom Autor 'Gemeinten' abzielt. Der Text wurde vielmehr zum 'offenen
Kunstwerk' (Eco) erklärt, das nicht auf eine einzige 'richtige' Interpretation
festgelegt werden darf, weil dies seiner irreduziblen Vieldeutigkeit nicht
gerecht werden würde. Der eine und einzige Textsinn, den die klassische
Hermeneutik des bürgerlichen Zeitalters (Dilthey) noch unterstellte und in
endloser Annäherungsarbeit einzukreisen versuchte, wurde in eine Vielzahl
gleichrangiger, konkurrierender, unter Umständen sogar kontradiktorischer
Sinnentwürfe zerlegt. Selbst die moderne Hermeneutik (Manfred Frank)
musste diesem Gedanken Tribut zollen und kombinierte die traditionelle Interpretationsmethodik Schleiermachers mit dem relativistischen Konzept des
offenen, stets vieldeutigen Kunstwerks. Dieses Konzept ist nicht falsch, ja aus
heutiger Perspektive ist es geradezu das einzig akzeptable. Aber nur aus heutiger. Dem bürgerlichen und erst recht dem feudalistischen Zeitalter war der
Gedanke völlig fremd, dass das Lesen ein 'gelenktes Schaffen' (Sartre) ist und
dass der einzelne Rezipient im Akt des Lesens frei festlegen kann und soll,
welche Bedeutung bzw. Bedeutungsnuance er diesem oder jenem Wort verleihen will. Der feste Buchstabe des Gotteswortes und später die authentisch-
natürliche Äußerung des erlebenden Dichtersubjektes waren dort die Paradig-
men, an denen sich die Interpretationstätigkeit zu orientieren hatte. Wo ein
Wort – z. B. nach der christlichen Lehre vom vierfachen Schriftsinn – zugleich
mehrere Bedeutungen zugesprochen bekam, wurde diese Vervielfältigung des

Sinnes also nicht auf die Kreativität des Lesers, sondern auf die (Ver-)Dichtungsleistung des göttlichen oder des genialisch-menschlichen Autors zurückgeführt.

Auch auf dem Feld der Semiotik und der Interpretationsmethodik bedarf der gegenwartstypische Relativismus damit selbst einer historischen Relativierung. Für uns heute sind alle literarischen Texte, egal welcher Epoche sie entstammen, in der Tat 'offene Kunstwerke'. Aber für die Menschen der zurückliegenden Zeitalter waren sie es nicht und konnten sie es nicht sein. Bei einer Missachtung dieses wichtigen Unterschiedes geht das Gespür für die Diskrepanz zwischen den epochen- und schichtenspezifischen Leseweisen und Lektüreabsichten verloren. Der Gelehrte des 16. Jahrhunderts griff nicht zu Horaz und Cicero, um seine Kreativität zu erproben. Und auch der Bildungsbürger des 19. Jahrhunderts verhielt sich in der Rezeption passiver, las gewissermaßen 'gläubiger', war autoritätshöriger. Man stritt nicht über Bücher, um den ganzen Reichtum des in ihnen enthaltenen Deutungspotentials freizulegen und auszukosten, sondern um den 'richtigen' Sinn zu finden und durch die Lektüre eine verbindliche Orientierung zu erhalten. Wo Ambiguität zu konstatieren war, wurde sie nicht dem Erwartungshorizont und dem Vorwissen des Lesers oder dem Zeichensystem, sondern der Intention des Autors zugeschrieben. Aus der Sicht der meisten heutigen Berufsleser mag dies falsch oder naiv sein; es ist jedoch ein historisches Faktum und deshalb in literaturgeschichtlichen Darstellungen zu berücksichtigen (vgl. Schmitz 2001).

Mit dem Einzug des Relativismus in die Philologie war eine außerordentliche, für Außenstehende schier unfassbare Verkomplizierung der Methodik und der Argumentationsführung verbunden. Literaturwissenschaftliche Interpretationen des 19. Jahrhunderts wurden nicht selten in geschliffen-gehobenem Ton vorgetragen, waren aber zugleich inhaltlich oft von entwaffnender Einfachheit, Klarheit und 'Natürlichkeit'. Ihre Autorität bezogen sie aus dem Umstand, dass der Interpret mit Biographie und Werk des jeweiligen Dichters eng vertraut war, ihn gründlich studiert und 'richtig verstanden' hatte. Dem Philologen des 20. Jahrhunderts wird hingegen nicht mehr zugebilligt, dass sein u. U. privilegierter Zugang zur geistigen Welt des Autors relevant für die Sinnkonstitution ist. Es nützt ihm nichts mehr, sich auf das Gemeinte hinter dem Gesagten zu berufen, denn er kann seine Deutung so oder so nur durch besondere Scharfsinnigkeit, Kreativität und Subtilität der Argumentationsführung legitimieren. Dazu gehört beispielsweise die Aufdeckung von seltenen Zitaten und Anspielungen, die der nichtprofessionelle Leser nicht einmal als solche identifizieren, geschweige denn nachweisen und kommentieren könnte. Oft wird auch die Entwicklung eines bestimmten Themas oder Motivs in Texten aus verschiedenen Gattungen und Epochen nachgezeichnet, was eine gute Gelegenheit zur Demonstration weitläufigster Geschichts- und Literaturkenntnisse eröffnet. Und Schlüsselwörter in einem Werk werden z. B. begriffsgeschichtlich dermaßen mit Ko- und Kontexten angereichert, dass ein scheinbar unauffälliger Satz plötzlich unabsehbare Problemhorizonte aufreißt.

Aus der Sicht des Laien handelt es sich bei diesen wissenschaftlichen Textdeutungen oft um Überinterpretationen. Denn vor dem Hintergrund alltäglicher Kommunikationserfahrungen muss es unmöglich erscheinen, dass ein Autor alles das gemeint haben könnte, was der Philologe in das Gesagte oder Geschriebene hineinliest. Dieses Hineingelesene wird aber eben vom heutigen Berufsleser nicht mehr auf ein ursprünglich Gemeintes zurückbezogen. Aus seiner Sicht wächst dem Autor sein Wort gleichsam über den Kopf und verselbstständigt sich. Das macht die wissenschaftliche Textauslegung einerseits zu einem vergleichsweise einsamen Geschäft, weil die literarische Kommunikation anders als in den genuinen literarischen Kulturen der einzelnen Milieus nicht mehr als medial vermittelter Austausch mit einem menschlichen Gegenüber, sondern als Rede über ein eigentlich stummes Gebilde aufgefasst wird, in dem sich eher der Leser als der Autor widerspiegelt. Andererseits ermöglicht aber die Abwendung vom (angeblich) Gemeinten eine Emanzipation von verfestigten Deutungtraditionen, die ganz den freien Geist des demokratischen Pluralismus atmet. War der Nachwuchswissenschaftler des feudalistischen und des bürgerlichen Zeitalters gut beraten und in der Regel auch ängstlich bemüht, sich den Deutungsansätzen der wissenschaftlichen Autoritäten anzuschmiegen, so kann der heutige Jungforscher mit 'seiner These', einem möglichst innovativen und unverwechselbaren Neuansatz, hervortreten, um sich in der Berufsleserschaft Gehör zu verschaffen und zu etablieren. In den genuinen literarischen Kulturen der neun sozialen Milieus finden diese Neuansätze normalerweise keinerlei Widerhall, da sie mit den dort verbreiteten Lektüreweisen und -absichten nicht in Einklang zu bringen sind.

Bei alledem ist zu beachten, dass die literarische Kultur der Berufsleser nicht auf einen Schlag um 1900 entstand, sondern erst ganz allmählich zum dominierenden Paradigma wurde. Das mag damit zusammenhängen, dass vermehrt literarische Werke auf den Markt kamen, die offenbar speziell für Berufsleser geschrieben waren. So sind beispielsweise die späten Gedichtbände Paul Celans nur mit Hilfe philologischer Recherchen erschließbar. Gleiches gilt für die meisten der seit dieser Zeit publizierten Texte von Ilse Aichinger, von Franz Mon oder auch von Friedrike Mayröcker. Da die literarische Kultur der Berufsleser über das Medium der von ihnen beherrschten Bildungseinrichtungen mit den literarischen Kulturen der sozialen Milieus in ständigem Austausch oder zumindest in ständiger Berührung ist, kann aber u. U. durch Leserschulung à la longue aus dieser Literatur für Philologen nachträglich eine Literatur für Leser gemacht werden. Zur Zeit ist jedoch nicht absehbar, ob die Berufsleserkultur die genuinen literarischen Kulturen der Milieus (zum Teil) in seine Richtung lenken kann, ob umgekehrt die professionelle literarische Kultur aus den Milieus heraus erneuert und umgeformt werden wird oder ob es bei jener Koexistenz in wechselseitigem Desinteresse bleibt, in der die beiden Lager zur Zeit verharren.

An zwei Beispielen soll hier kurz der spezifische Rezeptionsmodus der Berufsleser dargestellt und analysiert werden, nämlich an Ingeborg Bachmanns *Malina* und an Paul Celans *Schibboleth*. Bachmanns Roman wurde gewählt, da er schon im Kapitel über das technokratisch-liberale Milieu behandelt wurde, so dass sich der Unterschied zwischen professioneller und nicht-professioneller Textrezeption gut herausarbeiten lässt. Celans Gedicht steht demgegenüber als Beispiel für ein literarisches Werk, das für Nicht-Profis nahezu vollkommen unzugänglich, also de facto auf die Berufsleserschaft und ihren Rezeptionsmodus zugeschnitten ist. Um Missverständnissen vorzubeugen, sei noch einmal betont, dass sich die Gruppe der Berufsleser nicht nur aus Philologieprofessoren, sondern potentiell aus all jenen zusammensetzt, die beruflich mit der Pflege und Vermittlung der Hochkultur befasst sind (Lehrer, Übersetzer, Schauspieler, Bibliothekare usw.). Darüber hinaus ist mit vereinzelten Literaturenthusiasten aus den verschiedensten Milieus zu rechnen, die aufgrund ihrer persönlichen Neigung und aufgrund ihrer Lesesozialisation in Schule und Elternhaus genug Motivation und Vorkenntnisse besitzen, um die aufwändigen Rezeptionsprozeduren der Berufsleserschaft zu ihrem Privatvergnügen nachzuvollziehen.

Zu diesen Prozeduren gehört zunächst die Benutzung einer philologisch einwandfreien, die Überlieferungsgeschichte des jeweiligen Textes kritisch aufarbeitenden Edition. Im Falle von Bachmanns *Malina* sind dies die Bände 3.1 und 3.2 der unter Leitung von Robert Pichl durch Monika Albrecht und Dirk Göttsche herausgegebenen Kritischen Ausgabe des Bachmannschen *Todesarten-Projekts*, eines Werkzyklus, zu dem außer *Malina* noch mehrere andere Romane, Erzählungen und Textfragmente gehören (Bachmann 1995). Es versteht sich, dass die Einordnung von *Malina* in den Zusammenhang dieses Zyklus ein aufwändiges Unterfangen ist, zumal sich der Gesamtumfang der Kritischen Ausgabe auf mehr als 2.800 Textseiten beläuft. Knapp 1.000 dieser Seiten sind für die *Malina*-Edition reserviert, was in etwa dem Dreifachen des Romanumfangs in nicht-kritischen Editionen entspricht. Wie kommt dieser Unterschied zustande? Im wesentlichen dadurch, dass von den frühesten Entwurfsskizzen Bachmanns über die Reinschriften und die verschiedenen Druckausgaben bis hin zu den herausgenommenen Textteilen und den Paralipomena sämtliche Überlieferungsträger abgedruckt werden, die sich im Verlauf der Werkentstehung angesammelt haben. Der Text wird also als ein dynamisches Gebilde aufgefasst, das sich über die Jahre hinweg verändert hat. Und hinzu kommen außerdem mehrere Dutzend Seiten mit ausführlichen Sachkommentaren, die das Verständnis des Werkes erleichtern sollen. Dabei werden zunächst seltene Begriffe, Fremdwörter und fremdsprachliche Wendungen erklärt, wie sie in *Malina* immer wieder auftauchen. Eine geradezu unendliche Quelle philologischer Kommentare bieten außerdem die in diesem elaborierten Roman äußerst zahlreichen Anspielungen und Zitate, die das Werk durchziehen und deren Kenntnis der Interpretation fraglos eine neue Tiefendimension verleiht. Unter anderem rekurrieren einzelne Passagen von *Malina* auf Werke von Arnold Schönberg, Walter Benjamin, Ferdinand Freiligrath, Jacobus de Voragine, Friedrich Hölderlin, Jean Améry, Carlo Emilio Gadda, Louis-Ferdinand Céline, Giuseppe Ungaretti, E.T.A. Hoffmann, Paul Celan, Leo Tolstoi, Wolfgang Amadeus Mozart, Friedrich Nietzsche, Algernon Blackwood, Ludwig von Beethoven, William Burroughs, Allen Ginsberg, Marcel Proust, Cesare Pavese, Immanuel Kant, Jean Paul Sartre, Franz Kafka, Sigmund Freud, Max Steiner, Honoré de Balzac, Aristoteles, Karl Marx, Arthur Rimbaud, Gustave Flaubert und viele, viele weitere Künstler und Wissenschaftler. Wer solche Zitate und Anspielungen nicht versteht oder gar nicht erst bemerkt, kann zwar noch die Hauptlinien der Handlung verfolgen und die zentralen Themen des Werkes identifizieren, doch es bedarf mehr als einer hervorragenden Allgemeinbildung, um die besagte intellektuelle Tiefendimension des Textes zu realisieren. Zu dem oben im Kapitel über das technokratisch-liberale Milieu zitierten Erfrierungsalbtraum findet sich z. B. im Sachkommentar der Kritischen Ausgabe folgende Erläuterung:

> „Anspielung auf die Überlieferung sadistischer Belustigungen am Petersburger Hof der Zarin Anna Iwanowna (1693-1740). Im Winter 1739/ 40 soll sie einen 40jährigen Fürsten und ein Mädchen aus dem Volk in einer mit großem Aufwand inszenierten Eishochzeit verheiratet haben: 'Dem Herrn von Wolinskij, Kabinettsminister, ward die Ausrichtung dieser Hochzeit aufgetragen. Man wählte zur Feier den Winter, und um sie recht außerordentlich zu machen, ließ die Kaiserin ein Haus von Eis bauen. Es hatte zwei Zimmer, in welchen alles, bis auf die Bettstelle, auf welcher das Brautpaar schlafen sollte, von Eis war. (...). Nach geendigtem Ball führte man das Brautpaar in das Eishaus, legte sie da in ein sehr kaltes Bett und stellte Schildwachen an die Tür, damit sie nicht vor dem folgenden Tag herausgehen möchten.' (Christoph Hermann von Manstein: Historische, politische und militärische Nachrichten von Russland von dem Jahre 1727 bis 1744. Leipzig 1771; zitiert nach: Hubert von Bechtolsheim: Leningrad. Biographie einer Stadt. München 1980. S. 91)"
>
> (Bachmann 1995, Bd. 3.2, S. 955)

In Bachmanns Privatbibliothek befand sich zudem die 1960 von Alexander Mitscherlich und Fred Mielke unter dem Titel *Medizin ohne Menschlichkeit* herausgegebene Dokumentation über die im 'Dritten Reich' an lebenden Lagerhäftlingen vorgenommenen Vergasungs-, Druck- und Erfrierungsexperimente (s. Schneider 1999, S. 275, Anm. 29). Aus alledem lässt sich folgern, dass die albtraumartigen Szenen im mittleren Kapitel von *Malina* nicht oder höchstens teilweise auf persönliche Traumerinnerungen der Verfasserin zurückzuführen sind, sondern als verdichtete Darstellungen literarischer Geschehnisse aufgefasst werden müssen. Damit werden politische gegenüber biographisch-psychologischen Interpretationsansätzen gestärkt. Viele Dutzend ähnliche Beispiele für Zitate und Anspielungen von vergleichbarer Deutungsrelevanz ließen sich zusammentragen.

Nicht ohne Einfluss auf die Werkinterpretation bleibt natürlich auch die Zurkenntnisnahme der vielen Skizzen, Notizen und Entwürfe, die von der Autorin während ihrer Arbeit an *Malina* angefertigt wurden, die aber in die schließlich publizierte Druckfassung von 1971 keinen Eingang fanden. In den Entwürfen zum mittleren Kapitel findet sich beispielsweise folgender Passus:

> „Nach einem Krieg denkt man nicht nach.
> Die, die ihn nicht haben, haben ihre Klischees, und die, die ihn gehabt haben, haben ihre Klischees. Der Krieg ist ein Klischee.
> Der Krieg ist nicht der Krieg.
> Der Krieg kommt später. Der Krieg ist der Frieden. Der Krieg ist nie der Krieg.
> Es gibt den Krieg nicht, es gibt ihn ewig. Eterna guerra.
> Und der spielt sich anders ab."

(Bachmann 1995, Bd. 3.1, S. 115)

Bachmann formuliert hier recht explizit ihre später in mehreren Interviews geäußerte Auffassung vom Scheinfrieden als dem eigentlichen Krieg, aus dem dann das, was in der Öffentlichkeit als 'Krieg' bezeichnet wird, unmittelbar abgeleitet werden muss. Gerade diese besonders explizite Formulierung, die wir hier in den Entwürfen finden, ist jedoch in die Druckfassung nicht aufgenommen worden. Gleichwohl macht es natürlich einen Unterschied, ob man den zitierten Passus in einer Interpretation berücksichtigen kann oder nicht. Die Entwürfe bieten nicht den Schlüssel zum Textverständnis, aber doch eine wichtige Argumentationshilfe bei der Verteidigung professioneller gegenüber nicht-professionellen Auslegungsansätzen.

Neben der Arbeit mit philologisch zuverlässigen, kommentierten Werkausgaben ist die Berücksichtigung und kritische Aufarbeitung der Rezeptions- und Forschungsgeschichte das zweite wesentliche Merkmal der für die Berufsleserschaft charakteristischen Rezeptionsprozeduren. Unmittelbar nach Erscheinen des Romans wurden in der in- und ausländischen Presse mehrere Hundert Rezensionen zu *Malina* veröffentlicht, die in speziellen rezeptionsgeschichtlichen Studien aufgearbeitet worden sind. Und die literaturwissenschaftliche Forschung zu diesem Text umfasst inzwischen neben einer dreistelligen Anzahl von Artikeln in Fachzeitschriften mehr als zwei Dutzend Bücher und Sammelbände, die sich ausschließlich oder überwiegend mit der *Malina*-Deutung beschäftigen (vgl. Albrecht/Göttsche 2002, S. 34f., 143f. u. 312-316). Hier ist nicht der Ort, um den Inhalt der Diskussionen und Kontroversen wiederzugeben, die in diesen vielen Studien ausgetragen wurden und werden. Was

hier aber sehr wohl interessiert, ist die Funktion derartiger Rezeptionsprozeduren im Unterschied zu den Lektüreweisen und -zielen derjenigen Bachmann-
Leser, die nicht zur Berufsleserschaft zu zählen sind. Vier derartige Funktionen lassen sich ausmachen.

   Erstens handelt es sich dabei um die Autonomisierung des literaturwissenschaftlichen Diskurses im Sinne einer Emanzipation von pädagogischen, politischen, religiösen und anderen Wertmaßstäben oder Nützlichkeitserwägungen,
die von nicht-professionellen Lesern an (literarische und) literaturwissenschaftliche Werke herangetragen werden könnten. Lediglich die Eigengesetzlichkeit des literarischen 'Feldes' oder 'Systems' soll darüber bestimmen dürfen, welche Fragen wissenschaftlich zulässig sind und welche nicht. Zweitens
ist die Intellektualisierung, d. h. die Konzentration auf das geistes- und ideengeschichtliche Potential und auf die kunst- und wissenschaftsgeschichtlichen
Kontexte eines Werkes zu nennen. Vor dem Hintergrund einer als Überbietungsgeschichte konzipierten Vorstellung vom Gesamtverlauf der Kulturgeschichte wird dabei die spezifische Leistung eines Werkes für das Vorantrei-
ben der nationalen oder internationalen Geisteskultur ermittelt. Drittens werden nicht selten auf dem Gebiet der Literaturinterpretation symbolische Stell-
vertreterkriege ausgetragen, in denen politisch-weltanschauliche Positionen
aufeinander prallen. Und viertens dient ein nicht unbeträchtlicher Teil des
literaturwissenschaftlichen Schrifttums der Selbstrekrutierung der Berufsleserschaft, besteht also aus Qualifikationsschriften, die der Akkumulation institutionalisierten kulturellen Kapitels in Form von Doktorarbeiten, Habilitations-
schriften oder ähnlichen Kompetenz- und Aktivitätsnachweisen (vgl. Bourdieu
1984 u. 1992) dienen.

   Alle vier genannten Funktionen der professionellen Literaturanalyse weisen nur geringe Überschneidungen mit den Funktionen der nicht-professionellen Lektüre literarischer Werke auf. Es nimmt deshalb nicht wunder, dass die
Benutzung von zuverlässigen Texteditionen, von Bibliographien und von philologischer Sekundärliteratur ganz überwiegend ein Privileg der Berufsleserschaft geblieben ist, die eben nicht auf eine gründlichere Befriedigung von
Unterhaltungs- und Orientierungsbedürfnissen abzielt, sondern bei der Literaturrezeption ganz andere Ziele verfolgt. Allerdings sind die professionellen
und die nicht-professionellen Leser nicht durch eine scharfe Grenze voneinander getrennt. Denn erstens werden im Rahmen des Schulunterrichts weiteste
Bevölkerungskreise in ihrer Jugend zumindest ansatzweise mit den Rezeptionsprozeduren der Berufsleserschaft vertraut gemacht. Und zweitens enthalten auch Werkeditionen und -ausgaben, die nicht auf den professionellen
Gebrauch zugeschnitten sind, häufig Einleitungen, Anmerkungen oder Nach-
worte, die nützliche Verständnishilfen liefern, auch wenn sie nicht den Stand
des Expertenwissens erreichen. Bei anspruchsvollen literarischen Werken, die
sich wie Bachmanns *Malina* einer Rezeption durch Nicht-Berufsleser nicht

vollständig verweigern, kann es deshalb im Zuge einer allgemeinen Steigerung des Bildungsstandes zu einer größeren Verbreitung semi-professioneller Lektürepraktiken kommen, wie sie sich etwa in der Lektüre von Autobiographen, Dichterbriefwechseln oder Interpretationshilfen niederschlägt.

Ungünstiger liegen die Verhältnisse dagegen bei jenen literarischen Werken, deren Lektüre und Verständnis eine routinierte Anwendung der für Berufsleser typischen Rezeptionsprozeduren geradezu zwingend voraussetzt. Solche Texte sind sowohl ihrer Form als auch ihrem Inhalt nach dermaßen anspruchsvoll und voraussetzungsreich, dass es nicht nur einer sehr guten literarischen und Allgemeinbildung, sondern einer aufwändigen wissenschaftlichen Analyse bedarf, um die auf den ersten Blick sinnlosen Wörter und Sätze in einen nachvollziehbaren inneren Zusammenhang zu bringen. Ein Beispiel für diesen Texttypus ist das Gedicht *Schibboleth* (1955) von Paul Celan:

„SCHIBBOLETH

Mitsamt meinen Steinen,
den großgeweinten
hinter den Gittern,

schleiften sie mich
in die Mitte des Marktes,
dorthin,
wo die Fahne sich aufrollt, der ich
keinerlei Eid schwor.

Flöte,
Doppelflöte der Nacht:
denke der dunklen
Zwillingsröte
in Wien und Madrid.

Setz deine Fahne auf Halbmast,
Erinnrung.
Auf Halbmast
für heute und immer.

Herz:
gib dich auch hier zu erkennen,
hier, in der Mitte des Marktes.
Ruf's, das Schibboleth, hinaus
in die Fremde der Heimat:
Februar. No pasaran.

Einhorn:
du weißt um die Steine,
du weißt um die Wasser,
komm,

ich führ dich hinweg
zu den Stimmen
von Estremadura."

(Celan 1955, S. 97)

Das im Herbst 1954 entstandene Gedicht spielt auf zwei tragische politische
Ereignisse an, nämlich auf den Sieg des Faschismus über den Republikanismus
in Österreich 1934 sowie in Spanien 1936-39.

Den deutlichsten Hinweis hierauf liefern die in der dritten Versgruppe erwähnten Städtenamen Wien und Madrid sowie vor allem die am Ende der
fünften Versgruppe zitierten Schlüsselbegriffe „Februar" und „No pasaran".
Die ereignisgeschichtlichen Hintergründe können hier nur kurz rekapituliert
werden: In Österreich hatte der demokratisch gewählte, aber mit Mussolini
kooperierende Bundeskanzler Dr. Engelbert Dollfuß im März 1933 eine Lücke
in der Geschäftsordnung des Parlaments ausgenutzt, um ein autoritäres Regime
zu etablieren. Der politische Widerstand gegen diese Maßnahme war erheblich. Und im Februar 1934 kam es sogar zu bewaffneten Auseinandersetzungen zwischen den Anhängern des Republikanischen Schutzbundes und dem
von Dollfuß mobilisierten Bundesheer, das die Verteidiger der Demokratie
nach wenigen Tagen zur Kapitulation zwang. Damit war das Ende der Demokratie in Österreich besiegelt; die Sozialdemokratische Partei wurde aufge-
löst und eine Verfassungsänderung durchgeführt. Der Weg in den Faschismus
war damit vorgezeichnet. Für die Zeitgenossen und auch für den jungen Paul
Celan, der sich damals an den Aktivitäten einer kommunistischen Jugend-
gruppe beteiligte, wurde 'Februar' zu einem Losungswort, das an die letzte
offene Erhebung gegen den Totalitarismus erinnerte.

Die Formulierung 'no pasaran' (span. 'sie werden nicht durchkommen')
erweckt ähnliche Assoziationen. Sie wurde von der spanischen Kommunistin
Dolores Ibarruri geprägt und fungierte im Spanischen Bürgerkrieg als
Schlachtruf der Republikaner, die aktiven militärischen Widerstand gegen die
von Hitler und Mussolini unterstützten Anhänger des Generals Franco leiste-
ten. Doch dieser von zahlreichen Schriftstellern und Intellektuellen aus aller
Welt unterstützte Widerstand blieb letztlich erfolglos. An die Stelle der 1931
proklamierten Republik rückte das antiliberale und antidemokratische Franco-
Regime, das sich bis in die 1970er Jahre an der Macht hielt. 'No pasaran' blieb
aber trotz dieser Niederlage ein immer wieder zitiertes Erkennungszeichen der
antifaschistischen Bewegung.

Die Losungsworte 'Februar' und 'No pasaran' werden in der fünften Versgruppe von Celans Gedicht als „Schibboleth" bezeichnet. Dahinter verbirgt
sich eine Anspielung auf das Alte Testament, und zwar auf das Buch der
Richter (12,5ff.), in dem der Krieg der Ephraimiten gegen die Gileaditer geschildert wird. Um die flüchtenden Ephraimiter von ihren eigenen Leuten

unterscheiden zu können, bedienten sich die Gileaditer einer List: Sie zwangen die Verdächtigen, das Wort 'Schibboleth' auszusprechen, das im Dialekt der Ephraimiter anders als in ihrem eigenen klang. Wer es falsch aussprach, wurde erschlagen.

'Februar' und 'no pasaran' waren in diesem Sinne Schibboleths, d. h. Losungs- und Erkennungszeichen, durch die sich Freund und Feind unterscheiden ließen. Doch bei der bloßen Konstatierung dieser historischen Zusammenhänge lässt es Celans Gedicht nicht bewenden. Vielmehr thematisiert es die Frage, ob und wie ein solches politisches Erkennungswort heute noch ausgesprochen werden darf. Das lyrische Ich will sich zwar durchaus zu erkennen geben und das Schibboleth laut hinausrufen (Versgruppe 5), doch es hat auf keine Fahne einen Eid geschworen und muss gegen seinen Willen „in die Mitte des Marktes" geschleift werden (Versgruppe 2). Eingedenk der Ereignisse von Wien und Madrid verharrt es deshalb in Trauer (Versgruppe 4). Es wendet sich dem Einhorn zu, das es „zu den Stimmen von Estremadura" führen soll. 'Estremadura' ist der Name einer spanischen Region an der Grenze zu Portugal, wo die Republikaner im Kampf gegen die Franco-Anhänger eine schwere Niederlage erfuhren; die dort zu hörenden 'Stimmen' wären demnach die der Gefallenen, an die hier zuletzt erinnert wird. Das Einhorn ist aus der Literatur als ein Fabelwesen bekannt, dessen Horn vergiftetes Wasser reinigen können soll; Trinkgefäße aus dem (angeblichen) Horn des Tieres waren im Mittelalter und in der Frühen Neuzeit begehrte Sammlerobjekte, die vor dem Genuss vergifteter Getränke schützen sollten. Die in der letzten Versgruppe des Gedichtes erfolgende Wendung an das Einhorn wäre demnach eine Artikulation des Wunsches nach einem zuverlässiger als das Schibboleth wirkenden Scheidemittel, das Freund und Feind voneinander zu trennen erlaubt. Doch der Ausdruck 'Einhorn' lässt sich auch noch ganz anders interpretieren, nämlich als Anspielung auf Celans Freund Erich Einhorn, mit dem er sich Weihnachten 1938 in Paris getroffen hatte und mit dem gemeinsam er sich für die Sache der Republikaner begeistert hatte (s. Buck 1995, S. 25). Folgt man dieser Lesart, endet das Gedicht mit einer privaten Rückbesinnung, die das laute Herausposaunen des Losungswortes durch eine stille Geste des Eingedenkens ersetzt oder wenigstens ergänzt.

Celans Gedicht problematisiert damit die Schwierigkeiten, die sich dem politisch Engagierten stellen, wenn er verhindern will, dass seine Bekenntnisse zu marktschreierischen Floskeln und Parolen degenerieren. Dass eine solche Selbstbesinnung kein Ausdruck übertriebener Empfindsamkeit ist, zeigt ein Blick auf die Geschichte der prodemokratischen Literatur dieser Zeit, die sich nicht selten jener drastischen Propagandamethoden bedient, die zu den Eigenarten der militaristischen Kriegslyrik gehören. Das gilt auch für die republikanischen Gedichte des spanischen Bürgerkrieges (s. Buck 1995, S. 15f.). Form und Stil dieser Texte stehen nicht selten in direktem Widerspruch zu ihrem

Inhalt. Paul Celans *Schibboleth* will demgegenüber eine kritisch-pazifistische Gesinnung zu erkennen geben, ohne einer Fahne zu folgen und ohne in Propaganda auszuarten. So erklärt sich die sperrige Form des Textes, der seine Botschaft nicht aufdrängt, sondern auf die entgegenkommende Verstehensbemühung des Rezipienten setzt. Wo dieses Bemühen fehlt, kommt es zum Kommunikationsabbruch. Das Gedicht ist damit – wie der Titel signalisiert – selbst auch ein 'Schibboleth': Wer es 'richtig' ausspricht oder liest, erkennt darin den Freund, wer dies nicht tut, den Fremden.

Dass Celan sich im September 1954 zur Abfassung des Textes veranlasst sah, mag damit in Verbindung zu bringen sein, dass er damals als Gast einer Stiftung für Künstler und Schriftsteller in La Ciotat weilte, einer Stiftung, die von dem Mäzen und Autor Daniel Guérin gegründet worden war (Celan/Lestrange 2001, Bd. II, S. 418). Guérin war ein radikaler Vordenker der anarchistisch-marxistischen Szene, der sich offensiv in öffentliche Debatten einzumischen pflegte und der damals die Schriften Bakunins studierte. Wegen seiner Medienpräsenz, seiner Vorliebe für öffentlichkeitswirksame Aktionen und seines persusaiven Ausdrucksstiles kann Guérin in mancher Hinsicht als Gegenpol zu Celan betrachtet werden, der zwar ähnliche politische Positionen vertrat, der jedoch vor direkten politischen Aktionen zurückschreckte und gegen propagandistische Floskeln und Phrasen allergisch war. Sein Gedicht *Schibboleth* enthält nicht zuletzt eine plausible Begründung für diese sprachlich-ideologische Überempfindlichkeit.

Der Preis für diese Sensibilität ist die Schwerverständlichkeit. Gewiss gibt es – in allen Sozialmilieus – vereinzelte Literaturenthusiasten, die nicht zu den Berufslesern zählen und die dennoch genug Motivation und Energie aufbringen, um derartige Werke zu studieren. In aller Regel bleibt es jedoch den Berufslesern vorbehalten, Texte wie *Schibboleth* mit den Instrumenten und Hilfsmitteln der Literaturwissenschaft zu analysieren und durchzuarbeiten. Celan scheint dies bewusst gewesen zu sein: Er hat Beziehungen zu Geisteswissenschaftlern wie Gerhart Baumann, Jean Bollack, Bernhard Böschenstein, Hans Mayer, Otto Pöggeler, Peter Szondi sowie Beda Allemann und vielen anderen unterhalten, denen er in Briefen und Gesprächen Einblicke in seine Arbeitsweise und in seine Gedankenwelt eröffnete. Ohne die professionelle Vermittlungstätigkeit dieser Freunde und Fürsprecher wäre Paul Celan aller Wahrscheinlichkeit nach ein gänzlich unverstandener, unverständlicher, ja vielleicht sogar vergessener Autor.

Zusammenfassend können wir mit Blick auf das demokratische Zeitalter von einem sehr positiven Gesamtbefund sprechen: Wenn es jemals in Deutschland ein 'Jahrhundert der Literatur' gegeben hat, so war es das zwanzigste. Denn erstmals hatten nun alle Bevölkerungsschichten im Prinzip genug Freizeit, Geld und Bildung, um nach Gusto an einer der literarischen Kulturen zu partizipieren. Dabei können vier der neun Milieus sogar den Viel- bzw.

Intensivlesern zugerechnet werden: das konservativ-gehobene, das technokratisch-liberale, das alternative und auch das hedonistische Milieu. Zusammengenommen erreichten diese Gesellschaftsschichten im Jahre 1992 einen Bevölkerungsanteil von 31 Prozent. Dazu kommen noch bis zu zwei Prozent Berufsleser (soweit sie nicht einem dieser vier Milieus zuzuordnen sind). Wir können also resümieren, dass zu diesem Zeitpunkt knapp ein Drittel der Bevölkerung trotz verschärfter Medienkonkurrenz intensiv an einer schriftlichen literarischen Kultur partizipierte. Das ist im historischen Vergleich ein beachtlicher, niemals zuvor erreichter Spitzenwert, der es erlaubt, von einer im 20. Jahrhundert sehr weitgehend realisierten Demokratisierung der literarischen Bildung zu sprechen.

Dabei sei noch einmal nachdrücklich darauf hingewiesen, dass die Steigerung der räumlichen, sozialen und psychischen Flexibilität im demokratischen Zeitalter in fast allen Lebensbereichen zu einer merklichen Individualisierung geführt hat. Der Spielraum des Verhaltens ist für den einzelnen erheblich größer als in der festgefügten Ständegesellschaft des feudalistischen oder in der stark polarisierten Klassengesellschaft des bürgerlichen Zeitalters. Wer daran interessiert ist, kann auch als Notar Groschenhefte oder als Hilfsarbeiter hermetische Lyrik lesen. Gleichwohl wäre es naiv, das Kann für das Ist zu nehmen. Alle kultursoziologischen Analysen belegen, dass die Angehörigen bestimmter Milieus unter den Rezipienten ganz bestimmter Textgattungen und Kulturveranstaltungen überrepräsentiert sind. Jedes soziale Milieu hat seine spezifische Form der literarischen Kommunikation. Da aber mehr Menschen als jemals zuvor aufgrund der Flexibilisierung einen Auf- oder Abstieg erleben, kommen viele Menschen im Laufe ihres Lebens mit mehr als nur einer literarischen Kultur in Berührung. Die allgemeine Steigerung des Einkommens, des Freizeitbudgets und des Bildungsniveaus ermöglicht es darüber hinaus, spaßeshalber oder aus reiner Neugier in andere Kulturen hineinzuschnuppern. Eine vollständige Individualisierung des Mediennutzungs- und Freizeitverhaltens würde jedoch voraussetzen, dass jedermann jederzeit frei seine Position im sozialen Raum auswählen und verändern kann.

5. Fazit: Die vier Hauptformen der literarischen Kommunikation

Zu den Hauptergebnissen dieses Buches zählt die Erkenntnis, dass 'die' deutsche Literatur in mehrere literarische Kulturen unterteilt war und ist, die nebeneinander existieren. Alle diese Varietäten der literarischen Kommunikation verdienen den Respekt und die Aufmerksamkeit der Literaturgeschichtsschreibung. Denn sie sind Bestandteile erprobter Existenzformen, die Menschen mit sehr unterschiedlichen Lebensbedingungen und Bildungsvoraussetzungen über z. T. sehr lange Zeiträume hinweg eine soziale und kulturelle Heimat gegeben haben. Natürlich finden gesellschaftsgeschichtliche Umbrüche statt, die zum Untergang bestimmter Schichten und Kulturen führen. Aber mindestens so bemerkenswert wie diese Revolutionen ist der Umstand, dass es im Verlauf der deutschen Kulturgeschichte mehrfach gelungen ist, funktionierende Systeme aus koexistierenden literarischen Kulturen zu entwickeln, die für fast jedes Individuum ein seinen Lebensumständen angepasstes Angebot bereitstellten. Das ist nicht selbstverständlich, denn die Geschichte kennt auch agonale Gesellschaften, in denen die einzelnen Schichten und Kulturen nicht koexistieren, sondern bis zur Vernichtung miteinander kämpfen.

Die Arbeit an einer funktionsanalytischen Literaturgeschichtsschreibung, welche diesen Sachverhalten Rechnung trägt, hat gerade erst begonnen. Denn bis heute gehen viele Literaturgeschichten an der Wirklichkeit der literarischen Kommunikation achtlos vorbei und liefern stattdessen eine chronologisch-teleologisch angeordnete Abfolge von Standardinterpretationen zu den bekanntesten der von den Bildungseliten kanonisierten Meisterwerke. Bei diesen Darstellungen handelt es sich um fälschlich unter historischer Flagge segelnde Erscheinungsformen der Literaturkritik und der Literaturpädagogik. Unter Wirkungsaspekten ist dagegen nichts einzuwenden; denn die Beschäftigung mit den besagten Meisterwerken kann jedermann angeraten werden, egal unter welcher Bezeichnung sie erfolgt.

Aus wissenschaftsinterner Perspektive ist die irreführende Ausflaggung jedoch ein Schaden, weil sie Ressourcen bindet, die in der eigentlichen Geschichtsschreibung fehlen. Es kann nicht mehr die Aufgabe einer modernen Literaturgeschichtsschreibung sein, eine milieu- und habitusgeprägte Literaturgeschichtsmetaphysik mehr oder minder gewaltsam nachträglich zu verwissenschaftlichen, auch wenn die anspruchsvolle literarische Kultur der Bildungseliten wahrlich den höchsten Respekt verdient. Es ist realitätsfern, den

Literaturbegriff aus Rücksicht auf diese Kultur so zu verengen, bis er nur noch das enthält, was sich in die traditionellen Epochenbegriffe ('Aufklärung', 'Sturm und Drang', 'Klassik', 'Romantik' usw.) hineinpressen lässt. Anders als die Literaturkritik und die Literaturpädagogik sollte die Literaturgeschichtsschreibung nicht für diese oder jene Spielart von literarischer Kommunikation werben; vielmehr muss sie die literarischen Kulturen *aller* Schichten und Epochen in ihrer Entwicklung und ihrer Funktion analysieren. Im Sinne einer wechselseitigen Befruchtung von Komparatistik und Historiographie ist dabei auch zu analysieren, welche europäischen und globalen Rahmenbedingungen innerhalb weniger Jahrhunderte den in diesem Buch beschriebenen immensen Zivilisierungs- und Kultivierungsfortschritt ermöglichten. Qualitätsunterschiede werden durch eine solche Betrachtungsweise nicht verwischt, sondern im Sinne eines sich selbst historisch relativierenden Relativismus überhaupt erst wissenschaftlich erklärbar und literaturpädagogisch vermittelbar gemacht.

Jede soziale Schicht entwickelte und entwickelt ihre eigene literarische Kultur. Im historischen Längsschnitt lassen sich dabei jedoch vier Haupttypen von literarischer Kultur unterscheiden, und zwar erstens die Repräsentationskultur der gesellschaftlichen Führungsschichten, zweitens die gelehrte Kultur der Bildungseliten, drittens die Unterhaltungskultur des Mittelstandes und viertens die Kompensationskultur der Unterprivilegierten. Ob ein Individuum im Laufe seines Lebens an mehr als einer dieser vier Kulturen partizipieren kann, hängt hauptsächlich vom Ausmaß der im Gesellschaftssystem seiner Epoche realisierten sozialen Mobilität ab. Neben der Partizipation im engeren Sinne gibt es zudem die bloße Einsichtnahme in andere Kulturen; aufgrund des Vorhandenseins institutioneller und materieller Ausschlussmechanismen ist eine solche Einsichtnahme in die vom Betrachter aus 'tieferen' Kulturen allerdings wesentlich leichter möglich als in die 'höheren'. Es ist objektiv und subjektiv unschwieriger, unter dem eigenen Niveau zu bleiben, als dieses Niveau zu steigern.

Die Repräsentationskultur der Führungsschichten, die hier als erstes im historischen Längsschnitt dargestellt werden soll, hat in der Hauptsache die Funktion, gesellschaftliche Superiorität zu inszenieren, zu demonstrieren und zu legitimieren. Literarische Kommunikation ist dabei typischerweise nur ein Element unter vielen anderen. Denn zur Repräsentationskultur gehört neben einer gehobenen literarischen Kultur auch eine anspruchsvolle Wohnkultur, eine verfeinerte Esskultur, eine ausdifferenzierte gesellschaftliche Etikette, ein distinguierter Bekleidungsstil, eine aufwändige Festkultur und vieles andere mehr, was geeignet ist, um Ehre, Macht oder Reichtum zur Geltung zu bringen. Im Verlauf der Jahrhunderte waren die Ausdrucksformen der Repräsentationskultur natürlich einem starken Wandel unterworfen. Für die vier Epochen, zwischen denen im vorliegenden Buch unterschieden wurde, ergibt sich folgendes Bild:

Im (1) Stammeszeitalter (ca. 4. Jahrhundert vor Christus bis ca. 8. Jahrhundert nach Christus) trifft man im Siedlungsraum des späteren Deutschland auf eine kriegerische Gesellschaft, in der die körperliche und militärische Stärke über die Position im sozialen Raum entscheidet und in der folgerichtig die Krieger und ihre Anführer die gesellschaftliche Führungselite stellen. Zum Bildungsideal dieser Schicht gehören die Kampfeskraft, die Ausdauer, die Tapferkeit, der Listenreichtum und ähnliche Eigenschaften, die im Krieg und auf der Jagd von Vorteil und von Nutzen sind. Das Bedürfnis nach Literatur resultiert hier hauptsächlich aus dem Umstand, dass eine strikt agonale, konsequent auf Gewaltausübung gegründete Gesellschaftsordnung unter chronischer Instabilität leidet. Wenn der Anführer seine Stellung von Tag zu Tag mit der Waffe in der Hand gegen Feinde und Konkurrenten verteidigen muss, können sich keine festen Herrschafts-, Wirtschafts- und Gesellschaftsstrukturen etablieren. Um Atem schöpfen zu können und um seine Position auf Dauer zu festigen, muss der Herrschende potentielle Gegner abschrecken. Dazu dienen Waffensammlungen, Befestigungsanlagen und Gefolgschaften, aber eben auch Lieder und Erzählungen, die den Schlachtruhm des Anführers und seiner Leute überhöhen, intensivieren, prolongieren. Ein solcher Text kann nicht grausam genug sein, wenn er seine 'pazifierende' Wirkung entfalten soll. Die literarische Repräsentationskultur des Stammeszeitalters schwelgt deshalb in Blut. Sie will Herrschaft konsolidieren, indem sie einen Stamm oder einen Häuptling mit seinem Gefolge als unbezwingbar darstellt und auf diese Weise Feinde bzw. Konkurrenten einschüchtert. Neben der schieren Körperkraft werden dabei häufig zwei weitere Faktoren ins Spiel gebracht, nämlich die Ancienität sowie die Unterstützung durch Natur- und Schicksalsmächte (Götter). Die gesellschaftliche Führungselite des Stammeszeitalters entdeckt also bereits die stabilisierende Wirkung von Geschichte und Religion. Der homo novus wird schneller attackiert als der Abkömmling eines alten Heldengeschlechts, dessen Schlachtruhm überall herumerzählt wird und der vielleicht sogar mit höheren Mächten im Bunde steht. Dabei kann aus der Propagandastrategie irgendwann echte Überzeugung werden. Wenn die Herrschaftskonsolidierung gelingt und dynastische Strukturen entstehen, wird aus dem Krieger der geburtsbevorrechtigte Adelige, der in der Gewissheit seiner angeborenen Superiorität aufwächst.

Die (2) Repräsentationskultur des feudalistischen Zeitalters (9. Jahrhundert bis 1789) kann hier anknüpfen, indem sie – auch dies natürlich ein sich über Jahrhunderte erstreckender Prozess – die Hierarchie der gesellschaftlichen Schichten als gottgewollt interpretiert. Zur zentralen Idee der Oberschichtenkultur wird nun die repraesentatio maiestatis, d. h. die Veranschaulichung der himmlischen und irdischen Majestät in all ihrer Pracht und Herrlichkeit, wie sie sich aus dem Blickwinkel des mittelalterlichen und frühneuzeitlichen Christentums darstellt. Das Bildungsideal der Oberschicht reflektiert den Prozess der Christianisierung und der 'Verhöflichung' im Sinne einer allmählichen Entmilitarisierung. Aus dem Schlachtenheld wird nach und nach der christliche (Kreuz-)Ritter, dann der hochkultivierte 'Damenritter' und schließlich der weltgewandte Diplomat und Administrator, der im Kriegsfall vielleicht noch mit ins Feld zieht, der sich aber im Krieg wie im Frieden überwiegend auf Planungs-, Verhandlungs- und Verwaltungstätigkeiten konzentriert. Wer nur die Sprache der Waffen versteht, wird nach und nach zum Fossil. Die Literatur dieser Schicht spiegelt diesen tief greifenden Wandel ihrer Lebenssituation und ihres Bildungsideals. Sie kultiviert mehr und mehr jene Formen des gewitzten Sprechens und des scharfsinnigen Denkens (argutia), die bei Hofe, in der geistreichen Konversation und auf dem diplomatischen Parkett von Nutzen sind. Auch hier ist die Literatur allerdings nur eines unter sehr vielen Elementen der Repräsentationskultur, zu denen vor allem das aus dem Gelage des Stammeszeitalters hervorgegangene höfische Fest mit seinen Turnieren, Tanzveranstaltungen, Maskenbällen, Umzügen, Feuerwerken usw. gehört. Die stille einsame Buchlektüre spielt bei den Adeligen des feudalistischen Zeitalters noch eine untergeordnete Rolle, wenn auch ab dem Spätmittelalter einzelne Burg- und Schlossbewohner Literaturliebhaber werden und kostbare private Büchersammlungen anlegen oder ihre vorwiegend für Musik- und Gesangsdarbietungen reservierten Privatbühnen vermehrt dem Sprechtheater öffnen. Die Intensivierung internationaler diplomatischer Beziehungen eröffnet der deutschen Führungselite zudem immer tiefere Einblicke in den kulturellen Standard, der an den großen Höfen des Auslandes erreicht wird. Wie in der Mode, in den Baustilen oder in den Umgangsformen schlägt sich dies auch in der literarischen Kommunikation nieder. Das kulturelle Erbe der antiken Hochkulturen wird auf diese Weise – besonders durch die Tätigkeit der bei Hof zugelassenen Gelehrten (s. u.) – rezipiert; die Polyglottie findet nach und nach Eingang in das höfische Bildungsideal. Die auch literarisch wieder und wieder bestätigte Ideologie der Gottgewolltheit des Ständesystems sichert dem Adel seine superiore Position im sozialen Raum, erweist sich jedoch ab der Frühen Neuzeit als Modernisierungshemmnis.

Als im (3) bürgerlichen Zeitalter (1789 bis 1918) nämlich eine neue wirtschaftliche Entwicklungsdynamik einsetzt und zudem eine massive Säkularisierung stattfindet, verliert der Adel allmählich sowohl seine Existenzgrundlage als auch seine ideologische Legitimation. An seine Stelle tritt als neue Führungselite das Besitzbürgertum, dessen neuartige Form von Repräsentationskultur nun nicht mehr die Pracht und Herrlichkeit der göttlichen und der irdischen Majestät, sondern den Erfolg und den Herrschaftsanspruch des durch herausragende Arbeitsleistungen Legitimierten inszeniert. Das neue Leistungsethos dieser Schicht geht in Deutschland mit einem charakteristischen, aus der Mittelstandsmentalität der Frühen Neuzeit (s. u.) erwachsenen Pflicht- und Verantwortungsbewusstsein einher, das sich zunächst auf die eigene Familie, dann aber auch auf den Staat und seine Institutionen bzw. auf die 'Nation' und ihre kulturelle Tradition richtet. Literatur soll hier für Werte wie Fleiß, Disziplin, Ehrlichkeit, Anständigkeit oder Frömmigkeit eintreten und allgemein Orientierung liefern. Darüber hinaus werden 'Geschmacklosigkeiten' aller Art abgelehnt und als unnatürlich diskreditiert. Der außerordentlich hohe Bildungsstand dieser Schicht erlaubt es ihr, bis zu einem gewissen Grad an der intellektuellen Hochkultur des Bildungsbürgertums (s. u.) zu partizipieren, doch im Wesentlichen handelt es sich um eine Gefühlskultur, die nicht auf eine wissenschaftliche Textanalyse, sondern auf ein verfeinertes Stil- und Kunstempfinden abzielt. Literarische Kommunikation steht auch hier noch im Kontext einer umfassenden Repräsentationskultur, zu der wiederum jene anspruchsvolle Wohnkultur, Esskultur usw. gehört, an der die Bildungselite nur geringen oder keinen Anteil hat.

Im (4) demokratisch-pluralistischen Zeitalter (ab 1918) kommt es zu einer Internalisierung, Habitualisierung und Individualisierung der Repräsentationskultur. Für die Angehörigen der neuen Oberschicht dieses Zeitalters, also für das technokratisch-liberale Milieu, stellt die Teilhabe an der anspruchsvolleren literarischen Kultur ihrer Tage nicht nur eine gesellschaftliche Verpflichtung, sondern einen selbstverständlichen Bestandteil der höheren Lebensart, des Savoir vivre, dar. Das ist möglich, weil sich in dieser Schicht ein programmatischer Modernismus mit einem außerordentlich hohen Bildungsstand verbindet. Die unter dem Einfluss des Bildungsbürgertums und der Berufsleserschaft autonomisierte und intellektualisierte Höhenkammliteratur der Gegenwart stößt hier auf eine kompetente und tolerante, nicht mehr auf traditionelle Werte pochende Rezipientenschicht, der allerdings nach wie vor ein traditionalistischer Flügel der Oberschicht, das die Werteordnung des Besitzbürgertums des 19. Jahrhunderts fortschreibende konservativ-gehobene Milieu, gegenübersteht. Die literarische Kultur der neuen Oberschicht des demokratisch-pluralistischen Zeitalters kann insofern noch als Repräsentationskultur bezeichnet werden, als sie nach wie vor gesellschaftliche Superiorität inszeniert, demonstriert und legitimiert, wenn auch mit einem Understatement, das Anlass zu Verwechslungen bieten kann. Die Repräsentationskultur ist im Lauf ihrer langen Geschichte von der Trutzburg über das Lustschloss in die Gründerzeitvilla und schließlich in den ästhetischen Funktionalismus jener puristisch gestalteten Lofts und Bungalows gewandert, deren kühle Eleganz und Unaufdringlichkeit eine neutrale Kulisse für die Selbstverwirklichung ihrer modern denkenden und beruflich erfolgreichen Bewohner bildet. Wie die Liebe zum Wein, zur Jagd, zur Musik, zum Reisen oder zur Reitkunst kann sich hier die Liebe zur Literatur zu einer individuellen Passion (neben anderen

Passionen) steigern, ohne aber dadurch im engeren Sinne zu einer Profession zu werden.

Damit ist schon der wesentliche Unterschied zur gelehrten Kultur jener reinen Bildungseliten benannt, die nur teilweise oder gar nicht am Lebensstil der Oberschicht partizipieren und die professionell mit der Pflege und Vermittlung der höheren Kultur und Literatur beschäftigt sind. Ihre Tätigkeit dient hauptsächlich der Gewinnung bestimmter Wertvorstellungen und geistiger Erkenntnisse sowie der Kodifizierung und Vermittlung derartiger Ideen.

Im (1) Stammeszeitalter geschah dies noch weitgehend in Abhängigkeit von der eigentlichen Führungsschicht, d. h. von den Häuptlingen und Kriegern, die sich des Beistands der höheren Mächte versichern und Prophezeiungen hinsichtlich des Ausgangs kommender Schlachten oder Jagden erhalten wollten. Dazu kamen diverse kleine 'Dienstleistungen' wie das Anfertigen von Amuletten, das ritualisierte Aussprechen von Zaubersprüchen zur Heilung von Kranken oder zur Behebung anderer Missstände, das Segnen, das Verfluchen usw. Ob es einen einheitlichen Götterhimmel gab, ist bisher nicht zuverlässig rekonstruierbar. Es hat jedoch den Anschein, als ob die religiösen Kulte starke regionale Schwankungen aufwiesen und als ob die Eigenschaften der Götter wechselnden Interpretationen unterworfen gewesen seien. Eine der Hauptursachen hierfür dürfte in dem Umstand zu erblicken sein, dass die germanischen Priester und Hellseher Analphabeten waren oder zumindest von den ihnen zur Verfügung stehenden Schriftsystemen (v. a. Runen) nur wenig Gebrauch machten und ganz allgemein von der reichen kulturellen und wissenschaftlichen Tradition der benachbarten Römer abgeschnitten blieben. Die religiöse Literatur des Stammeszeitalters ist aufgrund dieser Schriftlosigkeit ihrer Urheber nur bruchstückhaft rekonstruierbar. Das Erhaltene bzw. Rekonstruierbare kann sich alles in allem nicht mit den Wissensbeständen der Römer (oder auch der Griechen und Chinesen) messen. Es gibt keinen germanischen Konfuzius, keinen germanischen Aristoteles, keinen germanischen Seneca.

Im (2) feudalistischen Zeitalter treten an die Stelle der Priester und Hellseher die schriftkundigen, dem christlichen Glauben verpflichteten und mit dem kulturellen Erbe der griechisch-römischen Antike mehr und mehr vertraut werdenden Geistlichen und Gelehrten. Zunächst entstehen Klöster, später auch Universitäten als Pflegestätten der Wissenschaft, der Literatur und allgemein der höheren Kultur. Die gesellschaftliche Führungselite, der an den Höfen versammelte Adel, kann auf beide Institutionen anfangs massiv Einfluss ausüben. Doch in einem über Jahrhunderte reichenden Emanzipationsprozess gewinnt die Kirche und gewinnen am Ende des feudalistischen Zeitalters auch die Universitäten eine partielle Autonomie. Die sehr reiche, größtenteils lateinischsprachige Literatur der Geistlichen und Gelehrten entsteht in engem Austausch mit den Bildungseliten der dominierenden europäischen Kulturnationen und erreicht in Gestalt von Denkern wie Albertus Magnus oder Nikolaus Cusanus Weltniveau.

Die Lektüre umfangreicher anspruchsvoller Bücher gehört zu den alltäglichen Beschäftigungen der Geistlichen und Gelehrten, die hierbei auf die Bestände der z. T. mehrere Hundert Bände umfassenden Klosterbibliotheken, ab dem Spätmittelalter auch auf die Universitätsbibliotheken oder sogar auf eine eigene Privatbibliothek zurückgreifen konnten. Bibeltexte, Bibelerklärungen, Heiligenlegenden und ähnliches religiöses Schrifttum machten im feudalistischen Zeitalter den mit Abstand größten Anteil an derartigen Buchsammlungen aus. Doch man las auch – wenngleich oft nur im Lateinunterricht – Seneca, Cicero und andere antike Autoren. Und vor allem verfassten viele Angehörige dieser Bildungselite wie z. B. Hrabanus Maurus, Hildegard von Bingen oder Hugo von Trimberg (religiöse) literarische Werke, die auch an den Adelshöfen, ja teilweise sogar im städtischen Patriziat Resonanz fanden. Die literarische Kultur der Geistlichen und Gelehrten ist keineswegs unkritisch, rüttelt jedoch so gut wie nie an den Grundfesten der feudalistischen Gesellschaftsstruktur und des christlichen Wertesystems. Vielmehr hat sich die Bildungselite dieses Zeitalters aktiv an der Ausformulierung und Durchsetzung des Ständesystems beteiligt, das dem 'Lehrstand' eine äußerst respektable, von den standesbewussten Gelehrten oft nicht ohne Stolz behauptete Position einräumte.

Das ändert sich grundlegend im (3) bürgerlichen Zeitalter, in dem sich der Typus des aufklärerischen Intellektuellen durchsetzt, der nicht (nur) im Auftrag von Adel oder Kirche arbeiten will und der für seine wissenschaftliche oder künstlerische Tätigkeit völlige Autonomie beansprucht. De facto ist zwar nur die relativ kleine Schicht der Bildungsbürger zu den regelmäßigen Rezipienten der autonomen Literatur zu rechnen, doch der Anspruch des kritischen Intellektuellen reicht darüber hinaus. Seine Werke sollten jedermann etwas angehen, insofern er 'Mensch' war, auch wenn dies nur wenige von sich behaupten durften. Denn auf der Basis einer normativen Anthropologie wurde der Begriff 'Mensch' dermaßen verengt, dass er realiter weder die Besitzbürger mit ihrer aus bildungsbürgerlicher Perspektive zu oberflächlichen Repräsentationskultur noch die Kleinbürger mit ihrer sentimentalen Unterhaltungsliteratur noch die Arbeiter mit ihrer sinnlichen Kompensationsliteratur umfasste. Die normative Verengung des eigentlich universalen Konzeptes der aufklärerischen kritischen Bildung ist eine wesentliche Ursache für die im Übergang vom feudalistischen zum bürgerlichen Zeitalter feststellbare, unerhörte Steigerung des sprachlichen und intellektuellen Niveaus der deutschsprachigen Literatur. Binnen weniger Jahrzehnte bringen Lessing, Goethe, Schiller, Hölderlin, Friedrich Schlegel, Heinrich Heine und andere Exponenten der neuen Bildungselite jene Meisterwerke hervor, die bis heute in vielen Literaturgeschichten als der wichtigste Beitrag der Deutschen zur 'Weltliteratur',

d. h. zum international anerkannten Kanon des höchsten intellektuellen Ansprüchen genügenden Schrifttums, präsentiert werden. Und auch auf der Seite
der Rezeption findet diese Niveausteigerung ihren Niederschlag. Die zuvor nur
in Ansätzen vorhandene Wissenschaft von der deutschen Literatur nimmt
einen gewaltigen Aufschwung und etabliert sich auf Dauer als akademische
Disziplin, die sich um eine adäquate Vermittlung der an alle 'Menschen'
adressierten, äußerst voraussetzungsreichen Literatur des Bildungsbürgertums
bemüht, das noch immer recht homogen ist und als eigenständige Gesellschaftsschicht mit spezifischer Lebensführung erkennbar bleibt.

Im (4) demokratisch-pluralistischen Zeitalter wird sich dies dann verändern, weil höhere Bildung aufgrund des allgemeinen Modernisierungsfort-
schrittes zu einem Allgemeingut werden muss und de facto wird. Als Erbe des
Bildungsbürgertums tritt deshalb keine spezielle Gesellschaftsschicht auf,
sondern eine Berufsgruppe, zu der die Lehrer, die Bibliothekare, die Feuilleto-
nisten, die Regisseure und viele andere 'Berufsleser' gehören, die professionell
mit der Pflege und Vermittlung des literarischen Erbes beschäftigt sind. Im
demokratisch-pluralistischen Zeitalter hat die höhere Kultur also keine soziale
Heimat mehr, d. h. sie wird von Menschen mit sehr verschiedenartigen Wertvorstellungen, Lebensstilen, Weltanschauungen und gesellschaftlichen Positionen gepflegt. Der damit einhergehende Verlust an Verbindlichkeit und
Geltungshaftigkeit wird durch einen kolossalen Zugewinn an 'Professionali-
tät', an Intellektualität und nicht zuletzt an Autonomie kompensiert. Die für
Berufsleser geschriebene bzw. zumindest um die Existenz von Berufslesern
wissende Höhenkammliteratur der Gegenwart kann deshalb – wie weiter oben
am Beispiel von Paul Celans Gedicht *Schibboleth* gezeigt wurde – so voraussetzungsreich, zitat- und anspielungsschwanger, inkohärent und unkonventio-
nell sein, wie dies in keiner anderen Epoche zuvor möglich gewesen wäre. Mit
den Ressourcen und mit den hoch entwickelten Hilfsmitteln der aktuellen
Philologie können selbst die entlegensten Anspielungen aufgedeckt, die kühn-
sten Metaphern und Neologismen interpretiert, die inkohärentesten Wort- und
Satzfolgen kommentiert und ausgelegt werden. Nur wenige anspruchsvolle
Autoren räumen allerdings offen ein, ihre Texte speziell für die Berufsleserschaft zu verfassen. Und auch Verlage und Literaturagenten bemühen sich um
eine Öffnung und Ausweitung des potentiellen Käuferkreises, so dass die
Buchwerbung in diesem Bereich nicht selten mit Halbwahrheiten arbeitet, die
besonders auf die spannenden, erotischen oder sonstwie populären Aspekte
und Passagen eines anspruchsvollen sperrigen Textes rekurrieren.

Im historischen Längsschnitt zeigt sich, dass auch die gelehrte Kultur der
Bildungseliten einen langen, kurvenreichen Weg zurückgelegt hat. Er führt
von den Kulthäusern und Steinkreisen in die Skriptorien, dann in die Hörsäle,
in die Museen, Archive und Bibliotheken sowie nicht zuletzt in die Klassen-
zimmer, die allerdings häufig keine Verteil-, sondern Endstationen sind, da

nicht mehr die Mitglieder einer bestimmten sozialen Schicht, sondern nur noch die Angehörigen einer speziellen Berufsgruppe regelmäßig jene anspruchsvollen Texte der Höhenkammliteratur durchstudieren, die ohne philologische Hilfsmittel und ohne die routinierte Durchführung wissenschaftlicher (oder semiwissenschaftlicher) Analyse- und Interpretationsprozeduren unverständlich bleiben.

Der dritte historische Längsschnitt beschreibt die Entwicklung jener 'mittleren' literarischen Kultur, die sich sowohl nach oben, gegenüber der Bildungs- und der Repräsentationsliteratur, als auch nach unten, gegenüber der drastisch-sinnlichen Kompensationsliteratur, abzugrenzen und diese mittlere Position als den Normalfall von literarischer Kommunikation darzustellen und durchzusetzen versucht. Als Träger dieser Form von 'gepflegter Unterhaltung' wurde der Mittelstand identifiziert, zu dessen spezifischer Mentalität einerseits ein ethisch-ästhetischer Anti-Primitivismus, andererseits aber auch ein dezidierter Anti-Intellektualismus gehört. Horror, Action, Pornographie und ähnliche starke Reize werden abgelehnt, aber auch das 'höhere Geistige', das als 'reine Theorie' oder 'weltfremdes Gerede' abqualifiziert wird, stößt hier nicht auf Interesse. Der größte Teil der im demokratisch-pluralistischen Zeitalter produzierten und rezipierten Romane, Schwänke, Boulevardkomödien und Liedtexte ist dieser – von der Philologie praktisch vollständig ignorierten – Unterhaltungsliteratur zuzurechnen. Das hängt damit zusammen, dass die deutsche Gesellschaft dieser Epoche eine Mittelstandsgesellschaft ist, in der sich die weit überwiegende Mehrheit der Bevölkerung zum Mittelstand zählen kann. Bis in das 19. Jahrhundert hinein verhielt sich dies anders. Die Hochkonjunktur der Unterhaltungsliteratur ist deshalb ein relativ neuartiges Phänomen.

So kann für das (1) Stammeszeitalter zunächst nur das Fehlen einer derartigen 'mittleren' Kultur konstatiert werden, und zwar aus mindestens drei Gründen. Erstens, und das dürfte ausschlaggebend sein, ist die soziale Schichtung der germanischen Stammesgesellschaft von einer extremen Spreizung geprägt; der schmalen Elite der Häuptlinge, Krieger, Priester und Wahrsager stand die große Masse der Bauern und Sklaven gegenüber, die unter sehr einfachen Bedingungen arbeiteten und lebten. Jene Kaufmanns- und Handwerksberufe, aus denen im feudalistischen Zeitalter die städtische Mittelschicht hervorgeht, scheinen noch kaum oder gar nicht ausdifferenziert gewesen zu sein, d. h. die entsprechenden Tätigkeiten wurden überwiegend 'nebenberuflich' von Menschen ausgeübt, die ansonsten als Bauern oder als Krieger lebten. Ausnahmen von dieser Regel mögen – besonders an der Grenze zum Römischen Reich – nachzuweisen sein. Doch eine eigenständige Mittelschicht als potentielle Trägerin einer mittleren literarischen Kultur fehlt. Zweitens ist darauf zu verweisen, dass andere Künste wie die Musik und der Tanz sowie Spiele (Würfeln etc.) und sportähnliche Ausgleichsbeschäftigungen in einer insgesamt relativ unkultivierten Gesellschaft eine starke Konkurrenz zu im weitesten Sinne literarischen Aktivitäten darstellen. Und drittens ist wieder einmal auf die ungünstige Quellenlage zu verweisen; wenn es eine Unterhaltungsliteratur im oben definierten Sinn gegeben haben sollte, waren ihre Träger auf jeden Fall Analphabeten, weshalb, so wie sich die Überlieferungslage zur Zeit darstellt, nichts davon erhalten ist.

Im (2) feudalistischen Zeitalter ändert sich dies, wenn auch nur sehr langsam. Nach zögerlichen Anfängen kommt es im 11. Jahrhundert zu einer ersten Welle von Stadtgründungen und damit zur Herausbildung jener Schicht von Handwerkern und Kaufleuten, die das Gros der Angehörigen des neuen Mittelstandes stellen. Die höhere Kultur der Adeligen bzw. der Geistlichen und der Gelehrten bleibt ihnen aufgrund sozialer und sprachlicher Barrieren in aller Regel verschlossen. Doch auch mit der derben, sinnlichen Kultur der städtischen und ländlichen Unterschichten können und wollen sie sich nicht identifizieren. Ihre Mentalität ist stark von den Wertvorstellungen der christlichen Kirche und der zünftischen Vereinigungen geprägt. Zu diesen Werten zählen etwa Ordnung, Sauberkeit, Fleiß, Ehrlichkeit, Pünktlichkeit, Höflichkeit, Anstand, Disziplin, Zuverlässigkeit und anderes mehr, was in der Formel vom 'ehrbaren Bürger' zusammengefasst wird. Die 'ehrbaren Kaufleute' und Handwerker konnten weder dem Wehrstand (Krieger; Adel) noch dem Lehrstand (Priester; Gelehrte) noch dem Nährstand (Sklaven; Bauern) zugeordnet werden. In den vielen, immer wieder veränderten Ständeordnungen des Mittelalters und der Frühen Neuzeit musste für sie ein neuer Platz geschaffen werden. Und es gelang ihnen hierbei, eine respektable mittlere Position zu erobern. Das brachte gewisse Privilegien, aber auch gewisse Verpflichtungen mit sich, und zwar nicht zuletzt in puncto Bildung und Kultur. Die Abwicklung der Geschäftskorrespondenz und die Führung der Bücher erforderten mindestens durchschnittliche Fertigkeiten im Rechnen, Schreiben und Lesen. Geschicklichkeit war bei der Arbeit wichtiger als schiere Muskelkraft. Die Bedienung der Kundschaft erforderte gute Umgangsformen oder zumindest ein umgängliches Wesen. So verschwindet nach und nach jede Derbheit aus dem Alltagsleben und auch aus der literarischen Kultur dieser Schicht. Man hat zwar keine höhere Bildung, aber doch eine gewisse Lebensart, die sich über das Wilde, Unzivilisierte, Derb-Sinnliche der Unterschichtenkultur zu erheben versucht. Der Meistergesang, der Schwank und die Andachtsliteratur sind z. B. Gattungen, an deren Entwicklung sich der Erfolg dieser Bemühungen aufzeigen lässt. Am Ende des feudalistischen Zeitalters war das Bürgertum ein etablierter eigener Stand mit einer charakteristischen Art der Lebensführung und einer eigenen literarischen Kultur.

Im (3) bürgerlichen Zeitalter lässt sich dann das erstaunliche Phänomen beobachten, dass dieser Mittelstand, der rein quantitativ noch immer eine Minderheit darstellte, einen Anspruch auf Meinungsführerschaft auszuformulieren und durchzusetzen beginnt. In zahllosen Bühnenstücken und Unterhaltungsromanen wird sein Lebensstil, sein Familienideal, sein Arbeitsethos, sein Wertekanon und kurzum: seine ganze Denk- und Lebensweise als der gesellschaftliche Normalfall dargestellt, an dem sich andere ein Beispiel nehmen sollen. Diese Botschaft findet Gehör, und zwar besonders in der Arbeiterschaft als der mit weitem Abstand größten Gesellschaftsschicht dieses Zeitalters. Gegen Ende des 19. Jahrhunderts kann deshalb schon von einer weitreichenden 'Verkleinbürgerlichung' der deutschen Arbeiterschaft gesprochen werden: ein für den Übergang von der Agrar- zur Industrie- und schließlich zur Dienstleistungsgesellschaft entscheidender, ja geradezu epochaler Vorgang. Wäre dies nicht geschehen, hätte Deutschland eines jener Schwellenländer bleiben können, in denen eine proletarisierte Masse einer Bildungs- und Einkommenselite gegenübersteht, die alleine von den Fortschritten des Hochtechnologie- und Informationszeitalters profitiert. Dazu ist es nicht gekommen. Aus dem alten Heer der Land- und Industriearbeiter des späten 19. Jahrhunderts wurde binnen einiger Jahrzehnte das neue Heer jener mittleren Angestellten und Beamten, die gut lesen, schreiben und rechnen konnten und die vor allem die oben genannten kleinbürgerlichen Kardinaltugenden wie Ordnung, Fleiß, Sauberkeit, Pünktlichkeit, Disziplin usw. internalisiert hatten, die zur Organisation immer komplexer werdender Produktions- und Verwaltungsabläufe erforderlich sind. Hier soll nicht suggeriert werden, dass dieser Transformationsprozess ausschließlich ein Effekt literarischer Kommunikation gewesen ist. Doch unbeteiligt daran war die Literatur gewiss nicht. Jedenfalls existiert hier ein dringender Nachholbedarf in der deutschen Literaturgeschichtsschreibung, die den gesamten Bereich der im beschriebenen Sinne 'mittleren' Unterhaltungsliteratur als Schwundstufe der Höhenkammliteratur zu belächeln oder glatt zu ignorieren pflegt. Es müssen analytische Kategorien entwickelt werden, mit deren Hilfe die spezifische Kultivierungsleistung dieser Literatur, ihr mentalitätsgeschichtlicher Effekt und letztlich ihr Beitrag zu dem oben dargestellten Transformationsprozess wahrgenommen und erklärt werden können.

Das gilt umso mehr, als die 'Mittelstandsminderheit' des 19. Jahrhunderts im (4) demokratisch-pluralistischen Zeitalter zur gesellschaftlichen Mehrheit wurde und weiteren Modernisierungsschüben ausgesetzt war, die sich auch in ihrer literarischen Kultur niederschlugen. Wie oben im Detail gezeigt wurde, können heute zwei der fünf Mittelstandsmilieus als modernisiert bezeichnet werden (Hedonisten; Alternative) und zwei weitere als teilmodernisiert (Aufstiegsorientierte; Neue Arbeitnehmer). Ihnen steht eine schrumpfende Schicht von Traditionalisten (Kleinbürger) gegenüber, die an einer konventionellen Geschlechterrollenkonzeption, an einer lokalistischen Eigenheimideologie, an einer rigiden Sexualmoral und an ähnlichen Elementen eines mittelständischen

Konservativismus festhalten. Auch dieser gesellschafts- und mentalitätsgeschichtlich sehr bedeutsame Erneuerungsprozess ist von der bisherigen Literaturgeschichtsschreibung nicht erfasst und nicht analysiert worden. Phänomene wie der neue, 'freche' Frauenroman, der gehobene Kriminalroman, die
Science-Fiction-Literatur oder die Boulevardkomödie, die hierüber Aufschluss
geben könnten, werden weitgehend ignoriert oder – mit so vorhersehbaren wie
unergiebigen Resultaten – nach den Maßstäben und mit den Kategorien untersucht, die für die Analyse der autonomen Bildungsliteratur entwickelt wurden.
Die Wende der Philologie zur Kulturwissenschaft könnte dies ändern, hat aber
de facto bisher lediglich eine zusätzliche kulturwissenschaftliche Rekontextualisierung dieser autonomen Literatur zur Folge gehabt.

Die Kompensationsliteratur, die hier abschließend im historischen Längsschnitt präsentiert werden soll, kann als die derb-sinnliche Literatur jener Unterprivilegierten bezeichnet werden, die in ihren freien Stunden Entschädigung
für die Qualen und Mühen ihrer schweren, oft auch gefährlichen und gesund-
heitsschädlichen körperlichen Arbeit suchen. Sieht man von den versklavten
Kriegsgefangenen, den unverschuldet in Not Geratenen und ähnlichen Degra-
dierten ab, so handelt es sich um die Bevölkerungsschicht mit dem geringsten
Bildungsniveau. Dies zeigt sich nicht nur im Bereich der sprachlich-intellektuellen Fähigkeiten, sondern anfangs auch im Bereich der 'Herzensbildung'
sowie der Zivilisierung, wie sie etwa an der Körperhygiene, an Gestik und
Mimik, an den Tischsitten, an der Körperbeherrschung oder an dem Verhalten
gegenüber Schwächeren festzumachen ist. In der primärprozesshaften, auf
sofortige vollständige Triebbefriedigung abzielenden Kultur dieser Schichten
stehen die obszöne Erotik und das Raufen, aber auch die archaische Lust an
Flatus, Vomitus, Ruktus (Furzen, Kotzen, Rülpsen) und ähnlichen Körperäußerungen anfangs im Vordergrund. Doch auch in dieser Bevölkerungsgruppe vollzieht sich im Verlauf der Jahrhunderte ein tiefgreifender Wandel,
und zwar in Richtung auf eine nachhaltige Disziplinierung, Zivilisierung und
Sensibilisierung.

Für das (1) Stammeszeitalter muss zunächst wie bei der Unterhaltungsliteratur auf die ungünstige Quellenlage und auf die – hier wohl noch stärkere –
Konkurrenz durch andere, sinnlich befriedigendere Aktivitäten verwiesen
werden. An der Existenz der Trägerschicht kann hingegen kein Zweifel bestehen, ja die Kompensationsliteratur wird sich vielleicht mit dem Ruhm schmücken dürfen, die kulturgeschichtlich älteste und traditionsreichste aller Literaturformen überhaupt zu sein. Zu den hierbei in Betracht kommenden Gattungen zählen etwa das derb-erotische Tanz- und Liebeslied, das mit sexuellen
Konnotationen versehene Arbeitslied, der aggressive Spottgesang, Trinklieder
oder auch zu Gelegenheit von Festveranstaltungen oder -umzügen improvisierte Stegreifmaskeraden mit obszön-komischen Prügel- oder Kopulations-

szenen. Als gesichert kann freilich – wie oben im entsprechenden Kapitel dargelegt wurde – nur die Existenz von Arbeitsliedern ('helfenden Rhythmen') und Merkversen gelten. Der Rest bleibt Spekulation oder besser: begründete, aus ethnologischen Studien zu vergleichbaren Stammesgesellschaften ableitbare Hypothese.

Wesentlich günstiger stellt sich die Überlieferungssituation bei der Kompensationsliteratur des (2) feudalistischen Zeitalters dar, zu der z. B. gereimte Volkslieder, Märchen, Sagen oder Stegreifspiele, wie sie auf den Jahrmarktsbühnen aufgeführt wurden, zu rechnen sind. Bis in die Frühe Neuzeit hinein lassen sich in Texten dieses Typs Elemente eines vorchristlichen Aberglaubens, einer archaischen Lust an der Grausamkeit und einer wilden, noch weitgehend unkontrollierten Sexualität nachweisen. Auch die Scham- und Peinlichkeitsstandards liegen erkennbar unter denen des Bürgertums, das sich nur im Schwank und im Fastnachtsspiel gelegentliche Ausbrüche aus der strikten Wertordnung der Zünfte und der christlichen Kirche erlaubt. Wenn es im Bereich der Kompensationsliteratur erste zivilisatorische Fortschritte zu verzeichnen gibt, so resultieren sie aus einer Steigerung des Textumfangs und der formalen wie inhaltlichen Textkomplexität. So werden etwa aus den helfenden Rhythmen allmählich kompliziertere Arbeitslieder, deren Metrik und Strophik dem Singenden höhere Aufmerksamkeit abverlangt. Und auch das Jahrmarktsspiel besitzt trotz seiner Grobheit und Derbheit ein gewisses Kultivierungspotential, weil es mit immer raffinierteren Formen der Komik und des Spottes arbeitet und weil es die Einfalt und die Fühllosigkeit dem Spott aussetzt. Trotz dieser graduellen Fortschritte überwiegt freilich der Eindruck der Kontinuität. Wie im Stammeszeitalter so zielt die Kompensationsliteratur auch noch im feudalistischen Zeitalter auf die schnelle vollständige Befriedigung von elementaren Triebimpulsen ab.

Die große Wende vollzieht sich dann im (3) bürgerlichen Zeitalter. Die industrielle Revolution und der neue Agrarkapitalismus führen zu einer Rationalisierung der Arbeitsabläufe, zu einer stärkeren Trennung von Arbeits- und Privatsphäre, zur Verwendung komplizierter Maschinen sowohl in der Fabrik als auch im Handwerk und in der Landwirtschaft, zur Steigerung der räumlichen und sozialen Mobilität sowie zur Ausweitung der Geldwirtschaft. Aus den unselbstständigen, für einfache und einfachste Tätigkeiten herangezogenen, weitgehend in Naturalien entlohnten Knechten und Mägden werden allmählich die ihren eigenen Haushalt führenden, zuverlässig die wertvollsten Maschinen bedienenden, von sich aus pünktlich und regelmäßig zur Arbeit erscheinenden Arbeiter und Arbeiterinnen des 19. Jahrhunderts. Ohne Grundkenntnisse im Lesen, Schreiben und Rechnen, ohne ein Mindestmaß an Selbstdisziplin und ohne die Beherrschung ziviler Umgangsformen kann eine solche freiere, selbstverantwortlichere, öffentlichere Existenz nicht geführt werden. Seit den 1820er Jahren wurde demgemäß die Schulpflicht konsequent durch-

gesetzt; die Analphabetenquote lag im Jahre 1900 nur noch bei 2 % der Bevölkerung. Zum ersten Mal in der deutschen Geschichte war damit auch die breite
Masse prinzipiell zur Teilhabe an schriftlicher literarischer Kommunikation
befähigt. Und in Gestalt des Kolportageromans entstand auch sogleich eine
literarische Form, die auf das Zeitbudget, auf die Einkommenssituation und
auf den Bildungsstand dieser neuen, riesigen Zielgruppe des Buchhandels
zugeschnitten war. Der geistige Gehalt und das intellektuell-sprachliche Niveau dieser Romane waren äußerst gering. Doch darauf kommt es nicht an.
Der immense kulturgeschichtliche Wert des Kolportageromans resultiert aus
seinem Zivilisierungs- und Sensibilisierungspotential. Er verbannt das Derbe
und Grobe aus der Unterschichtenkultur. Er artikuliert ein vergleichsweise
breites Spektrum an subtileren Ausdrucksformen der Liebe, der Zuneigung,
der Freundschaft, der Angst, der Sorge, der Freude, des Humors und sonstiger
Haltungen und Empfindungen, die im Märchen oder Jahrmarktspiel des feudalistischen Zeitalters noch keine psychologische Vertiefung und Ausdifferenzierung erfahren hatten. Die gesellschaftsgeschichtliche Bedeutung dieses im
Rückblick auf die Entwicklung im Stammeszeitalter und im feudalistischen
Zeitalter als abrupt zu bezeichnenden Zivilisierungsfortschritts der Unterschichten kann nicht hoch genug eingeschätzt werden. Mit den ungebildeten
Landarbeiterinnen und Landarbeitern des 16., des 17. und auch noch des
18. Jahrhunderts wäre kein demokratischer Staat zu machen gewesen. Es
bedurfte des Kultivierungsschubs der Industrialisierung und ihrer Begleit-
erscheinungen, um aus dem rohen Stallknecht jenen disziplinierten Arbeiter zu
formen, aus dem dann – wiederum binnen weniger Jahrzehnte – der Büroange-
stellte hervorgehen konnte, der im gebügelten Hemd am Schreibtisch sitzt,
seinen Kindern bei den Schulaufgaben hilft, politische Zeitungskommentare
liest und vielleicht sogar Mitglied in einem Buchclub wird. In der bisherigen
Literaturgeschichtsschreibung haben diese Vorgänge fast keine Beachtung
gefunden. Der Kolportageroman gehört zu jenen 'illegitimen' Gegenständen,
mit denen sich der Mann (und auch die Frau) von Geist und Geschmack nicht
detailliert zu beschäftigen pflegt, weil der 'Ekel vor dem Leichten' (Bourdieu)
konstitutiv für seinen (oder ihren) Habitus ist und weil die Kategorien fehlen,
mit deren Hilfe die beschriebenen Zivilisierungs- und Sensibilisierungsfort-
schritte erfasst und analysiert werden könnten. So bleibt es in den meisten
Fällen bei einigen herablassenden Nebenbemerkungen über den Kommerzia-
lismus, die Förderung des Eskapismus oder den Konservatismus, der dem
Lesestoff der Unterschichten abzulesen ist. Hier muss dringend noch weiterge-
fragt werden, und zwar schon deshalb, weil sich die Triebkanalisierungsstrate-
gien des Kolportageromans à la longue bekanntlich nicht als heilsam erwiesen.
Auf die beiden beschriebenen Zivilisierungsschübe folgte von 1933 bis 1945
ein extremer Zivilisationsrückschritt, dessen spezifische Gestalt den Effekt
dieser Strategien widerspiegelt. Denn die faschistische 'Barbarei' war eben

kein bloßer Rückfall ins Wilde. Der Holocaust ist kein reines Affektdelikt, sondern auch das Werk von Schreibtischtätern, die ohne menschliche Anteilnahme Gefangenentransporte und Vergasungen organisierten, als handele es sich um alltägliche Geschäfts- und Verwaltungsvorgänge. Diese Gleichgültigkeit ist die Kehrseite des oben beschriebenen Zivilisierungsprozesses. Die Affektdämpfung hat in vielen Fällen nicht zu einer Affektreduktion oder Affektveredelung, sondern nur zu einer Affektfesselung geführt. Die hieraus resultierende 'kalte' Wildheit ist im Zeitalter der Massenvernichtungswaffen offenbar gefährlicher, als es die ungestüme Rauf- und Sauflust des unzivilisierten Stallknechts jemals hätte werden können.

In der (4) Kompensationsliteratur des demokratisch-pluralistischen Zeitalters ist diese Problematik keineswegs gelöst worden. Ganz im Gegenteil scheint zumindest in den für die männliche Leserschaft verfassten, aggressiveren Spielarten des Heftromans, der die Nachfolge des Kolportageromans antritt, der Typus des abgebrühten Killers und Killerjägers zu dominieren, der nicht mit Herz und Leidenschaft, sondern mit eiskalter Berechnung verfährt. Was früher ein Fortschritt war, erweist sich nun als Hemmnis. Zivilisierung wird zur instrumentalisierbaren Psychotechnologie, wenn ihr die ethische Basis fehlt. Hier liegt noch viel Stoff für literaturgeschichtliche Untersuchungen, die den Anteil der literarischen Kommunikation an der Herausbildung epochen- und schichtenspezifischer Mentalitäten zu analysieren haben. Dabei wird es nicht leicht sein, sowohl die Leistungen als auch die Fehlleistungen der Kompensationsliteratur sachlich darzustellen und fair zu bewerten. Vorerst wäre es schon ein Fortschritt, wenn die Existenz dieser Literatur überhaupt zur Kenntnis genommen würde und wenn in Gestalt von Bibliographien, Autorenlexika, Editionen und Fachzeitschriften die elementaren philologischen Hilfsmittel bereitgestellt würden, die für eine wissenschaftliche Analyse dieses Literaturtyps erforderlich sind.

Die vier historischen Längsschnitte haben gezeigt, dass es in Deutschland nicht 'die' eine und einzige Literatur, sondern vier verschiedene Literaturen, d. h. vier verschiedene Hauptformen von literarischer Kultur im Sinne der in der Einleitung gelieferten Definition, gegeben hat und weiterhin gibt. Jede dieser vier Literaturen hat ihre eigene Funktion, ihre eigene Entwicklungsdynamik und ihren eigenen kulturgeschichtlichen Wert. Eine moderne Literaturwissenschaft und Literaturgeschichtsschreibung hat für jede der vier Literaturen spezifische Analysekategorien und Bewertungsmaßstäbe zu entwickeln, die ihrer jeweiligen Eigenart gerecht werden, zugleich aber auch die Interdependenz zwischen den vier Literaturen zu beschreiben. Die Literaturkritik und die Literaturpädagogik können sich – sofern dies reflektiert wird – darüber hinwegsetzen und mit eigenen Auswahl- und Beurteilungskriterien operieren. Von einer wissenschaftlichen Literaturgeschichtsschreibung darf man demgegen-

über erwarten, dass sie allen ihren Gegenständen mit der gleichen unvoreinge-
nommenen Sachlichkeit entgegentritt.

Als Selbstwiderspruch könnte es auf den ersten Blick erscheinen, wenn einerseits oben im Detail gezeigt wurde, dass im demokratisch-pluralistischen
Zeitalter nur noch die Berufsleserschaft zur kontinuierlichen adäquaten Rezeption der Höhenkamm-Literatur in der Lage ist, und wenn nun andererseits
gefordert wird, dass der Philologe diese Disposition aufgeben und auch die
anderen drei Hauptformen von literarischer Kultur wahrnehmen und in sein
Kalkül einbeziehen soll. Dreierlei ist hierzu anzumerken. Erstens bilden die
Literaturwissenschaftler nur einen kleinen Teil der die verschiedensten Lehr-
und Kulturberufe umfassenden Berufsleserschaft; was für diese Sondergruppe
gilt, ist nicht für die gesamte Berufsleserschaft relevant. Zweitens ist zwischen
der eigentlichen Berufstätigkeit und den sonstigen Aktivitäten zu unterscheiden: Es ist verständlich und nach dem oben Ausgeführten geradezu logisch,
dass der Philologe in seiner Freizeit mit Vorliebe Werke rezipiert, die seinem
Habitus entsprechen; in seiner Berufsarbeit muss er jedoch diesen Habitus, für
den nicht selten die 'ästhetische Distanz' und der besagte 'Ekel vor dem
Leichten' (Bourdieu) charakteristisch sind, zugunsten einer wissenschaftlichen
Einstellung ausschalten können. Drittens schließlich ist heute das Schwere das
Leichte und das Leichte das Schwere: Die Analyse der Bildungsliteratur ist
mittlerweile dermaßen hoch entwickelt und stößt auf derart günstige Arbeits-
voraussetzungen, dass es dem Berufseinsteiger und sogar dem Philologiestu-
denten nach kurzer Einarbeitung möglich ist, mit Hilfe historisch-kritischer
Editionen, ausführlicher Werkkommentare und zuverlässiger Bibliographien
selbst die anspruchsvollsten Texte von Hölderlin oder Celan zu verstehen und
zu besprechen. Kulturgeschichtlich ist diese Erleichterung der Rezeption
schwierigster Texte ein äußerst erfreuliches Phänomen. Aus wissenschaftlicher
Sicht unerfreulich ist es jedoch, wenn dies zu Lasten der Erforschung von drei
der vier existierenden Hauptformen von literarischer Kultur geht. Denn wie
anders stellt sich hier die Arbeitssituation dar! Schon die Textbeschaffung
gestaltet sich meistens schwierig. Bibliographien, Autorenlexika, Werkkommentare und ähnliche Hilfsmittel fehlen. Und vor allen Dingen mangelt es oft
an adäquaten Analysekategorien und Fragestellungen, die das Material zu
untersuchen, zu strukturieren und aufzuschließen erlauben. Die vorliegende
Darstellung versuchte zu zeigen, dass solche neuen Fragestellungen durch die
Berücksichtigung kommunikationsgeschichtlicher Kontextinformationen und
funktionsanalytischer Untersuchungsaspekte gewonnen werden können.

Wenn hier von vier Haupttypen die Rede ist, soll damit nicht suggeriert
werden, dass die nicht schichtenspezifischen Literaturformen, denen die Kapitel 2b 5, 3b 5 und 4b 10 gewidmet waren und zu denen u. a. die Jugendliteratur und die Pornographie gehören, von geringerer literaturgeschichtlicher
Bedeutung sind. Anders als bei den vier Hauptformen handelt es sich jedoch

um eine Vielzahl sehr unterschiedlicher Phänomene, die keine gleichgerichtete Geschichte haben. Es konnte deshalb kein kommunikationsgeschichtlicher Längsschnitt wie bei den anderen vier Kulturen geliefert werden. Zusammenfassend lässt sich hierzu nur feststellen, dass es immer auch Formen von literarischer Kommunikation gegeben hat, die nicht für eine bestimmte soziale Schicht, sondern z. B. für die Angehörigen bestimmter Konfessionen oder Alterskohorten charakteristisch waren. Das ändert nichts daran, dass umgekehrt jede Schicht ihre spezifischen Lektüreanforderungen und Mediennutzungsgewohnheiten, mithin eine spezifische literarische Kultur besitzt und dass die Summe aller dieser Kulturen mit weitem Abstand den Großteil der überhaupt feststellbaren Erscheinungsformen von literarischer Kommunikation ausmacht. Übrigens ist fast allen Literaturformen ihre enge Gebundenheit an bestimmte Bildungs- und Gesellschaftsschichten nicht bewusst. Die Verfasser von Unterhaltungs-, von Kompensations- und erst recht die von Bildungsliteratur treten üblicherweise mit dem Anspruch auf, schlechterdings jedermann anzusprechen. Und auch die Rezipienten der entsprechenden Werke sind nicht selten der Ansicht, dass das, was sie selbst lesen, eigentlich alle anderen auch lesen könnten und sollten ('das musst du unbedingt lesen!'). Doch die kommunikationsgeschichtlichen Fakten sprechen eine andere Sprache. Zwar gibt es keinen kulturellen Determinismus, d. h. im Prinzip könnte jedes Individuum jeden Text rezipieren (und produzieren). Aber de facto existiert eine enge Verknüpfung zwischen der Position im sozialen Raum und den Rezeptionsgewohnheiten. Zu einer nachhaltigen Veränderung dieser Rezeptionsgewohnheiten kommt es also erst, wenn das Individuum seine gesellschaftliche Position verändert, d. h. aufsteigt oder absteigt. Da im Laufe der Geschichte die soziale Mobilität tendenziell zugenommen hat, kommt es heute häufiger als früher zu solchen Auf- und Abstiegen. Deshalb und weil die Grenzen zwischen den Schichten und ihren jeweils benachbarten Schichten in der modernen Gesellschaft durchlässiger geworden sind, können heute viele Individuen im Verlauf ihres Lebens an mehreren literarischen Kulturen partizipieren (und zusätzlich die nicht-schichtenspezifische Jugendliteratur, Pornographie usw. rezipieren). Selbst ein Fußballspieler, der immer wieder zwischen der Stürmer- und der Torwartposition wechselt, darf aber nur als Torwart die Hände benutzen und hat nur als Torwart die Freiheit, das ganze Spiel über zwischen den Pfosten stehen zu bleiben. Und wenn die Spielregeln geändert werden, bleiben es doch Regeln.

Generell ist zu dieser Problematik noch einmal anzumerken, dass die Lockerung der Rezeptionsstandards nach unten hin erheblich leichter ist als nach oben hin. Es gibt Schichten, in denen es üblich und schicklich, wenn nicht sogar ein Ausweis von Fortschrittlichkeit oder Dünkellosigkeit ist, unter dem eigenen Niveau zu bleiben. Doch umgekehrt ist es nahezu unmöglich, das durch soziale Position und Bildungsstand markierte Niveau zu übertreffen, und

zwar nicht nur aufgrund wirklicher Bildungsbarrieren, sondern auch aufgrund
der Repressalien der 'Standesgenossen', die darin Anzeichen von Überheb-
lichkeit oder Wichtigtuerei erblicken. Die Autobiographie von Ulrich Bräker
(*Lebensgeschichte und natürliche Ebentheuer des Armen Mannes im Tocken-
burg*; 1789) legt davon beredtes Zeugnis ab. Über den schichtenspezifischen
geistigen Verhältnissen zu leben, provoziert gesellschaftliche Sanktionen.
Dazu kommen – wiederum früher erheblich häufiger als heute – drastische
materielle Ausschlussmechanismen wie z. B. hohe Buchpreise, Bekleidungs-
vorschriften im Hoftheater usw.

Was die Zuordnung konkreter literarischer Werke zu den einzelnen literarischen Kulturen betrifft, so ist ebenfalls festzustellen, dass es hierbei keinen
Determinismus geben kann, d. h. jedes literarische Werk kann prinzipiell in
allen literarischen Kulturen rezipiert werden. Der Literaturlehrer kann es aus
wohlverstandenem pädagogischen Egalitarismus heraus bei dieser menschen-
freundlichen Einsicht bewenden lassen. Doch der Lektor, der Verlagsleiter, der
Buchhändler und der Literaturagent wissen es besser und können ihren Lebensunterhalt damit bestreiten, das richtige Buch an den richtigen Kunden zu
bringen und ihre Werbemaßnahmen auf den Lebensstil der verschiedenen
Käuferschichten zuzuschneiden. Die einer solchen Zuordnung zugrunde lie-
genden sozialen Tatsachen sind als statistische Relationen zu begreifen. Das
Publikum einer Theateraufführung oder die Leserschaft eines Buches ist also
niemals sozial homogen. Gleichwohl sind aber bestimmte Gesellschaftsschichten in diesem Publikum und in dieser Leserschaft überrepräsentiert und
bestimmte andere Gesellschaftsschichten unterrepräsentiert. Wenn also in der
vorliegenden Studie z. B. die Protestsongs der Liedermacher im Abschnitt über
das alternative Milieu (4b 9) behandelt wurden, so bedeutet dies *nicht*, dass die
Besucher eines entsprechenden Konzerts zu mindestens 50 % oder vielleicht
sogar zu 100 % dieser Schicht angehören. Es bedeutet aber sehr wohl, dass von
den Besuchern derartiger Konzerte deutlich mehr als jene 2,3 % dem alternativen Milieu angehören, die 1990 den Anteil dieser Schicht an der Gesamtbevölkerung ausmachten. Wenn also – um es an einem einfachen Rechenexempel zu illustrieren – z. B. 5 % der Konzertbesucher zu den Alternativen gehören, wäre von einer mehr als einhundertprozentigen *Über*repräsentation zu
sprechen. Sind in demselben Konzert 10 % der Besucher, also die doppelte
Menge, dem Kleinbürgertum zuzuordnen, so ist mit Bezug auf diese Schicht
von einer drastischen *Unter*repräsentation zu sprechen, weil der Anteil des
kleinbürgerlichen Milieus an der Gesamtbevölkerung 1990 ca. 23,5 % betrug
(Flaig/Meyer/Ueltzhöffer 1997, S. 72). Ignoriert man solche Zusammenhänge,
wird man bei allen Rezipientenanalysen zu dem gleichen irreführenden und
nichtssagenden Resultat gelangen: nämlich dass das Publikum bunt gemischt
war und dass vom Konzernlenker bis zum Hilfsarbeiter jedermann Interesse an
der betreffenden Sache zeigt. Wie einzuräumen bleibt, ist es allerdings auch

bei sorgfältiger Beachtung aktueller kultursoziologischer Befunde nicht ganz einfach, im Sinne einer Illustration und Exemplifizierung den einzelnen Schichten konkrete Buchtitel zuzuordnen. Das liegt einerseits daran, dass nur selten exakte Verkaufsstatistiken und Ausleihverzeichnisse vorliegen, die nach sozialen Schichten differenzieren. Und andererseits ist es darauf zurückzuführen, dass Autoren und Verleger nach ökonomischer Logik meistens nicht nur eine, sondern mehrere, im sozialen Raum benachbarte Schichten anzusprechen versuchen. Die Auswahl der Beispiele konnte sich deshalb nicht immer auf eindeutige empirische Erhebungen stützen. Ggf. wurde ersatzweise auf formale und inhaltliche Textmerkmale rekurriert, die den jeweiligen Bildungsvoraussetzungen, Lektüreanforderungen und Mediennutzungsgewohnheiten möglichst genau entsprechen. Dem Leser dieser Studie mag im Einzelfall ein Beispiel unpassend erscheinen oder ein besseres einfallen; der Gesamtbefund sollte davon aber unberührt bleiben.

Zur Periodisierungsproblematik ist im Rückblick zweierlei anzumerken. Erstens stellt sich heraus, dass aus kommunikationsgeschichtlicher Perspektive die Aufspaltung der germanistischen Literaturwissenschaft in Mediävistik und Neugermanistik nicht zu rechtfertigen ist. Natürlich kann das feudalistische Zeitalter unter allerlei Nebengesichtspunkten in Unterepochen unterteilt werden, doch insgesamt erstreckt es sich eben vom Ende des Stammeszeitalters bis zum Beginn des bürgerlichen Zeitalters. Allenfalls eine pragmatische Legitimation wäre sinnvoll: Die Mediävistik beschäftigt sich mit Texten aus älteren Sprachstufen, die eigens erlernt werden müssen, während die Neugermanistik für jene Werke zuständig ist, die keiner Übersetzung bedürfen. Zweitens hat auch diese geschichtliche Überblicksdarstellung wieder einmal die Existenz von Übergangsphasen und damit auch den Sonderstatus der Weimarer Republik bestätigt, die zugleich den Auftakt des demokratisch-pluralistischen Zeitalters und die Endphase des bürgerlichen Zeitalters darstellt (vgl. Wehler 2003, S. 229, 284-289 u. ö.). Einerseits wirkt das alte Klassensystem des 19. Jahrhunderts noch merklich in die Gesellschaftsstruktur dieser Ära hinein, aber andererseits haben die meisten Milieus der Gegenwart eine ausgedehnte Vorgeschichte, die bis in die Anfänge des 20. Jahrhunderts zurückverfolgt werden kann. Das Rätsel des allmählichen, offenbar nicht immer und überall stetigen Übergangs von den Klassen zu den Milieus kann im Rahmen einer literaturgeschichtlichen Darstellung nicht abschließend gelöst werden. Hier liegt viel Stoff für weiterführende, detailliertere Untersuchungen. Klar ist nur, dass die historische Gesamtentwicklung *aus kommunikationsgeschichtlichem Blickwinkel* trotz der Katastrophen des 20. Jahrhunderts als äußerst positiv bezeichnet werden muss. So viele Menschen wie niemals zuvor verfügen in der Gegenwart über genug Zeit, Geld und Bildung, um freiwillig an (anspruchsvoller) schriftlicher literarischer Kommunikation teilzuhaben; es wird große Anstrengungen erfordern, dieses Niveau auf Dauer zu halten.

Literaturverzeichnis

Albrecht, Monika / Göttsche, Dirk (Hg.): Bachmann-Handbuch. Leben – Werk – Wirkung. Stuttgart u. Weimar 2002.

Althaus, Thomas (Hg.): Kleinbürger. Zur Kulturgeschichte des begrenzten Bewußtseins. Tübingen 2001.

Andringa, Els: Empirische Literaturwissenschaft [Art.]. In: Reallexikon der deutschen Literaturwissenschaft, Bd. I, S. 443-446.

Asmuth, Bernhard: Gebundene/ungebundene Rede. In: Historisches Wörterbuch der Rhetorik. Hg. v. Gert Ueding. Bd. 3. Darmstadt 1996. Sp. 606-629.

Ayrer, Jakob: Die Erziehung des bösen Weibes. In: Wuttke, Dieter (Hg.): Fastnachtspiele des 15. und 16. Jahrhunderts. 6. Aufl. Stuttgart 1998. S. 289-309.

Bachmann, Ingeborg: Malina [1971]. In: Bachmann 1984, Bd. 3, S. 9-337.

Bachmann, Ingeborg: Werke. Hg. v. Christine Koschel, Inge von Weidenbaum u. Clemens Münster. 4 Bde. 3. Aufl. d. Sonderausg. 1982. München u. Zürich 1984.

Bachmann, Ingeborg: 'Todesarten'-Projekt. Kritische Ausgabe. Unter Leitung v. Robert Pichl hg. v. Monika Albrecht u. Dirk Göttsche. 4 Bde [in 5]. München u. Zürich 1995.

Backes, Martina: Das literarische Leben am kurpfälzischen Hof zu Heidelberg im 15. Jahrhundert. Ein Beitrag zur Gönnerforschung des Spätmittelalters. Tübingen 1992.

Barbian, Jan-Pieter: Literaturpolitik im 'Dritten Reich'. Institutionen, Kompetenzen, Betätigungsfelder. Überarb. u. aktualis. Ausg. München 1995.

Bartels, Adolf: Geschichte der deutschen Literatur. 19. Aufl. Berlin u. Hamburg 1943.

Bausenwein, Christoph: Vergnügen für die Gentlemen. Fußball. In: Sarkowicz 1999, S. 204-218.

Bausinger, Hermann / Beyrer, Klaus / Korff, Gottfried (Hg.): Reisekultur. Von der Pilgerfahrt zum modernen Tourismus. München 1991.

Beauvoir, Simone de: Le deuxième sexe. Paris 1949.

Becker, Eva D. / Dehn, Manfred: Literarisches Leben. Eine Bibliographie. Auswahlverzeichnis von Literatur zum deutschsprachigen literarischen Leben von der Mitte des 18. Jahrhunderts bis zur Gegenwart. Hamburg 1968.

Beckers, Hartmut: Literarische Interessenbildung bei einem rheinischen Grafengeschlecht um 1470/80: Die Blankenheimer Schloßbibliothek. In: Heinzle, Joachim (Hg.): Literarische Interessenbildung im Mittelalter. DFG-Symposion 1991. Stuttgart u. Weimar 1993. S. 5-20.

Bender, Katrin: 'Buddenbrooks – Verfall einer Familie'. Welterfolg mit Verzögerung. In: Bohnsack/Foltin 1999, S. 163-175.

Benz, Wolfgang / Pehle, Walter H. (Hg.): Lexikon des deutschen Widerstandes. Aktualisierte Lizenzausgabe. Frankfurt a. M. 2001.

Berg, Klaus / Kiefer, Marie-Luise (Hg.): Massenkommunikation. Eine Langzeitstudie zur Mediennutzung und Medienbewertung. Bd. 5: 1964-1995. Baden-Baden 1996.

Berthold, Christian: Fiktion und Vieldeutigkeit. Zur Entstehung moderner Kulturtechniken des Lesens im 18. Jahrhundert. Tübingen 1993.

Bessing, Joachim u.a.: Tristesse Royale. Das popkulturelle Quintett mit Joachim Bessing, Christian Kracht, Eckhart Nickel, Alexander v. Schönburg u. Benjamin v. Stuckrad-Barre [1999]. München 2001.

Biermann, Wolf: Gorleben-Lied [1978]. In: W. B.: Alle Lieder. Ungekürzte Lizenzausgabe. 2. Aufl. Köln 1991. S. 302-305.

Bircher, Martin: Der Gelehrte als Herrscher. Der Hof von Wolfenbüttel. In: Buck, August (Hg.): Europäische Hofkultur im 16. und 17. Jahrhundert. Bd. I. Hamburg 1981. S. 105- 127.

Blumenberg, Hans: Arbeit am Mythos. Frankfurt a. M. 1979.

Bogdal, Klaus-Michael: Zwischen Alltag und Utopie. Arbeiterliteratur als Diskurs des 19. Jahrhunderts. Opladen 1991.

Bohnsack, Petra: Gutenberg und die Bibel. Verbreitung und kulturelle Bedeutung (= Bohnsack 1999a). In: Bohnsack/Foltin 1999, S. 7-28.

Bohnsack, Petra: Grimmelshausens Simplizissimus. Leserführung und christlich-philosophische Weltdeutung (= Bohnsack 1999b). In: Bohnsack/Foltin 1999, S. 56-70.

Bohnsack, Petra / Foltin, Hans-Friedrich (Hg.): Lesekultur. Populäre Lesestoffe von Gutenberg bis zum Internet. Marburg 1999.

Bollacher, Martin / Gruber, Bettina (Hg.): Das erinnerte Ich: Kindheit und Jugend in der deutschsprachigen Autobiographie der Gegenwart. Paderborn 2000.

Bonfadelli, Heinz: Literarische Sozialisation im Wandel. In: Garbe, Christine / Graf, Werner / Rosebrock, Cornelia / Schön, Erich (Hg.): Lesen im Wandel. Probleme der literarischen Sozialisation heute. Lüneburg 1997. S. 41-54.

Bonfadelli, Heinz: Leser und Leseverhalten heute – Sozialwissenschaftliche Buchlese(r)forschung (= Bonfadelli 1999a). In: Franzmann u. a. 1999, S. 86-144.

Bonfadelli, Heinz: Medienwirkungsforschung. Konstanz.

Bd. I: Grundlagen und theoretische Perspektiven (= Bonfadelli 1999b). 1999.

Bd. II: Anwendungen in Politik, Wirtschaft und Kultur. 2000.

Born, Karl Erich: Von der Reichsgründung bis zum Ersten Weltkrieg (= Gebhardt. Handbuch der deutschen Geschichte. 9., neu bearb. Aufl. Hg. v. Herbert Grundmann. Bd. 16). 12. Aufl. München 1988.

Bosl, Karl: Staat, Gesellschaft, Wirtschaft im deutschen Mittelalter (= Gebhardt. Handbuch der deutschen Geschichte. 9., neu bearb. Aufl. Hg. v. Herbert Grundmann. Bd. 7). 9. Aufl. München 1988.

Bourdieu, Pierre: Entwurf einer Theorie der Praxis auf der ethnologischen Grundlage der kabylischen Gesellschaft [1972]. Übers. v. Cordula Pialoux u. Bernd Schwibs. Frankfurt a. M. 1979.

Bourdieu, Pierre: Die feinen Unterschiede [1979]. Kritik der gesellschaftlichen Urteilskraft. Übers. v. Bernd Schwibs u. Achim Russer. Frankfurt a. M. 1987.

Bourdieu, Pierre: Ökonomisches Kapital – Kulturelles Kapital – Soziales Kapital [1983]. Übers. v. Reinhard Kreckel. In: P. B.: Die verborgenen Mechanismen der Macht. Schriften zu Politik und Kultur 1. Hg. v. Margareta Steinrücke. Hamburg 1992. S. 49-79.

Bourdieu, Pierre: Homo academicus [1984]. Übers. v. Bernd Schwibs. Frankfurt a. M. 1992.

Bourdieu, Pierre: Die Regeln der Kunst. Genese und Struktur des literarischen Feldes [1992]. Übers. v. Bernd Schwibs u. Achim Russer. Frankfurt a. M. 1999.

Bourdieu, Pierre u. a.: Der Einzige und sein Eigenheim [1998]. Schriften zu Politik und Kultur 3. Hg. v. Margareta Steinrücke. Hamburg 1998.

Brauneck, Manfred: Die Welt als Bühne. Geschichte des europäischen Theaters. Stuttgart u. Weimar

Bd. 2: 1996.

Bd. 3: 1999.

Brednich, Rolf Wilhelm: Die Liedpublizistik des 15. bis 17. Jahrhunderts. 2 Bde. Baden-Baden 1974-75.

Breuer, Dieter: Geschichte der literarischen Zensur in Deutschland. Heidelberg 1982.

Brinker-Gabler, Gisela (Hg.): Deutsche Literatur von Frauen. 2 Bde. München 1988.

Brückner, Wolfgang / Blickle, Peter / Breuer, Dieter (Hg.): Literatur und Volk im 17. Jahrhundert. Probleme populärer Kultur in Deutschland. Teil II. Wiesbaden 1985.

Buck, Theo: Schibboleth. Konstellationen um Celan (= Celan-Studien III). Aachen 1995. S. 9-28.

Bumke, Joachim: Höfischer Körper – Höfische Kultur. In: Heinzle 1994, S. 67-102.

Bumke, Joachim: Geschichte der deutschen Literatur im hohen Mittelalter. 4., aktualis. Aufl. München 2000.

Burda Advertising Center (Hg.): Die Sinus-Milieus in Deutschland [2000]. Strategische Marketing- und Mediaplanung mit der Typologie der Wünsche Intermedia. Eine Dokumentation für Anwender. Offenburg 2000.

Burda Advertising Center (Hg.): Die Sinus-Milieus in Deutschland [2002]. Strategische Marketing- und Mediaplanung mit der Typologie der Wünsche Intermedia. Eine Dokumentation für Anwender. Erg. Neuaufl. Offenburg 2002.

Burger, Heinz Otto (Hg.): Studien zur Trivialliteratur. 2. Aufl. Frankfurt a. M. 1976.

Busse, Burkhard: Der deutsche Schlager. Eine Untersuchung zur Produktion, Distribution und Rezeption von Trivialliteratur. Wiesbaden 1976.

Butler, Judith: Gender Trouble. Feminism and the Subversion of Identity. New York u. London 1990.

Caesar, Gaius Iulius: De bello Gallico. Der Gallische Krieg. Übers. u. hg. v. Marieluise Deissmann. Bibliogr. erg. Ausg. 1991. Stuttgart 2001.

Celan, Paul: Schibboleth [1955]. In: P. C.: Von Schwelle zu Schwelle. Vorstufen – Textgenese – Endfassung. Bearb. v. Heino Schmull. Frankfurt a. M. 2002. S. 96f.

[Celan, Paul:] Paul Celan – Gisèle Celan-Lestrange. Briefwechsel. Hg. u. komment. v. Bertrand Badiou in Verbindung m. Eric Celan. Aus d. Französ. v. Eugen Helmlé. 2 Bde. Frankfurt a. M. 2001.

Chartier, Roger: Lesewelten. Buch und Lektüre in der frühen Neuzeit. Aus d. Französ. v. Brita Schleinitz u. Ruthard Stäblein. Frankfurt a. M., New York u. Paris 1990.

Chartier, Roger / Cavallo, Guglielmo (Hg.): Die Welt des Lesens. Von der Schriftrolle zum Bildschirm. Übers. v. H. Jochen Bußmann u. a. Frankfurt a. M. u. New York 1999 [zuerst 1995 u.d.T. *Storia della lettura nel mondo occidentale*].

Claudon, Francis: Hausmusik. In: François, Etienne / Schulze, Hagen (Hg.): Deutsche Erinnerungsorte. Bd. 3. München 2001. S. 138-153 u. 699f.

Cramer, Thomas: Geschichte der deutschen Literatur im späten Mittelalter. 3., aktualis. Aufl. München 2000.

Curtius, Ernst Robert: Europäische Literatur und lateinisches Mittelalter. 9. Aufl. Bern u. München 1978.

Dainat, Holger: Abaellino, Rinaldini und Konsorten. Zur Geschichte der Räuberromane in Deutschland. Tübingen 1996.

Deutsche Lyrik des frühen und hohen Mittelalters. Edition d. Texte u. Kommentare v. Ingrid Kasten. Übers. v. Margherita Kuhn. Frankfurt a. M. 1995.

Diederichs, Ulf: Annäherungen an das Sachbuch. Zur Geschichte und Definition eines umstrittenen Begriffs. In: Radler, Rudolf (Hg.): Kindlers Literaturgeschichte der Gegenwart. Autoren – Werke – Themen – Tendenzen seit 1945. Die deutschsprachige Sachliteratur I. Frankfurt a. M. 1980. S. 9-76.

Diehl, Christopher / Foltin, Hans-Friedrich (Hg.): Des einen Leid, des anderen Freud. Goethes 'Werther'. In: Bohnsack/Foltin 1999, S. 83-98.

Dinzelbacher, Peter (Hg.): Europäische Mentalitätsgeschichte. Hauptthemen in Einzeldarstellungen. Stuttgart 1993.

Dörrich, Sabine: Die Zukunft des Mediums Buch. Eine Strukturanalyse des verbreitenden Buchhandels. Bochum 1991.

Drews, Jörg: Über den Einfluß von Buchkritiken in Zeitungen auf den Verkauf belletristischer Titel in den achtziger Jahren. In: Barner, Wilfried (Hg.): Literaturkritik – Anspruch und Wirklichkeit. DFG-Symposion 1989. Stuttgart 1990.

Dülmen, Richard van: Kultur und Alltag in der Frühen Neuzeit. München.
Bd. 1: Das Haus und seine Menschen. 16.-18. Jahrhundert. 2., durchges. Aufl. 1995.
Bd. 2: Dorf und Stadt. 16.-18. Jahrhundert. 1992.
Bd. 3: Religion, Magie, Aufklärung. 16.-18. Jahrhundert. 1994.

Dussel, Konrad: Deutsche Rundfunkgeschichte. Eine Einführung. Konstanz 1999.

Die Edda. Götter- und Heldenlieder der Germanen. Aus d. Altnord. übertrag., m. Anm. u. einem Nachw. vers. v. Arthur Häny. Zürich 1987.

Eggert, Hartmut / Garbe, Christine: Literarische Sozialisation. Stuttgart 1995.

Eikelmann, Manfred: Sprichwort [Art.]. In: Reallexikon der deutschen Literaturwissenschaft, Bd. III, S. 486-489.

Eisenhardt, Ulrich: Wandlungen von Zweck und Methoden der Zensur im 18. und 19. Jahrhundert. In: Göpfert, Herbert G. / Weyrauch, Erdmann (Hg.): „Unmoralisch an sich...“ Zensur im 18. und 19. Jahrhundert. Wiesbaden 1998. S. 1-35.

Elias, Norbert: Über den Prozeß der Zivilisation. Soziogenetische und psychogenetische Untersuchungen. 2 Bde. Frankfurt a. M. 1976.

Elkar, Rainer S.: Auf der Walz. Handwerkerreisen. In: Bausinger/Beyrer/Korff 1991, S. 57-61.

Ellwein, Thomas: Die deutsche Universität. Vom Mittelalter bis zur Gegenwart. Frankfurt a. M. 1992.

Engelhardt, Ulrich: 'Bildungsbürgertum'. Begriffs- und Dogmengeschichte eines Etiketts. Stuttgart 1986.

Epperlein, Siegfried: Bäuerliches Leben im Mittelalter. Schriftquellen und Bildzeugnisse. Lizenzausgabe. Köln 2003.

Erdmann, Karl Dietrich: Deutschland unter der Herrschaft des Nationalsozialismus 1933-1939 (= Gebhardt. Handbuch der deutschen Geschichte. 9., neu bearb. Aufl. Hg. v. Herbert Grundmann. Bd. 20). München 1980.

Ernst, Thomas: Popliteratur. Hamburg 2001.

Eversberg, Gerd: „Ombres chinoises". Zur Geschichte eines Medienspektakels seit dem siebzehnten Jahrhundert. In: Segeberg, Harro (Hg.): Die Mobilisierung des Sehens. Zur Vor- und Frühgeschichte des Films in Literatur und Kunst (= Mediengeschichte des Films. Bd. 1). München 1996. S. 45-67.

Fähnders, Walter: Zur Erforschung proletarischer Literaturtraditionen. Am Beispiel eines Lexikons. In: Scholz/Bogdal 1996, S. 254-266.

Felser, Georg: Werbe- und Konsumentenpsychologie. Eine Einführung. Stuttgart u. a. 1997.

Fischer, Wolfram / Krengel, Jochen / Wietog, Jutta: Sozialgeschichtliches Arbeitsbuch. Band I. Materialien zur Statistik des Deutschen Bundes 1815-1870. München 1982.

Flaig, Berthold Bodo / Meyer, Thomas / Ueltzhöffer, Jörg: Alltagsästhetik und politische Kultur. Zur ästhetischen Dimension politischer Bildung und politischer Kommunikation. 3. Aufl. Bonn 1997.

Flitner, Wilhelm: Europäische Gesittung. Ursprung und Aufbau abendländischer Lebensformen. Zürich u. Stuttgart 1961.

Foltin, Hans-Friedrich / Mundhenke, Florian: 'Jerry Cotton' und 'Perry Rhodan'. Zwei Dauerbrenner. In: Bohnsack/Foltin 1999, S. 217-230.

Foltin, Hans-Friedrich / Schirrmeister, Britta: Zeitweiser, Ratgeber, Geschichtenerzähler. Der Funktionswandel des Mediums Kalender in fünf Jahrhunderten. In: Bohnsack/Foltin 1999, S. 29-42.

François, L[o]uise von: Die Geschichte meines Urgroßvaters. In: L. v. F.: Gesammelte Werke. Bd. 2. Eingeleitet v. Karl Weitzel. Leipzig o. J. S. 433-491.

Frank, Horst Joachim: Handbuch der deutschen Strophenformen. 2., durchges. Aufl. Tübingen u. Basel 1993.

Franke, Berthold: Die Kleinbürger. Begriff, Ideologie, Politik. Frankfurt a. M. u. New York 1988.

Franzmann, Bodo u. a. (Hg.): Handbuch Lesen. München 1999.

Frei, Norbert: Der Führerstaat. Nationalsozialistische Herrschaft 1933 bis 1945. Erweiterte Neuausgabe. 6., erw. u. aktualis. Neuaufl. München 2001.

Frey, Beatrix: Zur Bewertung von Anmutungsqualitäten. Köln 1993 (= Beiträge zum Produkt-Marketing. Hg. v. Udo Koppelmann. Bd. 22).

Fröhner, Rolf: Das Buch in der Gegenwart. Eine empirisch-sozialwissenschaftliche Untersuchung. Gütersloh 1961.

Galle, Heinz J.: Volksbücher und Heftromane. Ein Streifzug durch 100 Jahre Unterhaltungsliteratur. O.O. 1998.

Geiger, Klaus F.: Jugendliche lesen „Landser"-Hefte. Hinweise auf Lektürefunktionen und -wirkungen. In: Grimm, Gunter E. (Hg.): Literatur und Leser. Theorien und Modelle zur Rezeption literarischer Werke. Stuttgart 1975. S. 324-341.

Geißler, Rainer: Sozialstruktur und gesellschaftlicher Wandel. In: Korte/Weidenfeld 2001, S. 97-135.

Gier, Albert: Das Libretto. Theorie und Geschichte einer musikliterarischen Gattung. Darmstadt 1998.

Giesenfeld, Günter / Prugger, Prisca: Serien im Vorabend- und im Hauptprogramm. In: Schanze/Zimmermann 1994, S. 349-388.

Gilomen, Hans-Jörg: Volkskultur und Exempla-Forschung. In: Heinzle 1994, S. 165-208.

Glaser, Rüdiger: Klimageschichte Mitteleuropas. 1000 Jahre Wetter, Klima, Katastrophen. Darmstadt 2001.

Gleba, Gudrun: Klöster und Orden im Mittelalter. Darmstadt 2002.

Gluchowski, Peter: Freizeit und Lebensstile. Plädoyer für eine integrierte Analyse von Freizeitverhalten. Erkrath 1988.

Goetz, Hans-Werner: Moderne Mediävistik. Stand und Perspektiven der Mittelalterforschung. Darmstadt 1999.

Götz, Thomas: „Die Straße draußen hat andere Gesetze". Familie, 'Kleinbürgerlichkeit' und Katholizismus in der westdeutschen Gesellschaft der 50er Jahre. In: Althaus 2001, S. 271-294.

Gold, Helmut: Wege zur Weltausstellung. In: Bausinger/Beyrer/Korff 1991, S. 320-326 u. 387f.

Grimm, Gunter [E.]: Rezeptionsgeschichte. Grundlegung einer Theorie. Mit Analysen und Bibliographien. München 1977.

Grimm, Gunter E.: Literatur und Gelehrtentum in Deutschland. Untersuchungen zum Wandel ihres Verhältnisses vom Humanismus bis zur Frühaufklärung. Tübingen 1983.

Grimm, Jacob Ludwig Karl / Grimm, Wilhelm Karl: Kinder- und Hausmärchen. Ausgabe letzter Hand mit den Originalanmerkungen der Brüder Grimm. Mit einem Anhang sämtlicher, nicht in allen Auflagen veröffentlichter Märchen und Herkunftsnachweisen hg. v. Heinz Rölleke. 3 Bde. Stuttgart 1982.

Groeben, Norbert / Vorderer, Peter: Leserpsychologie II: Lesemotivation – Lektürewirkung. Münster 1988.

Gschwantler, Otto: Älteste Gattungen germanischer Dichtung. In: See, Klaus von (Hg.): Neues Handbuch der Literaturwissenschaft. Bd. 6 (= Europäisches Frühmittelalter). Wiesbaden 1985. S. 91-123.

Günther, Hartmut / Ludwig, Otto (Hg.): Schrift und Schriftlichkeit. Writing and Its Use. Ein interdisziplinäres Handbuch internationaler Forschung. An Interdisciplinary Handbook of International Research. 1. Halbband. Berlin u. New York 1994.

Habermas, Jürgen: Technik und Wissenschaft als 'Ideologie'. In: ders.: Technik und Wissenschaft als 'Ideologie'. Frankfurt a. M. 1968. S. 48-103.

Häntzschel, Günter (Hg.): Bildung und Kultur bürgerlicher Frauen 1850-1918. München 1986.

Häny 1987 s. *Edda*

Hallenberger, Gerd: Vorläufige Thesen zur Programmgeschichte von Quiz und Game Show im bundesdeutschen Fernsehen. In: Kreuzer/Schanze 1991, S. 153-163.

Hamann, Brigitte: Hitlers Wien. Lehrjahre eines Diktators [1996]. Ungekürzte Taschenbuchausgabe. München 1998.

Hanebutt-Benz, Eva-Maria: Die Kunst des Lesens. Lesemöbel und Leseverhalten vom Mittelalter bis zur Gegenwart. Frankfurt a. M. 1985.

Harder, Matthias: Erfahrung Krieg. Zur Darstellung des Zweiten Weltkriegs in den Romanen von Heinz G. Konsalik. Mit einer Bibliographie der deutschsprachigen Veröffentlichungen des Autors von 1943-1996. Würzburg 1999.

Harms, Wolfgang (Hg.): Deutsche illustrierte Flugblätter des 16. und 17. Jahrhunderts. Kommentierte Ausg. 4 Bde. München u. Tübingen 1980-89.

Haug, Walter: Mündlichkeit, Schriftlichkeit und Fiktionalität. In: Heinzle 1994, S. 376-397.

Haug, Walter / Vollmann, Benedikt Konrad (Hg.): Frühe deutsche Literatur und lateinische Literatur in Deutschland 800-1150. Frankfurt a. M. 1991.

Haupt, Heinz-Gerhard: Die Enge des Kleinbürgertums. Bemerkungen zu seiner Geschichte im 19. Jahrhundert. In: Althaus 2001, S. 21-33.

Haupt, Heinz-Gerhard / Crossick, Geoffrey: Die Kleinbürger. Eine europäische Sozialgeschichte des 19. Jahrhunderts. München 1998.

Hebel, Johann Peter: Aus dem Schatzkästlein des Rheinischen Hausfreunds [1811]. Hg. v. Wilhelm Zentner. Stuttgart 1970.

Hecken, Thomas: Gestalten des Eros. Die schöne Literatur und der sexuelle Akt. Opladen 1997.

Hegel, Georg Wilhelm Friedrich: Vorlesungen über die Ästhetik [1835-38]. 3 Bde. [= Werke. 20 Bde. m. Registerbd. Hg. v. Eva Moldenhauer u. Karl Markus Michel. Bde. 13-15]. Frankfurt a. M. 1970.

Hein, Jürgen (Hg.): Volksstück. Vom Hanswurstspiel zum sozialen Drama der Gegenwart. Von Hugo Aust, Peter Haida u. Jürgen Hein. München 1989.

Heinzle, Joachim (Hg.): Modernes Mittelalter. Neue Bilder einer populären Epoche. Frankfurt a. M. u. Leipzig 1994.

Heiss, Hans: Heimat und Kleinbürgertum. Zum stillen Einklang zweier Begriffe. In: Althaus 2001, S. 151-173.

Henkel, Arthur / Schöne, Albrecht (Hg.): Emblemata. Handbuch zur Sinnbildkunst des XVI. und XVII. Jahrhunderts. Taschenausg. Stuttgart u. Weimar 1996.

Hermand, Jost: Geschichte der Germanistik. Reinbek bei Hamburg 1994.

Hess, Reimund: Die musikalischen Merkmale. In: Helms, Siegmund (Hg.): Schlager in Deutschland. Beiträge zur Analyse der Popularmusik und des Musikmarktes. Wiesbaden 1972. S. 41-64.

Hölderlin, Friedrich: Andenken. In: F. H.: Sämtliche Werke u. Briefe. Hg. v. Günter Mieth. Bd. I. 5. Aufl. München u. Wien 1989. S. 389f.

Hof[f]mannswaldau, Christian Hof[f]mann von: Gedichte. Auswahl u. Nachw. v. Manfred Windfuhr. Stuttgart 1994.

Hoffmeister, Gerhart: Deutsche und europäische Barockliteratur. Stuttgart 1987.

Hofmann, Michael / Rink, Dieter: Milieukonzepte zwischen Sozialstrukturanalyse und Lebensstilforschung. Eine Problematisierung. In: Schwenk 1996, S. 183-199.

Hohendahl, Peter Uwe (Hg.): Geschichte der deutschen Literaturkritik (1730-1980). Stuttgart 1985.

Hohorst, Gerd / Kocka, Jürgen / Ritter, Gerhard A.: Sozialgeschichtliches Arbeitsbuch. Band II. Materialien zur Statistik des Kaiserreichs 1870-1914. 2., durchges. Aufl. München 1978.

Holdenried, Michaela: Autobiographie. Stuttgart 2000.

Hradil, Stefan: Sozialstruktur und Kultur. Fragen und Antworten zu einem schwierigen Verhältnis. In: Schwenk 1996, S. 13-30.

Humanistische Lyrik des 16. Jahrhunderts. Lateinisch und deutsch. Hg. v. Wilhelm Kühlmann, Robert Seidel u. Hermann Wiegand. Frankfurt a. M. 1997.

Institut für Länderkunde, Leipzig (Hg.): Nationalatlas Bundesrepublik Deutschland. Bd. 6: Bildung und Kultur. Heidelberg 2002.

Isenbart, Jan: Am Ball und im Milieu. DSF-Studie: Soziale Milieus und Sportinteresse. In: Media Spectrum 3/1995, S. 42-45.

Kaczerowski, Brigitte: Welche Rolle spielt Fiktionalität für Leserinnen von Liebesromanen? In: Studia Poetica 10 (1997) [= Literaturwissenschaft als Wissenschaft über Fiktionalität], S. 110-122.

Kant, Immanuel: Kritik der Urteilskraft [1790] [= Werkausgabe. Hg. v. Wilhelm Weischedel. Bd. 10]. Frankfurt a. M. 1974.

Kartschoke, Dieter: Geschichte der deutschen Literatur im frühen Mittelalter. 3., aktualis. Aufl. München 2000.

Kaschuba, Wolfgang: Einführung in die Europäische Ethnologie. München 1999.

Kastell, Katrin: Liebe – für alle Ewigkeit? Dr. Holl und der Herzensirrtum einer schönen Schwester (= Chefarzt Dr. Holl. Sein Leben, seine Liebe, seine Patienten. Bd. 1314). Bergisch Gladbach 2003.

Kasten 1995 *s. Deutsche Lyrik des frühen und hohen Mittelalters*

Ketelsen, Uwe-K.: Ein Theater und seine Stadt. Die Geschichte des Bochumer Schauspielhauses. Köln 1999.

Ketelsen, Uwe-K.: Auch ein Kapitel aus der Geschichte des Hermetismus: Ein Schleichweg aus den Zumutungen des Modernisierungsprozesses. In: Kaminski, Nicola / Drügh, Heinz J. / Herrmann, Michael (Hg.): Hermetik. Literarische Figurationen zwischen Babylon und Cyberspace. Tübingen 2002. S. 161-178.

Kiesel, Helmuth / Münch, Paul: Gesellschaft und Literatur im 18. Jahrhundert. Voraussetzungen und Entstehung des literarischen Markts in Deutschland. München 1977.

Kilian, Imma: Wohnen im frühen Mittelalter (5.-10. Jahrhundert). In: Wüstenrot Stiftung / Deutscher Eigenheimverein e.V. 1998, S. 11-84.

Klotz, Volker: Bürgerliches Lachtheater. Komödie, Posse, Schwank, Operette. München 1980.

Klueting, Harm: Der aufgeklärte Fürst. In: Weber, Wolfgang (Hg.): Der Fürst. Ideen und Wirklichkeiten in der europäischen Geschichte. Köln, Weimar u. Wien 1998. S. 137-167.

Kluwe, Christian / Schneider, Jost (Hg.): Humanität in einer pluralistischen Welt? Themengeschichtliche und formanalytische Studien zur deutschsprachigen Literatur. Festschrift für Martin Bollacher. Würzburg 2000.

Knoop, Ulrich: Entwicklung von Literalität und Alphabetisierung in Deutschland. In: Günther/Ludwig 1994, S. 859-872.

Knopf, Jan: Alltages-Ordnung. Ein Querschnitt durch den alten Volkskalender. Tübingen 1983.

Knopf, Jan: Die deutsche Kalendergeschichte. Frankfurt a. M. 1983.

Knoop, Ulrich: Entwicklung von Literalität und Alphabetisierung in Deutschland. In: Günther, Hartmut / Ludwig, Otto (Hg.): Schrift und Schriftlichkeit. Writing and Its Use. Ein interdisziplinäres Handbuch internationaler Forschung. 1. Halbband. Berlin u. New York 1994. S. 859-872.

Knoop, Ulrich: Ländliche Schriftlichkeit um 1500. In: Messerli/Chartier 2000, S. 35-47.

Kocka, Jürgen (Hg.): Bürgertum im 19. Jahrhundert. Deutschland im europäischen Vergleich. 3 Bde. München 1988.

Köbler, Gerhard: Historisches Lexikon der deutschen Länder. Die deutschen Territorien und reichsunmittelbaren Geschlechter vom Mittelalter bis zur Gegenwart. 5., vollständig überarb. Aufl. München 1995.

Köhler, Hans-Joachim (Hg.): Flugschriften als Massenmedium der Reformationszeit. Beiträge zum Tübinger Symposion 1980. Stuttgart 1981.

Das Königsteiner Liederbuch. Ms. germ. qu. 719 Berlin. Hg. v. Paul Sappler. München 1970.

Kornemann, Rolf: Gesetze, Gesetze... Die amtliche Wohnungspolitik in der Zeit von 1918 bis 1945 in Gesetzen, Verordnungen und Erlassen. In: Wüstenrot Stiftung / Deutscher Eigenheimverein e.V. 2000, S. 599-723.

Korte, Karl-Rudolf / Weidenfeld, Werner (Hg.): Deutschland-TrendBuch. Fakten und Orientierungen. Opladen 2001.

Kosch, Günter / Nagl, Manfred: Der Kolportageroman. Bibliographie 1850 bis 1960. Mit einer Beilage: Der Kolportagehandel. Praktische Winke. Von Friedrich Streissler (1887). Stuttgart u. Weimar 1993.

Koschorke, Albrecht: Körperströme und Schriftverkehr. Mediologie des 18. Jahrhunderts. München 1999.

Kotzebue, August von: Die deutschen Kleinstädter. Ein Lustspiel in vier Akten. Mit einem Nachw. v. Otto C. A. zur Nedden. Stuttgart 1987.

Kreuzer, Helmut / Schanze, Helmut (Hg.): Fernsehen in der Bundesrepublik Deutschland. Perioden – Zäsuren – Epochen. Heidelberg 1991.

Krieg, Walter: Materialien zu einer Entwicklungsgeschichte der Bücher-Preise und des Autoren-Honorars vom 15. bis zum 20. Jahrhundert. Nebst einem Anhange: Kleine Notizen zur Auflagengeschichte der Bücher im 15. und 16. Jahrhundert. Wien, Bad Bocklet/Mainfranken u. Zürich 1953.

Krotz, Friedrich: Lebensstile, Lebenswelten und Medien: Zur Theorie und Empirie individuenbezogener Forschungsansätze des Mediengebrauchs. In: Rundfunk und Fernsehen 39 (1991), H. 3, S. 317-342.

Kühlmann u.a. 1997 s. *Humanistische Lyrik des 16. Jahrhunderts*

Kühne-Büning, Lidwina / Plumpe, Werner / Hesse, Jan-Otmar: Zwischen Angebot und Nachfrage, zwischen Regulierung und Konjunktur. Die Entwicklung der Wohnungsmärkte in der Bundesrepublik 1949-1989/1990-1998. In: Wüstenrot Stiftung / Deutscher Eigenheimverein e.V. 1999, S. 153-232.

Kuczynski, Jürgen: Geschichte des Alltags des deutschen Volkes. 5 Bde. Köln 1980-82.

Kutter, Uli: Der Reisende ist dem Philosophen, was der Arzt dem Apotheker. Über Apodemiken und Reisehandbücher. In: Bausinger/Beyrer/Korff 1991, S. 38-47.

Laage, H.: Kampf auf Korsika. September 1943 – Einheiten von Heer und Waffen-SS in schweren Gefechten gegen Franzosen, Italiener und korsische Freischärler (= Der Landser. Erlebnisberichte zur Geschichte des Zweiten Weltkrieges. Nr. 2383). Erstausgabe. Rastatt 2003.

Lange, Thomas: Literatur des technokratischen Bewußtseins. Zum Sachbuch im Dritten Reich. In: LiLi. Zeitschrift für Literatur und Linguistik 10 (1980), H. 40, S. 52-81.

Langenbucher, Wolfgang R.: Robert Prutz als Theoretiker und Historiker der Unterhaltungsliteratur. In: Burger 1976, S. 117-136.

Lehmann, Jürgen: Bekennen – Erzählen – Berichten. Studien zu Theorie und Geschichte der Autobiographie. Tübingen 1988.

Leibniz, Gottfried Wilhelm: Philosophische Schriften. Bd. V/2 [= Briefe von besonderem philosophischen Interesse. Zweite Hälfte. Die Briefe der zweiten Schaffensperiode]. Hg. u. übers. v. Werner Wiater. Darmstadt 1989.

Leidhold, Wolfgang: Wissensgesellschaft. In: Korte/Weidenfeld 2001, S. 429-460.

Lem, Stanislaw: Solaris [1961]. Übers. v. Irmtraud Zimmermann-Göllheim. Mit einem Vorw. v. Ursula K. Le Guin. München 2002.

Lepsius, M. Rainer: Kritik als Beruf. Zur Soziologie der Intellektuellen. In: Kölner Zeitschrift für Soziologie und Sozialpsychologie 16 (1964), S. 75-91.

Lepsius, M. Rainer: Parteiensystem und Sozialstruktur: Zum Problem der Demokratisierung der deutschen Gesellschaft. In: Ritter, Gerhard A. (Hg.): Deutsche Parteien vor 1918. Köln 1973. S. 56-80.

Leser und Lesen im 18. Jahrhundert. Colloquium der Arbeitsstelle Achtzehntes Jahrhundert. Gesamthochschule Wuppertal. Schloß Lüntenbeck 24.-26. Oktober 1975. Heidelberg 1977.

Linke, Norbert: Johann Strauß (Sohn). Mit Selbstzeugnissen und Bilddokumenten. 5. Aufl. Reinbek 1999.

Ludwig, Martin H.: Arbeiterliteratur in Deutschland. Stuttgart 1976.

Lüdtke, Hartmut: Expressive Ungleichheit. Zur Soziologie der Lebensstile. Opladen 1989.

Luger, Kurt: Medien als Lebensstil-Kolporteure. Die kleinbürgerliche Lebenswelt der Kronenzeitungs-Lesergemeinde. In: Mörth/Fröhlich 1994, S. 181-192.

Luley, Helmut: Wohnen und Wohnungsbau im urgeschichtlichen Mitteleuropa – die Umgestaltung menschlichen Lebensraums in fünf Jahrtausenden. In: Wüstenrot Stiftung / Deutscher Eigenheimverein e.V. 1999. S. 737-784.

Maase, Kaspar: Leseinteressen der Arbeiter in der BRD. Über Leseverhalten, Lektüreinteressen und Bedürfnisentwicklung in der Arbeiterklasse der Bundesrepublik. Köln 1975.

Maase, Kaspar: Grenzenloses Vergnügen. Der Aufstieg der Massenkultur 1850-1970. Frankfurt a. M. 1997.

Maché, Ulrich / Meid, Volker (Hg.): Gedichte des Barock. Stuttgart 1980.

Mäsker, Mechthild: „Das schöne Mädchen von Seite eins". Frauen im deutschen Schlager. Rheinfelden 1990.

Mann, Thomas: Meine Zeit [1950]. In: Th. M.: Schriften zur Politik. Ausgewählt v. Walter Boehlich. 6.-8. Tausend. Frankfurt a. M. 1973. S. 183-204.

Marlitt, Eugenie: Goldelse [1866]. Mit Illustr. v. W. Claudius. Leipzig o. J. [ca. 1888].

Martino, Alberto: Die deutsche Leihbibliothek. Geschichte einer literarischen Institution (1756-1914). Mit einem zusammen mit Georg Jäger erstellten Verzeichnis der erhaltenen Leihbibliothekskataloge. Wiesbaden 1990.

May, Karl: Waldröschen [1882]. Bd. 6 (= Karl Mays Werke. Historisch-kritische Ausgabe. Hg. v. Hermann Wiedenroth. Abteilung II. Bd. 8). Bargfeld/Celle 1999.

Mehringer, Hartmut: Sozialistischer Widerstand. In: Benz/Pehle 2001, S. 42-54.

Meister Hans: [Kochbuch von 1460]. Transkription, Übers., Glossar u. kulturhist. Kommentar v. Trude Ehlert. Frankfurt a. M. 1996.

Messerli, Alfred: Das Lesen von Gedrucktem und das Lesen von Handschriften – zwei verschiedene Kulturtechniken? In: Messerli/Chartier 2000, S. 235-246.

Messerli, Alfred / Chartier, Roger (Hg.): Lesen und Schreiben in Europa 1500-1900. Vergleichende Perspektiven. Basel 2000.

Michailow, Matthias: Lebensstilsemantik. Soziale Ungleichheit und Formationsbildung in der Kulturgesellschaft. In: Mörth/Fröhlich 1994, S. 107-128.

Mitscherlich, Alexander / Mielke, Fred (Hg.): Medizin ohne Menschlichkeit. Dokumente des Nürnberger Ärzteprozesses. Mit einem neuen Vorwort von Alexander Mitscherlich. Frankfurt a. M. 1979.

Mörth, Ingo / Fröhlich, Gerhard (Hg.): Das symbolische Kapital der Lebensstile. Zur Kultursoziologie der Moderne nach Pierre Bourdieu. Frankfurt a. M. u. New York 1994.

Mörth, Ingo / Fröhlich, Gerhard: Lebensstile als symbolisches Kapital? Zum aktuellen Stellenwert kultureller Distinktionen. In: Mörth/Fröhlich 1994, S. 7-30 [= 1994a].

Molitor, Petra: „Der Fernsehzuschauer durch die sozio-kulturelle Brille": Lebensstiltypologien in der Fernsehzuschauerforschung am Beispiel der Sinus-Milieus im AGF/GfK-Fernsehpanel. Unveröff. Magisterarbeit. U Mainz (Fachbereich Sozialwissenschaften) 2001.

Mommsen, Hans: Bürgerlicher (nationalkonservativer) Widerstand. In: Benz/Pehle 2001, S. 55-67.

Moritz, Rainer: Der Schlager. In: François, Etienne / Schulze, Hagen (Hg.): Deutsche Erinnerungsorte. Bd. 3. München 2001. S. 201-218 u. 703f.

Neumann, Hildegard: Der Bücherbesitz der Tübinger Bürger von 1750-1850. Ein Beitrag zur Bildungsgeschichte des Kleinbürgertums. Die Bücherverzeichnisse in den Vermögensinventaren und Erbteilungen der Tübinger Bürger aus den Jahren 1750-60, 1800-10, 1840-50. Diss. Tübingen 1955.

Nolte, Eberhard: Die Bedarfsfaktoren im Büchermarkt. Stuttgart 1962.

Nordmann-Werner, Karin: Kompetenzvermittlung durch Sachliteratur. Probleme der Wissenschaftsvermittlung untersucht am Beispiel von Wirtschaftssachbuchtexten. Frankfurt a. M., Bern u. New York 1984.

Nusser, Peter: Trivialliteratur. Stuttgart 1991.

Nusser, Peter: Deutsche Literatur im Mittelalter. Lebensformen, Wertvorstellungen und literarische Entwicklungen. Stuttgart 1992.

Nusser, Peter: Unterhaltung und Aufklärung. Studien zur Theorie, Geschichte und Didaktik der populären Lesestoffe. Frankfurt a. M. u. a. 2000.

Nutz, Walter: Trivialliteratur und Popularkultur. Vom Heftromanleser zum Fernsehzuschauer. Eine literatursoziologische Analyse unter Einschluß der Trivialliteratur der DDR. Unter Mitarbeit von Katharina Genau und Volker Schlögell. Opladen u. Wiesbaden 1999.

Obenaus, Sibylle: Literarische und politische Zeitschriften 1848-1880. Stuttgart 1987.

Opaschowski, Horst: Einführung in die Freizeitwissenschaft. 3. Aufl. Opladen 1997.

Peiser, Wolfram: Die Fernsehgeneration. Eine empirische Untersuchung ihrer Mediennutzung und Medienbewertung. Opladen 1996.

Platthaus, Andreas: Im Comic vereint. Eine Geschichte der Bildergeschichte. Frankfurt a. M. u. Leipzig 2000.

Plumpe, Gerhard: Epochen moderner Literatur. Ein systemtheoretischer Entwurf. Opladen 1995.

Prinz, Friedrich: Deutschlands Frühgeschichte. Kelten, Römer und Germanen. Stuttgart 2003.

Prutz, Robert: Die deutsche Belletristik und das Publicum. In: R. P.: Die deutsche Literatur der Gegenwart. 1848 bis 1858. Bd. 2. Leipzig 1859. S. 69-89.

Pütz, Frank: „Hintertreppenromancier" oder „Großmystiker"? Karl May und seine Kolportageromane. In: Bohnsack/Foltin 1999, S. 143-162.

Raabe, Mechthild: Leser und Lektüre vom 17. zum 19. Jahrhundert. Die Ausleihbücher der Herzog August Bibliothek Wolfenbüttel 1664-1806. Teil C. Bd. 2: Chronologisches Verzeichnis 1720-1806. Gesamtstatistik. München 1998.

Reallexikon der deutschen Literaturwissenschaft. Neubearb. d. Reallexikons d. deutschen Literaturgeschichte. Berlin u. New York.
    Bd. I: A – G. Gemeinsam m. Harald Fricke, Klaus Grubmüller u. Jan-Dirk Müller hg. v. Klaus Weimar. 1997.
    Bd. II: H – O. Gemeinsam m. Georg Braungart, Klaus Grubmüller, Jan-Dirk Müller, Friedrich Vollhardt u. Klaus Weimar hg. v. Harald Fricke. 2000.
    Bd. III: P – Z. Gemeinsam m. Georg Braungart, Harald Fricke, Klaus Grubmüller, Friedrich Vollhardt u. Klaus Weimar hg. v. Jan-Dirk Müller. 2003.

Das Redentiner Osterspiel. Mittelniederdeutsch u. Neuhochdeutsch. Übers. u. komment. v. Brigitta Schottmann. Stuttgart 2000.

Reiners, Ludwig (Hg.): Der ewige Brunnen. Ein Hausbuch deutscher Dichtung. Ges. u. hg. v. Ludwig Reiners. Reich geschmückt v. Andreas Brylka. Illustrierte Sonderausgabe auf der Grundlage der 2., durchgearb. u. erweit. Ausgabe 1959. 563.-592. Tausend der Gesamtauflage. München 2000.

Reulecke, Jürgen: Geschichte der Urbanisierung in Deutschland. Frankfurt a. M. 1985.

Richter, Lukas: Der Berliner Gassenhauer. Darstellung – Dokumente – Sammlung. Leipzig 1969.

Riemann, Angelika: Menschen, Tiere, Sensationen. Die Geschichte des Circus. Katalog zur Ausstellung im Museum Zons 20.5.-19.8.1990. Dormagen 1990.

Riha, Karl (Hg.): Das Moritatenbuch. Frankfurt a. M. 1981.

Rössing-Hager, Monika: Wie stark findet der nicht-lesekundige Rezipient Berücksichtigung in den Flugschriften? In: Köhler 1981, S. 77-137.

Roloff, Hans-Gert: Die höfischen Maskeraden der Sophie Elisabeth, Herzogin zu Braunschweig-Lüneburg. In: Buck, August (Hg.): Europäische Hofkultur im 16. und 17. Jahrhundert. Bd. 3. Hamburg 1979. S. 489-496.

Rosenbaum, Heidi: Formen der Familie. Untersuchungen zum Zusammenhang von Familienverhältnissen, Sozialstruktur und sozialem Wandel in der deutschen Gesellschaft des 19. Jahrhunderts. Frankfurt a. M. 1982.

Rougemont, Denis de: Die Liebe und das Abendland [1939]. Mit einem Post-Scriptum des Autors. Aus d. Französ. v. Friedrich Scholz u. Irène Kuhn. Zürich 1987.

Runge, Erika: Bottroper Protokolle. Vorwort von Martin Walser. Frankfurt a. M. 1968.

Ruppelt, Georg: Bibliotheken. In: Franzmann, Bodo u. a. (Hg.): Handbuch Lesen. München 1999. S. 394-431.

Sachs, Hans: Meistergesänge, Fastnachtspiele, Schwänke. Hg. v. Eugen Geiger. Stuttgart 1999.

Sammet, Gerald: Der vermessene Planet. Bilderatlas zur Geschichte der Kartographie. Hamburg 1990.

Sarkowicz, Hans (Hg.): Schneller, höher, weiter. Eine Geschichte des Sports. Frankfurt a. M. 1999.

Saxer, Ulrich / Landolt, Marianne: Medien – Lebensstile. Lebensstilmodelle von Medien für die Freizeit. Zürich 1995.

Schäferdiek, Knut: Germanenmission [Art.]. In: Reallexikon für Antike und Christentum. Hg. v. Theodor Klauser u.a. Bd. 10. Stuttgart 1978. Sp. 492-548.

Schanze, Helmut / Zimmermann, Bernhard (Hg.): Das Fernsehen und die Künste (= Kreuzer, Helmut / Thomsen, Christian W. (Hg.): Geschichte des Fernsehens in der Bundesrepublik Deutschland. Bd. 2). München 1994.

Scheideler, Britta: Zwischen Beruf und Berufung. Zur Sozialgeschichte der deutschen Schriftsteller von 1880 bis 1933. Frankfurt a. M. 1997.

Schenda, Rudolf: Volk ohne Buch. Studien zur Sozialgeschichte der populären Lesestoffe 1770-1910. 3. Aufl. Frankfurt a. M. 1988.

Schenda, Rudolf: Von Mund zu Ohr. Bausteine zu einer Kulturgeschichte volkstümlichen Erzählens in Europa. Göttingen 1993.

Schlegel, Friedrich: Lucinde. In: F. Sch.: Dichtungen. Hg. u. eingel. v. Hans Eichner (= Kritische Friedrich-Schlegel-Ausgabe. Hg. v. Ernst Behler. Bd. 5). Sonderausgabe für die Wissenschaftliche Buchgesellschaft. Darmstadt 1962. S. 1-92.

Schmid, Karl: Gebetsgedenken und adliges Selbstverständnis im Mittelalter. Ausgewählte Beiträge. Festgabe zu seinem sechzigsten Geburtstag. Sigmaringen 1983.

Schmidt, Siegfried J.: Grundriß der empirischen Literaturwissenschaft. Braunschweig 1980.

Schmitz, Claudius A. / Kölzer, Brigitte: Einkaufsverhalten im Handel. Ansätze zu einer kundenorientierten Handelsmarketingplanung. München 1996.

Schmitz, Norbert M.: Heinrich Wölfflin – Ein Kunsthistoriker der Moderne. In: Wölfflin, Heinrich: Kunstgeschichte des 19. Jahrhunderts. Akademische Vorlesung. Hg. v. Norbert M. Schmitz. Alfter 1993. S. 129-156.

Schmitz, Norbert M.: Medialität als ästhetische Strategie. Zur Diskursgeschichte der Moderne. In: Gendolla, Peter / Schmitz, Norbert M. /

Schneider, Irmela / Spangenberg, Peter M. (Hg.): Formen interaktiver Medienkunst. Geschichte, Tendenzen, Utopien. Frankfurt a. M. 2001. S. 95-135.

Schneider, Jost: Alte und neue Sprechweisen. Untersuchungen zur Sprachthematik in den Gedichten Hugo von Hofmannsthals. Frankfurt a. M. u. a. 1990.

Schneider, Jost: Die Kompositionsmethode Ingeborg Bachmanns. Erzählstil und Engagement in *Das dreißigste Jahr*, *Malina* und *Simultan*. Bielefeld 1999.

Schneider, Jost: Einführung in die moderne Literaturwissenschaft. 3., aktualis. Aufl. Bielefeld 2000.

Schneider, Jost: Einführung in die Roman-Analyse. Darmstadt 2003.

Schön, Erich: Geschichte des Lesens. In: Franzmann u. a. 1999, S. 1-85.

Schön, Erich: Der Verlust der Sinnlichkeit oder die Verwandlungen des Lesers. Mentalitätswandel um 1800. Stuttgart 1987.

Scholz, Rüdiger / Bogdal, Klaus-Michael (Hg.): Literaturtheorie und Geschichte. Zur Diskussion materialistischer Literaturwissenschaft. Opladen 1996.

Scholz, Günther: Die Angestellten seit dem 19. Jahrhundert. München 2000.

Schuster, Britt-Marie: Die Verständlichkeit von frühreformatorischen Flugschriften. Eine Studie zu kommunikationswirksamen Faktoren der Textgestaltung. Hildesheim 2001.

Schwenk, Otto G. (Hg.): Lebensstil zwischen Sozialstrukturanalyse und Kulturwissenschaft. Opladen 1996.

Scribner, Robert W.: Flugblatt und Analphabetentum. Wie kam der gemeine Mann zu reformatorischen Ideen? In: Köhler 1981, S. 65-76.

Siebers, Winfried: Ungleiche Lehrfahrten. Kavaliere und Gelehrte. In: Bausinger/Beyrer/Korff 1991, S. 47-57.

Sieder, Reinhard: Sozialgeschichte der Familie. Frankfurt a. M. 1987.

Simanowski, Roberto: Die Verwaltung des Abenteuers. Massenkultur um 1800 am Beispiel Christian August Vulpius. Göttingen 1998.

Simek, Rudolf: Religion und Mythologie der Germanen. Darmstadt 2003.

SINUS – Sozialwissenschaftliches Institut Nowak und Partner: Die Sinus-Milieus. Kurzinformation. Heidelberg 1999.

SINUS Sociovision: Die Sinus-Milieus im Fernsehpanel. Hg. von der AGF – Arbeitsgemeinschaft Fernsehforschung. O.O. 2000.

Sobel, Dava: Längengrad. Die wahre Geschichte eines einsamen Genies, welches das größte wissenschaftliche Problem seiner Zeit löste [1996]. Aus d. Amerik. v. Mathias Fienbork. 6. Aufl. Berlin 1998 [zuerst amerik. u. d. T. *Longitude* 1995].

Spahr, Blake Lee: Ar(t)amene: Anton Ulrich und Fräulein von Scudéry. In: Buck, August (Hg.): Europäische Hofkultur im 16. und 17. Jahrhundert. Bd. I. Hamburg 1981. S. 93-104.

SPIEGEL-Dokumentation: OUTFIT 3. Hg. v. SPIEGEL-Verlag. Hamburg 1994.

Stadelmann, Rudolf / Fischer, Wolfram: Die Bildungswelt des deutschen Handwerkers um 1800. Berlin 1955.

Stanzel, Franz K.: Theorie des Erzählens. 6., unveränd. Aufl. Göttingen 1995.

Stocker, Günther: 'Lesen' als Thema der deutschsprachigen Literatur des 20. Jahrhunderts. Ein Forschungsbericht. In: Internationales Archiv für Sozialgeschichte der deutschen Literatur 27 (2002), H. 2, S. 208-241.

Stötzel, Dirk Ulf / Merkelbach, Bernhard: Periodisierung des Kinderprogramms. 40 Jahre Kinderfernsehen in der Bundesrepublik. In: Kreuzer/Schanze 1991, S. 129-152.

Strobel, Ricarda: Heft/Heftchen. In: Faulstich, Werner (Hg.): Grundwissen Medien. 4. Aufl. München 2000. S. 239-252.

Strohschneider-Kohrs, Ingrid: Die romantische Ironie in Theorie und Gestaltung [1960]. 3., unveränd. Aufl. Tübingen 2002.

Suerbaum, Ulrich: Krimi. Eine Analyse der Gattung. Stuttgart 1984.

Suter, Beat: Hyperfiktion und interaktive Narration im frühen Entwicklungsstadium zu einem literarischen Genre. Zürich 2000.

Tacitus: Germania. Lat. u. deutsch. Übers., erl. u. m. einem Nachw. hg. v. Manfred Fuhrmann. Bibliogr. erg. Ausg. 2000. Stuttgart 2002.

Teuscher, Gerhard: Perry Rhodan, Jerry Cotton und Johannes Mario Simmel. Eine Darstellung zu Theorie, Geschichte und Vertretern der Trivialliteratur. Stuttgart 1999.

Thiel, Erika: Geschichte des Kostüms. Die europäische Mode von den Anfängen bis zur Gegenwart. 6., stark erw. u. neu gestalt. Aufl. Wilhelmshaven, Locarno u. Amsterdam 1985.

Thomas, Rüdiger: Kultur und Gesellschaft. In: Korte/Weidenfeld 2001, S. 461-512.

Tibbe, Monika / Bonson, Manfred: Folk – Folklore – Volkslied. Zur Situation in- und ausländischer Volksmusik in der Bundesrepublik Deutschland. Stuttgart 1981.

Todd, Malcolm: Die Germanen. Von den frühen Stammesverbänden zu den Erben des Weströmischen Reiches. Aus d. Engl. v. Nicole Strobel. Lizenzausgabe. Darmstadt 2000.

Tolkemitt, Brigitte: Der Hamburgische Correspondent. Zur öffentlichen Verbreitung der Aufklärung in Deutschland. Tübingen 1995.

Trapp, Wolfgang: Kleines Handbuch der Münzkunde und des Geldwesens in Deutschland. Stuttgart 1999.

Ulbrich-Herrmann, Matthias: Gewalt bei Jugendlichen unterschiedlicher Lebensstile. In: Schwenk 1996, S. 221-234.

Unger, Thorsten: „Es ist theatralischer Unsinn." Die *Emilia-Galotti*-Lektüre des Prinzen von Sachsen-Gotha und Altenburg. In: Lessing Yearbook 31 (1999), S. 11-37.

Valentin, Erich: Musica domestica. Von Geschichte und Wesen der Hausmusik. Trossingen 1959.

Veblen, Thorstein: Theorie der feinen Leute. Eine ökonomische Untersuchung der Institutionen. Frankfurt a. M. 1986 [zuerst engl. 1899 u. d. T. *The Theory of the Leisure Class*].

Vester, Heinz-Günter: Zeitalter der Freizeit. Eine soziologische Bestandsaufnahme. Darmstadt 1988.

Vester, Michael / Oertzen, Peter von / Geiling, Heiko / Hermann, Thomas / Müller, Dagmar: Neue soziale Milieus und pluralisierte Klassengesellschaft. Endbericht des Forschungsprojektes 'Der Wandel der Sozialstruktur und die Entstehung neuer gesellschaftlich-politischer Milieus'. Hannover 1992.

Vester, Michael: Soziale Milieus im gesellschaftlichen Strukturwandel. Zwischen Integration und Ausgrenzung. Köln 1993.

Vester, Michael: Die verwandelte Klassengesellschaft. Modernisierung der Sozialstruktur und Wandel der Mentalitäten in Westdeutschland. In: Mörth/Fröhlich 1994, S. 129-166.

Vester, Michael: Milieus und soziale Gerechtigkeit. In: Korte/Weidenfeld 2001, S. 136-183.

Vigarello, Georges: Wasser und Seife, Puder und Parfüm. Geschichte der Körperhygiene seit dem Mittelalter. Mit einem Nachw. v. Wolfgang Kaschuba. Aus d. Französ. v. Linda Gränz. Frankfurt a. M. u. New York 1992.

Vocelka, Karl: Ängste und Hoffnungen. Neuzeit. In: Dinzelbacher 1993, S. 295-301.

Vogel, Sabine: Der Leser und sein Stellvertreter. Sentenzensammlungen in Bibliotheken des 16. Jahrhunderts. In: Messerli/Chartier 2000, S. 483-501.

Wagner-Egelhaaf, Martina: Autobiographie. Stuttgart u. Weimar 2000.

Wehler, Hans-Ulrich: Deutsche Gesellschaftsgeschichte. München.
  Bd. I: Vom Feudalismus des Alten Reiches bis zur Defensiven Modernisierung der Reformära. 1700-1815. 3. Aufl. 1996a.
  Bd. II: Von der Reformära bis zur industriellen und politischen „Deutschen Doppelrevolution". 1815-1845/49. 3. Aufl. 1996b.
  Bd. III: Von der „Deutschen Doppelrevolution" bis zum Beginn des Ersten Weltkrieges. 1849-1914. 1. Aufl. 1995.

Bd. IV: Vom Beginn des Ersten Weltkriegs bis zur Gründung der beiden deutschen Staaten. 1914-1949. 1. Aufl. 2003.

Weimar, Klaus: Geschichte der deutschen Literaturwissenschaft bis zum Ende des 19. Jahrhunderts. München 1989.

Wendorff, Rudolf: Tag und Woche, Monat und Jahr. Eine Kulturgeschichte des Kalenders. Opladen 1993.

Wesel, Uwe: Geschichte des Rechts. Von den Frühformen bis zum Vertrag von Maastricht. München 1997.

Wickram, Georg: Das Rollwagenbüchlin. Text nach der Ausgabe v. Johannes Bolte. Nachw. v. Elisabeth Endres. Stuttgart 1992.

Wild, Reiner (Hg.): Geschichte der deutschen Kinder- und Jugendliteratur. 2., erg. Aufl. Stuttgart u. Weimar 2002.

Wilke, Jürgen (Hg.): Mediengeschichte der Bundesrepublik Deutschland. Köln, Weimar u. Wien 1999.

Wilke, Jürgen: Grundzüge der Medien- und Kommunikationsgeschichte. Von den Anfängen bis ins 20. Jahrhundert. Köln, Weimar u. Wien 2000.

Wilke, Jürgen / König, Barbara: Hilft das Fernsehen der Literatur? Auch eine Antwort auf die Preisfrage der Deutschen Akademie für Sprache und Dichtung. In: Gutenberg-Jahrbuch 1997, S. 254-282.

Winckler, Lutz: Autor – Markt – Publikum. Zur Geschichte der Literaturproduktion in Deutschland. Berlin 1986.

Wischermann, Clemens: Mythen, Macht und Mängel: Der deutsche Wohnungsmarkt im Urbanisierungsprozeß. In: Wüstenrot Stiftung / Deutscher Eigenheimverein e.V. 1997, S. 333-502.

Wittmann, Reinhard: Geschichte des deutschen Buchhandels. Ein Überblick. München 1991.

Wüstenrot Stiftung / Deutscher Eigenheimverein e.V. (Hg.): Geschichte des Wohnens. Stuttgart.
Bd. 1: 5000 v. Chr.-500 n. Chr. Vorgeschichte, Frühgeschichte, Antike. Hg. v. Wolfram Hoepfner. 1999.
Bd. 2: 500-1800. Hausen, Wohnen, Residieren. Hg. v. Ulf Dirlmeier. 1998.
Bd. 3: 1800-1918. Das bürgerliche Zeitalter. Hg. v. Jürgen Reulecke. 1997.
Bd. 4: 1918-1945. Reform, Reaktion, Zerstörung. Hg. v. Gert Kähler. 2., erweiterte Aufl. 2000
Bd. 5: 1945 bis heute. Aufbau, Neubau, Umbau. Hg. v. Ingeborg Flagge. 1999.

Zapf, Katrin: Haushaltsstrukturen und Wohnverhältnisse. In: Wüstenrot Stiftung / Deutscher Eigenheimverein e.V. 1999, S. 563-614.

Zarusky, Jürgen: Jugendopposition. In: Benz/Pehle 2001, S. 98-111.

Zweig, Stefan: Die Welt von Gestern. Erinnerungen eines Europäers [1944].
    32. Aufl. Frankfurt a. M. 2001.

Abbildungsnachweise

Bildarchiv Marburg · 16

Eggers, Hans Jürgen / Will, Ernest / Joffroy, René / Holmqvist, · 1
Wilhelm: Kelten und Germanen in heidnischer Zeit. 3. Aufl.
Baden-Baden: Holle Verlag 1980. S. 71.

Flaig, Berthold Bodo / Meyer, Thomas / Ueltzhöffer, Jörg: All- · 18-35
tagsästhetik und politische Kultur. Zur ästhetischen Dimension
politischer Bildung und politischer Kommunikation. 3. Aufl.
Bonn: Verlag J. H. W. Dietz Nachf. 1997. S. 126-134.

Füssel, Stephan (Hg.): 50 Jahre Frankfurter Buchmesse. 1949- · 36
1999. Frankfurt a. M.: Suhrkamp 1999. Vor S. 113.

Hanebutt-Benz, Eva-Maria: Die Kunst des Lesens. Lesemöbel · 5, 7, 10
und Leseverhalten vom Mittelalter bis zur Gegenwart. Frankfurt
a. M.: Museum für Kunsthandwerk Frankfurt am Main [Kata-
log] 1985. S. 31f., 43, 84.

Universitätsbibliothek Heidelberg · 9

Killy, Walther: Literaturlexikon. Autoren und Werke deutscher · 15
Sprache. Bd. 10. Gütersloh: Bertelsmann Lexikon Verlag 1991.
S. 387.

Kosch, Günter / Nagl, Manfred: Der Kolportageroman. Biblio- · 11
graphie 1850 bis 1960. Mit einer Beilage: Der Kolportagehandel. Praktische Winke. Von Friedrich Streissler (1887). Stuttgart
u. Weimar: Verlag J. B. Metzler 1993. S. XI.

Museum für Kunst und Kulturgeschichte der Stadt Dortmund · 6

Sammet, Gerald: Der vermessene Planet. Bilderatlas zur Ge- · 8
schichte der Kartographie. Hamburg: GEO im Verlag Gru-
ner+Jahr AG & Co. 1990. S. 107.

Carsten Schmuck (www.carsten-schmuck.de/cv.htm [05.12.   17
2003])

Todd, Malcolm: Die Germanen. Von den frühen Stammesver-   4
bänden zu den Erben des Weströmischen Reiches. Aus d. Engl.
v. Nicole Strobel. Lizenzausgabe. Darmstadt: Wissenschaftliche
Buchgesellschaft 2000. S. 107.

Wüstenrot Stiftung / Deutscher Eigenheimverein e.V. (Hg.):
Geschichte des Wohnens. Stuttgart: Deutsche Verlags-Anstalt.
Bd. 2: 500-1800. Hausen, Wohnen, Residieren. Hg. v. Ulf   2, 3
Dirlmeier. 1998. S. 61, 75.
Bd. 3: 1800-1918. Das bürgerliche Zeitalter. Hg. v. Jürgen   12-14
Reulecke. 1997. S. 182, 207, 235.

Register